AF900598

Andrea Kießling

Das Recht der öffentlichen Gesundheit

Krankheitsprävention und Gesundheitsförderung als Aufgaben des Staates

Mohr Siebeck

Andrea Kießling, geboren 1981, Studium der Rechtswissenschaft in Münster, 2006 Erstes Juristisches Staatsexamen, Rechtsreferendariat im OLG-Bezirk Hamm, 2009 Zweites Juristisches Staatsexamen, 2012 Promotion in Bochum, 2021 Habilitation in Bochum, seit Mai 2022 Professorin für Öffentliches Recht, Sozial- und Gesundheitsrecht und Migrationsrecht in Frankfurt am Main.
orcid.org/0000-0003-0961-2831

Gefördert durch die Deutsche Forschungsgemeinschaft (DFG). – 499374326

ISBN 978-3-16-161688-4 / eISBN 978-3-16-161689-1
DOI 10.1628/978-3-16-161689-1

ISSN 0941-0503 / eISSN 2568-8480 (Jus Publicum)

Die Deutsche Nationalbibliothek verzeichnet diese Publikation in der Deutschen Nationalbibliographie; detaillierte bibliographische Daten sind über *http://dnb.dnb.de* abrufbar.

© 2023 Mohr Siebeck Tübingen. www.mohrsiebeck.com

Dieses Werk ist lizenziert unter der Lizenz „Creative Commons Namensnennung – Nicht kommerziell – Keine Bearbeitungen 4.0 International“ (CC BY-NC-ND 4.0). Eine vollständige Version des Lizenztextes findet sich unter: https://creativecommons.org/licenses/by-nc-nd/4.0/deed.de

Jede Verwendung, die nicht von der oben genannten Lizenz umfasst ist, ist ohne Zustimmung des Verlags unzulässig und strafbar.

Das Buch wurde von Gulde Druck aus der Minion gesetzt, auf alterungsbeständiges Werkdruckpapier gedruckt und von der Buchbinderei Spinner in Ottersweier gebunden.

Printed in Germany.

Für meinen Mann
und meine Kinder

Vorwort

Diese Arbeit wurde im Sommersemester 2021 als Habilitationsschrift von der Juristischen Fakultät der Ruhr-Universität Bochum angenommen. Als die Idee zu ihrem Thema aufkam, war „Public Health" in der Rechtswissenschaft ein Nischenthema. Dies hat sich seit der Fertigstellung der Arbeit im Dezember 2020 grundlegend geändert: Seitdem wird auch in Deutschland über Public Health und damit verbundene juristische Fragen diskutiert, wenn auch bislang allein auf die Infektionsprävention und den Umgang mit Epidemien bezogen. Vielleicht lassen sich in zukünftigen Debatten über Krankheitsprävention und Gesundheitsförderung und den entsprechenden staatlichen Auftrag Anregungen und Antworten in dieser Arbeit finden.

Vor der Veröffentlichung wurde insbesondere das Kapitel zu „Neu auftretenden Krankheitserregern" inhaltlich überarbeitet. Literatur und Rechtsprechung sind insgesamt auf dem Stand vom 31.8.2022. Ich freue mich sehr, dass es durch die Förderung der DFG möglich ist, die Arbeit „Open Access" zu veröffentlichen, was hoffentlich die Wahrnehmung auch in anderen Disziplinen befördern wird.

Großer Dank gilt Prof. Dr. Stefan Huster, der in mir das Interesse für das Thema Public Health weckte und an dessen Lehrstuhl ich – mit kurzen Unterbrechungen – 13 Jahre lang tätig war. Die Zeit an seinem Lehrstuhl mit all den mir eingeräumten Freiheiten hat mich nachhaltig geprägt. Danken möchte ich außerdem Prof. Dr. Jörg Ennuschat für die sehr zügige Erstellung des Zweitgutachtens.

Während der Recherche und der Aktualisierung wurde ich in verschiedenen Stadien von Studentischen Hilfskräften unterstützt: Mein herzlicher Dank gilt insbesondere aus meiner Bochumer Zeit Lamia Amhaouach und Lynn Schaefer, die mittlerweile Wissenschaftliche Mitarbeiterinnen sind, und in Frankfurt Michel Kreilinger.

Meine Habilitationsphase war deutlich länger als geplant – große Teile dieser Strecke habe ich gemeinsam mit Dr. Berit Völzmann und Prof. Dr. Rike Krämer-Hoppe zurückgelegt; ich möchte kein einziges unserer zahlreichen Gespräche missen.

Gewidmet ist das Werk meinem Mann und unseren zwei Kindern, die stets für die notwendige Erdung sorgen.

Frankfurt am Main, im November 2022 Andrea Kießling

Inhaltsübersicht

Inhaltsverzeichnis

Abkürzungsverzeichnis

aA	andere Ansicht
ABl	Amtsblatt
AEUV	Vertrag über die Arbeitsweise der Europäischen Union
AIDS	Acquired Immune Deficiency Syndrome
AMG	Arzneimittelgesetz
Am J Public Health	American Journal of Public Health
Annu. Rev. Public Health	Annual Review of Public Health
AöR	Archiv des öffentlichen Rechts
APuZ	Aus Politik und Zeitgeschichte
ArbSchG	Arbeitsschutzgesetz
ARSP	Archiv für Rechts- und Sozialphilosophie
Art.	Artikel
AsylbLG	Asylbewerberleistungsgesetz
Aufl.	Auflage
BAnz	Bundesanzeiger
BauGB	Baugesetzbuch
Bay.	Bayern
Bay GDVG	Bayerisches Gesundheitsdienst- und Verbraucherschutzgesetz
BayVBl	Bayerische Verwaltungsblätter
BB	Betriebs Berater [Zeitschrift]
BbgGDG	Gesetz über den Öffentlichen Gesundheitsdienst im Land Brandenburg
BeckOK	Beck'scher Online-Kommentar
BeckOGK	beck-online.GROSSKOMMENTAR
Berl. GDG	Berliner Gesundheitsdienstgesetz
Berl. KitaFÖG	Berliner Kindertagesförderungsgesetz
BerlKomm	Berliner Kommentar
Berl. GDG	Berliner Gesundheitsdienst-Gesetz
Berl. SchulG	Berliner Schulgesetz
Beschl.	Beschluss
BevSchG	Bevölkerungsschutzgesetz – Gesetz zum Schutz der Bevölkerung bei einer epidemischen Lage von nationaler Tragweite
BGB	Bürgerliches Gesetzbuch
BGBl	Bundesgesetzblatt
BGH	Bundesgerichtshof
BoKo	Bonner Kommentar
BPUVZ	Zeitschrift für betriebliche Prävention und Unfallversicherung
BR-Drs.	Bundesratsdrucksache

BremKTG	Bremisches Gesetz zur Förderung von Kindern in Tageseinrichtungen und Tagespflege
BSG	Bundessozialgericht
BSGE	Entscheidungen des Bundessozialgerichts
BSeuchG	Bundesseuchengesetz
BtMG	Betäubungsmittelgesetz
BT-Drs.	Bundestagsdrucksache
Bundesgesundheitsbl	Bundesgesundheitsblatt – Gesundheitsforschung – Gesundheitsschutz [Zeitschrift]
BVerfG	Bundesverfassungsgericht
BVerfGE	Entscheidungen des Bundesverfassungsgerichts
BVerwG	Bundesverwaltungsgericht
BVerwGE	Entscheidungen des Bundesverwaltungsgerichts
BZgA	Bundeszentrale für gesundheitliche Aufklärung
bzw.	beziehungsweise
COVID-19	coronavirus disease 2019
Curr Psychiatry Rep	Current Psychiatry Reports
COVuR	COVID-19 und Recht [Zeitschrift]
ders.	derselbe
dies.	dieselbe, dieselben
DGE	Deutsche Gesellschaft für Ernährung
d.h.	das heißt
DiätV	Diätverordnung
Diss	Dissertation
DKFZ	Deutsches Krebsforschungszentrum
DÖV	Die Öffentliche Verwaltung [Zeitschrift]
DRiZ	Deutsche Richterzeitung
Dtsch Ärztebl	Deutsches Ärzteblatt
DVBl	Deutsches Verwaltungsblatt
DZPhil	Deutsche Zeitschrift für Philosophie
EG	Europäische Gemeinschaft
EJRR	European Journal of Risk Regulation
E.L. Rev.	European Law Review
Emory L.J.	Emory Law Journal
EMRK	Europäische Menschenrechtskonvention
Ethik Med	Ethik in der Medizin [Zeitschrift]
EU	Europäische Union
EuGH	Europäischer Gerichtshof
EuGRZ	Europäische Grundrechte Zeitschrift
EuR	Europarecht [Zeitschrift]
EuZW	Europäische Zeitschrift für Wirtschaftsrecht
f.	folgende
FCTC	Framework Convention on Tobacco Control
ff.	folgende
Fn.	Fußnote
FPR	Familie Partnerschaft Recht [Zeitschrift]

FrSaftErfrischGetrV	Verordnung über Fruchtsaft, Fruchtnektar, koffeinhaltige Erfrischungsgetränke und Kräuter- und Früchtetee für Säuglinge und Kleinkinder
FS	Festschrift
GA	Goltdammer's Archiv für Strafrecht
GastG	Gaststättengesetz
G-BA	Gemeinsamer Bundesausschuss
GDG LSA	Gesetz über den öffentlichen Gesundheitsdienst und die Berufsausbildung im Gesundheitswesen im Land Sachsen-Anhalt
gem.	gemäß
GesDV-TH	Verordnung über den öffentlichen Gesundheitsdienst des Landes Thüringen
GesR	Gesundheitsrecht [Zeitschrift]
GewArch	Gewerbearchiv
GewO	Gewerbeordnung
GG	Grundgesetz
ggf.	gegebenenfalls
GGW	Wissenschaftsforum in Gesundheit und Gesellschaft [Zeitschrift]
GKV	Gesetzliche Krankenversicherung
GlüStV	Glücksspielvertrag
GPR	Zeitschrift für das Privatrecht der Europäischen Union
GRC	Grundrechte-Charta der Europäischen Union
GRUR	Gewerblicher Rechtsschutz und Urheberrecht [Zeitschrift]
GS	Gedächtnisschrift
GSZ	Zeitschrift für das gesamte Sicherheitsrecht
GuP	Gesundheit und Pflege [Zeitschrift]
Hastings Cent Rep	Hastings Center Report
HbGR	Handbuch der Grundrechte [die römische Ziffer bezeichnet den Band]
HbStR	Handbuch des Staatsrechts [die römische Ziffer bezeichnet den Band]
HCVO	Health Claims Verordnung
HIV	Humanes Immundefizienz-Virus
HmbGDG	Hamburgisches Gesundheitsdienstgesetz
Hrsg.	Herausgeber, Herausgeberin
Hs	Halbsatz
I·CON	International Journal of Constitutional Law
idF	in der Fassung
ieS	im engeren Sinne
IfSG	Infektionsschutzgesetz
IfSBG-NRW	Gesetz zur Regelung besonderer Handlungsbefugnisse im Rahmen einer epidemischen Lage von nationaler oder landesweiter Tragweite und zur Festlegung der Zuständigkeiten nach dem Infektionsschutzgesetz Nordrhein-Westfalen
Int J Epidemiol	International Journal of Epidemiology
iSd	im Sinne des
iSv	im Sinne von
iVm	in Verbindung mit
JACR	Journal of the Association for Consumer Research

JArbSchG	Jugendarbeitsschutzgesetz
JAMA Intern Med.	JAMA Internal Medicine [Zeitschrift]
jM	juris die Monatszeitschrift
J Med Ethics	Journal of Medical Ethics
JMStV	Jugendmedienschutz-Staatsvertrag
JNPÖ	Jahrbuch für neue politische Ökonomie
JöR	Jahrbuch des öffentlichen Rechts der Gegenwart
JURA	Juristische Ausbildung [Zeitschrift]
JuS	Juristische Schulung
JZ	Juristenzeitung
KiBiZ NW	Kinderbildungsgesetz des Landes Nordrhein-Westfalen
KitaG BbG	Kindertagesstättengesetz des Landes Brandenburg
KJ	Kritische Justiz [Zeitschrift]
KKG	Gesetz zur Kooperation und Information im Kinderschutz
KritV	Kritische Vierteljahresschrift für Gesetzgebung und Rechtswissenschaft
KZfSS	Kölner Zeitschrift für Soziologie und Sozialpsychologie
LFGB	Lebensmittel- und Futtermittelgesetzbuch
LG	Landgericht
lit.	litera
LKRZ	Zeitschrift für Landes- und Kommunalrecht
LMBG	Lebensmittel- und Bedarfsgegenständegesetz
LMIV	Lebensmittelinformations-Verordnung
LMuR	Lebensmittel und Recht [Zeitschrift]
Losebl.	Loseblatt
LS	Leitsatz
MedR	Medizinrecht [Zeitschrift]
Monatssch Kinderheilkd	Monatsschrift Kinderheilkunde
MuSchG	Mutterschutzgesetz
MüKo	Münchener Kommentar
mwN	mit weiteren Nachweisen
nds	niedersächsisch
NdsVBl	Niedersächsische Verwaltungsblätter
NichtraucherSchG NW	Nichtraucherschutzgesetz des Landes Nordrhein-Westfalen
NJW	Neue juristische Wochenschrift
NordÖR	Zeitschrift für Öffentliches Recht in Norddeutschland
NRW	Nordrhein-Westfalen
NStZ	Neue Zeitschrift für Strafrecht
NuR	Natur und Recht [Zeitschrift]
NVwZ	Neue Zeitschrift für Verwaltungsrecht
NWVBl	Nordrhein-Westfälische Verwaltungsblätter
N.Y. Univ. Law Rev	New York University Law Review
NZFam	Neue Zeitschrift für Familienrecht
NZS	Neue Zeitschrift für Sozialrecht
JZ	Juristenzeitung
ÖGDG M-V	Gesetz über den Öffentlichen Gesundheitsdienst im Land Mecklenburg-Vorpommern

ÖGDG NW	Gesetz über den öffentlichen Gesundheitsdienst des Landes Nordrhein-Westfalen
OVG	Oberverwaltungsgericht
PLoS ONE	Online-Fachzeitschrift der Public Library of Science
Präv Gesundheitsf	Prävention – Zeitschrift für Gesundheitsförderung
RdJB	Recht der Jugend und des Bildungswesens [Zeitschrift]
Rev.Phil.Psych.	Review of Philosophy and Psychology
RGBl	Reichsgesetzblatt
RIW	Recht der internationalen Wirtschaft
RKI	Robert-Koch-Institut
RL	Richtlinie
Rn.	Randnummer
Rs.	Rechtssache
RSeuchG	Reichsseuchengesetz
Rspr.	Rechtsprechung
RuP	Recht und Politik [Zeitschrift]
RW	Rechtswissenschaft
S.	Satz, Seite
saarl.	saarländisch
saarl. ÖGDG	Saarländisches Gesetz über den öffentlichen Gesundheitsdienst
SächsGDG	Gesetz über den öffentlichen Gesundheitsdienst im Freistaat Sachsen
SächsVBl	Sächsische Verwaltungsblätter
SARS-CoV-1	severe acute respiratory syndrome coronavirus
SARS-CoV-2	severe acute respiratory syndrome coronavirus 2
SchulG NW	Schulgesetz des Landes Nordrhein-Westfalen
SDSRV	Schriftenreihe des Deutsches Sozialrechtsverbandes
SGb	Die Sozialgerichtsbarkeit [Zeitschrift]
SGB II	Sozialgesetzbuch Zweites Buch
SGB V	Sozialgesetzbuch Fünftes Buch
SGB VII	Sozialgesetzbuch Siebtes Buch
SGB VIII	Sozialgesetzbuch Achtes Buch
SGB IX	Sozialgesetzbuch Neuntes Buch
SGB XI	Sozialgesetzbuch Elftes Buch
SGB XII	Sozialgesetzbuch Zwölftes Buch
SOC. SCI. & MED	Social Science and Medicine [Zeitschrift]
SoldatenG	Gesetz über die Rechtsstellung der Soldaten
StGB	Strafgesetzbuch
STIKO	Ständige Impfkommission
st. Rspr.	ständige Rechtsprechung
StuW	Steuern und Wirtschaft [Zeitschrift]
StVO	Straßenverkehrsordnung
StVZO	Straßenverkehrs-Zulassungs-Ordnung
TabakerzG	Tabakerzeugnisgesetz
TabakerzV	Tabakerzeugnisverordnung
TabakProdV	Tabakprodukt-Verordnung
TabakStG	Tabaksteuergesetz
The Georgetown LJ	The Georgetown Law Journal
TPG	Transplantationsgesetz

u.a.	unter anderem
Urt.	Urteil
UTR	Umwelt- und Technikrecht [Zeitschrift]
U.C. Davis L. Rev.	UC Davis Law Review
UWG	Gesetz gegen den unlauteren Wettbewerb
v.	von
VerwArch	Verwaltungsarchiv
VG	Verwaltungsgericht
VGH	Verwaltungsgerichtshof
VerfGH	Verfassungsgerichtshof
VO	Verordnung
VSSAR	Vierteljahresschrift für Sozial- und Arbeitsrecht
VSSR	Vierteljahresschrift für Sozialrecht
VTabakG	Vorläufiges Tabakgesetz
VVDStRL	Veröffentlichungen der Vereinigung der Deutschen Staatsrechtslehrer
Wash. & Lee L. Rev.	Washington and Lee Law Review
WHO	Weltgesundheitsorganisation
WiSt	Wirtschaftswissenschaftliches Studium [Zeitschrift]
WRP	Wettbewerb in Recht und Praxis [Zeitschrift]
z.B.	zum Beispiel
ZEFQ	Zeitschrift für Evidenz, Fortbildung und Qualität im Gesundheitswesen
ZEuS	Zeitschrift für Europarechtliche Studien
ZfL	Zeitschrift für Lebensrecht
ZfRV	Zeitschrift für Europarecht, Internationales Privatrecht und Rechtsvergleichung
ZfRSoz	Zeitschrift für Rechtssoziologie
ZfWG	Zeitschrift für Wett- und Glücksspielrecht
ZG	Zeitschrift für Gesetzgebung
ZJS	Zeitschrift für das Juristische Studium
ZLR	Zeitschrift für das gesamte Lebensmittelrecht
ZRP	Zeitschrift für Rechtspolitik
ZStW	Zeitschrift für die gesamte Strafrechtswissenschaft
ZUR	Zeitschrift für Umweltrecht

Alle Urteile und Beschlüsse ohne Angabe der Fundstelle zitiert nach juris.

Einleitung

In Europa gehen 86 % der Todesfälle und 77 % der Krankheitslast auf nicht übertragbare Krankheiten zurück[1], die durch Präventionsmaßnahmen zu einem großen Teil verhindert oder verschoben werden könnten[2]. Auch übertragbare Krankheiten wurden noch nicht vollständig durch die Medizin zurückgedrängt, wie sich seit dem Jahr 2020 in der Corona-Epidemie zeigt. Mit der Verhütung von Krankheiten und der Verbesserung der Gesundheit befasst sich die Public-Health-Forschung – oder kurz, wie sich die beteiligten Disziplinen selbst nennen: Public Health. Im Mittelpunkt von Public Health stehen die Bevölkerung bzw. Bevölkerungsgruppen, es geht also um „überindividuelle" Ansätze zur Verbesserung der Gesundheit der Menschen[3].

Übersetzen kann man „public health", soweit damit nicht der Forschungszweig, sondern der Forschungsgegenstand gemeint ist, mit „Gesundheit der Bevölkerung" oder „öffentliche Gesundheit". Der historisch belastete Begriff der Volksgesundheit hingegen wird mit Absicht vermieden, auch wenn er in Rechtsprechung[4] und Schrifttum oft unbedarft verwendet wird. Die nationalsozialistische Terminologie wollte mit dem Begriff etwas ausdrücken, das es so nicht gibt und auch als Konstrukt im Widerspruch zum Grundgesetz steht: einen überindividuellen Volkskörper[5]. Bei „Gesundheit" handelt es sich um ein individuelles[6] bzw. privates[7] Gut[8]. Mit „Gesundheit der Bevölkerung" bzw. „öffentliche Gesundheit" ist deswegen die Summe der privaten Güter der Einzelnen gemeint.

---

[1] WHO, Regionalbüro für Europa, Aktionsplan zur Umsetzung der Europäischen Strategie zur Prävention und Bekämpfung nichtübertragbarer Krankheiten (2012–2016).

[2] Vgl. schon *Rosenbrock*, Gesundheitswesen 2007, 647 (649).

[3] *Marckmann/Strech*, in: Strech/Marckmann (Hrsg.), Public Health Ethik, 2010, S. 43 (44); *Rosenbrock*, Bundesgesundheitsbl 2001, 753 (754).

[4] Das BVerfG nutzte bis in die 1990er Jahre den Begriff der Volksgesundheit (BVerfGE 7, 377 [414]; 9, 73 [82 aE]; 9, 213 [218]; 17, 232 [240]; 17, 269 [276]; 85, 248 [264 aE]), später ersetzte es diesen durch „Gesundheit der Bevölkerung" (BVerfGE 90, 145 [174]), „Gesundheitsschutz [einer Vielzahl von Personen/der Bevölkerung]" (BVerfG, NJW 1998, 2961 [2962]; BVerfG, GewArch 2005, 243 [244]) und „Gesundheit und Leben der Bevölkerung" (BVerfGE 126, 112 [140]). Dazu auch *E. Frenzel*, DÖV 2007, 243.

[5] Dazu ausführlich unten 2. Teil, A. III.

[6] *Welti*, GesR 2015, 1 (3); *Kolbe*, Freiheitsschutz vor staatlicher Gesundheitssteuerung, S. 366.

[7] *Huster*, Ethik Med 2010, 289 (296); *ders.*, in: Schumann (Hrsg.), Das erziehende Gesetz, S. 193 (222).

[8] Dazu noch unten 2. Teil, A. III.

Das Wort „public" bezieht sich nicht nur darauf, dass es um die Gesundheit der Öffentlichkeit, also der *Bevölkerung* in diesem Sinne geht, sondern auch darauf, dass *staatliche* Maßnahmen untersucht werden[9]. Eine einheitliche deutsche Übersetzung von Public Health hat sich bislang noch nicht durchgesetzt[10], so dass im wissenschaftlichen Diskurs oft der englische Begriff zu finden ist. Diese Arbeit wird für den Forschungsgegenstand den Begriff „öffentliche Gesundheit" verwenden und damit wie der englische Begriff „Public Health" die Doppeldeutigkeit des „öffentlich" in sich aufnehmen. Untersucht werden sollen die staatlichen Interventionen der Krankheitsprävention und Gesundheitsförderung, die mit der Absicht eingesetzt werden, auf die Gesundheit der Bevölkerung einzuwirken[11], und die der Staat durch Rechtsnormen regelt[12]. D.h. Ausgangspunkt der Arbeit ist der Sachbereich[13] bzw. Realbereich[14] dieser Normen, der durch die Erkenntnisse der Public-Health-Forschung bestimmt wird. Die Rechtsgebiete, zu denen diese Normen gehören, bilden zusammen das Recht der öffentlichen Gesundheit. Bei ihrer Ausgestaltung stellt sich dann wiederum die Frage, welche Erkenntnisse notwendig sind, um das gesundheitsriskante Verhalten der Bevölkerung wirksam zu steuern[15].

Der Fokus des Public-Health-Ansatzes auf die Bevölkerung führt dazu, dass keine individualbezogenen Maßnahmen, sondern bevölkerungsbezogene Maßnahmen ergriffen werden[16]. Nicht im Vordergrund der Public-Health-Forschung steht das medizinische Versorgungssystem, dessen überwiegend kurative Leistungen auf Einzelpersonen und deren Schicksal und die Ärzte als Leistungserbringer ausgerichtet sind. Betrachtungsgegenstand sind vielmehr Maßnahmen in einem Stadium, in dem noch nicht klar ist, wer genau erkranken wird bzw. würde, ob also der Einzelne, der von ihnen erfasst wird, sie überhaupt benötigt hätte. Das liegt daran, dass die Ursachenzusammenhänge, auf die eingewirkt werden soll, zwar oft auf einer statistischen Ebene vorhanden sind und somit der Erfolg bevölkerungsbezogener Präventionsmaßnahmen statistisch nachweisbar ist, aber es ist keineswegs so, dass jeder, der sich „gesundheitsriskant" verhält oder potentiell gesundheitsgefährdenden Stoffen ausgesetzt ist, auch tatsächlich krank wird. Ob Menschen erkranken, hängt von vielen verschiedenen Faktoren ab; Kausalitäten lassen sich oft nur in begrenztem Umfang

---

9 *Gostin*, Public Health Law, S. 5 f. Vgl. auch *Breckenkamp*, in: Gerhardus/Breckenkamp/Razum/Schmacke/Wenzel (Hrsg.), Evidence-based Public Health, S. 13.

10 Vorgeschlagen werden etwa „Gesundheitswissenschaften" und „Bevölkerungsmedizin", vgl. *W. Hofmann/Schwartz*, in: Argument-Sonderband 198 (1992), S. 6 (6 f.).

11 In Anlehnung an eine entsprechende Definition von „public health interventions" von *Wilson*, Public Health Ethics 2009, 184 (188).

12 In diesen Lebensbereichen setzt der Staat das Recht als „Public-Health-Werkzeug" ein (von „law as a public health tool" sprechen *Moulton/Mercer/Popovic/Briss/Goodman/Thombley/Hahn/Fox*, American Journal of Public Health 99 [2009], 17).

13 *F. Müller/Christensen*, Juristische Methodik, Band I, Rn. 485 ff.

14 *Hoffmann-Riem*, in: FS-Raiser, S. 515 (525 ff.).

15 Hierzu allgemein *Petersen*, Der Staat 40 (2010), 435; *Towfigh*, I·CON 2014, 670.

16 *Breckenkamp*, in: Gerhardus/Breckenkamp/Razum/Schmacke/Wenzel (Hrsg.), Evidence-based Public Health, S. 13.

nachweisen. Selbst ausführlich dokumentierte Zusammenhänge wie die zwischen dem Konsum von Tabak und dem Entstehen verschiedener Krebsarten[17] wie Lungenkrebs (so sind bei Männern mindestens 90 % und bei Frauen 30 bis 60 % der Lungenkrebserkrankungen dem Rauchen zuzuschreiben[18]) lassen nicht den Schluss zu, dass jeder Raucher erkranken wird. Gerettet werden durch Präventionsmaßnahmen statistische Leben und nicht konkrete Leben.

Dies führt dazu, dass Untersuchungsgegenstand dieser Arbeit Regelungen sind, die nicht als Voraussetzung verlangen, dass die individuelle Situation des Betroffenen berücksichtigt wird, indem etwa an eine konkrete Bedürftigkeit oder Gefährdung angeknüpft wird. Public-Health-Gesetze verfolgen einen abstrakteren Ansatz. Sie setzen auf der Makroebene[19] an und nicht auf der Mikroebene, auf der untersucht wird, inwiefern dem Einzelnen individuelle Rechte auf Gesundheit[20] zustehen. Nicht

---

[17] Zigarettenrauchen gilt als die häufigste und wissenschaftlich am deutlichsten belegte Einzelursache für den Krebstod in den Industrieländern (so BVerfGE 95, 173 184) unter Verweis auf verschiedene entsprechende Studien.

[18] Gutachten 2000/2001 des Sachverständigenrates für die Konzertierte Aktion im Gesundheitswesen, Band III, BT-Drs. 14/6871, S. 69.

[19] *Zacher*, in: Isensee/Kirchhof (Hrsg.), HbStR, IX, § 28 Rn. 76; *Wehkamp*, in: Biendarra/Weeren (Hrsg.), Gesundheit – Gesundheiten?, S. 499 (501).

[20] Unter diesem Schlagwort werden in der Regel noch nicht einmal Krankheitsprävention und Gesundheitsförderung, sondern die Kuration von Kranken diskutiert. Ein verfassungsrechtliches „Recht auf Gesundheit" wird meistens abgelehnt (kurz *Fink*, in: Merten/Papier [Hrsg.], HbGR, IV, § 88 Rn. 33; *Haverkate*, in: Häfner [Hrsg.], Gesundheit – unser höchstes Gut?, S. 119 [120 f.]; *Steiner*, in: Spickhoff [Hrsg.], Medizinrecht, Art. 2 Rn. 14 f.; *Landau*, in: Konrad-Adenauer-Stiftung [Hrsg.], S. 589 [592]; *Höfling*, in: BerlKomm, GG, Art. 2 [3. Teil], XI/12, Rn. 128: begegnet erheblichen Bedenken). Unklar bleibt dabei oft, worauf ein solches Recht überhaupt gerichtet wäre. Zum Teil enthalten Überlegungen zu „Gesundheit" insbesondere solche zur „Hilfe bei Krankheit" (*Pestalozza*, Bundesgesundheitsbl 2007, 1113 [1117]; *Lang*, in: BeckOK-GG, 15.5.2022, Art. 2 Rn. 82; *Luthe*, in: FS-Frank, S. 77 [92 ff.]; *P. Kirchhof*, in: Konrad-Adenauer-Stiftung [Hrsg.], Grenzen der Gesundheit, S. 442 ff., der von einem verfassungsrechtlichen Recht auf Gesundheit in diesem Sinne ausgeht). Auch Überlegungen zu einem Recht „auf bestmögliche Gesundheit" sind nicht weiterführend, soweit sie sich auf Leistungen des Gesundheitssystems als Gegenstand eines solchen Rechts beziehen (so *Welti*, GesR 2015, 1 [2], der selbst darauf hinweist, dass so die „Bedeutung gesundheitsförderlicher Lebensbedingungen in den Hintergrund" gerückt wird), jedenfalls fehlt es oft an einer klaren Abgrenzung. Auch der Begriff „Gesundheitsversorgung" ist genauso wie der Begriff „Recht bzw. Anspruch auf Gesundheitsleistungen" (so z. B. BVerfGE 115, 25; *Becker*, in: FS-Steiner, S. 50 [63]; *Kingreen*, VVDStRL 70 [2011], S. 152 [164]; *Höfling*, in: BerlKomm, GG, Art. 2 [3. Teil], XI/12, Rn. 151 ff.; *Zwermann-Milstein*, Grund und Grenzen einer verfassungsrechtlich gebotenen gesundheitlichen Mindestversorgung, S. 31; *Wilksch*, Recht auf Krankenbehandlung und Recht auf ein menschenwürdiges Existenzminimum, passim) irreführend, wenn es um Therapiemaßnahmen im Krankheitsfall geht. Anstelle von „Gesundheitsversorgung" wäre somit der Begriff „Krankenversorgung" angemessener – der Begriff „Krankenversicherung" hat dies verinnerlicht. Wenn man in diesem Zusammenhang überhaupt von einem „Recht auf Gesundheit" sprechen will, wäre die Präzisierung „Recht auf Gesundheit im Krankheitsfall" wünschenswert. Bei einem Recht auf Krankenversorgung oder Gesundheit im Krankheitsfall geht es dann dementsprechend um den Zugang zur medizinischen Versorgung im Krankheitsfall. Völlig missverständlich ist schließlich die Diskussion eines Rechts „auf staatliche Gesundheitsfürsorge" (*Schmidt-Aßmann*, Grundrechtspositionen und Legitimationsfragen im öffentlichen Gesundheitswesen, S. 23; *Schuler-Harms*, in: Schmehl/Wallrabenstein [Hrsg.], Steuerungsinstrumente im Recht des Gesundheitswesens, Band 2, S. 23

nur ist „Recht auf Gesundheit" ein unglücklicher, eher zu vermeidender Begriff[21], weil es – im Wortsinne – schon an der Unmöglichkeit der Erfüllung scheitern muss: Der Staat kann niemals Gesundheit als Leistung erbringen oder einen gewissen Gesundheitszustand garantieren[22]; ein Recht auf Gesundheit kann es deswegen „schlechterdings nicht geben"[23]. Entscheidend ist aber insbesondere, dass mittels individueller Rechte keine bevölkerungsbezogene Vorsorgeperspektive abgebildet werden kann. Worum es in dieser Arbeit also nicht geht, ist ein „rights based approach to health", wie er insbesondere im Internationalen Recht diskutiert wird[24].

Daraus ergibt sich gleichzeitig, dass sich diese Arbeit nicht mit dem Zugang zum Gesundheitssystem beschäftigen wird. Nicht das Versorgungssystem mit seinem Fokus auf Patienten und Patientinnen steht im Vordergrund, sondern es wird von einem weiten Begriff von Gesundheitspolitik und Gesundheitsrecht ausgegangen, der über das herkömmliche Verständnis von Gesundheitspolitik hinausgeht, das den Begriff hauptsächlich mit Krankenversorgungspolitik gleichsetzt[25]. Selbst dort, wo das gesamte Gesundheitswesen einschließlich des Öffentlichen Gesundheitsdienstes in die Betrachtung einbezogen wird, bleibt Gesundheitspolitik begrenzt: auf die Krankenversicherung und den Infektionsschutz. Dieses Politikverständnis spiegelt sich im Recht. Gesundheitsrecht wird häufig als Krankenversicherungsrecht verstanden und/oder weist eine gewisse Nähe zum Medizinrecht auf[26]. Hierdurch rückt auf die eine oder andere Weise der Arzt bzw. die Ärztin in das Zentrum der Betrachtung. Zum Recht der öffentlichen Gesundheit gehören dagegen neben dem Infektionsschutzrecht u. a. das Lebensmittelrecht, das Umweltrecht, das Arbeitsschutzrecht, das Glücksspielrecht, das Gesundheitsfürsorgerecht und das Betäubungsmittelrecht. Gleichzeitig müssen Gesetze, die nicht unmittelbar gesundheitsschützende Ziele verfolgen, aber soziale Gesundheitsfaktoren beeinflussen, mit in die Betrachtung einbezogen werden.

---

[31]), wenn auch hiermit Leistungen im Krankheitsfall gemeint sind, bezeichnet doch „Gesundheitsfürsorge" eine Aufgabe, die aus der Armenfürsorge entstanden ist und somit soziale Aspekte mitberücksichtigt (zum Begriff ausführlich unten 2. Teil, B. I. 2. c]). Ein wieder anderer Begriff der „Gesundheitsfürsorge" findet sich bei *Mers*, Infektionsschutz im liberalen Rechtsstaat, die ihn im Sinne des Infektionsschutzes bzw. im Sinne von „Public Health" (S. 11, 13 und passim) verwendet.

[21] Durchgehend benutzt wird er allerdings von *Seewald*, Zum Verfassungsrecht auf Gesundheit.

[22] So auch *Huster*, Der Onkologe 2011, 197; *ders.*, Soziale Gesundheitsgerechtigkeit, S. 10 f.; *Welti*, GesR 2015, 1 (2).

[23] *Becker*, in: FS-Steiner, S. 50 (63).

[24] Dazu *Kaltenborn/Tröppner*, JZ 2017, 745.

[25] Kritisch auch *Rosenbrock/Gerlinger*, Gesundheitspolitik, S. 12; *Wehkamp*, in: Biendarra/Weeren (Hrsg.), Gesundheit – Gesundheiten?, S. 499 (505).

[26] Das Gesundheitsrecht ausdrücklich nur in Anbindung an das Medizinrecht und das SGB V verstehend *Kingreen*, in: FS-Deutsch, S. 283 (292 f.); vgl. den Titel des Kommentars von Berchtold/Huster/Rehborn (Hrsg.): Gesundheitsrecht, der sich mit dem SGB V und dem SGB XI beschäftigt. Anders dagegen die Darstellung bei Ehlers/Fehling/Pünder (Hrsg.), Besonderes Verwaltungsrecht, Band 2, die das Gesundheitsrecht in „Medizinische Behandlung" und „Schutz vor besonderen Gesundheitsrisiken" aufteilen.

Die bevölkerungsbezogene Perspektive verleitet die Public-Health-Forschung dazu, umfassende Präventionsmaßnahmen und unmittelbare Einwirkungen auf die sozialen Verhältnisse zu fordern, soweit diese im Verdacht stehen, krank zu machen. So wird u.a. die Reduktion des Konsums bestimmter Lebensmittelbestandteile wie Zucker und Salz (z.B. durch höhere Besteuerung oder die sogenannte „Lebensmittelampel"), die Ausweitung von Rauchverboten (z.B. in Autos, wenn Kinder anwesend sind), die Festlegung von Impfpflichten, die Umverteilung bestimmter sozialer Faktoren (wie insbesondere das Einkommen) und andere Maßnahmen zum Abbau sozialer bzw. gesundheitlicher Ungleichheiten gefordert. Die Politik scheint auch allgemein sensibler für Fragen der Prävention zu werden: Maßnahmen wie umfassende Rauchverbote schienen vor 15 Jahren und eine Masernimpfpflicht vor fünf Jahren fast undenkbar. Die Verabschiedung des Präventionsgesetzes 2015[27] erschien manchen als Meilenstein, der auf einer Linie mit vielen anderen jüngeren gesetzgeberischen Initiativen der vorbeugenden Sozialpolitik liege[28]. Gleichzeitig mehren sich die kritischen Stimmen, die Deutschland nicht nur auf dem Gebiet des Polizei- und Sicherheitsrechts[29], sondern auch im Bereich der Gesundheit auf dem Weg zu einem umfassenden „Präventionsstaat"[30] sehen, der „Gesundheitspflichten"[31] der Bürger regelt und sie umfassend bevormundet[32]. Im Bereich des Sicherheitsrechts wird regelmäßig das Spannungsverhältnis zwischen Freiheit und Sicherheit ausgelotet. Für den Bereich der Gesundheit kann man nun Freiheit und Gesundheit gegenüberstellen. Gleichzeitig gilt: Nicht nur Sicherheit ist eine Voraussetzung von Freiheit – das gleiche gilt für die Gesundheit. Der Bevölkerung kann also nicht pauschal unterstellt werden, von gesundheitsschützenden und -fördernden Gesetzen stets verschont bleiben zu wollen. Hier setzt die vorliegende Arbeit an. Sie will die Erkenntnisse der Public-Health-Forschung aufgreifen und vor dem Hintergrund der dort generierten Erkenntnisse aus juristischer Sicht untersuchen, zu welchen präventiven Maßnahmen der Staat verpflichtet ist bzw. welche ihm ggf. sogar verboten sind, mit anderen Worten: das Verhältnis von Freiheit und Gesundheit analysieren.

Um ein eigenes Rechtsgebiet im engeren Sinne handelt es sich beim Recht der öffentlichen Gesundheit bislang nicht; die einschlägigen Vorschriften sind vielmehr in ganz unterschiedlichen Rechtsgebieten zu finden, ohne in irgendeiner Art miteinander verklammert zu sein oder aufeinander zu verweisen. Auf eine umfassende Dar-

---

27 Gesetz zur Stärkung der Gesundheitsförderung und der Prävention v. 17.7.2015, BGBl I 1368.

28 Jedenfalls zu letzterem *Pitschas*, VSSR 2018, 235 (248).

29 Vgl. die Beiträge in Huster/Rudolph (Hrsg.), Vom Rechtsstaat zum Präventionsstaat, 2008; *Volkmann*, NVwZ 2009, 216.

30 Vgl. auch den Roman von Juli Zeh „Corpus Delicti" aus dem Jahr 2009, der das Bild einer in Deutschland in naher Zukunft bestehenden Gesundheitsdiktatur zeichnet. Zum Präventionsstaat im Zusammenhang mit sozialen Risiken *Denninger*, KJ 1988, 1 (10f.).

31 *Eberbach*, MedR 2010, 756; Hufen, DRiZ 2014, 302. Vgl. *B. Schmidt*, Eigenverantwortung haben immer die Anderen; *Höfling*, ZEFQ 103 (2009), 286.

32 Vgl. *Barczak*, in: Ach (Hrsg.), Grenzen der Selbstbestimmung in der Medizin, S. 65 (insbes. 113f.).

stellung all dieser Regelungen muss schon aus Platzgründen verzichtet werden; innerhalb der Bestandsaufnahme im 2. Teil werden jedoch die wichtigsten Rechtsgebiete und ihre Entwicklung dargestellt. Konzentrieren wird sich die Darstellung auf die Regulierungsansätze in Bezug auf drei wichtige Gesundheitsrisiken: übertragbare Krankheitserreger, Lebensstilrisiken und die familiäre Gesundheitssozialisation von Kindern. Sie stehen für die Gegenstände von *Old Public Health* und *New Public Health*. Jahrhundertelang musste der Staat Seuchen wie die Pest und später die Cholera bekämpfen, gegen die es keine kurative Therapie gab, sondern nur präventive Maßnahmen halfen. Nachdem es gelang, auf diese Seuchen mit der modernen Medizin zu reagieren, sieht sich der Staat heutzutage mit der Zunahme chronischer Krankheiten konfrontiert, die nicht geheilt werden können, so dass Patientinnen oft lebenslang das gesundheitliche Versorgungssystem in Anspruch nehmen. Auf die unterschiedlichen Krankheiten – übertragbare und nicht übertragbare – wird mit unterschiedlichen Ansätzen und Instrumenten reagiert. Mit *Old Public Health*[33] können die staatlichen Interventionsansätze bezeichnet werden, die sich der klassischen Instrumente des Ordnungsrechts bedienen; neben dem Infektionsschutz mit seinem Fokus auf übertragbare Krankheiten zählt auch der Arbeitsschutz hierzu. *New Public Health* nimmt nun auch Gesundheitsschäden, die sich der Einzelne selbst zufügt[34], sowie soziale Faktoren in den Blick[35], die unter dem Thema „soziale Gerechtigkeit" und „gesundheitliche Chancengleichheit" diskutiert werden[36]. Durch die Ottawa Charta kam die Gesundheitsförderung als Interventionsansatz hinzu[37]. Für *New Public Health* spielt somit der Lebensstil eine zentrale Rolle; er wirkt sich nicht nur auf die Gesundheit des Einzelnen aus, sondern auch auf die Gesundheit der Kinder, die durch den Lebensstil der Eltern im Rahmen der Gesundheitssozialisation geprägt werden. Schichtenspezifische Unterschiede bei den Lebensstilen haben wiederum ihren Anteil an gesundheitlichen Ungleichheiten. Charakterisierend für *New-Public-Health*-Interventionen ist, dass sie in der Regel nicht dem Ordnungsrecht entspringen, sondern mit weicheren Mitteln versuchen, Einfluss auf das Verhalten der Bevölkerung zu nehmen. Der neuere „ökologische Ansatz" nimmt außerdem soziale Faktoren in den Blick und setzt auf Verhältnis- statt Verhaltensprävention.

In den drei Bereichen: Infektionskrankheiten, Lebensstilrisiken und die familiäre Gesundheitssozialisation von Kindern, die im Rahmen dieser Arbeit im Vordergrund stehen, zeigen sich Unzulänglichkeiten und offene Fragen der Regulierung

---

[33] Zum Begriff *Szagun/Starke*, Bundesgesundheitsbl 2005, 1125.

[34] *Buyx*, Ethik Med 22 (2010), 221 (226 Fn. 5).

[35] *Rosenbrock*, Bundesgesundheitsbl 2001, 753; *Breckenkamp*, in: Gerhardus/Breckenkamp/Razum/Schmacke/Wenzel (Hrsg.), Evidence-based Public Health, S. 13 (14).

[36] *Huster*, Ethik Med 2010, 289 (290); *ders.*, Der Onkologe 2011, 197; *ders.*, Soziale Gesundheitsgerechtigkeit; *ders.*, GGW 2012, 24 (29); *Siegrist*, in: Weilert (Hrsg.), Gesundheitsverantwortung zwischen Markt und Staat, S. 257; vgl. auch *Rosenbrock*, Gesundheitswesen 2007, 647 (648); *Mielck*, Ethik Med 2010, 235 (243); *ders.*, in: Strech/Marckmann (Hrsg.), Public Health Ethik, 2010, S. 79 (85).

[37] Siehe zur Entwicklung von Public Health auch *Awofeso*, Am J Public Health 2004, 705.

jeweils eigener Art, die nach einer ausführlichen Analyse der verfassungsrechtlichen Rahmenbedingungen des Rechts der öffentlichen Gesundheit im 3. Teil im 4. Teil erneut aufgegriffen und vor dem Hintergrund der gefundenen verfassungsrechtlichen Ergebnisse einer Klärung zugeführt werden sollen. Während die Inhalte von *Old Public Health* öfter Gegenstand der rechtswissenschaftlichen Forschung sind[38], war die öffentliche Gesundheit bislang weder in Form einer Gesamtbetrachtung noch mit einem Fokus auf *New Public Heath* Teil einer ausführlichen rechtswissenschaftlichen Diskussion[39].

---

[38] Vgl. *von Steinau-Steinrück*, Die staatliche Verhütung und Bekämpfung von Infektionskrankheiten; *Klafki*, Risiko und Recht; *Mers*, Infektionsschutz im liberalen Rechtsstaat.

[39] Vgl. aber *Huster*, JZ 2008, 859. Siehe außerdem mit jeweils eigenen Schwerpunkten unter Ausklammerung anderer in dieser Arbeit behandelten Aspekte *Kolbe*, Freiheitsschutz vor staatlicher Gesundheitssteuerung; *Kreßner*, Gesteuerte Gesundheit; *Samhat*, Gesundheitsgerechtes Verhalten.

1. Teil

Grundlagen

A. Der Public-Health-Ansatz

Für eine Analyse des Rechts der öffentlichen Gesundheit muss eingegrenzt werden, was unter „öffentlicher Gesundheit" zu verstehen ist. Die Public-Health-Forschung verwendet zur Beschreibung des Ziels die Begriffe „Krankheitsprävention" und „Gesundheitsförderung". Welche Sachverhalte hiervon erfasst werden, hängt davon ab, welche Faktoren dafür verantwortlich sind, wie gesund oder krank jemand ist.

I. Ziel der „öffentlichen Gesundheit": bevölkerungsbezogene Krankheitsprävention und Gesundheitsförderung

Die Begriffe Prävention und Gesundheitsförderung werden in der Public-Health-Forschung nicht einheitlich definiert. Zum Teil wird eine genaue Unterscheidung für entbehrlich oder jedenfalls „für die Praxis" für unbedeutend gehalten[1]. Wie später noch gezeigt werden wird[2], ist für das Recht eine Unterscheidung jedoch notwendig, will man die Aufgaben des Staates näher untersuchen. Deswegen wird im Folgenden von den Bedeutungen der Begriffe ausgegangen, die in der Public-Health-Forschung am weitesten verbreitet sind und an die die rechtswissenschaftlichen Begrifflichkeiten am ehesten anknüpfen können.

Prävention und Gesundheitsförderung ist gemein, dass sie auf einen Gesundheitsgewinn abzielen[3]. Bei der Krankheitsprävention – oft nur Prävention genannt – handelt es sich um Interventionen, die geeignet sind, das Auftreten einer Gesundheitsschädigung bzw. Krankheit durch vorbeugende Strategien zu verhindern oder zu verringern[4]. Unterschieden wird zwischen primärer, sekundärer und tertiärer Prävention. Zum Teil werden als weitere, vorgelagerte Kategorie Maßnahmen angesehen, die nicht auf eine bestimmte Bevölkerungsgruppe aufgrund spezieller Risiko-

---

[1] *Rosenbrock/Michel*, Primäre Prävention, S. 12.

[2] 3. Teil, A. I., II.

[3] *Hurrelmann/Richter/Klotz/Stock*, in: dies. (Hrsg.), Referenzwerk Prävention und Gesundheitsförderung, S. 23 (24f.); *Hurrelmann/Richter*, Gesundheits- und Medizinsoziologie, S. 151.

[4] *Hurrelmann/Richter/Klotz/Stock*, in: dies. (Hrsg.), Referenzwerk Prävention und Gesundheitsförderung, S. 23 (25); *Hurrelmann/Richter*, Gesundheits- und Medizinsoziologie, S. 150; *Kolip*, in: Razum/Kolip (Hrsg.), Handbuch Gesundheitswissenschaften, S. 686 (695).

faktoren abzielen, sondern für alle Menschen nützlich sind, wie das Tragen des Sicherheitsgurtes im Auto und allgemeine Schutzimpfungen. Diese Maßnahmen werden mit dem Begriff „primordiale Prävention“ umschrieben[5].

Auch die primäre Prävention kommt zum Einsatz, bevor eine Krankheit überhaupt entstanden ist. Das Auftreten einer solchen soll vermieden oder jedenfalls so niedrig wie möglich gehalten werden, indem den bekannten Risikofaktoren entgegengetreten wird[6]. Risikofaktoren sind „alle empirisch im Bevölkerungsmaßstab gesicherten Vorläufer und Prädiktoren von organischen und psychosomatischen Krankheiten, psychischen oder Entwicklungsstörungen“[7]. Bei der primären Prävention wird versucht, mögliche Risikofaktoren auszuschalten (z. B. durch ein Einstellen gesundheitsschädlichen Verhaltens wie des Rauchens) oder die Abwehr der Zielorganismen zu stärken (z. B. durch Schutzimpfungen)[8]. Adressiert werden Gesunde[9], die Träger bestimmter Risikofaktoren sind.

Die sekundäre Prävention dient der Krankheitserkennung und Krankheitseindämmung[10]. Hierunter fallen z. B. Screeninginstrumente im Frühstadium von Krankheiten, wie etwa Vorsorgeuntersuchungen, die Krankheiten entdecken sollen[11]. Die Screeninginstrumente werden unabhängig von einem konkreten Krankheitsverdacht bei einzelnen Personen und damit entindividualisiert eingesetzt. Erst wenn durch die Screenings erkannt wird, dass bei Einzelpersonen eine Krankheit schon aufgetreten ist, bezwecken die weiteren Maßnahmen der sekundären Prävention die Reduzierung des Ausmaßes der Ausbreitung und der Dauer der Krankheit bei der betroffenen Person[12]. Adressiert werden Personen, die als Gesunde oder Symptomlose erscheinen, bei einem positiven Befund aber zu Patientinnen und Patienten werden[13].

Die tertiäre Prävention betrifft Menschen, die bereits an einer Krankheit im fortgeschrittenen Stadium leiden; sie ist darauf gerichtet, die krankheitsbedingten Funk-

---

[5] *Kryspin-Exner/Pintzinger*, in: Hurrelmann/Richter/Klotz/Stock (Hrsg.), Referenzwerk Prävention und Gesundheitsförderung, S. 35 (36).

[6] *Hurrelmann/Richter/Klotz/Stock*, in: dies. (Hrsg.), Referenzwerk Prävention und Gesundheitsförderung, S. 23 (25); *Hurrelmann/Richter*, Gesundheits- und Medizinsoziologie, S. 150; *Rosenbrock/Michel*, Primäre Prävention, S. 2.

[7] *Franzkowiak*, Risikofaktoren und Risikofaktorenmodell, in: BZgA, Leitbegriffe der Gesundheitsförderung und Prävention, Stand: 13.6.2018.

[8] *Leppin*, in: Hurrelmann/Richter/Klotz/Stock (Hrsg.), Referenzwerk Prävention und Gesundheitsförderung, S. 47 (48, 50); *Kolip*, in: Razum/Kolip (Hrsg.), Handbuch Gesundheitswissenschaften, S. 686 (697 f.).

[9] *Leppin*, in: Hurrelmann/Richter/Klotz/Stock (Hrsg.), Referenzwerk Prävention und Gesundheitsförderung, S. 47 (48).

[10] *Leppin*, in: Hurrelmann/Richter/Klotz/Stock (Hrsg.), Referenzwerk Prävention und Gesundheitsförderung, S. 47 (48); *Rosenbrock/Michel*, Primäre Prävention, S. 2.

[11] *Kolip*, in: Razum/Kolip (Hrsg.), Handbuch Gesundheitswissenschaften, S. 686 (699); *Hurrelmann/Richter*, Gesundheits- und Medizinsoziologie, S. 150.

[12] *Hurrelmann/Richter*, Gesundheits- und Medizinsoziologie, S. 150.

[13] *Leppin*, in: Hurrelmann/Richter/Klotz/Stock (Hrsg.), Referenzwerk Prävention und Gesundheitsförderung, S. 47 (49).

tionsbeeinträchtigungen und Begleiterkrankungen sowie Folgeschäden zu reduzieren[14]. Die Abgrenzung zu kurativ-therapeutischen Maßnahmen ist oft schwierig[15]. Bei den Adressaten handelt es sich um Patientinnen und Patienten[16]. Die tertiäre Prävention arbeitet somit individualisiert und nicht bevölkerungsbezogen, so dass sie nicht Gegenstand der Public-Health-Forschung im engeren Sinne ist.

Der Begriff der primordialen Prävention hat sich in der Public-Health-Forschung nicht recht durchgesetzt. Die ihr zugerechneten Maßnahmen werden meistens der primären Prävention zugeschrieben, indem zwischen Maßnahmen, die auf bestimmte Zielgruppen ausgerichtet sind, und Maßnahmen, die sich universell an die ganze Bevölkerung richten, unterschieden wird; auch können Überschneidungen zur Gesundheitsförderung bestehen[17]. Unabhängig davon, wie man diese bevölkerungsweiten, unspezifischen Strategien nennt, haftet ihnen ein Problem an: Aus der Perspektive des Einzelnen stellt sich der in Aussicht gestellte Gesundheitsgewinn als sehr vage und kaum greifbar dar. Ohne das Vorliegen eines persönlichen Risikos werden sich viele aus diesem Grund nicht für eine Änderung ihres Verhaltens entscheiden[18]. Rein statistisch und bevölkerungsweit gesehen können durch solche Maßnahmen aber gesundheitsförderliche Effekte in relevantem Ausmaß erzielt werden. Diese Diskrepanz zwischen individuellem und gesamtgesellschaftlichem Gewinn wird auch als Präventionsparadox bezeichnet[19].

Bei der Gesundheitsförderung geht es um die Verbesserung gesundheitsrelevanter Lebensweisen und Lebensbedingungen. Erreicht werden soll sie durch anregende und unterstützende Impulse, dies schließt schützende und sichernde Impulse jedoch nicht aus[20]. Das Konzept der Gesundheitsförderung wurde insbesondere von der WHO auf die internationale gesundheitspolitische Agenda gesetzt, die einen eigenen Gesundheitsbegriff verwendet. Gesundheit ist danach „ein Zustand völligen körperlichen, seelischen und sozialen Wohlbefindens und nicht nur das Freisein von Krankheit oder Gebrechen."[21] Nach der Ottawa-Charta der WHO aus dem Jahr 1986 zielt Gesundheitsförderung

„auf einen Prozess, allen Menschen ein höheres Maß an Selbstbestimmung über ihre Gesundheit zu ermöglichen und sie damit zur Stärkung ihrer Gesundheit zu befähigen. Um ein um-

---

[14] *Hurrelmann/Richter*, Gesundheits- und Medizinsoziologie, S. 150; *Rosenbrock/Michel*, Primäre Prävention, S. 2.

[15] *Leppin*, in: Hurrelmann/Richter/Klotz/Stock (Hrsg.), Referenzwerk Prävention und Gesundheitsförderung, S. 47 (49); *Rosenbrock/Michel*, Primäre Prävention, S. 3.

[16] *Leppin*, in: Hurrelmann/Richter/Klotz/Stock (Hrsg.), Referenzwerk Prävention und Gesundheitsförderung, S. 47 (49).

[17] *Leppin*, in: Hurrelmann/Richter/Klotz/Stock (Hrsg.), Referenzwerk Prävention und Gesundheitsförderung, S. 47 (48).

[18] *Leppin*, in: Hurrelmann/Richter/Klotz/Stock (Hrsg.), Referenzwerk Prävention und Gesundheitsförderung, S. 47 (50 f.).

[19] *Rose*, British Medical Journal 1981, 1847 (1850); *ders.*, Sick individuals and sick populations, Int J Epidemiol 1985, 32 (37 f.).

[20] *Hurrelmann/Richter*, Gesundheits- und Medizinsoziologie, S. 149.

[21] Präambel der Satzung der WHO, BGBl 1974 II 45.

fassendes körperliches, seelisches und soziales Wohlbefinden zu erlangen, ist es notwendig, dass sowohl einzelne als auch Gruppen ihre Bedürfnisse befriedigen, ihre Wünsche und Hoffnungen wahrnehmen und verwirklichen sowie ihre Umwelt meistern bzw. verändern können. In diesem Sinne ist die Gesundheit als ein wesentlicher Bestandteil des alltäglichen Lebens zu verstehen und nicht als vorrangiges Lebensziel. Gesundheit steht für ein positives Konzept, das in gleicher Weise die Bedeutung sozialer und individueller Ressourcen für die Gesundheit betont wie die körperlichen Fähigkeiten. Die Verantwortung für Gesundheitsförderung liegt deshalb nicht nur bei dem Gesundheitssektor[,] sondern bei allen Politikbereichen und zielt über die Entwicklung gesünderer Lebensweisen hinaus auf die Förderung von umfassendem Wohlbefinden hin."[22].

Bei Gesundheitsförderung soll es hauptsächlich um „Empowerment" gehen[23]. Gesundheitsförderung setzt nicht wie die Prävention an Risikofaktoren, sondern an Schutzfaktoren (Ressourcen) an und will diese fördern[24]. Sie folgt also nicht dem Risikofaktoren-, sondern dem Ressourcenmodell. Zu den Ressourcen gehören die internen und externen Ressourcen. Interne Ressourcen sind die psychischen und physischen Ressourcen einer Person (die zur Verfügung stehenden Handlungsmittel bzw. Eigenschaften wie Fähigkeiten, Selbstwirksamkeitsüberzeugungen etc. sowie die körperlichen Voraussetzungen wie die körperliche Fitness). Die externen Ressourcen unterteilen sich in soziale Ressourcen (z. B. soziale Stützsysteme, gute Beziehungen zu wichtigen Bezugspersonen, soziales Ansehen), berufliche Ressourcen (z. B. Besitz eines Ausbildungs- oder Arbeitsplatzes, Kontrolle über die Arbeit), materielle Ressourcen (z. B. hinreichendes Einkommen, gute Wohnbedingungen), gesellschaftliche Ressourcen (z. B. Bildungssystem, Gesundheitssystem) und ökologische Ressourcen (z. B. saubere, intakte Umwelt, gesunde Nahrung)[25].

Dieser Ansatz ist allgemeiner als der der Krankheitsprävention. Er zielt auf eine Verbesserung der sozialen und materiellen Ausgangsvoraussetzungen für Gesundheit; im Gegensatz dazu blenden der Begriff der Prävention und das Risikofaktorenmodell soziale Ursachen weitgehend aus[26]. Die Stärkung der Schutzfaktoren geschieht – neben Maßnahmen des Empowerments – durch ein Angebot von angemessener Ernährung, Hygiene, Bildung, Arbeit und Wohnung und die Optimierung einer guten gesundheitlichen Versorgung[27]. Gesundheitsförderung führt somit zwei Ansätze zusammen: die Stärkung der persönlichen und sozialen Gesundheitskom-

---

[22] Ottawa-Charta, Abschnitt „Gesundheitsförderung".

[23] *Altgeld/Kolip*, in: Hurrelmann/Richter/Klotz/Stock (Hrsg.), Referenzwerk Prävention und Gesundheitsförderung, S. 57 (62).

[24] *Altgeld/Kolip*, in: Hurrelmann/Richter/Klotz/Stock (Hrsg.), Referenzwerk Prävention und Gesundheitsförderung, S. 57 (58). Einen anderen Begriff von Gesundheitsförderung vertritt *Rosenbrock*, der Gesundheits-förderung als Unterfall der Primärprävention versteht (*Rosenbrock/Kümpers*, in: Richter/Hurrelmann [Hrsg.], Gesundheitliche Ungleichheit, S. 385 [388]).

[25] *Blümel*, Systemisches Anforderungs-Ressourcen-Modell in der Gesundheitsförderung in: BZgA, Leitbegriffe der Gesundheitsförderung und Prävention, Stand: 7.7.2020.

[26] *Franzkowiak*, Risikofaktoren und Risikofaktorenmodell, in: BZgA, Leitbegriffe der Gesundheitsförderung und Prävention, Stand: 13.6.2018; *B. Schmidt*, Eigenverantwortung haben immer die Anderen, S. 66.

[27] *Hurrelmann/Richter*, Gesundheits- und Medizinsoziologie, S. 153.

petenzen und eine systematische Politik, die auf die Verbesserung von Gesundheitsdeterminanten abzielt[28].

II. Faktoren, die den Gesundheitszustand beeinflussen

Um das Risiko, möglicherweise in der Zukunft zu erkranken, auch rechtlich verarbeiten zu können, sind Kenntnisse über die Entstehungsbedingungen von Krankheiten und über die Faktoren, die die Gesundheit beeinflussen, erforderlich; nur so kann abgegrenzt werden, welche Rechtsgebiete zum Recht der öffentlichen Gesundheit gehören. Will das Recht die öffentliche Gesundheit steuern, muss es diese Erkenntnisse berücksichtigen.

1. Bedingungsfaktoren von Gesundheit

Die Bedingungsfaktoren von Gesundheit können in drei Kategorien eingeteilt werden: personale Faktoren, Verhaltensfaktoren und Verhältnisfaktoren[29]. Zu den personalen Faktoren gehören die genetische Disposition, die körperliche Konstitution, die psychische Konstitution, Behinderungen und die ethnische Herkunft. Auf diese Faktoren kann der Staat von vornherein keinen Einfluss nehmen.

Verhaltensfaktoren sind Essgewohnheiten, die körperliche Aktivität, die Spannungsregulation, der Tabak- und Alkoholkonsum, der Drogenkonsum, das Sexualverhalten, das Hygieneverhalten, das Selbstvertrauen, die Selbstwirksamkeitsüberzeugung, Bewältigungskompetenzen und das Vorsorgeverhalten. Verhältnisfaktoren sind der sozioökonomische Status, Bildungsangebote, die wirtschaftlichen Verhältnisse, Arbeitsbedingungen, politische Stabilität, der Migrationsstatus, die Wohnverhältnisse, die Verkehrssicherheit, die Luft-, Wasser- und Bodenqualität, die Hygienebedingungen, Freizeitmöglichkeiten und die Qualität der Versorgungsangebote. Die drei Faktorengruppen wirken nicht unabhängig voneinander, sondern bedingen sich gegenseitig. Die medizinische Versorgung hingegen spielt eine untergeordnete Rolle[30]. Im konkreten Krankheitsfall können der Zugang zu ihr und ihre Qualität zwar

---

[28] *Kaba-Schönstein*, Gesundheitsförderung 1: Grundlagen, in: BZgA, Leitbegriffe der Gesundheitsförderung und Prävention, Stand: 15.6.2018.

[29] Ausführlich, auch zum Folgenden, *Hurrelmann/Richter*, Gesundheits- und Medizinsoziologie, S. 23 f.

[30] Selbst aus Sicht der Seuchenbekämpfung bahnbrechende medizinische Innovationen wie die Entwicklung von Antibiotika und Impfstoffen hatten im 20. Jahrhundert geringere Effekte auf die Gesamtmortalität durch Infektionskrankheiten als Verbesserungen der Wohn- und Ernährungssituation (dazu ausführlich *McKeown*, The role of medicine, passim). Eine neue Studie kommt zu dem Ergebnis, dass in den USA Verbesserungen bei der Lebenserwartung zwischen 1990 und 2015 zu 44 % auf Public-Health-Maßnahmen, zu 35 % auf Arzneimittel und zu 13 % auf das restliche medizinische Versorgungssystem zurückzuführen sind (*Buxbaum/Chernew/Fendrick/Cutler*, Health Affairs 39 [2020], 1546).

entscheidend für den Heilungserfolg und somit ggf. für weitere Erkrankungen in der Zukunft sein, bei einer abstrakten Betrachtung des Gesundheitszustands der Bevölkerung kommt den sozialen Faktoren aber eine größere Bedeutung zu.

An diesen Bedingungsfaktoren setzen nun unterschiedliche Maßnahmen von Prävention und Gesundheitsförderung an. Der am weitesten verbreitete Ansatz unterteilt die Maßnahmen in Verhaltens- und Verhältnisprävention. Die Verhaltensprävention setzt bei den Verhaltensfaktoren an und will (gesundheitsschädliche) Verhaltensweisen beeinflussen. Dies geschieht insbesondere durch Gesundheitserziehung, -bildung, -aufklärung und -beratung[31]. Wenn nicht das Gesundheitsverhalten, sondern die Verhältnisse – also die Lebens-, Arbeits- und Umweltbedingungen – beeinflusst werden, die sich auf den Gesundheitsstatus auswirken, spricht man von Verhältnisprävention[32]. Bei dieser Unterscheidung handelt es sich um eine Form der Querschnittsdifferenzierung; d. h. beide Formen können sowohl bei der Krankheitsprävention als auch bei der Gesundheitsförderung auftreten[33].

Man kann angesichts dessen das Recht der öffentlichen Gesundheit nicht so eng verstehen, dass nur solche Gesetze, die den Umgang mit bestimmten gesundheitsriskanten Stoffen und die natürliche Umwelt (Luft, Wasser, Boden) regeln, hierunter fallen. Das Recht der öffentlichen Gesundheit muss auch soziale Faktoren verarbeiten. Die möglichen Faktoren erscheinen hier freilich nahezu unbegrenzt. Es soll bereits an dieser Stelle darauf hingewiesen werden, dass im Rahmen dieser Arbeit nicht alle denkbaren staatlichen Maßnahmen, die soziale Faktoren in gesundheitsrelevanter Weise beeinflussen, untersucht werden können. Aber es soll untersucht werden, ob es möglicherweise übergeordnete Grundsätze einer solchen sozialen Vorsorge gibt, die als allgemeine Leitlinien dazu dienen können, die entsprechenden rechtlichen Regelungen zu strukturieren.

2. Gesundheitliche Ungleichheiten: die Erkenntnisse der Sozialepidemiologie

Wenn verschiedene Gesetze und Rechtsgebiete durch verschiedene Ansätze und Instrumente und durch die Fokussierung auf einen einzelnen Bedingungsfaktor versuchen, auf die Gesundheit der Bevölkerung einzuwirken, geschieht dies nicht notwendigerweise aufgrund eines übergreifenden Konzepts. Eine bevölkerungsbezogene Perspektive muss sich von einzelnen Bedingungsfaktoren der Gesundheit lösen und

---

[31] *Hurrelmann/Richter*, Gesundheits- und Medizinsoziologie, S. 154; *Rosenbrock/Michel*, Primäre Prävention, S. 6.

[32] *Hurrelmann/Richter*, Gesundheits- und Medizinsoziologie, S. 153; *Rosenbrock/Michel*, Primäre Prävention, S. 5.

[33] *Altgeld/Kolip*, in: Hurrelmann/Richter/Klotz/Stock (Hrsg.), Referenzwerk Prävention und Gesundheitsförderung, S. 57 (59); *Leppin*, in: Hurrelmann/Richter/Klotz/Stock (Hrsg.), Referenzwerk Prävention und Gesundheitsförderung, S. 47 (51 f.). – Anders *Hurrelmann/Richter*, Gesundheits- und Medizinsoziologie, S. 153 f., die Verhaltensprävention mit Krankheitsprävention und Verhältnisprävention mit Gesundheitsförderung gleichsetzen.

die Erkenntnisse der Sozialepidemiologie berücksichtigen. Diese hat mittlerweile in vielen Studien nachgewiesen, dass der Gesundheitszustand der Angehörigen der unteren sozialen Schicht[34] signifikant schlechter ist als der der Mitte und der wiederum schlechter als der der höheren Schicht[35]. Die Unterschiede zeigen sich bereits zu Beginn des Lebens: So ist die Säuglingssterblichkeit in den unteren sozialen Schichten größer als in den oberen sozialen Schichten[36]. Der Unterschied in der Lebenserwartung wiederum zwischen Menschen aus der niedrigsten und der höchsten sozialen Schicht beträgt bei Männern 8,6 und bei Frauen 4,4 Jahre[37]. Der Zusammenhang zwischen sozioökonomischem Status und Gesundheit zieht sich dabei wie ein „sozialer Gesundheitsgradient"[38] durch alle Schichten: Je geringer der sozioökonomische Status eines Menschen ist, desto höher ist die Wahrscheinlichkeit, dass er einen schlechten Gesundheitszustand aufweist[39]. Diese Korrelation wird in den Gesundheitswissenschaften als „gesundheitliche Ungleichheit" bezeichnet[40].

Inwiefern diese Korrelation auf Kausalitäten beruht, ist umstritten. Nicht allgemein bestätigt werden konnte die These, dass der sozioökonomische Status auf einem schlechten Gesundheitsstatus beruht, also „Krankheit arm macht"[41]. Die anderen Deutungsversuche sehen die Kausalität im umgekehrten Sinne: Bestimmte soziale Faktoren, die den sozioökonomischen Status bestimmen oder durch ihn geprägt werden, führen zu unterschiedlichen Gesundheitszuständen.

Traditionelle Erklärungsansätze betonen materielle und strukturelle Einflüsse (ggf. ergänzt um psycho-soziale Einflüsse) und kulturelle oder verhaltensbezogene Einflüsse[42]. Die materialistische Erklärung betont die Wirkung, die die materiellen Ressourcen, die mit Einkommen und beruflicher Stellung zusammenhängen und beide von der Bildung beeinflusst werden, auf die Gesundheit haben. So ermöglichen es wirtschaftliche Ressourcen, sich gesunde Nahrungsmittel und wettergerechte Kleidung, Wellness- und Entspannungsangebote und Zugang zu Sportaktivitäten zu

---

34 Nicht vertieft werden soll hier die Frage, wie die sozialen Schichten bestimmt werden (nach Einkommen, Bildung oder beruflicher Stellung oder einer Verknüpfung aller drei Faktoren). Zu Unterschieden bei den Auswirkungen auf den Gesundheitsstatus *Siegrist/Marmot*, in: dies. (Hrsg.), Soziale Ungleichheit und Gesundheit, S. 15 (17 f.). Im Folgenden wird nur in Einzelfällen auf bestimmte Unterschiede hingewiesen.

35 Vgl. für Deutschland z. B. *T. Lampert/Richter/Schneider/Spallek/Dragano*, Bundesgesundbeitsbl 2016, 153.

36 *T. Lampert/Richter*, in: Richter/Hurrelmann (Hrsg.), Gesundheitliche Ungleichheit, S. 209 (213) mwN.

37 *T. Lampert/Hoebel/Kroll*, Journal of Health Monitoring 1/2019, 3.

38 *Rauprich*, in: Strech/Marckmann (Hrsg.), Public Health Ethik 2010, S. 97 (99); *Huster*, Soziale Gesundheitsgerechtigkeit, S. 16.

39 Zusammenfassung der Studien bei *Mielck*, in: Strech/Marckmann (Hrsg.), Public Health Ethik, 2010, S. 79 (80 ff.); Robert Koch-Institut, Armut, soziale Ungleichheit und Gesundheit, S. 34 f. (in Bezug auf das Einkommen).

40 *T. Lampert/Mielck*, GGW 2008, 7 (8).

41 Die Anzahl der hiervon betroffenen Personen ist jedenfalls zu gering (*Richter/Hurrelmann*, APuZ 42/2007, 3 [6]).

42 *Siegrist/Marmot*, in: dies. (Hrsg.), Soziale Ungleichheit und Gesundheit, S. 15 (21 f.).

kaufen bzw. zu verschaffen, was sich wiederum auf den Gesundheitsstatus auswirkt[43]. Bildungsunterschiede machen sich insofern bemerkbar, als die Inanspruchnahme von Informationsangeboten mit einem höheren Bildungsgrad steigt und erworbenes Wissen über Gesundheitsrisiken besser umgesetzt werden kann[44]. Ein geringeres Einkommen schränkt u. a. die Möglichkeiten bei der Wohnungssuche ein. Dies führt dazu, dass Menschen mit geringem sozioökonomischem Status eher in gesundheitsschädlichen Umwelten leben[45], da Mietpreise die Unterschiede in der Wohnqualität widerspiegeln: In Vierteln mit starkem Verkehrsaufkommen und höheren Lärm- und Luftbelastungen liegen die Mieten unter dem Durchschnitt; Grünflächen und Spielmöglichkeiten sind in geringerem Umfang vorhandenen[46]. Auch die Wohnungen selbst sind häufiger schadstoffbelastet oder von Schimmel befallen[47]. Zum Teil wird jedoch auch bestritten, dass sich positive Effekte des Einkommens – bzw. einer Erhöhung des Einkommens – auf die Gesundheit belegen lassen[48].

Neben dem unmittelbaren Einfluss von Einkommen und Bildung auf den Gesundheitszustand können weitere Faktoren wie die psycho-soziale Umwelt eine Rolle spielen[49]. Dies kann sich neben einzelnen kritischen Lebensereignissen und chronischen Alltagsbelastungen insbesondere am Arbeitsplatz zeigen[50], wo sich schlechte Arbeitsbedingungen und fehlende Partizipationsmöglichkeiten an Entscheidungsprozessen negativ auf die Gesundheit auswirken können[51]. Arbeitslosigkeit bzw. allgemein die Sorge um die Sicherung des Lebensunterhalts und des vorhandenen Lebensstandards gehen auf der anderen Seite mit sich negativ auswirkenden Verhaltensweisen (z. B. Bewegungsarmut, Tabak- und Alkoholkonsum) und psychischer Belastung einher[52]. Der gemeinsame Nenner dieser Probleme ist die niedrige Kontrolle: Sie kann zu Depressivität, Gefühlen der Ohnmacht und auch zu immunologischen und endokrinen Reaktionen führen, die wiederum das Erkrankungsrisiko erhöhen[53]. Manche ungesunden Verhaltensweisen wie Tabak- und Alkoholkonsum können auch direkt da-

---

[43] *Hurrelmann/Richter*, Gesundheits- und Medizinsoziologie, S. 40 f.; Robert Koch-Institut, Armut, soziale Ungleichheit und Gesundheit, S. 35.

[44] *Hurrelmann/Richter*, Gesundheits- und Medizinsoziologie, S. 42 f.

[45] *Laaksonen/Roos/Rahkonen/Martikainen/Lahelma*, Journal of Epidemiology and Community Health 59 (2005), 163 (164 f.).

[46] Robert Koch-Institut, Gesundheitliche Ungleichheit bei Kindern und Jugendlichen in Deutschland, S. 13.

[47] *T. Lampert/Mielck*, GGW 2008, 7 (12).

[48] Vgl. *Chandra/Vogel*, Social Science & Medicine 71 (2010), 1227 (1228), und die dort zitierten Studien.

[49] *Siegrist*, in: Weilert (Hrsg.), Gesundheitsverantwortung zwischen Markt und Staat, S. 257 (265 ff.).

[50] *Richter/Hurrelmann*, APuZ 42/2007, 3 (7); *Siegrist*, in: Weilert (Hrsg.), Gesundheitsverantwortung zwischen Markt und Staat, S. 257 (266).

[51] *Siegrist*, in: Weilert (Hrsg.), Gesundheitsverantwortung zwischen Markt und Staat, S. 257 (265 ff.); ausführlich *Siegrist/Theorell*, in: Siegrist/Marmot (Hrsg.), Soziale Ungleichheit und Gesundheit, S. 99 ff.

[52] Robert Koch-Institut, Armut, soziale Ungleichheit und Gesundheit, S. 35, 83 f.

[53] *Geyer*, Ethik Med 2010, 249 (259) mwN.

rauf zurückzuführen sein, dass sie dem Stressabbau dienen[54]. Auch soziale Ausgrenzung (Exklusion) und das Empfinden sozialer Ungleichheiten als ungerecht sollen sich negativ auf die Gesundheit auswirken[55]. Die Ungleichheit insgesamt sei ungesund, weil sie mehr Menschen in eine Position mit geringer Autonomie dränge[56].

Wo kulturelle oder verhaltensbezogene Einflüsse als entscheidend für die Gesundheit angesehen werden, wird auf den gesundheitsbezogenen Lebensstil abgestellt. Die Soziologie versteht unter dem Begriff „Lebensstil" „unterschiedliche Muster der Lebensführung in verschiedenen sozialen Gruppen, die sich aus dort vorherrschenden Werten, Gewohnheiten und sozialen Normen sowie aus verfügbaren Chancen der Lebensgestaltung ergeben"[57]. Die soziale Schichtzugehörigkeit beeinflusst somit den Lebensstil[58], der wiederum maßgeblich das Gesundheitsverhalten prägt[59]. Menschen mit niedrigem sozioökonomischem Status neigen zu Verhaltensweisen, die sich negativ auf die Gesundheit auswirken, wie z. B. Fehlernährung, wenig Bewegung, mangelnde Körper- und Zahnhygiene und Zigarettenkonsum[60]. Etwa 50 % der gesundheitlichen Ungleichheit sollen auf das Gesundheitsverhalten zurückzuführen sein[61]. Dies erklärt jedoch noch nicht, *warum* Menschen mit niedrigem sozioökonomischem Status verstärkt zu gesundheitsschädlichen Verhaltensweisen neigen.

Dieser Frage widmet sich die „Lebenslaufperspektive"[62] bzw. der „Lebenslaufansatz"[63], der zunächst nur die Bedingungsfaktoren von Gesundheit und Krankheit nicht zeitlich isoliert, sondern auf die ganze Lebensspanne bezogen betrachtet. Viele Krankheiten im Erwachsenenalter sind auf gesundheitliche Einflüsse im Kindesalter zurückzuführen[64]. So haben bereits Belastungen und Ressourcen während der Schwangerschaft Einfluss auf die spätere Krankheitslast[65]; verzögertes Wachstum

---

54 Siehe *Voigt*, Public Health Ethics 2010, 91 (95), zum Tabakkonsum mwN.

55 Zum Verhältnis von prekärer Lebenslage und subjektivem Exklusionsempfinden *Bude/Lantermann*, KZfSS 2006, 233.

56 *Marmot*, Status Syndrome, passim, deutlich S. 112, 135 ff.; vgl. auch die Aussage *Marmots* im Interview mit brand eins, Heft 2/2016: https://www.brandeins.de/magazine/brand-eins-wirtschafts magazin/2006/leadership/stirb-langsam-entscheider.

57 *Siegrist*, in: Weilert (Hrsg.), Gesundheitsverantwortung zwischen Markt und Staat, S. 257 (261).

58 *Siegrist*, in: Weilert (Hrsg.), Gesundheitsverantwortung zwischen Markt und Staat, S. 257 (261).

59 Ausführlich *Hurrelmann/Richter*, Gesundheits- und Medizinsoziologie, S. 73 f. mwN.

60 *Hurrelmann/Richter*, Gesundheits- und Medizinsoziologie, S. 37. Zu den einzelnen genannten Gesundheitsfaktoren und damit zusammenhängenden gesundheitlichen Ungleichheiten vgl. Robert Koch-Institut, Armut, soziale Ungleichheit und Gesundheit.

61 *Mielck*, Ethik Med 2010, 235 (237) mwN.

62 *Siegrist*, in: Weilert (Hrsg.), Gesundheitsverantwortung zwischen Markt und Staat, S. 257 (262).

63 Ausführlich *Power/Kuh*, in: Siegrist/Marmot (Hrsg.), Soziale Ungleichheit und Gesundheit, S. 45.

64 *Richter/Hurrelmann*, APuZ 42/2007, 3 (9); *Power/Kuh*, in: Siegrist/Marmot (Hrsg.), Soziale Ungleichheit und Gesundheit, S. 45 (49 ff.).

65 *Siegrist*, in: Weilert (Hrsg.), Gesundheitsverantwortung zwischen Markt und Staat, S. 257 (262).

während der Schwangerschaft und nach der Geburt – was wesentlich häufiger bei Schwangeren aus niedrigen sozialen Schichten auftritt – steht z. B. in einem Zusammenhang mit einem erhöhten Risiko für koronare Erkrankungen im Erwachsenenalter[66]. Die Entwicklung der körperlichen und geistigen Gesundheit ist also zum einen direkt auf die Eltern zurückzuführen. Eine erhebliche Prägung des Lebensstils und somit des Gesundheitsverhaltens findet in der Familie statt, was mit dem Begriff „Gesundheitssozialisation" umschrieben wird[67]. Im Kindes- und Jugendalter bilden sich Verhaltensmuster und Einstellungen heraus, die ein Leben lang das Gesundheitsverhalten prägen oder jedenfalls schwer zu beeinflussen sind[68].

Schwierig ist es natürlich, Ursachen vor oder direkt nach der Geburt von denen zu unterscheiden, die im späteren Leben durch Erziehung und die weitere Sozialisation hinzutreten. Das Pfadmodell betont sowohl soziale als auch biologische „Risikoketten", die sich gegenseitig beeinflussen[69]. Das Kumulationsmodell[70] geht davon aus, dass eine erhöhte Gefährdung am Lebensbeginn durch spätere ungünstige körperliche, seelische und soziale Entwicklungschancen während der Sozialisation im Elternhaus verstärkt wird[71]. In der Phase des frühen und mittleren Erwachsenenalters (Familiengründung, Erwerbstätigkeit, gesellschaftliches Engagement) verfestigt sich dann die soziale Schichtzugehörigkeit[72].

Die Auswirkungen des sozioökonomischen Status auf die Gesundheit zeigen sich somit vom frühen Kindesalter bis zum Lebensende; Kinder aus den unteren sozialen Schichten haben von vornherein schlechtere Gesundheitschancen[73]. Dieser Begriff lehnt sich an den Begriff der Lebenschancen an, der in der Soziologie im Rahmen der Beschreibung von sozialer Ungleichheit verwendet wird[74]. Mit „Gesundheitschancen" wird die Gesamtheit begrenzender und erweiternder Strukturen und Ressourcen, die sich auf Gesundheitsverhalten und Gesundheitsstatus auswirken, bezeichnet[75]. Der Begriff wird zunehmend genutzt, um den Gesundheitszustand bestimmter Gruppen der Bevölkerung, hauptsächlich bezogen auf den sozioökonomischen Status, zu beschreiben[76].

---

66 *Dragano*, APuZ 42/2007, 18 (19) mwN.

67 Ausführlich *Dippelhofer-Stiem*, in: dies./Dippelhofer (Hrsg.), Fachgebiet Erziehungs- und Bildungssoziologie der Enzyklopädie Erziehungswissenschaft Online, 1.

68 Robert Koch-Institut, Armut, soziale Ungleichheit und Gesundheit, S. 97.

69 *Power/Kuh*, in: Siegrist/Marmot (Hrsg.), Soziale Ungleichheit und Gesundheit, S. 45 (56 f.).

70 Zu den drei Modellen (kritische Phase, Pfad, Kumulation) *Graham*, Social Science & Medicine 55 (2002), 2005 (2007 f.).

71 *Siegrist*, in: Weilert (Hrsg.), Gesundheitsverantwortung zwischen Markt und Staat, S. 257 (263).

72 *Siegrist*, in: Weilert (Hrsg.), Gesundheitsverantwortung zwischen Markt und Staat, S. 257 (264).

73 Robert Koch-Institut, Gesundheitliche Ungleichheit bei Kindern und Jugendlichen in Deutschland, S. 41.

74 *Burzan*, Soziale Ungleichheit, S. 7. Der Begriff „Lebenschancen" wiederum geht auf *Dahrendorf* zurück (1986).

75 *Hurrelmann/Richter*, Gesundheits- und Medizinsoziologie, S. 74 f.

76 Vgl. z. B. die Nutzung des Begriffs bei Robert Koch-Institut, Armut, soziale Ungleichheit und

Es spricht viel dafür, dass die Kausalitäten komplex miteinander verwoben sind[77]. Einen hohen Stellenwert haben die Kindheit und die Sozialisation für die Gesundheit im Erwachsenenalter und der Lebenslaufansatz bietet eine Erklärung für die Entstehung gesundheitlicher Ungleichheiten[78]. Ungesunde Verhaltensweisen, die in einer sozialen Schicht und somit im Lebensumfeld gehäuft auftreten, werden dort zur sozialen Norm, was auch für sich genommen eine Wirkung auf die betroffenen Personen hat: Wo z. B. fast alle Menschen des sozialen Umfelds rauchen, fangen auch die Personen mit höherer Wahrscheinlichkeit an zu rauchen, bei denen die anderen Risikofaktoren wie Arbeitslosigkeit, erhöhter Stress etc. nicht vorliegen, weil der gemeinsame Tabakkonsum eine integrierende Wirkung hat. Gleichzeitig hören weniger Personen auf zu rauchen, selbst wenn dieser Wunsch an sich vorhanden ist, weil es an der Unterstützung des sozialen Umfelds fehlt[79].

B. Die Erkenntnisse der Public-Health-Forschung als Grundlage evidenzbasierten Rechts

Das Recht kann nur dann einen Effekt auf die öffentliche Gesundheit haben, wenn der Gesetzgeber die Erkenntnisse der Public-Health-Forschung zur Kenntnis nimmt und das Recht daran ausrichtet. In welchem Ausmaß die öffentliche Gesundheit dann beeinflusst wird, hängt davon ab, wie eindeutig einerseits die vorhandenen Erkenntnisse sind und sich daraus Schlüsse auf konkrete, voraussichtlich wirksame, umsetzbare Interventionen ableiten lassen und wie sehr sich der Gesetzgeber andererseits tatsächlich von der Evidenz leiten und nicht von Akteuren mit eigenen, der öffentlichen Gesundheit gegenläufigen Interessen – etwa Lobbyaktivitäten von Tabak- und Lebensmittelindustrie – beeinflussen lässt. Diese Akteure haben zum Teil großen Einfluss darauf, welche Interventionen der Gesetzgeber tatsächlich einführt. Dies sieht man etwa daran, dass in Deutschland erst zum 1.1.2022 – anders als in allen anderen Mitgliedstaaten der EU – ein Tabakwerbeverbot auch für Plakatwände[80] erlassen wurde und auch die Einführung einer Lebensmittelampel lange Zeit nur diskutiert wurde. Maßnahmen, die keine Eingriffe in die Rechte der Risikoakteure darstellen, findet man dafür sehr viele: So entwirft die BZgA[81] regelmäßig Gesund-

Gesundheit; Robert Koch-Institut, Gesundheitliche Ungleichheit bei Kindern und Jugendlichen in Deutschland; *Siegrist*, in: Weilert (Hrsg.), Gesundheitsverantwortung zwischen Markt und Staat, S. 257.

[77] *Siegrist*, in: Weilert (Hrsg.), Gesundheitsverantwortung zwischen Markt und Staat, S. 257 (268).

[78] *Siegrist/Marmot*, in: dies. (Hrsg.), Soziale Ungleichheit und Gesundheit, S. 15 (35).

[79] *Voigt*, Public Health Ethics 2010, 91 (95).

[80] Zweites Gesetz zur Änderung des Tabakerzeugnisgesetzes v. 23.10.2020, BGBl I 2229.

[81] 1967 wurde die Bundeszentrale für gesundheitliche Aufklärung (BZgA) als Bundesoberbehörde im Geschäftsbereich des Bundesministeriums für Gesundheit errichtet (Errichtungserlass v.

heitskampagnen in Form von reinen Informations- und Motivationskampagnen, die keinen ausdrücklichen Zielgruppen- und Kontextbezug haben und für deren Wirkung es keine belastbaren Belege gibt[82]. In verschiedenen Bereichen orientiert sich der Gesetzgeber an Leitbildern – wie im Verbraucherschutzrecht dem Leitbild des „mündigen Verbrauchers" –, ohne dass diese Leitbilder immer evidenzbasiert sind[83].

I. Gesundheitsberichterstattung

Von den Erkenntnissen über die Faktoren, die die Gesundheit der Menschen beeinflussen, erfährt der Staat durch die Gesundheitsberichterstattung. Seitdem vor ca. 35 Jahren[84] das erste Jahresgutachten des Sachverständigenrats für die Konzertierte Aktion im Gesundheitswesen veröffentlicht wurde[85], wurde die Gesundheitsberichterstattung immer mehr institutionalisiert und verstetigt. Sie findet mittlerweile auf mehreren Ebenen und durch verschiedene Akteure statt. Definitionen von „Gesundheitsberichterstattung" gibt es viele; entscheidend ist insbesondere, dass diese Berichterstattung Daten und Interpretationen zur Verfügung stellt, die ein Bild über den Gesundheitszustand der Bevölkerung oder bestimmter Bevölkerungsgruppen, die maßgeblichen Einflussfaktoren und die Gesundheitsversorgung liefert[86].

20.7.1967). Nach § 2 des Errichtungserlasses hat sie die Aufgabe, Grundsätze und Richtlinien für Inhalte und Methoden der praktischen Gesundheitserziehung zu erarbeiten, die auf dem Gebiet der Gesundheitserziehung und -aufklärung tätigen Personen aus- und fortzubilden, die gesundheitliche Aufklärung und Gesundheitserziehung im Bundesgebiet zu koordinieren und verstärken und mit dem Ausland zusammen zu arbeiten. Zu diesem Zweck führt sie bundesweit ausgerichtete Maßnahmen und Kampagnen durch, die die Bevölkerung auf verschiedenen Wegen erreicht: auf der Homepage der BZgA, auf eigens dafür eingerichteten Internetseiten, auf Plakatwänden und durch Radio- und TV-Spots. Inhaltlich geht es dabei u. a. um die Prävention von HIV und anderen sexuell übertragbaren Krankheiten, um die Suchtprävention (u. a. bezogen auf Alkohol- und Tabakkonsum), um die Diabetesprävention, um die Steigerung der Impfraten und um die Steigerung der Organspendebereitschaft (siehe die Aufstellung der Themenschwerpunkte unter https://www.bzga.de/themenschwerpunkte/ mit den jeweiligen Unterseiten).

[82] *Rosenbrock/Michel*, Primäre Prävention, S. 76. Anders stellt sich die Situation bei der „Gib AIDS keine Chance-Kampagne" dar, bei der es sich jedoch nicht nur um eine Plakataktion handelt, sondern um einen systematischen, mehrdimensionalen Ansatz, der verschiedene Maßnahmen kombiniert (dazu *Rosenbrock/Michel*, Primäre Prävention, S. 75 ff.).

[83] Siehe unten 3. Teil.

[84] Zur Gesundheitsberichterstattung in der Zeit davor *Elkeles*, in: Haring (Hrsg.), Gesundheitswissenschaften, S. 143 (144 f.).

[85] Jahresgutachten, Medizinische und ökonomische Orientierung, Baden-Baden 1987.

[86] *T. Lampert/Saß/Beermann/Burger/Ziese*, in: Thielscher (Hrsg.), Medizinökonomie 1, S. 27 (28); *Elkeles*, in: Haring (Hrsg.), Gesundheitswissenschaften, S. 143 (144) (auch zu verschiedenen Definitionen).

1. Gesundheitsberichterstattung des Bundes

Durch die Gesundheitsberichterstattung des Bundes soll eine „umfassende und aktuelle Daten- und Informationsgrundlage für die Gesundheitspolitik" geschaffen werden[87]. Verantwortlich für die Gesundheitsberichterstattung des Bundes sind sowohl das Statistische Bundesamt (§§ 2 f. BStatG) als auch das RKI als Bundesinstitut für Infektionskrankheiten und nicht übertragbare Krankheiten (§ 2 I, III Nr. 4 BGA-NachfG). Zu seinen Aufgaben gehören u. a. epidemiologische Untersuchungen auf dem Gebiet der übertragbaren und nicht übertragbaren Krankheiten, die Sammlung und Bewertung von Erkenntnissen und Erfahrungen zu HIV-Infektionen und AIDS-Erkrankungen und die Gesundheitsberichterstattung (§ 2 III BGA-NachfG)[88].

Während das RKI die fachliche Verantwortung trägt und das Berichtssystem koordiniert, liegt der Schwerpunkt der Aufgaben des Statistischen Bundesamts auf der Beschaffung, Aufbereitung und Bereitstellung von Daten[89] u. a. durch den Betrieb des Informations- und Dokumentationszentrums „Gesundheitsdaten". Die Daten bzw. Analysen werden in verschiedenen Produkten wie Datenbanken[90], Journals und Berichten[91] frei verfügbar aufbereitet.

Zu den amtlichen Datenquellen, die genutzt werden, gehören der Mikrozensus, die Todesursachenstatistik und die Krankenhausstatistik[92]. Ausgewertet werden auch Studien, die von anderen Einrichtungen durchgeführt werden, z. B. durch die BZgA oder das Institut der Deutschen Zahnärzte[93], und Abrechnungsdaten und „Reporte" der GKV[94]. Das RKI wertet außerdem die Daten aus epidemiologischen Registern wie den Krebsregistern aus. 2010 wurde hierfür beim RKI ein Zentrum für Krebsregisterdaten eingerichtet[95] (§ 1 I Bundeskrebsregisterdatengesetz [BKRG]), das die anonymisierten Daten der epidemiologischen Landeskrebsregister auf Bundesebene zusammenführt und so das Krebsgeschehen in Deutschland bewertet.

---

87 GBE kompakt 1/2010, S. 1.

88 Ausführlich zu den Aufgaben des RKI *Gärditz/Linzbach*, Gesundheitswissen aus Behördenhand, S. 47 ff.

89 *T. Lampert/Saß/Beermann/Burger/Ziese*, in: Thielscher (Hrsg.), Medizinökonomie 1, S. 27 (29).

90 Vgl. www.gbe-bund.de.

91 Im Einzelnen *Elkeles*, in: Haring (Hrsg.), Gesundheitswissenschaften, S. 143 (147).

92 *T. Lampert/Saß/Beermann/Burger/Ziese*, in: Thielscher (Hrsg.), Medizinökonomie 1, S. 27 (35).

93 *T. Lampert/Saß/Beermann/Burger/Ziese*, in: Thielscher (Hrsg.), Medizinökonomie 1, S. 27 (33).

94 Dazu *T. Lampert/Saß/Beermann/Burger/Ziese*, in: Thielscher (Hrsg.), Medizinökonomie 1, S. 27 (35); *Elkeles*, in: Haring (Hrsg.), Gesundheitswissenschaften, S. 143 (149). Ausführlich zu den Nutzungsmöglichkeiten *Ohlmeier/Frick/Prütz/T. Lampert/Ziese/Mikolajczyk/Garbe*, Bundesgesundheitsbl 2014, 464.

95 Dazu *Wolf/Barnes/Bertz/Haberland/Laudi/Stöcker/Schönfeld/Kraywinkel/Kurth*, Bundesgesundheitsbl 2011, 1229.

2. Auf Landes- und kommunaler Ebene

Auf Landesebene ist die Gesundheitsberichterstattung unterschiedlich institutionell angebunden: So kann sie direkt im Gesundheitsministerium[96] oder in nachgeordneten Landesinstituten[97] angesiedelt sein[98]. Die ÖGD-Gesetze enthalten unterschiedlich detaillierte Vorgaben[99], so muss in NRW etwa einmal jährlich die Landesgesundheitskonferenz einberufen werden[100]; in Berlin gibt es eine integrierte Gesundheits- und Sozialberichterstattung[101].

Die kommunalen Gesundheitsämter sind auch für die Durchführung der Schuleingangsuntersuchungen zuständig[102], deren Erkenntnisse Teil der Gesundheitsberichterstattung werden können[103]. Da die Schuleingangsuntersuchung die einzige bevölkerungsweite verpflichtende Untersuchung – also eine Reihenuntersuchung – ist, ermöglicht sie dem Staat zusätzlich einen besonderen Zugriff auf bestimmte Daten. So werden der Impfstatus und die Teilnahme an den Kindergesundheitsuntersuchungen nach § 26 SGB V erhoben, was es dem Staat z. B. erlaubt, die einzelnen Durchimpfungsraten für diesen Jahrgang zu ermitteln.

II. Public-Health-Gesetzgebung auf der Basis wissenschaftlicher Evidenz

Auf der Grundlage der Gesundheitsberichterstattung besteht die Möglichkeit für den Staat, evidenzbasiertes Recht zu erlassen. Der Begriff „evidenzbasiert" tauchte im Gesundheitsbereich zunächst im Zusammenhang mit der evidenzbasierten Medizin (EBM)[104] auf und bedeutet, dass staatliches Entscheiden und Handeln nach dem aktuellen Stand des Wissens erfolgt, das belegt ist durch wissenschaftliche Publikationen und Studien sowie fachlichen Konsens[105]. Die Evidenz spielt bei Interventionen der Prävention und Gesundheitsförderung an mehreren Stellen eine Rolle: bei der

---

[96] Etwa in NRW.

[97] In Bayern etwa im Bayerischen Landesamt für Gesundheit und Lebensmittelsicherheit.

[98] *Elkeles*, in: Haring (Hrsg.), Gesundheitswissenschaften, S. 143 (147).

[99] Vgl. Art. 10 II bay. GDVG; § 9 BbgGDG; §§ 4 f. HmbGDG; § 24 ÖGDG M-V; §§ 21, 25 ÖGDG NW. Hierzu auch *Rosenkötter/Borrmann/Arnold/Böhm*, Bundesgesundheitsbl 2020, 1067. Zur kommunalen Gesundheitsberichterstattung *Szagun/Starke*, Bundesgesundheitsbl 2005, 1125 (1126 ff.); *Szagun*, in: Kuhn/Heyn (Hrsg.), Gesundheitsförderung durch den öffentlichen Gesundheitsdienst, S. 125.

[100] § 26 III ÖGDG NW.

[101] §§ 5 f. berl. GDG.

[102] Art. 14 V 4 bay. GDVG iVm Art. 80 bay. Gesetz über das Erziehungs- und Unterrichtswesen; § 6 II 3 BbgGDG; § 15 II ÖGDG M-V; § 12 II 3 ÖGDG NW; § 9 II 3 GDG LSA. Dazu auch noch unten 2. Teil, C. III. 2.

[103] Dazu *Wahl/Kreffter/Frölich/Müller-Thur/Dragano/Göbels/Poschkamp/Schäfer/Weyers*, Bundesgesundheitsbl 2018, 1236.

[104] Dazu *Trojan/Kolip*, in: Tiemann/Mohokum (Hrsg.), Prävention und Gesundheitsförderung, S. 2 f.

[105] Robert Koch-Institut (Hrsg.), RKI-Fachwörterbuch Infektionsschutz und Infektionsepidemiologie, Stichwort „evidenzbasiert".

Definition des gesundheitlichen Problems (also der Prävalenz einer Krankheit, z. B. der Anzahl der Lungenkrebsfälle), bei der Ursache (z. B. Rauchen) und bei der Auswahl der Intervention.

1. 1. und 2. Schritt: Festlegen des Public-Health-Problems

Eine rein evidenzbasierte Gesetzgebung kann es nicht geben, nicht zuletzt weil der politische Prozess immer von Wertungen beeinflusst wird. Aber auch die Forschung selbst kommt nicht ohne Vorannahmen und Wertungen aus. Eine Public-Health-Gesetzgebung, die sich jedenfalls vorrangig an der wissenschaftlichen Evidenz ausrichtet, muss in mehreren Schritten vorgehen[106]. Sie setzt zunächst voraus, dass der Gesetzgeber definiert, worin er das Problem für die öffentliche Gesundheit sieht. Das kann z. B. die Anzahl von Brustkrebsfällen, die Anzahl von Diabeteserkrankungen oder die Anzahl neuer Masernausbrüche in einem Jahr sein. Die entsprechenden Daten erhält der Staat u. a. durch die Gesundheitsberichterstattung[107]. An dieser Stelle ist die Datenlage sehr gut; da es vorrangig um Statistiken geht.

Wenn das Public-Health-Problem definiert wurde, ist eine Hypothese darüber erforderlich, welche Faktoren ursächlich sein könnten bzw. inwiefern ein Risikofaktor gesundheitsschädlich sein könnte[108]. Diese Hypothese[109] ist notwendig, um eingrenzen zu können, welche Studien für die Entscheidung über die weitere Vorgehensweise herangezogen werden müssen (bzw. in welche Richtung ggf. überhaupt erst geforscht werden muss). Auch diese Daten erhält der Staat durch die Gesundheitsberichterstattung; hier können insbesondere verschiedene Surveys des RKI[110] herangezogen werden.

An dieser Stelle werden die Weichen gestellt für die Frage, wie später ein Gesundheitsproblem angegangen wird je nach Beschreibung der Ursachen: z. B. ob Übergewicht primär als Folge des individuellen Lebensstils oder eher als durch soziale Faktoren ausgelöst angesehen wird. Hier besteht die Möglichkeit, dass das Problem falsch identifiziert wird[111], dass also ein Faktor für ursächlich gehalten wird, der ggf. selbst eine Nebenwirkung des eigentlichen Problems darstellt, oder dass der Faktor viel schwächer auf das Gesundheitsrisiko einwirkt als andere Faktoren, die deswegen

---

[106] *Gerhardus*, in: Gerhardus/Breckenkamp/Razum/Schmacke/Wenzel (Hrsg.), Evidence-based Public Health, S. 17 (19).

[107] So beruft sich der Gesetzgeber im Entwurf des Masernschutzgesetzes auf Zahlen des RKI (BT-Drs. 19/13452, S. 1, 27), beim Sonnenstudioverbot für Minderjährige auf Zahlen zu Hautkrebserkrankungen des RKI und der Strahlenschutzkommission (BT-Drs. 16/12276, S. 8).

[108] *Gerhardus*, in: Gerhardus/Breckenkamp/Razum/Schmacke/Wenzel (Hrsg.), Evidence-based Public Health, S. 17 (20).

[109] Ausführlich *Hamann*, Evidenzbasierte Jurisprudenz, S. 111 ff.

[110] Vgl. z. B. DEGS: Studie zur Gesundheit Erwachsener in Deutschland; GEDA: Gesundheit in Deutschland aktuell; KIGGS: Studie zur Gesundheit von Kindern und Jugendlichen in Deutschland.

[111] *Pawson/Owen/Wong*, Journal of Public Health Policy 2010, 164 (168 f.).

vorrangig angegangen werden sollten. Außerdem müssen bestimmte Probleme überhaupt als gesundheitliche Probleme wahrgenommen werden – soweit dies bei sozialen Faktoren nicht der Fall ist, werden Präventionsstrategien auch nicht an diesen sozialen Faktoren ansetzen. So stehen viel weniger im Fokus der Debatte horizontale Ungleichheiten, also solche aufgrund des Migrationshintergrunds[112] oder des Geschlechts[113].

Faktisch kann der Gesetzgeber nur in einem Umfang neue Wege beschreiten, in dem dies die Erkenntnisse der Public-Health-Forschung nahelegen. Je spezifischer eine Theorie der Krankheitsverursachung ist, desto unmittelbarer kann sie in eine Präventionsstrategie umgesetzt werden und desto höher ist deren Normierungs- und Formalisierungsgrad (z. B. Impfpflichten)[114]. Je unspezifischer eine Theorie ist, desto unbestimmter kann sie in konkrete einzelne Maßnahmen umgesetzt werden[115]. In diesem Zusammenhang steht auch die Frage, wie einzelne Risiko- und Schutzfaktoren definiert werden. In vielen Fällen wie Nikotin oder Alkohol mag diese Definition leicht fallen. Was aber ist mit Bluthochdruck und Übergewicht? Handelt es sich hierbei um einen Risikofaktor oder bereits um die Erkrankung? Sollte man die Gesundheitssozialisation durch die Familie – also insbesondere die Eltern – als einen Risikofaktor betrachten oder eher deren niedrigen Bildungsgrad und das niedrige Einkommen als einzelne fehlende Schutzfaktoren?

Die Erkenntnisse der Gesundheitsberichterstattung müssen somit vom Gesetzgeber noch konkret als Problem definiert werden. Im Schnitt soll es 17 Jahre dauern, bis Ergebnisse der Public-Health-Forschung in die Politik einfließen oder in die Praxis übernommen werden[116]. Nicht alle Erkenntnisse werden auf die politische Agenda gesetzt: Im Bundesgesundheitsministerium wusste man z. B. schon in den 1970er Jahren, dass der Tabakkonsum für die Raucher ein Gesundheitsrisiko mit sich bringt. Damals wurde darüber diskutiert, bestimmte Zusatzstoffe in den Tabakwaren zu verbieten, um das Rauchen weniger gefährlich zu machen[117]. 1974, als 40 % der Bevölkerung rauchten[118], ging man bereits davon aus, dass Rauchen „absolut gesund-

[112] „Migration“ an sich ist ein Sammelbegriff für „völlig verschiedene Lebensrealitäten“ (*Geene*, in: FS-Rosenbrock, S. 28 [36]), der sich ohne weitere Erläuterung nicht als sozialer Faktor niederschlagen kann. Der Migrationshintergrund hat insbesondere dort einen eigenen (d. h. von der Zugehörigkeit zu einer bestimmten sozialen Schicht unabhängigen) Effekt, wo ein Mangel an Inklusion in die Mehrheitsgesellschaft vorliegt. Sprachbarrieren und die Unkenntnis über bestimmte Angebote können sich z. B. auf die Inanspruchnahme von Vorsorgeuntersuchungen (auch bei Kindern) auswirken. Zur gesundheitlichen Lage von Menschen mit Migrationshintergrund siehe *Rommel/Saß/Born/Eller*, Bundesgesundheitsbl 2015, 543; zu Besonderheiten bei der Prävention und Gesundheitsförderung siehe *Brand/Kleer/Samkange-Zeeb/Zeeb*, Bundesgesundheitsbl 2015, 584.

[113] Dazu *Binder-Fritz/Rieder*, Bundesgesundheitsbl 2014, 1031. – Seit 2015 nennt § 20 I 2 SGB V, der davor nur von der sozial bedingten Ungleichheit von Gesundheitschancen sprach, immerhin auch die geschlechtsbezogene Ungleichheit.

[114] *Labisch*, Gesellschaftliche Bedingungen öffentlicher Gesundheitsvorsorge, S. 19.

[115] *Labisch*, Gesellschaftliche Bedingungen öffentlicher Gesundheitsvorsorge, S. 19.

[116] *Rosenkötter/Borrmann/Arnold/Böhm*, Bundesgesundheitsbl 2020, 1067 (1072).

[117] BT-Drs. 6/1667, S. 102, 124 ff.; BT-Drs. 7/2070, S. 11 f.

[118] Antwort des Bundesgesundheitsministers auf eine Kleine Anfrage, BT-Drs. 7/2070, S. 3.

heitsschädlich" ist und es keinen Toleranzbereich gibt[119]. Es war bekannt, dass Rauchen Lungenkrebs, Krebs der Mundhöhle, des Kehlkopfes, der Speiseröhre, des Magens und der Bauchspeicheldrüse, Arterienverkalkung mit der Gefahr des Herzinfarktes, des Schlaganfalls und des „Raucherbeins", chronische Bronchitis und Lungenemphysem, Magen- und Darmgeschwüre und auch Totgeburten durch Störung der Schwangerschaft bei rauchenden Müttern auslösen kann[120]. Während 1974 darauf hingewiesen wurde, dass „starkes Rauchen" zur Abhängigkeit führen könne[121] und auch 1986 nur „bestimmte Stark- und Dauerraucher" als süchtig bezeichnet wurden[122], geht man mittlerweile davon aus, dass 70 bis 80 % aller Raucher abhängig sind[123].

2. 3. und 4. Schritt: Auswahl der Methodik und Erstellung der Evidenz

Im nächsten Schritt muss die Wirksamkeit konkreter Interventionsmaßnahmen, die grundsätzlich in Betracht kommen, prognostiziert werden. Hierzu kann der Gesetzgeber in vielen Fällen auf vorhandene Studien zurückgreifen, die sich jedoch in ihrer Ergebnissicherheit unterscheiden[124]. Die Auswahl und Bewertung der Studien sollte als sogenannte „systematische Übersichtsarbeit" angelegt werden, d.h. es sollten möglichst vollständige alle Studien erfasst werden, die den vorher definierten Kriterien genügen; wichtig ist die hohe Validität, z.B. durch randomisierte, kontrollierte Studien[125]. Einzelstudien haben eine geringere Validität. Hierbei muss berücksichtigt werden, dass die Wahrscheinlichkeit, eine Studie zu finden, die diesen Anforderungen gerecht wird, höher ist für solche, die medizinische statt sozialer Interventionen untersuchen, für solche, die individual- statt bevölkerungsbezogene Maßnahmen untersuchen, und für solche, die Maßnahmen untersuchen, die auf leicht zugängliche statt auf benachteiligte Bevölkerungsgruppen zielen[126]. Die Studienlage ist im Bereich der öffentlichen Gesundheit somit von vornherein schlechter als bei der

---

119 Antwort des Bundesgesundheitsministers auf eine Kleine Anfrage, BT-Drs. 7/2070, S. 2.

120 Antwort des Bundesgesundheitsministers auf eine Kleine Anfrage, BT-Drs. 7/2070, S. 3.

121 Antwort des Bundesgesundheitsministers auf eine Kleine Anfrage, BT-Drs. 7/2070, S. 12.

122 Bericht der Bundesregierung über die Situation des Missbrauchs verschiedener Substanzen, BT-Drs. 10/5856, S. 30. Die „große Mehrheit" der Konsumierenden sei keinesfalls abhängig. In der Wissenschaft war die Frage, ab wann von einer Abhängigkeit im Gegensatz zu einer „Gewöhnung" die Rede sein könne, wohl umstritten.

123 DKFZ, Gesundheit fördern – Tabakkonsum verringern, S. 11.

124 Dazu *Trojan/Kolip*, in: Tiemann/Mohokum (Hrsg.), Prävention und Gesundheitsförderung, S. 4 ff.

125 *Gerhardus*, in: Gerhardus/Breckenkamp/Razum/Schmacke/Wenzel (Hrsg.), Evidence-based Public Health, S. 17 (20 f.); vgl. auch *Zeeb/Donath*, in: Gerhardus/Breckenkamp/Razum/Schmacke/Wenzel (Hrsg.), Evidence-based Public Health, S. 69 (77 ff.); *Brownson/Chriqui/Stamatakis*, American Journal of Public Health 2009, 1576 (1577). Ausführlich allgemein *Hamann*, Evidenzbasierte Jurisprudenz, S. 122 ff.; *Towfigh*, I·CON 2012, 670 (679 ff.).

126 *Gerhardus*, in: Gerhardus/Breckenkamp/Razum/Schmacke/Wenzel (Hrsg.), Evidence-based Public Health, S. 17 (25).

EBM, die mit randomisierten klinischen Studien arbeitet; solche Studien gibt es im Bereich der öffentlichen Gesundheit meist nicht[127]. Hier sind Studien schwieriger zu konzipieren; oft gibt es nur Beobachtungsstudien, die etwa zwei Länder miteinander vergleichen, von denen eines die zu untersuchende Intervention eingeführt hat[128]. Das BVerfG ist sogar der Ansicht, dass die „sichersten Anhaltspunkte für die Auswirkungen eines Gesetzes“ Erfahrungen mit „vergleichbaren Regelungen im In- und Ausland“ lieferten[129]. Wann eine solche Vergleichbarkeit vorliegt, ist aber fraglich; die reine Betrachtung der einzelnen Intervention blendete z.B. kulturelle Hintergründe aus.

Auch die Bedingungen, unter denen Studien stattfinden, sind im Public-Health-Bereich anders als in der Medizin: So können keine klinischen Studien abgeschirmt „im Labor“ durchgeführt werden, sondern lediglich Studien im Alltag[130]. Zwar kann man Probanden für kurze Zeit unter abgeschirmten Bedingungen bestimmten Ernährungsmethoden unterziehen und im Anschluss die Blutwerte o.ä. mit einer Kontrollgruppe vergleichen. Wie sich aber die Umstellung der Ernährung auf lange Sicht auf die Gesundheit auswirkt, kann unter solchen Bedingungen nicht herausgefunden werden.

Hinzu kommt als Schwierigkeit, dass im Bereich der öffentlichen Gesundheit oft nicht mit einzelnen, klar abgrenzbaren Interventionen, sondern mit „komplexen sozialen Interventionen“[131] (insbesondere bei der Gesundheitsförderung) oder mit Programmen[132] (insbesondere bei der Krankheitsprävention) gearbeitet wird – so z.B. im Bereich der Tabakkontrollpolitik, wo mehrere Maßnahmen gleichzeitig auf die Raucher einwirken [z.B. Tabaksteuer, Produktkennzeichnungen, Werbeverbote]. Schwierig ist es dann, den tatsächlichen Rückgang des Tabakkonsums bzw. der Krankheits- und Todesfälle auf eine einzelne Intervention zurückzuführen und somit ihre Wirkung zu belegen. Ob eine Maßnahme nicht nur das gesundheitsriskante Verhalten ändert, sondern tatsächlich zu weniger Krankheits- oder Todesfällen führt, zeigt sich außerdem erst nach Jahrzehnten; entsprechend lang müssten Studien durchgeführt werden[133]. Im Vergleich dazu kann sich z.B. die Wirksamkeit von Arzneimitteln nach sehr kurzer Zeit zeigen. Mittlerweile gibt es verschiedene Vorschläge und Ansätze, wie im Bereich der Prävention und Gesundheitsförderung Stu-

---

[127] *Pawson/Owen/Wong*, Journal of Public Health Policy 2010, 164 (165); *Trojan/Kolip*, in: Tiemann/Mohokum (Hrsg.), Prävention und Gesundheitsförderung, S. 5, 8. Vgl. aber auch *Moulton/Mercer/Popovic/Briss/Goodman/Thombley/Hahn/Fox*, American Journal of Public Health 99 (2009), 17.

[128] *Brownson/Fielding/Maylahn*, Annu. Rev. Public Health 2009, 175 (182).

[129] Allgemein *Bickenbach*, ZfWG Sonderbeilage 2/2017, 11 (13). Vgl. auch BVerfGE 50, 290 (324f.).

[130] *Pawson/Owen/Wong*, Journal of Public Health Policy 2010, 164 (166).

[131] *Trojan/Kolip*, in: Tiemann/Mohokum (Hrsg.), Prävention und Gesundheitsförderung, S. 9.

[132] *Brownson/Fielding/Maylahn*, Annu. Rev. Public Health 2009, 175 (182).

[133] *Brownson/Fielding/Maylahn*, Annu. Rev. Public Health 2009, 175 (182).

diendesigns konzipiert werden können, um den Unterschieden im Vergleich zur Medizin Rechnung zu tragen[134].

Da das Recht der öffentlichen Gesundheit menschliches Verhalten in komplexen gesellschaftlichen Bezügen steuern will (und nicht bloß die Einnahme eines bestimmten Medikaments), müssen auch mögliche Fehlsteuerungen prognostiziert werden[135]. Immer mitbedacht werden muss, dass es zu Ausweichverhalten kommen kann, das selbst ein Risiko für die öffentliche Gesundheit darstellt oder jedenfalls im Ergebnis zu keiner Änderung führt[136]. Verbietet der Gesetzgeber z.B. ein Produkt, wird dies automatisch zu einer stärkeren Nachfrage[137] nach den Produktalternativen führen. Möglicherweise ist die Alternative jedoch noch weniger erforscht und es wurde nur noch nicht erkannt, dass sie ein größeres Risiko für die Gesundheit darstellt. Die Lebensmittelregulierung kann zur Stigmatisierung Übergewichtiger führen, die Einführung einer Impfpflicht gegen einen Krankheitserreger zur Ablehnung anderer, freiwilliger Impfungen.

Wichtig ist außerdem, dass berücksichtigt wird, dass auch Interessen und Werte in Studiendesigns einfließen können[138]; empirische Forschung ist immer implizit normativ[139]. Hinzu kommt das Problem, dass finanzstarke Lobbygruppen eigene Studien in Auftrag geben, die die Studienlage verzerren können. Nicht zuletzt Studien, die durch Risikoakteure wie Lebensmittelhersteller und die Tabakindustrie angestoßen bzw. finanziert wurden, sind deswegen nahezu unbrauchbar, wenn sie sich auf die Schädlichkeit des eigenen Produkts beziehen. Die Tabakindustrie gründete z.B. das International Committee on Smoking Issues, aus dem 1981 das International Tobacco Information Centre hervorging, das Einfluss auf die Forschung nahm, indem es u.a. durch die Unterdrückung nachteiliger Forschungsergebnisse, die Überbewertung möglicher anderer Kausalfaktoren und die Verzerrung bei der Darstellung von Forschungsergebnissen den Wissensstand verfälschte[140]. Die „Zuckerlobby" schaffte es, dass sich jahrzehntelang „Diättipps" auf die Reduktion des Fettkonsums konzentrierten[141]; dass Zucker ebenso ungesund oder noch ungesünder sein könnte, wurde ignoriert. Diese Ansicht wandelt sich nun.

---

134 Ausführlich *Trojan/Kolip*, in: Tiemann/Mohokum (Hrsg.), Prävention und Gesundheitsförderung, S. 12ff.

135 *Hawkins/Parkhurst*, Evidence and Policy 2015, 1 (8).

136 *Cross*, Wash. & Lee L. Rev. 1996, 851 (859f.): „The truly fatal flaw of the precautionary principle, ignored by almost all the commentators, is the unsupported presumption that an action aimed at public health protection cannot possibly have negative effects on public health."; *Pratt*, 87 Tulane L. Rev. (2012), 73 (113f.).

137 Zum kompensierenden Verhalten *Pawson/Owen/Wong*, Journal of Public Health Policy 2010, 164 (169).

138 *Gerhardus*, in: Gerhardus/Breckenkamp/Razum/Schmacke/Wenzel (Hrsg.), Evidence-based Public Health, S. 17 (26f.).

139 *Hamann*, Evidenzbasierte Jurisprudenz, S. 107.

140 *Klemperer*, in: Gerhardus/Breckenkamp/Razum/Schmacke/Wenzel (Hrsg.), Evidence-based Public Health, S. 131 (138).

141 Vgl. z.B. das „Fettfallenspiel" und den „Fettfallenfinder" der AOK (Stand 2008), beschrieben

3. Grenzen evidenzbasierter Public-Health-Gesetzgebung

Einem evidenzbasierten Recht der öffentlichen Gesundheit „sollte es zunächst immer darum gehen, die Evidenz des grundlegenden wissenschaftlichen Forschungsstandes zu überprüfen, um im Anschluss daran die Wirksamkeit entsprechender Maßnahmen und Interventionen sicherzustellen“[142]. Public-Health-Akteure klagen jedoch, dass die Forschung von der Politik nicht zur Kenntnis genommen bzw. nicht in entsprechende Interventionsmaßnahmen umgesetzt werde. Diese Lücke[143] zwischen Theorie und Praxis kann viele Gründe haben – neben einem nicht optimalen Theorie-Praxis-Transfer der Erkenntnisse (wozu deren Zugänglichkeit, deren Präsentation durch die Wissenschaft und das Verstehen der Erkenntnisse durch die politischen Mandatsträger gehören) können Lobbygruppen andere Studien präsentieren und aktiv vermarkten und die einzelnen Mandatsträger sich von persönlichen Wertungen und Präferenzen leiten lassen; beeinflusst werden sie auch von der Tatsache, dass die positive Wirkung einer möglichen Maßnahme wahrscheinlich erst zu einem Zeitpunkt eintreten wird, der in einer späteren Legislaturperiode liegt[144]. Der Stand der Forschung wird ggf. nicht genauer analysiert, wenn Maßnahmen vorgeschlagen werden, die plausibel erscheinen – hier lassen sich einige Beispiele finden, in denen solche Maßnahmen praktisch nutzlos sind (z. B. Programme, die bei Lebensstilrisikofaktoren Enthaltsamkeit bzw. Abstinenz zum Ziel haben, wie dies teilweise bei AIDS oder bestimmten legalen und illegalen Drogen der Fall war)[145].

Die Politik richtet sich im Bereich der öffentlichen Gesundheit oft an akuten Krisen aus – wie bestimmten verseuchten Lebensmitteln – oder folgt Kriterien der öffentlichen Skandalisierung, was Ressourcen und Aufmerksamkeit bindet und von anderen Problemen weglenkt[146]. Wenn Maßnahmen auf das Verhalten der Bevölkerung zielen und dem Einzelnen Einschränkungen abverlangen, braucht es manchmal die Befürwortung der Mehrheit der Bevölkerung oder die Politik entschließt sich für ein Vorgehen in kleineren Schritten, um die Bevölkerung nicht zu überfordern. Nicht zuletzt stehen die politischen Akteure unter dem Druck, verschiedene Interessen und Wertvorstellungen in Einklang bringen und deswegen Kompromisse eingehen zu müssen; auch die zur Verfügung stehenden Ressourcen können ihren Handlungs-

---

bei *Schmidt-Semisch/Schorb*, in: Gerhardus/Breckenkamp/Razum/Schmacke/Wenzel (Hrsg.), Evidence-based Public Health, S. 145 (146 f.); siehe auch die Gleichsetzung von „falscher“ mit „fettreicher“ bzw. „üppiger“ Ernährung in BT-Drs. 12/8238, S. 11.

[142] *Schmidt-Semisch/Schorb*, in: Gerhardus/Breckenkamp/Razum/Schmacke/Wenzel (Hrsg.), Evidence-based Public Health, S. 145 (154 f.).

[143] In der englisch-sprachigen Literatur ist hier von einem „gap“ zwischen „evidence“ und „policy“ die Rede, so *Brownson/Chriqui/Stamatakis*, American Journal of Public Health 2009, 1576; *Cairney/Oliver*, Health Research Policy and Systems 2017, Nr. 35, S. 1.

[144] Vgl. *Brownson/Chriqui/Stamatakis*, American Journal of Public Health 2009, 1576 (1577).

[145] *Gerhardus*, in: Gerhardus/Breckenkamp/Razum/Schmacke/Wenzel (Hrsg.), Evidence-based Public Health, S. 17.

[146] *Rosenbrock/Michel*, Primäre Prävention, S. 78; *Brownson/Fielding/Maylahn*, Annu. Rev. Public Health 2009, 175 (176).

spielraum beschränken[147]. Man kann deswegen nicht das Konzept der evidenzbasierten Medizin – das sich an das Gesundheitssystem bzw. die dortigen Leistungserbringer, also insbesondere Ärztinnen, richtet – eins zu eins auf die Public-Health-Gesetzgebung übertragen[148].

III. Bevölkerungsbezogenes Recht auf Basis der Erkenntnisse der Public-Health-Forschung

Dies ändert nichts daran, dass dem Staat die Erkenntnisse der Public-Health-Forschung grundsätzlich vorliegen. Dass die Studienlage nicht immer eindeutig ist, führt nicht dazu, dass der Staat nicht im Interesse der öffentlichen Gesundheit handeln darf. Ggf. würde ein Untätigbleiben sogar gegen die Verfassung verstoßen. Die Unsicherheit im Tatsächlichen muss vielmehr rechtlich verarbeitet werden. Der restliche Teil der Arbeit wird sich mit den Fragen beschäftigen, wie der bevölkerungsbezogene Ansatz von Public Health – auch in Situationen der Ungewissheit – in das Recht übertragen werden kann und welche Rechtsgebiete zum Recht der öffentlichen Gesundheit gehören. Auf der Grundlage, dass man Krankheitsprävention und Gesundheitsförderung als gesundheitliche Risikovorsorge verstehen kann, soll analysiert werden, wie man die staatlichen Pflichten zur Krankheitsprävention und Gesundheitsförderung verfassungsrechtlich konkretisieren kann und wo die Grundrechte staatlichen Bemühungen eine Grenze ziehen. Dabei soll auch untersucht werden, inwiefern der Staat verfassungsrechtlich verpflichtet ist, die Erkenntnisse der Public-Health-Forschung zu berücksichtigen.

---

147 Vgl. ausführlich *Hawkins/Parkhurst*, Evidence and Policy 2015, 1.

148 *Hawkins/Parkhurst*, Evidence and Policy 2015, 1 (3 f.); *Cairney/Oliver*, Health Research Policy and Systems 2017, Nr. 35, S. 2. – Zu „Evidenzbasierung in Prävention und Gesundheitsförderung“ siehe nun auch das gleichnamige Heft 5 des Bundesgesundheitsbl 2021.

2. Teil

Das Recht der öffentlichen Gesundheit: Bestandsaufnahme

Die im 1. Teil dargestellten Bedingungsfaktoren von Gesundheit und Krankheit – als einzelne Risikofaktoren, einzelne Schutzfaktoren oder in ihrem zum Teil bestehenden komplexen Zusammenspiel – müssen Gegenstand eines Recht der öffentlichen Gesundheit sein. Auch eine damit korrespondierende Gesundheitspolitik, die sich zusätzlich die Verbesserung der Lebensverhältnisse zum Ziel setzt, kann sich nicht nur auf die Gestaltung einzelner Aufgaben des gesundheitlichen Versorgungssystems beziehen. Dies ist einer der Leitgedanken der Ottawa-Charta der WHO zur Gesundheitsförderung[1]. Die Lebensverhältnisse werden durch alle Politikbereiche gestaltet; in allen Bereichen müssen Maßnahmen auf ihren Einfluss auf den Gesundheitsstatus der Bevölkerung untersucht werden bzw. in allen Bereichen kann die Einführung von Maßnahmen notwendig sein, um das Gesundheitsniveau der Bevölkerung zu heben. Dies wird mit dem Begriff „Health In All Policies" umschrieben. Gesundheitspolitik ist nach diesem Verständnis nicht Teil der Gesellschaftspolitik, sondern Gesellschaftspolitik ist immer auch Gesundheitspolitik.

A. Übertragung dieser Ausgangslage in rechtliche Kategorien

I. Der Gesundheitsbegriff des Rechts der öffentlichen Gesundheit

Das Krankenversicherungsrecht muss Ziel und Zweck der gesetzlichen Krankenversicherung berücksichtigen, um zu bestimmen, wann jemand als krank gilt. Dort muss sich eine Definition an den Fragen ausrichten, ob ein bestimmter körperlicher Zustand Ansprüche auf Leistungen der Krankenkasse (wie ärztliche Behandlung) auslöst und ob die für den Krankheitsfall vorgesehenen Mechanismen zwischen Arbeitgeber und Krankenkasse greifen (wie die Zahlung von Krankengeld), ob die Arbeitnehmerin also arbeitsunfähig ist. Es war entsprechend schon ständige Rechtsprechung des Reichsversicherungsamts, dass Krankheit im Sozialversicherungsrecht ein regelwidriger Körper- oder Geisteszustand ist, der ärztlicher Behandlung bedarf

[1] *Altgeld/Kolip*, in: Hurrelmann/Richter/Klotz/Stock (Hrsg.), Referenzwerk Prävention und Gesundheitsförderung, S. 57 (62).

oder – zugleich oder ausschließlich – Arbeitsunfähigkeit zur Folge hat[2]. Die Feststellung, ob jemand in diesem Sinne krank ist, obliegt nach dem Sozialversicherungssystem wiederum den Ärzten, die einen biomedizinischen bzw. negativen[3] Begriff von Krankheit und Gesundheit verwenden. Demnach ist Gesundheit das Freisein von Krankheit, ist also auf das normale Funktionieren des Körpers ausgerichtet[4]. Dies überrascht nicht, ist doch die Medizin auf die Heilung von Krankheiten ausgerichtet. Durch diese Konstruktion galt Gesundheit – nicht nur in der Rechtswissenschaft – lange Zeit bloß als „Abwesenheit von Krankheit"; in diesem System ist ein Mensch entweder gesund oder krank, Abstufungen gibt es nicht. Das wiederum erschwert den Blick auf eine differenziertere, soziale Faktoren berücksichtigende Definition von Gesundheit[5]. Aus dem gleichen Grund wurde Gesundheitspolitik immer als Organisation und Steuerung des auf Kuration ausgerichteten Krankenversicherungssystems verstanden[6].

Ein solcher negativer Gesundheitsbegriff bleibt in den Strukturen und Prinzipien des Sozialversicherungs- und Leistungserbringungsrechts gefangen. Im Recht der öffentlichen Gesundheit geht es nicht um die Diagnose „gesund oder krank" für eine einzelne Person, sondern um das Risiko zu erkranken[7] – eine Perspektive, die durch Unsicherheiten und einen bevölkerungsweiten Blick gekennzeichnet ist. Außerdem kann der sozialversicherungsrechtliche Gesundheitsbegriff eine Verbesserung des Gesundheitszustands – möglicherweise einer Person, die aus ärztlicher Sicht als gesund gilt – nicht abbilden. Die Public-Health-Forschung geht mittlerweile von einem sozialmedizinischen, positiven[8] Gesundheits- bzw. Krankheitsbegriff aus, der sich aus dem der Gesundheitsförderung zugrundeliegenden salutogenetischen Modell entwickelt hat[9], nach dem es Stadien von relativer Gesundheit bzw. relativer Krankheit geben kann[10]. Gesundheit und Krankheit stellen hiernach kein binäres System, sondern vielmehr zwei Pole auf einer Achse dar, auf der sich der Einzelne mal näher an dem einen Pol, mal näher an dem anderen Pol befindet. Der Gesundheitszustand kann sich verschlechtern, ohne dass sofort eine Krankheit im engeren Sinne vorliegt, die geheilt werden muss. Genauso kann sich ein als gesund Angesehener bzw. ein Sich-gesund-Fühlender durch Gesundheitsförderung noch

---

[2] BSGE 26, 240 (242) mwN; 35, 10 (12); 85, 36 (38); 90, 289 (290).

[3] *Huster*, Selbstbestimmung, Gerechtigkeit und Gesundheit, S. 52.

[4] *Hurrelmann/Richter*, Gesundheits- und Medizinsoziologie, S. 115.

[5] *Hurrelmann/Laaser/Razum*, Entwicklung und Perspektiven der Gesundheitswissenschaften in Deutschland, in: Hurrelmann/Razum (Hrsg.), Handbuch Gesundheitswissenschaften, S. 15 (26).

[6] *Hurrelmann/Laaser/Razum*, Entwicklung und Perspektiven der Gesundheitswissenschaften in Deutschland, in: Hurrelmann/Razum (Hrsg.), Handbuch Gesundheitswissenschaften, S. 15 (26).

[7] Ausführlich dazu gleich unter II.

[8] *Huster*, Selbstbestimmung, Gerechtigkeit und Gesundheit, S. 53.

[9] *Altgeld/Kolip*, in: Hurrelmann/Richter/Klotz/Stock (Hrsg.), Referenzwerk Prävention und Gesundheitsförderung, S. 57 (58).

[10] *Hurrelmann/Richter*, Gesundheits- und Medizinsoziologie, S. 147; ausführlich auch *Huster/Schramme*, in: dies. (Hrsg.), Normative Aspekte von Public Health, S. 37 (44 f.).

weiter zum Pol „Gesundheit“ bewegen, also „noch gesünder“ werden[11]. Gesundheit wird auch als „Stadium des Gleichgewichtes von Risikofaktoren und Schutzfaktoren“ verstanden, „das eintritt, wenn einem Menschen eine Bewältigung sowohl der inneren (körperlichen und psychischen) als auch äußeren (sozialen materiellen) Anforderungen gelingt.“[12] Diese Fähigkeit, solche Anforderungen zu bewältigen, kann mit dem Begriff der Resilienz umschrieben werden[13]. Krankheit wiederum ist ein Stadium des Ungleichgewichts, das auf einer nicht gelingenden Bewältigung der inneren und äußeren Anforderungen beruht und eine Beeinträchtigung von Wohlbefinden und Lebensfreude vermittelt[14]. Auf dieser Linie liegt auch der Gesundheitsbegriff der WHO: „Gesundheit ist ein Zustand völligen körperlichen, seelischen und sozialen Wohlbefindens und nicht nur das Freisein von Krankheit oder Gebrechen.“[15]

Das Recht der öffentlichen Gesundheit braucht keinen eigenen Gesundheitsbegriff und muss sich nicht zwischen negativem und positivem Gesundheitsbegriff entscheiden. Entscheidend ist allein, dass die Sachverhalte, die sich aus dem positiven Begriff und der Risikosituation ergeben, rechtlich verarbeitet werden können. Der negative Gesundheitsbegriff spielt allein für die Maßnahmen der Krankheitsprävention und Gesundheitsförderung eine Rolle, die durch die GKV bezahlt oder durchgeführt werden. Das Gesundheitsrecht verstanden als Krankenversicherungsrecht ist aber nur ein kleiner Teil des Rechts der öffentlichen Gesundheit.

II. Entscheidungen unter Unsicherheit

Unterstellt man, dass dem Gesetzgeber die Erkenntnisse der Public-Health-Forschung grundsätzlich durch die Gesundheitsberichterstattung zur Verfügung stehen und er diese kennt, muss er mit der Tatsache umgehen, dass viele Ursächlichkeiten nicht geklärt sind, sondern es verschiedene Theorien gibt, die gesundheitlich relevante Zusammenhänge bestimmter Risiko- und Schutzfaktoren erklären. Ein Risikofaktor an sich ist nicht gleichzusetzen mit einer Ursache[16]. Die Epidemiologie arbeitet mit statistischen Wahrscheinlichkeiten, die Zusammenhänge zwischen bestimmten Risikofaktoren bzw. dem Fehlen bestimmter Schutzfaktoren und dem Auftreten von Krankheiten aufzeigen, d. h. die „Wirkung von Risikofaktoren wird als Gruppenrisi-

---

[11] *Huster/Schramme*, in: dies. (Hrsg.), Normative Aspekte von Public Health, S. 37 (45).

[12] *Hurrelmann/Richter*, Gesundheits- und Medizinsoziologie, S. 147.

[13] Es können Schutzfaktoren und Risikofaktoren für Resilienz unterschieden werden, zu denen jeweils kulturelle, gesellschaftliche, familiale und persönliche Faktoren gehören (ausführlich *Thun-Hohenstein/K. Lampert/Altendorfer-Kling*, Z Psychodrama Soziom 2020, 7 [9 ff.]).

[14] *Hurrelmann/Richter*, Gesundheits- und Medizinsoziologie, S. 147.

[15] Präambel der Satzung der WHO v. 22.1.1974, BGBl II 45.

[16] *Franzkowiak*, Begriff „Risikofaktoren und Risikofaktorenmodell“, in: BZgA, Leitbegriffe der Gesundheitsförderung.

ko bestimmt"[17]. Wenn z. B. gezeigt werden kann, dass 85 % aller Lungenkrebstodesfälle in Deutschland auf das Rauchen zurückzuführen sind[18], liegt es nahe, durch staatliche Maßnahmen zu versuchen, den Tabakkonsum der Bevölkerung einzuschränken. Da aber weder einzelne Risikofaktoren noch das Fehlen bestimmter Ressourcen bzw. Schutzfaktoren zwingend dazu führen, dass die Betroffenen krank werden, kann durch das Ausschalten von Risikofaktoren bzw. das Bereitstellen bestimmter Ressourcen auf Bevölkerungsebene nur das statistische Risiko verringert werden, dass eine Krankheit entsteht, d. h., nur auf einer statistischen, bevölkerungsweiten Ebene kann festgestellt werden, dass Maßnahmen der Prävention und Gesundheitsförderung wirken; Zusammenhänge zwischen Bedingungsfaktoren der Gesundheit und dem Gesundheitszustand der Menschen lassen sich oft nur bevölkerungsbezogen messen. Über den Einzelnen, der einem Risikofaktor ausgesetzt ist, sagt dies nichts aus[19], da ihn seine körperliche Verfassung, die wiederum durch sein Gesundheitsverhalten in anderen Dingen, seine Gene und die Umwelt mitbestimmt wird, möglicherweise vor einer Erkrankung bewahren wird.

Das Recht – einschließlich der Frage, ob der Gesetzgeber unter diesen Voraussetzungen handeln muss bzw. dies überhaupt darf – muss diese Tatsache verarbeiten, dass es zwar viele Erkenntnisse gibt, die Public-Health-Forschung sich jedoch nicht immer einig ist über den kausalen Zusammenhang zwischen diesen Faktoren und bestimmten Erkrankungen. Wenn der Gesetzgeber im Bereich der Krankheitsprävention und Gesundheitsförderung tätig wird, handelt er unter Unsicherheit. Der Grad der Ungewissheit ist dabei verschieden: So kann es bei einer neuen Technik erst seit Kurzem vage Hinweise darauf geben, dass ihre Verwendung möglicherweise zu gesundheitlichen Schäden führt. Aber selbst bei Stoffen, bei denen seit Langem bekannt ist, dass sie grundsätzlich gesundheitsschädlich sind – etwa Alkohol –, besteht nicht immer Einigkeit über alle kausalen Zusammenhänge, und die Grenzwerte, die markieren sollen, ab wann eine Gesundheitsschädlichkeit als gesichert gilt, haben sich im Laufe der Zeit verschoben. Gesicherte Vorhersagen über das Erkranken einzelner Personen können nur in Ausnahmefällen gemacht werden.

Der Strukturierung des Umgangs mit dem Problem der Unsicherheit im Recht dient der Begriff des Risikos[20]. Mit diesem Begriff werden die Terminologie und die Strukturen und Instrumente des allgemeinen Gefahrenabwehrrechts, das den Begriff der Gefahr in den Mittelpunkt stellt, erweitert. Das Risiko stellt kein Minus, sondern ein Aliud zur polizeirechtlichen Gefahr dar[21], weil die Begriffe „Gefahren-

---

17 *Franzkowiak*, Begriff „Risikofaktoren und Risikofaktorenmodell", in: BZgA, Leitbegriffe der Gesundheitsförderung.

18 DKFZ, Rauchen und Lungenerkrankungen, 2019, S. 1.

19 *Franzkowiak*, in: BZgA, Leitbegriffe der Gesundheitsförderung, Begriff „Risikofaktoren und Risikofaktorenmodell".

20 *Scherzberg*, VerwArch (84) 1993, 484 (498); *Koenig*, NVwZ 1994, 937 (938); *Di Fabio*, ZLR 2003, 163 (166).

21 *Scherzberg*, VerwArch (84) 1993, 484 (498); *ders.*, in: Hill/Schliesky (Hrsg.), Management von Unsicherheit und Nichtwissen, S. 31 (49); *Möstl*, Die staatliche Garantie für die öffentliche Sicherheit

vorfeld" und „Gefahrverdacht"[22] die durch Unsicherheit gekennzeichnete Sachlage nicht hinreichend abbilden können[23]: Letztere betreffen zwar auch durch Unsicherheiten über Tatsachen gekennzeichnete Sachverhalte; die Sachlage, die sie beschreiben, ist jedoch konkret[24], d.h. es wird punktuell, situativ verdichtet[25], ein Geschehen – in der Regel nach der allgemeinen Lebenserfahrung[26] – beurteilt und einer Person individuell zugerechnet. Dies führt auch dazu, dass das Nichtwissen ggf. durch Aufklärungsmaßnahmen reduziert werden kann. Das Nichtwissen hingegen, das der Risikobegriff abbilden will, entzieht sich einer weiteren Aufklärung. Das Erkenntnisdefizit ergibt sich vielmehr in vielen Fällen daraus, dass der jeweilige Stand von Wissenschaft und Technik mehr Wissen nicht hergibt; die Wahrscheinlichkeitsbeurteilung kann gerade nicht anhand der allgemeinen Lebenserfahrung[27] vorgenommen werden. Nicht nur die Eintrittswahrscheinlichkeit, auch Schadensart und Schadensumfang lassen sich oft nicht sicher vorherbestimmen[28]. Wahrscheinliche Zusammenhänge lassen sich z.B. nur auf statistischer Ebene[29] erkennen, da bei komplexen Wirkungszusammenhängen Unsicherheiten über Kausalitäten bestehen[30]. Deswegen können sie auch nicht individuell zugerechnet werden; durch Menschen[31] verursachte Risiken werden so kollektiviert[32]. Die Rechtsgebiete, die sich

---

und Ordnung, S. 255; *Lerche*, in: FS-Scholz, S. 325 (330); *Klafki*, Risiko und Recht, S. 15. Anders wohl *Breuer*, NVwZ 1990, 211; *Schwabenbauer*, in: 50. Assistententagung Öffentliches Recht (Hrsg.), Risiko im Recht – Recht im Risiko, S. 157 (158); *Isensee*, in: ders./Kirchhof (Hrsg.), HbStR, IX, § 191 Rn. 235; *Murswiek*, Die staatliche Verantwortung für die Risiken der Technik, S. 80 ff.; *Hermes*, Das Grundrecht auf Schutz von Leben und Gesundheit, S. 233.

22 Zu den Begriffen *Kießling*, VerwArch (108) 2017, 282 (283, 299).

23 Ähnlich *Di Fabio*, Risikoentscheidungen im Rechtsstaat, S. 76; *Wahl/Appel*, in: Wahl (Hrsg.), Prävention und Vorsorge, S. 1 (93); *Klafki*, Risiko und Recht, S. 16.

24 *Möstl*, Die staatliche Garantie für die öffentliche Sicherheit und Ordnung, S. 258; *Krüper*, Gemeinwohl im Prozess, S. 34 f.

25 *Di Fabio*, in: FS-Ritter, S. 807 (835).

26 *Scherzberg*, VerwArch (84) 1993, 484 (490, 496); *Köck*, in: Bora (Hrsg.), Rechtliches Risikomanagement, S. 129 (146).

27 *Scherzberg*, VerwArch (84) 1993, 484 (496); *Preuß*, in: Grimm (Hrsg.), Staatsaufgaben, S. 523 (530); *Köck*, in: Bora (Hrsg.), Rechtliches Risikomanagement, S. 129 (146 f.); *Calliess*, Rechtsstaat und Umweltstaat, S. 158.

28 *Scherzberg*, in: Jahrbuch des Umwelt- und Technikrechts 2012, S. 7 (21).

29 *Ossenbühl*, NVwZ 1986, 161 (162); *Lohse*, in: 50. Assistententagung Öffentliches Recht (Hrsg.), Risiko im Recht – Recht im Risiko, S. 37 (42).

30 *Ossenbühl*, NVwZ 1986, 162 (163, 165 f.); *Preuß*, in: Grimm (Hrsg.), Staatsaufgaben, S. 523 (541); *Möstl*, Die staatliche Garantie für die öffentliche Sicherheit und Ordnung, S. 257 f. Dazu auch *Di Fabio*, Risikoentscheidungen im Rechtsstaat, S. 77 f.

31 Oft wird der Risikobegriff auf gesellschaftlich selbst geschaffene Schadensmöglichkeiten beschränkt (so *Bora*, in: ders. [Hrsg.], Rechtliches Risikomanagement, S. 9 [10]; vgl. auch *Simon*, Kooperative Risikoverwaltung im neuen Lebensmittelrecht, S. 82), wodurch bei einem engen Verständnis z.B. Naturkatastrophen und Seuchen nicht vom Risikobegriff erfasst werden. Es ist aber zweifelhaft, dass Naturkatastrophen und Seuchen nicht auch zum Teil jedenfalls auf von Menschen gesetzte Ursachen (z.B. Klimawandel, Antibiotikaresistenzen) zurückzuführen sind. Es gibt auch keine Notwendigkeit, den Risikobegriff derart zu begrenzen (vgl. *Klafki*, Risiko und Recht, S. 8 f.).

32 *Wolf*, in: Bora (Hrsg.), Rechtliches Risikomanagement, S. 65 (82 f.); *Lepsius*, VVDStRL 63 (2004), S. 264 (266 f.).

am Risiko- und nicht am Gefahrbegriff im engeren Sinne – bei dem die Wahrscheinlichkeit eines Schadenseintritts in einem konkreten Fall nachgewiesen werden kann – orientieren, kann man unter dem Oberbegriff „Risikoverwaltungsrecht“[33] zusammenfassen. Diese begriffliche Verklammerung bewirkt nicht die Entstehung eines sachgegenständlich abgrenzbaren, neuen Rechtsgebiets, sondern sie soll lediglich veranschaulichen, dass diese Rechtsgebiete die jeweils bestehende Ungewissheit mithilfe des Risikobegriffs nach den gleichen Prämissen normativ verarbeiten[34]. Das Recht der öffentlichen Gesundheit kann somit für die Verarbeitung der Unsicherheit an bereits vorhandene dogmatische Strukturen anknüpfen.

III. Der bevölkerungsbezogene Ansatz

Wie schon in der Einleitung ausgeführt schließt der bevölkerungsbezogene Ansatz die Frage nach individuellen Rechten auf bestimmte Leistungen aus. Im Umkehrschluss bedeutet dies jedoch nicht, dass „bevölkerungsbezogen“ mit einem Verständnis von „öffentlicher Gesundheit“ gleichzusetzen ist, das nur kollektive Güter in den Blick nimmt. Zwar liest man im rechtswissenschaftlichen Schrifttum häufig, bei der öffentlichen Gesundheit handele es sich um ein öffentliches oder kollektives Gut[35]. Welche Schlussfolgerungen daraus zu ziehen wären, träfe dies zu, bleibt dann aber oft im Vagen[36]. Eine besondere Argumentation für oder gegen staatliche Pflichten wird hierauf nicht gestützt. Nicht immer ist überhaupt klar, welche Definition von kollektivem bzw. öffentlichem Gut zugrunde gelegt wird. In der Ökonomik werden zwei verschiedene Definitionen vertreten. Beide legen als Voraussetzung den nicht rivalisierenden Konsum zugrunde, d.h. um kollektive bzw. öffentliche Güter handelt es sich dann, wenn die Güter nicht für einen Menschen angeboten werden können, ohne für alle oder jeweils eine größere Zahl von Menschen angeboten zu werden. Niemand wird von der Nutzung dadurch gestört, dass auch andere das Gut konsumieren[37]. Die beiden Ansätze unterscheiden sich darin, dass eine Ansicht zusätzlich noch zur Voraussetzung macht, dass niemand von der Nutzung oder dem Genuss

---

[33] Zum Begriff *Di Fabio*, Risikoentscheidungen im Rechtsstaat, S. 65 ff.; *ders.*, NuR 1991, 353 ff.; *ders.*, ZLR 2003, 163 (166); zustimmend *Möstl*, Die staatliche Garantie für die öffentliche Sicherheit und Ordnung, S. 253.

[34] *I. Augsberg*, Informationsverwaltungsrecht, S. 275.

[35] *Alexy*, Theorie der Grundrechte, S. 98; *Fischer*, Die Zulässigkeit aufgedrängten staatlichen Schutzes vor Selbstschädigung, S. 170; *Calliess*, Rechtsstaat und Umweltstaat, S. 81; *Spiecker gen. Döhmann*, in: Schmehl/Wallrabenstein (Hrsg.), Steuerungsinstrumente im Recht des Gesundheitswesens, S. 1 (12); ähnlich *Pflug*, Pandemievorsorge – informationelle und kognitive Regelungsstrukturen, S. 49 f.

[36] Dazu, wie die Pflicht des Staates beim Schutz vor kollektiven Übeln begründet werden kann, unten 3. Teil, B. I. 2. a).

[37] *Anderheiden*, Gemeinwohl in Republik und Union, S. 116; *Spiecker gen. Döhmann*, in: Schmehl/Wallrabenstein (Hrsg.), Steuerungsinstrumente im Recht des Gesundheitswesens, S. 1 (12).

des Gutes ausgeschlossen werden kann (oder wenn doch, dann nur zu besonders hohen Kosten)[38]. In der Rechtswissenschaft lassen sich beide Definitionen finden[39]. Unabhängig davon, ob die Nichtausschließbarkeit Teil der Definition sein sollte: Bei der öffentlichen Gesundheit liegt schon das Merkmal der Nichtrivalität nicht vor[40]. Dies wäre nur der Fall, wenn man die öffentliche Gesundheit im Sinne eines unteilbaren „Volkskörpers" verstünde, wie ihn die nationalsozialistische Ideologie mit ihrem allgemein kollektivistischen Rechtsdenken[41] propagierte[42]. Kollektivistisch betrachtet wäre der Schutz des Einzelnen vor sich selbst nicht Zweck, sondern Mittel zu einem dem Einzelnen übergeordneten, auf das Kollektiv bezogenen Zweck, wenn der Staat dem Einzelnen ein gesundheitsschädliches Verhalten verbieten würde, um leistungsfähige Arbeitnehmer, die das Bruttosozialprodukt steigern sollen, oder leistungsstarke Soldaten, die das „Vaterland verteidigen" sollen, zu erhalten. Eine solche Motivation lag z. B. den ersten Arbeitsschutzregelungen zugunsten von Kindern zugrunde; man wollte verhindern, dass die Kinder zu nicht leistungsfähigen Erwachsenen heranwüchsen[43].

Ein solches Verständnis widerspricht aber von vornherein dem normativen Individualismus, der dem Grundgesetz zugrunde liegt. Das bedeutet, dass staatliche Entscheidungen unter dem Grundgesetz ihre letzte Rechtfertigung nicht wie im Nationalsozialismus in den Belangen des Staates oder Volkes finden[44], sondern in den Interessen der von der Maßnahme betroffenen Individuen[45]. Der normative Individualismus schließt es zwar nicht aus, von kollektiven Gütern zu sprechen und kollektive Begriffe wie den des Gemeinwohls[46] zu verwenden. In letzter Instanz müssen diese kollektiven Güter und Begriffe allerdings auf die Belange der betroffenen Indi-

---

[38] So *Breyer/Zweifel/Kifmann*, Gesundheitsökonomik, S. 182. – Auf diese zweite Voraussetzung verzichten *Samuelson*, The Review of Economics and Statistics 36 (1954), 387; *Sohmen*, Allokationstheorie und Wirtschaftspolitik, S. 285 f.

[39] Nichtausschließbarkeit und Nichtrivalität: *Timme*, Die juristische Bewältigung eines ökonomischen Netzwerkgutes, S. 19; *Calliess*, Rechtsstaat und Umweltstaat, S. 80 f.; *Lee*, Umweltrechtlicher Instrumentenmix und kumulative Grundrechtseinwirkungen, S. 10. – Nur Nichtrivalität: *Anderheiden*, in: Brugger/Kirste/Anderheiden (Hrsg.), Gemeinwohl in Deutschland, Europa und der Welt, S. 391 (404 ff.). – Entweder Nichtrivalität oder Nichtausschließbarkeit: *Anderheiden*, Gemeinwohl in Republik und Union, S. 60, 113 ff.

[40] Anders wohl *Anderheiden*, Gemeinwohl in Republik und Union, S. 186, 542.

[41] *Alexy*, in: Säcker (Hrsg.), Recht und Rechtslehre im Nationalsozialismus, S. 219 (225).

[42] Vgl. z. B. die Entscheidung 1939: PrOVGE 103, 159 (160): Individuen als Teil der Volksgemeinschaft dürften nicht frei über ihr Leben und ihre Gesundheit verfügen, weil dadurch Belange der Volksgemeinschaft geschädigt werden (Selbstgefährdung als Verstoß gegen die öffentliche Ordnung), die von einem derartigen kollektiven Rechtsgut Volksgesundheit ausging (*Littwin*, Grundrechtsschutz gegen sich selbst, S. 11).

[43] *Bönig*, APuZ 43/2012, 3; *Wapler*, Kinderrechte und Kindeswohl, S. 13.

[44] Zur Definition des „normativen Kollektivismus" *von der Pfordten*, JZ 2005, 1069 (1070).

[45] Zum normativen Individualismus *von der Pfordten*, JZ 2005, 1069.

[46] Manchmal wird „kollektives Gut" in der Diskussion wohl nur im Sinne von „Gemeinwohlbelang" verwendet. Siehe z. B. *Alexy*, Theorie der Grundrechte, S. 98 und insb. S. 328; *Kreß*, Medizinische Ethik, S. 86 f. Auch *Gostin* spricht von „public health" als ein „collective good" bis auf wenige Ausnahmen im Sinne von „Gemeinwohl" (vgl. *Gostin*, Public Health Law, passim).

viduen rückführbar sein[47], sie haben „keinen Selbstzweckcharakter“[48]. Die Gesundheit ist ein primär individuelles[49] bzw. privates[50] Gut[51].

Darüber hinaus bleibt der Begriff des Gemeinwohls „abstrakt-leer“[52]. Soweit die Gesundheit bestimmter Bevölkerungsgruppen vor dem gesundheitsriskanten Verhalten anderer Personen geschützt werden soll, ist es im Ergebnis unschädlich, hier von einem Vorgehen aus Gründen des Gemeinwohls zu sprechen. Der Begriff „Gemeinwohl“ verleitet aber dazu zu verschleiern, um wessen gesundheitliche Belange es eigentlich geht. So muss in den Fällen, in denen auf das gesundheitsriskante Verhalten von Personen eingewirkt werden soll, die sich selbst gefährden, klar benannt werden, welches Ziel aus welchem Grund verfolgt wird und inwieweit der Staat dazu berechtigt ist. Hier sollte deswegen darauf verzichtet werden, das Gemeinwohl zu bemühen. Sonst verselbstständigen sich die Begriffe „Gemeinwohl“ und „öffentliche Gesundheit“ zur „beliebigen Leerformel, in die unvermittelt-objektivistische Inhalte auch gegen die Freiheit und Gesundheit der einzelnen einfließen können“[53].

Seitdem die Gefahren der meisten Infektionskrankheiten durch die Medizin weitestgehend eingedämmt worden sind, werden die größten Gefahren für die Gesundheit der Bevölkerung in Verhaltensweisen gesehen, mit denen Personen sich selbst schaden. Für das Recht bedeutet das insofern eine Herausforderung, als sich die Rechtfertigung hierauf reagierender Gesetze schwierig gestaltet. Sie läuft entweder Gefahr, in Paternalismus umzuschlagen, oder sie muss utilitaristisch argumentieren. So könnte man argumentieren, dass bestimmte Maßnahmen, die die öffentliche Gesundheit schützen oder fördern sollen, zwar für einige Personen tiefe Einschnitte bedeuten, diese aber deswegen gerechtfertigt seien, weil statistisch betrachtet der Gesundheitszustand der Bevölkerung steigt. Auch diese utilitaristische Herangehensweise[54] widerspricht jedoch dem Grundgesetz[55]. Die Grundrechte der Betroffenen dürfen nicht aus überindividuellen Erwägungen übergangen werden. Soweit von Präventions- und Gesundheitsförderungsmaßnahmen Einzelne betroffen sind, sind

[47] *Steinbach*, Rationale Gesetzgebung, S. 116.

[48] *Von der Pfordten*, JZ 2005, 1069 (1071).

[49] *Welti*, GesR 2015, 1 (3); *Kolbe*, Freiheitsschutz vor staatlicher Gesundheitssteuerung, S. 366.

[50] *Huster*, Ethik Med 2010, 289 (296); *ders.*, in: Schumann (Hrsg.), Das erziehende Gesetz, S. 193 (222).

[51] Offen bleibt deswegen, was die „Volksgesundheit“ sein soll, wenn sie weder kollektives Gut noch die Summe der individuellen Güter ist (so aber wohl *Gebert*, Verhaltens- und verhältnisbezogene Primärprävention und Gesundheitsförderung im Recht der gesetzlichen Krankenversicherung, S. 71 f.).

[52] *Köhler*, ZStW 1992, 3 (28), für die „Volksgesundheit“.

[53] *Köhler*, ZStW 1992, 3 (28), für die „Volksgesundheit“.

[54] Dazu, dass der Utilitarismus nicht als Grundlage für eine Public-Health-Ethik taugt: *Rauprich*, Bundesgesundheitsbl 2008, 137 (144 ff.).

[55] *Huster*, Selbstbestimmung, Gerechtigkeit und Gesundheit, S. 21, 85; *Hörnle/Huster*, JZ 2013, 328 (336); *Steinbach*, Rationale Gesetzgebung, S. 119; mit Einschränkungen auch *Mers*, Infektionsschutz im liberalen Rechtsstaat, S. 48 ff. Für die USA: *Pope*, in: Faust/Menzel (Hrsg.), Prevention vs. Treatment, S. 219 (221).

ihre (Grund)Rechte zu berücksichtigen, d. h. die Maßnahme hat sich an diesem Maßstab zu rechtfertigen.

Auch in dem Fall, dass gesundheitsschädigende Selbstgefährdungen übermäßig zunehmen, besteht kein staatliches Interesse an der Unterbindung der entsprechenden Verhaltensweisen[56], soweit es nicht auf Individualinteressen zurückgeführt werden kann[57]. Dies ist gerade nicht der Fall, wenn sich viele Personen gesundheitsriskant verhalten. Eine solche Quantität kann rechtlich nicht zu einer anderen qualitativen Bewertung führen[58]; die öffentliche Gesundheit bleibt in diesem Fall die Summe der privaten Güter Gesundheit der Einzelnen[59].

Soweit vereinzelt versucht wird, die öffentliche Gesundheit im Sinne eines staatlichen Interesses an der Funktionsfähigkeit der Gesellschaft[60] als solche als überindividuelles Gut zu konstruieren[61], ist dies aus den gleichen Gründen abzulehnen. Diese Überlegungen werden – soweit ersichtlich – ansonsten nur im Strafrecht zur Rechtfertigung des Betäubungsmittelrechts herangezogen[62] und sind dort der Frage nach dem strafrechtlich geschützten Rechtsgut geschuldet. Auch die Ausführungen des BVerfG in seiner Cannabisentscheidung, in der es von der „Gestaltung des sozialen Zusammenlebens in einer Weise, die es von sozialschädlichen Wirkungen des Umgangs mit Drogen freihält" spricht[63], können nicht ohne Weiteres verallgemeinert werden. Solche Erwägungen sind der Tatsache geschuldet, dass die Kriminalisierung des gesundheitsschädlichen Verhaltens in Fällen, in denen keine Dritten betroffen sind, ohne diese Argumentation nicht schlüssig begründet werden kann[64], weil es hier gar nicht um die Gesundheit der Bevölkerung, sondern um die Gesundheit des Drogenkonsumenten geht. Verbote zum Schutz des Einzelnen vor sich selbst lassen sich jedoch nur schwerlich rechtfertigen[65], was aber im Ergebnis nur gegen solche Verbote und nicht für die herangezogene Argumentation sprechen kann. Dass

---

56 So aber *Littwin*, Grundrechtsschutz gegen sich selbst, S. 200; *Kevekordes*, Tabakwerbung und Tabaketikettierung im deutschen und europäischen Recht, S. 93; *Kempf*, Die Rechtfertigung der Tabaksteuer, S. 168 f.; *Ueltzhöffer*, Die staatliche Einflussnahme auf den Tabakkonsum von Kindern und Jugendlichen in Deutschland, S. 124 f. *Martens*, DÖV 1976, 457 (460), auf den für diese Aussage stets verwiesen wird, formuliert hier vorsichtiger, als es die Verweise suggerieren.

57 So auch *Fischer*, Die Zulässigkeit aufgedrängten staatlichen Schutzes vor Selbstschädigung, S. 171.

58 *Hillgruber*, Der Schutz des Menschen vor sich selbst, S. 163; *Reitter*, Rechtspaternalismus und Biomedizinrecht, S. 167 ff.

59 Dies meint wohl auch *Hillgruber*, Der Schutz des Menschen vor sich selbst, S. 163, auch wenn er hier von einem „kollektiven Gesamtrechtsgut" spricht.

60 Zu der damit verwandten Frage der gesellschaftlichen Folgekosten unten 4. Teil, B. I. 1.

61 *Klimpel*, Bevormundung oder Freiheitsschutz?, S. 189; *Kreßner*, Gesteuerte Gesundheit, S. 387 ff.: Solche kollektiven Belange unterlägen zwar einer erhöhten Rechtfertigungslast, seien aber grundsätzlich legitim.

62 *Haas*, Der Schutz der öffentlichen Gesundheit durch das Betäubungsmittelrecht, S. 87; *Beulke/Schröder*, NStZ 1991, 393 (394). Eine gute Übersicht mwN findet sich bei *Pérez-Sauquillo Muñoz*, GA 2021, 328 (329 f.).

63 BVerfGE 90, 146 (174).

64 *Pasedach*, Verantwortungsbereiche wider Volksgesundheit, S. 152.

65 Dazu unten 4. Teil, B. II. 2. a).

der Konsum von Cannabis überhaupt kriminalisiert wird, ist letztlich der kulturellen Prägung geschuldet. Entsprechend ist die Argumentation mit dem überindividuellen Rechtsgut auch im Strafrecht nicht unumstritten[66].

Mit „öffentlicher Gesundheit" kann somit im Ergebnis nur die Gesundheit jedes einzelnen Mitglieds der Bevölkerung gemeint sein[67]. Soweit vereinzelt gefordert wird, „Public-Health-Interventionen" auf solche Interventionen zu begrenzen, die kollektive Güter im ökonomischen Sinne fördern[68], entspricht dieses Verständnis von „Public Health" nicht dem Ansatz der Public-Health-Wissenschaft[69] und verbleibt im Übrigen auf der Ebene der Terminologie. Der Umfang staatlicher Pflichten ergibt sich nur aus dem Grundgesetz. Soweit es hier Unterschiede bei der Bereitstellung kollektiver Güter und anderer Güter gibt – etwa bei der Argumentation auf der Grundlage des Sozialstaatsprinzips[70] –, ergibt sich daraus im Umkehrschluss keine Begrenzung des Begriffs „Public Health".

Festzuhalten bleibt auch, dass der bevölkerungsbezogene Blick der Public-Health-Forschung im Recht nicht vollständig von den Individuen gelöst werden kann. „Bevölkerungsbezogen" heißt im Recht insbesondere, dass der Ansatz des jeweiligen Gesetzes entindividualisiert ist. Dies bezieht sich bei der Krankheitsprävention meistens auf das Schutzgut; so geht es z. B. im Infektionsschutzrecht in der Regel um den Schutz nicht näher konkretisierter Dritter. Nicht zum Recht der öffentlichen Gesundheit gehören Gesetze, die dem Schutz eines individualisierten Dritten dienen und deswegen wie das Kindesschutzrecht eine konkrete Gefährdungssituation voraussetzen. Bei der Krankheitsprävention, die den Einzelnen vor sich selbst schützen will, und bei der Gesundheitsförderung verfolgen Gesetze einen bevölkerungsbezogenen Ansatz, wenn sie von dem einzelnen Individuum und dessen Situation abstrahieren, wenn sie also nicht verlangen, dass eine individuelle Bedürftigkeit (wie z. B. im Existenzsicherungsrecht) vorliegt. Bevölkerungsbezogene Gesetze formulieren vielmehr allgemein und berücksichtigen nicht, ob der einzelne Betroffene in der konkreten Situation tatsächlich des Gesundheitsschutzes bzw. der Gesundheitsförderung bedurft hätte. Dadurch setzen sie in der Regel zeitlich früher an als Gesetze, die an individualisierte Situationen anknüpfen.

---

[66] Ausführliche Kritik bei *Pasedach*, Verantwortungsbereiche wider Volksgesundheit, S. 149 ff. – Dazu, dass der normative Individualismus auch im Strafrecht verankert ist, *von der Pfordten*, JZ 2005, 1069 (1076 f.).

[67] *Seewald*, Zum Verfassungsrecht auf Gesundheit, S. 104; *Köhler*, ZStW 1992, 3 (27 f.); *Huster*, Ethik Med 2010, 289 (296); *Middel*, in: Weilert (Hrsg.), Gesundheitsverantwortung zwischen Markt und Staat, S. 145 (148); *Kolbe*, Freiheitsschutz vor staatlicher Gesundheitssteuerung, S. 364 ff. Der Einzelne ist also nicht Teil eines Volkskörpers: *Huster*, Ethik Med 2010, 289 (296); *ders.*, Grundfragen staatlicher Erziehungsambitionen, in: Schumann (Hrsg.), Das erziehende Gesetz, S. 193 (222).

[68] *Anomaly*, Public Health Ethics 2011, 251 (257).

[69] Vgl. auch *Dees*, Public Health Ethics 2018, 20 (22), als Antwort auf *Anomaly*, der den Begriff der kollektiven Güter ausdehnen will auf „normative kollektive Güter", um „Public Health" davon erfassen zu können (*Anomaly*, Public Health Ethics 2011, 253 [253 ff.]); *Horne*, Public Health Ethics 2019, 287 (289).

[70] Dazu unten 3. Teil, B. I. 2. a).

IV. Individuelle und kollektive Risiken

Dass es sich bei der öffentlichen Gesundheit nicht um ein Kollektivrechtsgut handelt, schließt es nicht aus, bei den Gesundheitsrisiken und den möglichen staatlichen Maßnahmen individuelle und kollektive Faktoren bzw. Situationen zu unterscheiden. Individualfaktoren können von Personen individuell beeinflusst werden, Kollektivfaktoren können nur auf eine Weise angegangen werden, von der Einzelne nicht ausgeschlossen werden können bzw. gegen die Einzelne nichts ausrichten können. Kollektive Faktoren sind zunächst kollektive Übel, das heißt Bedingungsfaktoren für Gesundheit, die der Einzelne nicht allein vermeiden kann[71]. Die Schutzmaßnahme, die der Staat in diesen Fällen ergreift, stellt ein kollektives Gut dar[72], also ein Gut, von dem niemand ausgeschlossen werden kann.

Entsprechende kollektive Güter lassen sich sowohl bei der Krankheitsprävention als auch bei der Gesundheitsförderung finden. Schutz vor Krankheit in diesem Sinn bieten Lärmschutz, Luftreinhaltung und bestimmte hygienische Maßnahmen[73] wie Ausgangsbeschränkungen und Kontaktverbote, die eine zu schnelle Ansteckungsrate im Falle einer Epidemie vermeiden sollen. Ein kollektives Gut stellt auch die sogenannte Herdenimmunität dar[74], die dann entsteht, wenn ein bestimmter Durchimpfungsgrad innerhalb der Bevölkerung (bei Masern liegt dieser bei 95 %) erreicht wurde, denn dann werden auch diejenigen vor der Infektionskrankheit geschützt, die nicht geimpft werden können: Von der Herdenimmunität kann niemand ausgeschlossen werden. Sich selbst schützen können diejenigen nicht, die den Impfstoff – etwa wegen einer Immunschwäche – nicht vertragen. Sie sind auf die Immunität der Herde angewiesen. Herdenimmunität entsteht auch dann, wenn ein bestimmter Prozentsatz der Bevölkerung bereits mit einem Krankheitserreger infiziert war und dadurch Antikörper gebildet hat, die eine neue Infektion verhindern.

Kollektive Güter, die zur sozialen Risikovorsorge zu rechnen sind, sind z. B. Maßnahmen gegen Massenarbeitslosigkeit[75]. Außerdem gehören hierzu Maßnahmen, deren Wirkung davon abhängig ist, dass Zugänge oder Plätze oder dergleichen getauscht werden, die also aus Umverteilung bestehen: Denn die Wirkung kann gerade nicht erreicht werden, wenn die Änderung nur punktuell erfolgt. Wird etwa ange-

---

71 *Anderheiden*, in: Brugger/Kirste/Anderheiden (Hrsg.), Gemeinwohl in Deutschland, Europa und der Welt, S. 391 (403); *ders.*, Gemeinwohl in Republik und Union, S. 117.

72 Sprachlich schief ist die Verwendung der Formulierung „Gesundheit als öffentliches Gut", wenn damit gemeint ist, dass der Staat verstärkt Präventionsmaßnahmen ergreift (siehe z. B. *Hufen*, in: Ackermann/Schmidt [Hrsg.], Genuss – Askese – Moral, S. 121 [124 f.]; ungenau auch *Spiecker gen. Döhmann*, in: Schmehl/Wallrabenstein [Hrsg.], Steuerungsinstrumente im Recht des Gesundheitswesens, S. 1 [12], die von „Prävention als öffentlichem Gut" spricht).

73 *Timme*, Die juristische Bewältigung eines ökonomischen Netzwerkgutes, S. 19; *Spiecker gen. Döhmann*, in: Schmehl/Wallrabenstein (Hrsg.), Steuerungsinstrumente im Recht des Gesundheitswesens, S. 1 (12).

74 *Anomaly*, Public Health Ethics 2012, 216 (220). Vgl. auch die ökonomische Analyse des Infektionsschutzes von *Timme*, Die juristische Bewältigung eines ökonomischen Netzwerkgutes.

75 *Anderheiden*, Gemeinwohl in Republik und Union, S. 433.

strebt, mehr Bildungsgerechtigkeit dadurch zu erreichen, dass Schüler mit niedrigem sozioökonomischen Status und Schüler aus höheren sozioökonomischen Schichten gemeinsam am Unterricht teilnehmen und keine segregierten Schülerschaften entstehen (bzw. bestehen bleiben), müssen alle Schüler neu auf die bestehenden Schulen verteilt werden. Das gleiche gilt für die Angleichung der Lebensverhältnisse allgemein: Weniger soziale Ungleichheit kann nur erreicht werden, wenn alle Schichten an der Umverteilung partizipieren. Dass die Angleichung der Lebensverhältnisse jedoch überhaupt ein kollektives *Gut* ist, ist fraglich, weil dafür die Gleichheit in diesem Sinne ein Gut sein müsste[76] und das eigentliche Übel wahrscheinlich nicht in der Ungleichheit, sondern in der schlechten Situation der unteren Schichten liegt[77].

Im Ergebnis ist es somit nicht falsch, in manchen Bereichen der öffentlichen Gesundheit von kollektiven Gütern zu sprechen; die öffentliche Gesundheit selbst aber ist kein solches öffentliches bzw. kollektives Gut. Der Begriff des kollektiven Gutes kann insbesondere helfen, staatliche Pflichten und die Verantwortung des Einzelnen für seine Gesundheit voneinander abzugrenzen[78].

B. Beteiligte Rechtsgebiete und ihre Grundstrukturen

Dem Staat stehen verschiedene Instrumente zur Verfügung, um auf die öffentliche Gesundheit einzuwirken. So kann er gesundheitsschädigende Verhaltensweisen oder entsprechende Produkte oder Stoffe verbieten oder gesundheitsschützende Maßnahmen wie Impfungen anordnen; er kann die Bevölkerung direkt oder über indirekt über Kennzeichnungspflichten, die er an die Hersteller von Produkten richtet, über gesundheitsrelevante Sachverhalte informieren; er kann versuchen, über Lenkungssteuern oder finanzielle Anreize das Verhalten der Bevölkerung zu steuern. Er kann versuchen, Kinder in Schulen und Kindergärten gesundheitsförderlich zu erziehen; er kann durch die Umverteilung des Einkommens über das Steuerrecht, durch die Anhebung der Grundsicherung oder durch die Festschreibung eines Mindestlohns den armutsgefährdeten Bevölkerungsschichten mehr Finanzmittel in die Hand geben.

Das Recht der öffentlichen Gesundheit muss somit weit verstanden werden. Es umfasst zunächst die Rechtsgebiete, die ausdrücklich den Schutz oder die Förderung gesundheitlicher Belange zum Ziel haben. Aber auch die Rechtsgebiete, die sich mit der Verteilung von Ressourcen beschäftigen oder die möglicherweise gesundheitssozialisierende Prozesse steuern können, müssen aus der Perspektive des Rechts der öffentlichen Gesundheit betrachtet werden.

---

[76] *Anderheiden*, Gemeinwohl in Republik und Union, S. 305. Jedenfalls die „Armutsbekämpfung“ als öffentliches Gut ansehend: *Kupferschmidt*, in: Drewello/Kupferschmidt/Sievering (Hrsg.), Markt und Staat, S. 221 (225).

[77] Dazu noch unten 2. Teil, D. IV. 2.

[78] Dazu unten 3. Teil, B. I. 2. a).

I. Rechtsgebiete mit starkem präventivem Gesundheitsbezug: das Präventionsrecht

Auch wenn die Existenz eines Präventionsgesetzes[79] dies implizieren mag – in Deutschland gibt es keineswegs ein „Präventionsrecht". In Deutschland werden Gesundheitsfragen von der Rechtswissenschaft kleinteilig, d.h. innerhalb der beteiligten Rechtsgebiete, betrachtet. Ein eigenes Rechtsgebiet „Präventionsrecht" oder auch nur eine entsprechende übergreifende Betrachtung unter einem prägnanten Titel wie „Public Health Law" im angelsächsischen Sprachraum[80] gibt es nicht. Auch der Begriff „Präventionsrecht" ist nicht optimal, denn er deckt die Gesundheitsförderung nur dann mit ab, wenn man „Prävention" als Oberbegriff beider Ansätze[81] ansieht. Mit „Präventionsrecht" sollen hier dennoch die Unterrechtsgebiete des Rechts der öffentlichen Gesundheit bezeichnet werden, die unmittelbar und ausdrücklich präventive Zwecke verfolgen. Hierzu gehören insbesondere das Gesundheitsschutzeingriffsrecht und Teile des Sozialversicherungsrechts[82].

1. Von der mittelalterlichen Seuchenbekämpfung bis zum Ende des Zweiten Weltkriegs

Zu den ältesten Untergebieten des Rechts der öffentlichen Gesundheit gehören das Lebensmittelrecht[83], das Arbeitsschutzrecht und insbesondere das Infektionsschutzrecht. Mit der Bekämpfung von Infektionskrankheiten nahm Public Health seinen Anfang[84]: Jahrhundertelang musste der Staat Seuchen wie die Pest und später die Cholera bekämpfen. Da es keine Heilungsmöglichkeiten gab, konnte der Staat zwangsläufig nur präventiv tätig werden: Das städtische Gesundheitswesen konnte nur versuchen, durch eine sozialbezogene Vorbeugung die Ausbreitung der Seuchen einzudämmen. Dabei überwog der „ordnungspolitische, teils zwangsmäßige Charakter gesundheitsbezogener Eingriffsverwaltung"[85].

Mitte des 19. Jahrhunderts sah man in Armut und Unbildung die wahren Ursachen für Erkrankungen[86]. Die Zunahme der Armut war ein großes gesellschaftliches Problem. Traditionell kümmerte sich die Armenpflege bzw. -fürsorge um Personen, die aufgrund ihres Alters oder körperlicher Gebrechen nicht arbeiten konnten. Nun wuchs die Klientel um die neue Gruppe der Arbeiter, die mangels Vermögens auf ihr

---

[79] Gesetz zur Stärkung der Gesundheitsförderung und der Prävention v. 17.7.2015, BGBl I 1368.

[80] Vgl. für die USA nur *Gostin*, Public Health Law; für Australien *Reynolds*, Public Health Law and Regulation.

[81] So etwa *Rosenbrock/Michel*, Primäre Prävention, S. 10f.

[82] Ausführlich *Kießling*, RW 2016, 597 (602ff.).

[83] Zur Geschichte *Meisterernst*, Lebensmittelrecht, § 1 Rn. 4ff.

[84] *Rosenbrock/Michel*, Primäre Prävention, S. 78.

[85] *Labisch/Woelk*, in: Hurrelmann/Razum (Hrsg.), Handbuch Gesundheitswissenschaften, S. 55 (64).

[86] *Flügel*, Public Health und Geschichte, S. 93, 98ff.

Lohneinkommen angewiesen war[87]. Jeder Lohnausfall aufgrund von Krankheit konnte zur Verelendung führen; weil die Betroffenen keinen Arzt bezahlen oder Medikamente erwerben konnten, war die Heilung erschwert[88]. Die schlechten Wohn- und Lebensbedingungen wiederum führten schnell zu Erkrankungen. Vor diesem Hintergrund entwickelte sich das Konzept der sozialen Medizin – eine von Ärzten betriebene Sozialpolitik mit dem Ziel der Gesundheitsförderung durch bessere Bildung und höhere Einkommen der unteren sozialen Schichten[89]. Krankheiten und Seuchen (wie eine Cholera-Pandemie in den 1850er Jahren) wurden auf Ursachen in der Umgebung zurückgeführt; dazu gehörten sowohl die mittelbare (Grundwasser, Boden) als auch die unmittelbare Umgebung (Wohnung, Kleidung, Lebensmittel).

Die nach dem deutsch-französischen Krieg 1870/71 grassierende Pockenepidemie führte zu einer im Reichsimpfgesetz aus dem Jahr 1874[90] geregelten obligatorischen Pockenschutzimpfung für Kinder[91]. Begründet wurde dieser Impfzwang auch mit dem befürchteten Ausfall von Arbeitskräften, der im Falle einer Pockenepidemie eintreten würde[92]. Ein reichsweites Gesetz zur Bekämpfung von Infektionskrankheiten gab es zunächst nicht; soweit die Länder keine Spezialregelungen erlassen hatten, wurde bei Seuchenausbrüchen das allgemeine Polizeirecht herangezogen[93]. Eine Cholera-Epidemie in Hamburg im Jahr 1892 war dann Auslöser eines Umdenkens[94]; in der Folge wurde im Jahr 1900 das Reichsseuchengesetz – das Gesetz „betreffend die Bekämpfung gemeingefährlicher Krankheiten“ – verabschiedet[95], das für „Aussatz, Cholera, Fleckfieber, Gelbfieber, Pest und Pocken“ galt. Sein Anwendungsbereich wurde später durch Rechtsverordnungen auf weitere übertragbare Krankheiten ausgedehnt[96]. Für die Maßnahmen zuständig war die Gesundheitspolizei im Rahmen der Eingriffsverwaltung; sie konnten teils mit Zwang durchgesetzt werden[97].

Ein Meilenstein in vielerlei Hinsicht[98] war die Einrichtung der GKV im Jahr 1883, die aber zum damaligen Zeitpunkt nur zuständig war, wenn bereits eine Krankheit aufgetreten war. Ihr Schwerpunkt lag auf der Zahlung von Krankengeld, wodurch

---

87 *Flügel*, Public Health und Geschichte, S. 81 f.

88 *Flügel*, Public Health und Geschichte, S. 82 f.

89 *Flügel*, Public Health und Geschichte, S. 101.

90 V. 8.4.1874, RGBl 31.

91 Ausführlich zur Entstehung des Gesetzes *Hess*, Seuchengesetzgebung in den deutschen Staaten und im Kaiserreich vom ausgehenden 18. Jahrhundert bis zum Reichsseuchengesetz 1900, S. 228 ff.; *Timme*, Die juristische Bewältigung eines ökonomischen Netzwerkgutes, S. 53 ff., insbesondere S. 65 ff.

92 *Timme*, Die juristische Bewältigung eines ökonomischen Netzwerkgutes, S. 70 f.

93 BT-Drs. 3/1888, S. 18.

94 BT-Drs. 3/1888, S. 18. Ausführlich auch *v. Steinau-Steinrück*, Die staatliche Verhütung und Bekämpfung von Infektionskrankheiten, S. 72 ff.

95 Vom 30.6.1900, RGBl 306.

96 BT-Drs. 3/1888, S. 18.

97 *Labisch/Woelk*, Geschichte der Gesundheitswissenschaften, in: Hurrelmann/Razum (Hrsg.), Handbuch Gesundheitswissenschaften, S. 55 (64).

98 Für die Entwicklung und das Verständnis des Sozialstaates (siehe dazu noch unten 3. Teil, A. II.), aber natürlich auch für die unmittelbar Betroffenen in tatsächlicher Hinsicht.

der Arbeiter vor der Inanspruchnahme der Armenfürsorge bewahrt wurde[99]. Die Sozialversicherung drängte somit die Bedeutung der Armenfürsorge zurück[100]. Letztere kümmerte sich präventiv[101] nur noch um die gefährdeten und benachteiligten Bevölkerungsgruppen, die von der GKV und deren Anknüpfung an den Lohnarbeiter nicht erfasst wurden[102], also insbesondere Frauen und Kinder. Die Armenfürsorge wurde gleichzeitig ausgebaut und modernisiert: Es entstand die „soziale Fürsorge". Hierunter fielen Maßnahmen kommunaler Sozialpolitik (Jugend-, Gesundheits-, Wohnungspolitik), bei denen soziale Dienstleistungen im Gegensatz zu materiellen Leistungen im Vordergrund standen, z. B. bei der Mütter- und Säuglingsfürsorge[103], die Teil der nun entstehenden Gesundheitsfürsorge waren. Durch Einrichtung kommunaler Säuglingsfürsorgestellen[104] sollte die im internationalen Vergleich hohe Säuglingssterblichkeit zu Beginn des 20. Jahrhunderts[105], die in den unteren sozialen Schichten besonders hoch war[106], gesenkt werden.

Die Arbeiterinnen und Arbeiter wurden aber nicht nur durch die GKV vor den Folgen einer Erkrankung geschützt. Durch Arbeitsschutzgesetze wurden Beschäftigungsverbote geregelt, z.B. für Wöchnerinnen nach der Entbindung[107], allgemein für Sonntagsarbeit in der Industrie und für Kinder, Jugendliche und Frauen[108]. Als billige Arbeitskräfte z. B. im Bergbau und in der Textilindustrie ausgebeutete Kinder sollten mit der Begründung geschützt werden, dass sich aus ihnen keine gesunden und ausreichend gebildeten Erwachsenen entwickeln würden, die später ihren eigenen Lebensunterhalt sichern könnten[109]. Einen darüber hinausgehenden Arbeitsschutz lehnte insbesondere Bismarck ab[110]. Bis zum Ersten Weltkrieg bestand die präventive Gesundheitspolitik somit zum einen aus Maßnahmen gesundheitspolizeilicher Art (Seuchengesetzgebung, Impfgesetzgebung, Arbeitsschutz), zum anderen aus dem Aufbau der notwendigen hygienischen Infrastruktur in den Städten[111].

---

[99] *Moser*, in: Stöckel/Walter (Hrsg.), Prävention im 20. Jahrhundert, S. 96 (97).

[100] *Ritter*, Der Sozialstaat, S. 62.

[101] *U. Lindner*, APuZ B 33-34/2003, 21 (22). Kurativ durfte sie nicht tätig werden.

[102] *Labisch/Tennstedt*, in: Elkeles/Niehoff/Rosenbrock/Schneider (Hrsg.), Prävention und Prophylaxe – Theorie und Praxis eines gesundheitspolitischen Grundmotives in zwei deutschen Staaten 1949–1990, S. 7 (17). Ausführlich *Labisch*, Gesellschaftliche Bedingungen öffentlicher Gesundheitsvorsorge, S. 31 ff.

[103] *Ritter*, Der Sozialstaat, S. 96; *Schleiermacher*, in: Stöckel/Walter (Hrsg.), Prävention im 20. Jahrhundert, S. 52 (53 Fn. 2).

[104] *Stöckel*, in: dies./Walter (Hrsg.), Prävention im 20. Jahrhundert, S. 65 (68).

[105] Vgl. die Zahlen bei *Teleky*, Die Entwicklung der Gesundheitsfürsorge, S. 102.

[106] U.a. wegen der nicht ausreichenden Kühlung künstlicher Säuglingsnahrung, siehe *Teleky*, Die Entwicklung der Gesundheitsfürsorge, S. 103.

[107] Gesetz, betreffend die Abänderung der Gewerbeordnung v. 17.7.1878, RGBl 199. Dazu *Sinder*, JZ 2017, 975 (976).

[108] Gesetz, betreffend Abänderung der Gewerbeordnung v. 1.6.1891, RGBl 261.

[109] *Wapler*, Kinderrechte und Kindeswohl, S. 13.

[110] Ausführlich – auch zu den Gründen – *Ayaz*, Vierteljahrschrift für Sozial- und Wirtschaftsgeschichte 2002, 400.

[111] *Sachße/Tennstedt*, Geschichte der Armenfürsorge in Deutschland, Band 2, S. 115.

Die Gesundheitsfürsorge wurde in der Weimarer Zeit weiter professionalisiert und bestand aus Beratung, Aufklärung und Gesundheitserziehung[112]. Sie war aber weiterhin auch durch Kontrolle geprägt[113]: So gab es die sogenannte „nachgehende Fürsorge" durch Fürsorgerinnen in Form von Außendiensttätigkeit[114], sie entsprang dem „Kontrollbedürfnis der bürgerlichen Gesellschaft"[115] und der Tatsache, dass solche Leistungen dem städtischen Haushalt zur Last fielen[116]. Träger der Gesundheitsfürsorge waren zunächst private und kirchliche Wohltätigkeitsvereine[117], später kommunale Gesundheitsämter, mit deren Einrichtung während des Ersten Weltkriegs begonnen worden war[118]. Neben der Gesundheitsfürsorge waren sie auch für die gesundheitspolizeilichen Maßnahmen zuständig[119].

Ein Bruch in vielerlei Hinsicht erfolgte durch die Zeit des Nationalsozialismus. Die „Volkskörperideologie" der Nationalsozialisten verstand unter „Volksgesundheit" die Gesundheit der Gesamtheit des Volkes; der Einzelne war verpflichtet, für das Volk gesund zu bleiben[120]. Seine eigenen Interessen musste er diesem Ziel unterordnen[121]. Volksgesundheit bedeutete somit nicht bloß die Summe der Gesundheit der Einzelnen, sondern erhielt eine „eigene und vorrangige Qualität"[122]. Der „Volkskörper" sollte durch die Verhinderung „erbkranken Nachwuchses" und durch „Rassenhygiene"[123], die bereits Ende des 19. Jahrhunderts als Ideologie aufgekommen war[124], gesund gehalten werden. Die Nationalsozialisten verfolgten auch eine strenge Tabakkontrollpolitik, da Tabakrauch als „Rassengift" und schädlich für den „Volkskörper" angesehen wurde[125]. Eingeführt wurden Rauchverbote an bestimmten Or-

---

[112] *Labisch/Woelk*, in: Hurrelmann/Razum (Hrsg.), Handbuch Gesundheitswissenschaften, S. 55 (72 f.); *Ruckstuhl*, Gesundheitsförderung, S. 23; *Flügel*, Public Health und Geschichte, S. 160; *Schleiermacher*, in: Stöckel/Walter (Hrsg.), Prävention im 20. Jahrhundert, S. 52 (60).

[113] Vgl. z. B. *Sachße/Tennstedt*, Geschichte der Armenfürsorge in Deutschland, Band 2, S. 128 f.

[114] *Sachße/Tennstedt*, Geschichte der Armenfürsorge in Deutschland, Band 2, S. 123.

[115] *Stöckel*, in: dies./Walter (Hrsg.), Prävention im 20. Jahrhundert, S. 65 (69).

[116] *Stöckel*, in: dies./Walter (Hrsg.), Prävention im 20. Jahrhundert, S. 65 (70).

[117] *Stöckel*, in: dies./Walter (Hrsg.), Prävention im 20. Jahrhundert, S. 65.

[118] *Schleiermacher*, in: Stöckel/Walter (Hrsg.), Prävention im 20. Jahrhundert, S. 52 (62).

[119] *Schleiermacher*, in: Stöckel/Walter (Hrsg.), Prävention im 20. Jahrhundert, S. 52 (62).

[120] Vgl. *Schwoch*, in: Stöckel/Walter (Hrsg.), Prävention im 20. Jahrhundert, S. 136 (137 f.); *Kater*, in: Lehmann/Oexle (Hrsg.), Nationalsozialismus in den Kulturwissenschaften, S. 101 (102).

[121] *Kater*, in: Lehmann/Oexle (Hrsg.), Nationalsozialismus in den Kulturwissenschaften, S. 101.

[122] *Labisch/Tennstedt*, in: Elkeles/Niehoff/Rosenbrock/Schneider (Hrsg.), Prävention und Prophylaxe, S. 7 (24).

[123] *Labisch/Woelk*, in: Hurrelmann/Razum (Hrsg.), Handbuch Gesundheitswissenschaften, S. 55 (74 ff.). Vgl. zur Bedeutung der Verschiebung des Begriffs „öffentliche Gesundheitspflege" zu „Hygiene" in der zweiten Hälfte des 19. Jahrhunderts für die Entstehung des Konzepts der „Rassenhygiene" *Flügel*, Public Health und Geschichte, S. 117 ff.

[124] *Ritter*, Der Sozialstaat, S. 133 f.; *Flügel*, Public Health und Geschichte, S. 151 ff. Vgl. dazu auch *Labisch/Woelk*, in: Hurrelmann/Razum (Hrsg.), Handbuch Gesundheitswissenschaften, S. 55 (74 f.); *Stöckel*, Säuglingsfürsorge zwischen sozialer Hygiene und Eugenik, S. 2.

[125] *Lövenich*, in: Jacob/Dworok (Hrsg.), Tabak und Gesellschaft, S. 59 (63 ff.).

ten, personenbezogene Rauchverbote etwa für Hebammen, Tabakabgabeverbote an unter 18-Jährige und Werbeverbote[126].

Zum Teil waren in der Weimarer Zeit sozialhygienische Konzepte Wirklichkeit geworden, die eine allgemeine, vom Einkommen unabhängige Gesundheitsfürsorge beinhalteten. In konservativen und bürgerlichen Kreisen war dies auf erheblichen Widerstand gestoßen; 1933 wurden solche Reformen nicht weiterverfolgt[127]. Das Gesetz über die Vereinheitlichung des Gesundheitswesens (GVG) aus dem Jahr 1934[128] ordnete vielmehr den ÖGD neu[129]: Zum einen wurde die kommunale Gesundheitsfürsorge mit der Gesundheitspolizei vereinigt[130], d.h. Ordnungs- und Leistungsverwaltung wurden bei einer staatlichen Stelle zusammengefasst[131]. Die Verbindung von wirtschaftlicher und gesundheitlicher Fürsorge wie zu Weimarer Zeit wurde aufgegeben[132]; die gruppen- und gemeindeorientierte Gesundheitsfürsorge und die in die allgemeine wirtschaftliche, Jugend- und Familienfürsorge integrierte zu- bzw. nachgehende Gesundheitsfürsorge wurden nachhaltig zerstört[133]. Zum anderen wurde den Gesundheitsämtern die nationalsozialistische „Erb- und Rassenpflege" überantwortet[134]; sowohl der Präventions- als auch der Sozialstaatsgedanke wurden unter dem Leitbegriff der Volksgesundheit pervertiert[135]. Massenhafte Zwangssterilisationen[136] führten dazu, dass Prävention nicht aus der Verhinderung von Erkrankungen bestand, sondern aus der Verhinderung der Kranken selbst[137].

2. Seit Bestehen der Bundesrepublik

Nach dem Krieg galt das GVG in den Bundesländern fort. Die Strukturen (und auch die Ideen) einer humanen Präventionspolitik waren „verbrannt"[138], der ÖGD in Verruf geraten. Der Begriff und die Idee der Volksgesundheit der Nationalsozialisten

[126] *Lövenich*, in: Jacob/Dworok (Hrsg.), Tabak und Gesellschaft, S. 59 (66).

[127] *Schleiermacher*, Prävention und Prophylaxe in BRD und DDR, in: Schagen/Schleiermacher (Hrsg.), 100 Jahre Geschichte der Sozialhygiene, Sozialmedizin und Public Health in Deutschland, S. 1 (2).

[128] Vom 3.7.1934, RGBl I 531.

[129] *v. Miquel*, in: Denkschrift 60 Jahre BSG, Band 1, S. 119 (121 f.).

[130] *Süß*, in: Hockerts (Hrsg.), Drei Wege deutscher Sozialstaatlichkeit, S. 55 (63); *U. Lindner*, APuZ B 33-34/2003, 21 (22).

[131] *Labisch*, Gesellschaftliche Bedingungen öffentlicher Gesundheitsvorsorge, S. 39.

[132] *Süß*, in: Hockerts (Hrsg.), Drei Wege deutscher Sozialstaatlichkeit, S. 55 (63); *Stöckel*, in: dies./Walter (Hrsg.), Prävention im 20. Jahrhundert, S. 65 (74).

[133] *Labisch/Tennstedt*, in: Elkeles/Niehoff/Rosenbrock/Schneider (Hrsg.), Prävention und Prophylaxe, S. 129 (133).

[134] *Labisch*, Gesellschaftliche Bedingungen öffentlicher Gesundheitsvorsorge, S. 38; *Sachße/Tennstedt*, Geschichte der Armenfürsorge in Deutschland, Band 2, S. 49.

[135] *U. Lindner*, APuZ B 33-34/2003, 21 (23 f.).

[136] Vgl. das Gesetz zur Verhütung erbkranken Nachwuchses v. 14.7.1933, RGBl I 529.

[137] *Ley*, in: Stöckel/Walter (Hrsg.), Prävention im 20. Jahrhundert, S. 122.

[138] *Schmacke*, in: Stöckel/Walter (Hrsg.), Prävention im 20. Jahrhundert, S. 178 (179).

lagen wie ein Schatten über dem Gesundheitswesen und setzten bevölkerungsbezogene Ansätze von vornherein einem Verdacht aus. Unsicherheiten bestanden über die rechtssystematische Einordnung des GVG[139], ob es z. B. als Bundesrecht weitergelte oder ob die Gesundheitsämter (wieder) kommunale Behörden sein sollten[140]. Die Bundesländer behandelten das Gesetz schließlich jeweils als landesrechtliche Rechtsgrundlage, setzten sich aber nicht näher mit dem Gedanken „einer öffentlich anzubietenden und umzusetzenden personen- bzw. gruppenbezogenen Prävention als Aufgabe" auseinander[141]. Von den beiden Aufgaben – Gesundheitsaufsicht und Gesundheitsfürsorge – war schon aus strukturell-organisatorischen Gründen die Gesundheitsfürsorge benachteiligt[142]. Einzelne Vorstöße, Maßnahmen der Gesundheitsfürsorge als Aufgabe des ÖGD auf kommunaler Ebene zu verankern, gab es in den 1950er Jahren. Keiner wurde jedoch umgesetzt[143]. Der Entwurf eines Gesundheitsfürsorgegesetzes, das sich auf Ungeborene, Schwangere, junge Mutter, Stillende, Säuglinge, Kleinkinder, Schulkinder und Jugendliche konzentrierte[144], scheiterte „an der Furcht vor einer vermeintlichen Nähe zu autoritärer „Staatsmedizin""[145] und „versandete im Zuge der Diskussion um die Reform des Fürsorgerechts"[146], das in den 1960er Jahren modernisiert wurde[147].

Das so entstehende Vakuum wurde durch die Ärzteschaft und die kurative Medizin gefüllt, die eine dominierende Stellung einnahmen[148]. Durch die Abgabe dieser Zuständigkeiten an die Ärzteschaft kam es zu einer „Austrocknung"[149] bzw. einem

---

[139] Der Entwurf eines Gesetzes zur Erhaltung und Förderung der Volksgesundheit (Gesundheitsgesetz) 1948, das das Vereinheitlichungsgesetz von 1934 ablösen sollte; wurde nicht weiterverfolgt (*v. Manger-Koenig*, Öff. Gesundh.-Wesen 37 [1975], 433 [435]); das GVG galt deswegen nach Gründung der Bundesrepublik fort.

[140] *Labisch/Tennstedt*, Prävention und Prophylaxe als Handlungsfelder der Gesundheitspolitik in der Frühgeschichte der Bundesrepublik Deutschland (1949 – ca. 1965), in: Elkeles/Niehoff/Rosenbrock/Schneider (Hrsg.), Prävention und Prophylaxe, S. 129 (132). Siehe auch *v. Manger-Koenig*, Öff. Gesundh.-Wesen 37 (1975), 433 (435).

[141] *Labisch/Tennstedt*, in: Elkeles/Niehoff/Rosenbrock/Schneider (Hrsg.), Prävention und Prophylaxe, S. 129 (133).

[142] *W. Hofmann/Schwartz*, in: Argument-Sonderband 198 (1992), S. 6 (11).

[143] Zu einzelnen Entwürfen siehe *Schmacke*, in: Stöckel/Walter (Hrsg.), Prävention im 20. Jahrhundert, S. 178 (181); *v. Manger-Koenig*, Öff. Gesundh.-Wesen 37 (1975), 433 (435); *Labisch/Tennstedt*, in: Elkeles/Niehoff/Rosenbrock/Schneider (Hrsg.), Prävention und Prophylaxe, S. 129 (144, 146).

[144] *Labisch/Tennstedt*, in: Elkeles/Niehoff/Rosenbrock/Schneider (Hrsg.), Prävention und Prophylaxe, S. 129 (137).

[145] *U. Lindner*, APuZ B 33-34/2003, 21 (26).

[146] *Süß*, in: Hockerts (Hrsg.), Drei Wege deutscher Sozialstaatlichkeit, S. 55 (66).

[147] Zum Begriff der Fürsorge auch noch unten 2. Teil, D. I. 1. a).

[148] *Labisch/Woelk*, in: Hurrelmann/Razum (Hrsg.), Handbuch Gesundheitswissenschaften, S. 55 (81); *Ruckstuhl*, Gesundheitsförderung, S. 27; *Schmacke*, in: Stöckel/Walter (Hrsg.), Prävention im 20. Jahrhundert, S. 178 (180 ff.).

[149] *Schmacke*, in: Stöckel/Walter (Hrsg.), Prävention im 20. Jahrhundert, S. 178 (182).

„Niedergang"[150] des ÖGD[151] nach dem Zweiten Weltkrieg. Erst ca. 30 Jahre später wurden neue Gesundheitsdienstgesetze der Länder verabschiedet. Zum Teil ist dort von der „öffentlichen Gesundheit" die Rede; das Berliner Gesetz verwendet sogar den Begriff „Public Health" (§ 1 I 4 berl. GDG). Die Gesetze haben unterschiedliche Bezeichnungen: So gibt es in fast allen Ländern Gesetze über den öffentlichen Gesundheitsdienst (oft Gesundheitsdienstgesetz – ÖGDG oder GDG)[152], in Bayern das Gesetz über den öffentlichen Gesundheits- und Veterinärdienst, die Ernährung und den Verbraucherschutz sowie die Lebensmittelüberwachung (Gesundheitsdienst- und Verbraucherschutzgesetz – GDVG). Die Gesetze ähneln sich zwar in den übertragenen Aufgaben; es gibt aber sowohl sehr ausführliche Gesetze mit einem modernen Steuerungsansatz als auch sehr knappe Gesetze[153], die viele Detailfragen aussparen. Die Aufgaben, die die Gesetze der Bundesländer dem ÖGD übertragen, sind zunächst die Prävention und Gesundheitsförderung[154], die als „weiche Aufgaben"[155] jedoch in den Gesetzen relative vage bleiben[156] und insbesondere aus Beratung und Aufklärung bestehen sollen. Eine zweite, klassische Aufgabe ist der Gesundheitsschutz, der sich in die Hygieneüberwachung von Einrichtungen[157], den umweltbezogenen Gesundheitsschutz[158] (wie Beobachtung und Bewertung von Einwirkungen aus der Umwelt auf die menschliche Gesundheit; Information und Beratung der Bevölkerung) und den Infektionsschutz[159] aufteilt. Zu letzterem gehören u.a. die Durchführung anonymer AIDS/HIV-Tests[160] und der Impfschutz, der auch aus dem Schließen von Impflücken bestehen kann[161]. Der ÖGD übernimmt somit nur noch einzelne Aufgaben oder ist von vornherein nur subsidiär zuständig[162]. Eine Aufteilung in eine individuelle Prä-

---

150 *Labisch/Woelk*, in: Hurrelmann/Razum (Hrsg.), Handbuch Gesundheitswissenschaften, S. 55 (81).

151 *Ruckstuhl*, Gesundheitsförderung, S. 29 f.; *Ellerbrock*, in: Stöckel/Walter (Hrsg.), Prävention im 20. Jahrhundert, S. 152 (159).

152 Nur Thüringen hat eine „Verordnung über den öffentlichen Gesundheitsdienst und die Aufgaben der Gesundheitsämter in den Landkreisen und kreisfreien Städten" (GesDV TH).

153 So kommen die Gesetze Niedersachsens (NGöGD) und Thüringens (GesDV TH) mit jeweils nur elf Paragraphen aus.

154 Art. 9 bay. GDVG; § 7 berl. GDG; § 5 I BbgGDG; § 13 ÖGDG M-V; § 7 ÖGDG NW.

155 *Szagun/Starke*, Bundesgesundheitsbl 2005, 1125.

156 So auch *Trojan*, in: Kuhn/Heyn (Hrsg.), Gesundheitsförderung durch den öffentlichen Gesundheitsdienst, S. 51 (54).

157 Art. 16 II bay. GDVG; § 12 berl. GDG; § 3 II BbgGDG; § 13 HmbGDG; § 9 ÖGDG M-V; § 17 ÖGDG NW.

158 Art. 15 bay. GDVG; § 10 berl. GDG; § 4 BbgGDG; § 15 HmbGDG; § 6 ÖGDG M-V; § 10 ÖGDG NW.

159 Art. 16 I bay. GDVG; § 9 berl. GDG; § 3 I BbgGDG; § 12 HmbGDG; § 10 ÖGDG M-V; § 9 ÖGDG NW.

160 § 3 IV BbgGDG; § 12 II 2 HmbGDG; § 20 ÖGDG M-V; § 15 II 2 ÖGDG NW.

161 § 9 II, III berl. GDG; § 12 III HmbGDG; § 10 ÖGDG M-V; § 9 II ÖGDG NW. – § 20i III SGB V regelt, inwiefern die Krankenkassen die Kosten erstatten.

162 Dazu auch noch unten 2. Teil, B. I. 2. c).

vention durch den Kassen- bzw. Vertragsarzt und eine öffentliche, bevölkerungsbezogene Prävention durch den Kommunalarzt gibt es nicht[163].

a) Gesundheitsschutzeingriffsrecht

Das weiterhin auf dem Polizeirecht aufbauende Gesundheitsschutzrecht kann man – in Abgrenzung zum Sozialrecht als Leistungsrecht – Gesundheitsschutzeingriffsrecht nennen[164]. Den Ursprung dieser Rechtsgebiete im Polizeirecht erkennt man daran, dass ordnungsrechtliche Instrumente (mögen diese auch nicht die einzigen sein, die das Gesetz vorsieht) zu einem präventiven Zweck eingesetzt werden, dass die Terminologie noch stark an gefahrenabwehrrechtliche Kategorien angelehnt ist und dass die Ordnungsbehörden für die Eingriffsmaßnahmen für zuständig erklärt werden. Zum Gesundheitsschutzeingriffsrecht gehören deswegen insbesondere das Infektionsschutzrecht, das Lebensmittel- und Genussmittelrecht und das Umweltrecht.

aa) Risikofaktorenzentriert

Viele Gesetze, die ihren Ursprung im Gesundheitspolizeirecht haben und nach wie vor in großem Umfang ordnungsrechtliche Instrumente einsetzen, haben durch ihren gefahrenabwehrrechtlichen Blick – es soll der Schaden, der von einem Krankheitserreger, einem Stoff, einem Produkt oder einer Anlage ausgehen könnte, abgewehrt werden – einen besonderen Bezug zum Risikofaktorenmodell. Das ist dann der Fall, wenn im Zentrum des jeweiligen Gesetzes der Risikofaktor steht, durch den der Gesundheitsschaden droht.

(1) Infektionsschutzrecht

Insbesondere die Verhütung und Bekämpfung von Seuchen und Geschlechtskrankheiten folgte nach dem Zweiten Weltkrieg besonders eng dem Gefahrenabwehrrecht; hier herrschte zum Teil eine rigorose, auf Zwangsmaßnahmen, Kontrolle und Überwachung ausgerichtete Grundhaltung[165]. Erst im Jahr 1961 löste das Bundesseuchengesetz[166] das Reichsseuchengesetz und dieses ergänzende Verordnungen ab, das hieran aber nur wenig änderte. Je mehr man schließlich die Infektionskrankheiten durch die Entwicklungen des Arzneimittelsektors in den Griff bekam – durch kurative Therapien und präventiv durch Impfstoffe –, wurde „Public Health" in diesem

---

[163] *Labisch/Tennstedt*, in: Elkeles/Niehoff/Rosenbrock/Schneider (Hrsg.), Prävention und Prophylaxe, S. 129 (135).

[164] So schon *Kießling*, RW 2016, 597 (608).

[165] *U. Lindner*, Gesundheitspolitik in der Nachkriegszeit, S. 321 ff.; *Ellerbrock*, in: Stöckel/Walter (Hrsg.), Prävention im 20. Jahrhundert, S. 152 (157), für die Bekämpfung von Geschlechtskrankheiten.

[166] Gesetz zur Verhütung und Bekämpfung übertragbarer Krankheiten beim Menschen v. 18.7.1961, BGBl I 1012.

Bereich „Opfer ihres eigenen Erfolges“[167]. Die Dominanz der Ärzteschaft und die Bedeutung derer kurativer Tätigkeit wuchsen dadurch.

Im Jahr 2000 wurde das Infektionsschutzrecht modernisiert, das Infektionsschutzgesetz (als „Stammgesetz“[168]) ersetzte das Bundesseuchengesetz und das Geschlechtskrankheitengesetz[169]. Sein Zweck ist es, übertragbaren Krankheiten beim Menschen vorzubeugen, Infektionen frühzeitig zu erkennen und ihre Weiterverbreitung zu verhindern (§ 1 I). Infektion wird legaldefiniert als die Aufnahme eines Krankheitserregers und seine nachfolgende Entwicklung oder Vermehrung im menschlichen Organismus (§ 2 Nr. 2), übertragbare Krankheit als eine durch Krankheitserreger oder deren toxische Produkte, die unmittelbar oder mittelbar auf den Menschen übertragen werden, verursachte Krankheit (§ 2 Nr. 3). Im Mittelpunkt steht deswegen im Infektionsschutzrecht immer ein Krankheitserreger mit seinen Auswirkungen auf die Bevölkerung, also ein Risikofaktor. Der Anwendungsbereich des IfSG ist nicht auf bestimmte Krankheitserreger beschränkt; die meisten Vorschriften sind auch auf neu auftretende, unbekannte Krankheitserreger anwendbar.

Das IfSG regelt zunächst die Voraussetzungen und Strukturen eines Meldewesens und Befugnisse für Interventionen, die auf die Aufdeckung und Unterbrechung von Infektionsketten zielen[170], daneben enthält es Entschädigungsregelungen und Strafvorschriften. Durch die Pflicht zur Meldung bestimmter Krankheiten (§§ 6 ff. IfSG), die u. a. Ärzte, aber auch Gemeinschaftseinrichtungen trifft, soll der Staat – durch die infektionsepidemiologische Auswertung der Daten durch das Robert Koch-Institut (§ 4 II Nr. 2) – in die Lage versetzt werden, das Auftreten von Epidemien zu erkennen und die Gesundheitsgefahr einschätzen zu können, um so die ggf. erforderlichen Interventionen ergreifen zu können. Bei neu auftretenden übertragbaren Krankheiten kann das Bundesgesundheitsministerium mit Zustimmung des Bundesrates durch Rechtsverordnung die Meldepflicht auf diese Krankheiten ausweiten (§ 15)[171].

Die hier interessierenden[172] Interventionsbefugnisse können in zwei Blöcke geteilt werden, deren gleichzeitige Anwendung sich im konkreten Einzelfall ausschließt[173]: in die Maßnahmen zur Verhütung übertragbarer Krankheiten (§§ 16 ff.) und die Maßnahmen zur Bekämpfung übertragbarer Krankheiten (§§ 24 ff.). Soweit einzelne

[167] *Pope*, in: Faust/Menzel (Hrsg.), Prevention vs. Treatment, S. 219 (222) – eigene Übersetzung.

[168] *Rixen*, in: Kloepfer (Hrsg.), Pandemien als Herausforderung für die Rechtsordnung, S. 67 (81).

[169] Art. 1 des Gesetzes zur Neuordnung seuchenrechtlicher Vorschriften (Seuchenrechtsneuordnungsgesetz) v. 20.7.2000, BGBl I 1045.

[170] Dazu *Rixen*, in: Kloepfer (Hrsg.), Pandemien als Herausforderung für die Rechtsordnung, S. 67 (70 ff.); *A. Engels*, DÖV 2014, 464 (466 f.).

[171] Vgl. die Coronavirus-Meldepflichtverordnung (Verordnung über die Ausdehnung der Meldepflicht nach § 6 I 1 Nr. 1 und § 7 I 1 des IfSG auf Infektionen mit dem erstmals im Dezember 2019 in Wuhan/Volksrepublik China aufgetretenen neuartigen Coronavirus [„2019-nCoV“]) v. 30.1.2020, BAnz AT 31.01.2020 V1.

[172] Ausgeblendet werden die Abschnitte des IfSG über Wasser, Lebensmittel und Tätigkeiten mit Krankheitserregern.

[173] Vgl. *Kießling*, in: dies. (Hrsg.), IfSG, 3. Aufl., Einf. Rn. 19 f.

Vorschriften dies nicht ausdrücklich anders regeln (etwa §§ 17, 28a, 28b, 28c, 30 I 1), gelten diese Maßnahmen bei jeder übertragbaren Krankheit und nicht wie die Meldepflichten nur bei bestimmten. Die zuständigen Behörden greifen bei der Entscheidung, in welchem Fall Maßnahmen angeordnet werden sollen, auf Informationen des Robert Koch-Instituts zurück, das u.a. Richtlinien, Empfehlungen und Merkblätter zur Vorbeugung, Erkennung und Verhinderung der Weiterverbreitung übertragbarer Krankheiten erstellt (§ 4 II Nr. 1).

Die Verhütung setzt in einem früheren Stadium als die Bekämpfung an und befugt die Behörden insbesondere dazu, die erforderlichen Ermittlungen durchzuführen (§ 16 II), mit meldepflichtigen Krankheitserregern behaftete Gegenstände zu behandeln oder zu vernichten (§ 17 I) und die Bevölkerung über Gesundheitsrisiken und die Möglichkeit der Prävention aufzuklären (§ 20). Für eine „übertragbare Krankheit mit klinisch schweren Verlaufsformen", besteht die Möglichkeit, dass Bundes- bzw. Landesgesundheitsministerien durch Rechtsverordnung eine Impfpflicht regeln, wenn mit ihrer epidemischen Verbreitung zu rechnen ist (§ 20 VI, VII IfSG). Bislang wurde davon kein Gebrauch gemacht. Die Impfpflicht gegen Pocken, die 1874 eingeführt wurde, wurde 1983 abgeschafft[174]. Über Jahrzehnte bestand danach in Deutschland keine Impfpflicht (mit einer Ausnahme für Soldaten[175]); der allgemeine Konsens in der Politik war, dass Impfpflichten unangemessen in die Grundrechte der Bevölkerung (also insbesondere der Eltern kleiner Kinder) eingriffen. Erst nach mehreren lokalen Masernausbrüchen änderte sich das Stimmungsbild; 2020 wurde schließlich eine Masernimpfpflicht[176] verabschiedet. Sie gilt seit 1.3.2020 für Kinder und Flüchtlinge, die in Gemeinschaftseinrichtungen betreut werden bzw. untergebracht sind, und Personen, die in Gemeinschaftseinrichtungen bzw. solchen des Gesundheitswesens tätig sind (§ 20 VIII)[177]. Im Dezember 2021[178] wurde außerdem eine am Konzept der Masernimpfpflicht orientierte einrichtungsbezogene Corona-Impfpflicht eingeführt (§ 20a)[179], die allerdings bis 31.12.2022 befristet[180] war. Nachdem im April 2022 die Einführung einer allgemeinen Corona-Impfpflicht im Bundestag scheiterte[181], liegen – abgesehen von den beiden Ausnahmen der einrichtungsbezogenen Impf-

---

174 Gesetz zur Aufhebung des Gesetzes über die Pockenschutzimpfung v. 24.11.1982, BGBl I 1529. Dazu ausführlich *Timme*, Die juristische Bewältigung eines ökonomischen Netzwerkgutes, S. 93 ff.

175 Vgl. § 17a II SoldatenG iVm Zentrale Dienstvorschrift A-840/8 „Impf- und weitere ausgewählte Prophylaxemaßnahmen" der Bundeswehr aus dem Jahr 2014.

176 Masernschutzgesetz v. 10.2.2020, BGBl I 148.

177 Ausführlich *Amhaouach/Kießling*, MedR 2019, 853.

178 Gesetz zur Stärkung der Impfprävention gegen COVID-19 und zur Änderung weiterer Vorschriften im Zusammenhang mit der COVID-19-Epidemie v. 10.12.2021, BGBl I 5162.

179 Ausführlich *Amhaouach/Kießling*, NJW 2022, 2798.

180 Art. 23 IV iVm Art. 2 des Gesetzes zur Stärkung der Impfprävention gegen COVID-19 und zur Änderung weiterer Vorschriften im Zusammenhang mit der COVID-19-Pandemie v. 10.12.2021, BGBl I 5162.

181 Plenarprotokoll 20/28 v. 7.4.2022, S. 2366 ff.

pflichten – Impfungen grundsätzlich in der eigenverantwortlichen Entscheidung der Bevölkerung.

Ist eine übertragbare Krankheit aufgetreten, geht es nicht mehr um die Verhütung im Vorfeld, sondern um ihre Bekämpfung, wie das IfSG dies im 5. Abschnitt nennt. Welche Befugnisse das IfSG für diesen Fall vorsieht, wird seit 2020 diskutiert, weil die Corona-Pandemie das Gesundheitswesen vor in der Bundesrepublik so zuvor nicht gekannte Herausforderungen stellt. Die vom IfSG geregelten „Schutzmaßnahmen" (so § 28) setzen voraus, dass Kranke, Krankheitsverdächtige, Ansteckungsverdächtige oder Ausscheider festgestellt werden oder dass sich ergibt, dass ein Verstorbener krank, krankheitsverdächtig oder Ausscheider war (§ 28 I 1 1. HS, ggf. iVm §§ 29 ff.). Die im IfSG ursprünglich nur geregelten Interventionen bestehen aus Einschränkungen und Verboten von Veranstaltungen und sonstigen Ansammlungen einer größeren Anzahl von Menschen und Betretungsverboten (§ 28 I 1 2. HS, 2), Beobachtungen von Betroffenen (§ 29), beruflichen Tätigkeitsverboten (§ 31) bis zur Absonderung Infizierter und deren Kontaktpersonen (§ 30). Andere Maßnahmen können ggf. auf die Generalklausel des § 28 I 1 1. HS gestützt werden. Ergänzt werden diese Befugnisse durch Tätigkeits- und Betretungsverbote speziell für Gemeinschaftseinrichtungen (§ 34). Seit November 2020 enthält der 5. Abschnitt außerdem nur für die Corona-Pandemie geltende Ermächtigungsgrundlagen (insbesondere § 28a[182], im April 2021 kam noch § 28b hinzu[183]); der Gesetzgeber ändert die Vorschriften jedoch regelmäßig[184].

Zuständig für die Verhütung und Bekämpfung übertragbarer Krankheiten nach dem IfSG – also für die Anordnung der Interventionen, die auf die Aufdeckung und Unterbrechung von Infektionsketten gerichtet sind – sind in manchen Bundesländern nicht die Gesundheitsämter[185], sondern die örtlichen Ordnungsbehörden[186]. Ergänzt wird das IfSG durch die Gesundheitsdienstgesetze der Bundesländer, die auch Regelungen zum Infektionsschutz enthalten[187].

---

[182] Eingefügt durch das 3. BevSchG v. 18.11.2020, BGBl I 2397.

[183] 4. BevSchG v. 22.4.2021, BGBl I 802.

[184] Dazu *Kießling*, in: dies. (Hrsg.), IfSG, 3. Aufl., § 28a Rn. 3a ff.

[185] Zur Zuständigkeitsverteilung zwischen Gesundheitsämtern und Ordnungsbehörden auch *A. Engels*, DÖV 2014, 464 (473).

[186] Vgl. für NRW §§ 5 I, 6 I IfSBG NRW. Zur Verortung des Infektionsschutzrechts im Gefahrenabwehrrecht BVerwGE 142, 205; *Seewald*, NJW 1987, 2265 (2266); *v. Steinau-Steinrück*, Die staatliche Verhütung und Bekämpfung von Infektionskrankheiten, S. 88; *Mers*, Infektionsschutz im liberalen Rechtsstaat, S. 26 ff.; *Kießling*, in: dies. (Hrsg.), IfSG, 3. Aufl., Einf. Rn. 23. Kritisch *Rixen*, in: Kloepfer (Hrsg.), Pandemien als Herausforderung für die Rechtsordnung, S. 67; *A. Engels*, DÖV 2014, 464.

[187] Dazu bereits oben 2. Teil, B. I. 2. Durch die Aufnahme von Schutzimpfungen in den Leistungskatalog der GKV (§ 20i SGB V) spielen auch die Krankenkassen eine Rolle beim Infektionsschutz, der sich jedoch hauptsächlich in der Übernahme der Kosten der Impfungen erschöpft.

(2) Umweltrecht

Das Umweltrecht „zielt im wesentlichen auf die Erhaltung und Verbesserung der natürlichen Lebensgrundlagen des Menschen, um dadurch (primär) dessen Gesundheit vor Beeinträchtigungen zu bewahren."[188] Es verfolgt also nach überwiegender Ansicht einen anthropozentrischen Ansatz[189] und gehört deswegen zum Recht der öffentlichen Gesundheit[190]. Nachdem die in den 1980er bzw. 1990er Jahren unternommenen Versuche, das gesamte Umweltrecht in einem Umweltgesetzbuch zu kodifizieren, scheiterten[191], sind die dem Umweltrecht zugerechneten Regelungen weiterhin in verschiedenen Gesetzen zu finden. Diese können – soweit sie nicht allgemeine Fragen wie Umweltverträglichkeitsprüfungen[192] und Umweltinformationen betreffen – entweder dem medialen, dem kausalen oder dem vitalen Umweltschutz[193] zugerechnet werden, wobei es nicht selten zu Überschneidungen kommt. Der mediale Umweltschutz dient dem Schutz der Umweltmedien Boden, Wasser und Luft[194]. Hierzu gehören z. B. das Bundesnaturschutzgesetz (BNatSchG) und das Wasserhaushaltsgesetz (WHG). Der vitale Umweltschutz dient unmittelbar dem Schutz von Tieren und Pflanzen[195], hierzu gehören etwa das PflSchG und das TierSchG.

Da der kausale Umweltschutz an der Quelle der schädlichen Umwelteinwirkungen ansetzt[196], können die hierzu gehörenden Gesetze als solche bezeichnet werden, die einen gesundheitlichen Risikofaktor zum Gegenstand haben. Diese Gesetze lassen sich weiter unterteilen in anlagenbezogene und stoffbezogene[197] Gesetze. Zu den anlagenbezogenen Gesetzen gehören z. B. das allgemein für Anlagen geltende Bundes-Immissionsschutzgesetz (BImSchG), das FluglärmG, das Atomgesetz (AtG), das Treibhausgas-Emissionshandelsgesetz (TEHG) und das Erneuerbare-Energien-Gesetz (EEG). Stoff- und produktbezogene Gesetze regeln den Umgang mit bestimmten Stoffen oder Produkten, von denen ein Risiko für die Umwelt ausgeht. Hierunter fallen das Gefahrstoffrecht im engeren Sinne[198] (das insbesondere aus dem Chemika-

---

188 *Burgi*, NVwZ 1993, 954.

189 *Storm*, Umweltrecht, Rn. 13 ff. Zum Streit über ein anthropozentrisches oder ökozentrisches Verständnis ausführlich *Calliess*, Rechtsstaat und Umweltstaat, S. 111 ff.

190 *Ossenbühl*, NVwZ 1986, 161 (163). Vom „mittelbare[n] Gesundheitsrecht im Sinne eines Gesundheitsvoraussetzungsschutzes" spricht *Kloepfer*, Umweltrecht, § 1 Rn. 138.

191 Dazu *Storm*, Umweltrecht, Rn. 90; *Kloepfer*, Umweltrecht, § 1 Rn. 158 ff.

192 Vgl. das Gesetz über die Umweltverträglichkeitsprüfung (UVPG).

193 Hierzu *Kloepfer*, Umweltrecht, § 1 Rn. 116 ff.; *Schlacke*, Umweltrecht, § 2 Rn. 22 ff.

194 *Sparwasser/Engel/Voßkuhle*, Umweltrecht, § 6 Rn. 2; *Schlacke*, Umweltrecht, § 2 Rn. 24.

195 *Schlacke*, Umweltrecht, § 2 Rn. 27.

196 *Schlacke*, Umweltrecht, § 2 Rn. 25.

197 Vgl. *Storm*, Umweltrecht, Rn. 105 ff., der aber nicht von einem Oberbegriff des kausalen Umweltschutzes ausgeht.

198 Zu den Begriffen *Sparwasser/Engel/Voßkuhle*, Umweltrecht, § 11 Rn. 473 f.; *Kloepfer*, Umweltrecht, § 19 Rn. 7.

lienrecht besteht[199]), das GenTG[200] und das Kreislaufwirtschaftsgesetz (KrWG)[201]. Je nach Risikopotential des Stoffes oder der Anlage regeln die jeweiligen Gesetze, dass es für den Umgang mit dem Stoff oder für den Betrieb der Anlage einer Genehmigung bedarf, dass die Inhaber der Genehmigung bestimmte Auskunfts- und Mitwirkungspflichten treffen, dass die Behörden bestimmte Überwachungs- und Eingriffsbefugnisse haben und dass Stoffe oder Produkte nur mit bestimmten Kennzeichnungen vertrieben werden dürfen. Hier kommt ggf. das gesamte ordnungsrechtliche Instrumentarium zum Einsatz.

Im Umweltrecht mit seinen gefahrenabwehrrechtlichen Strukturen gilt das Verursacherprinzip[202]. Es bleibt aber nicht in den gefahrenabwehrrechtlichen Strukturen verhaftet, sondern orientiert sich außerdem am Vorsorgeprinzip: Es soll bereits vor der Schwelle einer Gefahr angesetzt werden, auch nur mögliche Umweltgefahren sollen vermieden werden[203]. Darüber hinaus verlangt die Ressourcenvorsorge, dass mit den natürlichen Ressourcen möglichst schonend und sparsam umgegangen wird, um sie für künftige Generationen als Vorrat zu erhalten. Diese Art von Vorsorge verlangt die Entwicklung bestimmter Zielvorstellungen, die durch planerische und gestaltende Elemente umgesetzt werden[204]. Vorsorge wird selbst im Umweltrecht als „planungsähnliche Sozialgestaltung" begriffen[205]. Der Bezug zur menschlichen Gesundheit ist besonders eng im Luftqualitätsrecht und Lärmschutzrecht, im Klimaschutzrecht und im Energierecht ist der Bezug mittelbarer.

---

199 Hierzu gehören u.a. das Chemikaliengesetz (ChemG), das aber auch dem Arbeitsschutz dient, und die aufgrund des ChemG erlassenen Verordnungen wie die Gefahrstoffverordnung (GefStoffV); außerdem die REACH-VO (Verordnung [EG] Nr. 1907/2006 des Europäischen Parlaments und des Rates v. 18.12.2006 zur Registrierung, Bewertung, Zulassung und Beschränkung chemischer Stoffe [REACH], zur Schaffung einer Europäischen Chemikalienagentur, zur Änderung der Richtlinie 1999/45/EG und zur Aufhebung der Verordnung [EWG] Nr. 793/93 des Rates, der Verordnung [EG] Nr. 1488/94 der Kommission, der Richtlinie 76/769/EWG des Rates sowie der Richtlinien 91/155/EWG, 93/67/EWG, 93/105/EG und 2000/21/EG der Kommission), ABl L 396/1 v. 30.12.2006.

200 Zur Einordnung als stoffbezogenes Gesetz *Sparwasser/Engel/Voßkuhle*, Umweltrecht, § 6 Rn. 356. AA *Kloepfer*, Umweltrecht, § 20 Rn. 14 f., der von einem anlagenbezogenen Ansatz ausgeht. *Schlacke*, Umweltrecht, § 2 Rn. 27, ordnet das GenG auf der Schnittstelle von kausalem und vitalem Umweltschutz ein.

201 Das AMG ist ein Gefahrenabwehr- und Verbraucherschutzgesetz mit dem Ziel, die Patienten, die öffentliche Gesundheit und die Tiere und Umwelt zu schützen (*Kügel*, in: ders./R.-G. Müller/H.-P. Hofmann [Hrsg.], AMG, Einf. Rn. 1), gehört also nicht unmittelbar zum Umweltrecht, verfolgt aber einen stoffbezogenen Ansatz. Auch wenn es einen präventiven Zweck verfolgt, wird es im Folgenden ausgeklammert, weil die Arzneimittel selbst in der Regel erst bei Auftreten einer Krankheit zur Heilung eingesetzt werden.

202 *Calliess*, Rechtsstaat und Umweltstaat, S. 154.

203 *Calliess*, Rechtsstaat und Umweltstaat, S. 176 ff. Zur Umsetzung des Vorsorgeprinzips in den einzelnen Umweltgesetzen *Calliess*, Rechtsstaat und Umweltstaat, S. 182 ff.

204 *Wahl/Appel*, in: Wahl (Hrsg.), Prävention und Vorsorge, S. 1 (74 ff.); *Calliess*, Rechtsstaat und Umweltstaat, S. 176 f.

205 *Di Fabio*, in: FS-Ritter, S. 807 (836); vgl. auch *Wahl/Appel*, in: Wahl (Hrsg.), Prävention und Vorsorge, S. 1 (93).

(3) Lebensmittelrecht

Auch das Lebensmittelrecht ist besonderes Gefahrenabwehrrecht[206]. Wenn Lebensmittel im Fokus der politischen Debatte stehen, geht es meistens um gesundheitsschädliche Lebensmittel durch Verunreinigungen (so z. B. um mit dem Insektizid Fipronil verseuchte Eier in den Jahren 2017/18) oder Verbrauchertäuschungen (so z. B. bei als Rindfleisch etikettiertem Pferdefleisch im Jahr 2013). Das Lebensmittelrecht regelt deswegen – seit der BSE-Krise Ende der 1990er Jahre hauptsächlich unionsrechtlich geprägt[207] – mit dem Ziel des Gesundheitsschutzes die Lebensmittelsicherheit und den Schutz der Verbraucherinnen und Verbraucher vor Täuschungen[208] und gehört deswegen zur Querschnittsmaterie Verbraucherschutzrecht[209]. In weiten Teilen ist es Lebensmittelkennzeichnungsrecht. Es regelt außerdem, inwieweit die Behörden die Bevölkerung vor gesundheitsschädlichen Lebensmitteln punktuell warnen müssen bzw. dürfen[210]. Erst spät in den Fokus gelangte – neben der Lebensmittelsicherheit – der Nährwert der Nahrung, der jedoch nach wie vor eine untergeordnete Rolle spielt[211]. Wichtigstes Instrument ist die Information[212].

Zu den europarechtlichen Rechtsgrundlagen des Lebensmittelrechts gehören u. a.[213] die Lebensmittel-BasisVO[214] und weitere Verordnungen, die die Zulassung von Zusatzstoffen[215], die Anreicherung von Lebensmitteln mit Vitaminen und Mineralstoffen[216], gesundheitsbezogene Werbung (HCVO)[217], Lebensmittelinformation einschließlich der Kennzeichnung (LMIV)[218] und die Werbung, Kennzeichnung

---

[206] *Streinz*, in: ders./Kraus (Hrsg.), Lebensmittelrechts-Handbuch, Nov. 2016, Einl. Rn. 1.

[207] Zur Entwicklung *Gundel*, in: Ruffert (Hrsg.), EnzEur Bd. 5: Europäisches Sektorales Wirtschaftsrecht, § 8 Rn. 32 ff.

[208] *Streinz*, in: ders./Kraus (Hrsg.), Lebensmittelrechts-Handbuch, Nov. 2016, Einl. Rn. 1.

[209] *Streinz*, in: ders./Kraus (Hrsg.), Lebensmittelrechts-Handbuch, Nov. 2016, Einl. Rn. 1.

[210] Dazu *Hummel-Liljegren*, ZLR 1991, 126; *Porsch*, ZLR 2003, 175; zur langjährigen Diskussion um § 40 Ia LFGB siehe nach dem Beschl. des BVerfG v. 21.3.2018 (BVerfGE 148, 40) nur *Wollenschläger*, JZ 2018, 980 mwN.

[211] Aus Sicht der EU *Alemanno/Garde*, in: dies. (Hrsg.), Regulating Lifestyle Risks, S. 1 (11 f.).

[212] Ausführlich *Schultes*, LMuR 2022, 279.

[213] Ausführlich *Meisterernst*, Lebensmittelrecht, § 3 Rn. 2 ff.

[214] VO (EG) Nr. 178/2002 des Europäischen Parlaments und des Rates v. 28.1.2002 zur Festlegung der allgemeinen Grundsätze und Anforderungen des Lebensmittelrechts, zur Errichtung der Europäischen Behörde für Lebensmittelsicherheit und zur Festlegung von Verfahren zur Lebensmittelsicherheit, Abl L 31/1 v. 1.2.2002.

[215] VO (EG) Nr. 1333/2008 des Europäischen Parlaments und des Rates v. 16.12.2008 über Lebensmittelzusatzstoffe, ABl L 354/16 v. 31.12.2008.

[216] VO (EG) Nr. 1925/2006 des Europäischen Parlaments und des Rates v. 20.6.2006 über den Zusatz von Vitaminen und Mineralstoffen sowie bestimmten anderen Stoffen zu Lebensmitteln, ABl L 404/26 v. 30.12.2006.

[217] VO (EG) Nr. 1924/2006 des Europäischen Parlaments und des Rates v. 20.12.2006 über nährwert- und gesundheitsbezogene Angaben über Lebensmittel, ABl L 12/3 v. 30.12.2006, dazu noch ausführlich unten 2. Teil, C. II. 2. b) bb) (1).

[218] VO Nr. 1169/2011 des Europäischen Parlaments und des Rates v. 25.10.2011 betreffend die Information der Verbraucher über Lebensmittel und zur Änderung der Verordnungen (EG) Nr. 1924/2006 und (EG) Nr. 1925/2006 des Europäischen Parlaments und des Rates und zur Aufhebung der RL 87/250/EWG der Kommission, der RL 90/496/EWG des Rates, der RL 1999/10/EG der

und Zusammensetzung von Säuglingsnahrung[219] regeln. Im nationalen Recht sind das Lebensmittel-, Bedarfsgegenstände- und Futtermittelgesetzbuch (LFGB) aus dem Jahr 2005 und die Diätverordnung (DiätV) besonders relevant.

Das Lebensmittelrecht wurde von Anfang an sehr weit verstanden und regelte nicht nur Nahrungsmittel im engeren Sinne, sondern – im Kontext dieser Arbeit weniger relevant – auch Bedarfsgegenstände und Futtermittel. Für das Verständnis des Umgangs des Rechts der öffentlichen Gesundheit mit den Risikofaktoren Tabak und Alkohol ist entscheidend, dass diese traditionell als sogenannte Genussmittel gelten, die auch dem Lebensmittelrecht unterfallen. Der Begriff „Genussmittel" wurde und wird lebensmittelrechtlich zwar nicht definiert, über seine Bedeutung besteht jedoch weitestgehend Einigkeit. Genussmittel sind demnach Stoffe, deren Zufuhr zum Körper „sofort oder nach einiger Zeit ein angenehmes Empfinden hervorruft, und zwar durch Beeinflussung der Nerventätigkeit, während ihnen eine nährende Wirkung nicht zukommt bzw. nicht zuzukommen braucht"[220]. Dazu gehören alkoholische Getränke, Kaffee und Tee[221] sowie traditionell auch Mittel, die geraucht werden, also insbesondere Tabak[222]. Das Reichsnahrungsmittelgesetz aus dem Jahr 1879[223] verwendete noch den zusammengesetzten Begriff „Nahrungs- und Genussmittel" (§ 1), der 1927 durch den Begriff „Lebensmittel" abgelöst wurde. Es blieb zunächst bei einheitlichen Regelungen für Nahrungs- und Genussmittel. Bis 1974 wurden Tabakerzeugnisse im Lebensmittelrecht deswegen wie Lebensmittel behandelt, dies stellte das Lebensmittelgesetz von 1927 ausdrücklich klar (§ 1 S. 2)[224].

Diese Gleichsetzung der Tabakerzeugnisse mit Lebensmitteln wurde Anfang der 1970er Jahre als nicht mehr sachgerecht angesehen[225]. Ausdrücklich erwähnt wurde in den Gesetzesmaterialien das „wohl nicht mehr ernsthaft bestreitbare [...]" gesundheitliche Risiko „beim Genuß bestimmter Tabakerzeugnisse"[226]. Durch diese Einsicht entstand ein Konflikt mit dem Ziel des Lebensmittelrechts, Gefahren für die Gesundheit abwehren, die durch den bestimmungsgemäßen Gebrauch des Lebens-

---

Kommission, der RL 2000/13/EG des Europäischen Parlaments und des Rates, der RL 2002/67/EG und 2008/5/EG der Kommission und der VO (EG) Nr. 608/2004 der Kommission, ABl L 304/18 v. 22.11.2011.

219 VO (EU) Nr. 609/2013 des Europäischen Parlaments und des Rates v. 12.6.2013 über Lebensmittel für Säuglinge und Kleinkinder, Lebensmittel für besondere medizinische Zwecke und Tagesrationen für gewichtskontrollierende Ernährung und zur Aufhebung der RL 92/52/EWG des Rates, der RL 96/8/EG, 1999/21/EG, 2006/125/EG und 2006/141/EG der Kommission, der RL 2009/39/EG des Europäischen Parlaments und des Rates sowie der VOen (EG) Nr. 41/2009 und (EG) Nr. 953/2009 des Rates und der Kommission, ABl L 181/35 v. 29.6.2013, dazu noch ausführlich unten 2. Teil, C. III. 3. a).

220 So bereits *Fincke*, Zeitschrift für Untersuchung der Lebensmittel 1929, 1 (2).

221 Vgl. BT-Drs. 6/2310, S. 25; BT-Drs. 16/6150, S. 4.

222 *Fincke*, Zeitschrift für Untersuchung der Lebensmittel 1929, 1 (2).

223 RGBl 1879, 145.

224 Lebensmittelgesetz v. 5.7.1927, RGBl I 134.

225 BT-Drs. 6/2310, S. 23.

226 BT-Drs. 6/2310, S. 32; BT-Drs. 7/255, S. 33.

mittels hervorgerufen werden können[227]. Denn Tabakerzeugnisse sind bereits bei bestimmungsgemäßem Gebrauch gesundheitsschädlich. Da § 8 des 1974 verabschiedeten Lebensmittel- und Bedarfsgegenständegesetzes[228] (LMBG) gesundheitsschädliche Lebensmittel verbot und seit 1958 bestimmte Zusatzstoffe verboten waren[229], konnten Tabakerzeugnisse nicht mehr unter die allgemeinen Regelungen fallen[230]. Sie wurden deswegen in einem eigenen Abschnitt des LMBG geregelt (vgl. 3. Abschnitt), der auch Werbeverbote (§ 22) enthielt.

Erst seit 2005, als das Lebensmittel- und Futtermittelrecht durch Einführung des LFGB neugeordnet wurde[231], gelten für Tabakerzeugnisse eigene Gesetze. Man hielt es nicht für angezeigt, „Produkte, deren Verwendung von vornherein gesundheitlich bedenklich ist, in einem Verbraucherschutzgesetz zu regeln"[232]. Das zunächst geltende Vorläufige Tabakgesetz wurde 2016 durch das TabakerzG[233] abgelöst. Mittlerweile sind Herstellung und Vertrieb von Tabakprodukten detailliert reglementiert[234]. Das aktuell geltende TabakerzG orientiert sich in seinen Strukturen und Regelungsansätzen aber immer noch stark am Lebensmittelrecht. Systematisch gehört das Tabakerzeugnisrecht deswegen nach wie vor zu diesem Rechtsgebiet[235].

(4) Glücksspielrecht

Zum Recht der öffentlichen Gesundheit kann auch das Glücksspielrecht[236] gezählt werden, das als Querschnittsmaterie aus straf-[237], zivil- und verwaltungsrechtlichen Regelungen besteht[238] und insbesondere die Verhinderung der Entstehung und die Bekämpfung der Spielsucht bezweckt[239]. Bei der Spielsucht handelt es sich – anders

[227] Vgl. §§ 17, 26, 30 LFGB und für Lebensmittel selbst § 5 I Nr. 1 LFGB iVm Art. 14 I, II, III Lebensmittel-BasisVO. Den gleichen Ansatz verfolgt das Arzneimittelrecht, vgl. § 5 II AMG.

[228] Gesetz zur Gesamtreform des Lebensmittelrechts v. 15.8.1974, BGBl I 194.

[229] Durch Gesetz zur Änderung und Ergänzung des Lebensmittelgesetzes v. 21.12.1958, BGBl I 950.

[230] BT-Drs. 6/2310, S. 33.

[231] Vgl. das Lebensmittel-, Bedarfsgegenstände- und Futtermittelgesetzbuch (Lebensmittel- und Futtermittelgesetzbuch – LFGB) v. 1.9.2005, BGBl I 2618.

[232] BT-Drs. 15/3657, S. 56.

[233] Gesetz zur Umsetzung der Richtlinie über Tabakerzeugnisse und verwandte Erzeugnisse v. 4.4.2016, BGBl I 569.

[234] Dazu unten 2. Teil, C. II. 1.

[235] *Wehlau*, LFGB, Einleitung LVIII (S. 58).

[236] Zum Begriff des Glücksspiels siehe § 3 I 1 GlüStV. Schwierigkeiten kann die Abgrenzung von Glücks- und Geschicklichkeitsspielen bereiten (dazu *Jaschinski*, ZfWG 2014, 160; *Benert/Reeckmann*, ZfWG 2013, 23).

[237] Die Veranstaltung öffentlicher Glücksspiele ohne Erlaubnis ist gem. § 284 I StGB, die Veranstaltung öffentlicher Lotterien oder Ausspielungen beweglicher oder unbeweglicher Sachen ist gem. § 287 I StGB strafbar.

[238] *Ennuschat*, in: ders./Wank/Winkler (Hrsg.), GewO, § 33h Rn. 6 ff.

[239] Spätestens seit der Sportwetten-Entscheidung des BVerfG aus dem Jahr 2006 steht dieses Ziel im Fokus der Glücksspielregulierung (*Ennuschat*, in: Krüper [Hrsg.], Strukturfragen der Glücksspielregulierung, S. 73 [81]), auch wenn z. B. der GlüStV fünf gleichrangige Ziele nennt (*Terhechte*, Staat und Spiel, S. 61).

als bei Alkohol- und Nikotinsucht – nicht um eine substanzgebundene Sucht, sondern um eine Verhaltenssucht. Als „pathologisches Glücksspielen" ist sie als psychische Krankheit anerkannt[240].

Das Glücksspielverwaltungsrecht[241] ist in verschiedenen Gesetzen verankert, die traditionell entweder dem Ordnungsrecht oder dem Gewerberecht zugeordnet werden. Diese sogenannte „duale Ordnung der Spielrechtsmaterie"[242] ergibt sich aus der Abgrenzung der Gesetzgebungskompetenzen zwischen Bund und Ländern: Für das Recht der Wirtschaft ist der Bund (Art. 74 I Nr. 11 GG), für das Ordnungsrecht sind die Länder zuständig. Dementsprechend entwickelte sich ein gewerberechtlich verstandenes Spielrecht des Bundes und ein ordnungsrechtlich verstandenes Spielrecht der Länder[243]. Das Glücksspielrecht des Bundes reguliert das gewerbliche (Automaten-)Spielwesen (§§ 33c-33i GewO) sowie den Pferdewettensektor (durch das Rennwett- und Lotteriegesetz [RennwLottG]). Hier soll weniger die Abwehr glücksspielbezogener Gefahren als der Gedanke der Gewerbefreiheit im Vordergrund stehen[244].

Weitaus größere Bedeutung hat das landesrechtliche Glücksspielrecht, das Teil des Gefahrenabwehrrechts ist[245]. In diesem Bereich steht die Abwehr der Gefahren der Spielsucht besonders stark im Vordergrund, gleichzeitig soll die kriminelle Vereinnahmung – z. B. durch Betrug durch die Veranstalter – verhindert werden[246]. „Tragende Säule"[247] des landesrechtlichen Glücksspielrechts ist der Glücksspielstaatsvertrag (GlüStV)[248]. Er wird durch Landesgesetze umgesetzt bzw. konkretisiert[249]. Der GlüStV v. 15.12.2011 galt für Spielbanken, Lotterien, Spielhallen und Sportwetten (mit Ausnahme der Pferdewetten) und nennt – wie der GlüStV v. 29.10.2020 – als Ziele in § 1 die Suchtprävention, die Lenkung des „natürlichen Spieltriebs der Bevölkerung", den Jugendschutz und die Bekämpfung der Begleitkriminalität. Zur Erreichung dieser Ziele wird in § 10 ein Staatsvorbehalt statuiert[250], der sich dadurch erklärt, dass das Glücksspielrecht in diesen Sektoren traditionell von Staatsmonopolen geprägt war. § 10 I 1 weist den Ländern ausdrücklich die ordnungsrechtliche Aufgabe zu, ein ausreichendes Glücksspielangebot sicherzustellen. Der Staat hat in diesen Sektoren eine Doppelrolle: Er gibt den Regulierungsrahmen vor, ist aber auch selbst

---

240 Ausführlich *Albrecht-Sonnenschein/Wölfling/Grüsser-Sinopoli*, in: Gebhardt/Korte (Hrsg.), Glücksspiel, § 32 Rn. 3 ff.

241 Begriff bei *Terhechte*, Staat und Spiel, S. 18.

242 *Ennuschat*, in: ders./Wank/Winkler (Hrsg.), GewO, § 33h Rn. 2.

243 *Ennuschat*, in: ders./Wank/Winkler (Hrsg.), GewO, § 33h Rn. 2. Zu Inkonsistenzen zwischen den beiden Ansätzen *Ennuschat*, WRP 2014, 642 (643). Zu Ausnahmen und Widersprüchen innerhalb des ordnungsrechtlichen Ansatzes *Terhechte*, Staat und Spiel, S. 68.

244 *Wormit*, NVwZ 2017, 281.

245 *Krüper/Unger*, ZfWG 2019, 329.

246 *Wormit*, NVwZ 2017, 281.

247 *Wormit*, NVwZ 2017, 281.

248 Vgl. zunächst den GlüStV v. 15.12.2011, der bis zum 30.6.2021 galt (Art. 35 II), und durch den GlüStV v. 29.10.2020 ersetzt wurde.

249 Ausführliche Darstellung der Landesgesetze bei *Terhechte*, Staat und Spiel, S. 56 Fn. 21.

250 *Wormit*, NVwZ 2017, 281; *Terhechte*, Staat und Spiel, S. 29.

Veranstalter von Glücksspielen, der einen Teil der Einnahmen erhält[251]. Bei Lotterien bestehen zum Teil nach wie vor Staatsmonopole: So werden die großen, umsatzträchtigen „Jackpotlotterien" (vgl. §§ 13 II, 22 I GlüStV) auf der Grundlage des § 10 II GlüStV durch Gesellschaften des Privatrechts veranstaltet, deren Anteile unmittelbar oder mittelbar von den Ländern gehalten werden[252]. Im Ergebnis gibt es pro Bundesland ein Lotteriemonopol[253]. Für Spielbanken[254] schreibt der GlüStV vor, dass ihre Anzahl zu begrenzen ist (§ 20). Besonders weit gingen die Entwicklungen der letzten Jahre im Spielhallenrecht – dem Recht der „Spielotheken"[255]: So verlangt der GlüStV u. a., dass zwischen Spielhallen ein Mindestabstand einzuhalten ist (§ 25 I 1)[256], und er ermächtigt die Länder, die Anzahl der in einer Gemeinde zu erteilenden Erlaubnisse zu begrenzen (§ 25 III)[257], was zu einer drastischen Reduzierung des Spielhallenangebots führte[258]. Bei Sportwetten ist der größte Trend zur Liberalisierung zu erkennen[259]. Hier sollte ein zahlenmäßig begrenztes Konzessionsmodell die Sportwetten auf dem Schwarzmarkt zurückdrängen und die Wettleidenschaft der Bevölkerung „in regulierte Bahnen" kanalisieren[260]. Dieses Modell scheiterte jedoch vor den Verwaltungsgerichten[261]. Ab 1.1.2020 sah der GlüStV keine zahlenmäßige Beschränkung der Konzessionen mehr vor (§§ 4a, 10a in der damaligen Fassung)[262]. Am 1.7.2021 ist der GlüStV v. 29.10.2020 in Kraft getreten[263], der auch das Online-Glücksspiel liberalisieren soll[264], das davor noch einem Totalverbot unterlag (§ 4 IV, V GlüStV in der damaligen Fassung), was wiederum zur Entstehung eines großen Schwarzmarktes geführt hatte. Das Glücksspiel soll nun auch hier kanalisiert werden[265].

---

[251] *Terhechte*, Staat und Spiel, S. 13. Zu den Einnahmen durch die Lotteriemonopole *Ennuschat*, in: Krüper (Hrsg.), Strukturfragen der Glücksspielregulierung, S. 73 (78).

[252] *Wormit*, NVwZ 2017, 281 (281 f.).

[253] *Ennuschat*, in: Krüper (Hrsg.), Strukturfragen der Glücksspielregulierung, S. 73 (77).

[254] Bei Spielbanken handelt es sich in der Praxis letztlich in der Regel um die als Casino bezeichneten Einrichtungen.

[255] *Wormit*, NVwZ 2017, 281 (283).

[256] Einige Länder regeln außerdem Gebote von Mindestabständen einer Spielhalle zu Schulen und Jugendeinrichtungen (z. B. § 16 III 2 AG GlüStV NW; § 11 IV 2 AG GlüStV MV).

[257] Zu diesem Regulierungsansatz ausführlich *Krüper*, ZfWG 2016, 390.

[258] Dazu *Ennuschat*, in: ders./Wank/Winkler (Hrsg.), GewO, § 33i Rn. 17; *Schneider*, NVwZ 2017, 1073.

[259] *Ennuschat*, in: Krüper (Hrsg.), Strukturfragen der Glücksspielregulierung, S. 73.

[260] *Wormit*, NVwZ 2017, 281 (282).

[261] *Wormit*, NVwZ 2017, 281 (282); *Lüder*, NVwZ 2020, 190 (191 f.); *Brüggemann*, ZfWG 2020, 204 (206 f.).

[262] Zur neuen Rechtslage *Lüder*, NVwZ 2020, 190 (192 f.); *Brüggemann*, ZfWG 2020, 204 (207).

[263] Dazu *Brüggemann*, ZfWG 2020, 204 (207 ff.).

[264] Zur vorherigen Diskussion ausführlich *Ennuschat*, ZfWG 2018, 202; zur neuen Rechtslage *Brüning/Thomsen*, NVwZ 2021, 11.

[265] Dazu *Krüper*, ZRP 2020, 33.

(5) Technischer Arbeitsschutz

Das Arbeitsschutzrecht bezweckt die Verbesserung der Sicherheit und des Gesundheitsschutzes der Beschäftigten bei der Arbeit; neben der Verhütung von Unfällen am Arbeitsplatz geht es insbesondere um die Vermeidung arbeitsbedingter Gesundheitsgefahren[266]. Will man das Arbeitsschutzrecht systematisieren, bietet sich eine Unterscheidung von technischem und sozialem Arbeitsschutz an[267]. Zum technischen Arbeitsschutz gehören die Maßnahmen, die auf die Verhütung von Gefahren für Leben und Gesundheit ausgerichtet sind, die mit der Arbeitsleistung verbunden sind und von den Betriebseinrichtungen, technischen Arbeitsmitteln, Gefahrstoffen, den Arbeitsstätten und Produktions- und Arbeitsverfahren ausgehen können[268]. Hierzu[269] gehören neben dem ArbSchG[270] als „allgemeinem Teil dieses Bereiches"[271] das Arbeitssicherheitsgesetz (ASiG)[272] und die Arbeitsstättenverordnung (ArbStättV) sowie stoffbezogene Gesetze, soweit sie den Umgang mit gefährlichen Stoffen während der Arbeit betreffen, also das Gefahrstoffrecht[273], das Immissionsschutzrecht und Strahlenschutzrecht. Hier besteht bei den anwendbaren Gesetzen eine Überschneidung von Arbeitsschutz- und Umweltrecht; die beiden Rechtsgebiete verfolgen jedoch jeweils ein unterschiedliches Ziel: Das Arbeitsschutzrecht soll die Arbeitnehmerinnen und Arbeitnehmer vor Gefahren schützen, das Umweltrecht die Allgemeinheit[274].

bb) Risikogruppenzentriert

Andere Gesetze verfolgen einen querschnittlichen Ansatz, indem sie sich nicht auf einen bestimmten Risikofaktor, sondern auf den Schutz bestimmter Personengruppen fokussieren.

---

[266] *Schmidt am Busch*, in: Kollmer/Klindt/Schucht (Hrsg.), ArbSchG, Einl. Verf. Grundlagen, Rn. 1.

[267] *Burgi*, NVwZ 1993, 954.

[268] *Witschen*, in: BeckOGK-BGB, 1.9.2022, § 618 Rn. 40.

[269] Ausführlich *Witschen*, in: BeckOGK-BGB, 1.9.2022, § 618 Rn. 41 ff. – Auch zum technischen Arbeitsschutz gehören die Unfallverhütungsvorschriften der Unfallversicherungsträger (*Baumgärtner*, in: BeckOK-BGB, 1.5.2022, § 618 Rn. 7), die diese zur Verhütung von Arbeitsunfällen, Berufskrankheiten und arbeitsbedingten Gesundheitsgefahren oder für eine wirksame Erste Hilfe erlassen, soweit dies zur Prävention geeignet und erforderlich ist und staatliche Arbeitsschutzvorschriften hierüber keine Regelung treffen (§ 15 I SGB VII).

[270] Gesetz v. 7.8.1996, BGBl I 1246.

[271] *Baumgärtner*, in: BeckOK-BGB, 1.5.2022, § 618 Rn. 7; *Witschen*, in: BeckOGK-BGB, 1.9.2022, § 618 Rn. 41.

[272] Gesetz v. 12.12.1973, BGBl I 1885.

[273] *Burgi*, NVwZ 1993, 954.

[274] *Burgi*, NVwZ 1993, 954 (955). Zur entsprechenden Abgrenzung bzw. Unterscheidung von Arbeitsschutz- und Infektionsschutzrecht *Kießling*, in: dies. (Hrsg.), IfSG, 3. Aufl., Einf. Rn. 32.

(1) Sozialer Arbeitsschutz

Der soziale Arbeitsschutz beschäftigt sich mit dem Schutz bestimmter Personengruppen[275]. JArbSchG und MuSchG sind „Sonderregime für typisierte Risiken"[276]. Das MuSchG regelt u. a. Beschäftigungsverbote während der Schwangerschaft und nach der Geburt, so gilt ein obligatorisches Nachtarbeitsverbot für alle Schwangere (§ 5 I MuSchG) sowie ein sechswöchiges fakultatives Arbeitsverbot unmittelbar vor der Geburt (§ 3 I 1 MuSchG); nach der Geburt ist zwingend ein (mindestens) achtwöchiges Arbeitsverbot einzuhalten (§ 3 II MuSchG). Begründet werden diese Regelungen mit dem Schutz von Mutter und Kind[277]. Das JArbSchG enthält Regelungen zu u. a. Arbeitszeiten und Beschäftigungsverboten für Kinder und Jugendliche.

(2) Jugendschutzrecht

Das Jugendschutzrecht soll Kinder und Jugendliche vor Gefahren in der Öffentlichkeit und in Medien schützen, die geeignet sind, sie „sozialethisch zu desorientieren oder in ihrer Entwicklung zu beinträchtigen"[278]. Seit 2003 gilt das JuSchG[279], das wesentliche Regelungen der zuvor geltenden Gesetze zum Schutze der Jugend in der Öffentlichkeit (JÖSchG)[280] bzw. über die Verbreitung jugendgefährdender Schriften und Medieninhalte (GjSM)[281] übernahm. Insbesondere in dem Abschnitt zum „Jugendschutz in der Öffentlichkeit" hat das JuSchG Genussmittel oder Vorgänge zum Gegenstand, die – würden sie allgemein geregelt – in anderen Gesetzen zu finden wären, so z. B. die Abgabe von Tabakerzeugnissen oder alkoholischen Getränken und der Aufenthalt in Gaststätten, die im TabakerzG bzw. im GastG geregelt werden könnten. Das JuSchG verklammert diese unterschiedlichen Gegenstände durch das Ziel, Kinder und Jugendliche vor diesen potentiell gesundheitsschädlichen Genussmitteln zu schützen. Auch das JuSchG gehört zum Sonderordnungsrecht.

b) Prävention im Sozialversicherungsrecht

Alle Zweige der Sozialversicherung sehen neben ihren eigentlichen Leistungen auch Leistungen vor, die den Eintritt des jeweiligen Versicherungsfalles vermeiden oder hinauszögern sollen. Die entsprechenden Regelungen bestehen zum Teil schon län-

---

[275] Zum sozialen Arbeitsschutz wird außerdem der Arbeitszeitschutz gezählt (*Witschen*, in: BeckOGK-BGB, 1.9.2022, § 618 Rn. 40; *Baumgärtner*, in: BeckOK-BGB, 1.5.2022, § 618 Rn. 9; *Burgi*, NVwZ 1993, 954). Die zulässige Arbeitszeit regelt insbesondere das ArbeitszeitG.

[276] *Breitkreuz*, in: BerlKomm, GG, V/15, Art. 74 Abs. 1 Nr. 12 Rn. 14.

[277] Durch diesen kindbezogenen Schutz gibt es Regelungen, die der Mutter das Arbeiten unter Umständen gegen ihren Willen verbieten, so z. B. § 11 MuSchG (unzulässige Tätigkeiten während der Schwangerschaft) und § 3 II MuSchG (zwingendes nachgeburtliches Beschäftigungsverbot). Kritisch dazu *Sinder*, JZ 2017, 975.

[278] *Liesching*, in: Erbs/Kohlhaas, Strafrechtliche Nebengesetze, Jan. 2018, JuSchG Vorb. Rn. 2.

[279] Gesetz v. 23.7.2002, BGBl I 2730.

[280] Gesetz v. 25.2.1985, BGBl I 425.

[281] Gesetz v. 9.6.1953, BGBl I 377.

ger, wurden aber insbesondere durch das im Jahr 2015[282] verabschiedete Präventionsgesetz ausgeweitet, das aufgrund der Fokussierung auf die Sozialversicherung auch als Sozialversicherungspräventionsgesetz oder sogar Krankenversicherungspräventionsgesetz[283] bezeichnet werden kann.

Besonders weit geht das SGB VII, das die Verhütung von Arbeitsunfällen, Berufskrankheiten und arbeitsbedingten Gesundheitsaufgaben als Kernaufgabe[284] der Unfallversicherung überträgt (§§ 14 ff. SGB VII). Die Rentenversicherung – die ein Risiko versichert, das auf jeden Fall eintreten wird[285] – hat ein Interesse daran, dass der Risikofall möglichst spät eintritt und erbringt deswegen präventive Leistungen zur Sicherung der Erwerbsfähigkeit für Versicherte, die eine besonders gesundheitsgefährdende, ihre Erwerbsfähigkeit ungünstig beeinflussende Beschäftigung ausüben (§§ 9 I 1 Nr. 2, 10 I Nr. 2 SGB VI). Auch das Recht der sozialen Pflegeversicherung enthält Vorschriften zur Prävention (vgl. §§ 5, 7 I, 31 SGB XI). Solange die jeweiligen Sozialversicherungsträger nur für die Präventionsleistungen verantwortlich sind, die auf die Verhütung der von ihnen versicherten Risiken bezogen sind, ist die Übertragung dieser Aufgabe ordnungspolitisch korrekt[286]. Denn die jeweiligen Solidargemeinschaften sparen möglicherweise durch die Präventionsleistungen Kosten, die sonst später entstünden.

---

[282] Zu den verschiedenen gescheiterten Anläufen in den Jahren zuvor *Banafsche*, in: Brockmann (Hrsg.), Prävention an der Schnittstelle von Arbeits- und Sozialrecht, S. 7 (14); *Wallrabenstein*, in: Spiecker gen. Döhmann/Wallrabenstein (Hrsg.), Rechtswissenschaftliche Fragen an das neue Präventionsgesetz, S. 7 ff.; *Gebert*, Verhaltens- und verhältnisbezogene Primärprävention und Gesundheitsförderung im Recht der gesetzlichen Krankenversicherung, S. 39 ff.

[283] *Welti*, GuP 2015, 211 (213). Mit Einschränkungen auch *Axer*, in: Spiecker gen. Döhmann/Wallrabenstein (Hrsg.), Rechtswissenschaftliche Fragen an das neue Präventionsgesetz, S. 43 (44).

[284] *Becker*, BPUVZ 2012, 82 (87); *Brandenburg*, SDSRV 63 (2013), S. 77.

[285] Das Risiko ist deswegen eigentlich nicht das Alter bzw. der Eintritt in den Ruhestand, sondern Armut im Alter.

[286] *Wanek*, in: FS-Rosenbrock, S. 234 (238). Daneben stellt sich aber seit Geltung des Präventionsgesetzes die Frage, inwiefern primärpräventive und gesundheitsfördernde Leistungen in der GKV als sozialversicherungsrechtliche Fremdlasten zu bewerten sind (zum Begriff der Fremdlast *Butzer*, Fremdlasten in der Sozialversicherung, S. 98 ff.). Besonders kritisch werden die Regelungen des § 20a SGB V gesehen, der Leistungen zur Gesundheitsförderung und Prävention in Lebenswelten (Abs. 1, 2) sowie eine Vergütung der BZgA vom Spitzenverband Bund der Krankenkassen für bestimmte Tätigkeiten (Abs. 3) vorsieht, die letztlich aus den Beiträgen der Versicherten gezahlt werden (für unzulässig halten diese Regelungen *Kemmler*, in: Spiecker gen. Döhmann/Wallrabenstein [Hrsg.], Rechtswissenschaftliche Fragen an das neue Präventionsgesetz, S. 61 [68 ff., 74 ff.]; *Schuler-Harms*, in: Spiecker gen. Döhmann/Wallrabenstein [Hrsg.], Rechtswissenschaftliche Fragen an das neue Präventionsgesetz, S. 13 [33 f.]; noch in den Grenzen des verfassungsrechtlich Zulässigen: *Axer*, in: Spiecker gen. Döhmann/Wallrabenstein [Hrsg.], Rechtswissenschaftliche Fragen an das neue Präventionsgesetz, S. 43 [56 ff.] für die Finanzierung der BZgA; *Gebert*, Verhaltens- und verhältnisbezogene Primärprävention und Gesundheitsförderung im Recht der gesetzlichen Krankenversicherung, S. 107 ff., für die Prävention in Lebenswelten).

aa) Leistungen der „primären Prävention und Gesundheitsförderung" nach §§ 20ff. SGB V

Sehr ausführlich sind auch die Regelungen im SGB V[287]. Das Präventionsgesetz hat insbesondere die §§ 20 ff. SGB V neu geordnet, die die Leistungen zur Verhütung von Krankheiten, die betriebliche Gesundheitsförderung und die Prävention arbeitsbedingter Gesundheitsgefahren betreffen. Erste gesetzliche Regelungen diesbezüglich wurden im Jahr 1989 eingeführt[288]; bis dahin wurden entsprechende Leistungen durch die Kassen zum Teil auf freiwilliger Basis erbracht[289]. Damals wurde festgelegt, dass die Krankenkassen in ihren Satzungen Ermessensleistungen zur Erhaltung und Förderung der Gesundheit und zur Verhütung von Krankheiten vorsehen und bei der Verhütung arbeitsbedingter Gesundheitsgefahren mitwirken können (vgl. § 20 III 1 bzw. II 1 SGB V idF v. 20.12.1988). Nachdem § 20 I 1 SGB V in den Jahren 1997 bis 1999 nur noch die Zusammenarbeit der Krankenkassen mit den Trägern der gesetzlichen Unfallversicherung bei der Verhütung arbeitsbedingter Gesundheitsgefahren regelte[290] und zwischen 2000 und 2015 wieder Leistungen der „Primärprävention" (aber nicht der Gesundheitsförderung) in der Satzung geregelt werden „sollten", schreibt § 20 I 1 SGB V seit Geltung des Präventionsgesetzes nun den Kassen vor, in ihren Satzungen „Leistungen zur Verhinderung und Verminderung von Krankheitsrisiken (primäre Prävention) sowie zur Förderung des selbstbestimmten gesundheitsorientierten Handelns der Versicherten (Gesundheitsförderung)" vorzusehen.

Zwischen 2000 und 2015 regelte § 20 I 2 SGB V, dass Leistungen zur Primärprävention „den allgemeinen Gesundheitszustand verbessern und insbesondere einen Beitrag zur Verminderung sozial bedingter Ungleichheit von Gesundheitschancen erbringen" sollen. Von diesem vor dem Hintergrund der Terminologie der Public-Health-Forschung „wissenschaftlich-unlogisch[en]"[291] Begriffsverständnis ist der Gesetzgeber nun also wieder abgerückt. Die in § 20 I 1 SGB V verwendete Definition von Primärprävention stimmt nun mit der der Public-Health-Forschung überein. Der Begriff der Gesundheitsförderung in § 20 I 1 SGB V hingegen ist enger als der der

---

[287] Siehe dazu jetzt die ausführliche Untersuchung von *Gebert*, Verhaltens- und verhältnisbezogene Primärprävention und Gesundheitsförderung im Recht der gesetzlichen Krankenversicherung.

[288] Zur Geschichte von Prävention und Gesundheitsförderung in der GKV *Gebert*, Verhaltens- und verhältnisbezogene Primärprävention und Gesundheitsförderung im Recht der gesetzlichen Krankenversicherung, S. 35 ff.

[289] Siehe dazu *Eberle*, in: Stöckel/Walter (Hrsg.), Prävention im 20. Jahrhundert, S. 237 (237 f.); *Luik*, in: Krauskopf, Soziale Krankenversicherung, Pflegeversicherung, März 2020, Vorb. §§ 20 ff. SGB V Rn. 4.

[290] Grund für die Herausnahme der Leistungen für Prävention und Gesundheitsförderung war, dass die Krankenkassen Leistungen zur Prävention und Gesundheitsförderung eher zu Marketingzwecken als aus Gesundheitsgesichtspunkten anboten (so BT-Drs. 13/4615, S. 9; BT-Drs. 13/5099, S. 13).

[291] So *Seewald*, Expertise Präventionsregelungen, Endbericht, 2002, S. 44, zur Fassung des § 20 I 1 und 2 idF 22.12.1999 (BGBl I 2626), die bis zum 24.7.2015 galt.

Public-Health-Forschung, da er sich nur auf das Verhalten der Versicherten bezieht. Dies ist bei dem individualisierten Ansatz der Krankenkassenleistungen aber in der Sache konsequent; die Krankenkassen sind nicht dafür zuständig, soziale Strukturen zu verändern. Nun sollen beide Leistungen – also sowohl solche der Primärprävention als auch solche der Gesundheitsförderung – zur Verminderung sozial bedingter[292] sowie geschlechtsbezogener Ungleichheit von Gesundheitschancen beitragen (§ 20 I 2 SGB V).

§ 20 IV SGB V idF des PrävG unterscheidet bei den Leistungen der Prävention und Gesundheitsförderung drei Arten. In der Praxis große Bedeutung haben die Leistungen zur verhaltensbezogenen Prävention (§ 20 IV Nr. 1 iVm § 20 V SGB V), die sich gem. § 20 V 2 SGB V an einer Präventionsempfehlung aufgrund einer Gesundheitsuntersuchung nach § 25 oder § 26 SGB V oder einer anderweitig abgegebenen ärztlichen Empfehlung orientieren sollen. „Damit wird dazu beigetragen, dass Kursangebote gezielt diejenigen Menschen erreichen, die sie benötigen.“[293] Diese Leistungen orientieren sich von vornherein an den konkreten Bedürfnissen des einzelnen Versicherten und verfolgen somit einen rein individualisierten Ansatz[294], so dass sie nicht zum Recht der öffentlichen Gesundheit gehören.

Einen anderen Ansatz verfolgen Leistungen, die auf die „Veränderung der Verhältnisse in den Lebenswelten der Versicherten“[295] und somit auf Mehrheiten von Versicherten[296] zielen. „Lebenswelt“ ist die deutsche Übersetzung des englischen Begriffs „Setting“, der auf den sogenannten Setting-Ansatz verweist. Dieser wurde im Rahmen der Gesundheitsförderung im Zusammenhang mit der Ottawa-Charta aus dem Jahr 1986 entwickelt. Er hat sich in der Public-Health-Forschung mittlerweile von der Gesundheitsförderung gelöst und wird nicht mehr einer bestimmten Interventionsform wie Verhältnis- oder Verhaltensprävention oder der Gesundheitsförderung allein zugerechnet[297]. Er kann also auch bei der klassischen Krankheitsprävention verfolgt werden, weitet aber den Blickwinkel weg von der alleinigen Betrachtung von Risikofaktoren. Der Setting-Ansatz wird auch umschrieben mit „die gesundheitsfördernde, verhaltens- und verhältnis-orientierte Prävention integrierende Veränderung von sozialen Handlungssystemen“[298]. Beim Setting-Ansatz werden die Maßnahmen an den verschiedenen Lebenswelten ausgerichtet, es werden also die Bedingungen von Gesundheit dort gestaltet, wo sich die Menschen im Alltag aufhalten[299]. Lebenswelten gem. § 20a I 1 SGB V werden nun als für die Gesundheit bedeutsame,

---

[292] Der Gesetzgeber liest in diesen Begriff auch solche Ungleichheiten hinein, die aufgrund eines Migrationshintergrundes entstanden sind, BT-Drs. 18/4282, S. 32 f.

[293] BT-Drs. 18/4282, S. 34.

[294] *Gerlach*, in: Hauck/Noftz (Hrsg.), SGB V, November 2021, § 20 Rn. 39.

[295] BT-Drs. 18/4282, S. 34.

[296] *Schütze*, in: jurisPK-SGB V, 21.6.2021, § 20a Rn. 4; *Luik*, in: Krauskopf, Soziale Krankenversicherung, Pflegeversicherung, März 2020, § 20a SGB V Rn. 10.

[297] *Rosenbrock/Michel*, Primäre Prävention, S. 6.

[298] *Trojan*, in: Stöckel/Walter (Hrsg.), Prävention im 20. Jahrhundert, S. 250 (252).

[299] *Kickbusch*, in: Schwartz/Badura/Busse u. a. (Hrsg.), Das Public Health Buch, S. 181 (187).

abgrenzbare soziale Systeme definiert, zu denen insbesondere – also nicht ausschließlich[300] – solche des Wohnens, des Lernens, des Studierens, der medizinischen und pflegerischen Versorgung sowie der Freizeitgestaltung einschließlich des Sports gehören. Solche Lebenswelten stellen auch Betriebe dar, so dass auch die – bereits seit längerer Zeit bestehende – betriebliche Gesundheitsförderung zur Gesundheitsförderung in Lebenswelten gehört. Mit der betrieblichen Gesundheitsförderung (§ 20 IV Nr. 3 iVm § 20b SGB V) sollen gem. § 20b I SGB V insbesondere der Aufbau und die Stärkung gesundheitsförderlicher Strukturen in den Betrieben gefördert werden. Durch das Präventionsgesetz neu eingeführt wurden die Leistungen zur Gesundheitsförderung und Prävention in Lebenswelten für in der GKV Versicherte (§ 20 IV Nr. 2 iVm § 20a SGB V), die über die betriebliche Gesundheitsförderung hinausgehen. Diese Leistungen sind nach Ansicht des Gesetzgebers besonders geeignet, das Ziel der Verminderung sozial bedingter Ungleichheit von Gesundheitschancen zu erreichen[301].

Die Krankenkassen sind nun nicht dafür zuständig, verschiedene Lebenswelten gesundheitsförderlich umzubauen – dies ist nicht nur eine Aufgabe, für die sie nicht *allein* zuständig wären, sondern eine Aufgabe, für die vorrangig *andere* Stellen zuständig sind[302]. Gem. § 20a I 2 SGB V sollen sie mit den Leistungen insbesondere den Aufbau und die Stärkung gesundheitsförderlicher Strukturen fördern; hierzu erheben sie gem. § 20a I 3 SGB V unter Beteiligung der Versicherten und der für die Lebenswelt Verantwortlichen die gesundheitliche Situation einschließlich ihrer Risiken und Potenziale und entwickeln Vorschläge zur Verbesserung der gesundheitlichen Situation sowie zur Stärkung der gesundheitlichen Ressourcen und Fähigkeiten und unterstützen deren Umsetzung. Die den Krankenkassen übertragenen Aufgaben haben somit „prozesshaften Charakter"[303] bzw. eine Koordinierungs- und Unterstützungsfunktion[304]. Die Erbringung der Leistungen hängt gem. § 20a II SGB V davon ab, dass die Bereitschaft der für die Lebenswelt Verantwortlichen zur Umsetzung von Vorschlägen zur Verbesserung der gesundheitlichen Situation sowie zur Stärkung der gesundheitlichen Ressourcen und Fähigkeiten besteht und diese mit einer angemessenen Eigenleistung zur Umsetzung der Rahmenvereinbarungen nach § 20f beitragen. Es ist also zunächst eine Landesrahmenvereinbarung zur Umsetzung der nationalen Präventionsstrategie nach § 20f SGB V erforderlich. Letztlich ist hier eine Kooperation der Landesverbände der Krankenkassen mit vielen Stellen erforderlich: § 20f I 1 SGB V nennt die Träger der GRV und der GUV; die „in den Ländern zuständigen Stellen" können u. a. der ÖGD und die Träger der öffentlichen Jugendhilfe

300 BT-Drs. 18/4282, S. 35.

301 BT-Drs. 18/4282, S. 35.

302 Kritisch zu dieser Aufgabenübertragung deswegen *Schütze*, in: jurisPK-SGB V, 21.6.2021, § 20a Rn. 6; vgl. auch *Kemmler*, in: Spiecker gen. Döhmann/Wallrabenstein (Hrsg.), Rechtswissenschaftliche Fragen an das neue Präventionsgesetz, S. 61 (68 f.).

303 *Schütze*, in: jurisPK-SGB V, 21.6.2021, § 20a Rn. 17.

304 *Huster/Kießling*, in: Berchtold/Huster/Rehborn (Hrsg.), Gesundheitsrecht, § 20a SGB V Rn. 2.

(§ 20f II 1 Nr. 5 SGB V) und die Selbsthilfegruppen und -organisationen (§ 20h SGB V)[305] sein, aber auch Arbeitgeber, Gewerkschaften, Kirchen und Vereine[306].

bb) Medizinische Prävention

Soweit Ärztinnen Leistungen der Prävention erbringen, kann man von medizinischer Prävention sprechen[307]. Das SGB V gibt es den Krankenkassen auf, für solche Leistungen unter bestimmten Voraussetzungen die Kosten zu übernehmen. Zu diesen Leistungen gehören zunächst Schutzimpfungen (§ 20i SGB V) als Maßnahmen der primären Prävention. Die Übernahme der Schutzimpfungen in den Pflichtleistungskatalog der GKV geschah mit dem Ziel, eine höhere Durchimpfungsrate zu erreichen[308]. Dass die Leistungen bis dahin nur freiwillig gezahlt wurden, hatte zu Impflücken geführt. Auch das Präventionsgesetz will das Impfwesen weiter fördern[309] und regelt in §§ 25 I 1 und 26 I 2 SGB V, dass Ärzte bei der Durchführung von Gesundheitsuntersuchungen auch den Impfstatus der Versicherten überprüfen sollen. Diese Gesundheitsuntersuchungen (§§ 25, 26 SGB V) haben sowohl primärpräventive als auch sekundärpräventive Zwecke. Der primärpräventive Teil der Untersuchungen besteht aus einer Erfassung und Bewertung gesundheitlicher Risiken (und bei Erwachsenen auch: Belastungen) und einer präventionsorientierten Beratung inklusive der Überprüfung des Impfstatus. Falls dies medizinisch angezeigt ist, spricht der Arzt eine Präventionsempfehlung für Leistungen zur verhaltensbezogenen Prävention nach § 20 V SGB V aus (§ 25 I 2, § 26 I 3 SGB V), die die Krankenkassen bei der Entscheidung über die Gewährung zu berücksichtigen haben[310].

Der sekundärpräventive Teil besteht bei Erwachsenen aus einer Untersuchung zur Früherkennung bevölkerungsmedizinisch bedeutsamer Krankheiten wie Herz-Kreislauf-, Nierenerkrankungen und Diabetes und Krebs (§ 25 II SGB V). Die Untersuchungen zur Früherkennung von Krebs werden im Falle von Brustkrebs, Gebärmutterhalskrebs und Darmkrebs in Form von organisierten Programmen angeboten (§ 25a SGB V), die sich durch besondere Anforderungen an das Einladungssystem, die Qualitätssicherung und die Evaluation der Programme und eine vorgeschriebene, ausführliche Information der Versicherten über Nutzen und Risiken auszeichnen[311]. Durch diese sekundärpräventiven Untersuchungen werden keine Krankheitsfälle, sondern nur ggf. spätere schwere Krankheitsverläufe verhindert. Dadurch, dass die Krankenkassen die Kosten der Leistungen gem. § 25 I 1 SGB V nur übernehmen,

---

305 *Welti*, in: Becker/Kingreen (Hrsg.), SGB V, § 20a Rn. 9.

306 *Gerlach*, in: Hauck/Noftz (Hrsg.), SGB V, Juni 2021, § 20a Rn. 8.

307 *Rosenbrock/Michel*, Primäre Prävention, S. 7, 12 ff.; ähnlich *Rosenbrock/Gerlinger*, Gesundheitspolitik, in: Hurrelmann/Razum (Hrsg.), Handbuch Gesundheitswissenschaften, S. 1009 (1023 ff.); *Huster*, VSSAR 2019, 329 (333).

308 BT-Drs. 16/3100, S. 100.

309 BT-Drs. 18/4282, S. 2, 25.

310 Zur Frage, inwieweit die Präventionsempfehlung des Arztes die Krankenkassen bindet, *Kießling*, in: Orlowski/Remmert (Hrsg.), SGB V, Mai 2019, § 25 Rn. 53.

311 Hierzu *Kießling*, in: Orlowski/Remmert (Hrsg.), SGB V, Mai 2019, § 25a Rn. 3, 9 ff.

wenn die Krankheiten bevölkerungsmedizinisch bedeutsam sind, wird der Individualanspruch des Versicherten durch Erwägungen aus der Public-Health-Perspektive begrenzt[312]: Nur dann, wenn die Solidargemeinschaft der Versicherten durch die Früherkennungsuntersuchungen potentiell Kosten spart – und dies ist nur dann der Fall, wenn Krankheiten in der Bevölkerung gehäuft auftreten, eine gewisse Schwere aufweisen und wenn durch eine frühzeitige Erkennung und Intervention spätere Therapiekosten eingespart werden –, hat der Einzelne einen Anspruch auf die Untersuchung. Das ändert aber nichts daran, dass ansonsten die individualrechtliche Perspektive einschlägig ist: Nur der einzelne Versicherte und sein Anspruch stehen bei der jeweiligen Untersuchung im Fokus des Arztes. Da es keine Pflicht zur Wahrnehmung dieser Gesundheitsuntersuchungen gibt und abseits der organisierten Programme auch keine besonderen Strukturen bestehen, die die Versicherten zur Teilnahme bewegen, bleibt die Durchführung dieser Untersuchungen von der Initiative der Versicherten abhängig.

Besonders ausdifferenziert ist das System der Untersuchungen von Kindern zur Früherkennung von Krankheiten, die ihre körperliche, geistige oder psycho-soziale Entwicklung in nicht geringfügigem Maße gefährden (§ 26 SGB V). Die Richtlinie des G-BA über die Früherkennung von Krankheiten bei Kindern[313] sieht zehn standardisierte Untersuchungen (U1 bis U9 inkl. U7a) für bestimmte Zeiträume vor, die direkt im Anschluss an die Geburt beginnen und bis zum 5. Geburtstag reichen. Durch das Untersuchungsziel der Gefährdung der psycho-sozialen Entwicklung sollen die Kinderärzte auch auf Risiken achten, die z. B. im familiären Umfeld der Kinder liegen wie eine Überforderung der Eltern. Dadurch geraten theoretisch auch Aspekte der negativen Gesundheitssozialisation in den Fokus. In der Praxis wird dies jedoch die Untersuchungssituation in vielen Fällen überfordern[314]. Soweit psycho-soziale Risiken erkannt werden, sollen die Kinderärztinnen die Eltern auf regionale Unterstützungsangebote für Eltern und Kind aufmerksam machen (§ 26 I 2 SGB V), also an die sogenannten Frühen Hilfen verweisen. Die Frühen Hilfen sind in § 1 IV 2 KKG definiert als Vorhaltung eines möglichst frühzeitigen, koordinierten und multiprofessionellen Angebots im Hinblick auf die Entwicklung von Kindern vor allem in den ersten Lebensjahren für Mütter und Väter sowie Schwangere und werdende Väter. Sie werden eingesetzt bei individuell bestehender Bedürftigkeit.

Mit der Kostenregelung in § 26 SGB V verknüpft der Staat die Erwartung, dass diese Untersuchungen auch wahrgenommen werden. Ergänzend sehen die Bundesländer bestimmte Verfahren wie Einladungen und Erinnerungen an die Eltern und ggf. die Übermittlung der Daten an das Jugendamt vor, wenn die Früherkennungs-

---

312 Hierzu *Kießling*, in: Orlowski/Remmert (Hrsg.), SGB V, Mai 2019, § 25 Rn. 27 ff.

313 Kinder-Richtlinie des G-BA idF v. 18.6.2015, zuletzt geändert am 21.4.2022 (BAnz AT 22.6.2022 B3), in Kraft getreten am 23.6.2022.

314 *Kießling*, in: Orlowski/Remmert (Hrsg.), SGB V, Mai 2019, § 26 Rn. 26.

untersuchungen nicht wahrgenommen werden[315]. Eine Pflicht zur Teilnahme an den Untersuchungen gibt es jedoch nicht.

Eine Prävention durch Ärzte findet auch im Falle der Verhütung von Zahnerkrankungen statt. Das SGB V enthält sowohl eine Regelung zur Gruppenprophylaxe als auch Regelungen zur Individualprophylaxe. § 26 I 5, 6 SGB V enthält eine besondere Regelung für Kinder bis zur Vollendung des sechsten Lebensjahres, die Untersuchungen auf Zahn-, Mund- und Kieferkrankheiten den normalen gesundheitlichen Früherkennungsuntersuchungen für Kinder zuordnet; auch die Kinderärzte können somit solche Untersuchungen durchführen. Dadurch erhoffte sich der Gesetzgeber wahrscheinlich eine Art Mitnahmeeffekt[316]: Eltern, die ihre Kinder im Rahmen der Früherkennungsuntersuchungen nach § 26 I SGB V vom Kinderarzt untersuchen lassen, müssen nicht einen weiteren Termin beim Zahnarzt vereinbaren. Für Kinder nach dem sechsten Geburtstag und Erwachsene regelt § 22 SGB V den Anspruch auf Individualprophylaxe durch den Zahnarzt; für Pflegebedürftige und Menschen mit Behinderungen wurde § 22a SGB V geschaffen, der den Besonderheiten, die bei der Mundpflege dieser Personengruppe bestehen, Rechnung trägt.

cc) Fazit: keine bevölkerungsbezogene Perspektive

Die Regelungen des Sozialversicherungsrechts, die zum Präventionsrecht gehören, enthalten nur vereinzelte Elemente eines bevölkerungsbezogenen Ansatzes; diese bleiben letztlich systemfremd. Je standardisierter die Untersuchung durch die Vorgaben des G-BA strukturiert ist und je mehr Personen an diesen Untersuchungen teilnehmen, desto mehr ergeben sich aber bevölkerungsweite Erkenntnisse. Gerade die Gesundheitsuntersuchungen für Kinder werden nahezu flächendeckend in Anspruch genommen, insbesondere im Säuglingsalter[317]. Dadurch geraten diese Untersuchungen in den Fokus des Gesetzgebers, wenn er gesundheitliche Probleme strukturell angehen will: So wurde schon überlegt, die Kinderärzte zur Aufdeckung von Genitalverstümmelungen bei Mädchen heranzuziehen[318]. Aus praktischen wie rechtlichen Gründen können Kinderärztinnen jedoch nur begrenzt als Akteure eines – bevölkerungsweiten – Kinderschutzes eingesetzt werden[319].

c) Gesundheitsfürsorgerecht

Neben dem Gesundheitsschutzeingriffsrecht war es lange Zeit das Fürsorgerecht, das sich mit der Gesundheit der Bevölkerung beschäftigte. Ein Rechtsgebiet, das Armutsfragen mit Gesundheitsfragen verknüpft, gibt es jedoch nicht mehr. SGB II und

[315] Dazu noch unten 4. Teil, C. II. 2. c) cc) (1) (b).
[316] *Kießling*, in: Orlowski/Remmert (Hrsg.), SGB V, Mai 2019, § 26 Rn. 41.
[317] Dazu noch unten 4. Teil, C. II. 2. c) cc) (1) (b).
[318] https://www.tagesspiegel.de/berlin/praevention-gegen-genitalverstuemmelung-vorsorgeuntersuchungen-bei-kindern-sollen-pflicht-werden/25246160.html v. 19.11.2019.
[319] Dazu näher *Kießling*, in: Orlowski/Remmert (Hrsg.), SGB V, Mai 2019, § 26 Rn. 7, 42 ff.

XII, die jeweils das wirtschaftliche Existenzminimum für erwerbsfähige und nichterwerbsfähige Personen regeln, enthalten nur wenige Vorschriften mit Gesundheitsbezügen. Nach § 5 I Nr. 2a) SGB V sind die Empfänger des Arbeitslosengeldes II nach SGB II in der GKV pflichtversichert; der Bund zahlt den Krankenkassen für jeden Versicherten eine Pauschale. Die Empfänger von Leistungen nach dem SGB XII sind nicht in der GKV versichert, erhalten aber nach § 48 SGB XII im Krankheitsfall Leistungen, die denen der GKV entsprechen (Hilfe bei Krankheit). Auch eine vorbeugende Gesundheitshilfe sieht das SGB XII vor: § 47 S. 1 regelt, dass zur Verhütung und Früherkennung von Krankheiten die medizinischen Vorsorgeleistungen und Untersuchungen erbracht werden. Auch hier geht es also allein um Leistungen des medizinischen Versorgungssystems. Dass im Übrigen Fürsorgerecht und SGB V nicht vollständig aufeinander abgestimmt sind, zeigt sich dort, wo der Gesetzgeber medizinisch notwendige Leistungen aus dem Leistungskatalog der GKV unter Verweis auf die Eigenverantwortung der Versicherten herausgenommen hat, ohne gleichzeitig zu garantieren, dass die Folgen für Bedürftige im System der GKV oder durch das Fürsorgerecht vollumfänglich aufgefangen werden[320].

Mit der Gesundheit sozial Benachteiligter befasst sich eher der ÖGD, der oft als „dritte Säule" des Gesundheitswesens[321] bezeichnet wird[322]. Inwiefern ggf. die soziale Lage Auswirkungen auf den Gesundheitszustand hat, spielt am meisten im Rahmen der sogenannten Gesundheitshilfe eine Rolle. Nicht alle ÖGD-Gesetze erläutern, was genau sie hierunter verstehen, aber als Grundsatz kann wohl gelten, dass die Gesundheitshilfe aus der Beratung und der Unterstützung von Personen besteht, die wegen ihres körperlichen, geistigen oder seelischen Zustandes und aufgrund sozialer Umstände besonderer gesundheitlicher Fürsorge bedürfen[323]. Sie ist darauf gerichtet, gesundheitliche Beeinträchtigungen und Schäden zu vermeiden, zu überwinden, zu bessern und zu lindern sowie Verschlimmerungen zu verhüten[324]. Ggf. erfolgt diese Hilfe auch in Form von aufsuchender Hilfe[325]. Besonders im Fokus stehende Gruppen sind gefährdete Säuglinge und Kleinkinder[326], Schwangere, behinderte Menschen, chronisch Kranke, psychisch Kranke und an sexuell übertragbaren

---

[320] Hierzu *Wenner*, in: Wallrabenstein/Ebsen (Hrsg.), Stand und Perspektiven der Gesundheitsversorgung, S. 115 (127 ff.); *Bockholdt*, NZS 2016, 881; *Ströttchen*, Verfassungsrechtliche Ansprüche auf konkrete medizinische Leistungen, S. 148.

[321] So z. B. regelmäßig in den Beschlüssen der Gesundheitsministerkonferenz, die sich mit dem ÖGD beschäftigen.

[322] Vgl. auch das 2018 entwickelte und von der Gesundheitsministerkonferenz beschlossene „Leitbild für einen modernen Öffentlichen Gesundheitsdienst (ÖGD) – „Der ÖGD: Public Health vor Ort"" (abgedruckt in Gesundheitswesen 2018, 679).

[323] So die Definition in § 14 S. 1 ÖGDG NW; fast wortgleich § 17 I ÖGDG M-V; § 9 I 1 saarl. ÖGDG. Von „Personen und Familien in gesundheitlichen Problemlagen" spricht § 5 II BbgGDG. Weiter das Verständnis der § 11 I 1 SächsGDG, § 10 GDG LSA und § 8 I GesDV TH.

[324] § 14 S. 2 ÖGDG NW; ähnlich § 17 II ÖGDG M-V.

[325] § 5 III BbgGDG; § 14 S. 4 ÖGDG NW.

[326] Hamburg hat hierzu auch eine Regelung in § 7a HmbGDG verankert.

Krankheiten Erkrankte[327]; manche Bundesländer machen auch ausdrücklich Angebote an ältere Menschen[328]. Die Beratung, Betreuung und ggf. auch medizinische Behandlung dieser Personengruppen soll erfolgen, weil bzw. wenn diese die regulären Angebote der gesundheitlichen Versorgung, also insbesondere der GKV, aufgrund einer „Gesundheitsstörung"[329] oder im Falle der Kinder aufgrund einer prekären familiären Situation nicht wahrnehmen können oder wollen[330].

Der ÖGD arbeitet somit sozialkompensatorisch, aber nur subsidiär[331]: Er hat eine Auffangfunktion für die Betreuung von Personengruppen, die aufgrund sozialer Umstände durch die übrigen Netze fallen[332]. Insbesondere im Rahmen der Obdachlosenhilfe und der Beratung und Unterstützung HIV-Infizierter tun sich hier einige Städte hervor[333]. Eine Gesundheitsfürsorge als Teil des Sozialrechts hingegen gibt es nicht mehr. Durch diese Abkopplung von der allgemeinen Fürsorge verloren „Armut und Gesundheit" als Begriffspaar ihre prägende Rolle für die Gesundheitspolitik[334].

d) Kindesschutzrecht und Kinder- und Jugendfürsorgerecht

Die ehemalige Kinder- und Jugendfürsorge ist nun Teil des SGB (Achtes Buch) und heißt Kinder- und Jugendhilfe. Das SGB VIII erlaubt dem Jugendamt im äußersten Fall die Herausnahme eines Kindes aus der Familie durch die Inobhutnahme (§ 42). Abgesehen von diesem Fall eines Gesundheitsschutzeingriffes regelt das SGB VIII hauptsächlich Sozialleistungen wie die Hilfen zur Erziehung (§§ 27 ff.) und die Betreuung von Kindern in Kindertageseinrichtungen und der Tagespflege (§§ 22 ff.).

Zwar ist die Gesundheit nicht Gegenstand spezifisch jugendhilferechtlicher Leistungen wie der Hilfe zur Erziehung gem. § 27 SGB VIII[335], das SGB VIII regelt aber u. a. ausdrücklich einen „Schutzauftrag bei Kindeswohlgefährdung" (§ 8a) des Jugendamtes, bei dem es der Natur der Sache nach um die Gesundheit der Kinder und Jugendlichen geht. Dieser Schutzauftrag wird durch andere Gesetze wie dem Gesetz zur Kooperation und Information im Kinderschutz (KKG) flankiert, das in § 3 die Grundlagen für die sogenannten „Frühen Hilfen" regelt, die Eltern vor und nach der Geburt bei individuellem Bedarf unterstützen sollen[336], und in § 4 III u. a. Ärztinnen dazu ermächtigt, im Falle einer individuellen Kindeswohlgefährdung das Jugendamt

---

[327] Vgl. beispielhaft die ausführliche Aufzählung in § 8 II, IV berl. GDG.

[328] Als Besonderheit sticht hier die Regelung zum „Hamburger Hausbesuch für Seniorinnen und Senioren" in § 9a HmbGDG hervor.

[329] § 17 III ÖGDG M-V.

[330] *Leidel*, Bundesgesundheitsbl 2005, 1130 (1134); *ders.*, Bundesgesundheitsbl 2009, 791 (794).

[331] Ausdrücklich: § 1 II berl. GDG.

[332] *Wildner/Nennstiel-Ratzel*, in: Hurrelmann/Richter/Klotz/Stock (Hrsg.), Referenzwerk Prävention und Gesundheitsförderung, S. 359 (365).

[333] Dazu *Leidel*, Bundesgesundheitsbl 2005, 1130 (1134 ff.); *ders.*, Bundesgesundheitsbl 2009, 791 (794).

[334] *Schmacke*, in: Stöckel/Walter (Hrsg.), Prävention im 20. Jahrhundert, S. 178 (184).

[335] *Bohnert*, in: BeckOGK-SGB VIII, 1.7.2022, § 27 Rn. 33.

[336] Ausführlich Meysen/Schönecker/Kindler (Hrsg.), Frühe Hilfen im Kinderschutz.

zu informieren. In den letzten Jahren wurden die Rechtsgrundlagen im Kindesschutz ausgeweitet und die Befugnisse und Pflichten des Jugendamts ins Vorfeld verlagert (§ 8a SGB VIII, vgl. außerdem § 157 FamFG)[337]. All diese Regelungen setzen punktuell an, wenn bereits der individuelle Verdacht einer Kindeswohlgefährdung besteht. Das gleiche gilt für die Inobhutnahme nach § 42 SGB VIII und für die Hilfen zur Erziehung nach § 27 SGB VIII, bei denen ein bestimmtes Kind und seine persönliche Situation im Mittelpunkt stehen; es geht um eine konkrete, persönliche Gefährdungslage oder einen persönlichen Hilfebedarf. Das Kinder- und Jugendhilfe- und das Kindesschutzrecht gehören somit nicht zum Recht der öffentlichen Gesundheit.

Eine Ausnahme besteht insofern, als das SGB VIII den Rechtanspruch auf einen Kitaplatz (§ 24) und somit in Verbindung mit den jeweiligen Landeskita- bzw. Landeskinderbildungsgesetzen das Setting Kita regelt. Dieses Setting wird z. B. genutzt, um auf die Gesundheit der Kinder einzuwirken bzw. die indirekte Masernimpfpflicht durchzusetzen, weil die Inanspruchnahme eines Kitaplatzes von der durchgeführten Impfung abhängig ist (§ 20 VIII 1 Nr. 1, IX 6 IfSG).

e) Kriminalisierung gesundheitsschädlichen Verhaltens

Einen Sonderweg geht der Staat, wenn er gesundheitsriskantes Verhalten kriminalisiert. Dies tut er im Falle des Betäubungsmittelrechts, das nicht nur die Herstellung und den Vertrieb, sondern auch das Sichverschaffen und den Besitz von Betäubungsmitteln unter Strafe stellt (§§ 29 ff. BtMG). Da durch diesen rigorosen Ansatz letztlich der Konsum verhindert werden soll[338], ist das Betäubungsmittelrecht Teil des Präventionsrechts. Auch das BtMG verfolgt einen stoffbezogenen und damit risikofaktorzentrierten Ansatz. Was ein Betäubungsmittel ist, wird in einer aufgrund von § 1 I BtMG erlassenen Rechtsverordnung geregelt.

Diesen Sonderweg hat der Gesetzgeber nur für diese Art von Betäubungsmitteln eingeschlagen. Nikotin und Alkohol werden – aufgrund der kulturell bedingten Akzeptanz in der Gesellschaft – als Genussmittel betrachtet und anders reglementiert[339]. Auch wenn sich das Betäubungsmittelrecht durch seinen stoffbezogenen Ansatz in das übrige Recht der öffentlichen Gesundheit einfügt, führt der Sonderweg der Kriminalisierung zu Schwierigkeiten bei seiner Rechtfertigung[340].

---

[337] Dazu *Czerner*, ZKJ 2010, 220; *Meysen*, in: Coester-Waltjen/Lipp/Schumann/Veit (Hrsg.), Alles zum Wohle des Kindes?, S. 155; *Jestaedt*, in: Lipp/Schumann/Veit (Hrsg.), Kindesschutz bei Kindeswohlgefährdung, S. 5 (17 f.); *ders.*, in: Coester-Waltjen/Lipp/Schumann/Veit (Hrsg.), Alles zum Wohle des Kindes?, S. 13 (14 f.); *ders.*, in: Schumann (Hrsg.), Das erziehende Gesetz, S. 159; *Wapler*, Kinderrechte und Kindeswohl, S. 143 f., 299 f.

[338] Dazu auch *Reitter*, Rechtspaternalismus und Biomedizinrecht, S. 53 f.

[339] Siehe oben 2. Teil, B. I. 2. a) aa) (3).

[340] Siehe unten 4. Teil, B. II. 2. a). Nach *Nestler*, in: Kreuzer (Hrsg.), Handbuch des Betäubungsmittelstrafrechts, § 11 Rn. 10, hat das Betäubungsmittelrecht den Charakter eines „paternalistisch-motivierten Ausnahmerechts".

II. Die Berücksichtigung gesundheitlicher Belange im sonstigen Recht

Wenn Gesellschaftspolitik immer auch Gesundheitspolitik ist, haben viele Gesetze, die als Hauptzweck etwas anderes verfolgen, mittelbar gesundheitsfördernde Wirkung oder sie enthalten punktuelle Regelungen mit Gesundheitsbezug. So können grundsätzlich alle Gesetze, die sich mit der Verteilung von Schutzfaktoren beschäftigen, als gesundheitsfördernd eingestuft werden. Wenn die Höhe der zur Verfügung stehenden finanziellen Mittel Einfluss auf die Gesundheit hat, bekommen sowohl das Einkommenssteuerrecht, die Regelungen zur Berechnung von Hartz IV und Sozialgeld und die Regelungen zum Mindestlohn mittelbar gesundheitsfördernde Wirkung. Auch die Ausgestaltung des Umsatzsteuerrechts kann Auswirkungen auf die Gesundheit haben: dies nicht hauptsächlich durch die Höhe des Steuersatzes selbst, sondern z. B. durch die unterschiedliche Besteuerung gesunder und ungesunder Lebensmittel.

Das Steuerrecht bekommt dann einen besonderen Stellenwert, wenn es gezielt als Instrument eingesetzt wird, um auf das gesundheitsrelevante Verhalten der Bevölkerung einzuwirken. Dies geschieht, wenn auf Lenkungssteuern zurückgegriffen wird: Die gezielte Verteuerung eines Produkts soll dessen Nachfrage reduzieren. Solche Lenkungssteuern werden aktuell erhoben auf Tabakwaren und alkoholische Getränke.

Das Bauplanungsrecht schreibt vor, dass bei der Aufstellung der Bauleitpläne die allgemeinen Anforderungen an gesunde Wohn- und Arbeitsverhältnisse zu berücksichtigen sind (§ 1 VI Nr. 1 BauGB). Hiermit ist zum einen der Zustand der Gebäude selbst sowie ihre Belichtung, Besonnung und Belüftung gemeint, zum anderen müssen auch Lärm, Verunreinigungen und Erschütterungen aus der Nachbarschaft berücksichtigt werden sowie in einem weiteren Umfeld die von Ausgleichsflächen im weitesten Sinne (etwa Grünflächen und Flächen für Freizeit, Erholung, Spiel und Sport) ausgewiesen werden[341].

C. Eine risiko- bzw. schutzfaktorspezifische Betrachtung des Rechts der öffentlichen Gesundheit

Die Bestandsaufnahme des geltenden Rechts der öffentlichen Gesundheit wäre nicht vollständig, wenn sie nur entlang der vorgefundenen Rechtsgebietsgrenzen verliefe. Schwachstellen von Präventionskonzepten zeigen sich insbesondere dann, wenn anhand einzelner Risiko- oder Schutzfaktoren analysiert wird, wie das Recht mit ihnen

[341] Ausführlich *Söfker/Runkel*, in: Ernst/Zinkahn/Bielenberg/Krautzberger, BauGB, Mai 2015, § 1 Rn. 114 ff. Zur gesundheitsfördernden Stadtentwicklung u. a. durch das Bauplanungsrecht ausführlich *Köck/Fischer*, DVBl 2016, 1296.

umgeht. Für die Analyse dieser Schwachstellen[342] wurden drei Referenzfaktoren ausgewählt, die zunächst stellvertretend für den Unterschied zwischen *Old Public Health* (übertragbare Krankheiten) und *New Public Health* (Lebensstilrisiken, Kindergesundheit) stehen. Innerhalb von *New Public Health* stehen die beiden gewählten Beispiele exemplarisch für die Frage nach der Verantwortung für das Entstehen chronischer Krankheiten (Lebensstilrisiken) und für die Beeinflussung der Gesundheit durch die familiäre Gesundheitssozialisation und andere soziale Faktoren während der Kindheit (Kindergesundheit).

I. Neu auftretende Krankheitserreger

Bei der Prävention von Infektionskrankheiten, die von Mensch zu Mensch übertragbar sind[343], kann *Old Public Health* verschiedene Ansätze verfolgen, die sich an dem unterschiedlichen Übertragungsweg des jeweiligen Krankheitserregers orientieren. Bei der Prävention von Erregern, die durch menschliche Kontakte übertragen werden, kann man zwischen intimen und sozialen Kontakten unterscheiden. So ist bei sexuell übertragbaren Krankheiten wie AIDS und Geschlechtskrankheiten ein intimer Kontakt wie Geschlechtsverkehr oder ein Blutkontakt (etwa die Verwendung des gleichen Spritzbestecks beim intravenösen Betäubungsmittelkonsum) notwendig. Hier stellen sich bei der Regulierung andere Fragen als bei Krankheitserregern, die durch eine größere körperliche Distanz – also auch von Fremden zu Fremden im Alltag – übertragen werden. Dort, wo die Übertragung von HIV, Geschlechtskrankheiten und Affenpocken über intime Kontakte oder das Teilen von Spritzbesteck erfolgt, kennen sich die betroffenen Personen in den allermeisten Fällen, was wiederum bedeutet, dass die Infektion in der Regel[344] leichter vermeidbar ist, weil sich der Einzelne selbst schützen kann[345]. Bei HIV/AIDS und Geschlechtskrankheiten hat sich in der Praxis ein individualisierter Präventionsansatz durchgesetzt[346], der durch Beratung und Aufklärung die Eigen- und Fremdverantwortung stärken und jeden in die Lage versetzen soll, sich zum einen selbst zu schützen, und zum anderen das Risiko, andere anzustecken, nahezu auszuschließen. Zwar zielen im Stadium der Verhütung (im Gegensatz zur Bekämpfung einer bereits aufgetretenen Krankheit[347]) Plakat-

[342] Vgl. außerdem 4. Teil.

[343] Manche Krankheitserreger sind nicht von Mensch zu Mensch, aber auf den Menschen übertragbar, z. B. Tetanus. Hier setzen Präventionsansätze von vornherein nicht an menschlichen Kontakten an.

[344] Eine Ausnahme gilt für Kinder, die im Mutterleib durch die infizierte Schwangere angesteckt werden, für die Empfänger von verseuchten Bluttransfusionen (*Frankenberg*, ZRP 1989, 412 [414]) und für Personen, die durch eine Gewalttat (etwa eine Vergewaltigung) in Kontakt mit infizierten Körperflüssigkeiten kommen.

[345] *Seewald*, NJW 1987, 2265 (2274).

[346] Ausführlich zu den historischen Hintergründen und den Diskussionen zum BSeuchG in der Rechtswissenschaft in den 1980er Jahren *Kießling*, in: Löhnig (Hrsg.), Beginn der Gegenwart, S. 159.

[347] Dazu oben 2. Teil, B. I. 2. a) aa) (1), sowie *Kießling*, in: dies. (Hrsg.), IfSG, 3. Aufl., Einf. Rn. 19.

kampagnen wie „Gib AIDS keine Chance" auf die breite Bevölkerung, ansonsten werden aber insbesondere gezielt Risikogruppen angesprochen.

Anders sieht dies bei Krankheitserregern aus, die durch den Speichel, Aerosole oder Kontaktflächen wie Türklinken oder Haltegriffe in öffentlichen Verkehrsmitteln übertragen werden. Zu den Krankheiten, die auch durch soziale Kontakte übertragen werden und die nach wie vor in Deutschland eine besondere Rolle spielen, gehören z. B. Influenza, Masern und COVID-19. Bei ihnen besteht – anders als bei den sexuell übertragbaren Krankheiten – eine Ansteckungsgefahr für „die Allgemeinheit" (vgl. auch die Legaldefinition des Ausscheiders in § 2 Nr. 6 IfSG). Jeden Winter kommt es in Deutschland zu einer sogenannten Grippewelle mit ca. vier bis 16 Millionen Infektions- und ca. 100 bis 300 Todesfällen[348], was nichts anderes als eine Epidemie ist[349]. Im Winter 2009/10 erlebte Deutschland die sogenannte „Schweinegrippe" mit 226.000 bestätigten Infektionsfällen und 250 Todesfällen[350]. Die Grippewelle im Winter 2017/18 führte zu ca. 25.000 Todesfällen in Deutschland, was die sonst üblichen Todeszahlen bei Grippewellen bei Weitem übertraf. Lokal treten immer wieder Masernausbrüche auf[351]. Die Corona-Pandemie hat in Deutschland bislang über 147.642 Todesfälle gefordert, bestätigte Infektionen gibt es über 32.218.483[352].

1. Medizinische Prävention

Ein wichtiger Baustein der Prävention von Infektionskrankheiten sind Schutzimpfungen, die deren Ausbreitung stark zurückgedrängt haben und die vereinzelt – wie bei den Pocken – sogar zur Ausrottung eines Erregers geführt haben. Schutzimpfungen, die von der beim RKI angesiedelten Ständigen Impfkommission (STIKO) empfohlen werden, gehören gem. § 20i I SGB V zum Leistungskatalog der GKV, wenn der G-BA diese Impfungen in die Schutzimpfungs-Richtlinie[353] (vgl. § 92 SGB V) aufgenommen hat[354]. Für neue Impfstoffe besteht die Möglichkeit, dass das Bundesgesundheitsministerium bis zur Entscheidung des G-BA durch Rechtsverordnung nach § 20i III 1 SGB V regelt, dass Versicherte Anspruch auf die Impfung haben. So

[348] RKI, Influenza, Häufig gestellte Fragen und Antworten zur Grippe, Stand: 4.10.2021 (abrufbar unter www.rki.de); De.statista.com, Anzahl der Sterbefälle infolge von Grippe in Deutschland bis 2018, Stand Mai 2020.

[349] „Epidemie" kann auch mit „Erkrankungswelle" gleichgesetzt werden, vgl. RKI (Hrsg.), RKI-Fachwörterbuch, Infektionsschutz und Infektionsepidemiologie, Stichwort „Epidemie".

[350] Von April 2009 bis Anfang Mai 2010, RKI, Bericht zur Epidemiologie der Influenza in Deutschland Saison 2009/10, S. 11.

[351] BT-Drs. 19/13452 S. 1.

[352] RKI, COVID-19: Fallzahlen in Deutschland und weltweit, Stand: 2.9.2022.

[353] Richtlinie des G-BA über Schutzimpfungen nach § 20i I SGB V idF v. 18.10.2007, zuletzt geändert am 19.5.2022 (BAnz AT 13.7.2022 B3), in Kraft getreten am 10.10.2020.

[354] Die Kosten einer Impfung gegen Masern werden demnach von der GKV übernommen, die einer Impfung gegen Influenza nur für Personen ab 60 Jahren und für genau definierte Risikogruppen.

wurde z. B. während der Schweinegrippe verfahren[355]. Ansprüche auf Schutzimpfungen gegen SARS-CoV-2 enthält die CoronaImpfV, die das BMG auf die extra für die Corona-Pandemie geschaffene Verordnungsermächtigung des § 20i III 2 Nr. 1 lit. a SGB V[356] stützen kann.

2. Verhaltensprävention

Da sich jeder Einzelne auch durch sein eigenes Verhalten jedenfalls zum Teil vor Infektionen schützen kann, gibt es einzelne verhaltenspräventive Ansätze. Eine größere Rolle spielt jedoch die Verhältnisprävention.

a) Gesundheitskampagnen

Seit 2012 gibt es die Plakatkampagne „Deutschland sucht den Impfpass", die die Impfraten erhöhen soll. 2018 wurde diese Kampagne ausdrücklich auf Masern zugeschnitten („Deutschland sucht den Impfpass – Gegen Masern geimpft?"), die Aktion wird durch Erklärvideos und weitere Informationen auf der Internetseite der BZgA ergänzt[357].

Das individuelle seuchenhygienisch relevante Verhalten hat große Bedeutung, wenn eine Epidemie eingedämmt werden soll, ohne dass ein Impfstoff verfügbar ist. Im Jahr 2020 wurde die Gesundheitskampagne „AHA" entwickelt, die die Bevölkerung auf die drei Komponenten „Abstand – Hygiene – Alltagsmaske" bei der Bekämpfung des Coronavirus hinweisen sollte. Damit wurde die Bevölkerung u. a. auf Plakaten dazu aufgerufen und daran erinnert, mindestens 1,5m Abstand zu anderen Menschen zu halten, „richtig" zu husten und zu niesen sowie die Hände regelmäßig zu waschen und in bestimmten Situationen einen Mund-Nasen-Schutz zu tragen.

b) Beratung und Aufklärung

Die individuelle Beratung über den Schutz vor Infektionskrankheiten erfolgt auch beim niedergelassenen Arzt; dieser soll bei den Gesundheitsuntersuchungen nach §§ 25, 26 SGB V den Impfstatus jedes Patienten überprüfen und den Patienten über Schutzimpfungen beraten. Fehlende Schutzimpfungen können so direkt vor Ort oder jedenfalls zeitnah nachgeholt werden. Der Anspruch auf die Kostenübernahme der Impfung durch die GKV besteht auch in solchen Fällen nach § 20i SGB V[358].

---

[355] § 1 I 1 Influenzaschutzimpfung-GKV-Leistungspflichtverordnung v. 19.8.2009.

[356] Hierzu *Kießling*, SGb 2021, 730.

[357] https://www.bzga.de/presse/aktuelles/2018-11-13-bzga-ruft-zum-masern-impfcheck-auf/.

[358] *Kießling*, in: Orlowski/Remmert (Hrsg.), SGB V, Mai 2019, § 25 Rn. 48.

3. Verhältnisprävention

Die Verhältnisprävention besteht bei Infektionskrankheiten darin, die unmittelbare Umgebung, in der sich Menschen aufhalten, erregerfrei zu halten. Dies kann in zeitlicher Hinsicht in verschiedenen Stadien geschehen. Getrennt werden kann zwischen Maßnahmen der Verhütung und der Bekämpfung[359]. Die Verhütung will ein erregerfreies Umfeld schaffen, indem bereits im Vorfeld Übertragungen verhindert werden. Von Bekämpfung ist die Rede, wenn es bereits zu einem Krankheitsausbruch gekommen ist. Dann verfolgen die Behörden zunächst einen punktuellen Ansatz, d.h. Infizierte und wahrscheinlich Infizierte werden isoliert, Personen, die sich möglicherweise angesteckt haben (Ansteckungsverdächtige), werden unter Quarantäne gestellt, von dem Ausbruch betroffene Gemeinschaftseinrichtungen werden geschlossen oder es werden individuelle Betretungsverbote für diese Einrichtungen ausgesprochen.

a) Verhütung im Vorfeld

Besonders leicht können Infektionskrankheiten dort übertragen werden, wo sich viele Personen gemeinsam in geschlossenen Räumen aufhalten. Deswegen sehen die §§ 33 ff. IfSG spezielle Regelungen für Gemeinschaftseinrichtungen für Minderjährige (§ 33 IfSG) und Massenunterkünfte (wie Flüchtlingsunterkünfte und Justizvollzugsanstalten, § 36 I IfSG) vor, die bereits im Vorfeld in Form der Verhütung ansetzen. Hierzu gehören insbesondere die Aufstellung und Einhaltung von Hygieneplänen nach § 36 I IfSG.

Für Kitas gilt bereits seit 2015 die Besonderheit, dass bei der Erstaufnahme der Nachweis erbracht werden muss, dass zeitnah vor der Aufnahme eine ärztliche Beratung in Bezug auf einen vollständigen, altersgemäßen, nach den Empfehlungen der STIKO ausreichenden Impfschutz des Kindes erfolgt ist (§ 34 Xa 1 IfSG). Da dies in der Praxis keine wirksame Maßnahme darstellte, um die Durchimpfungsrate von Masern in ausreichendem Maße zu erhöhen[360], gilt seit 1.3.2020 jedenfalls für die Masern gem. § 20 VIII 1 Nr. 1 IfSG eine indirekte Impfpflicht, d.h. der Kita-Platz, auf den grundsätzlich ein Anspruch nach § 24 SGB VIII besteht, kann nur in Anspruch genommen werden, wenn das Kind eine Immunität gegen Masern aufweist[361]. Auch Kinder, die schulpflichtig sind, müssen eine Immunität gegen Masern aufweisen (§ 20 VIII 1 Nr. 1 IfSG); sie werden bei Nichteinhalten jedoch nicht vom Schulbesuch abgehalten, sondern die Eltern müssen mit einem Bußgeld rechnen (§ 73 Ia Nr. 7a IfSG).

---

359 Dazu schon oben 2. Teil., B. I. 2. a) aa) (1).

360 Dazu *Amhaoauch/Kießling*, MedR 2019, 853 (857).

361 Diese Regelung wurde im Juli 2022 vom BVerfG für verfassungskonform erklärt, Beschl. v. 21.7.2022, 1 BvR 469/20; dazu *Kießling*, JZ 2022, 896.

Eine Masernimpfpflicht (in Form einer Nachweispflicht) gilt außerdem für die Bewohnenden von Flüchtlingsunterkünften (§ 20 VIII 1 Nr. 2 lit. b) IfSG) und für das Personal in Krankenhäusern, Kitas, Schulen und Flüchtlingsunterkünften. Für das Personal im Gesundheitswesen und im Pflegebereich wurde im Dezember 2021 außerdem eine Corona-Impfpflicht (in Form einer Nachweispflicht) eingeführt (§ 20a I IfSG)[362]. Bei Nichteinhaltung drohen dem Personal Bußgelder (§ 73 Ia Nr. 7d und 7h IfSG) und Tätigkeitsverbote (§ 20 XII 4 und § 20a V 3, III 5 IfSG).

b) Bekämpfung: Distanzierung

Nach einem erfolgten Krankheitsausbruch kann man auf einer abstrakten Ebene den Interventionsansatz, der auf einen durch soziale Kontakte übertragbaren Erreger zurückgeht, gegen den es keinen Impfstoff gibt, mit dem Ziel der Distanzierung umschreiben: Insbesondere Infizierte, aber ggf. auch ihre Kontaktpersonen sollen vom Rest der Bevölkerung getrennt werden.

aa) Absonderung

Am weitesten geht dabei die Schutzmaßnahme der Absonderung gem. § 30 IfSG, die zu den ältesten Schutzmaßnahmen gehört. Sie setzt das Konzept der Distanzierung am konsequentesten um und führt zu einer Isolierung Infizierter und solcher Personen, die wahrscheinlich infiziert sind, für die Dauer, in der die Personen ansteckend sind. Kontaktpersonen 1. Grades werden nach der gleichen Vorschrift für die Dauer der Inkubationszeit unter Quarantäne gestellt. Personen, die an Lungenpest oder an von Mensch zu Mensch übertragbarem hämorrhagischem Fieber (etwa Gelbfieber oder Ebolafieber) erkrankt oder dessen verdächtig sind, werden wegen der hohen Infektiosität und Kontagiosität zwingend in einem Krankenhaus oder einer für diese Krankheiten geeigneten Einrichtung abgesondert (§ 30 I 1 IfSG). Alle anderen Personen können, soweit dies die räumlichen Gegebenheiten zulassen, auch in der häuslichen Wohnung abgesondert werden (§ 30 I 2 IfSG).

bb) Weitere punktuell wirkende Schutzmaßnahmen

Tritt in einer Gemeinschaftseinrichtung wie einer Kita oder einer Schule ein Infektionsfall auf, kann die Einrichtung geschlossen werden (§ 28 I 2 IfSG). Bei Erregern, gegen die bereits ein hoher Grad an Immunität besteht, wird es ausreichen, den Infizierten und Nichtimmunen Betretungsverbote für diese Einrichtungen aufzuerlegen (§§ 34 I, 28 II IfSG), bis keine Ansteckungsgefahr mehr besteht. Auch Badeanstalten und Veranstaltungen, in bzw. auf denen sich Infizierte befinden[363], die andere anstecken könnten, können geschlossen bzw. verboten werden (§ 28 I 2 IfSG). Infizierten

---

[362] Diese Regelung wurde im April 2022 vom BVerfG für verfassungskonform erklärt, NJW 2022, 1999; dazu *Amhaouach/Kießling*, NJW 2022, 2798 (2800 f.).

[363] Zu diesem örtlichen Bezug *Kießling*, JZ 2022, 53 (55); vgl. außerdem unten 4. Teil, A. I.

kann außerdem grundsätzlich ein Beschäftigungsverbot für die Dauer ihrer Kontagiosität auferlegt werden (§ 31 IfSG[364]).

c) Distanzierungsgebote ohne örtlichen Bezug zum Ausbruchsgeschehen

Bei den o.g. Maßnahmen wird jeweils auf einen konkreten Infektionsfall reagiert, indem die Infizierte Person und ihre Kontaktpersonen auf der einen Seite von dem Rest der Bevölkerung getrennt werden. Während der Corona-Epidemie 2020 ging der Staat jedoch weiter und verhängte Maßnahmen, die nicht mehr einen derart engen (örtlichen) Bezug zu einem konkreten Infektionsfall hatten: Schließlich wurde das öffentliche Leben durch weitergehende Anordnungen wie das Schließen von Freizeitstätten und strengen Auflagen für die Gastronomie heruntergefahren, bis Ausgangssperren, -beschränkungen, Kontakt- und Betretungsverbote und später Maskenpflichten verhängt wurden. Es wurde also von einem punktuellen Ansatz umgeschwenkt auf einen flächendeckenden Ansatz bzw. der punktuelle Ansatz trat in den Hintergrund, weil viele Infektionsketten nicht mehr aufgeklärt und unterbrochen werden konnten und sich die Maßnahmen deswegen gegen die gesamte Bevölkerung richteten. Anders als das BSeuchG, das bis 1979 noch ausdrücklich „Maßnahmen gegenüber der Allgemeinheit" in § 43 regelte, bevor die Vorschrift in § 34 BSeuchG – der Vorgängervorschrift von § 28 – aufging[365], wird „die Allgemeinheit" im IfSG nicht mehr gesondert erwähnt. Während Veranstaltungsverbote und die Schließung von Gemeinschaftseinrichtungen nach wie vor von § 28 I IfSG erwähnt werden, gilt dies für viele andere der 2020 beschlossenen Maßnahmen nicht. Hierfür griffen die Länder bis November 2020 auf die Generalklausel des § 28 I 1 1. HS IfSG zurück.

4. Offene Fragen

Dieser flächendeckende Ansatz ist nur schwer mit der Orientierung des IfSG am Gefahrenabwehrrecht, das sich an konkreten Gefahren orientiert, in Einklang zu bringen, denn die Orientierung an konkreten Gefahren bedeutet in der Folge, dass ein punktueller Ansatz verfolgt wird. Dies zeigt sich bereits an den wenigen Standardermächtigungen, die der Abschnitt über die Bekämpfung übertragbarer Krankheiten enthält (§§ 29–31 IfSG). Standardmaßnahmen für flächendeckende, von konkreten Gefahren gelöste Maßnahmen zur Eindämmung einer Epidemie enthält das IfSG nicht. Bei diesen Maßnahmen stellt sich außerdem die Frage, wie die Lasten, die für die einzelnen Bevölkerungsgruppen entstehen, gerecht verteilt werden können. Während ein umfassender „Lockdown" nahezu die gesamte Bevölkerung gleich

---

364 Für Beschäftige in Gemeinschaftseinrichtungen gilt § 34 I 1, für Beschäftige im Lebensmittelbereich § 42 I IfSG jeweils als lex specialis; zum Verhältnis von § 31 und §§ 34, 42 IfSG ausführlich *Kießling*, in: dies. (Hrsg.), IfSG, 3. Aufl., § 31 Rn. 13.

365 Vgl. Viertes Gesetz zur Änderung des Bundes-Seuchengesetzes v. 18.12.1979, BGBl I 2248.

trifft, sieht dies während der Phase der sich anschließenden Lockerungen anders aus. Eine besondere Hierarchie unterschiedlicher Personengruppen, die durch Maßnahmen belastet werden dürfen, regelt das IfSG nicht; es enthält sich vielmehr der Frage, wie gegenüber der „Allgemeinheit" vorgegangen werden darf. Die seit November 2020 erfolgten Änderungen am IfSG durch Einfügung der § 28a und § 28b und deren wiederholte Überarbeitungen haben diese Probleme nicht gelöst[366], da sie in der Konstruktion des § 28 IfSG verhaftet bleiben; beide knüpfen schon im Wortlaut an § 28 I IfSG an (§§ 28a I, 28b II idF v. 16.9.2022).

II. Lebensstilrisiken

Zu *New Public Health* gehört es, dass Verhaltensweisen, die ein Gesundheitsrisiko für den Einzelnen selbst darstellen, in den Blick genommen werden. Zu diesen Lebensstilrisiken[367] gehören insbesondere der Konsum potentiell gesundheitsschädlicher Substanzen bzw. Stoffe (z. B. Lebensmittel, Alkohol, Tabakwaren, Betäubungsmittel) und andere gesundheitsriskante Verhaltensweisen wie Glücksspiel und die Ausübung gefährlicher Sportarten. Der Fokus soll im Folgenden auf Risikofaktoren liegen, die chronische Krankheiten hervorrufen können[368].

Der Umgang mit Tabakwaren folgt – wie erläutert – nach wie vor einem an das Lebensmittelrecht angelehnten Ansatz. Für andere Genussmittel, die als gesundheitliche Risikofaktoren gelten, gibt es keine eigenen, stoffbezogenen Gesetze. Der Lebensmittelbegriff des Art. 2 der Lebensmittel-BasisVO, auf den das LFGB verweist, schließt nur Tabak und Tabakerzeugnisse sowie Betäubungsmittel aus. Auf Genussmittel des „gehobenen Bedarfs" werden zwar oft Verbrauchsteuern erhoben (aktuell auf Kaffee und alkoholische Getränke[369]), ansonsten unterfallen sie aber dem LFGB. Der riskante Umgang mit alkoholischen Getränken wird hauptsächlich indirekt in vereinzelten Vorschriften des Gaststättenrechts geregelt[370], darüber hinaus finden sich einzelne besondere Vorschriften im Lebensmittelrecht. Der Fokus liegt deswegen im Weiteren auf dem Tabakkonsum und auf ungesunden Lebensmitteln.

---

366 Dazu 4. Teil, A. III. 2. b) bb) (2).

367 Zum Begriff Alemanno/Garde (Hrsg.), Regulating Lifestyle Risks, 2015. Zum Begriff des Lebensstils 1. Teil, A. II. 2.

368 Der Vergleich mit der Regulierung des Glücksspiels und des Betäubungsmittelkonsums kann jedoch an einigen Stellen fruchtbare Erkenntnisse für die weitere Analyse bringen.

369 Zu den Steuern, die auf alkoholische Getränke erhoben werden, *Strohs*, Abwehr alkoholbedingter Gefahren, S. 198 ff. Auf Tabakprodukte (Zigaretten, Feinschnitt) wird die Tabaksteuer erhoben, dazu noch unten 4. Teil, B. III. 1. b).

370 Vgl. §§ 6, 19, 20 Nr. 1, 2, 4, § 23 GastG. Dazu *Strohs*, Abwehr alkoholbedingter Gefahren, S. 165 ff.

1. Der Umgang mit dem Lebensstil-Risikofaktor Tabakkonsum

Der Tabakkonsum ist in Deutschland – wie auch im restlichen Europa und nahezu der gesamten Welt – seit langer Zeit weit verbreitet und galt bis vor kurzem auch in Deutschland als sozialadäquates Verhalten, das auch für Nichtraucher die akzeptierte Norm darstellte. Nach dem Zweiten Weltkrieg hatte die Tabakkontrollpolitik – auch in Abgrenzung zur Politik der Nationalsozialisten[371] – zunächst einen schweren Stand[372]. Mit der Regulierung des Tabakkonsums tat sich der deutsche Gesetzgeber schwer; viele Regelungen gehen auf europäische Vorgaben zurück.

a) Verhaltensprävention

Maßnahmen der Verhaltensprävention wirken unmittelbar auf die (potentiellen) Raucher ein und versuchen, sie vom Rauchen abzuhalten. Dies gilt insbesondere – aber nicht nur – für Minderjährige, die vom Raucheinstieg abgehalten werden sollen.

aa) Rauchverbot

Für Minderjährige besteht ein Rauchverbot in Gaststätten, Verkaufsstellen und „sonst in der Öffentlichkeit" (§ 10 I JuSchG[373]). Das Rauchverbot richtet sich nicht direkt an die Minderjährigen, sondern an Erwachsene, die den Minderjährigen das Rauchen in bestimmten Situationen nicht gestatten dürfen[374]; es könnte deswegen auch der Verhältnisprävention zugerechnet werden. Dieses „Gestattungsverbot" gilt seit 2016 auch für E-Zigaretten (§ 10 IV JuSchG).

Für erwachsene Raucher besteht an keinem öffentlichen Ort ein Rauchverbot, das sich ausdrücklich auf den Schutz der Raucher vor sich selbst bezieht. Alle bestehenden Rauchverbote werden mit dem Schutz der Passivraucher begründet[375].

bb) Gesundheitskampagnen/Gesundheitskommunikation

Die BZgA betreibt mehrere Seiten im Internet, die von einer allgemeinen Information zu den Wirkungen von Nikotin (auf der Seite www.drugcom.de, die ansonsten

---

371 Dazu oben 2. Teil, B. I 1.

372 *Lövenich*, in: Jacob/Dworok (Hrsg.), Tabak und Gesellschaft, S. 59 (67 ff.).

373 Ein entsprechendes Verbot für unter 16-Jährige enthielt bereits das Gesetz zum Schutz der Jugend in der Öffentlichkeit (JÖSchG) v. 4.12.1951 (BGBl I 936, § 8); seit 2007 gilt die Regelung auch für 16- bis 18-Jährige (geändert durch Art. 3 des Gesetzes zum Schutz vor den Gefahren des Passivrauchens v. 20.7.2007, BGBl I 1595).

374 Die Gestattung des Rauchens durch die Erwachsenen ist bußgeldbewehrt nach § 28 II Nr. 12 JuSchG.

375 Zum Teil wird in Zweifel gezogen, dass dieser vorgegebene Zweck der Nichtraucherschutzgesetze der alleinige ist (*Huster*, Selbstbestimmung, Gerechtigkeit und Gesundheit, S. 23; *ders.*, in: Schumann [Hrsg.], Das erziehende Gesetz, 2014, S. 193 [221]). Die gleiche Einschätzung zu absoluten Rauchverboten bei *Kirste*, JZ 2011, 805; *Barczak*, in: Ach (Hrsg.), Grenzen der Selbstbestimmung, S. 65 (100); *Kolbe*, Freiheitsschutz vor staatlicher Gesundheitssteuerung, S. 64.

hauptsächlich über Betäubungsmittel informiert und ein Cannabisausstiegsprogramm sowie anonyme Online-Beratung per E-Mail und Chat anbietet) bis zu einer groß angelegten, auf den Nikotinkonsum konzentrierten Kampagne reichen. Diese „Rauchfrei"-Kampagne bezieht sich sowohl auf Jugendliche als auch auf Erwachsene. Die Teilkampagne für Erwachsene bietet allgemeine Informationen und Unterstützung beim Aufhören, die Teilkampagne für Jugendliche will insbesondere den Einstieg in das Rauchen verhindern[376].

cc) Kennzeichen- und Informationspflichten – Dauerwarnhinweise

Die Zigarettenhersteller werden für die Verhaltensprävention in Anspruch genommen durch die Pflicht, bestimmte Warnhinweise auf die Verpackung zu drucken, die sich direkt an die Konsumenten richten und ihre Einstellung zum Rauchen beeinflussen sollen. Solche Hinweise erreichen – anders als Botschaften auf Plakatwänden und in Zeitschriften – alle Raucher ausnahmslos. Tabakerzeugnisse dürfen nur in den Verkehr gebracht werden, wenn die Packungen und Außenverpackungen mit gesundheitsbezogenen Warnhinweisen versehen sind, die die TabakerzV regelt (§ 6 TabakerzG). Dazu gehören Warnhinweise und die sogenannten „Schockbilder". Elektronische Zigaretten gelten nicht als Tabakerzeugnisse, sondern als „verwandte Erzeugnisse" (§ 2 Nr. 2 TabakerzG). Auch sie müssen einen Warnhinweis tragen (§ 15 I Nr. 2a TabakerzG).

(1) Text-Warnhinweise

Zigarettenpackungen müssen den allgemeinen Warnhinweis „Rauchen ist tödlich" und die Informationsbotschaft „Tabakrauch enthält über 70 Stoffe, die erwiesenermaßen krebserregend sind." tragen (§ 12 Nr. 1 und 2 TabakerzV). Die Informationsbotschaft ist vorgegeben (Art. 9 II der Richtlinie 2014/40/EU); bei dem allgemeinen Warnhinweis durften die Mitgliedstaaten zwischen „Rauchen ist tödlich – hören Sie jetzt auf." und „Rauchen ist tödlich" wählen. Die Hinweise müssen jeweils 50 % der für sie vorgesehenen Flächen einnehmen (§ 13 I Nr. 1 TabakerzV); welche Flächen dies sind, ist abhängig von der Form der Packung.

Die Packungen von E-Zigaretten müssen den Warnhinweis „Dieses Produkt enthält Nikotin: einen Stoff, der sehr stark abhängig macht." tragen (§ 15 I Nr. 2a, II TabakerzG iVm § 27 II TabakerzV).

(2) Kombinierte Text-Bild-Warnhinweise („Schockbilder")

Noch eindrücklicher wird das Gesundheitsrisiko durch die sogenannten Schockbilder präsentiert. Diese kombinierten Text-Bild-Warnhinweise müssen die Zigarettenpackungen zusätzlich tragen (§§ 12 Nr. 3, 14 I 1 TabakerzV[377]). Die Hinweise sind

---

[376] *Lang/Strunk*, Bundesgesundheitsbl 2010, 125 (126).

[377] Die Bilder sind Anhang II (der „Bilderbibliothek") der Richtlinie 2014/40/EU in der jeweils geltenden Fassung zu entnehmen.

jährlich so zu wechseln, dass sie in gleicher Anzahl auf den Packungen erscheinen (§ 14 I 3 TabakerzV). Dieses Rotationsprinzip soll eine Gewöhnung oder gar „Abstumpfung" der Raucher durch gleichbleibende Bilder verhindern[378]. Die Bilder sind durch folgende Information zur Raucherentwöhnung zu ergänzen: „Wollen Sie aufhören? Die BZgA hilft: Tel.: 0800 8 313131 (kostenfrei), www.rauchfrei-info.de". Sie müssen außerdem 65% der für sie vorgesehenen Flächen einnehmen (§ 14 II Nr. 1 TabakerzV). Für E-Zigaretten existiert keine Pflicht zum Abdruck solcher „Schockbilder".

dd) Verteuerung durch Tabaksteuer

Ein weiteres Instrument zur Krankheitsprävention und Gesundheitsförderung sind ökonomische Anreize bzw. „Bestrafungen". Hierzu gehört die Verteuerung eines Produkts, um die Bevölkerung davon abzuhalten, das Produkt zu erwerben und zu konsumieren. Sie kann entweder durch die Vorgabe eines Mindestpreises oder durch die Besteuerung des Produkts erreicht werden. Eine entsprechend ausgestaltete Tabaksteuer wird von WHO, EU und der Public-Health-Forschung als präventive Maßnahme empfohlen.

Die Tabaksteuer gehört – wie auch die verschiedenen Alkoholsteuern – zu den EU-weit harmonisierten besonderen Verbrauchsteuern[379]. Diese knüpfen an den Verbrauch bestimmter Konsumgüter an[380], wie das schon allgemein die Umsatzsteuer tut. Letztere wird allein zur Erzielung von Einnahmen erhoben, ist also eine Fiskalzwecksteuer; die Tabaksteuer hingegen soll – aus Sicht der Public-Health-Forschung – Tabakprodukte so verteuern, dass die Konsumenten zum Verzicht bewogen werden. Wird das Steuerrecht dazu eingesetzt, das Verhalten der Bevölkerung zu steuern, spricht man von Lenkungssteuern[381].

Die Tabaksteuer orientiert sich nicht an der Schädlichkeit der Zigarette (etwa dem Nikotin- oder Teergehalt), sondern an der Anzahl und dem Preis der Zigaretten. Die Steuersätze für Tabakwaren setzen sich aus einem mengenabhängigen Anteil (Stück bei Zigaretten, Zigarren und Zigarillos; Kilogramm bei Feinschnitt und Pfeifentabak) und einem wertabhängigen Anteil (bestimmter Prozentsatz vom Kleinverkaufs-

---

378 *Rohnfelder*, in: Erbs/Kohlhaas, Strafrechtliche Nebengesetze, Jan. 2018, TabakerzV § 14 Rn. 1.

379 Zur Harmonisierung ausführlich *Bongartz*, in: Bongartz/Schröer-Schallenberg, Verbrauchsteuerrecht, A 7ff., Kap. B und Kap. G-K.; *Kempf*, Die Rechtfertigung der Tabaksteuer, S. 129ff.; *Eiling*, Verfassungs- und europarechtliche Vorgaben an die Einführung neuer Verbrauchsteuern, S. 44ff.

380 Zum Begriff der besonderen Verbrauchsteuer *Eiling*, Verfassungs- und europarechtliche Vorgaben an die Einführung neuer Verbrauchssteuern, S. 57ff.; *Bongartz*, in: Bongartz/Schröer-Schallenberg, Verbrauchsteuerrecht, C 1ff.

381 *F. Kirchhof*, DVBl 2000, 1166 (1167); *Glaser*, StuW 2012, 168 (169). Ausführlich *Wernsmann*, Verhaltenslenkung in einem rationalen Steuersystem, passim.

preis[382]) zusammen (vgl. §§ 2, 3 TabakStG)[383]. E-Zigaretten unterliegen erst seit 1.7.2022 der Tabaksteuer[384].

b) Verhältnisprävention

Maßnahmen der Verhältnisprävention versuchen, das Umfeld des (potentiellen) Rauchers so zu gestalten, dass sich dieser seltener für das Rauchen entscheidet.

aa) Gestaltung des Angebots – Verfügbarkeit von Tabakprodukten

Ohne den Konsum eines Produktes zu verbieten und ohne sich durch Verhaltensappelle an die Verbrauchenden direkt zu wenden, kann der Staat auf die Verfügbarkeit des Produktes Einfluss nehmen, indem er bestimmte Produktarten oder Verkaufsmodalitäten verbietet. Werden besonders gesundheitsriskante Verkaufsmodalitäten oder Produktarten verboten, verhält sich die Bevölkerung statistisch betrachtet allein deswegen gesünder, weil sie auf weniger gesundheitsriskante Varianten ausweichen muss. Der Entscheidung der Konsumenten liegt dann keine bewusste Entscheidung zugrunde.

(1) Vorgaben an die Zusammensetzung der Zigaretten

Auch wenn Zigaretten als solche nicht verboten werden sollen, so macht der Staat doch genaue Vorgaben, welche Inhaltsstoffe zulässig sind. Seit 2016 ist gesetzlich festgelegt, welche Inhaltsstoffe verboten sind (§ 5 TabakerzG). Es gilt also das Marktfreiheitsprinzip[385]: Die Ausnahme ist nicht die Zulassung[386], sondern das Verbot bestimmter Inhaltsstoffe. Geregelt sind außerdem die zulässigen Emissionswerte (§ 4 TabakerzG, Art. 3 I Richtlinie 2014/40/EU). Auch für E-Zigaretten ist festgelegt, welche Inhaltsstoffe verboten sind (§ 13 TabakerzG, Anlage 2 zu § 28 TabakerzV).

Umstrittenstes Verbot ist für Zigaretten das Verbot charakteristischer Aromen, das seit Mai 2020 gilt (Art. 7 I RL 2014/40/EU bzw. §§ 5 I Nr. 1 lit. a, 47 IV TabakerzG). In der Praxis bedeutet dieses allgemein formulierte Verbot insbesondere ein Verbot von Mentholzigaretten[387]. Dadurch soll verhindert werden, dass Produkte mit charakteristischem Aroma den Einstieg in den Tabakkonsum erleichtern oder die Kon-

---

[382] Gem. § 3 I 1 TabakStG ist Kleinverkaufspreis der Preis, den der Hersteller oder Einführer als Einzelhandelspreis für Zigarren, Zigarillos und Zigaretten je Stück und für Rauchtabak je Kilogramm bestimmt.

[383] Ausführlich zum Steuertarif *Bongartz*, in: ders./Schröer-Schallenberg, Verbrauchsteuerrecht, K 20ff.

[384] Art. 2 iVm Art. 5 II Tabaksteuermodernisierungsgesetz v. 10.8.2021, BGBl I 3411.

[385] *Wiebe*, GewArch 2016, 456 (458).

[386] Anders als zuvor, vgl. § 20 Lebensmittel- und Bedarfsgegenständegesetz v. 15.8.1974, später § 20 VTabakG iVm § 1 TabakV: Nicht zugelassene Stoffe durften nicht verwendet werden; per Verordnung wurde positiv festgelegt, welche Stoffe zugelassen waren.

[387] Nur diese haben einen relevanten Marktanteil: *Zechmeister*, ZLR 2017, 451 (457).

sumgewohnheiten beeinflussen[388], denn solche Aromen überlagern den für ungeübte Raucher unangenehmen Geschmack[389].

(2) Verkaufs- und Abgabevorgaben

Bei den Zigaretten, die aufgrund ihrer Zusammensetzung in den Verkehr gebracht werden dürfen, stellt sich die Frage, *wo* das Inverkehrbringen zulässig ist. Raucher sind momentan nicht auf den Verkauf im Einzelhandel angewiesen, sondern sie können sich – von Ladenschlusszeiten unabhängig – auch an Tabakwarenautomaten bedienen, die in der Öffentlichkeit, z. B. an Straßenecken, aufgestellt sind. Dadurch sind Tabakprodukte in Deutschland leichter verfügbar als andere Genussmittel[390] und sogar Lebensmittel.

Das Aufstellen von Tabakwarenautomaten bzw. dessen Einschränkung wird in Deutschland allein unter Jugendschutzgesichtspunkten diskutiert. Seit 2009 regelt das JuSchG ein grundsätzliches Verbot von Tabakwarenautomaten (§ 10 II 1). Ausnahmen gelten jedoch für die Fälle, dass der Automat an einem Kindern und Jugendlichen unzugänglichen Ort aufgestellt ist oder durch technische Vorrichtungen oder durch ständige Aufsicht sichergestellt ist, dass Kinder und Jugendliche Tabakwaren und andere nikotinhaltige Erzeugnisse und deren Behältnisse nicht entnehmen können (§ 10 II 2 JuSchG).

Analog dem Verbot, Minderjährigen das Rauchen zu gestatten, ist Erwachsenen auch die Abgabe von Tabakwaren an Minderjährige verboten (§ 10 I JuSchG). Das Abgabegebot gilt auch für den Arbeitgeber von Jugendlichen (§ 31 II 2 JArbSchG). Seit 2016[391] gilt ein Verbot des Versandhandels von Tabakwaren mit Kindern und Jugendlichen (§ 10 III JuSchG); bis dahin war es umstritten, ob der Versandhandel unter das bloße Abgabeverbot fiel[392]. Diese Verbote gelten auch für E-Zigaretten (§ 10 IV JuSchG).

Um Kinder und Jugendliche den Einstieg in den Tabakkonsum zu erschweren[393], gilt für Zigarettenpackungen eine – europarechtlich vorgegebene[394] – Mindestgröße von mittlerweile 20[395] Zigaretten pro Packung (§ 10 I TabakerzV) und ein Verbot des Stückverkaufs (§ 25 I 6 TabStG).

---

388 16. Erwägungsgrund der Tabakprodukterichtlinie 2014/40/EU, ABl L 127/1 v. 29.4.2014.

389 Generalanwältin *Kokott*, Schlussanträge v. 23.12.2015, Rs. C-358/14, Rn. 52, 103.

390 Vgl. das für alkoholische Getränke geltende Automatenverbot des § 20 Nr. 1 GastG.

391 Gesetz zum Schutz von Kindern und Jugendlichen vor den Gefahren des Konsums von elektronischen Zigaretten und elektronischen Shishas v. 3.3.2016, BGBl I 369.

392 *Liesching*, in: Erbs/Kohlhaas, Strafrechtliche Nebengesetze, Juli 2016, § 10 JuSchG Rn. 4; *Ernst/Spoenle*, ZLR 2007, 114 (122).

393 BT-Drs. 15/2587, S. 8; EuGH, Urt. v. 4.5.2016, Rs. C-547/14, Rn. 197.

394 Durch Art. 14 I Richtlinie 2014/40/EU; auf die Vereinheitlichung weist Erwägungsgrund Nr. 28 hin.

395 Ab 2004 waren es zunächst 17 (§ 23 III 1 TabakStG idF Gesetz zur Verbesserung des Schutzes junger Menschen vor Gefahren des Alkohol- und Tabakkonsums v. 23.7.2004, BGBl I 1857), ab 2009 19 Zigaretten (§ 25 II TabStG idF v. 15.7.2009).

bb) Schutz vor Beeinflussung – Marketingge- und -verbote

Ein weiteres Präventionsinstrument ist die Steuerung von werbenden Einflüssen, denen sich die Bevölkerung ausgesetzt sieht. Marketingverbote für Tabakwaren gibt es in unterschiedlichem Umfang aus unterschiedlichen Gründen[396].

(1) Verbot klassischer Werbung in bestimmten Medien

Das TabakerzG regelt allgemeine Werbeverbote für bestimmte Medien. Unabhängig vom Inhalt gelten Werbeverbote für Tabakerzeugnisse im Hörfunk (§ 19 I TabakerzG), in Printmedien (§ 19 II, mit Ausnahmen), im Internet (§ 19 III, mit Ausnahmen) und im Fernsehen (§ 20). Allein zulässig blieb lange Zeit die allgemeine Tabakwerbung auf Plakaten in der Öffentlichkeit, die aber nach jahrzehntelanger Diskussion durch ein Verbot der Außenwerbung für Tabakerzeugnisse seit 1.1.2022[397] der Vergangenheit angehört (§ 20a S. 1, § 47 VIII 2 TabakerzG). Ab 2024 wird das Verbot auch für elektronische Zigaretten und Nachfüllbehälter gelten (§ 20a S. 1, § 47 VIII 1 TabakerzG).

Seit 1.1.2021[398] darf Tabakwerbung im Kino nur noch vor Filmen gezeigt werden, die mit „Keine Jugendfreigabe" gekennzeichnet sind (§ 11 VI JuSchG).

(2) Einschränkung der Verkaufsförderung (Promotion)

Zum Marketing gehört die Förderung des Verkaufs. Auch diese „Promotion" ist reglementiert: So ist es seit 1.1.2021[399] verboten, Zigaretten außerhalb von Geschäftsräumen des Fachhandels gewerbsmäßig kostenlos abzugeben (§ 20b I TabakerzG) und Tabakerzeugnisse, elektronische Zigaretten oder Nachfüllbehälter gewerbsmäßig auszuspielen (§ 20b II TabakerzG).

(3) Verbot von Werbung wegen des Inhalts der Werbung

Neben den im UWG geregelten allgemeinen Werbeverboten regelt das TabakerzG weitere Werbeverbote für Tabakwaren, die nicht an das Medium, sondern an bestimmte Aussagen der Werbung anknüpfen.

(a) Aus Jugendschutzgründen

Gem. § 21 I Nr. 2 TabakerzG ist es verboten, im Verkehr mit Tabakerzeugnissen oder in der Werbung dafür werbliche Informationen zu verwenden, die ihrer Art nach besonders dazu geeignet sind, Jugendliche oder Heranwachsende zum Konsum zu veranlassen oder darin zu bestärken.

---

[396] Im Folgenden werden nur einige Marketingverbote dargestellt. Vgl. z. B. außerdem § 19 TabakerzG für das Verbot des Sponsorings grenzüberschreitender Veranstaltungen.

[397] Zweites Gesetz zur Änderung des Tabakerzeugnisgesetzes v. 23.10.2020, BGBl I 2229.

[398] Geändert durch das Zweite Gesetz zur Änderung des Tabakerzeugnisgesetzes v. 23.10.2020, BGBl I 2229. Davor gab es in § 11 V JuSchG nur eine zeitliche Vorführbeschränkung.

[399] § 20b TabakerzG hinzugefügt durch das Zweite Gesetz zur Änderung des Tabakerzeugnisgesetzes v. 23.10.2020, BGBl I 2229.

(b) „Health Claims"

Tabakerzeugnisse sollen nicht gesünder erscheinen, als sie sind. Deswegen ist die Verwendung werblicher Informationen verboten, durch die der Eindruck erweckt wird, dass der Genuss oder die bestimmungsgemäße Verwendung von Tabakerzeugnissen gesundheitlich unbedenklich oder dazu geeignet ist, die Funktion des Körpers, die Leistungsfähigkeit oder das Wohlbefinden günstig zu beeinflussen (§ 21 I Nr. 1 TabakerzG). Dieses Werbeverbot erinnert an die sogenannten „Health Claims" aus dem Lebensmittelrecht: „Health Claims" sind Aussagen, die einem Produkt bestimmte gesundheitliche Wirkungen zuschreiben und die durch die HCVO, die den wissenschaftlichen Nachweis für solche Zuschreibungen verlangt, stark reguliert sind[400]. Von einer wissenschaftlichen Überprüfung der Versprechungen ist in Art. 13 I lit. a der RL jedoch nicht die Rede; entsprechende Nachweise werden auch kaum zu führen sein[401]. Zum Schutz vor Täuschung ist es außerdem verboten, Tabakerzeugnisse unter Verwendung irreführender werblicher Informationen auf Packungen, Außenverpackungen oder auf dem Tabakerzeugnis selbst in den Verkehr zu bringen (§ 18 II 1 TabakerzG). Eine solche Irreführung liegt insbesondere vor, wenn Tabakerzeugnissen gesundheitliche oder stimulierende Wirkungen zugeschrieben werden, die ihnen nach den Erkenntnissen der Wissenschaft nicht zukommen oder die wissenschaftlich nicht hinreichend gesichert sind (§ 18 II 2 Nr. 1), oder wenn der Eindruck erweckt wird, dass ein Tabakerzeugnis weniger schädlich als andere sei oder auf die Reduzierung schädlicher Bestandteile des Rauchs abziele (§ 18 II 2 Nr. 2). § 18 II 2 Nr. 2 TabakerzG verbietet im Ergebnis die früher verbreiteten „Light"-Zigaretten und solche, die damit warben, „mild" zu sein. Verboten ist jedoch nur die Bezeichnung; die Tabakindustrie benannte ihre Produkte nach dem Verbot um („Marlboro Light" z. B. heißt seitdem „Marlboro Gold").

(c) Verbot der Verwendung zutreffender Informationen

Eine Irreführung iSd § 18 II 1 TabakerzG soll gem. § 18 II 2 Nr. 3 auch vorliegen, wenn sich die werblichen Informationen auf Geschmack, Geruch, Aromastoffe oder sonstige Zusatzstoffe oder auf deren Fehlen beziehen. Dies gilt auch für den Fall, dass die Informationen zutreffend sind, also gar nicht zur Irreführung geeignet sind[402]. Die bloße Angabe „ohne Zusatzstoffe" darf somit nicht auf der Verpackung abgedruckt sein.

Es ist außerdem verboten, Tabakerzeugnisse in den Verkehr zu bringen, wenn die Packung, die Außenverpackung oder werbliche Informationen Angaben über den Gehalt des Tabakerzeugnisses an Nikotin, Teer oder Kohlenmonoxid enthalten (§ 18 III Nr. 1 TabakerzG). Diese Vorgabe regelt das Gegenteil dessen, was bis 2016 galt: Bis dahin war es in Umsetzung von Art. 5 I RL 2001/37/EG[403] gem. § 6 I 1 TabakProdV

---

400 Dazu unten 2. Teil, C. II. 2. b) bb).

401 *Rohnfelder*, in: Erbs/Kohlhaas, Strafrechtliche Nebengesetze, Nov. 2016, § 18 TabakerzG Rn. 10.

402 BT-Drs. 18/7218, S. 41.

403 RL 2001/37/EG des Europäischen Parlaments und des Rates v. 5.6.2001 zur Angleichung der

vorgeschrieben, Angaben über Teer-, Nikotin- und Kohlenmonoxidgehalte auf der Zigarettenpackung aufzudrucken. Nun geht man hingegen davon aus, dass solche Angaben irreführend sind, „da sie die Verbraucher glauben mach[en], dass bestimmte Zigaretten weniger schädlich seien als andere“[404]. Zigaretten mit maschinell erzeugten niedrigeren Rauchwerten sind wohl nicht zwangsläufig weniger schädlich als Zigaretten mit höheren Rauchemissionswerten[405].

(4) Gestaltung der Verpackung

Das TabakerzG macht – in Umsetzung der RL 2014/40/EU – den Produzenten umfangreiche Vorgaben für die Gestaltung der Verpackung. So sind etwa die Größe der Warnhinweise und die Stellen, auf denen sie aufgebracht werden müssen, vorgegeben (vgl. §§ 13, 14 II TabakerzV), wodurch die Produzenten nur noch in sehr eingeschränktem Umfang entscheiden können, in welcher Größe und wo sie ihr Logo aufbringen.

2. Der Umgang mit dem Lebensstilrisikofaktor ungesunde Ernährung

Übergewicht und Adipositas werden als das größte Gesundheitsrisiko der heutigen Zeit bezeichnet[406]. In Deutschland gelten ca. 60 % der Bevölkerung als übergewichtig und ca. 25 % als adipös[407]. Nicht nur in den USA[408], auch in Deutschland wird im Zusammenhang mit Adipositas bzw. Übergewicht von einer „Epidemie“[409] gesprochen; auch die WHO[410] verwendet diesen Begriff.

Übergewicht und Adipositas werden anhand des Body-Mass-Indexes gemessen[411], der als Indikator für gesundheitsschädliches Übergewicht umstritten ist. So gilt Übergewicht zum Teil bereits als Risikofaktor u. a. für Bluthochdruck, Herzinfarkt,

---

Rechts- und Verwaltungsvorschriften der Mitgliedstaaten über die Herstellung, die Aufmachung und den Verkauf von Tabakerzeugnissen, ABl L 194/26 v. 18.7.2001.

404 Erwägungsgrund Nr. 25 der RL 2014/40/EU.

405 BT-Drs. 18/7218, S. 42 unter Berufung auf die Leitlinien zur Framework Convention on Tobacco Control (FCTC) über die Verpackung und Etikettierung von Tabakerzeugnissen, Nr. 44.

406 Vom Geschäftsführer der Deutschen Diabetes Gesellschaft (DDG) Garlichs, Das Gesundheitswesen 2017, 447.

407 *Mesink/Schienkiewitz/Haftenberger/T. Lampert/Ziese/Scheidt-Nave*, Bundesgesundheitsbl 2013, 786.

408 *Taylor*, The Obesity Epidemic.

409 *Koletzko*, Monatsschr Kinderheilkd 2018, 403; Leopoldina, Diskussionspapier Nr. 22.

410 Vgl. nur WHO, Obesity and overweight (https://www.who.int/news-room/fact-sheets/detail/obesity-and-overweight). Kritisch zu der Bewertung und den zugrunde gelegten Zahlen *Schmidt-Semisch/Schorb*, in: Gerhardus/Breckenkamp/Razum/Schmacke/Wenzel (Hrsg.), Evidence-based Public Health, S. 145 (149 ff.).

411 Übergewicht wird von der WHO definiert als ein BMI von 25 oder höher, Adipositas als ein BMI von 30 oder höher (Guideline: Sugars intake for adults and children, S. 1 Fn. 1).

Schlaganfall, Diabetes mellitus Typ II[412] und Nierenschäden[413]; auf der anderen Seite stehen Studien, die bei Übergewicht unterhalb von Adipositas keine erhöhte Gesamtsterblichkeit festgestellt haben[414], und Einschätzungen, die Übergewicht an sich noch nicht als Gesundheitsproblem ansehen[415]. Unabhängig davon, wo genau man die Grenze für gesundheitsschädliches Übergewicht zieht, ist es wohl anerkannt, *dass* es gesundheitsschädliches Übergewicht gibt. Im Krankenversicherungsrecht spricht man bei der Adipositas bereits von einer eigenen Krankheit[416]. Sie ist sogar ein Risikofaktor für den vorzeitigen Tod[417].

Die Entstehung von Übergewicht bzw. Adipositas ist durch das Zusammenwirken verschiedener Faktoren bedingt. Neben der individuell-genetischen Prädisposition gehört auch das Gesundheitsverhalten – wie mangelnde Bewegung und eine unausgewogene Ernährung – dazu. Zu Übergewicht kann insbesondere eine Ernährung mit zu viel Zucker und Fett führen. Diese zwei Lebensmittelbestandteile sind somit einzelne Risikofaktoren für die Entstehung von Übergewicht.

a) Verhaltensprävention

aa) Gesundheitskampagnen

Wie auch beim Risikofaktor Tabakrauch gibt es beim Risikofaktor „ungesunde Ernährung“ mehrere Gesundheitskampagnen, die es sich zum Ziel gesetzt haben, die Bevölkerung zu einem gesünderen Verhalten zu bewegen. Seit 2004 soll die Plattform Ernährung und Bewegung (peb) verschiedene Akteure vernetzen[418]. 2008 wurde der Nationale Aktionsplan „IN FORM“ zur Prävention von Fehlernährung, Bewegungsmangel, Übergewicht und damit zusammenhängenden Krankheiten[419] in die Wege geleitet. Auf der Internetseite www.in-form.de gibt es Informationen zu „gesunde[r] Ernährung und mehr Bewegung“. Daneben gibt es Kampagnen, die sich unmittelbar an Jugendliche richten wie die Jugendaktion „GUT DRAUF – Bewegen, entspannen, essen – aber wie!“[420].

---

412 Gutachten 2000/2001 des Sachverständigenrates für die Konzertierte Aktion im Gesundheitswesen, Band I, BT-Drs. 14/5660, S. 100.

413 Ärzteblatt v. 9.3.2017, https://www.aerzteblatt.de/nachrichten/73542/Uebergewicht-ist-bedeutender-Risikofaktor-fuer-Nierenschaeden.

414 Vgl. zur Studienlage *Schmacke*, in: Gerhardus/Breckenkamp/Razum/Schmacke/Wenzel (Hrsg.), Evidence-based Public Health, S. 145 (158 f.).

415 Siehe dazu die Beiträge in Gerhardus/Breckenkamp/Razum/Schmacke/Wenzel (Hrsg.), Evidence-based Public Health.

416 Zu Leistungen der GKV BSGE 90, 289.

417 *Eichhorn/Nagel*, Das Gesundheitswesen 2010, 10 (11).

418 https://www.pebonline.de/.

419 BT-Drs. 16/9914.

420 BT-Drs. 16/4818, S. 107.

bb) Kennzeichnungs- und Informationspflichten

(1) Inhaltsstoffe/Zutaten

Vorverpackte Lebensmittel müssen gem. Art. 9 I lit. b LMIV eine Zutatenliste enthalten, die die Zutaten in absteigender Reihenfolge ihres Gewichtsanteils angibt (Art. 18 I LMIV). Auf diese Weise wird ersichtlich, ob ein Lebensmittel z. B. vergleichsweise viel oder wenig Zucker enthält. Eine genaue Angabe der Menge ist nur erforderlich, wenn die Zutat in der Bezeichnung des Lebensmittels genannt oder auf der Kennzeichnung hervorgehoben ist (Art. 22 I LMIV). Dies wird für Salz, Zucker und Fett am ehesten eine Rolle im Falle von Salz spielen (Salzstangen, Salzgurken). Getränke mit einem Alkoholgehalt von mehr als 1,2 Volumenprozent müssen gem. Art. 9 I lit. k LMIV den vorhandenen Alkoholgehalt in Volumenprozent angeben.

(2) Einfache Nährwertkennzeichnungen

Seit 2016 müssen vorverpackte Lebensmittel gem. Art. 9 I lit. l LMIV eine Nährwertdeklaration bzw. -kennzeichnung enthalten[421], die aus folgenden Angaben besteht: Brennwert und die Mengen an Fett, gesättigten Fettsäuren, Kohlenhydraten, Zucker, Eiweiß und Salz (Art. 30 I LMIV), die je 100g oder je 100ml anzugeben sind (Art. 32 II LMIV); zusätzlich darf eine Angabe je Portion oder Verzehreinheit angegeben werden (Art. 33 LMIV). Andere Stoffe dürfen zusätzlich angegeben werden (Art. 30 II LMIV). Von der Pflicht zum Abdruck der Nährwertdeklaration befreit sind z. B. Nahrungsergänzungsmittel (Art. 29 I lit. a LMIV) und auch Getränke mit einem Alkoholgehalt von mehr als 1,2 Volumenprozent[422] (Art. 16 IV LMIV).

(3) Lebensmittelampel

In Deutschland wird seit längerem über die sogenannte Lebensmittelampel diskutiert. Diese soll – die Farben einer Verkehrsampel aufgreifend – über rote, gelbe und grüne Felder den Zucker-, Salz- oder Fettanteil kenntlich machen, so dass die Verbraucherinnen und Verbraucher einfacher einschätzen können, wie gesund ein Lebensmittel ist. Solche Kennzeichnungen können außerdem die erwünschte Wirkung haben, dass die Lebensmittelhersteller ihre Rezepturen anpassen, um eine „ungesunde“ Codierung möglichst zu vermeiden[423]. Im Herbst 2020 wurde der Rechtsrahmen für die Anwendung des sogenannten Nutri-Scores geschaffen[424]. Dieses Logo aus Frankreich kann als freiwillige Angabe auf der Vorderseite eines Lebensmittels durch die Unternehmen angebracht werden; verpflichtet werden die Unternehmen nicht (§ 4a II Lebensmittelinformations-Durchführungsverordnung).

---

[421] Ausführlich *Meisterernst*, Lebensmittelrecht, § 9 Rn. 87 ff.

[422] Kritisch *Meisterernst*, Lebensmittelrecht, § 9 Rn. 87.

[423] *Preuß*, DLR 2008, 8 (10); *Grunert/Storcksdieck*, ZLR 2009, 5 (14 f.).

[424] Vgl. § 4a Lebensmittelinformations-Durchführungsverordnung, eingefügt durch Art. 1 der Ersten Verordnung zur Änderung der Lebensmittelinformations-Durchführungsverordnung v. 21.10.2020, BGBl I 2266; dazu *Kurzai*, LMuR 2021, 77.

cc) Lenkungssteuern

Mittels Steuern wird bislang in Deutschland noch nicht versucht, auf den Zucker- oder Fettkonsum einzuwirken. In anderen Ländern gibt es bereits solche Lenkungssteuern. Durch die Verteuerung zucker- und/oder fetthaltiger Produkte sollen die Verbraucherinnen und Verbraucher dazu bewegt werden, diese Produkte seltener zu konsumieren und die herstellenden Unternehmen ggf. dazu, die Rezepturen zu ändern.

b) Verhältnisprävention

aa) Vorgaben an die Zusammensetzung

Gesundheitsschädliche Lebensmittel dürfen gem. Art. 14 I, II lit. a Basis-VO nicht in den Verkehr gebracht werden. Auf dieser Grundlage gelten bestimmte Grenzwerte für z.B. Rückstände von Pflanzenschutzmitteln. Die Kommission kann außerdem Stoffe, die Lebensmitteln zugesetzt oder bei der Herstellung von Lebensmitteln unter Bedingungen verwendet werden, die zu einer Aufnahme von Mengen dieses Stoffes führen würden, welche weit über den unter normalen Bedingungen bei einer ausgewogenen und abwechslungsreichen Ernährung vernünftigerweise anzunehmenden Mengen liegen, und/oder die ein potentielles Risiko für die Verbraucher bergen würden, gem. Art. 8 VO Nr. 1925/2006 verbieten oder deren Verwendung einschränken. Auf dieser Grundlage hat die Kommission 2019 durch die VO (EU) 2019/649[425] eine Obergrenze für künstliche Transfette in Lebensmitteln (2g pro 100g Fett) festgelegt, die seit 2.4.2021 gilt.

bb) Marketingge- und -verbote

Das Marketing von Lebensmitteln wird durch verschiedene Verordnungen eingeschränkt. Allgemeine Irreführungsverbote enthalten Art. 7 I LMIV und Art. 16 Basis-VO. Daneben sieht die HCVO Werbebeschränkungen für gesundheitsbezogene Angaben vor.

(1) Nährwert- und gesundheitsbezogene Angaben

Die HCVO aus dem Jahre 2006 regelt die Zulässigkeit der Verwendung nährwert- und gesundheitsbezogener Angaben durch ein Verbot mit Erlaubnisvorbehalt[426]. Sie gilt nicht nur für die unmittelbare Abgabe von Lebensmitteln an Endverbraucherinnen, sondern auch für Anbieter von Gemeinschaftsverpflegung wie Kantinen, Men-

---

[425] VO (EU) 2019/649 der Kommission v. 24.4.2019 zur Änderung des Anhangs III der Verordnung (EG) Nr. 1925/2006 des Europäischen Parlaments und des Rates betreffend andere Trans-Fettsäuren als solche, die auf natürliche Weise in Fett tierischen Ursprungs vorkommen, ABl L 110/17 v. 25.4.2019.

[426] *Meisterernst*, Lebensmittelrecht, § 10 Rn. 51.

sen, Gaststätten und Restaurants, allerdings nicht für nicht vorverpackte Lebensmittel wie Obst, Gemüse und Brot (Art. 1 II HCVO).

Nährwert- und gesundheitsbezogene Angaben dürfen nur verwendet werden, wenn anhand allgemein anerkannter wissenschaftlicher Erkenntnisse nachgewiesen ist, dass das Vorhandensein, das Fehlen oder der verringerte Gehalt des Nährstoffs oder der anderen Substanz, auf die sich die Angabe bezieht, in einem Lebensmittel oder einer Kategorie von Lebensmitteln eine positive ernährungsbezogene Wirkung oder physiologische Wirkung hat (Art. 5 I lit. a), und wenn vom durchschnittlichen Verbraucher erwartet werden kann, dass er die positive Wirkung, wie sie in der Angabe dargestellt wird, versteht (Art. 5 II). In jedem Fall verboten sind z. B. Angaben über Dauer und Ausmaß der Gewichtsabnahme (Art. 12 lit. b). Allgemein gilt: Nährwert- und gesundheitsbezogene Angaben dürfen nicht falsch, mehrdeutig oder irreführend sein, nicht zum übermäßigen Verzehr eines Lebensmittels ermutigen oder diesen wohlwollend darstellen, nicht erklären, suggerieren oder auch nur mittelbar zum Ausdruck bringen, dass eine ausgewogene und abwechslungsreiche Ernährung generell nicht die erforderlichen Mengen an Nährstoffen liefern kann (Art. 3 HCVO).

Bei nährwertbezogenen Angaben handelt es sich um Angaben, mit denen erklärt, suggeriert oder auch nur mittelbar zum Ausdruck gebracht wird, dass ein Lebensmittel besondere positive Nährwerteigenschaften besitzt, und zwar aufgrund der Energie, die es (nicht) liefert, oder der Nährstoffe oder anderen Substanzen, die es (nicht) enthält (Art. 2 II Nr. 4). Welche Angaben zulässig sind, wird in einer Positivliste bestimmt (Art. 8 I iVm Anhang). Dort sind z. B. die Begriffe „fettarm", „fettfrei", „zuckerarm", „zuckerfrei", „ohne Zuckerzusatz" und „leicht" definiert.

Als das Herzstück der HCVO[427] werden die Regelungen über gesundheitsbezogene Angaben bezeichnet. Gesundheitsbezogen sind Angaben, mit denen erklärt, suggeriert oder auch nur mittelbar zum Ausdruck gebracht wird, dass ein Zusammenhang zwischen einer Lebensmittelkategorie, einem Lebensmittel oder einem seiner Bestandteile einerseits und der Gesundheit andererseits besteht (Art. 2 II Nr. 5). Solche Angaben sind verboten, solange sie nicht bestimmte Voraussetzungen erfüllen, wozu auch die Aufnahme in eine Positivliste gehört (Art. 10 I). Dies gilt sowohl für gesundheitsbezogene Angaben über die Verringerung eines Krankheitsrisikos (Art. 14 I lit. a) als auch für sonstige gesundheitsbezogene Angaben (Art. 13). In die Positivliste der sonstigen gesundheitsbezogenen Angaben aufgenommen wurde z. B. die Angabe „Eisen trägt zu einem normalen Energiestoffwechsel bei"[428].

Auch alkoholische Getränke fallen unter die HCVO. Getränke mit einem Alkoholgehalt von mehr als 1,2 Volumenprozent dürfen keine gesundheitsbezogenen An-

[427] *Barczak*, Das Gesundheitsideal als Werbeversprechen, S. 88; *Bruggmann*, LMuR 2015, 73 (75).

[428] Anhang zur VO (EU) Nr. 432/2012 der Kommission v. 16.5.2012 zur Festlegung einer Liste zulässiger anderer gesundheitsbezogener Angaben über Lebensmittel als Angaben über die Reduzierung eines Krankheitsrisikos sowie die Entwicklung und die Gesundheit von Kindern, ABl L 136/1 v. 25.5.2012.

gaben tragen; nährwertbezogene Angaben sind nur zulässig, wenn sie sich auf einen geringen Alkoholgehalt oder eine Reduzierung des Alkoholgehalts oder eine Reduzierung des Brennwerts beziehen (Art. 4 III).

(2) Krankheitsbezogene Werbung

Ein Verbot der krankheitsbezogenen Werbung enthält Art. 7 III LMIV: Informationen über Lebensmittel dürfen keine Eigenschaften der Vorbeugung, Behandlung oder Heilung einer menschlichen Krankheit zuschreiben oder den Eindruck dieser Eigenschaften entstehen lassen. Dies gilt auch für zutreffende Angaben[429]. Die Beantragung der Zulassung der Verwendung einer gesundheitsbezogenen Angabe über die Verringerung eines Krankheitsrisikos nach Art. 14 I lit. a HCVO[430] bleibt davon unberührt. In die entsprechende Positivliste aufgenommen wurde die Angabe „Die Verwendung ungesättigter Fettsäuren anstelle gesättigter Fettsäuren in der Ernährung senkt/reduziert nachweislich den Cholesterinspiegel im Blut. Ein hoher Cholesterinwert gehört zu den Risikofaktoren der koronaren Herzerkrankung."[431]

(3) Werbeeinschränkungen für ungesunde Lebensmittel

Damit Lebensmittel nicht gesünder erscheinen, als sie tatsächlich sind, ist in der HCVO die Festlegung von Nährwertprofilen vorgesehen (Art. 4 HCVO), die Lebensmittel dann erfüllen müssen, wenn sie mit nährwert- oder gesundheitsbezogenen Angaben beworben werden sollen. Nährwertprofile sind Anforderungen an die Zusammensetzung eines Lebensmittels in Bezug auf Nährstoffe und andere Substanzen wie z. B. Fett, gesättigte Fettsäuren, trans-Fettsäuren, Zucker und Salz/Natrium, die sich auf wissenschaftliche Nachweise über die Ernährung und ihre Bedeutung für die Gesundheit stützen (Art. 4 I HCVO). Durch diese Werbebeschränkung wollte man verhindern, dass nährwert- und gesundheitsbezogene Angaben den „Ernährungsstatus" eines Lebensmittels verschleiern[432]. Dies führte dazu, dass z. B. Süßigkeiten, die zwar tatsächlich fettfrei sind, die Angabe „fettfrei" nicht tragen dürfen, weil sie einen hohen Zuckergehalt haben. Diese Nährwertprofile sollten eigentlich bis Januar 2009 von der Kommission festgelegt werden, was jedoch nach wie vor nicht geschehen ist. Süßigkeiten dürfen deswegen mit der Angabe „fettfrei" beworben werden.

3. Offene Fragen

Bei Lebensstilrisiken handelt es sich um Gesundheitsrisiken, die nur diejenigen betreffen, die diesen Lebensstil – also eine bestimmte Verhaltensweise – pflegen. Wo

---

[429] *Meisterernst*, Lebensmittelrecht, § 10 Rn. 39.

[430] Dazu oben 4. Teil, C. II. 1.

[431] Anhang zur VO (EU) Nr. 1226/2014 der Kommission v. 17.11.2014 zur Zulassung einer gesundheitsbezogenen Angabe über Lebensmittel betreffend die Verringerung eines Krankheitsrisikos, ABl L 331/3 v. 18.11.2014.

[432] Erwägungsgrund 11 HCVO.

Risiken gesellschaftlich verbreitet zum Lebensstil gehören, gelten sie oft als sozialadäquat. Nur mit der vermeintlichen Sozialadäquanz kann erklärt werden, warum Tabak (mittlerweile) am stärksten reguliert ist, der Übergewichtsprävention schon weniger Bedeutung geschenkt wird und Alkohol am wenigsten reguliert wird[433]. Tabakwaren gelten mittlerweile – europarechtlich – als Produkte, die unerwünscht sind; bei Alkohol ist die Lage komplexer, weil er bei niedriger Dosierung lange Zeit als nicht unbedingt gesundheitsschädlich galt[434]. Die EU zielt deswegen nicht darauf ab, Personen vollständig vom Konsum abzuhalten, sondern nur darauf, den Konsum ab einem gewissen Schädigungspotential zu unterlassen[435]. Bei Tabakwaren hingegen sollen Konsumenten nicht auf weniger schädliche Alternativen hingewiesen werden, weil sie dann ihren Konsum entsprechend anpassen (und ggf. sogar erhöhen)[436]. Anders als bei Tabakwaren geht es bei Lebensmitteln nicht darum, durch Kennzeichnungen den Konsumenten vom Konsum allgemein abzuhalten. Bei Lebensmitteln kann – und muss wegen der notwendigen Nahrungsaufnahme[437] – zwischen verschiedenen Möglichkeiten gewählt werden; die Lenkungsabsicht geht somit dahin, den Verbraucher zur Wahl der gesünderen Alternative zu bewegen.

Trotz dieser Unterschiede hat die Analyse gezeigt, dass der Staat auf die gleichen Instrumente zurückgreift – Vorgaben für die Zusammensetzung, Kennzeichnungspflichten und Warnhinweise sowie Marketingvorgaben. Einigen gehen diese Vorgaben zu weit – ob die Regulierung von Lebensstilrisiken tatsächlich die Konsumenten entmündigt, hängt davon ab, wer für die gesundheitlichen Auswirkungen des Lebensstils verantwortlich ist. Sind das allein die Konsumierenden (die man nur informieren muss) oder auch die Industrie, die Einfluss auf den Konsum nimmt? Diese Frage kann nur unter Berücksichtigung der Entstehung des gesundheitsrelevanten Lebensstils und auf der Grundlage der vorhandenen Evidenz beantworten werden[438].

III. Kindergesundheit und familiäre Gesundheitssozialisation

Wie gesund Kinder aufwachsen, ist in hohem Maße durch die familiäre Sozialisation bedingt. Der Lebensstil der Eltern hat unmittelbar Einfluss auf die Gesundheit der Kinder: Ob die Kinder als Passivraucher aufwachsen, welche Lebensmittel sie konsumieren, wie viel sie sich im Alltag bewegen, welche Anregungen sie bekommen – all das ist abhängig von dem familiären Umfeld. Dieses Umfeld wiederum ist maßgeblich an der Ausformung des eigenen Lebensstils beteiligt, d. h. Kinder übernehmen in

433 *Alemanno/Garde*, in: dies. (Hrsg.), Regulating Lifestyle Risks, S. 1 (9 ff.).

434 *Howells/Watson*, in: Alemanno/Garde (Hrsg.), Regulating Lifestyle Risks, S. 23 (25).

435 Deswegen dürfen auf alkoholischen Getränken mit weniger als 1,2 % Alkoholgehalt nährwert- und gesundheitsbezogene Angaben abgedruckt werden.

436 *Howells/Watson*, in: Alemanno/Garde (Hrsg.), Regulating Lifestyle Risks, S. 23 (34).

437 Dazu *Karnani/McFerran/Mukhopadhyay*, JACR 2016, 445 (456).

438 Dazu unten 4. Teil, B.

großen Teilen – auch – den gesundheitsrelevanten Lebensstil ihrer Eltern, was sie in späteren Jahren weiterhin prägt. In anderen gesundheitsrelevanten Fragen treffen die Eltern bewusste Entscheidungen: Etwa ob das Kind einen Fahrradhelm tragen muss oder in welchen Situationen sie das Kind einer Ärztin vorstellen. Gleichzeitig wirken externe gesundheitsrelevante Einflüsse auf das Kind selbst ein – etwa Marketingbotschaften der Industrie und die „Peer Group" des Kindes.

1. Prävention und Gesundheitsförderung während der Schwangerschaft

Ein umfassender Prävention- und Gesundheitsförderungsansatz müsste bereits die Risikofaktoren berücksichtigen, die während der Schwangerschaft für das Ungeborene bestehen. Diese Risikofaktoren liegen in dem Verhalten der Schwangeren, das aber wiederum durch soziale Faktoren beeinflusst wird: Hierzu gehören der Alkohol- und Tabakkonsum und die Einnahme kontraindizierter Arzneimittel; auch Übergewicht der Mutter stellt einen Risikofaktor für das Ungeborene dar.

a) Kennzeichnungspflichten für bestimmte Produkte

Arzneimittel müssen in der Packungsbeilage auf die „besondere Situation" Schwangerer eingehen (§ 11 I 8 AMG), also darauf hinweisen, ob das Mittel in der Schwangerschaft eingenommen werden kann, ohne schädigenden Einfluss auf das Ungeborene nehmen zu können. Getränke mit erhöhtem Koffeingehalt oder Lebensmittel mit Zusatz von Koffein müssen die Angabe „Erhöhter Koffeingehalt. Für Kinder und schwangere oder stillende Frauen nicht empfohlen" tragen (Art. 10 iVm Anhang III Nr. 4.1 und 4.2 LMIV). Ein vergleichbarer Warnhinweis für Getränke oder Lebensmittel, die Alkohol enthalten, sieht das Unionsrecht nicht vor, ein solcher ist in Deutschland – anders als z. B. in Frankreich – nicht verpflichtend.

b) Krankheitsbezogene Werbung

Die Positivliste zu Art. 14 I HCVO erlaubt auf Nahrungsergänzungsmitteln, die mindestens 400µg Folsäure je Tagesdosis enthalten, die Angabe „Die ergänzende Aufnahme von Folsäure erhöht bei Schwangeren den Folatspiegel. Ein niedriger Folatspiegel ist bei Schwangeren ein Risikofaktor für die Entstehung von Neuralrohrdefekten beim heranwachsenden Fötus."[439]

[439] VO (EU) Nr. 1135/2014 der Kommission v. 24.10.2014 zur Zulassung einer gesundheitsbezogenen Angabe über Lebensmittel betreffend die Verringerung eines Krankheitsrisikos, ABl L 307/23 v. 28.10.2014.

c) Individualisierter Ansatz: Medizinische Prävention und Gesundheitsförderung

Auf Risikofaktoren bei der werdenden Mutter werden in Deutschland am ehesten die Frauenärztinnen aufmerksam. Denn Prävention und Gesundheitsförderung in der Schwangerschaft sind über die ärztlichen Vorsorgeuntersuchungen abgedeckt, die Teil der Leistungen bei Schwangerschaft und Mutterschaft sind, die in den §§ 24c ff. SGB V geregelt sind. Diese Leistungen der medizinischen Prävention[440] bestehen hauptsächlich aus Leistungen der Primär- und Sekundärprävention und tragen den Besonderheiten einer Schwangerschaft Rechnung: So stellt eine Schwangerschaft an sich keine Krankheit dar, sie kann aber zu Beschwerden (wie Übelkeit) führen, bei denen eine Abgrenzung zu Krankheiten oftmals schwierig ist[441]. Die durch Richtlinien des G-BA konkretisierten, standardisierten Untersuchungen[442] während der Schwangerschaft sollen zum einen bestimmte schwangerschaftsbedingte Erkrankungen (wie Schwangerschaftsdiabetes) und andere Erkrankungen oder Infektionen, die für den Fötus gefährlich werden können (wie Zytomegalie), frühzeitig erkennen. Zum anderen sollen der Gesundheitszustand der werdenden Mutter auch in ihrem Eigeninteresse überwacht und die allgemeine Entwicklung des Fötus beobachtet werden, damit ggf. interveniert und auch eine besondere Geburtsart (wie ein Kaiserschnitt) geplant werden kann.

2. Medizinische Prävention und Gesundheitsförderung

Auch nach der Geburt spielt die medizinische Prävention eine große Rolle. Das SGB V sieht Gesundheitsuntersuchungen von Kindern vor, die der GBA für zehn Untersuchungen standardisiert hat[443]. Bei den ersten Untersuchungen nach der Geburt stehen angeborene körperliche Erkrankungen wie Hüftgelenksanomalien, Herzfehler, Seh- und Hörstörungen im Vordergrund. Je älter die Kinder werden, desto mehr rücken chronische Krankheiten wie Allergien und Atemwegserkrankungen in den Fokus. Außerdem erfolgt eine Untersuchung der psycho-sozialen Entwicklung, womit die kognitive, emotionale und soziale Entwicklung gemeint ist. Hierzu gehören insbesondere bei Kleinkindern funktionelle Entwicklungsstörungen der Sprache, später etwa ADHS, Verhaltensstörungen und Störungen der Emotionalität. Für die Mehrzahl der Entwicklungsstörungen gibt es keine medizinisch-kausale Therapie, sondern es stehen medizinisch orientierte (Physiotherapie, Ergotherapie, Logopädie) und psychologisch-pädagogische Fördermaßnahmen im Vordergrund. Außerdem

---

[440] Dazu oben 2. Teil, B. I. 2. b) bb).

[441] Die Schwangeren sollen außerdem von Zuzahlungen und anderen Einschränkungen, die im normalen System des SGB V gelten, verschont bleiben. Dies ist aufgrund des verfassungsrechtlichen Schutzauftrags des Art. 6 IV GG geboten. Vgl. ausführlich *Kießling*, NZS 2017, 373 (373 f.).

[442] Mutterschafts-Richtlinien des G-BA idF v. 10.12.1985, zuletzt geändert am 16.9.2021 (BAnz AT 26.11.2021 B4), in Kraft getreten am 1.1.2022.

[443] Siehe bereits oben 2. Teil, B. I. 2. b) bb).

erfolgt durch die Kinderärztinnen eine primärpräventive Beratung einschließlich einer Überprüfung des Impfstatus. Die GKV übernimmt die Kosten der von der STIKO empfohlenen Schutzimpfungen (§ 20i SGB V).

Der Kinder- und Jugendgesundheitsdienst des ÖGD[444] führt die Schuleingangsuntersuchung[445] und zahnärztliche Reihenuntersuchungen in Kitas und Schulen[446] durch. Bei Reihenuntersuchungen handelt es sich um Untersuchungen des Gesundheitsamtes – in der Regel durch den Amtsarzt –, die (möglichst) flächendeckend und in der Regel verpflichtend eingesetzt werden[447]. Anders als die medizinische Prävention nach §§ 25 und 26 SGB V geht es also nicht um den Individualanspruch eines Versicherten, der von sich aus die Ärztin aufsucht, sondern der Staat bestimmt, wer sich der Untersuchung unterziehen muss bzw. soll. Dadurch erhält der Staat bevölkerungsweite Erkenntnisse, die Teil der Gesundheitsberichterstattung werden können und weitere, gezieltere Präventionsansätze – etwa auf kommunaler Ebene – ermöglichen.

Eine Zwitterstellung nehmen die zahnärztlichen Reihenuntersuchungen in Kitas und Schulen ein, weil sich die Krankenkassen gem. § 21 I 1, 2 SGB V für Versicherte bis zur Vollendung des 12. Lebensjahres an den Kosten hierfür beteiligen und die Durchführung dieser Untersuchungen fördern müssen; die Kassen haben auf flächendeckende Maßnahmen hinzuwirken. In der Praxis ist es jedoch keineswegs so, dass eine Flächendeckung immer erreicht wird. Soweit nicht genügend Amtszahnärzte vorhanden sind, konzentrieren sich die Kommunen dann auf Stadtteile, in denen von einem erhöhten Präventionsbedarf ausgegangen wird[448]. § 21 I 3 SGB V sieht eine vergleichbare Regelung für Schulen und Behinderteneinrichtungen vor, in denen das durchschnittliche Kariesrisiko der Schüler überproportional hoch ist: Dort werden die Maßnahmen dann bis zum 16. Lebensjahr durchgeführt. Kinder, bei denen im Rahmen der Reihenuntersuchungen erweiterter individueller Präventions- oder Therapiebedarf festgestellt wird, werden an die niedergelassenen Zahnärzte verwiesen. Durch die Reihenuntersuchungen erhält der ÖGD somit Erkenntnisse über den Gesundheitszustand der Kinder, die ggf. auch Hinweise auf soziale Häufungen bieten.

Seit 1.3.2020 gilt für Kita- und Schulkinder eine Masernimpfpflicht (§ 20 VIII IfSG[449]), die aber nicht mit dem Schutz des zu impfenden Kindes, sondern mit dem Schutz Dritter begründet wird[450].

---

444 Art. 14 bay. GDVG; § 6 BbgGDG; § 7 HmbGDG; § 15 ÖGDG M-V; § 12 ÖGDG NW.

445 Art. 14 V 4 bay. GDVG iVm Art. 80 bay. Gesetz über das Erziehungs- und Unterrichtswesen; § 6 II 3 BbgGDG; § 15 II ÖGDG M-V; § 12 II 3 ÖGDG NW; § 9 II 3 GDG LSA.

446 § 6 III BbgGDG; § 7 V HmbGDG; § 16 I 2 ÖGDG M-V; § 13 I 2 ÖGDG NW; § 9 III GDG LSA.

447 Zum Begriff *Kießling*, in: Orlowski/Remmert (Hrsg.), SGB V, Mai 2019, § 25 Rn. 7.

448 Vgl. z. B. https://rp-online.de/nrw/staedte/duesseldorf/stadt-will-bei-zahngesundheit-von-kindern-nachbessern_aid-18050377 für Düsseldorf.

449 Dazu oben 2. Teil, C. I. 3. a).

450 Zur Verfassungsmäßigkeit *Amhaouach/Kießling*, MedR 2019, 853 (858 ff.); speziell für Kita-Kinder BVerfG, Beschl. v. 21.7.2022, 1 BvR 469/20.

3. Verhältnisprävention

Insbesondere durch Vorgaben an die Zusammensetzung von Lebensmitteln, die vorrangig oder ausschließlich von Kindern verzehrt werden, kann der Staat auf die Ernährung von Kindern Einfluss nehmen. Vergleichsweise streng reguliert sind Säuglingsanfangs- und Folgenahrungen; die Zusammensetzung und die Vermarktung von Lebensmitteln, die für ältere Kinder produziert werden, sind dagegen fast gar nicht reguliert.

a) Besondere Lebensmittel für Kinder

Die Industrie stellt verschiedene Produkte her, die speziell für Kinder gedacht sind. Unterschieden werden kann zwischen Lebensmitteln, die sich an den besonderen Ernährungsbedürfnissen von Säuglingen und Kleinkindern ausrichten, und solchen, die an Kinder nur in besonderer Weise vermarktet werden. Zur ersten Gruppe gehören zum einen Nahrung auf Proteinbasis (meist „Milch" genannt: Säuglingsanfangsnahrung [„Anfangsmilch", „Pre-Milch"], Folgenahrung [„Folgemilch"], Kleinkindmilch [„Kindermilch"]) und zum anderen Beikost (d. h. Nahrung, die neben Milch gegeben wird und den Übergang von der Ernährung mit Milch zum normalen Essen erleichtern soll, z. B. Brei) sowie Kleinkindnahrung (Nahrung für Ein- bis Dreijährige). Zur zweiten Gruppe gehören sonstige Lebensmittel, die es in der gleichen oder in ähnlicher Form auch für Erwachsene gibt (Süßigkeiten, aber auch „Kindermüsli", „Kindertee", „Kinderwurst" etc.). Die Lebensmittel, die der zweiten Gruppe angehören, werden auch als „Kinderlebensmittel" bezeichnet: Als solche gelten Lebensmittel, die die Aufschrift „für Kinder" oder „Kids" tragen, deren Verpackung auffällig gestaltet ist, die speziell geformt sind, z. B. als Tier oder Comicfigur, denen Aufkleber, Sammelbilder, Spielfiguren oder ähnliches beigegeben werden oder deren Werbung sich direkt an Kinder richtet[451]. Diese Bezeichnung entstammt nicht dem Lebensmittelrecht, verhilft aber zu einer klaren Abgrenzung.

Seit 2016 gilt die Verordnung (EU) Nr. 609/2013 über Lebensmittel für spezielle Verbrauchergruppen. Zu diesen besonders schützenswerten Gruppen gehören Säuglinge und Kleinkinder. Regelungsgegenstand der VO sind Säuglingsanfangsnahrung und Folgenahrung sowie Getreidebeikost und andere Beikost. Sie gilt nicht für Kleinkindnahrung in Form von „Kindermilch" (vgl. dazu Art. 12 VO Nr. 609/2013[452]).

---

[451] *Düren/Kersting*, Ernährungs-Umschau 50 (2003), 16.

[452] Nach diesem Artikel sollte die Kommission bis zum 20.7.2015 einen Bericht über die Frage vorlegen, ob ggf. besondere Vorschriften für Milchgetränke und gleichartige Erzeugnisse, die für Kleinkinder bestimmt sind, in Bezug auf Anforderungen an die Zusammensetzung und Kennzeichnung sowie ggfs. andere Anforderungen erforderlich sind. In diesem Bericht der Kommission v. 31.3.2016 (COM[2016] 169 final) zu dieser Form von Kleinkindnahrung, die die Kommission aus ernährungsphysiologischer Sicht für nicht erforderlich hält, kam diese zu dem Ergebnis, dass die korrekte und vollständige Anwendung des allgemeinen EU-Lebensmittelrechts ausreichend sei, um die Zusammensetzung und die Kommunikation über die Eigenschaften der Produkte (z. B. Lebensmittelinformationen, nährwert- und gesundheitsbezogene Angaben) angemessen zu regeln.

Auf Grundlage der VO Nr. 609/2013 wurde für eine weitergehende Regulierung der Säuglingsanfangs- und Folgenahrung die VO (EU) Nr. 2016/127[453] erlassen, die zum größten Teil seit Februar 2020 gilt[454]. Nur national geregelt ist Kleinkindnahrung (§ 14 DiätV), da diese seit Inkrafttreten der VO Nr. 609/2013 nicht mehr europarechtlich geregelt ist[455]. Für Kinderlebensmittel gibt es – mit Ausnahme von Kindertees – keine eigenen rechtlichen Bestimmungen. Für „Kinderlebensmittel" und Kleinkindnahrung/Kindermilch gelten aber die allgemeinen europarechtlichen lebensmittelrechtlichen Bestimmungen wie z. B. die HCVO.

aa) Zusammensetzung von Lebensmitteln für Babys und Kleinkinder

Säuglingsanfangs- und Folgenahrung müssen den Ernährungsanforderungen von Säuglingen und Kleinkindern entsprechen und für sie geeignet sein (Art. 9 VO Nr. 609/2013). Die Eignung wiederum muss durch anerkannte wissenschaftliche Daten nachgewiesen sein (Art. 3 VO Nr. 2016/127). Die VO Nr. 2016/127 enthält u. a. detaillierte Vorgaben an die Zusammensetzung mit zulässigen Zutaten und an verbotene Inhaltsstoffe wie Pestizide (Art. 4). Die Verwendung von Salz und Zucker in Form von z. B. Glucose und Saccharose ist nicht verboten.

Für Beikost gibt es keine besonderen Vorgaben außer denen, die für alle Regelungsgegenstände der VO Nr. 609/2013 gelten, d. h. Beikost darf bestimmte Zusätze wie Vitamine und Mineralstoffe nur enthalten, wenn diese in einer besonderen Liste enthalten sind (Art. 15). Zucker und Salz sind als Zutaten nicht verboten. Im Jahr 2016 lehnte das Europäische Parlament einen Entwurf der Kommission ab, durch den die VO Nr. 609/2013 geändert werden sollte, u. a. weil dieser einen zu hohen Zuckeranteil in Beikost erlaubt hätte[456]. Der Entwurf sähe nicht genügend Maßnahmen vor, um Säuglinge und Kleinkinder vor Adipositas zu schützen; der zulässige Zuckerhöchstgehalt sollte deutlich gesenkt werden.

Besondere Vorgaben für die Inhaltsstoffe von Kinderlebensmitteln gibt es nicht. Die einzige Ausnahme stellt das seit Mai 2020 geltende Verbot von Zucker in Kindertees dar (§ 8 II FrSaftErfrischGetrV[457]).

---

[453] Delegierte VO (EU) 2016/127 der Kommission v. 25.9.2015 zur Ergänzung der VO (EU) Nr. 609/2013 des Europäischen Parlaments und des Rates im Hinblick auf die besonderen Zusammensetzungs- und Informationsanforderungen für Säuglingsanfangsnahrung und Folgenahrung und hinsichtlich der Informationen, die bezüglich der Ernährung von Säuglingen und Kleinkindern bereitzustellen sind, ABl L 25/1 v. 2.2.2016.

[454] Die Vorgaben für Säuglingsanfangsnahrung und Folgenahrung, die aus Proteinhydrolysaten hergestellt werden, gelten ab 22.2.2021 (Art. 14 VO [EU] 2016/127).

[455] *Rathke*, in: Zipfel/Rathke, Lebensmittelrecht, Juli 2017, DiätV, Vorb. Rn. 13 ff.

[456] Entschließung des Europäischen Parlaments v. 20.1.2016 zu der Delegierten VO der Kommission vom 25.9.2015 zur Ergänzung der VO (EU) Nr. 609/2013 des Europäischen Parlaments und des Rates im Hinblick auf die besonderen Zusammensetzungs- und Informationsanforderungen für Getreidebeikost und andere Beikost für Säuglinge und Kleinkinder (C[2015]06507 — 2015/2863[DEA]).

[457] Verordnung über Fruchtsaft, Fruchtnektar, koffeinhaltige Erfrischungsgetränke und Kräuter- und Früchtetee für Säuglinge und Kleinkinder v. 24.5.2004, BGBl I 1016. Um Kindertee handelt

bb) Kennzeichnungspflichten

Säuglings- und Anfangsnahrungen unterliegen verschiedenen Kennzeichnungspflichten, sie müssen u. a. eine umfangreiche Nährwertdeklaration (Art. 7) enthalten, die über die Vorgaben der Verordnung (EU) Nr. 1169/2011 hinausgeht[458], dabei darf aber der Salzgehalt nicht angegeben werden (Art. 7 I UAbs. 3 VO Nr. 2016/127). Alle verpflichtenden Angaben zu Säuglingsanfangsnahrung und Folgenahrung sind in einer für die Verbraucher leicht verständlichen Sprache abzufassen (Art. 6 V VO Nr. 2016/127).

Für Beikost gelten auch nach Inkrafttreten der VO Nr. 609/2013 die Kennzeichnungspflichten des § 22b DiätV[459], die sich auf das Alter der Kinder, den Glutengehalt, die Zubereitung und den Nährwert beziehen.

cc) Kindermarketingverbote

Einschränkungen des Kindermarketings lassen sich zunächst im UWG finden. So sind gem. Nr. 28 des Anhangs zu § 3 III UWG unzulässige geschäftliche Handlungen die in eine Werbung einbezogene unmittelbare Aufforderung an Kinder, selbst die beworbene Ware zu erwerben oder die beworbene Dienstleistung in Anspruch zu nehmen oder ihre Eltern oder andere Erwachsene dazu zu veranlassen. Die Norm bezweckt den Schutz der Verhaltens- und Entscheidungsfreiheit von Kindern[460]. Der Schutz erfasst außerdem nur Fälle, in denen Kinder unmittelbar – also durch deutliche Ansprache – zum Kauf aufgefordert werden, also nicht an Kinder gerichtete Werbung an sich, da diese immer implizit zum Kauf auffordert[461]. Es stellen sich außerdem viele Abgrenzungsfragen zur Reichweite der Vorschrift, die immer unter dem Vorzeichen ausgelegt werden müssen, dass das UWG dem Wettbewerbsschutz dient und von einem bestimmten Verbraucherleitbild ausgeht, ohne Aspekte des Gesundheitsschutzes miteinzubeziehen. Es nimmt somit von vornherein nicht den Public-Health-Blickwinkel ein.

Kindermarketingverbote mit Gesundheitsbezug bestehen für alkoholische Getränke (§ 6 V JMStV) und Tabakwaren (§ 21 I Nr. 2 TabakerzG).

---

es sich bei Tee, der nach der Bezeichnung, nach den sonstigen Angaben oder Bildzeichen auf der Verpackung oder auf einem an dieser befestigten Etikett, nach der Aufmachung, dem Aussehen oder auf Grund von werblichen Aussagen zum Verzehr durch Säuglinge oder Kleinkinder bestimmt ist (§ 7 I FrSaftErfrischGetrV).

[458] Vgl. Erwägungsgrund Nr. 14 VO Nr. 2016/127.

[459] *Rathke*, in: Zipfel/Rathke, Lebensmittelrecht, Juli 2017, § 22b DiätV Rn. 2a/b; *Meisterernst*, Lebensmittelrecht, § 10 Rn. 93.

[460] *Alexander*, in: MüKo-UWG, nach § 3 Abs. 3 Nr. 28 Rn. 10.

[461] *Gerecke*, NJW 2015, 3185 (3186 f.).

dd) Marketingeinschränkungen in Bezug auf die Eltern

Für Kinder selbst spielen gesundheitsbezogene Angaben auf Lebensmitteln höchstens eine untergeordnete Rolle[462]. Aus diesem Grund enthält die HCVO auch Regelungen, die den Schutz der Kinder indirekt bezwecken: Die Eltern sollen nicht durch gesundheitsbezogene Angaben über Wirkungen, deren positiver Effekt auf Kinder nicht nachgewiesenen ist, zum Kauf bewegt werden[463]. Angaben über die Entwicklung und die Gesundheit von Kindern müssen – wie die allgemeinen gesundheitsbezogenen Claims nach Art. 13 und die gesundheitsbezogenen Angaben über die Verringerung eines Krankheitsrisikos nach Art. 14 I lit. a – in eine Positivliste aufgenommen sein (Art. 14 I lit. b), sonst darf mit der Angabe nicht geworben werden. Zulässig ist z. B. die Angabe „Kalzium wird für ein gesundes Wachstum und eine gesunde Entwicklung der Knochen bei Kindern benötigt."[464]

Die HCVO verbietet die Verwendung nährwert- oder gesundheitsbezogener Angaben bei Säuglingsanfangsnahrung (Art. 8 VO Nr. 2016/127). Besonders restriktiv ist auch das weitere Marketing für Säuglingsanfangs- und Folgenahrung geregelt. Art. 10 I VO (EU) Nr. 609/2013 verlangt, dass die Kennzeichnung und Aufmachung von Säuglingsanfangsnahrung und Folgenahrung sowie die Werbung dafür so gestaltet wird, dass sie nicht vom Stillen abhält[465]. Gleichzeitig darf der Gebrauch von Säuglingsanfangsnahrung und Folgenahrung nicht idealisiert werden (Art. 10 II UAbs. 1). In der für diese Nahrungsmittel geltenden VO Nr. 2016/127 sind diese Vorgaben noch einmal konkretisiert (Art. 6 II lit. c, VI).

Für Säuglingsanfangsnahrung gelten außerdem besondere Verkaufsförderungs- und Werbebeschränkungen (Art. 10 VO Nr. 2016/127): So ist z. B. Werbung nur in der Säuglingspflege gewidmeten Veröffentlichungen und in wissenschaftlichen Publikationen erlaubt, sie darf nur wissenschaftliche und sachbezogene Informationen enthalten und die Information darf nicht implizieren oder suggerieren, dass Flaschennahrung der Muttermilch gleichwertig oder überlegen ist (Abs. 1). In Verkaufsstellen darf es keine Werbung geben, die Verbraucherinnen durch Verteilung von Proben oder mit anderen Werbemitteln zum Kauf von Säuglingsanfangsnahrung anregt (Abs. 2)[466].

---

[462] So auch *Meisterernst*, Lebensmittelrecht, § 10 Rn. 94 Fn. 137.

[463] *Meisterernst*, Lebensmittelrecht, § 10 Rn. 94.

[464] VO (EG) Nr. 983/2009 der Kommission v. 21.10.2009 zur Zulassung bzw. Verweigerung der Zulassung bestimmter gesundheitsbezogener Angaben über Lebensmittel betreffend die Verringerung eines Krankheitsrisikos sowie die Entwicklung und die Gesundheit von Kindern, ABl L 277/3 v. 22.10.2009.

[465] Vgl. auch International Code of Marketing of Breast-milk Substitutes der WHO aus dem Jahr 1981, auf dem diese Vorgabe beruht.

[466] Auch diese Vorgabe beruht auf dem International Code of Marketing of Breast-milk Substitutes der WHO.

b) Vorgaben für bestimmte Settings

Zuletzt bleibt dem Staat die Möglichkeit, durch Vorgaben für die Settings, die er kontrolliert, die Gesundheit der Kinder zu fördern. Damit ist nicht primär gemeint, dass das Setting und der dadurch ermöglichte „Zugriff" auf die Menschen im Setting genutzt wird, um die Durchführung verschiedener präventiver Maßnahmen zu erleichtern (etwa Reihenuntersuchungen[467], Impfungen oder Programme zur Sucht- und Gewaltvorbeugung), sondern dass das Setting selbst gesundheitsförderlich ausgestaltet wird[468].

aa) Einschränkung des Kontakts mit Risikofaktoren

Ein erster Ansatz besteht darin, den Kontakt mit Risikofaktoren in Kita und Schule einzuschränken. In diesem Sinne gelten in Kitas und Schulen Rauchverbote[469] und in Schulen zum Teil Verbote des Verkaufs, Ausschanks und Genuss alkoholischer Getränke[470].

Eine große Rolle könnten in der Praxis Vorgaben für die Mahlzeiten spielen, die in dem Setting eingenommen werden. Als Maßstab kommen dabei die Qualitätsstandards der Deutschen Gesellschaft für Ernährung in Betracht, die jeweils für die Verpflegung in Tageseinrichtungen für Kinder und für die Schulverpflegung ausgearbeitet wurden. Auf diese Standards wird seitens der Bundesländer oft verwiesen[471], in den Kita-Gesetzen selbst finden sich jedoch entweder nur Muss-Vorschriften mit vagen Vorgaben (etwa „ausgewogene und gesunde Gestaltung der angebotenen Verpflegung"[472], Mahlzeiten müssen den „Qualitätsansprüchen einer gesunden Ernährung genügen"[473], Gewährleistung einer „gesunden Ernährung"[474]) oder Soll-Vorschriften mit Verweis auf die Qualitätsstandards der DGE[475]. In den Schulgesetzen gibt es – soweit ersichtlich – noch nicht einmal solche Vorgaben.

---

467 Siehe dazu oben 2. Teil, C. III. 2.

468 Zu den beiden unterschiedlichen Ansätzen, von denen nur der zweite den Settingansatz im engeren Sinne beschreibt, *Sahrai*, in: Bittlingmayer/Sahrai/Schnabel (Hrsg.), Normativität und Public Health, S. 235 (242 ff.).

469 Vgl. nur § 54 VI SchulG NW iVm § 3 NichtraucherSchG NW; § 12 IV KiBiZ NW; § 52 V berl. SchulG; § 9 IV berl. KitaFöG (nur in Anwesenheit der Kinder).

470 § 54 V SchulG NW.

471 Etwa auf den Internetseiten der Ministerien.

472 § 12 II 1 KiBiz NW.

473 § 12 II BremKTG.

474 § 3 II Nr. 7 KitaG Bbg.

475 Eine Kombination enthält § 5 I 1 saarl. Gesundheitsvorsorge-VO: Die in den Kindertageseinrichtungen und der Kindertagespflege angebotenen Mahlzeiten müssen den Qualitätsansprüchen an eine altersgemäße gesunde Ernährung und sollen den Qualitätsstandards für die Verpflegung in Tageseinrichtungen für Kinder der Deutschen Gesellschaft für Ernährung entsprechen.

bb) Gesundheitsförderung im engeren Sinne

Darüber hinaus enthalten die Kita- und Schulgesetze der Bundesländer allgemeine Regelungen zur Gesundheitsförderung bzw. Schulgesundheit[476], die aber größtenteils recht vage gehalten sind. Zur Gesundheitsförderung in Kitas im engeren Sinne – neben der Förderung der Entwicklung der Persönlichkeit – gehören u.a. Bewegungsförderung, Zahnhygiene und Ernährung. Dadurch sollen die Kinder gesundheitsbewusstes Verhalten lernen, bevor sich wesentliche Verhaltensmuster und Einstellungen ausgeprägt haben. Im Ernährungsbereich geht es hier nicht um die Zusammensetzung des Essens selbst, sondern um das gemeinsame Planen und Zubereiten der Speisen und die Aufklärung über die Bestandteile einer gesunden Ernährung.

Auch in der Schule findet diese Art von Gesundheitsförderung statt, die oft „Gesundheitserziehung" genannt wird. Laut einem mittlerweile 20 Jahre alten Konzept, auf das nach wie vor von der BZgA verwiesen wird, will schulische Gesundheitserziehung Schülerinnen und Schüler befähigen, gesundheitsförderliche Entscheidungen zu treffen und so Verantwortung für sich und ihre Umwelt mit zu übernehmen, dazu beitragen, dass sich Schülerinnen und Schüler eigener Verhaltensweisen und Werte sowie der Verhaltensweisen und Werte anderer bewusst werden, ihnen Kenntnisse und Fähigkeiten vermitteln, die die Entwicklung einer gesundheitsfördernden Lebensweise unterstützen und das Selbstwertgefühl entwickeln helfen und fördern[477]. Thematisch gehören dazu Hygiene/Zahngesundheitspflege, Ernährungserziehung, Sexualerziehung und Aids-Prävention, Suchtprävention, Erste Hilfe und Sport und Bewegungserziehung[478].

4. Offene Fragen

Da der Regelungsgegenstand „Kindergesundheit" viele verschiedene Lebensbereiche und Risikofaktoren betrifft, setzt auch die Regulierung notwendigerweise an sehr unterschiedlichen Punkten an. Vergleichsweise wenige Regelungen, die über individuell-medizinische Ansätze hinausgehen, gibt es für Risikofaktoren, die auf den Lebensstil Schwangerer zurückgehen, und für Kinderlebensmittel. Auch die Eltern selbst sind nie Adressaten bestimmter Pflichten. Deswegen stellt sich die Frage, ob der Staat von vornherein durch Art. 6 II 1 GG gehindert wäre, gegenüber den Eltern weitergehende Regelungen zu treffen, und wie sich das Verhältnis zwischen der Verantwortung der Eltern und der Verantwortung externer Akteure – insbesondere im Lebensmittelbereich – darstellt: Möglicherweise müsste oder könnte der Staat noch viel mehr auf Verhältnisprävention setzen[479].

---

476 Z. B. §§ 2 VI Nr. 8, 54 SchulG NW; § 12 II 1 KiBiZ NW.

477 BZgA, Schulische Gesundheitserziehung und Gesundheitsförderung, S. 2.

478 BZgA, Schulische Gesundheitserziehung und Gesundheitsförderung, S. 9.

479 Dazu 4. Teil, C.

D. Gründe für die Schwäche des Präventionsgedankens im geltenden Recht

Dass es kein abgestimmtes, in sich widerspruchsfreies, übergreifendes eigenes Rechtsgebiet „öffentliche Gesundheit" gibt, ist nicht nur rechtspolitisch oder organisatorisch – etwa durch die Zuständigkeit verschiedener Ressorts innerhalb der Bundesregierung – zu erklären, sondern ist auch auf verfassungsrechtlich vorgegebene Strukturen zurückzuführen. Diese Strukturen setzen zum Teil einer Neubestimmung des Rechts der öffentlichen Gesundheit Grenzen, zum Teil können sie jedoch überwunden werden. Sie müssen jedenfalls stets mitbedacht werden, weil sie viele aktuelle Defizite erklären.

I. Gesetzgebungskompetenzen

Zunächst wurde die Zersplitterung des Rechts der öffentlichen Gesundheit 1949 durch die Regelung der Gesetzgebungskompetenzen festgeschrieben; durch Pfadabhängigkeiten blieb es bei dieser Zersplitterung. Mit „Zersplitterung" ist nicht in erster Linie gemeint, dass die Zuständigkeiten zwischen Bund und Ländern aufgespalten wurden, sondern dass die Kataloge der Art. 73 und 74 GG einen punktuellen Ansatz verfolgen[480], der vorgibt, durch welche Rechtsgebiete und somit durch welche Instrumente und Grundsätze bzw. Leitbilder ein bestimmtes Problem angegangen wird. Maßgebend für die Verteilung der Gesetzgebungskompetenzen nach Art. 74 GG ist nämlich laut BVerfG nicht das vom Gesetzgeber in den Blick genommene „Gemeinwohlziel" – also in diesem Fall die öffentliche Gesundheit bzw. Prävention und Gesundheitsförderung –, sondern der Gegenstand des jeweiligen Gesetzes[481].

1. Perpetuierung der Pfadabhängigkeiten

Eine Kompetenz des Bundes für eine konzeptionelle Präventionsgesetzgebung lässt sich dem Grundgesetz nicht entnehmen[482]. Auch eine Art „Generalkompetenz" für den Bereich der Gesundheit gibt es nicht; das Wort „Gesundheit" wird im gesamten Grundgesetz nicht verwendet. Welcher Kompetenztitel einschlägig ist, hängt u.a. von dem genauen Ziel und dem Zuschnitt des geplanten Gesetzes ab. Der weit über-

[480] *Huster*, JZ 2008, 859 (863); *ders.*, in: Strech/Marckmann (Hrsg.), Public Health Ethik, S. 237 (245).

[481] BVerfGE 4, 60 (67, 69 f.); 68, 319 (327 f.); 121, 317 (348); BVerfG, NJW 2022, 139 (143); NJW 2022, 167 (174).

[482] *Schmidt am Busch*, Gesundheitssicherung im Mehrebenensystem, S. 24 f.; *dies.*, in Spiecker gen. Döhmann/Wallrabenstein (Hrsg.), Rechtswissenschaftliche Fragen an das neue Präventionsgesetz, S. 35 (36); *Pitschas*, VSSR 2018, 235 (245).

wiegende Teil der einschlägigen Titel befindet sich in Art. 74 I GG, so dass dem Bund der erste Zugriff auf die Gesetzgebung zusteht.

Der Katalog des Art. 74 bedient sich einer kasuistischen Regelungstechnik ohne erkennbares Konzept[483]. Die jeweilige Kompetenzmaterie wird dabei entweder faktisch-deskriptiv durch Benennung der zu regelnden Lebenssachverhalte nach faktischen Kriterien oder normativ-rezeptiv durch Aufnahme eines vorgefundenen Normbereichs als zu regelnde Materie einer Kompetenznorm zugeordnet[484]. Letzteres gilt z. B. für den Infektionsschutz: Mit den „Maßnahmen gegen gemeingefährliche oder übertragbare Krankheiten" gem. Art. 74 I Nr. 19 GG knüpft das GG an das Reichsseuchengesetz, das vollständig Gesetz „betreffend die Bekämpfung gemeingefährlicher Krankheiten" hieß, und an die aufgrund des Reichsseuchengesetzes erlassene Verordnung zur Bekämpfung übertragbarer Krankheiten vom 1.12.1938[485] an, an Bezeichnungen also, die vor 1949 im einfachen Recht verwendet wurden. Auch der Begriff der Fürsorge des Art. 74 I Nr. 7 GG und die in Art. 74 I Nr. 12 GG genannte Sozialversicherung verweisen auf Rechtsgebiete bzw. Institute, die der Gesetzgeber 1949 vorfand. Auf diese Weise prägte die vorgefundene Situation im einfachen Recht die verfassungsrechtlichen Kompetenzzuweisungen, was eine gewisse Pfadabhängigkeit[486] bewirkte.

a) Die getrennte Betrachtung von Armut und Gesundheit

Dies gilt zunächst für die Betrachtung von Armut und Gesundheit. Für Armutsfragen ist klassischerweise die Fürsorge zuständig[487]. Den Begriff der öffentlichen Fürsorge – der im einfachen Recht fast nicht mehr verwendet wird[488] – legt das BVerfG bei Art. 74 I Nr. 7 GG denkbar weit aus. Er umfasse „auch präventive Maßnahmen zum Ausgleich von Notlagen und besonderen Belastungen sowie Vorkehrungen gegen die Gefahr der Hilfsbedürftigkeit"[489]. Der Begriff setze „voraus, dass eine besondere Situation zumindest potenzieller Bedürftigkeit besteht, auf die der Gesetzgeber reagiert"[490]. Hierbei darf der Gesetzgeber typisieren; das BVerfG gesteht dem Gesetzgeber einen weiten Spielraum zu. Die Bedarfslage muss nicht notwendigerweise akut sein; das Gericht spricht zwar von „einer mit besonderen Belastungen einhergehenden Lebenssituation", „auf deren Beseitigung oder Minderung das Gesetz zielt"[491]; dass diese Belastungen aber in den meisten Fällen – wie dies bei einer Typisierung

---

483 *Wittreck*, in: Dreier (Hrsg.), GG, Art. 74 Rn. 15; *Seiler*, in: BeckOK-GG, 15.5.2022, Art. 74 Rn. 1, spricht von einem „ungeordneten" Katalog.

484 *Degenhart*, in: Sachs (Hrsg.), GG, Art. 70 Rn. 51; BVerfGE 109, 190 (218).

485 RGBl I 1721.

486 Siehe dazu auch *Kießling*, RW 2016, 598 (612 ff.).

487 Vgl. oben 2. Teil, B. I. 1. 2. c).

488 Für eine Beibehaltung des Begriffs *Vorholz*, NZS 2020, 486.

489 BVerfGE 88, 203 (329 f.); 97, 332 (341).

490 BVerfGE 140, 65 (78).

491 BVerfGE 88, 203 (329 f.); 140, 65 (78).

eigentlich notwendig wäre – tatsächlich zu einer Bedürftigkeit führen, wird nicht verlangt. Deswegen wird nicht nur die klassische Armutsfürsorge – die wirtschaftliche Fürsorge – unter Art. 74 I Nr. 7 GG subsumiert (die 1961 im Bundessozialhilfegesetz[492] und mittlerweile im SGB II und XII geregelt wird), sondern auch die frühere Kinder- und Jugendfürsorge (die zunächst im Jugendwohlfahrtsgesetz[493] und mittlerweile im SGB VIII geregelt ist). Auf Art. 74 I Nr. 7 GG außerdem gestützt wurden die Regelungen im SGB VIII zur Betreuung von Kindern in Tageseinrichtungen[494] und insbesondere Sozialleistungen in Form steuerfinanzierter Geldleistungen wie Kindergeld[495], Elterngeld[496] und Betreuungsgeld[497]. Dass das Elterngeld für Besserverdienende höher ist als für Geringverdiener, wird dabei als nicht hinderlich für die Einordnung unter Art. 74 I Nr. 7 GG gesehen[498].

Letztlich kann der Bund auf diesen Titel all die Regelungen stützen, die er mit dem Argument einer bestehenden Bedürftigkeit und der Abhilfe durch Geld begründet. Der Kompetenztitel wird vom Gesetzgeber und vom BVerfG denkbar weit verstanden – nahezu jeden Bereich, den man unter Berufung auf sozialstaatliche Erwägungen nicht-sozialversicherungsrechtlich regeln will, kann man hierunter subsumieren. Dies gilt mit einer Ausnahme und diese betrifft gerade den Gesundheitsbereich: Die Gesundheitsfürsorge – früher ein Teil der Fürsorge wie die Armen- und die Kinder- und Jugendfürsorge – soll nicht unter Art. 74 I Nr. 7 GG fallen[499]. Der Parlamentarische Rat hatte dies noch anders gesehen; die Materialien belegen, dass der Begriff der Fürsorge nicht in Armenfürsorge und Gesundheitsfürsorge geteilt werden sollte[500]. In den 1960er Jahren stritten sich jedoch Bund und Länder über die Frage, ob der Bund die geplanten Gesundheitsfürsorgegesetze[501] auf Art. 74 I Nr. 7 GG stützen konnte[502], die Gesetzentwürfe scheiterten schließlich an der Blockadehaltung des

---

492 V. 30.6.1961, BGBl I 815.

493 V. 11.8.1961, BGBl I 1206.

494 BVerfGE 97, 332 (341 f.); *Seiler*, in: BeckOK-GG, 15.5.2022, Art. 74 Rn. 24.1. Dagegen BayVerfGH, BayVBl 1977, 81 (82 f.); *Isensee*, DVBl 1995, 1 (5 f.); kritisch auch *Kunig*, in: v. Münch/Kunig (Hrsg.), GG, 6. Aufl., Art. 74 Rn. 30; *Oeter*, in: v. Mangoldt/Klein/Starck, GG, Art. 74 Rn. 63.

495 Dazu *Oeter*, in: v. Mangoldt/Klein/Starck, GG, Art. 74 Rn. 56.

496 Kritisch *Oeter*, in: v. Mangoldt/Klein/Starck, GG, Art. 74 Rn. 56.

497 Das vor dem BVerfG an der fehlenden Erforderlichkeit einer bundesgesetzlichen Regelung gem. Art. 72 II GG scheiterte, BVerfGE 140, 65 (LS 2).

498 Kritisch *Seiler*, in: BeckOK-GG, 15.5.2022, Art. 74 Rn. 24.2.

499 *Merten*, in: BerlKomm, GG, Stand XII/15, Art. 74 Abs. 1 Nr. 7 Rn. 3; *Seiler*, in: BeckOK-GG, 15.5.2022, Art. 74 Rn. 25. Oft wird die „Gesundheitsfürsorge" als Begriff noch nicht einmal erwähnt, sondern nur darauf verwiesen, dass der Bund über Art. 74 Nr. 7 GG keine Kompetenz für eine umfassende Gesundheitsvorsorge oder sonstige dem Gesundheitswesen zuzurechnende Gesetze habe (*Wittreck*, in: Dreier [Hrsg.], GG, Art. 74 Rn. 37 f.; *Rengeling*, in: Isensee/Kirchhof [Hrsg.], HbStR, VI, § 135 Rn. 215). – Die Gesundheitsfürsorge als Teil der öffentlichen Fürsorge gem. Nr. 7 verstehend *Buck*, DÖV 1993, 936 (941); *Zuck*, DÖV 1993, 936 (941); differenzierend *Oeter*, in: v. Mangoldt/Klein/Starck, GG, Art. 74 Rn. 62.

500 *Matz*, JöR n. F. 1 (1951), S. 511 ff.: Mehrmals wurde bekräftigt, dass die „gesamte öffentliche Fürsorge" gemeint sei, insbesondere die Mutterschafts-, Säuglings- und Kinderfürsorge.

501 Vgl. oben 2. Teil, B. I. 2.

502 Siehe *v. Renthe-Fink*, in: Schriften des Deutschen Vereins für Öffentliche und Private Fürsor-

Bundesrates[503]. Der Begriff der Fürsorge wurde in der politischen Debatte auf die soziale Fürsorge begrenzt und der Gesundheitsfürsorge verwehrt[504]. In der Folge setzte sich auch die Rechtsauffassung durch, dass gesundheitspolitische Maßnahmen nicht über Art. 74 I Nr. 7 GG geregelt werden können. Die Große Koalition unternahm daraufhin 1968 den Versuch, das Grundgesetz entsprechend zu ändern: Art. 74 I Nr. 19 GG sollte um „die Verhütung und Bekämpfung von Krankheiten"[505] erweitert werden. Es sei „ein schwerwiegender [...] Mangel, wenn überregionale gesetzgeberische Maßnahmen der Gesundheitsvorsorge und des Gesundheitsschutzes unterbleiben müss[t]en, weil dem Bund hierfür die Gesetzgebungszuständigkeit fehl[e]."[506] Dieser Vorstoß scheiterte jedoch am Widerstand der Länder im Bundesrat und an der massiven Intervention einzelner Berufsorganisationen[507].

In der Konsequenz bedeutet dies, dass die Gesetzgebungskompetenzen für Armut und Gesundheit aufgespalten sind: Geldleistungen aufgrund von wirtschaftlicher Bedürftigkeit werden bundesgesetzlich gestützt auf Art. 74 I Nr. 7 GG geregelt. Gesundheitsfürsorgerische Aspekte werden nicht miteinbezogen, diese Kompetenz fällt nun in den Bereich der Länder. Eine einheitliche bevölkerungsbezogene Betrachtung von Armut und Gesundheit wird so erheblich erschwert.

b) Begünstigung des Risikofaktorenmodells durch stoff- und produktbezogene Regelungen: kein krankheitsbezogener Ansatz

Der Katalog des Art. 74 I GG wird außerdem so ausgelegt, dass das Denken in stoff- und produktbezogenen Ansätzen gefördert wird und nicht die Prävention bestimmter Krankheiten als Gegenstand von Gesetzen in den Blick genommen wird. Art. 74 I Nr. 19 GG erwähnt zunächst „Maßnahmen gegen gemeingefährliche oder übertragbare Krankheiten bei Menschen und Tieren". Gemeingefährlich sind Krankheiten, die zu schwerer Gesundheitsschädigung oder zum Tode führen können und hinreichend verbreitet sind[508]. Nach einhelliger Ansicht handelt es sich bei Krebs um eine solche Krankheit[509]. Da sich der Begriff der Maßnahme in Art. 74 I Nr. 19 GG sowohl

---

ge, Vier Jahre Bundessozialhilfegesetz und Jugendwohlfahrtsgesetz, 1966, 353 (355 f.); *v. Manger-Koenig*, Öff. Gesundh.-Wesen 37 (1975), 433 (438); *U. Lindner*, APuZ B 33-34/2003, 21 (27).

503 Der die Entwürfe aber nicht unbedingt inhaltlich ablehnte: *U. Lindner*, APuZ B 33-34/2003, 21 (27).

504 *Leidel*, Bundesgesundheitsbl 2009, 791 (792).

505 BT-Drs. 5/3515, S. 2.

506 BT-Drs. 5/3515, S. 3.

507 *v. Manger-Koenig*, Gesundheitsdienst (Fn. 63), S. 439.

508 *Rengeling*, in: Isensee/Kirchhof (Hrsg.), HbStR, VI, § 135 Rn. 264; *Seiler*, in: BeckOK-GG, 15.5.2022, Art. 74 Rn. 70; *Wittreck*, in: Dreier (Hrsg.), GG, Art. 74 Rn. 86; *Degenhart*, in: Sachs (Hrsg.), GG, Art. 74 Rn. 84.

509 *Rengeling*, in: Isensee/Kirchhof (Hrsg.), HbStR, VI, § 135 Rn. 264; *Wittreck*, in: Dreier (Hrsg.), GG, Art. 74 Rn. 86; *Degenhart*, in: Sachs (Hrsg.), GG, Art. 74 Rn. 84; *Kunig*, in: v. Münch/Kunig (Hrsg.), GG, 6. Aufl., Art. 74 Rn. 76; wohl auch *Oeter*, in: v. Mangoldt/Klein/Starck, GG, Art. 74 Rn. 135.

auf die übertragbaren als auch auf die gemeingefährlichen Krankheiten bezieht, werden von ihm auch bei den gemeingefährlichen Krankheiten vorbeugende Maßnahmen erfasst[510]. Deswegen könnte man nun auf den Gedanken kommen, auf Art. 74 I Nr. 19 GG Gesetze zu stützen, die sich der vorbeugenden Bekämpfung einer bestimmten Krebsart annehmen. Ein solches oder ein vergleichbares Gesetz sucht man jedoch vergeblich. Im Zusammenhang mit Krebs hat der Bundesgesetzgeber bislang auf Art. 74 I Nr. 19 GG nur die Einrichtung bzw. den Ausbau von Krebsregistern gestützt[511], die nicht primärpräventiv, sondern durch die Sammlung von Daten über Krebsfälle im Frühstadium sekundärpräventiv[512] angelegt sind.

Der Fokus auf eine bestimmte Krankheit wird insbesondere dort nicht in Betracht gezogen, wo ein bestimmter Risikofaktor unter eine andere Kompetenzvorschrift fallen kann. So wird für Regelungen zu Tabakerzeugnissen, soweit sie sich auf den Konsum konzentrieren, Art. 74 I Nr. 20 GG für spezieller gehalten, weil es sich bei Tabakerzeugnissen nach herkömmlicher Auffassung um Genussmittel handelt[513]. Hier spielt also die Einordnung von Tabakerzeugnissen als Genussmittel noch eine entscheidende Rolle: Sie führt dazu, dass diese weiterhin nach einem lebensmittelrechtlichen, stoffbezogenen Ansatz geregelt werden, auch wenn dies mittlerweile in einem eigenen Gesetz und nicht mehr in den für Lebensmittel geltenden Gesetzen geschieht.

Für Rauchverbote zum Schutz von Passivrauchenden gilt dieses Spezialitätsverhältnis aber nicht zwingend, so dass man sie auf Art. 74 I Nr. 19 GG[514] oder auf Art. 74 I Nr. 24 (Luftreinhaltung) als – bundesweite, allgemein geltende – Maßnahmen stützen könnte. Durchgesetzt hat sich jedoch ein bereichsspezifischer Ansatz: Für Rauchverbote am Arbeitsplatz soll die Kompetenz für das Arbeits- und Beamtenrecht und für Gaststätten das Gaststättenrecht entscheidend sein, für bestimmte Einrichtungen wie Kitas, Schulen und Hochschulen werden die Länder als zuständig angesehen. Der räumlich-gegenständliche Bezug des jeweiligen Rauchverbots macht das Verbot jedoch nicht zu einer schul-, hochschul- oder gaststättenrechtlichen Regelung. Auch das BtMG – als Gesetz iSd Art. 74 I Nr. 1 GG – gilt unabhängig vom räumlichen Bereich[515]. Wenn der Schutz der öffentlichen Gesundheit eine Querschnittsaufgabe

---

[510] Im Ergebnis auch *Rengeling*, in: Isensee/Kirchhof (Hrsg.), HbStR, VI, § 135 Rn. 264, der den Maßnahmebegriff in einem von den beiden Varianten unabhängigen Absatz erläutert; *Degenhart*, in: Sachs (Hrsg.), GG, Art. 74 Rn. 85.

[511] Krebsregistergesetz v. 4.11.1994, BGBl I 3351, BT-Drs. 12/6478, S. 12; Krebsfrüherkennungs- und -registergesetz (KFRG) v. 3.4.2013, BGBl I 617, BT-Drs. 17/11267, S. 18.

[512] Zu den Begriffen oben 1. Teil, A. I.

[513] *Degenhart*, in: Sachs (Hrsg.), GG, Art. 74 Rn. 90; *Rengeling*, in: Isensee/Kirchhof (Hrsg.), HbStR, VI, § 135 Rn. 268. Zur Einordnung als Genussmittel schon oben 2. Teil, B. I. 2. a) aa) (3).

[514] *Zuck*, DÖV 1993, 936 (939); Siekmann, NJW 2006, 3382 (3383); *Rengeling*, in: Isensee/Kirchhof (Hrsg.), HbStR, VI, § 135 Rn. 264; *Degenhart*, in: Sachs (Hrsg.), GG, Art. 74 Rn. 85; *Oeter*, in: v. Mangoldt/Klein/Starck, GG, Art. 74 Rn. 135; wohl auch *Wittreck*, in: Dreier (Hrsg.), Art. 74 Rn. 86. AA *Steiner*, in: Spickhoff (Hrsg.), Medizinrecht, Art. 74 Rn. 11; *Rossi/Lenski*, NJW 2006, 2657 (2658).

[515] *Siekmann*, NJW 2006, 3382 (3384).

darstellt, dann darf die Gesetzgebungskompetenz nicht „nach peripheren Bezügen“[516] vorgenommen werden[517].

Noch gar nicht diskutiert wird die Frage, inwiefern es sich bei Diabetes und schweren Herz-Kreislauf-Erkrankungen um gemeingefährliche Krankheiten handelt. Beide sind weit verbreitet und gerade Herz-Kreislauf-Erkrankungen enden nicht selten tödlich. Da der Katalog des Art. 74 I GG jedoch an anderen Stellen bestimmte Stoffe und Produkte aufführt und dort in der Regel einen normativ-rezeptiven Ansatz verfolgt, indem er an einen 1949 vorgefundenen Normbereich anknüpft, werden in der Praxis keine „Diabetespräventionsgesetze“ oder ähnliches erlassen, sondern einzelne Risikofaktoren in den Vordergrund gerückt. Das bedeutet, dass Risikofaktoren wie ungesunde Lebensmittel oder Tabakerzeugnisse im LBFG bzw. im TabakerzG geregelt werden und so ein monokausaler Ansatz verfolgt wird – dass z. B. Diabetes noch durch weitere Faktoren begünstigt wird oder inwieweit Tabakwerbeverbote und Produktkennzeichnungen auf die – in einem anderen Gesetz geregelte – Tabaksteuer abgestimmt werden müssten, wird im LBFG bzw. im TabakerzG ausgeblendet. Das Recht der öffentlichen Gesundheit bekommt so einen monokausalorientierten und keinen umfassenden wirkungsorientierten Blick.

2. Das Vorgehen des Bundes

Will der Bund einen Ansatz wählen, der über eine Risikofaktoreneinzelbetrachtung hinausgehen soll, wählt er den Weg über die Sozialversicherung gem. Art. 74 I Nr. 12 GG. Schon früh nahm der Gesetzgeber Leistungen zur Primärprävention und Gesundheitsförderung in das SGB V auf, die durch das Präventionsgesetz erheblich erweitert wurden[518]. Auf diesem Wege versucht der Bund mittlerweile sogar, auf die Gesundheit „in Lebenswelten“ – den Settings – Einfluss zu nehmen[519]. So kann er auch auf die Ausgestaltung von Lebenswelten Einfluss nehmen, die ihm sonst aufgrund der Kompetenzverteilung entzogen sind, z. B. auf Kitas, Schulen und Universitäten („soziale Systeme des Lernens und des Studierens“).

---

[516] *Stettner*, ZG 2007, 156 (164).

[517] Das BVerfG hat die Frage, inwiefern der Bund Rauchverbote hätte regeln können, offen gelassen: BVerfGE 121, 317 (347).

[518] Ausführlich oben 2. Teil, B. I. 2. b) aa). Im Schrifttum finden sich viele Stimmen, die dem Bund bescheinigen, hier seine Kompetenz überschritten zu haben. Vgl. *Schuler-Harms*, in: Spiecker gen. Döhmann/Wallrabenstein (Hrsg.), Rechtswissenschaftliche Fragen an das neue Präventionsgesetz, S. 13 (20 ff.); *Schmidt am Busch*, in Spiecker gen. Döhmann/Wallrabenstein (Hrsg.), Rechtswissenschaftliche Fragen an das neue Präventionsgesetz, S. 35 (36 ff.); *Pitschas*, VSSR 2018, 235 (245); *Schuler-Harms*, SDSRV 67 (2018), S. 27 (39 f.). AA *Welti*, in: Becker/Kingreen (Hrsg.), SGB V, § 20a Rn. 4; differenzierend *Axer*, in: Spiecker gen. Döhmann/Wallrabenstein (Hrsg.), Rechtswissenschaftliche Fragen an das neue Präventionsgesetz, S. 43 (51).

[519] Dazu oben 2. Teil, B. I. 2. b) aa).

II. Die Relativierung der öffentlichen Gesundheit durch die Unterlegenheit der grundrechtlichen Schutzpflicht gegenüber den Abwehrrechten

Dass die öffentliche Gesundheit in Deutschland keinen höheren Stellenwert hat, erklärt sich auch aus der Art, wie entsprechende Pflichten des Staates hergeleitet werden können, und dem Stellenwert, den die individual-subjektive Perspektive innerhalb der Grundrechtsdogmatik hat. Dass der Staat dazu verpflichtet ist, die Bevölkerung vor gesundheitlichen Risikofaktoren wie Krankheitserregern und der Aussetzung von z. B. Tabakrauch, Feinstaub oder verdorbenen Lebensmitteln zu schützen, ergibt sich aus den grundrechtlichen Schutzpflichten. Dies soll später noch ausführlicher begründet[520], hier zunächst unterstellt werden. Auf die Situation der öffentlichen Gesundheit hat es Auswirkungen, dass vor dem BVerfG – aber letztlich auch in der politischen Diskussion – die grundrechtliche Schutzpflicht strukturell gegenüber den Abwehrrechten der Risikoakteure benachteiligt ist.

1. Rechtsstaatliche Verteilungsregel

Solange der Staat das Verhalten einer Person nicht durch gesetzliche Vorgaben einschränkt, darf diese ihrer Tätigkeit nachgehen. Das ist Ausdruck des rechtsstaatlichen (bzw. grundrechtlichen[521]) Verteilungsprinzips, das im Vorbehalt des Gesetzes zum Ausdruck kommt[522]. Selbst wann also die grundrechtliche Schutzpflicht den Staat zum Tätigwerden zugunsten der öffentlichen Gesundheit verpflichtet, muss der Staat erst ein Gesetz erlassen, das die aus der Schutzpflicht folgenden Einschränkungen für den Akteur konkretisiert[523]: Die Schutzpflicht ist – anders als das Abwehrrecht[524] – nicht „self-executing"[525].

Dies gilt auch für neue Risiken, bei denen man ein hohes Schadenspotential befürchtet[526]. Für solche Fälle finden sich im Recht in der Regel Generalklauseln[527], die der Exekutive vorübergehend das Eingreifen ermöglichen. Solange der Gesetzgeber also keine Regelung trifft, die dem Risikoakteur eine Einschränkung auferlegt, darf dieser sein riskantes Verhalten ausüben[528]. Sollte das Untätigbleiben des Gesetzge-

[520] 3. Teil, A. I.

[521] *Mangold*, VVDStRL 2021, 7 (9).

[522] *Isensee*, in: ders./Kirchhof (Hrsg.), HbStR, IX, § 191 Rn. 9; *Schwabenbauer*, in: 50. Assistententagung Öffentliches Recht (Hrsg.), Risiko im Recht – Recht im Risiko, S. 157 (172).

[523] *Wahl/Masing*, JZ 1990, 553 (559).

[524] *Möstl*, Die staatliche Garantie für die öffentliche Sicherheit und Ordnung, S. 99.

[525] *Isensee*, in: ders./Kirchhof (Hrsg.), HbStR, IX, § 191 Rn. 281; *Möstl*, Die staatliche Garantie für die öffentliche Sicherheit und Ordnung, S. 199.

[526] AA *Schwabenbauer*, in: 50. Assistententagung Öffentliches Recht (Hrsg.), Risiko im Recht – Recht im Risiko, S. 157 (172 ff.).

[527] *Wahl/Masing*, JZ 1990, 553 (561 f.); *Isensee*, in: ders./Kirchhof (Hrsg.), HbStR, IX, § 191 Rn. 286; *Möstl*, DÖV 1998, 1029 (1030).

[528] „Auf den Kopf gestellt" (*Isensee*, in: ders./Kirchhof [Hrsg.], HbStR, IX, § 191 Rn. 258) wurde

bers – etwa bei einer neuen Risikotechnik – gegen das Untermaßverbot verstoßen, das sich aus den Schutzpflichten ergibt, muss die Verfassungswidrigkeit des Untätigbleibens vom BVerfG festgestellt werden.

2. Unbestimmtheit der Schutzpflicht

Die Schutzpflicht ist auf Rechtsfolgenseite unbestimmt, da sie durch die verschiedensten Maßnahmen erfüllt werden kann, die die Verfassung selbst nicht vorschreibt. Hat sich der Gesetzgeber zur Implementierung einer bestimmten Maßnahme entschieden, können sich die Risikoakteure, deren Verhalten durch die Maßnahme eingeschränkt wird, an das BVerfG wenden. Zwar wird in diesem Fall die öffentliche Gesundheit zum „Gemeinwohlbelang", die den Eingriff rechtfertigen kann, die betroffenen Belange des Eingeschränkten stehen jedoch im Mittelpunkt der Eingriffsprüfung und machen das staatliche Handeln zugunsten der öffentlichen Gesundheit rechtfertigungspflichtig[529]. Wird die Maßnahme für verfassungswidrig erklärt, kann sie nicht mehr zum Schutz der öffentlichen Gesundheit eingesetzt werden.

Sieht sich andersherum ein Einzelner vom Staat nicht hinreichend vor Gesundheitsrisiken geschützt und macht ein Unterlassen des Gesetzgebers vor dem BVerfG geltend, kann zwar dieses Unterlassen verfassungswidrig sein, weil es die staatliche Schutzpflicht verletzt. Die materielle Argumentationslast liegt jedoch bei ihm[530]. Auf Rechtsfolgenseite steht nicht ein klares Ergebnis wie im Falle der Geltendmachung eines Grundrechts in Form des Abwehrrechts, weil der Gesetzgeber den verfassungswidrigen Zustand durch verschiedene Maßnahmen beenden kann und das BVerfG ihn im Regelfall nicht zum Erlass einer bestimmten Maßnahme verpflichten wird. Auch wenn er „dem Grunde nach verpflichtet ist, Maßnahmen zum Schutz eines Rechtsguts zu ergreifen", ist die Aufstellung und normative Umsetzung eines Schutzkonzepts Sache des Gesetzgebers, dem grundsätzlich ein „Einschätzungs-, Wer-

---

dieser Grundsatz 1989 vom VGH Kassel, der davon ausging, dass sich bei einer Konkurrenz der Freiheitsrechte der an der Gentechnik Forschenden einerseits und den Schutzpflichten des Staates aus Art. 2 II GG andererseits „das Verhältnis von prinzipieller Forschungs-, Berufs- und Gewerbefreiheit und damit einhergehender besonders begründungsbedürftiger Beschränkung angesichts der überragenden Bedeutung des Rechts auf Leben und körperliche Unversehrtheit um[kehre] mit der Folge, dass die Nutzung einer Technologie wegen ihrer weitreichenden Auswirkungen auf die Menschen einer besonderen Zulassung durch den Gesetzgeber" bedürfe (NJW 1990, 336 [337]). Das Gericht behauptete also die „Notwendigkeit einer Begründung grundrechtlicher Freiheit durch Gesetz" statt der Begründung eines Eingriffs (*Ladeur*, Der Staat 50 [2011], 493) und ließ die bestehende Schutzpflicht die Freiheitsrechte unmittelbar einschränken (kritisch *Wahl/Masing*, JZ 1990, 553 [555 ff.]; *Wahl*, UTR 14 [1991], 7 [26 f.]; *Calliess*, Rechtsstaat und Umweltstaat, S. 14 ff., 431 ff., 550; *ders.*, JZ 2006, 321 [325]; zustimmend hingegen *Vosgerau*, in: 50. Assistententagung Öffentliches Recht [Hrsg.], Risiko im Recht – Recht im Risiko, S. 135 [142]), nahm in der Konsequenz also ein verfassungsrechtliches „Experimentierverbot" an (*Schwabenbauer*, in: 50. Assistententagung Öffentliches Recht [Hrsg.], Risiko im Recht – Recht im Risiko, S. 157 [173]).

529 Dazu allgemein *Calliess*, in: Merten/Papier (Hrsg.), HbGR, II, § 44 Rn. 10.

530 *Möstl*, Die staatliche Garantie für die öffentliche Sicherheit und Ordnung, S. 101.

tungs- und Gestaltungsspielraum" zukommt[531]. Die Verletzung der Schutzpflicht stellt das Gericht nur fest, „wenn Schutzvorkehrungen entweder überhaupt nicht getroffen sind, wenn die getroffenen Regelungen und Maßnahmen offensichtlich ungeeignet oder völlig unzulänglich sind, das gebotene Schutzziel zu erreichen, oder wenn sie erheblich hinter dem Schutzziel zurückbleiben".[532] Grund hierfür ist, dass „es regelmäßig eine höchst komplexe Frage ist, wie eine positive staatliche Schutzpflicht durch aktive staatliche Maßnahmen zu verwirklichen ist"[533]. So hatte es bislang auch keinen Erfolg, gesundheitsschützende Maßnahmen vor dem BVerfG einzuklagen[534]. Denn dazu hätte entweder feststehen müssen, dass der Gesetzgeber vollständig untätig geblieben ist, was fast nicht vorstellbar ist, da es punktuelle präventive Maßnahmen in der Regel geben wird[535]. Oder die Betroffenen müssten sich darauf berufen, dass diese punktuellen Maßnahmen nur einen lückenhaften Schutz bedeuten.

Hinzu kommt, dass die Schutzpflicht umso schwächer wirkt, je unsicherer die Tatsachengrundlage ist, auf der die Gesundheitsschädlichkeit bemessen wird. Auf der einen Seite des gesetzgeberischen Spielraums steht somit ein ggf. diffus bleibendes Gesundheitsrisiko, auf der anderen Seite ein konkreter Eingriff in die Abwehrrechte des Risikoakteurs. Unter diesen Vorzeichen hat die Schutzpflicht „relativ geringe Chancen"[536], sich gegen die Abwehrrechte durchzusetzen.

3. Prozessuale Hürden

Die Unbestimmtheit wirkt sich auch auf die prozessuale Geltendmachung der Schutzpflicht aus[537]. Denn das BVerfG stellt hier hohe Anforderungen an die Darlegung und Begründung der verfassungswidrigen Situation durch den betroffenen Bürger auf. In manchen Situationen mag die Darstellung des Problems noch überschaubar sein. Dort aber, wo der Gesetzgeber mehrere Regelungen in unterschiedlichen Gesetzen erlassen hat, auf unterschiedliche Instrumente (etwa aktiver und passiver Art) setzt, die in unterschiedlicher Art und unterschiedlichem Umfang auf das

---

531 BVerfGE 142, 313 (337); 149, 293 (322).

532 BVerfGE 125, 39 (78f.); BVerfGE 142, 313 (337f.); BVerfG NJW 2018, 1555 (1557). Ähnlich bereits BVerfGE 92, 26 (46); 56, 54 (80f.); 77, 170 (215); 79, 174 (202).

533 BVerfG, NVwZ 2000, 309 (310).

534 Vgl. zuletzt während der Corona-Epidemie 2020 BVerfG, EuGRZ 2020, 375; NJW 2020, 2327; NVwZ 2020, 1353. Vgl. aber auch den Sonder- und Ausnahmefall der medizinischen Zwangsbehandlung von eines freien Willens nicht fähigen Betreuten: Hier urteilte das BVerfG 2018 (BVerfGE 142, 313 [341f.]), dass aus der sich aus Art. 2 II 1 GG ergebenden Schutzpflicht die Pflicht des Staates folge, dass der Gesetzgeber für Fälle, in denen drohende erhebliche Gesundheitsbeeinträchtigungen einschließlich einer Lebensgefahr durch nicht zu eingriffsintensive Behandlungen mit hohen Erfolgsaussichten abgewehrt werden können, die Betroffenen aber aufgrund ihrer krankheitsbedingt fehlenden Einsichtsfähigkeit mit ihrem natürlichen Willen eine solche Behandlung ablehnen, die Möglichkeit einer medizinischen Zwangsbehandlung vorsehen muss.

535 *Kießling*, RW 2016, 597 (621).

536 *Isensee*, in: ders./Kirchhof (Hrsg.), HbStR, IX, § 191 Rn. 237.

537 Dazu auch *Möstl*, DÖV 1998, 1029.

Gesundheitsschutzniveau einwirken, und technischer Sachverstand erforderlich ist, um die vorhandenen Prozesse zu verstehen, wie dies beispielweise beim Schutz vor Fluglärm der Fall ist, liegt die Hürde für den Bürger sehr hoch. Viele Verfassungsbeschwerden scheitern schon an dieser Stelle[538]. Dass das BVerfG einen aufbereiteten Sachverhalt verlangt, weil es nicht seine Aufgabe sein kann, die komplexen Zusammenhänge darzulegen und nach der Verletzung der staatlichen Schutzpflicht zu suchen, soll nicht kritisiert werden. Festzuhalten bleibt aber, dass es weniger prozessualen Aufwand bereitet, sich gegen eine konkrete Maßnahme zu wehren, die in ein Freiheitsrecht eingreift, als zu begründen, inwiefern verschiedene Maßnahmen des Gesundheitsschutzes nicht genügen, um der staatlichen Schutzpflicht gerecht zu werden. Im Vergleich zur Abwehrfunktion ist die grundrechtliche Schutzpflicht durchsetzungsschwach[539].

4. Fazit: die Unterlegenheit der Schutzpflicht

Es besteht also ein asymmetrisches Verhältnis zwischen Schutz und Eingriff[540]. Nicht gemeint mit „Asymmetrie" zwischen Schutz und Eingriff ist jedoch eine unterschiedliche Wertigkeit in dem Sinne, dass bei einer Kollision von Abwehrrechten und Schutzpflichten den Abwehrrechten der Vorrang zukommt, letztere in die Abwägung also mit einem höheren Gewicht eingehen. „Im Zweifel für die Freiheit" gilt hier als Vermutungsregel nicht[541].

Die Asymmetrie spiegelt sich auch in der politischen Diskussion, wenn verschiedene Maßnahmen – etwa gegen Feinstaubbelastungen oder zum Klimaschutz – diskutiert, aber allesamt verworfen werden, weil die jeweils Betroffenen Protest anmelden. In der Folge wird dann lange Zeit gar keine Maßnahme implementiert oder man einigt sich auf die mildeste Variante, die aber den angestrebten Zweck auch am wenigsten erreicht. In der Folge wird nur noch gefragt, inwieweit die Verfassung den Staat bei der Ergreifung von Maßnahmen der öffentlichen Gesundheit begrenzt, und nicht mehr, inwiefern sie ihn zum Ergreifen von Maßnahmen verpflichtet. Der Spielraum des Gesetzes wird aber nicht nur von der einen Seite her beschränkt (wie weit darf er gehen?), sondern auch von der anderen Seite her: Welches Schutzniveau darf er nicht unterschreiten?[542]

---

538 Vgl. etwa BVerfG, NVwZ 2011, 991, für den Fluglärm.

539 *Calliess*, in: Merten/Papier (Hrsg.), HbGR, II, § 44 Rn. 11.

540 *Lorenz*, in: Boko, GG, Juni 2012, Art. 2 Abs. 2 Satz 1 Rn. 544; *Calliess*, JZ 2006, 321 (324); *ders.*, in: Merten/Papier (Hrsg.), HbGR, II, § 44 Rn. 10 f.; *Mayer*, Untermaß, Übermaß und Wesensgehaltsgarantie, S. 77 f.; *Bickenbach*, Die Einschätzungsprärogative des Gesetzgebers, S. 381 ff.; ähnlich *Möstl*, DÖV 1998, 1029 (1036).

541 *Wahl*, UTR 14 (1991), 7 (21 Fn. 41); *Isensee*, in: ders./Kirchhof (Hrsg.), HbStR, IX, § 191 Rn. 297.

542 Eine große Ausnahme bildet die Corona-Epidemie: Im Zuge der weitreichenden Einschränkungen des alltäglichen Lebens traten die Abwehrrechte in der politischen Diskussion in den Hintergrund (*Katzenmeier*, MedR 2020, 461 [463]; ausführlich *Heinig/Kingreen/Lepsius/C. Möllers/*

III. Normative Leitbilder statt evidenzbasierten Rechts

Die Berücksichtigung des Einflusses, den soziale Faktoren auf die Gesundheit haben, wird dort erschwert, wo Unterrechtsgebiete an normativen und nicht an empirischen Leitbildern[543] ausgerichtet werden, die diese sozialen Faktoren miteinbeziehen. Dies gilt insbesondere für den „mündigen Verbraucher", der lange Zeit das Verbraucherschutzrecht dominierte.

Dieses Leitbild unterstellt, dass die Verbraucherinnen und Verbraucher eigenverantwortlich mit Risiken umgehen können, wenn man sie nur informiert[544]. In der Folge wird hauptsächlich auf neutrale, sachliche Information gesetzt. Dieses Leitbild ignoriert einerseits Erkenntnisse, die darauf hindeuten, dass die Verbraucher verschiedenen Rationalitätsdefiziten unterliegen[545], und andererseits Erkenntnisse, die zeigen, dass gesundheitsbewusstes Verhalten nicht nur von der grundsätzlich bestehenden Mündigkeit, sondern auch von sozialen Faktoren abhängt. Je mehr man vom mündigen Verbraucher ausgeht, desto mehr erscheinen staatliche Interventionen als paternalistisch[546]. Dort, wo im Tabakerzeugnisrecht und im Lebensmittelrecht vereinzelt von dem Leitbild des mündigen Verbrauchers abgewichen wird[547], wird dann auch genau diese Entwicklung beklagt: Der Verbraucher werde nun bevormundet[548]. Ohne die Berücksichtigung der empirischen Erkenntnisse bleibt die Diskussion jedoch an der Oberfläche. Es stellt sich vielmehr die Frage, ob das Recht der öffentlichen Gesundheit nicht – allgemein – viel mehr an den Erkenntnissen der Public-Health-Forschung ausgerichtet werden müsste.

Volkmann/Wißmann, JZ 2020, 861 [863 ff.]); dies galt jedenfalls in der ersten Hochphase der Epidemie im Frühjahr 2020 und im Herbst 2020/21.

543 Zu den Begriffen *Achilles*, Vom Homo Oeconomicus zum Differenzierten Verbraucher, S. 47 f., 53 f.

544 *Klinck/Riesenhuber*, in: dies. (Hrsg.), Verbraucherleitbilder, S. 1 (2).

545 *Buchner*, in: Gerhardus/Breckenkamp/Razum/Schmacke/Wenzel (Hrsg.), Evidence-based Public Health, S. 111 (112).

546 Der Begriff „Paternalismus" wird dann oft als „argumentative Kampfformel gegen Regelungen in Stellung gebracht, die man aus rechtspolitischen Gründen für verfehlt hält" (so *J. F. Lindner*, JZ 2020, 844).

547 Hierzu *Alemanno*, EJRR 2012, 32 (38).

548 *Durner*, VVDStRL 70 (2011), S. 398 (416); *Meisterernst/Muffler*, ZLR 2013, 25 (33 f.); *Wiebe*, GewArch 2016, 456 (462); *ders.*, Unternehmerfreiheit versus Verbraucherschutz?!, S. 72. Im zivilrechtlichen Verbraucherschutzrecht wird sogar die Zugrundelegung sozialempirischer Befunde mit dem Verweis darauf kritisiert, dass Leitbilder sich an den Prinzipien des Liberalismus auszurichten hätten (*Schünemann*, in: FS-Brandner, S. 279 [290]), die Rede ist von einer „Demontage der Mündigkeit (289).

IV. Die Abkopplung sozialer Fragen mit Gesundheitsbezug: die Offenheit des Sozialstaatsprinzips und die fehlende Verknüpfung von Sozialstaatsfragen mit Gesundheitsfragen

Dass das einfache Recht nicht länger Armuts- und Gesundheitsfragen in Form einer Gesundheitsfürsorge verknüpft, wird auch durch das materielle Verfassungsrecht nicht kompensiert. Soweit der Abbau gesundheitlicher Ungleichheiten innerhalb der Gesellschaft gefordert wird, ist damit ein klassisches Thema des Sozialstaats angesprochen. Das Sozialstaatsprinzip wird jedoch in der verfassungsrechtlichen Diskussion – abseits von Fragen der Krankenversicherung – nicht mit Gesundheitsfragen verknüpft.

1. Abbau von Ungleichheiten als Ziel des Sozialstaatsprinzips?

Dies ist zunächst insofern verständlich, als das Sozialstaatsprinzip auf Rechtsfolgenseite noch unbestimmter ist als die grundrechtliche Schutzpflicht. Ausführliche Untersuchungen zur Bedeutung des Sozialstaatsprinzips gibt es nur wenige[549]. Häufig findet sich zwar die Aussage, dass das Sozialstaatsprinzip auf den Abbau von Ungleichheiten gerichtet sei[550]. Auf das Sozialstaatsprinzip iVm Art. 2 II 1 GG könnte man demnach eine Pflicht des Staates stützen, gesundheitliche Ungleichheiten abzubauen. Der Staat müsste dann die Lebensverhältnisse so gestalten, dass sich die verschiedenen sozialen Schichten mit ihren unterschiedlichen Gesundheitszuständen angleichen. Dies könnte etwa durch Einwirkung auf die Unterschiede in den Einkommensverhältnissen geschehen, wie dies von Teilen der Public-Health-Forschung gefordert wird[551].

Nähere Ausführungen zu einem solchen Vorgehen lassen sich jedoch in der verfassungsrechtlichen Literatur nicht finden. Dass der Staat zur Förderung der sozialen Gleichheit verpflichtet sei, soll sich aus dem ebenfalls dem Sozialstaatsprinzip zugeschriebenen Begriff der sozialen Gerechtigkeit ergeben[552]. Dass die Literatur diese

---

[549] *Zacher*, Sozialpolitik und Verfassung im ersten Jahrzehnt der Bundesrepublik Deutschland; *Heinig*, Der Sozialstaat im Dienst der Freiheit.

[550] *Herzog*, in: Dürig/Herzog/Scholz, GG, 18. Lfg., Art. 20 VIII Rn. 36; *H. Hofmann*, in: Isensee/Kirchhof (Hrsg.), HbStR, I, § 9 Rn. 70, 72 („Egalisierungstendenz"); *Steiner*, in: FS-Glaeser, S. 335 (342 ff.); *Zacher*, in: FS-Maihofer, S. 669 (673); *Robbers*, in: BoKo, GG, April 2009, Art. 20 Abs. 1 Rn. 1404; *Axer*, VVDStRL 68 (2009), S. 177 (180 f., 185); *Volkmann*, Grundzüge einer Verfassungslehre der Bundesrepublik Deutschland, S. 260; ähnlich *Haverkate*, in: Häfner (Hrsg.), Gesundheit – unser höchstes Gut?, S. 119 (120); vgl. auch *Zacher*, in: Isensee/Kirchhof (Hrsg.), HbStR, II, § 28 Rn. 34 f.; *Merli*, in: R. Hofmann/Holländer/Merli/Wiederin (Hrsg.), Sozialstaatlichkeit im europäischen Vergleich, S. 117 (122); *Neumann*, NVwZ 1995, 426 (429); *ders.*, DVBl 1997, 92 (93 ff.). Mit leichter Distanz („allenfalls") *Sachs*, NJW 2015, 601 (602). – Zum Teil wird hier noch Art. 3 I GG zusätzlich zum Sozialstaatsprinzip genannt: so *Zippelius*, VVDStRL 47 (1989), S. 7 (29).

[551] Vgl. *Hurrelmann/Richter*, Gesundheits- und Medizinsoziologie, S. 70; *Rauprich*, Ethik Med 22 (2010), 263 (265): „Abbau der Einkommens-, Bildungs- und Statusunterschiede".

[552] Soziale Gerechtigkeit als Ziel des Sozialstaatsprinzips wird angegeben von *Robbers*, in: BoKo,

beiden Begriffe zusammen nennt, mag oft darauf zurückzuführen sein, dass das BVerfG – insbesondere in der Anfangszeit seines Bestehens – davon sprach, dass alle staatlichen Maßnahmen als „leitendes Prinzip" den Fortschritt zu sozialer Gerechtigkeit verfolgen würden[553]. Das Sozialstaatsprinzip solle „schädliche Auswirkungen schrankenloser Freiheit verhindern und die Gleichheit fortschreitend bis zu dem vernünftigerweise zu fordernden Maße verwirklichen"[554]. Das Grundgesetz habe den Zweck des Staats „auf die Wahrung des Gemeinwohls beschränkt, in dessen Mitte Freiheit und soziale Gerechtigkeit" stünden[555]. Der Begriff der sozialen Gerechtigkeit wird im rechtswissenschaftlichen Schrifttum jedoch in der Regel nicht erläutert.

2. Public-Health-Ethik: Ungerechtigkeit gesundheitlicher Ungleichheiten

Auch Erkenntnisse der Public-Health-Ethik, die die Frage der Gerechtigkeit gesundheitlicher Ungleichheiten versucht zu beantworten, helfen nur begrenzt weiter. Dort sind Ansätze vorherrschend, die sich auf egalitaristische Begründungen stützen. Sie nehmen hauptsächlich die Ungleichheiten zwischen den verschiedenen Bevölkerungsgruppen in den Blick, nehmen also einen relationalen Blickwinkel[556] ein. Dabei versuchen sie zu begründen, inwiefern die für die Gesundheit relevanten sozialen Faktoren anders verteilt werden müssen, damit es zu mehr Gesundheitsgleichheit zwischen den verschiedenen Bevölkerungsschichten kommt. Soziale Gerechtigkeit wird also unter dem Blickwinkel der Verteilungsgerechtigkeit beleuchtet. Ein Ansatz – der auch „glücksegalitaristischer" Ansatz[557] genannt wird und in der Public-Health-Debatte lange vorherrschte[558] – geht davon aus, dass gesundheitliche Ungleichheiten nicht gerechtfertigt sind, wenn sie vermeidbar und unfair sind[559]. Unvermeidbar seien natürliche Unterschiede zwischen Personen. Freiwillig und eigenverantwortlich eingegangene Gesundheitsrisiken hingegen seien vermeidbar und deswegen nicht unfair. Dieser Ansatz wurde auf WHO-Ebene entwickelt und versucht nicht nur, Ungleichheiten innerhalb eines Staates, sondern auch zwischen verschiedenen Staaten zu berücksichtigen. Er hatte insbesondere die Funktion eines Impulses für die Arbeit der WHO. Deswegen sind Schlussfolgerungen für das

GG, April 2009, Art. 20 Abs. 1 Rn. 1365; *Link*, VVDStRL 48 (1990), S. 7 (36); *H. Hofmann*, in: Isensee/Kirchhof (Hrsg.), HbStR, I, § 9 Rn. 70; *Zacher*, in: Isensee/Kirchhof (Hrsg.), HbStR, II, § 28 Rn. 52; *Steiner*, in: FS-Glaeser, S. 335 (336); *Merten*, NZS 1996, 593 (595); *Wallerath*, JZ 2004, 949 (953). Kritisch zum Begriff der sozialen Gerechtigkeit *Roellecke*, ZRph 2004, 17.

553 BVerfGE 5, 85 (198). So auch das Sondervotum zu BVerfGE 138, 136 (252).

554 BVerfGE 5, 85 (206).

555 BVerfGE 42, 313 (332).

556 Vgl. dazu *Krebs*, DZPhil 51 (2003), 235 (238).

557 *Buyx*, Gesundheitswesen 2010, 48 (50); *Rauprich*, in: Strech/Marckmann (Hrsg.), Public Health Ethik, 2010, S. 97 (116).

558 *Huster*, Soziale Gesundheitsgerechtigkeit, S. 62.

559 *Whitehead*, The concepts and principles of equity and health, WHO-Diskussionspapier, S. 5 ff.

deutsche Verfassungsrecht von vornherein nur in begrenztem Umfang möglich. Als umfangreiche Antwort auf die Frage nach der Gerechtigkeit gesundheitlicher Ungleichheiten taugt der Ansatz dann auch nicht: Abgesehen von dem bereits sehr vagen Begriff „unfair“[560] lässt dieser Ansatz viele Fragen – wie die Bedeutung von Eigenverantwortung und Vermeidbarkeit – offen[561].

Dem Ansatz wird von Public-Health-Ethikern außerdem vorgeworfen, dass er nicht differenziert genug sei, weil er keine Unterscheidung zwischen sozial benachteiligten und privilegierten Gruppen treffe, sondern pauschal auf alle gesundheitlichen Ungleichheiten abstelle[562]. Man dürfe die Frage nach Gesundheitsgerechtigkeit nicht derart direkt[563] stellen, vielmehr seien gesundheitliche Ungleichheiten nur ungerechtfertigt, soweit sie auf sozialen Ungleichheiten beruhen, die auch unabhängig von ihren Gesundheitseffekten als ungerecht angesehen werden müssen[564], also sofern sie auf einer ungerechten Verteilung sozialer Gesundheitsfaktoren beruhen[565]. So wird – in Abgrenzung zum direkten Ansatz – darauf hingewiesen, dass nicht alle Ungleichheiten per se ungerecht sein könnten. Bei etwaigen gesundheitlichen Benachteiligungen der oberen sozialen Schichten handele es sich nicht um ein Gerechtigkeitsproblem[566].

Diesem indirekten Ansatz[567] wiederum wird vorgeworfen, dass er außer Acht lasse, dass auch die Unterschiede zwischen den verschieden sozialen Schichten an sich – besonders plakativ ist hier der Unterschied in den Lebenserwartungen – bereits eine Ungerechtigkeit – zumindest Anhaltspunkte dafür – darstellen könnten[568]. Schwierig bleibt bei diesem Ansatz, dass er das Problem der Gerechtigkeit von der Gesundheit auf die allgemeine Ebene – also auf die Ebene der sozialen Gerechtigkeit – verlagert. Wann aber genau soziale Ungleichheiten als ungerecht angesehen werden können, ist eine sehr umstrittene Frage[569]. Eine konsensfähige Antwort gibt es hier in der Sozialphilosophie nicht. Soweit Ansätze versuchen, auf Theorien der sozialen Gerechtigkeit zurückzugreifen, um zwischen gerechten und ungerechten gesundheitli-

---

560 Kritisch *Mielck*, in: Strech/Marckmann (Hrsg.), Public Health Ethik, 2010, S. 79 (85).

561 Kritisch *Daniels/Kennedy/Kawachi*, in: Anand/Peter/Sen (Hrsg.), Public Health, Ethics, and Equity, S. 63 (73); *Peter*, in: Anand/Peter/Sen (Hrsg.), Public Health, Ethics, and Equity, S. 93 (94); *Buyx*, Gesundheitswesen 2010, 48 (50); *Rauprich*, in: Strech/Marckmann (Hrsg.), Public Health Ethik, 2010, S. 97 (116 f.); *Preda/Voigt*, Am. J. Bioeth. 15 (2015), 25 (28 ff.); *Huster*, Soziale Gesundheitsgerechtigkeit, S. 62.

562 *Rauprich*, Ethik Med 22 (2010), 263 (270). Siehe auch *Daniels/Kennedy/Kawachi*, in: Anand/Peter/Sen (Hrsg.), Public Health, Ethics, and Equity, S. 63 (73).

563 Deswegen wird dieser Ansatz „direkter Ansatz“ genannt: *Peter*, in: Anand/Peter/Sen (Hrsg.), Public Health, Ethics, and Equity, S. 93 (94).

564 *Rauprich*, Ethik Med 22 (2010), 263 (270).

565 *Rauprich*, Ethik Med 22 (2010), 263.

566 *Rauprich*, in: Strech/Marckmann (Hrsg.), Public Health Ethik, 2010, S. 97 (111); *ders.*, Ethik Med 22 (2010), 263 (272); *Huster*, Selbstbestimmung, Gerechtigkeit und Gesundheit, S. 71.

567 Begriff nach *Peter*, in: Anand/Peter/Sen (Hrsg.), Public Health, Ethics, and Equity, S. 93 (94 f.).

568 *Huster*, Selbstbestimmung, Gerechtigkeit und Gesundheit, S. 72.

569 Vgl. dazu auch *Huster*, Soziale Gesundheitsgerechtigkeit, S. 69 ff.; *ders.*, Selbstbestimmung, Gerechtigkeit und Gesundheit, S. 72.

chen Ungleichheiten zu unterscheiden[570], bleiben auch hier Fragen offen. So sollen gesundheitliche Ungleichheiten dann nicht ungerecht sein, wenn die sozialen Grundgüter der Gesellschaft gerecht verteilt sind[571]. Das sei dann der Fall, wenn diejenigen, die am schlechtesten gestellt sind, so gut gestellt sind wie möglich, also einen möglichst hohen Lebensstandard haben[572]. Durch die dadurch erforderliche Abflachung des sozioökonomischen Gradienten käme es zu einer Abflachung des sozialen Gesundheitsgradienten[573].

Dieser Ansatz hat in der Public-Health-Ethik bislang am meisten Zustimmung erfahren[574]. Uneins ist man sich jedoch darüber, inwieweit er konkrete Handlungsanweisungen enthält. So gehen manche davon aus, dass er nur zur allgemeinen sozialpolitischen Orientierung verwendet werden sollte[575]. Es wird außerdem die Frage gestellt, ob nicht die durch diese Theorie zugelassenen materiellen Ungleichheiten, soweit sie Auswirkungen auf die Gesundheit haben, noch weiter eingeebnet werden müssten[576]. Es bleibe jedenfalls unklar, inwieweit bzw. wie hier Gesundheit und Gesundheitsgerechtigkeit mit materiellen Vorteilen abgewogen werden müssten; hierfür biete der Ansatz kein inhaltliches Kriterium[577]. Der Hinweis darauf, dass eine solche Abwägung nur in fairen öffentlichen Entscheidungsprozessen vorgenommen werden könne[578], stelle gerechtigkeitstheoretisch keine Auskunft dar[579]. Letztlich muss also auch nach diesem Ansatz der Gesetzgeber über die Einzelheiten entscheiden. Eine genaue Bestimmung der gebotenen Maßnahmen ist mit dieser Theorie nicht möglich[580].

---

570 *Peter*, in: Anand/Peter/Sen (Hrsg.), Public Health, Ethics, and Equity, S. 93 (100 ff.); *Daniels/Kennedy/Kawachi*, in: Anand/Peter/Sen (Hrsg.), Public Health, Ethics, and Equity, S. 63 (75 ff.); *Daniels*, Just Health, S. 79 ff., unter Rückgriff auf die Theorie von Rawls.

571 *Peter*, in: Anand/Peter/Sen (Hrsg.), Public Health, Ethics, and Equity, S. 93 (102). Ähnlich *Wester*, Public Health Ethics 2018, 1.

572 Dies entspricht dem Differenzprinzip nach Rawls. *Daniels/Kennedy/Kawachi*, in: Anand/Peter/Sen (Hrsg.), Public Health, Ethics, and Equity, S. 63 (76 f.). Ähnlich *Peter*, in: Anand/Peter/Sen (Hrsg.), Public Health, Ethics, and Equity, S. 93 (102). Zustimmend zum Ansatz *Daniels' Marckmann*, Bundesgesundheitsbl 2008, 887 (888); *ders.*, Ethik Med 2010, 207 (210).

573 *Daniels/Kennedy/Kawachi*, in: Anand/Peter/Sen (Hrsg.), Public Health, Ethics, and Equity, S. 63 (77).

574 Vgl. – wenn auch jeweils mit Einschränkungen – *Marckmann*, Bundesgesundheitsbl 2008, 887.

575 *Rauprich*, in: Strech/Marckmann (Hrsg.), Public Health Ethik, 2010, S. 97 (123 f.).

576 *Huster*, Selbstbestimmung, Gerechtigkeit und Gesundheit, S. 74. – *Daniels* selbst geht davon aus, dass jedenfalls dann, wenn die gesamtgesellschaftliche Produktivität so stark beeinträchtigt wird, dass nicht mehr genug Ressourcen für die Beseitigung gesundheitlicher Ungleichheiten übrig bleiben, keine weitere Reduzierung der sozioökonomischen Ungleichheiten vorgenommen werden sollte: *Daniels/Kennedy/Kawachi*, in: Anand/Peter/Sen (Hrsg.), Public Health, Ethics, and Equity, S. 63 (80). Vgl. auch *Wilson*, Public Health Ethics 2 (2009), 210 (211 f.).

577 *Rauprich*, in: Strech/Marckmann (Hrsg.), Public Health Ethik, 2010, S. 97 (124); *Huster*, Selbstbestimmung, Gerechtigkeit und Gesundheit, S. 75.

578 *Daniels*, Just Health, S. 99 f., 103 ff.

579 *Huster*, Selbstbestimmung, Gerechtigkeit und Gesundheit, S. 75.

580 *Rauprich*, in: Strech/Marckmann (Hrsg.), Public Health Ethik, S. 97 (125). Laut *Daniels* selbst

Soweit man gegen alle Ansätze Vorbehalte findet, kann man zu dem Ergebnis kommen, dass sich die Ungerechtigkeit der gesundheitlichen Ungleichheiten – wenn sie nicht gerade auf entwürdigende und demütigende Verhältnisse zurückzuführen ist[581] – gar nicht begründen lässt[582]. Ein Alarmsignal könne es lediglich sein, wenn die gesundheitlichen Ungleichheiten zunähmen, jedenfalls dann, wenn die Schere zwischen Arm und Reich weiter aufgehe[583] und nicht lediglich die oberen sozialen Schichten in einem größeren Ausmaß ihre Gesundheit verbesserten als die unteren Schichten[584]. Hierfür gebe es aber in Deutschland keine Anhaltspunkte[585].

Soweit man unterstellt, dass es nicht das unterschiedliche Einkommen an sich ist, was zu den gesundheitlichen Ungleichheiten führt[586], sondern dass die gesellschaftlichen Spannungen, soziale Exklusion und fehlende Autonomie krank machen[587], wäre eine Einkommensumverteilung auch nicht das richtige Mittel. Ausgeblendet werden außerdem gesundheitliche Ungleichheiten zwischen anders bestimmten Bevölkerungsgruppen: zwischen Männern und Frauen etwa und Menschen mit Migrationshintergrund und solchen ohne.

Die Public-Health-Ethik bietet somit nur einzelne Anknüpfungspunkte für eine verfassungsrechtliche Begründung einer Pflicht des Staates, soziale Ungleichheiten abzubauen. Es sind viele Gerechtigkeitskonzepte denkbar[588], die letztlich subjektiv bleiben[589]. Die Erkenntnisse der Public-Health-Ethik und die entsprechenden sozialpolitischen Forderungen sind somit von vornherein nur mit Vorbehalten zu betrachten. In der Sozialphilosophie wird von einigen außerdem grundsätzlich in Frage gestellt, dass es bei der Herstellung sozialer Gerechtigkeit wirklich um die Herstellung

---

ist das Prinzip der fairen Chancengleichheit nicht geeignet, reale Verteilungsprobleme im Gesundheitswesen zeitnah zu lösen (Just Health, S. 24, 103, 107).

581 *Huster*, Selbstbestimmung, Gerechtigkeit und Gesundheit, S. 79.

582 *Huster*, Selbstbestimmung, Gerechtigkeit und Gesundheit, S. 80.

583 Dies wird behauptet von *Rosenbrock*, Gesundheitswesen 2007, 647 (649); *T. Lampert/Kroll/Kuntz/Ziese*, in: Statistisches Bundesamt/Wissenschaftszentrum Berlin für Sozialforschung (Hrsg.), Datenreport 2013, S. 259 (270 f.); *Maron/Hunger/Kirchberger/Peters/Mielck*, Bundesgesundheitsbl 2014, 431 (allerdings stammen die neuesten Daten aus den Jahren 1999/2000 und es wurde nur die Region Augsburg untersucht); *Mielck/Maron*, GesundhWes 2015, 137 (138).

584 *Huster*, Selbstbestimmung, Gerechtigkeit und Gesundheit, S. 81.

585 *Huster*, Selbstbestimmung, Gerechtigkeit und Gesundheit, S. 81.

586 Andere bestreiten ganz allgemein den Zusammenhang von Einkommen und Gesundheit: *Chandra/Vogel*, Social Science & Medicine 71 (2010), 1227 (1228).

587 Siehe oben 1. Teil, A. II. 2.

588 Man kann insofern davon ausgehen, dass ein „unaufhebbarer Pluralismus und Gegensatz von wohlüberlegten Gerechtigkeitsüberzeugungen" besteht (*Knoll*, in: Spieker [Hrsg.], Der Sozialstaat, S. 39). Zu verschiedenen Verständnissen von sozialer Gerechtigkeit siehe auch *Eichenhofer*, JZ 2005, 209 (211 ff.).

589 *Sommermann*, in: v. Mangoldt/Klein/Starck, GG, Art. 20 Abs. 1 Rn. 104; *Heinig*, Der Sozialstaat im Dienst der Freiheit, S. 135 f.; *Huster*, Rechte und Ziele, S. 423; *ders.*, in: Rauprich/Marckmann/Vollmann (Hrsg.), Grundversorgung und soziale Gerechtigkeit im Gesundheitswesen, S. 187 (196); siehe auch *Alexy*, Theorie der Grundrechte, S. 381 f. für die Interpretation des Gleichheitssatzes. – Es wird allerdings eingewandt, dass man das gleiche für jedes Sozialstaatsverständnis behaupten könne: *Schnapp*, SGb 2000, 341 (342).

von Gleichheit gehen sollte und eine relationale Betrachtungsweise den Kern des Problems der sozialen Gerechtigkeit trifft[590]. Hier werde Gleichheit mit Allgemeinheit verwechselt[591]. Anders gefragt: Muss der Sozialstaat wirklich (im Sinne eines vorrangigen Ziels) soziale Ungleichheiten abbauen oder muss er nicht vielmehr diejenigen Bevölkerungsgruppen, die besonders schlecht gestellt sind, in besonderem Maße schützen – unabhängig von dem Zustand anderer, allein weil sie hilfsbedürftig sind? Das Grundproblem besteht nicht darin, dass die sozialen Unterschiede zu groß sind, sondern dass manche Menschen so schlecht gestellt sind, dass sie in einer vernünftigen Lebensführung bedroht sind[592], dass ihr „schlechte[s] Leben schlecht"[593] ist. Dem Problem kann man jeweils abhelfen, indem man den Betroffenen die Mittel zur Verfügung stellt, die sie für genau diese Lebensführung brauchen – unabhängig davon, dass es den Bessergestellten besser geht. Bezogen auf den unterschiedlichen Gesundheitszustand der verschiedenen sozialen Schichten kann man fragen, ob es gerecht sein kann, dass bei den Männern zwischen der Lebenserwartung der untersten und der obersten sozialen Schicht eine Differenz von 8,6 Jahren[594] besteht. Man kann aber auch fragen, ob eine Lebenserwartung von 71 Jahren für sich genommen bereits etwas Schlechtes – ein Übel – ist[595]; dies wäre unabhängig von der Lebenserwartung von 79,6 Jahren[596], die der Mann aus der obersten sozialen Schicht statistisch gesehen erwarten darf.

3. Kein verfassungsrechtlicher Maßstab vorhanden

Auch das BVerfG leitet aus dem Begriff der sozialen Gerechtigkeit keine materiellen Maßstäbe ab. Einen bestimmten Weg zu einer gerechten Sozialordnung gebe das So-

---

590 Vgl. nur *Frankfurt*, in: Krebs (Hrsg.), S. 38 ff.; *Krebs*, DZPhil 51 (2003), 235. Die Kritik übernehmend *Huster*, in: Rauprich/Marckmann/Vollmann (Hrsg.), Gleichheit und Gerechtigkeit in der modernen Medizin, S. 187 (197). Zu einer allgemeinen Kritik an egalitaritischen Theorien der sozialen Gerechtigkeit siehe auch *Kersting*, in: Goldschmidt/Wohlgemuth (Hrsg.), Die Zukunft der sozialen Marktwirtschaft, S. 9 ff.; *Huster*, in: Goldschmidt/Wohlgemuth (Hrsg.), Die Zukunft der Sozialen Marktwirtschaft, S. 33 ff.

591 *Heinig*, in: Denkschrift 60 Jahre BSG, Band 1, S. 333 (342). – Es gehe nicht um die Gleichheit der tatsächlichen Lebensverhältnisse, sondern um die Gleichheit des Achtungsanspruchs, der jeder Person zukomme (*Frankfurt*, in: Krebs [Hrsg.], S. 38 [43 ff.]; ähnlich *Schramme*, ARSP 2006, 322 [330 f.]; *Huster*, in: Rauprich/Marckmann/Vollmann [Hrsg.], Gleichheit und Gerechtigkeit in der modernen Medizin, S. 187 [197]).

592 *Huster*, in: Rauprich/Marckmann/Vollmann (Hrsg.), Gleichheit und Gerechtigkeit in der modernen Medizin, S. 187 (197).

593 *Frankfurt*, in: Krebs (Hrsg.), S. 38 (41). Zustimmend *Eichenhofer*, JZ 2005, 209 (211). *Krebs*, DZPhil 51 (2003), 235 (240): Wenn ein Mensch krank ist, muss man ihm helfen, weil Krankheit für jeden Menschen „ein schrecklicher Zustand" ist, und nicht, weil es anderen besser geht als ihm.

594 *T. Lampert/Hoebel/Kroll*, Journal of Health Monitoring 1/2019, 3.

595 Vgl. *Frankfurt*, in: Krebs (Hrsg.), S. 38 (40), allgemein bezogen auf die Lebensaussichten von Menschen.

596 *T. Lampert/Hoebel/Kroll*, Journal of Health Monitoring 1/2019, 3.

zialstaatsprinzip nicht vor[597]. Das Gericht verzichtet gerade darauf, den Begriff der sozialen Gerechtigkeit mit bestimmten Gerechtigkeitsvorstellungen – also mit politischen Wertungen – aufzuladen und hält sich hier zurück. Dass das BVerfG von sozialer Gerechtigkeit spricht, beinhaltet in der Sache also keine verfassungsdogmatische Aussage. Das BVerfG betont vielmehr, dass sozialstaatliche Maßnahmen „den besonderen verfassungsrechtlichen Anforderungen, die in den jeweiligen Regelungsbereichen gelten, entsprechen" müssen[598]. Im Übrigen räumt es dem Gesetzgeber stets einen weiten sozialpolitischen Spielraum ein.

In der Rechtswissenschaft wird es – nicht allein von den Kritikern des Begriffs der sozialen Gerechtigkeit – dann auch regelmäßig vermieden, sich mit der Ungerechtigkeit konkreter sozialer Ungleichheiten näher auseinanderzusetzen und insbesondere deren Umfang zu bestimmen. Oft wird auch der enge und philosophisch besetzte Begriff der sozialen Gerechtigkeit von vornherein vermieden und in Anlehnung an die Rechtsprechung des BVerfG vom sozialen Ausgleich[599], ggf. noch von der Gestaltung der gerechten Sozialordnung, gesprochen. Diese Schlagworte sind aber nicht handhabbarer als der Begriff der sozialen Gerechtigkeit: Der Begriff des sozialen Ausgleichs lehnt sich an den Begriff der Gleichheit an und für die „gerechte Sozialordnung" müsste man wieder einen Maßstab der Gerechtigkeit, also eine „Verteilungsanweisung"[600], finden, die dem Grundgesetz nicht entnommen werden kann[601]. Unter den Begriff kann man letztlich vieles – abhängig vom Betrachter – subsumieren. Oder anders gesagt: Niemand weiß, was eine gerechte Sozialordnung ist[602]. In der Rechtswissenschaft wird der Begriff der sozialen Gerechtigkeit deswegen zum Teil auch für an sich schon nicht operationalisierbar gehalten[603]. Die soziale Gerechtigkeit sei zwar „letzter Grund" des Sozialstaates, aber kein verfassungsrechtlicher Tatbestand[604].

---

[597] BVerfGE 119, 247 (266).

[598] BVerfGE 119, 247 (266).

[599] *Sommermann*, in: v. Mangoldt/Klein/Starck, GG, Art. 20 Abs. 1 Rn. 107.

[600] *Heinig*, Der Sozialstaat im Dienst der Freiheit, S. 147.

[601] *Huster*, Rechte und Ziele, S. 422; *Wallerath*, JZ 2004, 949 (955); *Heinig*, Der Sozialstaat im Dienst der Freiheit, S. 147; *Kingreen*, VVDStRL 70 (2011), S. 152 (175); *Heinig*, in: Boysen/Kaiser/Meinel (Hrsg.), Verfassung und Verteilung, S. 53 (55). Zur Verteilung als Verfassungsfrage ausführlich *Meinel*, in: Boysen/Kaiser/Meinel (Hrsg.), Verfassung und Verteilung, S. 19.

[602] *Roellecke*, in: Umbach/Clemens (Hrsg.), GG, Art. 20 Rn. 186. – Grundsätzlich positiv *Sachs*, in: ders. (Hrsg.), Art. 20 Rn. 46: Wegen der inhaltlichen Weite und Unbestimmtheit könne man die Verpflichtung zur Schaffung einer gerechten Sozialordnung auf neu entstehende Problemlagen beziehen. Man kann den Begriff der Gerechtigkeit, wie ihn das BVerfG verwendet, auch von vornherein so verstehen, dass er den Sozialstaat nur auf eine Ordnungsaufgabe verpflichtet, die im politisch-kommunikativen Prozess und in der jeweiligen gesellschaftlichen Situation zu erfüllen ist (so *Gröschner*, in: Spieker [Hrsg.], Der Sozialstaat, S. 107 [118 f.]).

[603] *Heinig*, Der Sozialstaat im Dienst der Freiheit, S. 135 ff. Kritisch auch *Bieback*, EuGRZ 1985, 657 (665 f.); *Huster*, in: Goldschmidt/Wohlgemuth (Hrsg.), Die Zukunft der sozialen Marktwirtschaft, S. 33; *ders.*, Soziale Gesundheitsgerechtigkeit, S. 69.

[604] *Zacher*, in: Isensee/Kirchhof (Hrsg.), HbStR, II, § 28 Rn. 111.

Andere versuchen deswegen, Art. 3 I GG allein oder zusätzlich zum Sozialstaatsprinzip heranzuziehen[605], um eine staatliche Pflicht zur Herstellung sozialer Gleichheit zu begründen. Offen bleibt aber auch hier der Maßstab, nach dem die Umverteilung vorgenommen werden sollte. Verfassungsrechtlich spricht gegen eine solche relationale Betrachtungsweise – also soziale Gerechtigkeit als Gleichheit –, dass dem Grundgesetz kein Maßstab entnommen werden kann, der Aufschluss darüber gäbe, wie groß die sozialen Unterschiede in der Gesellschaft sein dürften[606]. Dass soziale Gerechtigkeit – auch aus verfassungsrechtlicher Perspektive – regelmäßig mit sozialer Gleichheit gleichgesetzt wird, bleibt inhaltlich viel zu vage, als dass damit dogmatisch gearbeitet werden könnte.

Im Ergebnis kann man dem Sozialstaatsprinzip keine Pflicht des Staates entnehmen, soziale Ungleichheiten durch direkte Umverteilung abzubauen. Einer prominenten Forderung bzw. Diskussion der Public-Health-Ethik fehlt somit der verfassungsrechtliche Anknüpfungspunkt. Will man das Sozialstaatsprinzip für das Recht der öffentlichen Gesundheit fruchtbar machen, muss man andere Ansätze wählen, die nicht auf einer derart abstrakten Ebene ansetzen, sondern auf Rechtsfolgenseite andere Instrumente in den Blick nehmen.

V. Fazit

Dass es kein widerspruchsfreies Präventionsrecht in einem umfassenden Sinne gibt, kann durch verschiedene verfassungsrechtliche Weichenstellungen erklärt werden. So zwingen die Gesetzgebungskompetenzen den Staat dazu, gesundheitsrelevante Sachverhalte in bestimmten Rechtsgebieten bzw. Gesetzen zu regeln. „Eingetretene Pfade" können nicht verlassen werden; neue Regelungsansätze (wie ein „Lungenkrebspräventionsgesetz" oder ein „Diabetespräventionsgesetz") werden so erschwert, wenn nicht gar unmöglich gemacht. In der grundrechtlichen Betrachtung überwiegt die Abwehrperspektive der Freiheitsrechte; unklar ist, wozu die grundrechtlichen Schutzpflichten den Staat verpflichten. Ähnliches gilt für den Abbau gesundheitlicher Ungleichheiten als Ziel des Staates: Konkrete Vorgaben ergeben sich aus dem Sozialstaatsprinzip nicht. Eine verfassungsrechtliche Betrachtung von Armut und Gesundheit muss deswegen an anderer Stelle ansetzen. Auch im einfachen Recht müssen

---

[605] *Jarass*, in: ders./Pieroth (Hrsg.), GG, Art. 20 Rn. 166; *Nußberger*, in: Sachs (Hrsg.), GG, Art. 3 Rn. 176; *Zippelius*, VVDStRL 47 (1989), S. 7 (29); *G. Müller*, VVDStRL 47 (1989), S. 37 (54); *Rupp-v. Brüneck*, Sondervotum BVerfGE 36, 247 (249 f.); *Sartorius*, Das Existenzminimum im Recht, S. 66; *Neumann*, DVBl 1997, 92 (93 f., 100); *Steiner*, in: FS-Glaeser, S. 335 (338). Überlegungen auch bei *Alexy*, Theorie der Grundrechte, S. 378 ff. In einem engeren Kontext (und im Ergebnis ablehnend) *Gebert*, Verhaltens- und verhältnisbezogene Primärprävention und Gesundheitsförderung im Recht der gesetzlichen Krankenversicherung, S. 96 ff.

[606] *Huster*, Rechte und Ziele, S. 422; *ders.*, in: Rauprich/Marckmann/Vollmann (Hrsg.), Gleichheit und Gerechtigkeit in der modernen Medizin, S. 187 (196); *Roellecke*, in: Umbach/Clemens (Hrsg.), GG, Art. 20 Rn. 204.

Hürden überwunden werden: So ist insbesondere das Verbraucherschutzrecht – zu dem das Lebensmittelrecht gehört – an normativen Leitbildern ausgerichtet, die empirische Erkenntnisse ignorieren. In der rechtswissenschaftlichen Diskussion gelten staatliche Interventionen deswegen vorschnell als paternalistisch-unzulässig.

E. Ansatz für eine Neubestimmung

Die Steuerungsaufgabe des Rechts der öffentlichen Gesundheit ist der Schutz und die Förderung der Gesundheit. Der Sachbereich bzw. Realbereich[607] wird ausgefüllt durch die Erkenntnisse der Public-Health-Forschung. Seine Steuerungsaufgabe kann es umso besser erfüllen, je mehr die entsprechenden Regelungen evidenzbasiert sind. Gleichzeitig ist der Erkenntnisstand der Wissenschaft begrenzt und zum Teil umstritten, d.h. das Recht muss dies zur Kenntnis nehmen und die bestehende Unsicherheit in den Regelungen verarbeiten.

Im Folgenden soll gezeigt werden, dass das Recht der öffentlichen Gesundheit im Sinne eines umfassenden Public-Health-Ansatzes zunächst weitestgehend in die Dogmatik des Risikoverwaltungsrechts eingeordnet werden kann. Im Zentrum stehen der Begriff des Risikos und das Vorsorgeprinzip. Die Einordnung als Risikoverwaltungsrecht stellt dabei eine Schablone dar, die zur Unterstützung der Strukturierung des Rechts der öffentlichen Gesundheit und der Herausarbeitung der verfassungsrechtlichen Pflichten und Grenzen herangezogen werden kann.

I. Strukturierung des Rechts der öffentlichen Gesundheit: Krankheitsprävention und Gesundheitsförderung als Risikovorsorge

Wenn hier davon ausgegangen wird, dass das Recht der öffentlichen Gesundheit als Risikoverwaltungsrecht verstanden werden kann, stellt dies zunächst für einige der zum Gesundheitsschutzeingriffsrecht zählenden Unterrechtsgebiete nichts Neues dar. Insbesondere das Umweltrecht (das in diesem Zusammenhang in der Regel „Umwelt- und Technikrecht" genannt wird) und das Lebensmittelrecht werden hierzu gezählt. Beurteilt wird in diesen Unterrechtsgebieten die Frage, inwieweit eine bestimmte Technik Risiken verursacht (z.B. die Gentechnik[608], die Nanotechnik[609] oder die Atomkraft[610]) und inwieweit von Lebensmitteln Risiken ausgehen.

---

[607] Vgl. bereits die Einleitung.

[608] Vgl. zur Diskussion in der Rechtswissenschaft nur *Wahl*, UTR 14 (1991), 7.

[609] Vgl. zur Diskussion nur *Scherzberg*, ZUR 2010, 303; *ders./Seidl*, ZLR 2014, 5; *Lohse*, in: 50. Assistententagung Öffentliches Recht (Hrsg.), Risiko im Recht – Recht im Risiko, S. 37; *Scherzberg*, in: Hoffmann-Riem (Hrsg.), Innovationen im Recht, S. 205.

[610] Vgl. nur *Bender*, NJW 1979, 1425.

Der Risikobegriff des Umwelt- und Technikrechts unterstellt, dass das Risiko etwas ist, das es zu vermeiden oder zu reduzieren gilt[611]. Inwiefern der Staat verpflichtet ist, bereits bei Risiken präventiv tätig zu werden, wird im Umwelt- und Technikrecht unter dem Stichwort „Risikomanagement"[612] oder „Risikosteuerung" diskutiert. Die entsprechenden Interventionen können mit „Risikovorsorge" umschrieben werden[613]. Weil sie nicht punktuell-konkret wie bei der Gefahrenabwehr, sondern auf einer allgemeineren und früheren Ebene ansetzen, erinnern sie in ihrer Art der Gestaltung an die Instrumente des Planungsrechts[614].

1. Die Übertragung des Vorsorgegedankens: Krankheitsprävention und Gesundheitsförderung als Risikovorsorge

Dieser Vorsorgegedanke kann auf andere Bereiche der Krankheitsprävention und Gesundheitsförderung übertragen werden, die bislang noch nicht zum Risikoverwaltungsrecht gezählt werden. Das Risikofaktorenmodell der Krankheitsprävention wird dabei durch den Ansatz der Risikovorsorge im umwelt- und technikrechtlichen Sinne abgebildet. Die stoff- und anlagenbezogene Betrachtung ist eine Perspektive, die das Recht der öffentlichen Gesundheit auch in anderen Fällen einnehmen kann; die übergeordnete Fragestellung setzt nicht am Regelungsgegenstand, sondern am Regelungsziel an: Inwiefern ist der Staat verpflichtet, die Risiken, die auf einer statistischen Ebene für die Gesundheit der Bevölkerung bestehen, zu minimieren? Ansatzpunkt in tatsächlicher Hinsicht ist damit nicht immer das Risikofaktorenmodell. Es stellt sich deswegen die Frage, inwieweit auch Gesundheitsförderung und Ressourcenmodell in juristische Begriffe übersetzt werden können, die an Schutzfaktoren wie die Förderung der Selbstbestimmung und ein hinreichendes Angebot an angemessener Ernährung, Hygiene, Bildung, Arbeit, Wohnung und Versorgung im Krankheitsfall anknüpfen, um die sozialen und materiellen Ausgangsvoraussetzungen für Gesundheit zu verbessern. Diese Schutzfaktoren sollen zum Teil durch die direkte Gewährung staatlicher Leistungen oder durch die Einrichtung sozialer Sys-

---

611 *Badura*, SDSRV 33 (1990), S. 11, zum ingenieurswissenschaftlichen Risikobegriff. Etwas anders das Begriffsverständnis von *Schwabenbauer*, in: 50. Assistententagung Öffentliches Recht (Hrsg.), Risiko im Recht – Recht im Risiko, S. 157 (158 f.), der die Prognose der Chancen, also des möglichen Nutzens, der Umstände in den Begriff einbezieht. Anders verstanden wird der Begriff des Risikos auch in der Ökonomik: Dort wird damit die Gefahr einer Fehlentscheidung mit der möglichen Folge eines negativen Ereignisses beschrieben (dazu *Spiecker gen. Döhmann*, Staatliche Entscheidungen unter Unsicherheit, S. 3). Die Rechtswissenschaft hingegen hat für diese Fehlentscheidung den Begriff des Risikos zweiter Ordnung (*Scherzberg*, VVDStRL 63 [2004], S. 213 [220 ff.]; *ders.*, in: Jahrbuch des Umwelt- und Technikrechts 2012, S. 7 [18]; *ders./Seidl*, ZLR 2014, 5 [15]) gewählt.

612 *Scherzberg*, VerwArch (84) 1993, 484 (499); *Koenig*, NVwZ 1994, 937 (938).

613 Es ist ebenso möglich, „Risikovorsorge" als Oberbegriff, also auf der gleichen Ebene wie „Risikosteuerung" und „Risikomanagement", zu verwenden. So *Scherzberg*, VVDStRL 63 (2004), S. 214 (221 f.).

614 *Di Fabio*, ZLR 2003, 163 (167).

teme wie die GKV, zum Teil durch die Gestaltung der sozialen Infrastruktur (also z. B. die Ausgestaltung des Bildungssystems und Einwirkungen auf den Arbeits- und Wohnungsmarkt) gestärkt werden. Fehlen diese Schutzfaktoren oder sind sie nicht in ausreichendem Maße vorhanden, kann man von sozialen Risiken sprechen: Dies sind zum einen „prekäre" Arbeitsbedingungen, Arbeitslosigkeit, niedriges Einkommen, niedriger Bildungsgrad, das Vorliegen innerfamiliärer Risikofaktoren[615] etc. für sich genommen, zum anderen soziale Ungleichheiten bei diesen Faktoren, also Unterschiede zwischen den verschiedenen sozialen Schichten hinsichtlich des Einkommens, der Bildung, der Arbeitsbedingungen bzw. des Beschäftigungsstandes, soweit sich diese Ungleichheiten selbst auf die Gesundheit auswirken und somit kollektive Übel darstellen. Die dahinterstehenden sozialen Probleme sind „schlecht strukturiert"[616], d. h. die Wirkungszusammenhänge sind besonders komplex und diffus, so dass der Gesetzgeber auch hier unter Unsicherheit im Sinne des Risikobegriffs operiert. Auch diese Risiken werden kollektiviert[617], da wegen der Komplexität der Zusammenhänge kein einzelner Verursacher ausgemacht werden kann.

Auch Gesundheitsförderung ist somit Vorsorge, durch die dem Risiko Krankheit auf einer statistischen Ebene begegnet wird. Schutz vor sozialen Risiken soll durch die Förderung von Schutzfaktoren erreicht werden; wenn im Folgenden von „Schutz vor sozialen Risiken" gesprochen wird, ist hier mehr das Ziel als das Instrument gemeint, denn das Instrument besteht nicht aus einem Schutz im Sinne eines abwehrenden Vorgangs wie bei den Risikofaktoren, die ausgeschaltet oder gemindert werden sollen, sondern aus Leistungen und Infrastruktur. Diese Art von Risikovorsorge, die sich auf soziale Risiken bezieht und darin besteht, Ressourcen bereitzustellen und Schutzfaktoren zu stärken, indem aktiv auf die gesellschaftlichen Verhältnisse eingewirkt wird, sprengt nicht die Bedeutung, die dem Begriff des Risikos im Recht zukommt. Er ist nicht auf das Umwelt- und Technikrecht beschränkt. Seine Leistung ist es gerade, „höchst unterschiedliche Fragestellungen als Problem komplexer Kausalität zu verallgemeinern"[618]; das Bestehen von Ungewissheit in einem bestimmten Bereich soll normativ verarbeitet werden[619]. Insofern können mit „Risikovorsorge" auch sozialpolitische Maßnahmen – nicht zuletzt solche, die aus Leistungen bestehen, die sozialrechtlich geregelt sind – bezeichnet werden[620]. Diese Art von Vorsorge[621] soll im Folgenden mit sozialer Risikovorsorge umschrieben werden.

---

615 Hierzu *Hoch*, in: Bora (Hrsg.), Rechtliches Risikomanagement, S. 207 (217).

616 *Ladeur*, Der Staat 46 (2007), 61 (87).

617 Dazu oben 3. Teil, A. II.

618 *Lepsius*, VVDStRL 63 (2004), S. 264 (267).

619 *Krüper*, Gemeinwohl im Prozess, S. 65; *Scherzberg*, in: Jahrbuch des Umwelt- und Technikrechts 2012, S. 7 (22).

620 Überlegungen in diese Richtung begrenzt auf das Krankenversicherungsrecht bei *Ladeur*, GesR 2002, 257 (262); bezogen auf soziale Hilfelagen *ders.*, Der Staat 46 (2007), 61 (82).

621 Nicht verwechselt werden darf diese Art von Vorsorge mit der Vorsorge, die die Sozialversicherung gegenüber den Wechselfällen des Lebens leistet. Der Sozialversicherung liegt ein anderer – ein versicherungswirtschaftlicher – Risikobegriff zugrunde, der unterstellt, dass das Auftreten von Risiken grundsätzlich normal ist (insbesondere das soziale Risiko „Alter" ist damit eigentlich

Soweit man fehlende Schutzfaktoren als soziales Risiko ansieht, spricht man nur noch von Risikofaktoren – dann geht es nur noch um den Schutz vor Risiken, auch wenn in einigen dieser Fälle der Schutz vor dem Risiko aus der Förderung bestimmter Schutzfaktoren besteht. Das differenzierte Denken in den Kategorien „Schutz vor Risikofaktoren“ und „Förderung von Schutzfaktoren“ wird durch den Ansatz der Risikovorsorge jedenfalls sprachlich ein Stück weit verwischt. Rechtlich macht dies zunächst keinen Unterschied – aus verfassungsrechtlichen Vorgaben kann sich jedoch ergeben, dass die Herleitung staatlicher Pflichten sehr wohl auf diese Unterscheidung wert legt.

2. Das Recht der öffentlichen Gesundheit als besondere Ausprägung des Risikoverwaltungsrechts

Bei den Maßnahmen der Krankheitsprävention und Gesundheitsförderung handelt es sich somit um gesundheitliche Risikovorsorge. Das Recht der öffentlichen Gesundheit kann umfassend – nicht nur bezogen auf das Eingriffsrecht – dem Risikoverwaltungsrecht zugeordnet werden. Es überträgt den übergeordneten Ansatz der Risikovorsorge auf verschiedene Unterrechtsgebiete, ist also nicht mehr allein gefahrenabwehrrechtlich ausgerichtet, sondern verklammert gefahrenabwehrrechtliche und sozialgestalterische Ansätze.

Gleichzeitig löst sich das Recht der öffentlichen Gesundheit von den Strukturen und Vorgaben des Umwelt- und Technikrechts. Dort werden zum einen regelmäßig die Chancen mitgedacht, wenn es um Innovationen[622] geht, wenn man sich also von einer neuen Technologie einen Gewinn verspricht. Hier liegen die Forschung und Weiterentwicklung dieser Technologie möglicherweise im gesellschaftlichen Interesse: wenn man etwa in die Gentechnik die Hoffnung setzt, dass resistentere Pflanzen weniger anfällig für Umwelteinflüsse und somit Ernten ertragreicher sind, oder man sich von der Nanotechnologie neue Therapiemöglichkeiten im Gesundheitsbereich erhofft. Dies muss zwar auch vom Recht der öffentlichen Gesundheit ggf. mitbedacht werden, die Perspektive jedoch ist eine andere.

Zum anderen muss das Recht der öffentlichen Gesundheit auch in den Unterrechtsgebieten, die sich aus dem Gefahrenabwehrrecht entwickelt haben, nicht mehr streng gefahrenabwehrrechtlich verstanden werden. Die Verhaftung in hergebrachten Begriffen und Strukturen in den einzelnen Rechtsgebieten muss dort aufgegeben

kein Risiko, da mit Sicherheit vorhergesagt werden kann, dass es eintreten wird). Ziel der Versicherungen ist deswegen nicht die Abwehr des Risikos, sondern die Absicherung vor negativen Konsequenzen, die sich aus dem Eintreten des Risikos ergeben (*Badura*, SDSRV 33 [1990], S. 11). Um eine solche Absicherung in den Fällen von Krankheiten geht es aber nicht bei der Krankheitsprävention und Gesundheitsförderung. Beide wollen das Risiko Krankheit vermeiden oder reduzieren und verfolgen damit strukturell ein Ziel, das dem des Umwelt- und Technikrechts vergleichbar ist, sie wählen nur nicht immer die gleichen Instrumente wie das Risikofaktorenmodell.

[622] Dazu *Hoffmann-Riem*, Innovation und Recht – Recht und Innovation, S. 18 f.

werden, wo sie nur noch historisch erklärt werden kann. Grund und Grenze des Rechts der öffentlichen Gesundheit sind allein die Grundrechte und andere Verfassungsprinzipien. Einen gesellschaftlichen Bezug erhält man insbesondere, wenn man das Sozialstaatsprinzip zur Begründung gesundheitsfördernder Pflichten heranzieht.

3. Krankheitsprävention und Gesundheitsförderung als gesetzgeberische Entscheidungen unter Unsicherheit

Die Zusammenhänge zwischen dem Auftreten bestimmter Risikofaktoren bzw. dem Fehlen bestimmter Schutzfaktoren und dem Entstehen von Krankheiten sind in vielen Fällen nicht umfassend geklärt[623]. In den Fällen, in denen der Gesetzgeber das Auftreten dieser Risikofaktoren bzw. Schutzfaktoren im Rahmen der gesundheitlichen Risikovorsorge reguliert, trifft er somit Entscheidungen unter Unsicherheit. Diese Tatsache muss das Recht verarbeiten. Wichtig wird dabei u.a. sein, welchem Grad der Unsicherheit sich der Gesetzgeber ausgesetzt sieht, was wiederum von der vorhandenen Studienlage – also der wissenschaftlichen Evidenz – abhängig ist. Hier kann man vier Fallgruppen unterscheiden[624]:

1. Schlichtes Nichtwissen[625]. Dass eine solche Situation vorlag, kann sich erst im Nachhinein herausstellen.
2. Qualifiziertes Nichtwissen[626] oder schwere Unsicherheit[627]. Bei dieser Fallgruppe lassen sich bestimmte Risikohypothesen aufstellen, über deren tatsächliches Bestehen und über Eintrittswahrscheinlichkeiten lassen sich aber keine belastbaren Aussagen machen. Hier kann man von hypothetischen Risiken[628] sprechen. Hierzu mag man das gesundheitliche Risiko von Nanomaterialien, Glyphosat[629] und der Gentechnik[630] einordnen. Das BVerfG nennt das Risiko der Gentechnik „Basisrisiko", weil es hier „keinen wissenschaftlich-empirischen Nachweis des realen Gefährdungspotentials der gentechnisch veränderten Organismen und ihrer Nachkommen" gebe und somit eine „wissenschaftlich ungeklärte Situation" vor-

---

623 Ausführlich oben 1. Teil, A. II.

624 Nach *Scherzberg*, in: Hill/Schliesky (Hrsg.), Management von Unsicherheit und Nichtwissen, S. 31 (41 ff.); *Spiecker gen. Döhmann*, in: Hill/Schliesky (Hrsg.), Management von Unsicherheit und Nichtwissen, S. 89 (97).

625 *Scherzberg*, in: Hill/Schliesky (Hrsg.), Management von Unsicherheit und Nichtwissen, S. 31 (41).

626 *Scherzberg*, in: Hill/Schliesky (Hrsg.), Management von Unsicherheit und Nichtwissen, S. 31 (42).

627 *Spiecker gen. Döhmann*, in: Hill/Schliesky (Hrsg.), Management von Unsicherheit und Nichtwissen, S. 89 (97).

628 *Wahl*, UTR 14 (1991), 7 (9).

629 Beispiele bei *Scherzberg*, in: Hill/Schliesky (Hrsg.), Management von Unsicherheit und Nichtwissen, S. 31 (42).

630 Zur Geschichte des rechtlichen Umgangs mit der Gentechnik *van den Daele*, in: Bora (Hrsg.), Rechtliches Risikomanagement, S. 259 (260 ff.); *Sparwasser/Engel/Voßkuhle*, Umweltrecht, § 6 Rn. 365 ff.

liege[631]. Der Begriff des Basisrisikos hat sich im Risikoverwaltungsrecht allerdings nicht durchgesetzt.

3. Abstrakte Besorgnis[632] oder mittlere Unsicherheit[633]. Diese Fallgruppe ist einschlägig, wenn potentiell gefährliche Kausalketten benannt werden können und deren Auftreten aufgrund einer vorläufigen wissenschaftlichen Risikoermittlung auch theoretisch als möglich erscheint. Man kann also von einer potentiellen Schadenseignung ausgehen. Ob und unter welchen Voraussetzungen sich dieses Risiko im Einzelfall realisiert, kann jedoch nicht bestimmt werden. Dies mag etwa für das Gesundheitsrisiko von Salz und Zucker gelten. Auch viele Zusammenhänge, die im Rahmen der sozialen Risikovorsorge diskutiert werden, gehören hierher, etwa die Auswirkungen, die das Einkommen und die soziale Stellung auf den gesundheitlichen Zustand haben.
4. Konkrete Besorgnis[634] oder Quasi-Sicherheit[635]. In dieser letzten Fallgruppe schließlich gibt es „konkrete Anhaltspunkte für die Möglichkeit der Realisierung eines abstrakten Risikos im Einzelfall", „wobei die Eintrittswahrscheinlichkeit bekannt oder unbekannt sein kann"[636]. Es liegen also „Erfahrungswerte in erheblichem Umfang"[637] vor. Dies ist etwa bei der Schädlichkeit des Tabakrauchs (sowohl in der aktiven als auch der passiven Form) der Fall. Bei der sozialen Risikovorsorge wird man die Erkenntnisse der Lebenslaufforschung hier einordnen können, also insbesondere, dass Kindern aus sozial benachteiligten Familien, in denen die Eltern rauchen und andere gesundheitsriskante Verhaltensweisen an den Tag legen, in mehrfacher Hinsicht Schutzfaktoren fehlen.

Diese verschiedenen Arten von Unsicherheiten müssen bei der Wahl der Intervention berücksichtigt werden, sie wirken sich also auf das materielle Recht aus. Unsicherheiten bei der Tatsachengrundlage können sich aber auch auf die Art des Gesetzes und auf das Gesetzgebungsverfahren auswirken, indem sie dem Gesetzgeber etwa bestimmte Obliegenheiten auferlegen.

---

[631] BVerfGE 128, 1 (93 Rn. 140).

[632] *Scherzberg*, in: Hill/Schliesky (Hrsg.), Management von Unsicherheit und Nichtwissen, S. 31 (42 f.).

[633] *Spiecker gen. Döhmann*, in: Hill/Schliesky (Hrsg.), Management von Unsicherheit und Nichtwissen, S. 89 (97).

[634] *Scherzberg*, in: Hill/Schliesky (Hrsg.), Management von Unsicherheit und Nichtwissen, S. 31 (43).

[635] *Spiecker gen. Döhmann*, in: Hill/Schliesky (Hrsg.), Management von Unsicherheit und Nichtwissen, S. 89 (97).

[636] *Scherzberg*, in: Hill/Schliesky (Hrsg.), Management von Unsicherheit und Nichtwissen, S. 31 (43).

[637] *Spiecker gen. Döhmann*, in: Hill/Schliesky (Hrsg.), Management von Unsicherheit und Nichtwissen, S. 89 (97).

II. Die Verfassung als Grund und Grenze des Rechts der öffentlichen Gesundheit

Das Verständnis des Rechts der öffentlichen Gesundheit als gesundheitliche Risikovorsorge hilft, die weitere verfassungsrechtliche Analyse der staatlichen Pflicht zu Krankheitsprävention und Gesundheitsförderung zu strukturieren. Die Analyse der Gesetzgebungskompetenzen hat gezeigt, dass diese das Denken im Risikofaktorenmodell fördert. Das heißt aber nicht, dass der Gesetzgeber nicht Fragen der öffentlichen Gesundheit aus einer anderen Perspektive heraus angehen kann, auch wenn sich die konkrete gesetzliche Umsetzung in den Bahnen der hergebrachten Gesetzgebungskompetenzverteilung vollziehen muss. Auch der Befund zu den grundrechtlichen Schutzpflichten und zu den aus dem Sozialstaatsprinzip folgenden Pflichten bedeutet nicht, dass nicht beide als Grundlage für eine staatliche Pflicht zu Krankheitsprävention und Gesundheitsförderung herangezogen werden können. Hier bedarf es einer eingehenden Analyse von Grund und Grenzen dieser Pflichten. Normative, nicht evidenzbasierte Leitbilder können dort abgelöst werden, wo eine Pflicht zum Erlass evidenzbasierten Rechts besteht.

3. Teil

Die verfassungsrechtlichen Rahmenbedingungen des Rechts der öffentlichen Gesundheit

Dass im Falle der Risikovorsorge Gefahren kollektiviert werden[1], ändert nichts daran, dass das Recht nur Rechtssubjekten Rechte und Pflichten auferlegen kann[2]. Auch wenn es sich beim Risiko um ein gesellschaftliches oder technisches Problem handelt, muss das Recht die Komplexität der Wirkungszusammenhänge reduzieren, indem es individuelle Zurechnungen vornimmt[3]. Ergreift der Staat Maßnahmen der Risikovorsorge, entscheidet er darüber, wer Verantwortung für eine Risikosituation tragen soll. Der Gesetzgeber muss hier „Grundentscheidungen auf hohem Abstraktionsniveau" „über die Toleranz bestimmter Risiken sowie zu Maßstäben der Risikobewertung treffen"[4], er ist zur Definition „angemessener Einwirkungsgrenzen"[5] auf die öffentliche Gesundheit verpflichtet. Es geht im Ergebnis also um eine Risikoverteilung. Die Maßstäbe für diese Verteilung lassen sich jedenfalls zum Teil der Verfassung entnehmen.

A. Die Risikovorsorge als Gegenstand der grundrechtlichen Schutzpflichten und des Sozialstaatsprinzips

Im Bereich der öffentlichen Gesundheit wird gefordert, dass sich der Staat vom Vorsorgeprinzip leiten lässt, er also bereits bei nicht voll bewiesenen potentiellen Gefahren tätig werden müsse. Hier gibt es unter dem Stichwort „precautionary principle" eine internationale politische Diskussion[6]. Ob sich der deutsche Gesetzgeber in Risi-

---

[1] Dazu oben 2. Teil, A. II.

[2] Hierzu *Lepsius*, VVDStRL 63 (2004), S. 264 (285 f.).

[3] *Lepsius*, VVDStRL 63 (2004), S. 264 (290).

[4] *Koenig*, NVwZ 1994, 937 (939).

[5] *Scherzberg*, VVDStRL 63 (2004), S. 214 (240).

[6] Vgl. für die USA: American Public Health Association, Policy Statement No. 200011 aus dem Jahr 2000: The Precautionary Principle and Children's Health; *Kriebel/Trickner*, Am J Public Health 91 (2001), 1351. Für Kanada: *Weir/Schabas/Wilson/Mackie*, Can J Public Health 101 (2010), 396. Aus Sicht der WHO die Beiträge in: Martuzzi/Tickner (Hrsg.), The precautionary principle: protecting public health, the environment and the future of our children. Kritisch dazu, das Vorsorgeprinzip zur Handlungsmaxime zu machen, *Sunstein*, Gesetze der Angst, S. 14, 27: Das Prinzip führe in keine Richtung, wenn man die Risiken mitbedenke, die die Risikoregulierungsmaßnahmen mit sich brächten.

kolagen vom Vorsorgeprinzip leiten lässt oder ob er eine andere Herangehensweise wählt, ist nur dann keine rein politische Frage, wenn er zur Anwendung des Vorsorgeprinzips verpflichtet ist. Direkt im Grundgesetz ist das Vorsorgeprinzip nur für den Umweltschutz in Art. 20a GG verankert[7], das „als Abwägungskriterium bei der Beurteilung der Rechtmäßigkeit von Grundrechtseingriffen" zu beachten ist und auch den gesetzgeberischen Spielraum bei der Frage, ob dieser tätig werden muss, einschränkt[8]. Diese objektive Handlungspflicht bleibt jedoch schwach[9]. Ein allgemeines Vorsorgeprinzip im Sinne eines Meta-Rechtsprinzips, das die Entscheidungen des Staates in bestimmten Situationen vorzeichnete, also „selbst zu steuern beansprucht[e]"[10], ist im Grundgesetz nicht geregelt. Inwieweit der Staat zur gesundheitlichen Risikovorsorge verfassungsrechtlich verpflichtet ist, kann sich somit nur aus einzelnen Verfassungsbestimmungen ergeben.

In Entscheidungen mit Gesundheitsbezug spricht das BVerfG regelmäßig davon, dass die Verfassung eine Schutzpflicht des Staates begründe, die es ihm gebiete, „sich schützend und fördernd" vor die in Art. 2 II GG genannten Rechtsgüter zu stellen[11]. Dies scheint auf den ersten Blick Krankheitsprävention und Gesundheitsförderung zu entsprechen: „Schutz" würde nicht nur die Verhinderung einer Verschlechterung des Gesundheitszustands, sondern „Förderung" auch eine Verbesserung der Gesundheit bedeuten. Die unterschiedlichen Zielrichtungen – Krankheitsprävention vorrangig als abwehrender Ansatz, Gesundheitsförderung als ressourcenvermehrender Ansatz – lassen sich jedoch verfassungsrechtlich nicht identisch abbilden. Hier sind vielmehr unterschiedliche Grundrechtsfunktionen bzw. Schutzdimensionen angesprochen. Sie beziehen sich im Ergebnis auf unterschiedliche Instrumente des Staates und müssen deswegen auch bei der dogmatischen Herleitung getrennt betrachtet werden.

Durch ihren abwehrenden Charakter – im Sinne des Ansatzes der Krankheitsprävention – zeichnet sich die grundrechtliche Schutzpflicht aus[12]: Sie verpflichtet den Staat dazu, bestimmte Übergriffe bzw. Beeinträchtigungen[13] Dritter sowie von Na-

---

[7] *Jarass*, in: ders./Pieroth (Hrsg.), GG, Art. 20a Rn. 1, 8; dazu jetzt auch BVerfGE 157, 30 (135 f.).

[8] *Voßkuhle*, NVwZ 2013, 1 (5).

[9] *Voßkuhle*, NVwZ 2013, 1 (8); *Kahl/Gärditz*, Umweltrecht, § 3 Rn. 4.

[10] *Lübbe-Wolff*, in: Bizer/Koch (Hrsg.), Sicherheit, Vielfalt, Solidarität, S. 47.

[11] BVerfGE 46, 160 (164); 53, 30 (57); 88, 203 (251); 90, 145 (195); 115, 25 (45); 121, 317 (356); BVerfG, NJW 1998, 2961 (2962); BVerfG, Beschl. v. 6.7.2016, 1 BvR 1705/15, Rn. 17; BVerfGE 142, 313 (337). Erstmals verwendete es diese Formulierung in seinem Urteil zum Schwangerschaftsabbruch (BVerfGE 39, 1 [42]) in Bezug auf das Leben; siehe auch BVerfGE 115, 118 (152).

[12] Was aber nicht bedeutet, dass man die Schutzpflicht als Teil des Abwehrrechts verstehen sollte, so aber z. B. *Murswiek*, Die staatliche Verantwortung für die Risiken der Technik, S. 101 ff.

[13] Auf den Begriff „Eingriff" sollte an dieser Stelle verzichtet werden, um ihn für Maßnahmen des Staates vorzubehalten. So auch *Cremer*, Freiheitsgrundrechte, S. 228 Fn. 283. Von „Übergriffen" sprechen *Isensee*, in: ders./Kirchhof (Hrsg.), HbStR, IX, § 191 Rn. 225; *Calliess*, in: Merten/Papier (Hrsg.), HbGR, II, § 44 Rn. 18; *ders.*, JZ 2006, 321 (326). Anders das BVerfG, das von „Eingriffen von Seiten anderer" spricht (siehe nur BVerfGE 39, 1 [42]; 46, 160 [164]; 88, 203 [251]; 90, 145 [195]).

turgewalten ausgehenden Gefahren[14] von den Betroffenen fernzuhalten, also abzuwehren[15]. Wegen dieser Abwehrdimension kann man die grundrechtliche Schutzpflicht auch rechtsstaatliche Schutzpflicht nennen[16]. Verwischt wird diese Dimension dann, wenn man das Sozialstaatsprinzip – ergänzend oder allein – zur Herleitung dieser Art von Schutzpflicht heranzieht[17]. Denn das Sozialstaatsprinzip hat eine andere Zielrichtung[18]: Ihm geht es um Sozialgestaltung. Zwar werden auch durch die konkrete Ausgestaltung und Umsetzung der grundrechtlichen Schutzpflicht die Rechtsordnung und dadurch auch das soziale Leben gestaltet und man kann auch – in einem sehr weiten Sinne – bei dem sozialstaatlichen Auftrag von der Abwehr von Gefahren für eine positiv verstandene Freiheit sprechen[19], bei der grundrechtlichen Schutzpflicht geht es aber um die Bewahrung bestehender Rechtspositionen[20] und nicht um eine Veränderung im Sinne einer Verbesserung der Rahmenbedingungen für das Rechtsgut[21]. Die „fördernde Sicherung des Grundrechtsgebrauchs" in die-

---

[14] Dies ist umstritten, vgl. noch unten 3. Teil, A. I. 2.

[15] Auf eine Rechtswidrigkeit des Verhaltens des Privaten kommt es nicht an; vielmehr ergibt sich aus der Rechtweite der grundrechtlichen Schutzpflicht erst, was der Gesetzgeber verbieten (oder auf anderem Wege einschränken) muss (*Ruffert*, Vorrang der Verfassung und Eigenständigkeit des Privatrechts, S. 196).

[16] *Isensee*, in: ders./Kirchhof (Hrsg.), HbStR, IX, § 191 Rn. 191.

[17] So aber *Neumann*, DVBl 1997, 92 (97); *Robbers*, Sicherheit als Menschenrecht, S. 193; *ders.*, in: BoKo, GG, April 2009, Art. 20 Abs. 1 Rn. 1392. Eine Verwischung in umgekehrter Richtung findet sich bei BVerfGE 115, 25 (49): Hier zog das BVerfG im Kontext eines leistungsrechtlichen Anspruchs auch die grundrechtliche Schutzpflicht heran. Kritisch dazu *Heinig*, NVwZ 2006, 771 (773); *Huster*, JZ 2006, 466 (468).

[18] *Unruh*, Zur Dogmatik der grundrechtlichen Schutzpflichten, S. 49; *Ruffert*, Vorrang der Verfassung und Eigenständigkeit des Privatrechts, S. 164 f.; *ders.*, in: Vesting/Korioth/I. Augsberg (Hrsg.), Grundrechte als Phänomene kollektiver Ordnung, S. 109 (114). Ablehnend auch *Heinig*, Der Sozialstaat im Dienst der Freiheit, S. 389 Fn. 258.

[19] *Heinig*, Der Sozialstaat im Dienst der Freiheit, S. 391. – Wenn man in der Schutzpflichtenterminologie bleiben will, kann man beim sozialstaatlichen Auftrag von sozialstaatlichen („unechten") Schutzpflichten sprechen (so *Isensee*, in: ders./Kirchhof [Hrsg.], HbStR, IX, § 191 Rn. 191, 198, 200), da es um den Schutz vor sozialen Risiken geht. Dieser Schutz besteht jedoch gerade nicht in einem abwehrenden, sondern in einem leistenden und Teilhabe gewährenden Sinne.

[20] *Unruh*, Zur Dogmatik der grundrechtlichen Schutzpflichten, S. 49; *Ruffert*, Vorrang der Verfassung und Eigenständigkeit des Privatrechts, S. 165; *Störring*, Das Untermaßverbot in der Diskussion, S. 37.

[21] Nicht eingegangen werden soll hier auch auf das Modell *Seewalds*, das sich nicht durchgesetzt hat: *Seewald* zieht bestimmte Grundrechtsschranken wie Art. 11 II GG oder Art. 13 III GG iVm dem Sozialstaatsprinzip heran, um ein individuelles Recht auf Gesundheitsschutz durch den Staat zu kreieren. Diese Schranken enthielten nicht bloß Ermächtigungen zu Grundrechtseingriffen, sondern entfalteten begünstigende Rechtswirkungen zugunsten der dort genannten Rechtsgüter (*Seewald*, Zum Verfassungsrecht auf Gesundheit, S. 150 ff.). Dass die Grundrechtsschranken auch die Gesundheit schützen, ist jedoch ein bloßer Rechtsreflex und dient nicht der Erweiterung des Rechtskreises (*Zwermann-Milstein*, Grund und Grenzen einer verfassungsrechtlich gebotenen gesundheitlichen Mindestversorgung, S. 33 Fn. 10; kritisch dazu auch *Hermes*, Das Grundrecht auf Schutz von Leben und Gesundheit, S. 127; *Unruh*, Zur Dogmatik der grundrechtlichen Schutzpflichten, S. 48 ff.; *Ruffert*, Vorrang der Verfassung und Eigenständigkeit des Privatrechts, S. 164; *Robbers*, in: BoKo, GG, April 2009, Art. 20 Abs. 1 Rn. 1395; *Störring*, Das Untermaßverbot in der Diskussion, S. 36).

sem Sinne gehört nicht zu den Dimensionen der rechtsstaatlichen Schutzpflicht[22]. Dies ist nicht zuletzt darauf zurückzuführen, dass rechtsstaatliche Schutzpflicht und sozialstaatlicher Auftrag jeweils eine andere Staatsfunktion in Anspruch nehmen: nämlich einerseits die rechtsstaatliche Gewährleistungsfunktion und andererseits die soziale Umverteilungsfunktion[23].

Abgrenzen sollte man die grundrechtlichen Schutzpflichten und den Gestaltungsauftrag des Sozialstaatsprinzips deswegen nach der Art des Vorgehens des Staates[24]. Nur begrenzt hilft das Abstellen auf das Vorhandensein eines bestimmbaren Dritten bzw. einer konkret bestimmbaren Gefahrenquelle weiter[25]. Denn nur auf den ersten Blick ist bei der sozialstaatlichen Schutzpflicht nie ein Dritter näher bestimmbar. Zwar soll mit sozialen Schutzpflichten auf Freiheitsgefährdungen reagiert werden, „die der Kontingenz der sozialen Selbstorganisation der Gesellschaft geschuldet sind"[26], zwar geht es um „natürliche bzw. schicksalhafte Risiken"[27], um Lebens- und Gesundheitsbeeinträchtigungen, „deren Herkunft man mit Schicksal, Natur und „System" umschreiben könnte"[28]. Man kann insoweit von „Systemdefekt[en]"[29] sprechen, die abgestellt werden sollen[30]. In vielen Fällen wird deswegen bei der sozi-

---

[22] So aber *Kingreen/Poscher*, Grundrechte, 32. Aufl., Rn. 116, 120. Wie hier *Murswiek*, Die staatliche Verantwortung für die Risiken der Technik, S. 122; *Krings*, Grund und Grenzen grundrechtlicher Schutzansprüche, S. 258 f.

[23] *Murswiek*, Die staatliche Verantwortung für die Risiken der Technik, S. 125; *Heinig*, Der Sozialstaat im Dienst der Freiheit, S. 390.

[24] Auch ein schutzgutorientiertes Verständnis der Schutzpflicht, das das gefährdete Rechtsgut als Ansatzpunkt für die rechtsstaatliche Schutzpflicht nimmt (vgl. *Dietlein*, Die Lehre von den grundrechtlichen Schutzpflichten, S. 103; *Bock-Pünder*, Rechtanspruch auf Besuch eines Kindergartens, S. 114 ff.; auch *Moritz*, Staatliche Schutzpflichten gegenüber pflegebedürftigen Menschen, scheint diesen Ansatz zu übernehmen, begründet ihn jedoch kaum [S. 110]), kommt nicht zu anderen Ergebnissen (dies unterstellt wohl *Cremer*, Freiheitsgrundrechte, S. 318: In der Konsequenz könnte man auch Sozialleistungen wie die Sozialhilfe als Ausdruck der Schutzpflicht sehen, da sie der tatsächlichen Realisierung der Grundrechtsgüter Leben und Gesundheit dient [dies befürwortend *Kingreen*, Das Sozialstaatsprinzip im europäischen Verfassungsverbund, S. 137]). Denn auch diese schutzgutorientierte Betrachtung grenzt die grundrechtliche Schutzpflicht von den Aufgaben des Sozialstaates ab: Dieser bringe eigene Handlungs- und Förderpflichten hervor, wo nicht die Bedrohung grundrechtlicher Schutzräume von außen verhindert, sondern die Entfaltung grundrechtlicher Freiräume zu verwirklichen sei (*Dietlein*, Die Lehre von den grundrechtlichen Schutzpflichten, S. 104 f.).

[25] So aber *Kingreen*, Das Sozialstaatsprinzip im europäischen Verfassungsverbund, S. 139.

[26] *Heinig*, Der Sozialstaat im Dienst der Freiheit, S. 388.

[27] *Hermes*, Das Grundrecht auf Schutz von Leben und Gesundheit, S. 119.

[28] *Hermes*, Das Grundrecht auf Schutz von Leben und Gesundheit, S. 131.

[29] *Kingreen*, Das Sozialstaatsprinzip im europäischen Verfassungsverbund, S. 134.

[30] Nicht überzeugend ist es, für die Pflicht des Staates, soziale Missstände anzugehen, die rechtsstaatliche Schutzpflicht heranzuziehen. Die in diesem Zusammenhang angestellten Überlegungen, die grundrechtsdogmatisch Abtreibungs- sowie Sicherungsverwahrungskonstellationen mit der Frage nach einem Anspruch auf Sozialleistungen für Asylbewerber gleichsetzen (*Moritz*, Staatliche Schutzpflichten gegenüber pflegebedürftigen Menschen, S. 138 ff.), müssen sich die Frage gefallen lassen, wie diese Gleichsetzung begründet werden soll. Über die Tatsache, dass das vom Staat verlangte Vorgehen jeweils eine andere Stoßrichtung hat, kann nicht ohne Begründung hinweggegangen werden. Einzelne Vertreter eines schutzgutorientierten Verständnisses der Schutzpflicht, die

alstaatlichen Schutzpflicht kein Dritter näher bestimmbar sein, von dem dieses Risiko ausgeht[31], dies ist jedoch nicht zwingend. So gibt es auch „individualisierte soziale Konfliktlagen"[32]. Hierzu gehören Machtverhältnisse innerhalb der Gesellschaft, die von der strukturellen Unterlegenheit einer Partei geprägt sind, etwa im Arbeits- oder Mietrecht. Hier können im jeweiligen Fall der Arbeitgeber bzw. die Vermieterin als Dritte identifiziert werden. Dass es zu diesem asymmetrischen Machtverhältnis

---

eine Pflicht auch zu leistenden und fördernden Maßnahmen, um das Schutzgut zu stärken, für von der Schutzpflicht erfasst ansehen (*Bock-Pünder*, Rechtanspruch auf Besuch eines Kindergartens, S. 119; in diese Richtung auch *Dietlein*, Die Lehre von den grundrechtlichen Schutzpflichten, S. 104, der jedenfalls teilweise auch leistende Elemente als Teil der Schutzpflicht versteht), berufen sich auf das zweite Abtreibungsurteil des BVerfG, in dem das Gericht mehr als die Abwehr unmittelbarer Eingriffe, nämlich auch Leistungen verlangt habe (*Bock-Pünder*, Rechtanspruch auf Besuch eines Kindergartens, S. 119). Eine solche „Leistungsorientierung der grundrechtlichen Schutzpflicht" gebiete auch der Verhältnismäßigkeitsgrundsatz, denn aus ihm ergebe sich, dass Mittel ohne Eingriffscharakter ggf. Vorrang vor solchen mit Eingriffscharakter hätten (*Bock-Pünder*, Rechtanspruch auf Besuch eines Kindergartens, S. 119f.). Dass der Verhältnismäßigkeitsgrundsatz genau dies gebieten kann, wirkt sich jedoch nicht auf die dogmatische Figur aus, die die Grundlage von Leistungspflichten darstellt. Die Notwendigkeit staatlicher Leistungen zur Abhilfe bestimmter gesellschaftlicher Missstände an sich kann nicht herangezogen werden, um das Vorliegen einer Schutzpflicht bzw. die Art der Schutzpflicht zu begründen (ein solches Vorgehen scheint aber jedenfalls ansatzweise durch bei *Bock-Pünder*, Rechtanspruch auf Besuch eines Kindergartens, S. 118ff., und *Moritz*, Staatliche Schutzpflichten gegenüber pflegebedürftigen Menschen, S. 123ff.). Auch leitete das Gericht im zweiten Abtreibungsurteil die Pflicht des Staates, eine kinderfreundliche Gesellschaft zu fördern, nicht allein aus der rechtsstaatlichen Schutzpflicht her, sondern nannte als weiteren verfassungsrechtlichen Schutzauftrag den aus Art. 6 I und IV GG [BVerfGE 88, 203 (261]), so dass die Heranziehung dieses Urteils ein Stück weit fehlgeht.

31 Von anderen wird für „anonyme gesellschaftliche Prozesse", die für Grundrechtsverletzungen verantwortlich sein könnten, eine kollektiv-institutionelle Dimension der Grundrechte herangezogen (*Hensel/Teubner*, KJ 2014, 152 [155]). Wann von solchen gesellschaftlichen Prozessen gesprochen werden kann, wird von dieser Ansicht oft sehr weit ausgelegt; oft können diese vermeintlich unpersönlichen Prozesse wahrscheinlich doch auf menschliches Handeln zurückgeführt werden (so auch *Belling/Herold/Kneis*, in: Attila/Belling [Hrsg.], Rechtsentwicklungen aus europäischer Perspektive im 21. Jahrhundert, S. 53 [95]). Dann wiederum wird oft die rechtsstaatliche Schutzpflicht einschlägig sein (*Belling/Herold/Kneis*, in: Attila/Belling [Hrsg.], Rechtsentwicklungen aus europäischer Perspektive im 21. Jahrhundert, S. 53 [95]). Diese Schutzpflichtfunktion hat die früher aktualisierten zusätzlichen Grundrechtsfunktionen immer mehr in sich aufgenommen (*Kingreen/Poscher*, Grundrechte, 32. Aufl., Rn. 106; vgl. auch *Cremer*, Freiheitsgrundrechte, S. 187f.). Soweit tatsächlich kein menschliches Handeln konkret identifiziert werden kann und man den Grundrechten auch den Charakter objektiver Ordnungsprinzipien für die von ihnen geschützten Lebensbereiche beimessen will mit der Folge, dass auch die Ermöglichung und Verwirklichung grundrechtlicher Freiheit durch die Grundrechte realisiert werden soll (so die Formulierung von *Dietlein*, Die Lehre von den grundrechtlichen Schutzpflichten, S. 58; zur institutionellen Seite der Grundrechte *Häberle*, Die Wesensgehaltsgarantie des Art. 19 Abs. 2 Grundgesetz, S. 70ff., 116ff.), stellt sich die Frage, ob der soziale Gestaltungsauftrag in Form einer „Umverteilung von Handlungsoptionen" (Formulierung nach *Ladeur*, DÖV 2007, 1 [3]), der daraus für den Gesetzgeber folgt, wirklich direkt den Grundrechten entnommen werden kann (so *Ladeur*, DÖV 2007, 1 [4]: objektiv-rechtliche Dimension der Grundrechte). Hier drohen die Konturen zwischen der Schutzpflicht, die auf Abwehr gerichtet ist, und einer Sozialgestaltung, die auf einen Ausgleich zwischen Stärkeren und Schwächeren gerichtet ist, dogmatisch zu verwischen (so auch, dies aber wohl hinnehmend, *Kingreen/Poscher*, Grundrechte, 32. Aufl., Rn. 118, 121).

32 Begriff nach *Ruffert*, Vorrang der Verfassung und Eigenständigkeit des Privatrechts, S. 198.

kommen konnte, liegt aber an strukturellen Gründen und den Bedingungen moderner Gesellschaften – also am System; der Ausgleich dieser Asymmetrie ist Aufgabe des Sozialstaatsprinzips[33]. Die Maßnahmen, die der Staat in diesen Fällen ergreifen kann, richten sich dann nicht gegen einen einzelnen „Übergriff" eines Privaten, um das betroffene Grundrechtsgut zu schützen und zu bewahren, sondern sie versuchen, das Machtungleichgewicht (ein Stück weit) auszugleichen, indem Güter und Rechtspositionen in einem früheren Stadium umverteilt werden[34].

Die Krankheitsprävention als Ansatz, der gesundheitliche Risikofaktoren ausschalten oder reduzieren will, kann somit über die in ihren Strukturen gefahrenabwehrrechtlich angelegte grundrechtliche Schutzpflicht abgebildet werden; für die Gesundheitsförderung, die auf die Mehrung von Ressourcen und die Förderung der Selbstbestimmung angelegt ist, kann nur das Sozialstaatsprinzip herangezogen werden. Zwischen beiden Ansätzen muss somit bei der verfassungsrechtlichen Herleitung unterschieden werden. Die jeweilige Herleitung entscheidet über die weiteren Vorgaben und Rahmenbedingungen. Zunächst stellt sich die Frage, inwieweit die grundrechtliche Schutzpflicht und das Sozialstaatsprinzip zum einen gesundheitliche Belange und zum anderen gerade solche, die nur ein Risiko und keine Gefahr darstellen, verarbeiten können.

I. Gefahrenabwehrrechtlich geprägte Risikovorsorge

In seinem ersten Urteil zum Schwangerschaftsabbruch[35] hatte das BVerfG 1975 erstmals davon gesprochen, dass sich aus Art. 2 II 1 GG die objektiv-rechtliche Pflicht des Staates ergibt, sich schützend und fördernd vor dessen Rechtsgüter zu stellen. Soweit es um Gefährdungen geht, die durch Dritte verursacht werden, kann davon ausgegangen werden, dass das Bestehen einer staatlichen Schutzpflicht allgemein anerkannt ist[36]. Auf diese Weise können die weitreichenden Vorgaben des Arbeitsschutzes gerechtfertigt werden[37]; auch der Infektionsschutz bei von Mensch zu Mensch übertragbaren Krankheiten hat hier seine Grundlage.

---

[33] *Ruffert*, Vorrang der Verfassung und Eigenständigkeit des Privatrechts, S. 199; *Enders*, VVDStRL 64 (2005), S. 7 (44 Fn. 142).

[34] *Ruffert*, Vorrang der Verfassung und Eigenständigkeit des Privatrechts, S. 201; vgl. auch *Isensee*, in: ders./Kirchhof (Hrsg.), HbStR, IX, § 191 Rn. 199. In Einzelfällen kann die „typisiert-strukturelle Ungleichheit" jedoch „in konkrete Unfreiheit" umschlagen und die rechtsstaatliche Schutzpflicht aktivieren; dies gilt für die Extremfälle von arglistiger Täuschung, Drohung und Knebelung (*Ruffert*, Vorrang der Verfassung und Eigenständigkeit des Privatrechts, S. 341 f.) und ist im Kontext dieser Arbeit nicht relevant.

[35] BVerfGE 39, 1 (42).

[36] Vgl. zur Rechtsprechung des BVerfG und zu den Diskussionen innerhalb des Schrifttums nur *Calliess*, in: Merten/Papier (Hrsg.), HbGR, II, § 44 Rn. 5, 8 ff.

[37] Zur Verankerung außerdem im Sozialstaatsprinzip *Schmidt am Busch*, GewArch 2011, 1.

1. Gesundheit als Schutzgut

a) Gesundheit und Art. 2 II 1 GG

Auch wenn die Gesundheit in Art. 2 II 1 GG nicht ausdrücklich erwähnt wird, ist sie in den meisten Fällen von der dort genannten körperlichen Unversehrtheit erfasst. Unter „körperlicher Unversehrtheit“ wird allgemein die Gesundheit im biologisch-physiologischen Bereich[38], also insbesondere die Integrität der körperlichen Substanz, verstanden. „Gesundheit“ und „körperliche Unversehrtheit“ weisen große Überschneidungen auf, sind aber – je nach Begriffsverständnis der Gesundheit – nicht vollständig deckungsgleich[39]. Körperliche Unversehrtheit geht über den biomedizinischen Gesundheitsbegriff, der Gesundheit nur als Freisein von Krankheit versteht, hinaus, da Art. 2 II 1 nicht nur vor Gesundheitsschäden im Sinne von somatischen Funktionsstörungen, Körperschäden und psychopathischen Störungen, sondern auch vor sonstigen Beeinträchtigungen der körperlichen Integrität wie der Zufügung von Schmerzen schützt[40]. Andere nennen als Beispiel die Entnahme eines Bluttropfens aus dem Ohrläppchen: Hier sei die körperliche Integrität verletzt, die Gesundheit aber nicht betroffen[41]. Man kann die Unterscheidung auch anders vornehmen: Bei der körperlichen Unversehrtheit steht der Verletzungsvorgang im Fokus der Betrachtung, bei der Gesundheit eher das Ergebnis dieses Vorgangs. Bei der körperlichen Unversehrtheit erfolgt die Betrachtung punktuell, bei der Gesundheit werden die jeweiligen Zustände vor und nach dem Vorgang betrachtet[42]. Von der körperlichen Unversehrtheit iSd Gesundheit ist somit die Abwesenheit jeder Art regelwidrigen Körperzustands umfasst[43]. Art. 2 II 1 GG definiert sich also hauptsächlich über „harte“ Kriterien.

Auf den ersten Blick ist das Schutzgut des Art. 2 II 1 GG erheblich enger als der WHO-Gesundheitsbegriff[44], der Gesundheit als Zustand völligen körperlichen, seelischen und sozialen Wohlbefindens und nicht nur das Freisein von Krankheit oder Gebrechen versteht. Das BVerfG hatte noch in seiner Entscheidung zum Fluglärm aus dem Jahr 1981 ausführliche Überlegungen zu der Frage angestellt, ob der WHO-

---

[38] BVerfGE 56, 54 (73 ff.).

[39] Die Bioethik-Kommission Rheinland-Pfalz empfahl 2010, die Gesundheit als eigenes Schutzgut in Art. 2 II 1 GG aufzunehmen (Gesundheit und Gerechtigkeit, S. 105).

[40] BVerfGE 56, 54 (73 f.); *Rixen*, in: Sachs (Hrsg.), GG, Art. 2 Rn. 150; *Kunig/Kämmerer*, in: v. Münch/Kunig (Hrsg.), GG, 7. Aufl., Art. 2 Rn. 116; *Fink*, in: Merten/Papier (Hrsg.), HbGR, IV, § 88 Rn. 33. Im Ergebnis auch *Höfling*, in: BerlKomm, GG, XI/12, Art. 2 (3. Teil), Rn. 130.

[41] *Seewald*, Zum Verfassungsrecht auf Gesundheit, S. 54.

[42] *Seewald*, Zum Verfassungsrecht auf Gesundheit, S. 55. Anders *Di Fabio*, in: Dürig/Herzog/Scholz, GG, Februar 2004, Art. 2 Abs. 2 S. 1 Rn. 57.

[43] *Meyer*, AöR 136 (2011), 428 (448).

[44] So *Rixen*, in: Sachs (Hrsg.), GG, Art. 2 Rn. 150; *Höfling*, in: BerlKomm, GG, XI/12, Art. 2 (3. Teil), Rn. 130; *Starck*, in: v. Mangoldt/Klein/Starck, GG, Art. 2 Abs. 2 Rn. 193; *Di Fabio*, in: Dürig/Herzog/Scholz, GG, Feb. 2004, Art. 2 Abs. 2 S. 1 Rn. 57; *Schulze-Fielietz*, in: Dreier (Hrsg.), GG, Art. 2 Rn. 37; *Hermes*, Das Grundrecht auf Schutz von Leben und Gesundheit, S. 223; *Meyer*, AöR 136 (2011), 428 (448).

Gesundheitsbegriff für die Bestimmung der Reichweite des Art. 2 II 1 GG herangezogen werden könne, und diese Frage am Ende offengelassen. In der Entscheidung ging es aber nicht bloß um ein diffuses Wohlbefinden, sondern um die Frage, ob Beeinträchtigungen wie Fluglärm, die nicht immer unmittelbar körperliche Auswirkungen haben, die körperliche Unversehrtheit iSd Art. 2 II 1 GG berühren. Das BVerfG tendierte zu einer weiten Auslegung des Begriffs der körperlichen Unversehrtheit – wenn auch nicht unter Einbeziehung des WHO-Begriffs –, ließ es aber am Ende ausreichen, auf die somatischen Auswirkungen von Fluglärm zu verweisen, die sich in Schlafstörungen ausdrücken könnten[45]. Mittlerweile ist es anerkannt, dass auch die Gesundheit im psychischen Bereich[46] von Art. 2 II 1 GG geschützt ist. Die Entscheidung des BVerfG ist deswegen für die Frage, inwiefern der WHO-Gesundheitsbegriff für die Schutzpflicht, die auf Art. 2 II 1 GG gestützt wird, herangezogen wird, kaum aussagekräftig[47]. Das gleiche gilt für die Vorgehensweise der Literatur[48], die apodiktisch darauf verweist, für „weiche" Kriterien wie das Wohlbefinden sei kein Raum[49], um damit der Heranziehung des WHO-Gesundheitsbegriffs eine Absage zu erteilen. Wenn man die Definition der WHO auf den Bestandteil „Wohlbefinden" verkürzt, ist diese Aussage zutreffend, denn ein solcher Gesundheitsbegriff ist nicht messbar[50]. Bezug genommen wird durch diese Verkürzung auf eine Bedeutung des WHO-Gesundheitsbegriffs, die ihn allein als normatives Gut im Sinne eines anzustrebenden, aber wohl nicht erreichbaren Zustands versteht[51]. Ausgeblendet wird dabei, dass damit noch nichts darüber gesagt ist, inwiefern man den mehrdimensionalen Aspekt des Begriffs[52] – die Betonung nicht nur der körperlichen und geistigen, sondern auch der „sozialen Gesundheit" – im Rahmen des Art. 2 II 1 GG berücksichtigen kann[53].

---

[45] BVerfGE 56, 54 (65 f.).

[46] *Lang*, in: BeckOK-GG, 15.5.2022, Art. 2 Rn. 62; *Di Fabio*, in: Dürig/Herzog/Scholz, GG, Feb. 2004, Art. 2 Abs. 2 S. 1 Rn. 55.

[47] Ausführlich *Wilke*, Der Schutz vor den Wirkungen des Fluglärms auf den Menschen nach der Novellierung des FluLärmG, S. 152 ff.

[48] Kritisch *Wilke*, Der Schutz vor den Wirkungen des Fluglärms auf den Menschen nach der Novellierung des FluLärmG, S. 156, 166 f.

[49] *Steiner*, in: Spickhoff (Hrsg.), Medizinrecht, Art. 2 Rn. 14; *Lang*, in: BeckOK-GG, 15.5.2022, Art. 2 Rn. 62; *Starck*, in: v. Mangoldt/Klein/Starck, GG, Art. 2 Abs. 2 Rn. 193; *Di Fabio*, in: Dürig/Herzog/Scholz, GG, Feb. 2004, Art. 2 Abs. 2 S. 1 Rn. 56.

[50] Vgl. auch *Wilke*, Der Schutz vor den Wirkungen des Fluglärms auf den Menschen nach der Novellierung des FluLärmG, S. 163 Fn. 818. Von *psychischem* „Wohlbefinden" als Schutzgut des Art. 2 II 1 GG spricht allerdings das OVG Koblenz (NJW 1998, 1422 [1423]).

[51] Dazu *Kickbusch*, in: Häfner (Hrsg.), Gesundheit – unser höchstes Gut?, S. 275.

[52] *Kickbusch*, in: Häfner (Hrsg.), Gesundheit – unser höchstes Gut?, S. 275 (276).

[53] Ähnlich *Wilke*, Der Schutz vor den Wirkungen des Fluglärms auf den Menschen nach der Novellierung des FluLärmG, S. 153, 163. – Die Aussage wiederum, dass bei der Berücksichtigung auch sozialer Aspekte automatisch alles staatliche Handeln unter dem Gesichtspunkt des Gesundheitsschutzes betrachtet werden müsste (so *Starck*, in: v. Mangoldt/Klein/Starck, Art. 2 Abs. 2 Rn. 193), bleibt ohne weitere Begründung, warum dies nicht zulässig wäre, nur ein politisches Ziel.

Der Vorwurf der Konturenlosigkeit des WHO-Gesundheitsbegriffs, der dahintersteckt, verkennt, dass Voraussetzung für eine Einbeziehung in den Schutz des Art. 2 II 1 GG ist, dass die wissenschaftliche Evidenz den Nachweis erbringt, dass soziale Faktoren krank machen können[54]. Soweit dieser Nachweis gelingt, geht es nicht um eine diffuse „soziale Gesundheit" im Sinne eines Wohlbefindens, sondern um die „harten" Kriterien, die von der Literatur bei Art. 2 II 1 GG verlangt werden[55]. Durch die Einbeziehung der Evidenz wird abgegrenzt, wie weit der WHO-Gesundheitsbegriff berücksichtigt werden kann. Wo es keinen Nachweis für krankmachende soziale Faktoren gibt, geht der WHO-Gesundheitsbegriff über den Gegenstand des Art. 2 II 1 GG hinaus und spielt keine Rolle mehr.

Dass soziale Faktoren innerhalb des Gesundheitsbegriffs, der sich aus Art. 2 II 1 GG ergibt, berücksichtigt werden dürfen, kommt aber nur dann eine Bedeutung bei der grundrechtlichen Schutzpflicht zu, wenn es um eine Abwehr dieser sozialen Faktoren im Rahmen der Krankheitsprävention geht. In der Regel wird auf soziale Faktoren wohl eher mit einer Förderung bestimmter Lebensbedingungen reagiert, so dass in diesen Fällen die soziale Risikovorsorge einschlägig ist[56]. Im Ergebnis wird die staatliche Schutzpflicht, die auf Art. 2 II 1 GG gestützt wird, insbesondere für die Fälle von Bedeutung sein, in denen bestimmte Stoffe oder Immissionen körperlich auf die Bevölkerung einwirken. Vor solchen Beeinträchtigungen muss der Staat die Bevölkerung schützen. Dies gilt für Lärm und Schadstoffe in der Luft, für ansteckende Krankheiten, bestimmte Chemikalien und andere potentiell gesundheitsschädliche Stoffe, die z. B. nicht in bestimmten Produkten wie Kleidung, Trinkflaschen etc., und auch nicht in Lebensmitteln enthalten sein sollen. Wann solche Beeinträchtigungen vorliegen, ist von den Erkenntnissen innerhalb der jeweiligen Fachdisziplin abhängig.

b) Gesundheit und Art. 2 I iVm Art. 1 I GG

Darüber hinaus gibt es weitere Einflüsse, die auf die Gesundheit der Bevölkerung einwirken. Da diese Einwirkungen nicht körperlicher Art sind, fallen sie nicht unter Art. 2 II 1 GG. Dies gilt für Faktoren, die sich in einer Weise auf die Persönlichkeitsentwicklung und -entfaltung des Einzelnen auswirken, dass die persönliche Präferenzbildung negativ beeinflusst wird. Die autonome Bestimmung der Lebensgestaltung[57], also die Realisierung von Lebensplänen, für die die Gesundheit die zentrale Voraussetzung ist, gehört zum Schutzgut des allgemeinen Persönlichkeitsrechts aus

---

[54] *Wilke*, Der Schutz vor den Wirkungen des Fluglärms auf den Menschen nach der Novellierung des FluLärmG, S. 155, 162 f.

[55] Ähnlich *Wilke*, Der Schutz vor den Wirkungen des Fluglärms auf den Menschen nach der Novellierung des FluLärmG, S. 158, 164.

[56] Dazu unten 3. Teil, A. II.

[57] *Di Fabio*, in: Dürig/Herzog/Scholz, GG, Juli 2001, Art. 2 Rn. 147, unter Verweis auf BVerfGE 72, 155 (170); 79, 256 (268).

Art. 2 I iVm Art. 1 I GG[58]. Der Begriff der Persönlichkeit bezieht sich umfassend auf den jeweiligen Menschen „als Individuum in seinem jeweiligen Entwicklungsstadium [...] mit seinen sämtlichen charakteristischen Eigenschaften" inklusive „seiner sozio-kulturellen Persönlichkeit, geistigen Fähigkeiten, seines Charakters und seiner Handlungsweisen"[59]. Das allgemeine Persönlichkeitsrecht hat das Ziel, die Grundlagen der persönlichen Entfaltung des Grundrechteinhabers in der Gesellschaft sicherzustellen[60], also ein „Mindestmaß an faktischen und sozialen Rahmenbedingungen", die die Entfaltung als freie Person „überhaupt erst ermöglichen", zu garantieren[61] bzw. die „elementaren Entfaltungsvoraussetzungen" des Einzelnen zu „achten und zu schützen"[62]. Das allgemeine Persönlichkeitsrecht schützt „die engere persönliche Lebenssphäre", in der der Einzelne „seine Individualität entwickeln und wahren kann"[63]. Zentrale Funktion des allgemeinen Persönlichkeitsrechts ist die Sicherung des Vorgangs eigener Identitätsfindung, durch die die Grundbedingung autonomer Entfaltung geschaffen wird[64]. Durch einen „inneren Freiraum – verstanden als das „tatsächliche Vermögen einer Person, sich von eigenen Identitätsvorstellungen und fremden Identitätserwartungen immer wieder zu distanzieren, in einen Prozess der Selbstvergewisserung einzutreten und so selbst zur Konstituierung seiner eigenen Persönlichkeit beizutragen"[65] – wird es dem Individuum ermöglicht, Identitätserwartungen, die andere an es formulieren, zu reflektieren[66].

Konkret bedeutet dies, dass sich aus dem allgemeinen Persönlichkeitsrecht eine Schutzpflicht des Staates ergibt, den Einzelnen vor Beeinflussungen durch Dritte zu schützen, die dazu führten, dass er Entscheidungen träfe, die er ohne diese Beeinflussung nicht getroffen hätte, und somit die Entscheidungen nicht mehr als selbstbestimmt erschienen. Da der Mensch notwendigerweise in sozialen Bezügen lebt und sich seine Präferenzen nicht in einem Vakuum ausbilden[67], seine Persönlichkeit sich vielmehr nur durch das soziale Wechselspiel zwischen ihm und anderen konstituiert[68], muss hier sorgfältig zwischen Einflüssen unterschieden werden, die einer „normalen" sozialen Interaktion entspringen, und solchen, die als „schädlich" gelten

[58] Vgl. auch *Bumke*, in: ders./Röthel (Hrsg.), Autonomie im Recht, S. 3 (6).

[59] *R. Frenzel*, Der verfassungsrechtliche Anspruch Minderjähriger und Heranwachsender auf freie Entfaltung der Persönlichkeit, S. 20f.

[60] *Jarass*, in: Erichsen/Kollhosser/Welp (Hrsg.), Recht der Persönlichkeit, S. 89 (100); ähnlich *Degenhart*, JuS 1992, 361 (366f.); *Grimm*, Karlsruher Forum 1996, 3 (17).

[61] *Streibel*, Rassendiskriminierung als Eingriff in das allgemeine Persönlichkeitsrecht, S. 135.

[62] *Kube*, in: Isensee/Kirchhof (Hrsg.), HbStR, VII, § 148 Rn. 119.

[63] BVerfGE 79, 256 (268).

[64] *Britz*, Freie Entfaltung durch Selbstdarstellung, S. 27.

[65] *Britz*, Freie Entfaltung durch Selbstdarstellung, S. 31, 27. Deswegen ist hier auch nicht die allgemeine Handlungsfreiheit einschlägig (so aber *Schulz*, SGb 2010, 201 [202]).

[66] *Britz*, Freie Entfaltung durch Selbstdarstellung, S. 29.

[67] Vgl. *Barton*, Public Health Ethics 2013, 207 (208); *Jennings*, Hastings Center Report 2016, 11 (15).

[68] *Britz*, Freie Entfaltung durch Selbstdarstellung, S. 28; *Eidenmüller*, JZ 2011, 814 (820). Ähnlich BVerfGE 153, 182 (271f.).

können. Soweit die Präferenzbildung durch eine Reflektion auf Seiten des Individuums geschieht, liegt dies in der Natur der Sache – Präferenzen bilden sich nie ohne äußere Einflüsse –, aber bestimmte Einwirkungen lassen Präferenzen nicht mehr als eigene erscheinen. Ob dies der Fall ist, muss nach qualitativen Gesichtspunkten beurteilt werden[69]. Die Selbstbestimmung ist insbesondere dann durch andere Individuen oder durch soziale, politische und wirtschaftliche Strukturen gefährdet, wenn der Reflektionsprozess durch Manipulation, Ausbeutung oder Täuschung beeinflusst wird[70]. In dieser Schutzpflicht findet das Verbraucherschutzrecht seine verfassungsrechtliche Grundlage[71].

Soweit sich diese Präferenzen auf gesundheitlich relevante Entscheidungen beziehen, muss dieser gesundheitliche Bezug mitgedacht werden. Es geht dann nicht allein um den Schutz der Bevölkerung vor Irreführung durch Täuschung oder Manipulation, sondern um den Schutz der gesundheitlich relevanten Präferenzen. Der Schutz vor Täuschung ist dann nicht geringer als der Schutz der Gesundheit[72], sondern wird umgekehrt durch den gesundheitlichen Aspekt verstärkt[73]. Der Täuschungsschutz hat nur dienende Funktion[74]. Die staatliche Schutzpflicht ist somit im Ergebnis beim gesundheitlichen Verbraucherschutz größer als beim einfachen Täuschungsschutz[75].

Im Rahmen der grundrechtlichen Schutzpflicht – das Schutzgut jedes Freiheitsrechts kann die staatliche Schutzpflicht aktivieren[76] – trifft den Staat im Ergebnis die Pflicht, schädliche Einflüsse auf die Persönlichkeitsentwicklung wie manipulative Bedingungen, die durch Private gesetzt werden, von dem Einzelnen fernzuhalten[77], um den Einzelnen bei der Optimierung seines Entfaltungspotentials zu unterstützen[78]. Berücksichtigt werden muss dabei, dass es nicht Aufgabe der grundrechtlichen Schutzpflicht ist, allgemein die Persönlichkeitsentwicklung und -entfaltung zu gewährleisten – hier ist unter bestimmten Voraussetzungen vielmehr das Sozialstaatsprinzip einschlägig[79]. Ein umfassender „Entfaltungsschutz der Fähigkeiten und Eigenschaften", die in dem Individuum angelegt sind[80], der auf der Grundlage

69 *Bumke*, in: ders./Röthel (Hrsg.), Autonomie im Recht, S. 3 (24).

70 *Zimmerman*, Hastings Center Report 2017, 38 (39).

71 Sehr allgemein *Wiebe*, GewArch 2016, 138.

72 So aber *v. Danwitz*, GRUR 2005, 896 (900).

73 Beim Verbraucherschutzrecht handelt es sich um eine Querschnittsmaterie und nicht um ein Rechtsgebiet, das in jedem Fall vom Ziel des Gesundheitsschutzes abstrahiert.

74 *Wiebe*, GewArch 2016, 138 (140f.).

75 Ähnlich *Möstl*, LMuR 2014, 77 (82).

76 *Isensee*, in: ders./Kirchhof (Hrsg.), HbStR, IX, § 191 Rn. 222; *Calliess*, Rechtsstaat und Umweltstaat, S. 317; *Krings*, Grund und Grenzen grundrechtlicher Schutzansprüche, S. 172.

77 *Britz*, Freie Entfaltung durch Selbstdarstellung, S. 32, die jedoch bei der Herleitung dieser Pflicht von der „leistungsrechtlichen Schutzdimension" des allgemeinen Persönlichkeitsrechts spricht, ohne das Sozialstaatsprinzip heranzuziehen oder zu diskutieren.

78 *Britz*, Freie Entfaltung durch Selbstdarstellung, S. 32.

79 Dazu gleich II. 3.

80 *S. Engels*, AöR 122 (1997), 212 (227).

eines entwicklungsorientierten Persönlichkeitsschutzes konzipiert ist[81], umfasst beide Zielrichtungen[82], die jedoch unterschieden werden müssen: Unter die rechtsstaatliche Schutzpflicht fällt die negative Abwehr von Gefährdungen und Risiken; Aufgabe des Sozialstaatsprinzips ist die positive Gewährleistung notwendiger Entwicklungsbedingungen[83].

2. Aktivierung in Risikolagen

Die Schutzpflicht verpflichtet den Staat nicht nur bei bestehenden Gefahren, sondern auch in Risikolagen zum Tätigwerden. Bereits Ende der 1970er Jahre übertrug das BVerfG die in der Abtreibungsentscheidung entwickelten Grundsätze der staatlichen Schutzpflicht aus Art. 2 II GG – die angesichts der besonderen Situation, dass die Grundrechtsträgerschaft des nasciturus in Frage stand, nicht ohne Weiteres verallgemeinert werden konnten – in zwei Atomrechtsentscheidungen auf den Umweltschutz[84]. Diese Schutzpflicht könne es gebieten, „rechtliche Regelungen so auszugestalten, daß auch die Gefahr von Grundrechtsverletzungen eingedämmt" bleibe[85]. Später nutzte das Gericht für diese Funktion den Begriff der „auf Grundrechtsgefährdungen bezogene[n] Risikovorsorge"[86] bzw. der „Risikovorsorge gegen Gesundheitsgefährdungen"[87]. Zwar gebrauchte das BVerfG den Begriff der Risikovorsorge zunächst untechnisch[88]. Mittlerweile spricht es jedoch ausdrücklich davon, dass auch eine „nur theoretisch herleitbare Gefährdung" der Gesundheit „ausnahmsweise" als Grundrechtseingriff angesehen werden könne; wie früh der Staat zum Tätigwerden verpflichtet sei, hänge von dem „Risikopotential für Leben oder Gesundheit" ab. Würden schwere Schäden an Leben oder Gesundheit einer Vielzahl von Grundrechtsträgern befürchtet, genüge „prinzipiell bereits eine im Vorfeld erkannte Realisierungstendenz", um die Schutzpflichten auszulösen[89]. Auch im Schrifttum, das sich in den letzten Jahrzehnten intensiv mit der Bedeutung und Reichweite der Schutzpflichten auseinandergesetzt hat, überwiegt die Ansicht, dass die Risikovorsorge im hier verstandenen Sinne von den Schutzpflichten erfasst wird[90]. Das BVerfG hätte

[81] Dazu auch noch unten 3. Teil, A. II. 3.

[82] *S. Engels*, AöR 122 (1997), 212 (231).

[83] Dazu unten 3. Teil, A. II.

[84] BVerfGE 49, 89 (141 f.); 53, 30 (57).

[85] BVerfGE 49, 89 (142 f.).

[86] BVerfGE 56, 54 (78); BVerfG, NVwZ 2009, 1494 (1495); NVwZ 2011, 991 (993).

[87] BVerfGE 121, 317 (356); BVerfG, NJW 2010, 1943.

[88] *Lerche*, in: FS-Scholz, S. 325 (334 Fn. 56).

[89] BVerfGE 66, 39 (58); BVerfG, NVwZ 2010, 702 (703 f.).

[90] *Di Fabio*, in: Dürig/Herzog/Scholz, GG, Feb. 2004, Art. 2 Abs. 2 S. 1 Rn. 90 ff.; *Isensee*, in: ders./Kirchhof (Hrsg.), HbStR, IX, § 191 Rn. 235; *Calliess*, Rechtsstaat und Umweltstaat, S. 317 f.; *Möstl*, Die staatliche Garantie für die öffentliche Sicherheit und Ordnung, S. 95 ff.; *Scherzberg*, VVDStRL 63 (2004), S. 214 (240 f.); *Bickenbach*, Die Einschätzungsprärogative des Gesetzgebers, S. 397; *Haffner*, Kosten-Nutzen-Abwägungen im Sicherheitsrecht, S. 115 ff.; *Hermes*, Das Grundrecht auf Schutz von Leben und Gesundheit, S. 239 f.; *Dietlein*, Die Lehre von den grundrechtlichen

somit genügend Gelegenheiten gehabt, sich entweder ausdrücklich von der im Schrifttum geführten Diskussion über die Risikovorsorge zu distanzieren oder dies implizit durch Verwendung eines anderen Begriffs zu tun. Wenn es also nach wie vor kurz und knapp von der „auf Grundrechtsgefährdungen bezogene[n] Risikovorsorge“[91] spricht, ist davon auszugehen, dass es sich dem Schrifttum angeschlossen hat. Eine Grundrechtsgefährdung – bzw. Gefährdung eines grundrechtlich geschützten Gutes[92] – besteht hiernach also nicht notwendigerweise erst dann, wenn entsprechende Kausalzusammenhänge aufgeklärt werden können, sondern kann bereits dann angenommen werden, wenn erst das Zusammenwirken mehrerer Faktoren, deren Kausalbeiträge nicht hinreichend geklärt sind, – auf statistischer Ebene[93] – zu Gefährdungen für das Grundrechtsgut führen[94], oder wenn einzelne Faktoren erst durch eine allmähliche Kumulation zu einer Beeinträchtigung führen[95]. Denn „Intention und Zielrichtung“ der Schutzpflichten ist es, „den grundrechtlichen Gewährleistungen umfassenden Schutz zuteil werden zu lassen, um die dem Staat gegenüber als Bestandteil der Personalität des Grundrechtsträgers garantierten Güter und Freiheiten auch gegen sonstige nichtstaatliche Störung abzusichern“[96]. Das führt auch dazu, dass nicht nach der Art der Gefahrenquelle zu differenzieren ist und nicht nur ein Übergriff Privater die Schutzpflicht auslöst[97]. Auch natürliche Gefahren können die grundrechtliche Schutzpflicht auslösen[98]. Dies gilt nicht nur für Naturkatastrophen wie Erdbeben oder Überschwemmungen/Hochwasser, sondern z. B. auch für

---

Schutzpflichten, S. 113; *v. Steinau-Steinrück*, Die staatliche Verhütung und Bekämpfung von Infektionskrankheiten, S. 117 f.; *Leisner-Egensperger*, JZ 2021, 913 (918 f.). Vgl. auch *Di Fabio*, Risikoentscheidungen im Rechtsstaat, S. 41 ff. AA *Rixen*, in: Sachs (Hrsg.), GG, Art. 2 Rn. 199; *Murswiek*, Die staatliche Verantwortung für die Risiken der Technik, S. 281; *Krings*, Grund und Grenzen grundrechtlicher Schutzansprüche, S. 228 ff.

[91] BVerfG, NVwZ 2018, 1555 (1556 f.). Ähnlich BVerfG, NJW 2022, 139 (150); NJW 2022, 1999 (2009): „Vorsorge gegen Gesundheitsbeeinträchtigungen“.

[92] Hierzu *Murswiek*, Die staatliche Verantwortung für die Risiken der Technik, S. 127 ff.

[93] Vgl. BVerfGE 95, 173 (184 ff.); 121, 317 (350 f.).

[94] *Möstl*, Die staatliche Garantie für die öffentliche Sicherheit und Ordnung, S. 96 f. AA wohl *Krings*, Grund und Grenzen grundrechtlicher Schutzansprüche, S. 213, der verlangt, dass die „Gefährdung“ bestimmten Personen oder jedenfalls einer nach abstrakten Kriterien klar abgrenzbaren, homogenen Personengruppe zugeordnet werden kann.

[95] *Dietlein*, Die Lehre von den grundrechtlichen Schutzpflichten, S. 106. AA *Krings*, Grund und Grenzen grundrechtlicher Schutzansprüche, S. 215, der verlangt, dass jeder Private für sich genommen bereits die Gefahr verursachen würde.

[96] *Dietlein*, Die Lehre von den grundrechtlichen Schutzpflichten, S. 103.

[97] So auch *Meyer*, AöR 136 (2011), 428 (442 ff., 447). AA *Isensee*, in: ders./Kirchhof (Hrsg.), HbStR, IX, § 191 Rn. 206, 243; *Hermes*, Das Grundrecht auf Schutz von Leben und Gesundheit, S. 232 (der aber Umweltgefahren, die auf menschliches Verhalten zurückzuführen sind, einbezieht); *Krings*, Grund und Grenzen grundrechtlicher Schutzansprüche, S. 219 f.; *Calliess*, Rechtsstaat und Umweltstaat, S. 317; *Ströttchen*, Verfassungsrechtliche Ansprüche auf konkrete medizinische Leistungen, S. 57 ff.

[98] *Schulze-Fielietz*, in: Dreier (Hrsg.), GG, Art. 2 Rn. 76; *Lang*, in: BeckOK-GG, 15.5.2022, Art. 2 Rn. 75; *Dietlein*, Die Lehre von den grundrechtlichen Schutzpflichten, 1. Aufl., S. 103; *v. Steinau-Steinrück*, Die staatliche Verhütung und Bekämpfung von Infektionskrankheiten, S. 142 f.; *Kingreen/Poscher*, Grundrechte, 37. Aufl., Rn. 148. Auch das BVerfG spricht davon, dass Schutz „insbe-

die UV-Strahlung der Sonne, die krebserregend sein kann, und für Krankheitserreger, die von Tieren oder auf andere Weise auf den Menschen übertragbar sind.

Dass man den Tatbestand derart weit zieht, bedeutet nicht, dass dem Staat auf Rechtsfolgenseite keinerlei Grenzen gesetzt sind und an ihn Erwartungen gestellt werden, die er niemals erfüllen könnte[99]. Ohne bereits der Frage nach dem Umfang vorweggreifen zu wollen, kann bereits an dieser Stelle festgehalten werden, dass der Staat von vornherein tatsächlich in der Lage sein muss, den Schutz zu gewähren[100] – was all die Fälle ausschließt, in denen es um Gesundheitsfaktoren geht, auf die der Staat keinen Einfluss hat, wie etwa genetische Faktoren. Soweit aber für Herzerkrankungen und Karzinome nicht (allein) die Gene, sondern (auch) beeinflussbare Faktoren verantwortlich gemacht werden können, ist eine staatliche Schutzpflicht nicht deswegen ausgeschlossen, weil die Verursachungsbeiträge nicht einzeln aufgeschlüsselt werden können[101]. Schutz bedeutet nicht zwingend Beherrschbarkeit der Gefahrenquelle[102] bzw. des Risikoakteurs. In Betracht kommt zum einen auch passiver Schutz, wie er gegen Hochwasser oder Erdbeben möglich ist. Zum anderen kann die Multikausalität auf Verhältnismäßigkeitsebene berücksichtigt werden.

In welcher Hinsicht das Risiko besteht (also welcher Art die Unsicherheit ist), ist erst auf Rechtsfolgenseite bedeutsam, also bei der Frage, wie der Staat reagieren muss; auf die Aktivierung der Schutzpflicht hat dies keinen Einfluss[103]. In welchem Umfang der Staat reagieren muss, um die öffentliche Gesundheit zu schützen, hängt von der jeweiligen Risikolage ab. Risikolagen aber von vornherein aus dem Tatbestand der Schutzpflicht herauszunehmen, stellte eine massive Einschränkung des Grundrechtsschutzes dar, die auch bei den Abwehrrechten nach herkömmlicher Auffassung im Rahmen der Verhältnismäßigkeit und nicht auf Schutzbereichsebene vorgenommen wird. Im Ergebnis stellt sich somit bei Risiken für die öffentliche Gesundheit nicht die Frage, ob den Staat eine Schutzpflicht trifft, sondern nur die Frage, wie weit bzw. wie der Staat vor diesen Risiken schützen muss. Das hängt maßgeblich davon ab, welcher Art die Unsicherheit ist: Je unbestimmter hier die Zusammenhänge sind, desto unbestimmter bzw. unsicherer wird die Steuerungswirkung der Schutzpflicht.

---

sondere“ (BVerfGE 53, 30 [57]) vor Übergriffen Dritter zu gewähren ist, es schließt also andere Ursachen nicht aus.

[99] So aber *Krings*, Grund und Grenzen grundrechtlicher Schutzansprüche, S. 212.

[100] *Hermes*, Das Grundrecht auf Schutz von Leben und Gesundheit, S. 244f.

[101] So aber *Krings*, Grund und Grenzen grundrechtlicher Schutzansprüche, S. 212f.

[102] So aber wohl *Krings*, Grund und Grenzen grundrechtlicher Schutzansprüche, S. 219.

[103] *Calliess*, Rechtsstaat und Umweltstaat, S. 318; *Möstl*, Die staatliche Garantie für die öffentliche Sicherheit und Ordnung, S. 97.

II. Soziale Risikovorsorge

Die Gesundheitsförderung als Ansatz, Schutz vor sozialen Risiken zu bieten, will die Selbstbestimmung fördern und Schutzfaktoren stärken. Dies geschieht durch ein hinreichendes Angebot an angemessener Ernährung, Hygiene, Bildung, Arbeit, Wohnung und Versorgung im Krankheitsfall und durch die Bereitstellung von Teilhabemöglichkeiten. Indem auf diese Weise Ressourcen und Machtoptionen und andere Schutzfaktoren umverteilt werden, wird aktiv auf die gesellschaftlichen Verhältnisse eingewirkt. Die entsprechende Aufgabe des Staates ergibt sich aus dem Sozialstaatsprinzip, das den Gesetzgeber laut BVerfG zu „sozialer" bzw. „sozialpolitischer Aktivität"[104] nicht nur ermächtigt, sondern auch verpflichtet[105]. Das BVerfG spricht insoweit von einem Gestaltungsauftrag[106]. Regelungsgegenstand des Sozialstaates sind die gesellschaftlichen Verhältnisse als solche[107], also die Lebensverhältnisse der Bürger untereinander[108].

Inwieweit das Sozialstaatsprinzip zugunsten einer staatlichen Pflicht zur gesundheitlichen Risikovorsorge aktiviert werden kann, hängt davon ab, wie man den mit diesem Prinzip verbundenen Auftrag versteht. Das Verständnis vom deutschen Sozialstaat kann nicht ohne eine Betrachtung der historischen Entstehungsgründe auskommen[109]. Der deutsche Sozialstaat und seine Ausgestaltung in der heutigen Zeit haben ihre Wurzeln in den Sozialreformen Bismarcks, als bestimmte soziale Risiken wie Krankheit und Invalidität aus der allgemeinen Armenfürsorge ausgegliedert und durch die Sozialversicherung abgesichert wurden[110]. Lange Zeit wies der deutsche Sozialstaat diese „dualistische Struktur"[111] aus materieller Sicherung durch die Sozialversicherung auf der einen und soziale Dienste durch die kommunale Fürsorge auf der anderen Seite auf[112]; es gab also eine Spaltung der sozialen Risikovorsorge in beitragsgestützte, erwerbsarbeitszentrierte Sozialversicherung und steuerfinanzierte, bedarfsabhängige Fürsorge, zugespitzt formuliert: Es gab eine Arbeiter- und eine „Armenpolitik"[113]. Diese Doppelstruktur des deutschen Sozialstaates wurde im bzw.

---

104 BVerfGE 1, 97 (105); 43, 213 (226).

105 *Sommermann*, in: v. Mangoldt/Klein/Starck, GG, Art. 20 Abs. 1 Rn. 120 Fn. 474; *Schnapp*, in: v. Münch/Kunig (Hrsg.), GG, 6. Aufl., Art. 20 Rn. 50, Verweis auf BVerfGE 8, 274 (329); 125, 175 (222).

106 BVerfGE 5, 85 (198); 22, 180 (204); 59, 231 (263); 69, 272 (314); 97, 169 (185); NVwZ-RR 2001, 166 (167); BVerfGE 100, 271 (284); 110, 412 (445); 123, 267 (362). Vgl. auch BVerfGE 1, 97 (105); 27, 253 (283); 50, 57 (108).

107 *Schnapp*, in: v. Münch/Kunig (Hrsg.), GG, 6. Aufl., Art. 20 Rn. 50.

108 *Roellecke*, in: Umbach/Clemens (Hrsg.), GG, Art. 20 Rn. 188.

109 *Zacher*, VSSR 2000, 185 (187).

110 Siehe oben 2. Teil, B. I. 1.

111 *Meinel*, in: Boysen/Kaiser/Meinel (Hrsg.), Verfassung und Verteilung, 2015, S. 19 (40).

112 *Sachße/Tennstedt*, Geschichte der Armenfürsorge in Deutschland, Band 2, S. 15.

113 *Sachße/Tennstedt*, Geschichte der Armenfürsorge in Deutschland, Band 2, S. 211.

nach dem Ersten Weltkrieg durch die Versorgung der Kriegsopfer um ein drittes Element ergänzt[114].

Nach wie vor ist der deutsche Sozialstaat in besonderer Weise an dem Bild des Vollzeit arbeitenden Lohnarbeiters ausgerichtet[115], auch wenn die Sozialversicherungen mittlerweile Volksversicherungen sind, also zum Teil auch die Nichterwerbstätigen aufgenommen haben. Die Sozialversicherung will den Versicherten im Versicherungsfall insofern absichern, als er durch die verminderte Erwerbsfähigkeit keine größeren finanziellen Einbußen hat; sie ist aber auch darauf gerichtet, die Erwerbsfähigkeit wiederherzustellen und den Versicherten im Arbeitsmarkt zu halten. Kernidee bzw. -ziel der drei Zweige Versicherung, Fürsorge und Versorgung war es zu verhindern, dass die Betroffenen in die „Verelendung" abrutschen. Als „unterstes Netz" war die Armenfürsorge zuständig. Gerade innerhalb der Fürsorge hat sich jedoch innerhalb der letzten 130 Jahre ein erheblicher Wandel vollzogen: War die Inanspruchnahme der Armenfürsorge bis zum Ersten Weltkrieg noch mit „erheblichen politischen und sozialen Diskriminierungen" wie dem Ausschluss vom Wahlrecht und „rigiden Kontrollen der Privatsphäre" der Betroffenen verbunden[116], ist die politische und soziale Teilhabe mittlerweile vorrangiges Ziel der Grundsicherung. Es geht also nicht mehr allein darum, dass der Einzelne nicht verhungert, sondern darum, dass er am gesellschaftlichen Leben teilhaben kann. Der heutige Sozialstaat zielt deswegen auf abstrakter Ebene auf „politische Inklusion durch die Inklusion in andere Teilsysteme" und hat dadurch einen doppelten Bezug zur Inklusion[117]. Er ist ein „politischer Lösungsversuch für gesellschaftliche Inklusionsprobleme der modernen Gesellschaft"[118]. Dem Gedanken der Inklusion entspricht Teilhabe[119], der Sozialstaat ist somit „auf Teilhabe gerichtet"[120].

Die gesellschaftlichen Inklusionsprobleme, auf die der Sozialstaat eine Antwort geben will, sind Ergebnis der modernen „Industrie- und Arbeitsgesellschaft"[121]. Sozialstaat und Marktwirtschaft sind insofern aufeinander bezogen, als die sozialen Sicherungssysteme die Erwerbsfähigkeit erhalten bzw. die finanziellen Folgen von

---

[114] *Zacher*, VSSR 2000, 185 (188). Zur Versorgung zählte später auch die Versorgung der Beamten (*Hockerts*, in: Denkschrift 60 Jahre BSG, Band 1, S. 139 [148]).

[115] *Zacher*, VSSR 2000, 185 (190 f.); *ders.*, in Isensee/Kirchhof (Hrsg.), HbStR, IX, § 28 Rn. 4.

[116] *Ritter*, Der Sozialstaat, S. 63.

[117] Verfassungsrechtlich auf der Grundlage der Systemtheorie Luhmanns *Heinig*, in: Fahlbusch (Hrsg.), 50 Jahre Sozialhilfe, S. 13 (18); ausführlich *Kingreen*, Das Sozialstaatsprinzip im europäischen Verfassungsverbund, S. 204 ff.; auch unter Heranziehung der Systemtheorie, aus Sicht der Sozialethik, *Dabrock*, in: Otto/Ziegler (Hrsg.), Capabilities – Handlungsbefähigung und Verwirklichungschancen in der Erziehungswissenschaft, S. 17 ff. Siehe im Ergebnis auch *Huster*, in: Goldschmidt/Wohlgemuth (Hrsg.), Die Zukunft der sozialen Marktwirtschaft, S. 33 (38); *ders.*, SDSRV 55 (2007), S. 15 (27); *Rixen*, VVDStRL 74 (2015), S. 293 (336); *Schramme*, ARSP 2006, 322 (332 f.); *Fuchs-Goldschmidt*, in: Spieker (Hrsg.), S. 123 (129 ff.). – Vgl. auf europäischer Ebene Art. 151 I AEUV: Ein Ziel der europäischen Sozialpolitik ist demnach die Bekämpfung von Ausgrenzungen.

[118] *Nassehi*, in: Lessenich (Hrsg.), Wohlfahrtsstaatliche Grundbegriffe, S. 331.

[119] *Kaufmann*, Sozialpolitik und Sozialstaat, S. 84.

[120] So schon *Schnapp*, SGb 2000, 341 (342); *Enders*, VVDStRL 64 (2005), S. 7 (48).

[121] *Badura*, DÖV 1989, 491 (492).

Nichterwerbstätigkeit abfedern sollen. Da der Markt nicht von sich aus für eine Inklusion der einzelnen Gesellschaftsmitglieder sorgt, sondern zum Teil sogar die Exklusion selbst verursacht, kommt dem Sozialstaat die Aufgabe zu, dieses Defizit auszugleichen[122]. Er fängt diejenigen auf, die nicht am Erwerbsleben teilnehmen, also nicht unmittelbare Teilnehmer der Marktwirtschaft sind. Des Schutzes bedürfen gerade die sozial und wirtschaftlich Schwächeren[123]. In Fällen von Marktversagen greift der Sozialstaat unter bestimmten Voraussetzungen korrigierend in den Markt ein, um so Exklusionsprozessen entgegenzuwirken.

Inklusion ist kein punktueller Vorgang, sondern ein Prozess, der nicht erzwungen werden kann und langfristig angelegt sein muss. Er findet statt, wenn gewisse Voraussetzungen in den Lebensbedingungen der Menschen erfüllt sind und die Menschen ihrerseits sich der Interaktion mit ihren Mitmenschen nicht verweigern. Die Sozialgestaltung, zu der der Staat verpflichtet ist, muss also darauf gerichtet sein, Inklusion als Prozess zu ermöglichen. Verschiedene Instrumente und Strategien kommen hier in Betracht. Allgemein gestaltet der Sozialstaat durch ökonomische, pädagogische und umweltgestaltende Interventionen sowie durch die Einräumung von Zugangsrechten zu bestehenden Institutionen[124] und dies nicht allein durch das Sozialrecht. In Einzelfällen reguliert er sogar durch Eingriffe (etwa bei der Statuierung von Versicherungspflichten in den Systemen sozialer Sicherheit)[125]. Aus einer bevölkerungsbezogenen Perspektive sind die Instrumente umso geeigneter, je weniger punktuell sie wirken. Um der Langfristigkeit des Inklusionsprozesses Rechnung zu tragen, muss gleichzeitig früh angesetzt werden. Sozialisationsprozesse, die eher eine Exklusion als eine Inklusion begünstigen, können umso eher verhindert bzw. abgeschwächt werden, je früher Interventionen ansetzen. Anders als die gefahrenabwehrrechtlich geprägte Risikovorsorge, die einen punktuellen und negatorisch-abwehrenden Ansatz verfolgt, erfordert die soziale Risikovorsorge ein planerisches, auf Bereitstellung gerichtetes Vorgehen.

Bei der weiteren Interpretation des Sozialstaatsprinzips spielt das ideologische Vorverständnis des jeweiligen Verfassungsinterpreten eine entscheidende Rolle[126]. Wie man die Frage beantwortet, wie weit sich der Staat in die sozialen Verhältnisse einmischen darf bzw. muss und ob er in die Marktwirtschaft nachträglich durch korrigierende Umverteilung oder im Vorhinein durch Angleichung der Startchancen eingreift, hängt in einem nicht unwesentlichen Umfang davon ab, ob man allgemein einem liberalen, einem konservativen oder einem eher sozialdemokratischen Ver-

---

[122] *Fuchs-Goldschmidt*, in: Spieker (Hrsg.), Der Sozialstaat, S. 123 (130 f.). Zum Verhältnis von Marktwirtschaft und Sozialstaat auch *Zacher*, in: Isensee/Kirchhof (Hrsg.), HbStR, IX, § 28 Rn. 61.

[123] BSGE 10, 97 (100); *Pitschas*, in: Sachverständigenkommission 11. Kinder- und Jugendbericht (Hrsg.), S. 163 (191); *Schulz*, SGb 2010, 201.

[124] *Kaufmann*, Sozialpolitik und Sozialstaat, S. 123 ff. Oft wird der Sozialstaat zu Unrecht auf das Steuerungsmedium „Geld" reduziert (so z. B. bei *Wolf*, in: Bora [Hrsg.], Rechtliches Risikomanagement, S. 65 [73, 77]).

[125] *Enders*, VVDStRL 64 (2005), S. 7 (24, 35).

[126] Vgl. auch *Kotzur*, BayVBl 2007, 257 (260); *Voßkuhle*, SGb 2011, 181.

ständnis anhängt. Bei der Verfassungsinterpretation dürfen aber solche politischen Wertungen nicht vorschnell als verfassungsrechtliche Pflichten deklariert werden[127]. Insofern ist es konsequent, dass das BVerfG zur Ausfüllung des Sozialstaatsprinzips regelmäßig nur auf den Gestaltungsauftrag des Gesetzgebers verweist[128].Wie der Gesetzgeber diesen Auftrag erfülle, sei mangels näherer Konkretisierung des Prinzips ihm überlassen[129]. Dem Sozialstaatsprinzip könnten infolge seiner Weite und Unbestimmtheit nur in Ausnahmefällen unmittelbare Handlungsanweisungen entnommen werden[130]. Bei der Ausdifferenzierung der Pflichten des Gesetzgebers im Rahmen der gesundheitlichen sozialen Risikovorsorge muss somit behutsam und unter Rückgriff auf weitere verfassungsrechtliche Vorgaben vorgegangen werden.

In der Rechtswissenschaft gibt es nur wenige ausführliche Analysen der Bedeutung des Sozialstaatsprinzips. Im Wesentlichen sehen die meisten Autoren Inklusion durch die Angleichung der Lebensverhältnisse, die Herstellung von Chancengleichheit und die Förderung der Grundrechtsvoraussetzungen verwirklicht. Was mit der Herstellung von Chancengleichheit gemeint ist, bleibt dabei oft vage. Denn grundsätzlich lässt sich der Grundsatz der Chancengleichheit sowohl als Herstellung tatsächlicher Gleichheit als auch als Herstellung der tatsächlichen Bedingungen, die für die Ausübung eines bestimmten Freiheitsrechts notwendig sind[131], verstehen[132]. Diese zwei Begründungen werden dann in der Verfassungsrechtsliteratur auch regelmäßig – ohne nähere Einordnung oder Gegenüberstellung – für den Grundsatz der Chancengleichheit angeführt: So wird von einigen die soziale Gerechtigkeit durch die Herstellung von Chancengleichheit verwirklicht gesehen[133]. Auch den Begriff des sozialen Ausgleichs könne man positiv gewendet insbesondere als Herstellung von Chancengleichheit verstehen[134]. Aus freiheitsfunktionaler Sicht[135] führt die Herstellung von Chancengleichheit gerade zur Ermöglichung der Freiheitsausübung, also zur Freiheitsverwirklichung[136]. Die Förderung der Chancengleichheit entspricht

---

[127] Dazu *Huster*, in: Hiebaum/Koller (Hrsg.), Politische Ziele und juristische Argumentation, S. 47.

[128] BVerfGE 5, 85 (198); 22, 180 (204); 59, 231 (263); 69, 272 (314); 97, 169 (185); NVwZ-RR 2001, 166 (167); BVerfGE 100, 271 (284); 110, 412 (445); 123, 267 (362). – In einem gewissen Kontrast zueinander stehen die Aussagen des Gerichts, der Gesetzgeber sei zur Herstellung von Gleichheit verpflichtet (BVerfGE 3, 58 (158); 5, 85 [206]), einerseits, und das Sozialstaatsprinzip ermächtige „nicht zu beliebiger Sozialgestaltung, die das Gebot der Gleichheit auflösen würde“ (BVerfGE 12, 354 [367]), andererseits. Erklärend *Huster*, Rechte und Ziele, S. 408 f., 429. Kritisch *Zacher*, AöR 93 (1968), 341 (361).

[129] BVerfGE 100, 271 (284); 110, 412 (445).

[130] BVerfGE 94, 241 (263); 123, 267 (362); BVerfG, DVBl 2007, 1555 (1558).

[131] Dazu gleich unter 1.

[132] *Beaucamp*, DVBl 2014, 1364 (1365).

[133] *Axer*, VVDStRL 68 (2009), S. 177 (180). Eine Verknüpfung von Chancengleichheit und „Gerechtigkeitsauftrag“ findet sich auch bei *Zippelius*, VVDStRL 47 (1989), S. 7 (15). Kritisch hingegen *Eichenhofer*, JZ 2005, 209 (211).

[134] *Kingreen*, Das Sozialstaatsprinzip im europäischen Verfassungsverbund, S. 130.

[135] Dazu ausführlich gleich unter 1.

[136] *Sommermann*, in: v. Mangoldt/Klein/Starck, GG, Art. 20 Abs. 1 Rn. 111; *Robbers*, in: BoKo,

dann dem Grundrechtsvoraussetzungsschutz[137]. Anders als bei einer angestrebten Ergebnisgleichheit, die die Menschen „gleich zu machen" versucht, geht es bei der Chancengleichheit um die Ermöglichung gleicher Startchancen und gleicher Entwicklungschancen[138]. Da es unmöglich ist, wirklich „faktisch gleiche" Entwicklungschancen[139] herzustellen[140], kann es nur um die Angleichung der Chancen, also um die „Förderung"[141] der Chancengleichheit, gehen. Insoweit fördert der Sozialstaat dann auch einen Abbau tatsächlich bestehender sozialer Ungleichheiten[142]. Letztlich verbleibt es aber in der Eigenverantwortung des Einzelnen, wie er seine Freiheit ausübt. Für den Erfolg ist somit er verantwortlich. Wenn alle die gleichen Startchancen haben, kann es nicht ungerecht sein, wenn sich Ungleichheiten entwickeln.

Mit Grundrechtsvoraussetzungsschutz wiederum ist gemeint, dass der Sozialstaat die sozialen Voraussetzungen bzw. faktischen Vorbedingungen schützt und fördert, die benötigt werden, um die Grundrechte praktisch wahrnehmen zu können[143]. Denn ohne die ausreichenden Voraussetzungen zur Ausübung der Freiheitsrechte verliert der Einzelne „ein Stück seiner Zugehörigkeit" zum Sozialstaat[144]. Inklusion soll dadurch erreicht werden, dass jeder Person die Lebensumstände gesichert wer-

---

GG, April 2009, Art. 20 Abs. 1 Rn. 1391, 1412; *Axer*, VVDStRL 68 (2009), S. 177 (208 f.); *Wittreck*, in: Dreier (Hrsg.), GG, Art. 20 (Sozialstaat) Rn. 43. Diese Funktion erkennt auch *Zippelius*, VVDStRL 47 (1989), S. 7 (16 f.), an.

137 Der Grundsatz der Chancengleichheit ist kontextabhängig, weswegen man ihn nur anhand eines jeweiligen Lebensbereiches diskutieren kann (ähnlich *Hufen*, Gleichheitssatz und Bildungsplanung, S. 125; im Ergebnis auch *Nußberger*, in: Sachs [Hrsg.], GG, Art. 3 Rn. 64; *N. Engels*, Chancengleichheit und Bundesstaatsprinzip, S. 26 ff., und im Einzelnen S. 28 ff.; *Beaucamp*, DVBl 2014, 1364; *Wollenschläger*, in: v. Mangoldt/Klein/Starck, GG, Art. 3 Rn. 263; aA wohl *Paehlke-Gärtner*, in: Umbach/Clemens [Hrsg.], GG, Art. 3 Rn. 161, die von einem allgemeinen kontextunabhängigen Grundsatz auf Chancengleichheit ausgeht). Bei der sozialstaatlichen Chancengleichheit geht es nicht um eine vorrangig vergleichende Betrachtung, deswegen kann nicht Art. 3 I GG (wie z. B. im Prüfungsrecht (*Nußberger*, in: Sachs [Hrsg.], GG, Art. 3 Rn. 58; *Huster*, in: Berl. Komm., VI/16, Art. 3 Rn. 168) und im Prozessrecht (hier geht es um die „Waffengleichheit" der beiden Parteien [BVerfGE 52, 131 [156]] und um einen Anspruch auf Prozesskostenhilfe [*Huster*, in: Berl. Komm., VI/16, Art. 3 Rn. 171]]) im Vordergrund stehen.

138 *Axer*, VVDStRL 68 (2009), S. 177 (208); *Sommermann*, in: v. Mangoldt/Klein/Starck, Art. 20 Abs. 1 Rn. 111; *Jarass*, in: ders./Pieroth (Hrsg.), GG, Art. 20 Rn. 160; *Kingreen*, Das Sozialstaatsprinzip im europäischen Verfassungsverbund, S. 130.

139 So die Formulierung bei *Kingreen*, Das Sozialstaatsprinzip im europäischen Verfassungsverbund, S. 130.

140 *Ladeur*, DÖV 2007, 1 (7 f. Fn. 73).

141 *Huster/Rux*, in: BeckOK-GG, 15.5.2022, Art. 20 Rn. 212.

142 *Jarass*, in: ders./Pieroth (Hrsg.), GG, Art. 3 Rn. 77 iVm Art. 20 Rn. 161.

143 *Isensee*, in: ders./Kirchhof (Hrsg.), HbStR, IX, § 191 Rn. 202, § 190 Rn. 184 ff.; *Kingreen*, Das Sozialstaatsprinzip im europäischen Verfassungsverbund, S. 133 ff. Vgl. auch *Enders*, VVDStRL 64 (2005), S. 7 (13). Zur Definition von „Grundrechtsvoraussetzungen": *Isensee*, in: ders./Kirchhof (Hrsg.), HbStR, IX, § 190 Rn. 49; *Kloepfer*, Grundrechte als Entstehungssicherung und Bestandsschutz, S. 15 ff., wenn auch ohne Bezug zum Sozialstaatsprinzip.

144 *P. Kirchhof*, in: FS-Zacher, S. 323 (329 f.). Die Dazugehörigkeit wird auch erwähnt von *P. Kirchhof*, in: Isensee/Kirchhof (Hrsg.), HbStR, V, 2. Aufl., § 124 Rn. 151; *Steiner*, in: FS-Glaeser, S. 335 (340).

den, die ihr ein selbstbestimmtes Leben ermöglichen[145]. Da Inklusion nicht erzwungen werden darf (und wohl auch nicht kann), bedeutet dies im Ergebnis, dass der Sozialstaat nur Teilhabemöglichkeiten schaffen kann. Sein Instrument ist die Freiheitsförderung.

1. Freiheitliche Ausrichtung

In einem entsprechend freiheitsfunktional verstandenen Staat geht es vorrangig darum, die Eigenverantwortung zu stärken und die Freiheitsbetätigung nicht zu lähmen, also die Autonomie zu fördern[146]. Eine grundsätzlich freiheitliche Ausrichtung des Sozialstaates kann man wohl als Konsens innerhalb der Rechtswissenschaft bezeichnen, da das Rechtsstaatsprinzip und die Freiheitsrechte der Verfassung dem Sozialstaatsprinzip nicht untergeordnet sind[147]. Von dem deutschen „freiheitlichen Sozialstaat"[148] war schon die Rede, bevor ein besonders strenges freiheitsfunktionales Verständnis vertreten wurde, und viele Stimmen, die außerdem Gleichheitsaspekte berücksichtigen wollen, betonen die freiheitliche Ausrichtung des Sozialstaates[149]. Offen bleibt deswegen nur, wie weit die Freiheitsförderung gehen muss. Dies hängt auch von dem Verständnis des mehrdimensionalen[150] Begriffs der Autonomie ab, der in der Philosophie umstritten ist[151]. Die Aufgabe zur Sozialgestaltung allein auf einen einzelnen Autonomiebegriff zu stützen, würde die Verfassungsinterpretation mit persönlichen Vorstellungen aufladen. Wo aber eine ergänzende Heranziehung anderer Verfassungsbestimmungen ein bestimmtes Autonomieverständnis ausdrücklich stützt oder befördert oder jedenfalls nicht hindert, kann dies den weiteren Rahmen abstecken, der sich für den Gesetzgeber ergibt.

---

145 *Heinig*, Der Sozialstaat im Dienst der Freiheit, S. 348.

146 So schon *Haverkate*, Rechtsfragen des Leistungsstaates, S. 59 f.; Fortführung bei *Heinig*, Der Sozialstaat im Dienst der Freiheit, S. 211 ff.; *ders.*, in: Boysen/Kaiser/Meinel (Hrsg.), Verfassung und Verteilung, S. 53 (58 ff.); *Sommermann*, in: v. Mangoldt/Klein/Starck, Art. 20 Abs. 1 Rn. 107 f.; *Kingreen*, SDSRV 52 (2004), S. 7 (43); *Unruh*, in: FS-Starck, S. 133 (145); *Leisner*, Existenzsicherung im Öffentlichen Recht, S. 161 ff. Vgl. auch *Kersting*, in: Goldschmidt/Wohlgemuth (Hrsg.), Die Zukunft der sozialen Marktwirtschaft, S. 9 (23). Kritisch zur verfassungstheoretischen Hintergrundannahme *Thurn*, in: Boysen/Kaiser/Meinel (Hrsg.), Verfassung und Verteilung, S. 65.

147 *Wittreck*, in: Dreier (Hrsg.), GG, Art. 20 (Sozialstaat) Rn. 41.

148 *Herzog*, in: Dürig/Herzog/Scholz, GG, 18. Lfg., Art. 20 VIII Rn. 34; *Zacher*, in: Isensee/Kirchhof (Hrsg.), HbStR, IX, § 28 Rn. 26. Zur Geschichte *Wittreck*, in: Dreier (Hrsg.), GG, Art. 20 (Sozialstaat), Rn. 1 ff.

149 *Gröschner*, in: Spieker (Hrsg.), Der Sozialstaat, S. 107 (113 f.); *Jarass*, in: ders./Pieroth (Hrsg.), GG, Art. 20 Rn. 160 (der zumindest vom Aufbau seiner Ausführungen her nicht darauf schließen lässt, dass er diese Voraussetzung als übergeordnetes Ziel des Sozialstaatsprinzips ansieht); *Kingreen*, Das Sozialstaatsprinzip im europäischen Verfassungsverbund, S. 129 (der die Gleichheit im Sozialstaat „nicht links liegen lassen" will: DÖV 2009, 328 [329]).

150 Ausführlich *Bumke*, in: ders./Röthel (Hrsg.), Autonomie im Recht, S. 3 (4 ff., 19 ff.).

151 Dazu *Kirste*, JZ 2011, 805 (806); *Barczak*, in: Ach (Hrsg.), Grenzen der Selbstbestimmung in der Medizin, S. 65 (71 ff.).

2. Gesundheit als Teilhabe- und Autonomievoraussetzung: Art. 20 I iVm Art. 2 II 1 GG

Für die gesundheitliche Risikovorsorge und die Förderung der Autonomie ist zunächst entscheidend, dass Gesundheit selbst eine Autonomievoraussetzung ist, d. h. alles, was die Gesundheit fördert, wirkt sich mittelbar auf die Möglichkeit aus, selbstbestimmte Entscheidungen zu treffen. Für manche mag es sich bei der Gesundheit um das „höchste Gut“[152] handeln; selbst für diejenigen, die diese Ansicht nicht teilen, handelt es sich bei der Gesundheit jedenfalls um eine „Fähigkeit“ (capability), die benötigt wird, um weitere zentrale menschliche Fähigkeiten zu erreichen. Gesundheit wird so zur „Meta-Fähigkeit“[153], sie ist ein konditionales oder „transzendentales“ Gut[154]. Selbst wenn man keinen festen Katalog von Fähigkeiten aufstellen will, für die Gesundheit besonders wichtig ist[155], wird wohl niemand leugnen, dass Gesundheit die zentrale Voraussetzung für die Verwirklichung von Lebensplänen und die Ausübung individueller Selbstbestimmung ist und somit Ermöglichungscharakter[156] bzw. eine existentielle Dimension[157] besitzt. Negative Einflüsse auf den Gesundheitszustand haben Auswirkungen auf die Möglichkeiten, Freiheiten auszuüben; veranschaulicht formuliert: Wer krank im Bett liegt, kann eigentlich bestehende Optionen nicht wählen und wahrnehmen und ist in diesem Umfang von gesellschaftlichen Ereignissen ausgeschlossen.

---

152 *Haverkate*, in: Häfner (Hrsg.), Gesundheit – unser höchstes Gut?, S. 119.

153 *Venkatapuram*, Health Justice, S. 70.

154 *Kersting*, in: Schöffski/v. d. Schulenburg (Hrsg.), Gesundheitsökonomische Evaluationen, S. 23 (30 ff.); *Neumann*, NZS 2006, 393 (396); *Heinig*, Der Sozialstaat im Dienst der Freiheit, S. 417; *Huster*, in: Mazouz/Werner/Wiesing (Hrsg.), S. 157 (163); *ders.*, SDSRV 55 (2007), S. 15 (22); *ders.*, JZ 2008, 859; *ders.*, in: FS-Schnapp, S. 463 (464); *ders.*, in: Strech/Marckmann (Hrsg.), Public Health Ethik, S. 237; *ders.*, Ethik Med 2010, 289 (290); *ders.*, Der Onkologe 2011, 197; *ders.*, Soziale Gesundheitsgerechtigkeit, S. 12; *Kreß*, Medizinische Ethik, S. 87; *Marckmann*, Ethik Med 2010, 207 (210); *Barczak*, in: Ach (Hrsg.), Grenzen der Selbstbestimmung in der Medizin, S. 65; *Middel*, in: Weilert (Hrsg.), Gesundheitsverantwortung zwischen Markt und Staat, S. 145 (146); *Wilksch*, Recht auf Krankenbehandlung und Recht auf ein menschenwürdiges Existenzminimum, S. 190.

155 Z. B. “being able to live a normal length of lifespan; having good health; maintain bodily integrity; being able to use senses, imagination and think; having emotions and emotional attachments; possess practical reason to form a conception of the good; have social affiliations that are meaningful and respectful; express concern for other species; able to play; have control over one’s material and political environment” (*Nussbaum*, Women and Human Development, S. 78 ff.; *Venkatapuram*, Health Justice, S. 64 ff.).

156 *Gutmann*, ARSP-Beiheft Nr. 84, 2002, S. 133 (142); *Huster*, in: Mazouz/Werner/Wiesing (Hrsg.), S. 157 (163); *ders.*, GGW 2012, 24; *Hufen*, DRiZ 2014, 302 (303); *Quante*, Ethik Med 2010, 179 (183); *Rauprich*, Ethik Med 22 (2010), 263 (267). Das BVerfG spricht auf ähnliche Weise davon, dass jedenfalls das Leben die Basis aller anderen Grundrechte bildet (BVerfGE 39, 1 [42]): „Das menschliche Leben stellt, wie nicht näher begründet werden muß, innerhalb der grundgesetzlichen Ordnung einen Höchstwert dar; es ist die vitale Basis der Menschenwürde und die Voraussetzung aller anderen Grundrechte.“

157 *Huster*, JZ 2008, 859; *ders.*, in: FS-Schnapp, S. 463 (464); *ders.*, Soziale Gesundheitsgerechtigkeit, S. 9.

Gegen die Einordnung der Gesundheit eines Menschen als eine Autonomievoraussetzung wird eingewandt[158], dass Gesundheit auch wegen ihres Wertes an sich geschützt werden müsse, weil Leid und Schmerz schon für sich genommen Übel darstellten[159]. Dass man Krankheit – insbesondere Schmerzen – als Übel empfindet, das man allein aufgrund dieses empfundenen Unwohlseins loswerden möchte, kann man jedoch nicht von der Bedeutung trennen, die diese Einschränkung in der Lebensqualität für die Ausübung eines selbstbestimmten Lebens hat[160] – mag sich diese Selbstbestimmtheit in noch so unbedeutenden Kleinigkeiten wie der Teilnahme an einzelnen sozialen Aktivitäten zeigen, von der man wegen Kopfschmerzen Abstand nimmt.

Auch gegen die Einordnung der Gesundheit als konditionales Gut werden Einwände hervorgebracht. Dass diese Einordnung unzutreffend sei, zeige sich daran, dass es auch Personen gibt, bei denen es nicht mehr um die Verwirklichung von Lebensplänen geht. Hiermit sind solche gemeint, die sich in der „letzten Lebensphase" befinden, bei denen es also nur noch die Linderung von Leid und die Sterbebegleitung gehe[161]. Alle Menschen befinden sich irgendwann in der letzten Phase ihres Lebens – ganz unabhängig von dabei empfundenem Leid und Schmerzen –, in der es der Natur der Sache nach nicht mehr um die Verwirklichung von Lebensplänen geht. Aber die Autonomie der Betroffenen kann auch hier gewahrt (oder ggf. gefördert) werden: indem ihnen die autonome Entscheidung über ihr Lebensende überlassen bleibt[162]. Hierbei darf man nicht vorschnell von einem konstruierten Normalfall ausgehen; der Autonomiebegriff muss weit gefasst[163] und jeweils an vergleichbare Bevölkerungsgruppen angepasst werden. Auch Säuglinge sind in ihrer Autonomie eingeschränkt. Bei Kindern kann es – je jünger sie sind – nur darum gehen, sie in der Entwicklung zu unterstützen und später die Ausbildung selbstbestimmter Lebenspläne zu fördern. Gegen ein solches Sozialstaatsverständnis spricht auch nicht von vornherein, dass es Personengruppen gibt, bei denen die Autonomiefähigkeit schon früher oder gar ihr ganzes Leben lang eingeschränkt ist wie bei Personen mit eingeschränktem Gesundheitsstatus, z. B. schwer Demenzkranke[164] und Schwerstbehinderte[165], also letztlich Personen, die vollumfänglich pflegebedürftig sind. Autonomie

[158] Man verkenne die Bedeutung des Gutes Gesundheit, so der Vorwurf von *Huster*, Soziale Gesundheitsgerechtigkeit, S. 11; *Volkmann*, Grundzüge einer Verfassungslehre der Grundzüge einer Verfassungslehre der Bundesrepublik Deutschland, S. 260.

[159] So *Rothhaar*, in: Weilert (Hrsg.), Gesundheitsverantwortung zwischen Markt und Staat, S. 243 (250).

[160] So auch *Heinig*, Der Sozialstaat im Dienst der Freiheit, S. 220 Fn. 360.

[161] *Rothhaar*, in: Weilert (Hrsg.), Gesundheitsverantwortung zwischen Markt und Staat, S. 243 (249 f.); *Segall*, Journal of Political Philosophy 2007, 346 (348).

[162] BVerwGE 158, 142 (156 f.).

[163] *Dabrock*, in: Otto/Ziegler (Hrsg.), Capabilities – Handlungsbefähigung und Verwirklichungschancen in der Erziehungswissenschaft, S. 17 (39 f.).

[164] *Volkmann*, Grundzüge einer Verfassungslehre für die Bundesrepublik Deutschland, S. 260.

[165] *Schramme*, ARSP 2006, 322 (330), verweist auf „Schwerbehinderte", die jedoch nicht in jedem Fall „niemals für sich selbst sorgen können", wie er es als Maßstab aufstellt.

kann von vornherein nur heißen, dass jeder Person das Maß an Selbstbestimmung ermöglicht wird, das sie realistischerweise erreichen kann. Für Personen mit eingeschränkter Autonomiefähigkeit muss es darum gehen, die Möglichkeit zur Selbstbestimmung, solange und soweit es geht, zu erhalten[166]. Nur bei Schwerstdemenzkranken und Schwerstbehinderten (bei denen es sich auch um Personen am Anfang ihres Lebens handeln kann) scheint zunächst die autonomietheoretische Rückbindung zu versagen, da sie über keinerlei Autonomiefähigkeit (mehr) verfügen. Diese Personen verlieren aber nicht ihren Anspruch auf Achtung und Respekt, der allen Menschen im gleichen Umfang zukommt[167]. Mit dem Anspruch auf Achtung der individuellen Selbstbestimmung geht ein „Anspruch auf Selbstzweckhaftigkeit menschlicher Existenzformen" einher und dieser geht bei Menschen ohne Autonomiefähigkeit nicht verloren[168]. Diesem Anspruch wird der Staat nur gerecht, wenn er die zur Autonomie nicht fähigen Personen nicht sich selbst überlässt, sondern auch ihnen eine gleichberechtigte, nicht ausgegrenzte Existenz in unserem Gemeinwesen ermöglicht[169], sie also den Umständen entsprechend in die Gesellschaft integriert.

Rückt man die Gesundheit in den Fokus der sozialstaatlichen Betrachtung, kann man die entstehende Pflicht des Staates zur Bereitstellung der Bedingungen dieser Autonomie-[170] und Teilhabevoraussetzung aus dem Sozialstaatsprinzip iVm Art. 2 II 1 GG herleiten. Art. 2 II 1 GG wird also sozialstaatlich „aufgeladen"[171]. Durch diese Betrachtung wird der Gesundheitsbegriff gegenüber dem des Art. 2 II 1 GG erweitert: Durch den konditionalen Charakter wird es schwierig, positiv zu bestimmen, wann Gesundheit vorliegt; anders herum ist ein Mensch aber jedenfalls dann nicht gesund, wenn er aufgrund eines bestimmten körperlichen Zustands nicht in der Lage ist, seine selbstbestimmten Lebenspläne zu verfolgen, und er dadurch ein Stück weit außerhalb der Gesellschaft steht[172].

---

166 Dies entspricht im einfachen Recht dem Ziel der Pflegeversicherung (§ 2 I SGB XI) und der Behindertenhilfe (§ 1 S. 1 SGB IX).

167 *Volkmann*, Grundzüge einer Verfassungslehre für die Bundesrepublik Deutschland, S. 259; dazu *Heinig*, Der Sozialstaat im Dienst der Freiheit, S. 213.

168 *Heinig*, Der Sozialstaat im Dienst der Freiheit, S. 217.

169 Zu diesem Ziel *Huster*, in: Rauprich/Marckmann/Vollmann (Hrsg.), S. 187 (197); *ders.*, SDSRV 55 (2007), S. 15 (27); *ders.*, Der Onkologe 2011, 197 (200); *ders.*, Selbstbestimmung, Gerechtigkeit und Gesundheit, S. 76 f.

170 Hier ist die Dimension des Autonomiebegriffs angesprochen, bei der es um die Bereiche und Gegenstände geht, die einer Person zugeordnet werden müssen, damit sie sich zu einer autonomen Person entwickeln und als solche entfalten kann (vgl. *Bumke*, in: ders./Röthel [Hrsg.], Autonomie im Recht, S. 3 [10]).

171 Vgl. dazu *Heinig*, Der Sozialstaat im Dienst der Freiheit, S. 394 ff., der dies aus einer individuell-subjektiven Perspektive zur Begründung entsprechender Ansprüche auf das Existenzminimum tut. So in der Sache auch *Kingreen*, NVwZ 2010, 558 (558 f.); *Lang*, in: BeckOK-GG, 15.5.2022, Art. 2 Rn. 81; *ders.*, in: FS-Friauf, S. 309 (327).

172 Vgl. auch den Gesundheitsbegriff von *Wilksch*, Recht auf Krankenbehandlung und Recht auf ein menschenwürdiges Existenzminimum, S. 262: „Gesundheit ist ein transzendentales Gut, das einer positiven Beschreibung nicht zugänglich ist. Gleichwohl schließt Krankheit die Gesundheit aus. Krankheit ist ein vom bio-statistischen Mittel abweichender Körper- und/oder Geisteszustand, dem durch gesellschaftlichen Konsens ein Krankheitswert beigemessen wird, da er eine Funktions-

3. Förderung der Autonomie und Teilhabe als Gesundheitsförderung: Art. 20 I iVm Art. 2 I iVm Art. 1 I GG

Erkennt man an, dass sich Ohnmachtsgefühle und Exklusionsprozesse negativ auf die Gesundheit auswirken, kann man umgekehrt unterstellen, dass alle Maßnahmen, die die Autonomie fördern, dazu beitragen, dass sich die Gesundheit der Bevölkerung verbessert. Diese Maßnahmen führen außerdem dazu, dass gesundheitsriskante Entscheidungen wirklich dem Willen des Einzelnen entsprechen und nicht auf ungewollte, äußere Einflüsse zurückzuführen sind. Der freiheitsfunktionale Sozialstaat ist deswegen darauf ausgerichtet, auch die Bedingungen zu gewährleisten, die über Maßnahmen zur Erhaltung der Gesundheit hinaus erforderlich sind, damit noch davon gesprochen werden kann, dass der Einzelne sein Leben tatsächlich an seinem eigenen Autonomieideal ausrichtet[173]. Hier kann ein weiter Begriff der Autonomie zugrunde gelegt werden, der noch nicht berücksichtigt, inwieweit autonomiefördernden Maßnahmen in einem langfristigen Sinne autonomieverkürzende Wirkung in der Gegenwart zukommt[174].

Selbstbestimmte gesundheitsrelevante Entscheidungen kann der Einzelne nur dann treffen, wenn sowohl innere Autonomie gegeben ist als auch die notwendigen äußeren Bedingungen für ein selbstbestimmtes Leben vorliegen[175]. Mit innerer Autonomie[176] – oder der Fähigkeit zur Autonomie[177] – kann zunächst der Zustand beschrieben werden, indem sich eine Person befindet; hiermit ist die Fähigkeit gemeint, selbstbestimmt zu handeln, die z. B. (sehr kleine) Kinder und Demenzkranke (in fortgeschrittenem Stadium) nicht haben. Diese Fähigkeit, „sich selbst zu bestimmen, frei zu entscheiden und zu handeln", ist ein „Konglomerat aus Anlagen, emotionalen und mentalen Zuständen, begrifflichen Fertigkeiten, Erfahrung, Erziehung, Überzeugungen und normativen Erwartungen"[178]. Der Staat bzw. das Recht kann somit diese Fähigkeit von vornherein nur begrenzt beeinflussen. Für die gesundheitliche Risikovorsorge ist jedoch insbesondere relevant, dass die innere Autonomie nicht gegeben ist, wenn eine Person nicht genügend Informationen hat, die sie für eine selbstbestimmte Entscheidung benötigt[179]. Eine entsprechende Gesundheitskompetenz ist Voraussetzung dafür, dass der Einzelne selbstbestimmte Entscheidungen über gesundheitsriskantes Verhalten treffen kann, dass er also seine Grundrechte frei ausüben kann. Informationen sind wichtig für die individuelle Freiheitsentfaltung im

---

störung bedingt, die zur Einschränkung der Grundbefähigungen und damit der Mindestexistenzbedingungen führt."

[173] *Heinig*, Der Sozialstaat im Dienst der Freiheit, S. 220, der von „soziokulturellen Mindestbedingungen" spricht.

[174] Dazu unten 4. Teil, B. II. 2. b).

[175] Dazu *Wapler*, Kinderrechte und Kindeswohl, S. 348; *Bumke*, in: ders./Röthel (Hrsg.), Autonomie im Recht, S. 3 (9 f.).

[176] *Bumke*, in: ders./Röthel (Hrsg.), Autonomie im Recht, S. 3 (9).

[177] *Wapler*, Kinderrechte und Kindeswohl, S. 348 ff.

[178] *Bumke*, in: ders./Röthel (Hrsg.), Autonomie im Recht, S. 3 (18).

[179] In diesem Sinne *Bumke*, in: ders./Röthel (Hrsg.), Autonomie im Recht, S. 3 (9).

Sinne des Grundrechtsvoraussetzungsschutzes[180]. Verantwortung für gesundheitsriskante Verhaltensweisen kann man nur demjenigen zuschreiben, der informiert ist und sich bewusst für eine bestimmte Möglichkeit unter mehreren entschieden hat.

Eine Autonomieförderung, die aus der Förderung der Gesundheitskompetenz der Bürger besteht, kann man als „Befähigung" bezeichnen[181], der Sozialstaat greift hier auf pädagogische Interventionen zurück. Der freiheitsfunktional verstandene Sozialstaat hat, in diesem Sinne eng verstanden, eine stark individualistische Ausrichtung, weil Autonomie in der Regel nicht bevölkerungsbezogen formuliert wird[182]. In der Public-Health-Ethik wird dann auch kritisiert, dass ein individualistischer Autonomieansatz, der nur aus Verhaltensprävention besteht, nicht zur bevölkerungsbezogenen Perspektive der öffentlichen Gesundheit passt[183]. Für das Recht der öffentlichen Gesundheit im hier verstandenen Sinne ist dieser Einwand jedoch so lange unerheblich, wie die Gesetze, die eine verhaltenspräventive Zielrichtung verfolgen, entindividualisierte Tatbestandsvoraussetzungen aufführen und nicht an den individuellen Bedarf an einer Information anknüpfen. Die Pflicht, gesundheitsschädliche Produkte zu kennzeichnen oder allgemein Informationen über ein Produkt zur Verfügung zu stellen, wird dem gerecht; anders sieht es z.B. aus bei persönlichen Gesundheitsberatungen (etwa durch Ärztinnen), die sich an der jeweiligen Situation der Betroffenen orientieren und ihre individuelle Nachfrage voraussetzen.

Auf der praktischen Ebene liegt das Problem dieser Ausprägung des Befähigungsansatzes – würde er allein verfolgt – darin, dass die Wirksamkeit von Maßnahmen der Gesundheitskommunikation davon abhängt, inwieweit sie von den Betroffenen angenommen und umgesetzt werden[184]. Fokussierte sich der Staat auf psycho-edukative Verhaltensprävention, führte dies wahrscheinlich sogar zur Vergrößerung der sozialen Gesundheitsungleichheiten[185]: Denn je besser gebildet eine Person ist, desto eher wird sie die Bedeutung gesundheitsrelevanter Informationen verstehen, verarbeiten und umsetzen können (und wollen). Bei Verhaltensprävention kann es auch zu Abwehrreaktionen kommen, die sich in der Ablehnung von Ratschlägen zeigen[186]. Für die Public-Health-Praxis bedeutet dies, dass zwar Gesundheitsinformationen sicher eine Rolle bei der Gesundheitsförderung spielen müssen, die sozialen Strukturen jedoch, die für die Gesundheitssozialisation verantwortlich sind, nicht vernachlässigt werden dürfen[187]. Denn von Verantwortung für das eigene gesund-

---

180 *Trute*, VVDStRL 57 (1998), S. 213 (250).

181 Die Befähigung in den Mittelpunkt staatlicher Maßnahmen stellt in der Public-Health-Ethik der sogenannte Capability Approach (Fähigkeitenansatz, Befähigungsansatz).

182 *Munthe*, Public Health Ethics 1 (2008), 39 (41).

183 *Munthe*, Public Health Ethics 1 (2008), 39 (40f.).

184 *Lessenich*, APuZ 49-50/2012, 55 (61).

185 *Huster*, JZ 2008, 859 (866); *ders.*, Soziale Gesundheitsgerechtigkeit, S. 64.

186 Hierauf weist *Whitehead*, The concepts and principles of equity and health, WHO-Diskussionspapier, S. 11, hin.

187 *B. Schmidt*, Eigenverantwortung haben immer die Anderen, S. 150ff.; *Huster*, Selbstbestimmung, Gerechtigkeit und Gesundheit, S. 20.

heitsrelevante Verhalten kann man dann nicht sprechen, wenn es maßgeblich durch die Lebensbedingungen geprägt wird[188].

Hier hilft der Begriff der äußeren Autonomie weiter, den man relational verstehen kann[189]. Durch diese Begriffserweiterung gerät das Verhältnis einer Person zu ihrer Umwelt in dem Sinne in den Blick, dass die Person nicht durch soziale Faktoren fremdbestimmt wird, die ihre rechtlich bestehenden Entscheidungsspielräume in tatsächlicher Hinsicht begrenzen[190]. Denn die Selbstbestimmung ist insbesondere dann durch andere Individuen oder durch soziale, politische und wirtschaftliche Strukturen gefährdet, wenn die Auswahlmöglichkeiten einer Person oder ihre Präferenzen bedroht sind[191]. Autonomie erfordert deswegen eine Umgebung, die eine angemessene Auswahl an Entscheidungsoptionen überhaupt erst bereitstellt.

Will man diese Erwägungen zum notwendigen Verständnis des Autonomiebegriffs aus dem Bereich der Public-Health-Ethik in das deutsche Verfassungsrecht übersetzen, kann man nicht allein das Sozialstaatsprinzip heranziehen, ohne dessen Aussagegehalt zu überdehnen. Hier rückt das allgemeine Persönlichkeitsrecht aus Art. 2 I iVm Art. 1 I GG in den Fokus der Betrachtung. So wie das Schutzgut des allgemeinen Persönlichkeitsrechts Gegenstand der grundrechtlichen – gefahrenabwehrrechtlich ausgerichteten – Schutzpflicht sein kann[192], kann es auch Gegenstand des sozialstaatlichen Grundrechtsvoraussetzungsschutzes sein. Rechtsdogmatisch geht es um den Entwicklungs- und Entfaltungsschutz[193], der aus der objektiv-rechtlichen Dimension des allgemeinen Persönlichkeitsrechts abgeleitet wird[194], das vom BVerfG „Ausdruck persönlicher Autonomie“ genannt wird[195].

Neben der abwehrenden Schutzdimension der grundrechtlichen Schutzpflicht ist der Staat somit über das Sozialstaatsprinzip iVm Art. 2 I iVm Art. 1 I GG auch zur positiven Gewährleistung von Entwicklungs- und Entfaltungschancen verpflich-

[188] Vgl. bereits oben 1. Teil, A. II. 2

[189] Dazu *Bumke*, in: ders./Röthel (Hrsg.), Autonomie im Recht, S. 3 (26 Fn. 72). Auch das BVerfG spricht davon, dass Selbstbestimmung immer relational verfasst ist (BVerfGE 153, 182 [272]).

[190] In diesem Sinne *Bumke*, in: ders./Röthel (Hrsg.), Autonomie im Recht, S. 3 (9 f.).

[191] *Zimmerman*, Hastings Center Report 2017, 38. Die Bedrohung der notwendigen Informationen, die hier außerdem angeführt werden, fallen unter die oben unter I. 1. b) angeführte Autonomiedimension.

[192] Das Schutzgut jedes Freiheitsrechts kann die staatliche Schutzpflicht aktivieren: *Isensee*, in: ders./Kirchhof (Hrsg.), HbStR, IX, § 191 Rn. 222; *Calliess*, Rechtsstaat und Umweltstaat, S. 317; *Krings*, Grund und Grenzen grundrechtlicher Schutzansprüche, S. 172.

[193] Von „Grundlagenschutz“ spricht *Jarass*, in: Erichsen/Kollhosser/Welp (Hrsg.), Recht der Persönlichkeit, S. 89 (100 f.), vom „Schutz der Grundbedingungen“ *Di Fabio*, in: Dürig/Herzog/Scholz, Juli 2001, Art. 2 Rn. 207, von der „Gewährung von Startchancen“ *Kube*, in: Isensee/Kirchhof (Hrsg.), HbStR, VII, § 148 Rn. 57 ff., 105. Vgl. auch – leicht anders – *Britz*, Freie Entfaltung durch Selbstdarstellung, S. 31, die auch von „Entfaltungsschutz“ spricht, sich aber nur mit Erwachsenen auseinandersetzt und die Teilbereiche Privatsphärenschutz, Selbstdarstellungsschutz, Ehrenschutz und informationelle Selbstbestimmung des allgemeinen Persönlichkeitsrechts untersucht; sie geht von „spezifischen Gefährdungslagen“ (S. 49) aus, die man diskutieren müsse, die im Falle besonders starker Fremdbilder vorlägen (S. 50).

[194] Vgl. bereits oben 3. Teil, A. I. 1. b).

[195] BVerfGE 153, 182 (261).

tet[196]. Die sozialstaatlichen Pflichten können also durch eine grundrechtliche Ausdifferenzierung[197] weiter präzisiert werden.

4. Aktivierung in Risikolagen

Im Ergebnis ergibt sich aus dem Sozialstaatsprinzip iVm Art. 2 II 1 und Art. 2 I iVm Art. 1 I GG eine staatliche Pflicht zur Förderung gesundheitlicher Chancengleichheit[198]. Der Staat ist einerseits zur Bereitstellung der notwendigen Vorbedingungen der Gesundheit verpflichtet, andererseits muss er Teilhabemöglichkeiten einräumen, was er insbesondere durch die Förderung der allgemeinen Gesundheitskompetenz und durch die gesundheitsförderliche Ausgestaltung gesellschaftlicher Strukturen erreichen kann. Daraus ergibt sich zwangsläufig ein Tätigwerden bereits in Risikolagen. Denn Mittel, die die Vorbedingungen von Gesundheit sicherstellen und Teilhabechancen einräumen sollen, müssen in einem sehr frühen Stadium einsetzen, also einem Stadium, das der Risikovorsorge im Umwelt- und Technikrecht vergleichbar ist. Noch mehr als die grundrechtliche Schutzpflicht ist das Sozialstaatsprinzip gerade im Falle von Risiken einschlägig[199].

B. Der staatliche Auftrag

Die Pflicht des Staates zur gesundheitlichen Risikovorsorge bleibt ein Stück weit im Vagen, solange nicht klar ist, wo die Grenzen dieser Pflicht liegen. Im Recht der öffentlichen Gesundheit stehen sich in vielen Fällen die Interessen derjenigen, deren Gesundheit geschützt bzw. gefördert werden soll, und die Interessen derjenigen, die dafür Einschränkungen hinnehmen müssen, gegenüber. In solchen mehrpoligen Rechtsverhältnissen[200] muss der Gesetzgeber durch die Aufstellung eines Schutzkonzepts die Interessen beider Pole ausgleichen[201]. Das Ergebnis dieses Ausgleichs ist gerade nicht vollständig durch die Verfassung vorgegeben, sondern fällt zu großen Teilen in den gesetzgeberischen Spielraum[202]. Diesen überschreitet der Gesetzgeber

---

[196] S. *Engels*, AöR 122 (1997), 212 (230).

[197] Vgl. *Heinig*, Der Sozialstaat im Dienst der Freiheit, S. 405, für die Bestimmung des Existenzminimums.

[198] Keine verfassungsrechtliche Pflicht, sondern bloß einen Legitimationsgrund erkennt *Schuler-Harms*, SDSRV 67 (2018), S. 27 (36), an.

[199] Vgl. auch *Lahusen/Stark*, in: Lessenich (Hrsg.), Wohlfahrtsstaatliche Grundbegriffe, S. 353 (354).

[200] Ausführlich zu diesem Verhältnis *Calliess*, Rechtsstaat und Umweltstaat, S. 256 ff.

[201] *Ruffert*, in: Vesting/Korioth/I. Augsberg (Hrsg.), Grundrechte als Phänomene kollektiver Ordnung, S. 109 (111).

[202] *Ruffert*, in: Vesting/Korioth/I. Augsberg (Hrsg.), Grundrechte als Phänomene kollektiver Ordnung, S. 109 (115).

dort, wo er die Grundrechte verletzt. Den Spielraum des Gesetzgebers kann man sich bildlich vorstellen: als einen Korridor[203], in dem – grundsätzlich – mehrere Instrumente denkbar sind, die jeweils mehr oder weniger intensiv in Grundrechte eingreifen und die mehr oder weniger Schutz bzw. Förderung der Gesundheit versprechen. Bei einem solchen Bild hat der Spielraum des Gesetzgebers Ränder nach oben und unten[204]. An diesen Rändern nähert sich eine verfassungsmäßige Regelung der Verfassungswidrigkeit an. Der „untere" Rand wird durch das sich aus den Schutzpflichten ergebende Untermaßverbot[205] und die sich aus dem Sozialstaatsprinzip ergebende Pflicht zur Gewährleistung des Existenzminimums konkretisiert. Wird der Schutz bzw. die Förderung durch einen Eingriff in die Grundrechte Dritter gewährt, konkretisiert das Übermaßverbot den „oberen" Rand des gesetzgeberischen Spielraums[206]. Denn der Staat darf nicht jedes Mittel einsetzen, das in diesem Bereich theoretisch denkbar ist.

I. Nachrangigkeit staatlichen Schutzes

Auch wenn der Staat ein großes Interesse an der Gesundheit der Bevölkerung hat – Ausgangspunkt einer jeden verfassungsrechtlichen Betrachtung von Krankheitsprävention und Gesundheitsförderung muss in einem freiheitlichen Staat sein, dass je-

---

[203] Vgl. *Calliess*, Rechtsstaat und Umweltstaat, S. 578; *ders.*, JZ 2006, 321 (329); *Cremer*, Freiheitsgrundrechte, S. 314; *Lee*, Umweltrechtlicher Instrumentenmix und kumulative Grundrechtseinwirkungen, S. 91; in der Sache auch *Ruffert*, Vorrang der Verfassung und Eigenständigkeit des Privatrechts, S. 216 f. Für das Sozialstaatsprinzip in der Sache *Heinig*, Der Sozialstaat im Dienst der Freiheit, S. 451.

[204] Solange es nicht nur ein Mittel gibt, das sowohl aufgrund des Untermaßverbots geboten als auch angemessen iSd des Übermaßverbots ist – dann bestünde auch kein Korridor mehr –, besteht somit keine Kongruenz zwischen Unter- und Übermaßverbot (*Bickenbach*, Die Einschätzungsprärogative des Gesetzgebers, S. 394 f.; ähnlich *Ruffert*, Vorrang der Verfassung und Eigenständigkeit des Privatrechts, S. 217). AA *Hain*, DVBl 1993, 982 (983); *Unruh*, Zur Dogmatik der grundrechtlichen Schutzpflichten, S. 85 ff.; *Vosgerau*, in: 50. Assistententagung Öffentliches Recht (Hrsg.), Risiko im Recht – Recht im Risiko, S. 135 (137), die davon ausgehen, dass das Untermaßverbot das Spiegelbild des Übermaßverbots ist. Danach sollen beide identisch in dem Sinne sein, dass der Staat bei Unterlassen des gebotenen Schutzes (= Untermaß) übermäßig in Grundrechte eingreift (*Vosgerau*, AöR 133 [2008], 346 [352]). Dann gäbe es nur eine Entscheidung, die den Widerstreit zwischen Eingriff und Staat optimal regelte und die das BVerfG dann finden müsste (*Cremer*, Freiheitsgrundrechte, S. 313). Diese Kongruenzthese wird im Schrifttum überwiegend abgelehnt (*Calliess*, Rechtsstaat und Umweltstaat, S. 455 ff., 577; *ders.*, in: Merten/Papier [Hrsg.], HbGR, II, § 44 Rn. 30; *ders.*, JZ 2006, 321 [329]; *Isensee*, in: ders./Kirchhof [Hrsg.], HbStR, IX, § 191 Rn. 304; *Cremer*, Freiheitsgrundrechte, S. 312 ff.; *Bickenbach*, Die Einschätzungsprärogative des Gesetzgebers, S. 394 ff.).

[205] Vgl. *Bickenbach*, Die Einschätzungsprärogative des Gesetzgebers, S. 387 ff., 400 ff.; *Ruffert*, in: Vesting/Korioth/I. Augsberg (Hrsg.), Grundrechte als Phänomene kollektiver Ordnung, S. 109 (115).

[206] *Bickenbach*, Die Einschätzungsprärogative des Gesetzgebers, S. 297 ff., 348 ff.; *Ruffert*, in: Vesting/Korioth/I. Augsberg (Hrsg.), Grundrechte als Phänomene kollektiver Ordnung, S. 109 (115).

der Einzelne primär für seine Gesundheit selbst verantwortlich ist[207]. Im Grundsatz gilt, dass eine staatliche Pflicht – ob sie sich nun aus der grundrechtlichen Schutzpflicht oder aus dem Sozialstaatsprinzip ergibt – nur nachrangig bestehen kann, also nur dort, wo sich die Bevölkerung nicht selbst helfen kann[208].

So endet die grundrechtliche Schutzpflicht dort, wo der Betroffene in der Lage ist, sich der Beeinträchtigung Dritter zu entziehen bzw. sie selbst abzuwehren[209]. Die Anforderungen sind umso geringer, je größer diese Möglichkeit zum Schutz ist[210]. Ist ein gut verträglicher, nebenwirkungsarmer Impfstoff gegen einen Krankheitserreger verfügbar, kann jemand, der sich nicht impfen lassen möchte, nicht verlangen, dass der Staat ihn vor diesem Krankheitserreger abschirmt. Unterstellt man, dass grundsätzlich eine Schutzpflicht des Staates besteht, die Bevölkerung vor den UV-Strahlen der Sonne[211] zu schützen, kann die Bevölkerung auch hier auf den Eigenschutz verwiesen werden: Sie kann sich mit relativ einfachen und kostengünstigen Mitteln selbst gegen die Strahlung schützen. Das ist Anhaltspunkt dafür, dass die Grenze der Zumutbarkeit nicht überschritten ist[212]. Aber auch in diesen Fällen ist es nicht ausgeschlossen, dass der Staat die Bevölkerung über das Gesundheitsrisiko des Krankheitserregers bzw. der UV-Strahlung informieren muss.

Eine grundsätzlich bestehende Schutzpflicht ergibt sich somit auf Rechtsfolgenseite nur in dem Umfang, der erforderlich ist, um den Einzelnen in die Lage zu versetzen, das Risiko selbst zu steuern. Bei geringfügigen Gesundheitsrisiken kann es z. B. ausreichen, den Abdruck bestimmter Informationen auf Produkten vorzuschreiben[213]. Insofern folgt aus dem Grundsatz der Subsidiarität ein Vorrang der Informierung des Bürgers vor dem Verbot des gefährlichen Verhaltens des Risikoakteurs[214]. Dies gilt aber nur dort, wo nicht die Schwere der befürchteten Beeinträchtigung oder das Verhalten des Risikoakteurs den Staat zu weitergehenden Maßnahmen verpflichtet; in manchen Fällen reicht ein Zurückziehen des Staates auf den Hinweis auf eigenverantwortliches Handeln nicht aus.

---

207 *Haverkate*, in: Häfner (Hrsg.), Gesundheit – unser höchstes Gut?, S. 119 (122); *Schmidt-Aßmann*, Grundrechtspositionen und Legitimationsfragen im öffentlichen Gesundheitswesen, S. 13.

208 Vgl. für die grundrechtliche Schutzpflicht nur *Krings*, Grund und Grenzen grundrechtlicher Schutzansprüche, S. 278; für das Sozialstaatsprinzip *Zacher*, in: Isensee/Kirchhof (Hrsg.), HbStR, IX, § 28 Rn. 27.

209 *Hermes*, Das Grundrecht auf Schutz von Leben und Gesundheit, S. 245.

210 *Haffner*, Kosten-Nutzen-Abwägungen im Sicherheitsrecht, S. 94; *Möstl*, Die staatliche Garantie für die öffentliche Sicherheit und Ordnung, S. 111; *Störring*, Das Untermaßverbot in der Diskussion, S. 159; *Isensee*, in: ders./Kirchhof (Hrsg.), HbStR, IX, § 191 Rn. 271 f.; *Hermes*, Das Grundrecht auf Schutz von Leben und Gesundheit, S. 246; *Krings*, Grund und Grenzen grundrechtlicher Schutzansprüche, S. 278.

211 Anders sieht das allerdings die herrschende Meinung, die die Schutzpflicht nur für Übergriffe Dritter heranzieht, dazu oben 3. Teil, A. I. 2.

212 Allgemein *Calliess*, Rechtsstaat und Umweltstaat, S. 575.

213 *Hermes*, Das Grundrecht auf Schutz von Leben und Gesundheit, S. 245.

214 *Krings*, Grund und Grenzen grundrechtlicher Schutzansprüche, S. 280.

Auch sozialstaatliche Pflichten treffen den Staat nur nachrangig[215]: Zunächst sind die Einzelnen selbst in der Pflicht, von den ihnen von der Verfassung eingeräumten Freiheiten in einer Weise Gebrauch zu machen, dass sie für sich selbst sorgen können[216]. Der Staat darf die „Gewährung staatlicher Hilfe davon abhängig" machen, „dass sich die Betroffenen nicht selbst helfen können". Er darf also den Gedanken der Subsidiarität verfolgen, wonach vorhandene Möglichkeiten der Eigenversorgung Vorrang vor staatlicher Fürsorge haben[217]. Wo grundsätzlich Bedürftigkeit besteht, kann der Staat den Einzelnen verpflichten, durch eigene Anstrengungen diese Bedürftigkeit zu überwinden[218]. Der sozialstaatliche Auftrag belässt es jedoch nicht dabei: Den Staat trifft auch die Pflicht, die gesellschaftlichen Strukturen so zu gestalten, dass die Möglichkeit des Einzelnen, für sich selbst zu sorgen, überhaupt geschaffen bzw. gefördert wird[219]. Dies ist der Ansatz von Sozialinvestitionen: Anders als klassische Sozialleistungen sind sie nicht an Einzelne aufgrund eines individuellen, einen besonderen Bedarf voraussetzenden Anspruchs gerichtet, sondern sie sollen die gesellschaftlichen Verhältnisse strukturell und mit einem nachhaltig angelegten Blickwinkel angehen. Im Fokus stehen solche Maßnahmen, „die nicht Notlagen reparieren und Bedarfe decken, sondern in die Vermeidung von Schäden und Bedarfslagen investieren"[220]. Ihnen liegt der „Gedanke der bedarfsvermeidenden Investition in Fähigkeiten und Lebenseinstellungen"[221] zugrunde; langfristig und präventiv soll das Aufkommen sozialer Probleme verhindert werden[222].

Im Einzelfall ist es aber schwierig, die Grenze zwischen Eigenverantwortung und staatlicher Einstandspflicht zu ziehen. Bei Verhaltensweisen, die ein Risiko für die eigene Gesundheit darstellen, wird die Frage der gesundheitlichen Eigenverantwortung in der Ethik und der Rechtswissenschaft insbesondere für das Krankenversicherungssystem diskutiert[223]. Dies betrifft hauptsächlich, aber nicht nur die sogenannten Lebensstilrisiken[224].

Unterschieden werden muss zwischen der prospektiven und der retrospektiven Verantwortung. Die prospektive Verantwortung ist auf die Zukunft gerichtet und

---

[215] Zum Subsidiaritäts- bzw. Nachranggrundsatz *Isensee*, Subsidiaritätsprinzip und Verfassungsrecht, S. 191 ff., 268 ff.

[216] *Zacher*, in: Isensee/Kirchhof (Hrsg.), HbStR, IX, § 28 Rn. 27.

[217] BVerfGE 152, 68 (116).

[218] BVerfGE 152, 68 (118).

[219] Allgemein *Zacher*, in: Isensee/Kirchhof (Hrsg.), HbStR, IX, Rn. 27 ff.

[220] *Kingreen*, SDSRV 52 (2004), S. 7 (43).

[221] *Kingreen*, SDSRV 52 (2004), S. 7 (44).

[222] *Busemeyer*, in: Denkschrift 60 Jahre BSG, Band 1, S. 631 (638).

[223] Siehe nur *Marckmann*, in: Rauprich/Marckmann/Vollmann (Hrsg.), Gleichheit und Gerechtigkeit in der modernen Medizin, S. 299; *Buyx*, in: Rauprich/Marckmann/Vollmann (Hrsg.), Gleichheit und Gerechtigkeit in der modernen Medizin, S. 315; *B. Schmidt*, Eigenverantwortung haben immer die Anderen, S. 73 ff.; *Höfling*, ZEFQ 103 (2009), 286; *Kingreen*, VVDStRL 70 (2011), S. 152 (163 ff.); *Huster*, in: Schmitz-Luhn/Bohmeier (Hrsg.), Priorisierung in der Medizin, S. 193. Aus US-amerikanischer Sicht *Veatch*, in: Sass (Hrsg.), Medizin und Ethik, S. 328.

[224] Zum Begriff 2. Teil, C. II.

beschreibt eine Aufgaben- oder Zuständigkeitsverantwortung des Einzelnen[225], der er durch die Vermeidung gesundheitlicher Risikofaktoren wie Rauchen oder übermäßigem Alkoholgenuss und/oder die Förderung gesundheitlicher Schutzfaktoren wie körperliche Aktivität und eine ausgewogene Ernährung gerecht werden kann[226]. Diese Art der Verantwortung spielt somit eine große Rolle für das Recht der öffentlichen Gesundheit. Die retrospektive Verantwortung legt im Gegensatz dazu fest, dass der Einzelne die Konsequenzen seines Verhaltens in der Vergangenheit tragen muss, es handelt sich also um eine Zurechnung- oder Rechenschaftsverantwortung[227], die ihren Anwendungsbereich im Gesundheitsbereich innerhalb des Rechts der GKV hat.

1. Multifaktorielle Zusammenhänge und Entscheidungsautonomie

Bei der Zuschreibung von Verantwortung werden zwei Probleme gesehen. Das erste betrifft die Kausalität und somit die Frage, welche Risiken selbstgewählt sind und welche nicht. Soweit Krankheiten auf multifaktoriellen Zusammenhängen beruhen, ist eine Zuweisung von Verantwortung oft nicht möglich[228]. Auf statistischer Ebene ist diese Schwierigkeit jedoch in einem geringeren Maße vorhanden, da aufgrund der hohen Zahlen mit verlässlicheren Wahrscheinlichkeiten gearbeitet werden kann als bei einer einzelnen konkreten Person. Bei der bevölkerungsbezogenen Perspektive der öffentlichen Gesundheit ist es – bei guter Datenlage – eher vorstellbar als im System der GKV, bestimmte Erkrankungen auszuwählen, bei denen eine Verursachung durch das eigene Verhalten naheliegt[229].

Das zweite Problem betrifft die Entscheidungsautonomie, also die „Fähigkeit, nach eigenen Vorstellungen und Zielsetzungen ohne äußeren Zwang zu handeln"[230]. So soll für die grundrechtliche Schutzpflicht berücksichtigt werden, ob die Betroffenen das Gesundheitsrisiko freiwillig in Kauf genommen haben[231]. Hier stellt sich nun die Frage: Wenn das Rauchen in Gaststätten nicht verboten ist – setzt sich dann

225 *Marckmann*, in: Rauprich/Marckmann/Vollmann (Hrsg.), Gleichheit und Gerechtigkeit in der modernen Medizin, S. 299 (302).

226 *Marckmann*, in: Rauprich/Marckmann/Vollmann (Hrsg.), Gleichheit und Gerechtigkeit in der modernen Medizin, S. 299 (304); *Höfling*, ZEFQ 103 (2009), 286 (289).

227 *Marckmann*, in: Rauprich/Marckmann/Vollmann (Hrsg.), Gleichheit und Gerechtigkeit in der modernen Medizin, S. 299 (302).

228 *Marckmann*, in: Rauprich/Marckmann/Vollmann (Hrsg.), Gleichheit und Gerechtigkeit in der modernen Medizin, S. 299 (305); *Buyx*, in: Rauprich/Marckmann/Vollmann (Hrsg.), Gleichheit und Gerechtigkeit in der modernen Medizin, S. 315 (324 f.); *Höfling*, ZEFQ 103 (2009), 286 (289).

229 *Buyx*, in: Rauprich/Marckmann/Vollmann (Hrsg.), Gleichheit und Gerechtigkeit in der modernen Medizin, S. 315 (326). – Auch im Krankenversicherungsrecht soll bereits ein risikoerhöhendes Verhalten berücksichtigt werden können (*Huster*, in: Schmitz-Luhn/Bohmeier [Hrsg.], Priorisierung in der Medizin, S. 193).

230 *Marckmann*, in: Rauprich/Marckmann/Vollmann (Hrsg.), Gleichheit und Gerechtigkeit in der modernen Medizin, S. 299 (302).

231 Allgemein *Scherzberg*, VVDStRL 63 (2004), S. 214 (240 f.).

die Nichtraucherin, die sich mit Freunden in der Gaststätte trifft, freiwillig dem Passivrauch aus oder handelt es sich für sie um ein Übel, das sie gezwungenermaßen in Kauf nimmt, weil sie sich sonst nicht mit ihren Freunden treffen könnte? Solange der Anteil der Raucher an der Bevölkerung relativ hoch ist, so dass es als üblich gilt, dass in Gaststätten geraucht wird, spricht viel dafür, hier einen äußeren Zwang durch die gesellschaftliche Norm zu unterstellen: Freiwillig hat die Nichtraucherin dem Passivrauch dann nicht zugestimmt[232]. Solange in einer Region ein Virus wütet, das nur für bestimmte Risikogruppen ein schwerwiegendes Gesundheitsrisiko darstellt, ist die Entscheidung dieser Risikogruppen, isoliert vom Rest der Gesellschaft zu leben, nicht ohne äußeren Zwang. Auch kann ein Mieter nicht darauf verwiesen werden, aus einer schimmelbefallenen Wohnung auszuziehen[233], um sich dem Gesundheitsrisiko zu entziehen.

Auch in der retrospektiven Form setzt Eigenverantwortung „eine freie selbstbestimmte Entscheidung auf der Grundlage valider Information im Status kompetenter Alternativen- und Folgenabschätzung voraus“[234]; insbesondere Faktoren, die in der Kindheit entstanden sind, können Erwachsenen nicht nachträglich als eigenverantwortliche Entscheidungen zugewiesen werden[235]. Das gleiche gilt für andere Faktoren, die aus der Umgebung heraus auf gesundheitsrelevante Entscheidungen einwirken, wie etwa die Einwirkung auf die Präferenzen durch die Hersteller von Tabakwaren und Lebensmitteln[236].

Blendete man die in der Familie stattfindende Gesundheitssozialisation und andere soziale Faktoren aus, bestünde die Gefahr eines „blaming the victim“: Es erfolgte „eine individuelle Zuschreibung von Verantwortung, die tatsächlich gesellschaftlichen bzw. strukturellen Mechanismen zuzuordnen ist und keiner individuellen Kontrolle unterliegt.“[237] Dies ist ein grundsätzliches Problem des Risikofaktorenmodells[238], das soziale Faktoren weitgehend ignoriert[239] und einen Blickwinkel auf Monokausalitäten jedenfalls fördert[240]. Auch wenn die Kausalitäten nichts bis ins Letzte geklärt werden können – dass soziale Faktoren das Gesundheitsverhalten und letztlich den individuellen Gesundheitszustand maßgeblich beeinflussen, kann nicht be-

---

232 BVerfGE 121, 317 (349).

233 Vgl. *Hermes*, Das Grundrecht auf Schutz von Leben und Gesundheit, S. 245.

234 *Höfling*, ZEFQ 103 (2009), 286 (290); ebenso *Marckmann*, in: Rauprich/Marckmann/Vollmann (Hrsg.), Gleichheit und Gerechtigkeit in der modernen Medizin, S. 299 (306).

235 *Marckmann*, in: Rauprich/Marckmann/Vollmann (Hrsg.), Gleichheit und Gerechtigkeit in der modernen Medizin, S. 299 (306); *Höfling*, ZEFQ 103 (2009), 286 (290).

236 Dazu ausführlich 4. Teil, B.

237 *Giesecke/Müters*, in: Hurrelmann/Richter (Hrsg.), Gesundheitliche Ungleichheit, S. 353 (353 f.). Hierauf weisen hin auch *Huster*, JZ 2008, 859 (865 f.); *ders.*, Ethik Med 2010, 289 (297); *ders.*, Soziale Gesundheitsgerechtigkeit, S. 64; *ders.*, Selbstbestimmung, Gerechtigkeit und Gesundheit, S. 20; *Mielck*, in: Strech/Marckmann (Hrsg.), Public Health Ethik, S. 79 (84); *ders.*, Ethik Med 2010, 235 (238); *Lampert/Mielck*, GGW 2008, 7 (15).

238 Vgl. *Schmacke*, in: Stöckel/Walter (Hrsg.), Prävention im 20. Jahrhundert, S. 178 (182).

239 Siehe oben 1. Teil, A. I.

240 *B. Schmidt*, Eigenverantwortung haben immer die Anderen, S. 66.

zweifelt werden. Man kann eben nicht immer unterstellen, dass das individuelle Gesundheitsverhalten frei gewählt ist[241]. Man kann deswegen auch von den „Ursachen der Ursachen“[242] sprechen, die in vielen Fällen die ungleichen gesundheitlichen Verhältnisse erklären. Dem Einzelnen kann nicht vorgeworfen werden, dass er sich so verhält, wie er es vorgelebt bekommen hat, und deswegen sein Krankheitsrisiko steigt. Bei einer Sucht – wie beim Alkoholismus – ist „per definitionem die Fähigkeit zur Selbstkontrolle eingeschränkt“[243], auch wenn es innerhalb der Suchtforschung umstritten ist, in welchem Umfang und bei welcher Ausgangslage dies gilt. So gibt es unterschiedliche Abhängigkeitsstadien und Ausprägungen einer Sucht. Allen Süchtigen zu unterstellen, dass sie mit dem Konsum aufhören wollen, es aber nicht können, würde das Problem arg verkürzen; man kann Süchtigen nicht pauschal die Autonomie absprechen[244]. Genauso wenig kann man aber immer unterstellen, dass sich in dem Suchtverhalten ausnahmslos der freie Wille ausdrückt.

Dies führt im Ergebnis dazu, dass zwar auch der Sozialstaat im Grundsatz erst zuständig ist, wenn der Einzelne sich nicht selbst helfen kann; dieser muss sich zunächst „nach Kräften“ bemühen, „die seinen Lebensentwürfen entsprechenden materiellen und sozialen Bedingungen“ zu schaffen, die er für den Gebrauch seiner Freiheitsrechte benötigt[245]. Die „Kehrseite der Selbstbestimmung ist Selbstverantwortung“[246]. Dies ist der Subsidiaritätsgedanke, der insbesondere für die subjektiv-individuelle Perspektive Geltung beansprucht: Nur der Bedürftige soll Leistungen des Staates erhalten. Der sozialstaatliche Auftrag hat das Ziel, die „Selbsterhaltungs- und -befähigungskompetenzen herzustellen oder zu erneuern“[247], um so die Selbstverantwortung zu „entfalten“[248]. Dazu gehört es auch, dass er die Verhältnisse so gestaltet und ordnet, dass jeder die Möglichkeit hat, für sich selbst zu sorgen[249]. Die Pflicht zur Förderung gesundheitlicher Chancengleichheit, die sich aus dem Sozialstaatsprinzip iVm Art. 2 II 1 und Art. 2 I iVm Art. 1 I GG ergibt, kann man dann so verstehen, dass der Sozialstaat dafür sorgen muss, dass jeder – unabhängig von der Situation anderer – die Möglichkeit hat, gesund zu bleiben und seine Gesundheitspotentiale eigenver-

---

[241] *Mielck*, in: Strech/Marckmann (Hrsg.), Public Health Ethik, S. 79 (84). Dies wohl übersehend *P. Kirchhof*, in: Konrad-Adenauer-Stiftung (Hrsg.), Grenzen der Gesundheit, S. 442 (449).

[242] *Huster*, JZ 2008, 859 (866); *Wilson*, Public Health Ethics 2 (2009), 210; *Huster*, Ethik Med 2010, 289 (297); *ders.*, Soziale Gesundheitsgerechtigkeit, S. 64; *ders.*, in: Schumann (Hrsg.), Das erziehende Gesetz, S. 193 (223); kritisch zum Begriff selbst nun *Marmot*, in: Eyal u. a. (Hrsg.), Inequalities in Health, S. 282 (289); *Huster*, Selbstbestimmung, Gerechtigkeit und Gesundheit, S. 19. – Andere verstehen „die mit dem Sozialstatus korrelierende gesundheitliche Situation“ im vergleichbaren Sinne als „Teil einer gruppenspezifischen Lebenslage“ (*Ebsen*, SDRSV 56 [2007], 133 [137]).

[243] *Marckmann*, in: Rauprich/Marckmann/Vollmann (Hrsg.), Gleichheit und Gerechtigkeit in der modernen Medizin, S. 299 (306).

[244] Ausführlich *Wolf*, Auf dem Weg zu einer Ethik der Sucht, S. 170 ff., 180 f.

[245] *Heinig*, Der Sozialstaat im Dienst der Freiheit, S. 382.

[246] *Heinig*, Der Sozialstaat im Dienst der Freiheit, S. 215. Vgl. auch *Zacher*, in: Isensee/Kirchhof (Hrsg.), HbStR, IX, § 28 Rn. 27.

[247] *Heinig*, Der Sozialstaat im Dienst der Freiheit, S. 387.

[248] *Zacher*, in: Isensee/Kirchhof (Hrsg.), HbStR, II, § 28 Rn. 27.

[249] *Zacher*, in: Isensee/Kirchhof (Hrsg.), HbStR, II, § 28 Rn. 27.

antwortlich zu entfalten. Eigenverantwortung setzt zunächst voraus, dass der Einzelne frei und informiert gesundheitsrelevante Entscheidungen treffen kann. Hierzu gehört die Pflicht des Staates, gesundheitsrelevante Informationen – ggf. über die Inpflichtnahme der Risikoakteure – zur Verfügung zu stellen. Da die Möglichkeit, gesundheitsrelevante Informationen zu verarbeiten und umzusetzen, aber auch von den sozialen Rahmenbedingungen abhängig ist, muss der Staat auch die Auswirkungen, die soziale gesundheitliche Risikofaktoren haben können, begrenzen. Wenn Strukturen geschaffen oder gefördert werden, die von vornherein die Eigenverantwortung stärken und gegenüber bestimmten potentiell gesundheitsschädlichen Sozialisationsprozessen ausgleichend wirken, entstehen manche Hilfefälle erst gar nicht. Der Staat verhindert so, dass er nur noch reagieren kann. Soziale Risikovorsorge in diesem Sinne ist – insbesondere in Form von Sozialinvestitionen – besonders autonomiekompatibel, sie ist „präventiver Freiheitsschutz“[250].

2. Marktversagen

Der Grundsatz der Nachrangigkeit staatlichen Schutzes unterstellt nicht nur, dass der Einzelne sich grundsätzlich selbst helfen kann, sondern auch, dass die Interessen der einzelnen Teilnehmenden in einem freien Markt durch den Mechanismus aus Angebot und Nachfrage grundsätzlich zu volkswirtschaftlich wünschenswerten (wohlfahrtstaatlichen) Ergebnissen führen. Es gibt nun aber Konstellationen, in denen dies gerade nicht der Fall ist. Hier spricht man von Marktversagen. Dieser Begriff ist in der Ökonomie nicht unumstritten und hat aufgrund des dortigen Blickwinkels bzw. Erkenntnisinteresses notwendigerweise einen volkswirtschaftlichen Bezug, der dann auch die möglichen Lösungswege inklusive des zu verfolgenden Ziels prägt. Für das Recht der öffentlichen Gesundheit kann er jedoch insofern fruchtbar gemacht werden, als die Konstellationen, in denen in der Ökonomie Marktversagen angenommen wird, Fälle aufzeigen, in denen entweder aufgrund von Machtasymmetrien nicht von Eigenverantwortung gesprochen werden kann oder in denen der Einzelne gar nicht in der Lage ist, eine unerwünschte Situation zu ändern.

a) Kollektive Übel

Besondere Bedeutung kommt der staatlichen Pflicht zum Schutz bzw. zur Förderung der öffentlichen Gesundheit dort zu, wo sich der Einzelne gar nicht gegen das gesundheitliche Risiko wehren kann, selbst wenn er dies wollte. Dies ist immer dann der Fall, wenn das gesundheitliche Risiko ein kollektives Übel darstellt, also ein Übel, das nicht individuell vermieden werden kann[251], wie Lärm, Luftverschmut-

---

[250] *Di Fabio*, in: FS-Ritter, S. 807 (833) in einem vergleichbaren Kontext.

[251] *Anderheiden*, in: Brugger/Kirste/Anderheiden (Hrsg.), Gemeinwohl in Deutschland, Europa und der Welt, S. 391 (403); *ders.*, Gemeinwohl in Republik und Union, S. 117.

zung oder eine Epidemie. In solchen Fällen kann der Einzelne nicht auf seine Eigenverantwortung verwiesen werden.

Auch der Schutz vor kollektiven Übeln muss seine Rechtfertigung zunächst in der Gesundheit der einzelnen Bürger finden. Darüber hinaus stellt sich aber die Frage, inwieweit die Tatsache rechtlich berücksichtigt werden kann, dass diese Art von Schutz nur kollektiv erfolgen kann. Manche sehen es als Charakteristikum kollektiver Güter an, dass ihre Versorgung staatlich zu regeln ist[252]. Diese Aussage ist jedoch gerade durch ihren normativen Einschlag stark verkürzend. Der aus der Ökonomie stammende Begriff der kollektiven Güter wird zunächst rein deskriptiv für Güter gebraucht, deren Konsum nicht rivalisiert bzw. von denen kein Einzelner ausgeschlossen werden kann. Die Folge hiervon ist, dass der Markt nicht genügend Anreize vorhält, um die Produktion durch Einzelne in ausreichendem Maße zu gewährleisten; deswegen sprechen die Ökonomen hier von Marktversagen. So können fehlende Anreize, an der Produktion eines Gutes teilzunehmen, dazu führen, dass das Gut konsumiert wird, ohne eine Gegenleistung zu erbringen; dann kommt es zum „Trittbrettfahrer"-Verhalten[253]. Wenn keine Impfpflicht besteht, vertrauen manche Personen darauf, durch die Herdenimmunität vor einer Ansteckung mit dem Krankheitserreger geschützt zu sein, und lassen sich nicht impfen. Verhalten sich zu viele Personen so, wird der notwendige Durchimpfungsgrad, der für den Aufbau der Herdenimmunität erforderlich ist, jedoch nicht erreicht, so dass auch kein Ansteckungsschutz für Ungeimpfte besteht. Wird der von einer Autobahn ausgehende Lärm durch eine Lärmschutzwand von einem Wohngebiet abgeschirmt, profitieren alle Anwohner davon, unabhängig davon, ob sie sich an den Kosten der Wand beteiligt haben. Solange die Beteiligung freiwillig ist, besteht kein Anreiz für Privatpersonen, dies zu tun. Dann ist es jedoch wahrscheinlich, dass der durch Private organisierte Bau der Lärmschutzwand an der Finanzierung scheitert. Die Möglichkeiten, die für den Staat hier bestehen, ist die Bereitstellung des kollektiven Gutes[254], indem er den Bau der Lärmschutzwand organisiert und die Kosten durch Steuern oder durch direkte Umlegung auf die Profiteure abwälzt. Beim Infektionsschutz kann er die Bevölkerung verpflichten, sich impfen zu lassen, und so die Durchimpfungsquote erhöhen und Herdenimmunität herstellen.

Anreize, die Produktion eines Übels zu unterlassen, fehlen dann, wenn ohne den eigenen Verursachungsbeitrag das Übel durch andere weiter produziert wird (und diese dann ggf. einen Wettbewerbsvorteil haben). Dies gilt etwa für den Schadstoffausstoß im Straßenverkehr oder die Industrie. Hier kann der Staat versuchen, die Produktion des Übels einzuschränken, in dem er den Verursachern Ge- oder Verbote auferlegt, die in der Summe auf die Reduktion der Gesamtproduktion zielen,

[252] So *Calliess*, Rechtsstaat und Umweltstaat, S. 80, siehe aber auch S. 81.

[253] *Fritsch*, Marktversagen und Wirtschaftspolitik, S. 94; *Kupferschmidt*, in: Drewello/Kupferschmidt/Sievering, Markt und Staat, S. 221 (223).

[254] *Fritsch*, Marktversagen und Wirtschaftspolitik, S. 107.

oder z. B. durch die Erhebung von Steuern[255] oder die Einrichtung eines Zertifikatehandels[256] die durch die Produktion entstehenden Kosten ein Stück weit auf die Verursacher zurückzuübertragen, was in der Folge auch zu einem Rückgang des schädigenden Verhaltens führen wird. Auch im Infektionsschutz ist ähnliches zu beobachten: Soll die Ansteckungsrate mit einem Krankheitserreger eingedämmt oder verlangsamt werden, besteht für den Einzelnen kein Anreiz, sein Verhalten zu ändern (etwa Kontakte einzuschränken oder einen Mundschutz zu tragen), wenn andere dies nicht auch tun, weil nur die Verhaltensänderung sehr vieler Menschen überhaupt einen Effekt hat.

b) Informationsasymmetrien

Ökonominnen sprechen auch von Marktversagen, wenn zwischen zwei Privaten eine Informationsasymmetrie besteht. Hierzu kommt es, wenn eine Partei ein Interesse daran hat, der anderen Partei nicht alle Informationen zur Verfügung zu stellen. So haben Risikoakteure, die gesundheitsriskante Produkte herstellen, ein finanzielles Interesse daran, dass möglichst viele Konsumenten ihre Produkte kaufen. Für sie besteht kein Anreiz, das Gesundheitsrisiko ausführlich darzustellen, weil sonst die Konsumentinnen ggf. vom Kauf des Produkts Abstand nehmen. Die Produzenten haben in der Regel sogar das gegenteilige Interesse: Sie versuchen, ihr Produkt in einem möglichst guten Licht – auch aus gesundheitlicher Sicht – darzustellen und richten ihr Marketing danach aus. Wenn den Konsumenten jedoch nicht alle Informationen über das bestehende Gesundheitsrisiko vorliegen, kann man bei ihnen nicht davon sprechen, dass sie das Risiko eigenverantwortlich eingegangen sind.

c) Marktversagen als Anlass für staatliches Tätigwerden

Ökonomen sehen im Marktversagen zwar einen möglichen Anlass für staatliche Eingriffe; dies sei aber nur eine notwendige und keine hinreichende Bedingung. Möglicherweise könne der Staat das Problem auch nicht besser lösen als der Markt[257]. Ökonomen stellen bei einer möglichen Rechtfertigung dann lediglich Kosten-Nutzen-Rechnungen an[258]. Aus verfassungsrechtlicher Sicht ist entscheidend, dass der Staat bereits über die grundrechtliche Schutzpflicht und das Sozialstaatsprinzip zum Schutz und zur Förderung der öffentlichen Gesundheit verpflichtet ist.

---

[255] Dies geschieht etwa durch die sogenannte „Pigou"-Steuer, hierzu *Fritsch*, Marktversagen und Wirtschaftspolitik, S. 112 ff.

[256] Dazu *Fritsch*, Marktversagen und Wirtschaftspolitik, S. 128 ff., für den Bereich der Umweltpolitik S. 157 ff.; aus rechtlicher Sicht *Küll*, Grundrechtliche Probleme der Allokation von CO2-Zertifikaten.

[257] *Roth*, VWL für Einsteiger, S. 170 f.; vgl. auch *Fritsch*, Marktversagen und Wirtschaftspolitik, S. 373 ff.

[258] Vgl. *Karnani/McFerran/Mukhopadhyay*, JACR 2016, 445 (451).

So ergibt sich bereits aus der Pflicht zur Förderung der Autonomie die Pflicht des Staates, für die Bereitstellung gesundheitsrelevanter Informationen zu sorgen. Im Falle von Informationsasymmetrien zeigt sich gerade ein Anwendungsfall, in dem diese Pflicht durch die Figur des Marktversagens konkretisiert wird: Dort, wo ein Akteur über gesundheitsrelevante Informationen verfügt, auf die der Konsument nicht ohne Weiteres Zugriff hat, muss der Staat dafür sorgen, dass diese Informationen zur Verfügung gestellt werden, damit sich der Konsument in der Folge eigenverantwortlich verhalten kann.

Im Falle kollektiver Übel liegt sogar ein Fall des totalen Marktversagens vor, d.h. für den Einzelnen besteht gar keine Möglichkeit, selbst Abhilfe zu schaffen. Gerade weil der Markt das Problem durch die fehlende Anreizwirkung nicht allein löst, trifft den Staat seine Einstandsverantwortung[259]. Die grundrechtliche Schutzpflicht ist ohne Probleme in der Lage, die Aufgabe dieses verstärkten Schutzes im Falle der Krankheitsprävention zu übernehmen. Auch wenn ihre Grundlage auch hier die Gesundheit des Einzelnen als Schutzgut von Art. 2 II 1 GG ist, kann man hier am ehesten von Gemeinwohl sprechen[260], weil die Pflicht des Staates hier gerade einen kollektiven Einschlag bekommt. Soweit es in diesem Bereich um Umweltrisiken geht, kann zusätzlich Art. 20a GG herangezogen werden, der auch für diese kollektiven Belange zuständig ist. Auch das Sozialstaatsprinzip ist offen für kollektive Belange und es enthält auf Rechtsfolgenseite gerade die Pflicht, die sozialen Verhältnisse zu gestalten; es ist somit für die Vermeidung kollektiver sozialer Übel die richtige Verfassungsnorm[261].

Wenn das Marktversagen zu negativen Auswirkungen auf die öffentliche Gesundheit führt, ist der Staat somit aus seiner Pflicht zur gesundheitlichen Risikovorsorge verpflichtet, einzuschreiten. Denn diese Pflicht wird hier nicht durch den Grundsatz der Subsidiarität begrenzt. Hier kann die Bevölkerung nicht auf die Eigenverantwortung verwiesen werden, da gerade der Markt dieses Problem nicht allein löst. Diese Fälle zeigen vielmehr, dass die Marktprozesse der Korrektur bedürfen; ein Einzelner kann nichts ausrichten.

---

[259] Ähnlich *Anderheiden*, Gemeinwohl in Republik und Union, S. 213ff.

[260] Das Gemeinwohl ist dann jedenfalls nicht nur auf Einzelinteressen der Individuen zurückzuführen. Vgl. zum Gemeinwohlbegriff auch *Calliess*, Rechtsstaat und Umweltstaat, S. 76.

[261] AA *Anderheiden*, Gemeinwohl in Republik und Union, S. 220f., der das Sozialstaatsprinzip nicht heranziehen will, weil es nicht auf alle Situationen passe, in denen es um kollektive Güter gehe (z.B. beim Umweltschutz). Das Problem beim Vorgehen *Anderheidens* ist, dass er beim abstrakten Begriff der kollektiven Güter ansetzt und nach einem Begriff sucht, der alle denkbaren konkreten Konstellationen in sich aufnehmen kann. Dass der Begriff der kollektiven Güter in der Ökonomie jedoch zur Beschreibung und Strukturierung eines Problems herangezogen wird, das Sachverhalte betreffen kann, die im deutschen Recht in unterschiedlichen Rechtsgebieten verankert sind, die jeweils auf unterschiedliche Verfassungsnormen zurückgeführt werden können, wird dabei ausgeblendet. So muss auch die Begriffsbestimmung *Anderheidens* auf einer denkbar hohen abstrakten Ebene ansetzen.

II. Kein Optimierungsgebot

Bislang wurden nur Gegenstand und Zielrichtung der grundrechtlichen Schutzpflicht und des Sozialstaatsprinzips für die gesundheitliche Risikovorsorge herausgearbeitet. Aus Sicht der öffentlichen Gesundheit ist nun die Frage entscheidend, wie weit die jeweilige staatliche Pflicht reicht. Dass am oberen Rand des gesetzgeberischen Spielraums die Freiheitsrechte Dritter das staatliche Vorgehen begrenzen, wird später noch näher ausgeführt[262]; unabhängig von dieser Grenze – bzw. unterhalb dieser Grenze – stellt sich die Frage, ob der Gesetzgeber verpflichtet ist, das bestmögliche Ergebnis für die öffentliche Gesundheit anzustreben.

1. Gefahrenabwehrrechtlich geprägte Risikovorsorge

Für die grundrechtliche Schutzpflicht formuliert: Muss der Gesetzgeber, wenn mehrere Instrumente zum Schutz der öffentlichen Gesundheit in Betracht kommen, die sich für die Risikoakteure gleich intensiv darstellen, das Instrument auswählen, das für die öffentliche Gesundheit den größten Schutzeffekt hat[263]? Eine solche Pflicht bedeutete ein Optimierungsgebot[264] zugunsten der öffentlichen Gesundheit.

Eine solche Pflicht wird insbesondere von denen angenommen, die die Schutzpflichten als Instrument und Aufgabe des Staates verstehen, Konflikte zwischen Privaten zu schlichten. Bei einer solchen Ausgangssituation stehen sich immer mindestens zwei Gruppen von Privaten gegenüber, die sich auf die Grundrechte berufen können: die Risikoakteure oder die herangezogenen Unbeteiligten, die sich beide auf die Abwehrrechte berufen, und die Betroffenen, die sich auf die staatliche Schutzpflicht berufen. Die betroffenen Grundrechte sollen dann in dem entstehenden mehrpoligen Verfassungsrechtsverhältnis durch Güterabwägung in einen angemessenen Ausgleich gebracht werden[265]. Diese Ansicht beruht in Anlehnung an die Prinzipientheorie[266] auf der These, dass Grundrechte Optimierungsgebote enthalten bzw. wie solche wirken.

---

262 Siehe unten 3. Teil, C.

263 So allgemein *Möstl*, Die staatliche Garantie für die öffentliche Sicherheit und Ordnung, S. 109; *Calliess*, Rechtsstaat und Umweltstaat, S. 460, 577 ff.; *Krings*, Grund und Grenzen grundrechtlicher Schutzansprüche, S. 300, 303.

264 So allgemein für die Schutzpflicht *O. Klein*, JuS 2006, 960 (962); *Lee*, Umweltrechtlicher Instrumentenmix und kumulative Grundrechtseinwirkungen, S. 89.

265 Ausführlich *Calliess*, Rechtsstaat und Umweltstaat, S. 566 ff. Ähnlich *Michael*, JZ 2008, 875 (877).

266 Begründet von *Alexy*, vgl. Theorie der Grundrechte; allgemein kritisch zur Prinzipientheorie *Klement*, JZ 2008, 756; *Poscher*, RW 2010, 349 (353 ff.). *Alexy* selbst geht bei Schutzpflichten nur von einem eingeschränkten Optimierungsgebot aus, nämlich nur insoweit, wie der Gesetzgeber sich für ein bestimmtes Schutzniveau entschieden hat; der Gesetzgeber dürfe im Rahmen seines Zwecksetzungsspielraums die Schutzwürdigkeit der entgegenstehenden Interessen bewerten (in: Sieckmann [Hrsg.], Die Prinzipientheorie der Grundrechte, S. 105 [119 f.]).

Das so verstandene mehrpolige Verfassungsverhältnis setzt voraus, dass Untermaß- und Übermaßverbot nie losgelöst voneinander gedacht werden können. Das Untermaßverbot muss – anders als die Schutzpflicht als Ganze – jedoch unabhängig vom Übermaßverbot betrachtet werden[267]. Diese Unabhängigkeit zeigt sich bereits daran, dass dem Untermaßverbot in manchen Fällen auch ohne einen Eingriff in die Rechte Dritter genüge getan werden kann. In diesen Fällen kann es keine Pflicht des Staates geben, alles theoretisch Denkbare zugunsten der öffentlichen Gesundheit zu tun, die höchstens durch finanzielle Erwägungen begrenzt wäre, aber ansonsten keine materielle Grenze kennen würde. Darüber hinaus ist das Untermaßverbot mit der Schutzpflicht insofern gleichzusetzen, als es nur eine Hilfskonstruktion zur Feststellung des erforderlichen Schutzminimums ist[268]. Es wird – im Ausgangspunkt – nicht durch Abwägung bestimmt. Über Zurechnungsfragen, die dadurch aufgeworfen werden, dass Unsicherheit über Kausalitätszusammenhänge bestehen – also Fragen der Risikoverteilung –, muss der Gesetzgeber entscheiden, weil es sich hier um normative Fragen handelt. Die Annahme eines Optimierungsgebots bände den Gesetzgeber unangemessen stark und käme so mit dem Demokratieprinzip in Konflikt: Dem BVerfG würde hier ein Maximum an Kontrolle ermöglicht[269], es käme zu weitreichenden Eingriffen in den gesetzgeberischen Spielraum. Das BVerfG darf vielmehr nur am Rand des Korridors kontrollieren (und auch hier nur eingeschränkt[270]): also die Einhaltung des Untermaßverbotes im Sinne eines Mindeststandards auf der einen Seite und die Einhaltung des Übermaßverbotes auf der anderen Seite. Wenn Anhänger des auf Optimierung angelegten mehrpoligen Verfassungsverhältnisses in diesem Korridor die verfassungsgerichtliche Prüfung enden lassen wollen[271] – was in der Sache zutreffend ist –, kann der Staat in diesem Korridor auch zu nichts verpflichtet sein. Wer gleichzeitig von einem Spielraum des Gesetzgebers innerhalb des Korridors und einem Optimierungsgebot zugunsten der Schutzpflicht auszugeht[272], widerspricht sich.

Im Ergebnis grenzt das Untermaßverbot „den obligatorischen Teil der Staatsaufgabe des Schutzes von dem nur fakultativen Sektor ab"[273]. Was die staatliche „harte", einklagbare Pflicht angeht, sind Schutzpflicht und Untermaßverbot identisch[274]. Sobald das Untermaß erfüllt ist, darf der Staat darüber hinausgehende Schutzmaßnahmen treffen (soweit sie nicht unverhältnismäßig in Freiheitsrechte Dritter eingreifen),

---

267 AA *Störring*, Das Untermaßverbot in der Diskussion, S. 197; *Haffner*, Kosten-Nutzen-Abwägungen im Sicherheitsrecht, S. 111.

268 *Dietlein*, ZG 1995, 131 (139 f.).

269 *Bickenbach*, Die Einschätzungsprärogative des Gesetzgebers, S. 400.

270 Dazu unten 3. Teil, D. II.

271 So *Calliess*, Rechtsstaat und Umweltstaat, S. 590.

272 So *Calliess*, Rechtsstaat und Umweltstaat, S. 578 ff.; *Lee*, Umweltrechtlicher Instrumentenmix und kumulative Grundrechtseinwirkungen, S. 89, 91.

273 *Isensee*, in: ders./Kirchhof (Hrsg.), HbStR, IX, § 191 Rn. 305.

274 *Hain*, DVBl 1993, 982 (983), der aber ansonsten das Untermaßverbot anders als hier vertreten versteht.

es besteht aber keine Pflicht mehr – und somit auch kein Optimierungsgebot[275]. Die öffentliche Gesundheit ist dann immer noch legitimer Zweck für den Eingriff und verhilft ihm insbesondere zu Verfassungsrang, was für die Rechtfertigung nicht unerheblich ist, aber der Staat hat keinen verfassungsrechtlichen Auftrag mehr.

2. Soziale Risikovorsorge

Auch der freiheitsfunktional verstandene Staat kennt kein Optimierungsgebot[276], das Sozialstaatsprinzip verlangt keine „optimierende Sozialgestaltung"[277]. Sozialpolitik ist somit nicht bloßer Verfassungsvollzug[278] und kann dies angesichts des besonders weiten gesetzgeberischen Spielraums auch nicht sein; auch hier drohten regelmäßig Übergriffe in diesen Spielraum und damit eine Verletzung des Demokratieprinzips. Wie bei der grundrechtlichen Schutzpflicht auch ist der Staat nur zur Einhaltung des Untermaßverbotes – d.h. bei der sozialen Risikovorsorge zur Gewährleistung von Mindestbedingungen für ein selbstbestimmtes Leben – verpflichtet. Für den weit überwiegenden Teil der Sozialpolitik besteht somit keine konkrete verfassungsrechtliche Pflicht, da stets auch andere Maßnahmen möglich wären. Kommt es bei sozialstaatlichen Interventionen jedoch zu Eingriffen in Freiheitsrechte, bildet das Sozialstaatsprinzip einen möglichen Rechtfertigungsgrund bzw. verhilft dem jeweiligen verfolgten Zweck zum Verfassungsrang[279].

III. Das Minimum gesundheitlicher Risikovorsorge

Aus Sicht der öffentlichen Gesundheit ist es nun entscheidend, wie das Minimum des grundrechtlichen Gesundheitsschutzes und das Minimum an sozialer gesundheitlicher Risikovorsorge bestimmt werden können, wo also die entsprechenden Grenzen des Korridors, der den gesetzgeberischen Spielraum beschreibt, zu ziehen sind. Die Beschreibung der entsprechenden unteren Grenze des gesetzgeberischen Spielraums übernehmen das Untermaßverbot und das Existenzminimum[280].

---

[275] So im Ergebnis auch *Bickenbach*, Die Einschätzungsprärogative des Gesetzgebers, S. 400.

[276] Die Prinzipientheorie würde auch hier wieder das Optimierungsgebot anwenden, auch wenn sie im Ergebnis durch die Berücksichtigung entgegengesetzter Prinzipien nicht davon ausgeht, dass der Staat umfassend alles bereitstellen müsste, vgl. *Borowski*, Grundrechte als Prinzipien, S. 453. Von einem Optimierungsgebot hinsichtlich des Entfaltungs- und Entwicklungsschutzes geht *S. Engels*, AöR 122 (1997), 212 (231 f.), aus (ohne Bezugnahme auf das Sozialstaatsprinzip).

[277] *Neumann*, DVBl 1997, 92; *Krings*, Grund und Grenzen grundrechtlicher Schutzansprüche, S. 355; *Heinig*, Der Sozialstaat im Dienst der Freiheit, S. 511. AA *Luthe*, Optimierende Sozialgestaltung, S. 425 ff.

[278] *Heinig*, Der Sozialstaat im Dienst der Freiheit, S. 377 f.

[279] *Kingreen*, Das Sozialstaatsprinzip im europäischen Verfassungsverbund, S. 143; *Heinig*, Der Sozialstaat im Dienst der Freiheit, S. 512, 545 f.

[280] Für die grundrechtliche Schutzpflicht: *Bickenbach*, Die Einschätzungsprärogative des Gesetzgebers, S. 389; *Steinberg*, NJW 1996, 1985 (1988); *Ruffert*, in: Vesting/Korioth/I. Augsberg

1. Gefahrenabwehrrechtlich geprägte Risikovorsorge: gesundheitlicher Mindestschutz

Die Bestimmung der Grenze, die das Untermaßverbot ausdrückt, ist eines der umstrittensten Probleme der Schutzpflichtendogmatik. Nicht eindeutig geklärt ist dabei, inwiefern das Untermaßverbot unabhängig von den Rechten Dritter bestimmt werden kann[281]. Im Schrifttum wird regelmäßig darauf verwiesen, dass auch bei der Bestimmung der Untergrenze die Rechte der Risikoakteure berücksichtigt werden müssten. Wie diese Berücksichtigung auszusehen hat, wird dann unterschiedlich beantwortet. Häufig verharrt die Diskussion im Abstrakten, weil keine konkreten Beispiele angeführt werden.

a) Grundsätze zur Bestimmung

Die Prüfung, ob der Gesetzgeber in Bezug auf einen bestimmten Risikofaktor gegen das Untermaßverbot verstößt, muss immer an einer konkreten möglichen, noch nicht eingesetzten Maßnahme ansetzen. Eine solche Prüfung ist nicht deswegen unmöglich, weil jeweils unendlich viele Möglichkeiten denkbar wären[282]. In der Regel werden konkrete Maßnahmen bereits diskutiert.

Zur Bestimmung des Untermaßes hilft es, sich eine Situation zu vergegenwärtigen, in der keine Unsicherheiten über Kausalzusammenhänge bestehen und die Gefahr einer tödlichen oder jedenfalls schwer verlaufenden Krankheit vorliegt. In diesem Fall ist die Bestimmung des Untermaßes allein der Verfassung zu entnehmen, im Ausgangspunkt erfolgt sie also absolut[283] – ohne Berücksichtigung eines bestimmten Mittels oder betroffener Freiheitsrechte Dritter; das Untermaß ist nicht durch Abwägung zu bestimmen[284], weil es sich nicht aus dem Verhältnismäßigkeits-

---

(Hrsg.), Grundrechte als Phänomene kollektiver Ordnung, S. 109 (115). Zur Bedeutung des Untermaßverbots für die Schutzpflicht *Dietlein*, ZG 1995, 131; *Ruffert*, Vorrang der Verfassung und Eigenständigkeit des Privatrechts, S. 220; *Störring*, Das Untermaßverbot in der Diskussion, S. 56. – Unklar bleibt, was das BVerfG mit seinen Ausführungen (vgl. etwa BVerfG, NVwZ 2009, 1489 [1490]; BVerfG, NVwZ 2011, 991 [994]) meint, das Untermaßverbot spiele neben der Frage der Verletzung der Schutzpflicht („darüber hinaus") eine Rolle. Denn wenn sich die „Gestaltungsfreiheit" des Gesetzgebers in der Weise verengt hat, „dass allein durch eine bestimmte Maßnahme der Schutzpflicht Genüge getan werden kann", und der Gesetzgeber diese Maßnahme nicht implementiert hat, ist das Untermaßverbot verletzt.

[281] Vgl. schon oben 3. Teil, B. II. 1.

[282] Ähnlich *Wilke*, Der Schutz vor den Wirkungen des Fluglärms auf den Menschen nach der Novellierung des FluLärmG, S. 216.

[283] Im Ergebnis auch *Murswiek*, Die staatliche Verantwortung für die Risiken der Technik, S. 236f. Vgl. auch das Sondervotum *Masing* zum Nichtraucherschutzurteil (BVerfGE 121, 317 [382]: „Das verfassungsrechtliche Gewicht des Gesundheitsschutzes ist nicht Folge gesetzlicher Wertungen, sondern deren Maßstab"; im gleichen Kontext der Überprüfung der Nichtraucherschutzgesetze aus der Perspektive der Abwehrrechte *Hummrich*, LKRZ 2008, 326 [328]; *Michael*, JZ 2008, 875 [877]; *Cornils*, ZJS 2008, 660 [662f.]; *Mehde/Hanke*, ZG 2010, 381 [394]).

[284] AA *Möstl*, Die staatliche Garantie für die öffentliche Sicherheit und Ordnung, S. 101ff.; *Stör-*

grundsatz ergibt[285]. Denn die Schutzpflicht ist – anders als die Überprüfung einer staatlichen Maßnahme anhand des Übermaßverbotes – final programmiert[286], sie aktiviert einen Gesetzgebungsauftrag. Wenn sich die staatliche Schutzpflicht darauf stützt, dass ohne ein Eingreifen des Staates die Gesundheit der Bevölkerung beeinträchtigt würde[287], ergibt sich aus der Art und dem Umfang der Beeinträchtigung das notwendige Maß des staatlichen Schutzes, also das notwendige Schutzniveau. Die Schutzpflicht des Staates muss dabei umso „ernster genommen werden, je höher der Rang des in Frage stehenden Rechtsgutes innerhalb der Wertordnung des Grundgesetzes anzusetzen ist"[288]. Zwar gibt es keine Hierarchie der im Grundgesetz genannten Grundrechte, aber bei den von Art. 2 II 1 GG geschützten Gütern kann es im Vergleich zu den anderen Grundrechten am ehesten zu irreversiblen Schäden kommen. Dies zeigt sich besonders eindrücklich beim Leben und somit bei tödlich verlaufenden Krankheiten, aber auch chronische Krankheiten können die Lebensqualität stark einschränken, was sich auf die Wahrnehmung aller anderen Grundrechte auswirken kann. Auch der Charakter der Gesundheit als „Meta-Fähigkeit", als konditionales oder „transzendentales" Gut[289], muss somit bei der Bestimmung des Untermaßes Berücksichtigung finden[290]. Je größer somit die befürchteten Gesundheitsschäden sind, desto größer ist die Pflicht des Staates, tätig zu werden und die entsprechenden Einwirkungen auf die Gesundheit der Bevölkerung einzuschränken oder ganz zu unterbinden.

Aus der Art und dem Umfang der Beeinträchtigung ergibt sich außerdem, wie genau das zu erreichende Ziel beschrieben werden muss. Es genügt also nicht, allgemein auf die öffentliche Gesundheit zu verweisen, sondern das Ziel muss so konkret wie möglich beschrieben werden: Das Untermaßverbot braucht einen konkreten Bezugspunkt, damit geprüft werden kann, in welchem Umfang ein bestimmtes Instrument dieses festgelegte Ziel erreicht. Dieser Bezugspunkt ist das Schutzniveau, das erreicht werden muss. Da die Schutzpflicht durch einen bestimmten Risikofaktor ausgelöst wird, muss der Bezugspunkt durch Bezugnahme auf diesen Risikofaktor beschrieben werden. Dies gilt für das gesamte Schutzkonzept, das der Gesetzgeber aufstellen muss.

Die Rechte Dritter werden erst dann relevant, wenn konkrete Maßnahmen auf ihre Verfassungsmäßigkeit überprüft werden. Wahren mehrere Instrumente das Untermaß, muss der Gesetzgeber dasjenige auswählen, das weniger in die Grundrechte

---

ring, Das Untermaßverbot in der Diskussion, S. 200; *Haffner*, Kosten-Nutzen-Abwägungen im Sicherheitsrecht, S. 113.

[285] AA *Möstl*, Die staatliche Garantie für die öffentliche Sicherheit und Ordnung, S. 104; *Haffner*, Kosten-Nutzen-Abwägungen im Sicherheitsrecht, S. 106.

[286] *Dietlein*, Die Lehre von den grundrechtlichen Schutzpflichten, 1. Aufl., S. 112; *ders.*, ZG 1995, 131 (139 f.); *Calliess*, Rechtsstaat und Umweltstaat, S. 460; *O. Klein*, JuS 2006, 960.

[287] Siehe oben 3. Teil, A. I.

[288] BVerfGE 39, 1 (44); im Ergebnis auch BVerfGE 56, 54 (70).

[289] Siehe oben 3. Teil, A. II. 2.

[290] Ähnlich *Haffner*, Kosten-Nutzen-Abwägungen im Sicherheitsrecht, S. 91.

der Risikoakteure oder Unbeteiligter eingreift. Nun muss man zwei verschiedene Arten von Grundrechtseingriffen unterscheiden: Eingriffe in die Rechte von Personen, die für das Gesundheitsrisiko verantwortlich sind – das sind die Risikoakteure –, und Eingriffe in die Rechte von Personen, die das Gesundheitsrisiko nicht verursacht haben, jedoch durch einen eigenen Beitrag verringern können.

aa) Die Rechte der Risikoakteure

Kommt nur ein Instrument gegenüber nur einem Risikoakteur in Betracht, kann ein Instrument, das das Untermaßverbot wahrt, nicht unverhältnismäßig in die Grundrechte des Risikoakteurs eingreifen. Denn der Übergriff des Risikoakteurs und der Umfang der aktivierten Schutzpflicht stehen gerade nicht unabhängig nebeneinander, sondern bedingen sich gegenseitig; hier besteht eine Wechselbezüglichkeit[291]: Die Gründe, die zur Bestimmung des Untermaßes herangezogen werden, führen gleichzeitig dazu, dass die Grundrechte des Risikoakteurs bei einer Abwägung zurückstehen müssten[292]. Ist z. B. ein Stoff bei Hautkontakt tödlich, gebietet es das Untermaßverbot, dass der Staat dafür sorgt, dass es nicht zu diesem Hautkontakt kommen kann; dann muss jedoch bei der Prüfung der Freiheitsrechte desjenigen, der diesen Stoff vertreiben will, berücksichtigt werden, dass er einen potentiell tödlichen Stoff vertreiben will. Seine Rechte könnten in der Abwägung nicht gewinnen, denn es kann kein Recht darauf geben, andere mit dem Stoff zu gefährden. Somit gilt: Wozu der Staat im Rahmen des Untermaßverbotes verpflichtet ist, das kann nicht die Rechte des Risikoakteurs verletzen[293].

Diese absolute Bestimmung des Untermaßverbotes gelingt jedoch nur in den Fällen, in denen das Bestehen einer Gefahr für die Gesundheit nach Art, Umfang und Herkunft nachgewiesen ist. Steht fest, dass eine bestimmte Chemikalie, die in der Landwirtschaft eingesetzt wird, zu bleibenden Gesundheitsschäden bei Säuglingen führt, muss der Staat verhindern, dass diese Chemikalie in Säuglingsnahrung gelangt. Steht fest, dass ein bestimmter Schadstoff ab einer bestimmten Konzentration in der Luft zu schweren Gesundheitsschäden führt, muss die Konzentration dieses Schadstoffs unter diesem Grenzwert bleiben. Mit steigender Unsicherheit über die

---

[291] *Mayer*, Untermaß, Übermaß und Wesensgehaltsgarantie, S. 150 ff.; in der Sache auch *Störring*, Das Untermaßverbot in der Diskussion, S. 131 f.

[292] Vgl. auch *Murswiek*, Die staatliche Verantwortung für die Risiken der Technik, S. 236 f.

[293] Genau andersherum *Hermes*, Das Grundrecht auf Schutz von Leben und Gesundheit, S. 248: „Wozu der Staat gegenüber dem Dritten nicht befugt ist, dazu kann er gegenüber dem Schutz Begehrenden nicht verpflichtet sein." (Der einzige Fall, in dem dies zutreffend ist, ist aber gerade das Beispiel, das von *Hermes* zur Verallgemeinerung angeführt wird, nämlich die Verletzung der Menschenwürde des Störers, die eine absolute Grenze für den Staat bildet [S. 248 Fn. 342]). Die Ansicht *Hermes*' führt dazu, dass für ihn der Bezugspunkt des Untermaßverbotes die „Sicherung der Freiheit des Störers" (so *Störring*, Das Untermaßverbot in der Diskussion, S. 205) ist, was sich auch daran zeigt, dass er den Umfang der Schutzpflicht aus der Perspektive des Übermaßverbots prüft (*Hermes*, S. 254). Einem solchen Verständnis des Untermaßverbots liegt die Prämisse zugrunde, dass die abwehrrechtliche Funktion der Grundrechte der Schutzpflichtenfunktion vorgeht, was aber unzutreffend ist (dazu schon oben 2. Teil, D. II.).

Kausalzusammenhänge schwindet die Sicherheit der Bestimmung der Grenze, die das Untermaßverbot zieht. Werden innerhalb der Wissenschaft verschiedene Ansichten über die gesundheitsschädlichen Grenzwerte eines Schadstoffes vertreten, ohne dass die Gesundheitsschädlichkeit an sich in Frage steht, kann man noch davon ausgehen, dass der niedrigste Wert, der vertreten wird, als das absolute Untermaßverbot bestimmt werden kann. Über diesen „Minimalkonsens" hinaus stellt sich dann aber die Frage, wie mit der verbleibenden Unsicherheit umgegangen werden muss. Eine ähnliche Frage stellt sich dann, wenn der Risikofaktor keinen schweren Gesundheitsschaden, sondern nur leichtere, möglicherweise nicht irreversible Gesundheitsbeeinträchtigungen hervorruft. In diesen Fällen kann die absolute Grenze selbst bei festgestellten Kausalzusammenhängen nicht einfach dort gezogen werden, wo mit Sicherheit von einer Gesundheitsbeeinträchtigung auszugehen ist, ohne die weiteren Umstände – etwa die Möglichkeit zum Eigenschutz der Betroffenen und die Motive der Risikoakteure – zu berücksichtigen.

Je verwobener zum einen die Kausalbeiträge sind und je unsicherer zum anderen die Tatsachengrundlage ist, desto weniger kann die Grenze des Untermaßverbots also absolut bestimmt werden. Ist schon bei mehreren Risikofaktoren nicht klar, welcher Risikofaktor in welchem Umfang das Risiko verursacht, kann auch nicht bestimmt werden, in welchem Umfang der jeweilige Risikofaktor angegangen werden muss. Schwierigkeiten bereitet die Bestimmung des erforderlichen Schutzniveaus also immer dann, wenn es nicht um konkrete Gefahrenabwehr, sondern um diffuse Risikovorsorge geht. In Fällen, in denen sich die Risikovorsorge der Gefahrenabwehr annähert, kann das Untermaß zwar teilweise auch hier bestimmt werden, nämlich dann, wenn es um eine potentiell tödlich verlaufende Krankheit geht und die Kausalität grundsätzlich feststeht, auch wenn nicht jeder Betroffene erkranken wird. In diesem Sinne kann man als Grenze formulieren: „In geschlossenen Räumen dürfen Nichtraucher keinem Passivrauch ausgesetzt werden"[294]. Je größer jedoch das Maß der Unsicherheit ist, desto schwieriger wird es, das Untermaß zu bestimmen. Wenn der Stand der Wissenschaft keinen bestimmten Grenzwert nahelegt, der nicht unterschritten werden sollte, oder das Wechselspiel verschiedener Risikofaktoren nicht geklärt ist, kann keine konkrete Zielvorgabe formuliert werden.

Dass in diesen Fällen die durch das Untermaßverbot gezogene Grenze nicht absolut bestimmt werden kann, liegt nicht daran, dass sich grundsätzlich solche Fragen nicht der Verfassung entnehmen lassen, sondern daran, dass in diesen Fällen der Gesetzgeber unter Unsicherheit entscheidet. Erst diese Unsicherheit führt dazu, dass der Gesetzgeber Untermaß und Übermaß zusammendenken muss: Er muss darüber entscheiden, wer im Falle bestehender Unsicherheit das Risiko dafür trägt, dass die Gesundheitsrisiken möglicherweise unzutreffend eingeschätzt werden. Dies tut er dadurch, dass er ein bestimmtes Schutzniveau bestimmt, an dem er die Instrumente

---

[294] So auch *Stettner*, ZG 2007 156 (161 f.); ablehnend *Störring*, Das Untermaßverbot in der Diskussion, S. 185.

zum Schutz der öffentlichen Gesundheit ausrichtet. Setzt er das Schutzniveau sehr hoch an und verpflichtet die Risikoakteure zu einer umfassenden Risikominimierung, tragen die Risikoakteure dieses Risiko; setzt er das Schutzniveau sehr niedrig an, hat er möglicherweise nicht genug zum Schutz der öffentlichen Gesundheit getan. Zeigen kann sich dies erst zu einem späteren Zeitpunkt, wenn sich neuere Erkenntnisse ergeben haben. Die Schutzpflichten verpflichten den Gesetzgeber deswegen zu einem dynamischen Grundrechtsschutz; d.h. je unsicherer die Grundlage ist, auf Grund derer der Gesetzgeber entscheidet, desto intensiver muss er später die weitere Entwicklung beobachten und ggf. das implementierte Schutzkonzept nachbessern, indem er das Schutzniveau den neuen Erkenntnissen anpasst[295].

Wo er das Schutzniveau ansetzt, ist aber nur insoweit dem Gesetzgeber überlassen, wie tatsächlich Unsicherheiten bestehen, die sich auf die Festlegung des Untermaßes und die Prüfung des Übermaßverbotes auswirken. Wo diese Unsicherheiten nicht bestehen, ist das Untermaß abstrakt-absolut zu bestimmen. Denn sonst könnte der Gesetzgeber darüber entscheiden, „mit welcher Wertigkeit" die öffentliche Gesundheit in die Prüfung der Verhältnismäßigkeit der Eingriffe in die Rechte der Risikoakteure einginge[296]. Der Gesetzgeber hat aber keinen Spielraum „unmittelbar im Hinblick auf das Gewicht der Abwägungsbelange"[297]. Sonst würden Maßstab und Gegenstand der Prüfung vertauscht[298].

bb) Die Rechte Unbeteiligter

Eine Wechselbezüglichkeit kann von vornherein nicht bestehen, wenn ein Unbeteiligter zur Verringerung des Risikos herangezogen wird. Dies kann etwa der Fall sein, wenn der Straßenverkehr umgeleitet wird, damit in einer Straße nicht der zulässige Grenzwert überschritten wird. So lange das Verkehrsaufkommen nicht insgesamt verringert wird, sondern der Gesamtschadstoffausstoß gleichbleibt, erhöht sich die Belastung in anderen Straßen. Das Herunterfahren des öffentlichen Lebens während einer Pandemie trifft nicht nur Personen, die andere Personen mit dem Krankheitserreger anstecken können, sondern zwangsläufig auch viele Nichtinfizierte, die keine Gefahr für andere darstellen.

Auch in diesen Fällen wird man davon ausgehen können, dass es ganz offensichtliche Fälle gibt, in denen man von einem Verstoß gegen das Untermaßverbot sprechen kann. Das Problem der Unbestimmtheit, das bereits bei den Rechten der Risikoakteure besteht, wird bei den Rechten Unbeteiligter jedoch dadurch verschärft, dass sich nicht nur die öffentliche Gesundheit und die Risikoakteure gegenüber stehen, sondern die öffentliche Gesundheit und viele verschiedene Unbeteiligte, die auch untereinander in keiner Beziehung stehen. So stehen viele verschiedene Mög-

---

[295] Dazu noch unten 3. Teil, D. II. 3.

[296] So aber wohl BVerfGE 121, 317 (360).

[297] So *O'Hara*, Konsistenz und Konsens, S. 190.

[298] Sondervotum *Masing* zu BVerfGE 121, 317 (382); *Hummrich*, LKRZ 2008, 326 (328); *Michael*, JZ 2008, 875 (877); *Cornils*, ZJS 2008, 660 (662 f.); *Mehde/Hanke*, ZG 2010, 381 (394).

lichkeiten bzw. Straßen zur Verfügung, um den Verkehr umzuleiten, und das Herunterfahren des öffentlichen Lebens könnte sich etwa nur auf Schulen und Kitas, nur auf Veranstaltungen ab einer gewissen Größe, nur auf Einzelhandelsgeschäfte und Dienstleister etc. beziehen oder aus unterschiedlichen Kombinationen der entsprechenden Ver- bzw. Gebote bestehen. Man muss die Rechte dieser Unbeteiligten in höherem Maße berücksichtigen als die Rechte der Risikoakteure. In welchem Umfang und auf welche Art genau, wird dann aber nicht durch das Untermaßverbot, sondern durch andere verfassungsrechtliche Mechanismen gesteuert, die den Staat zu Querschnittsbetrachtungen verpflichten[299].

b) Sozialadäquanz, Eigenverantwortung und Restrisiko

Das Untermaßverbot bildet die Grenze zwischen den Risiken, die die staatliche Schutzpflicht aktivieren, und den Risiken, die nicht durch staatliche Tätigkeiten angegangen werden müssen. Wo der Gesetzgeber oberhalb dieser Grenze tätig wird, ist auch davon abhängig, welche Werte in der Gesellschaft vorherrschen. Denn die Risikobewertung ist immer ein Stück weit kulturell geprägt[300], d.h. Sachverhalte, die in Deutschland noch hingenommen werden (wie z.B. das Fahren ohne Geschwindigkeitsbegrenzung auf Autobahnen und der Verzehr von Rohmilchkäse), werden in anderen Ländern als riskanter bewertet und umgekehrt (beispielsweise die Gefahren von Gentechnik und „Chlorhühnchen")[301]. Hierdurch erklären sich auch Widersprüche innerhalb einer Rechtsordnung: So kann nur durch die kulturelle Prägung und nicht durch die tatsächlich bestehenden Gesundheitsrisiken erklärt werden, wieso in Deutschland der Konsum von Cannabis und anderen Drogen, insbesondere solchen, die kaum Suchtpotential haben, hart angegangen, der Alkoholkonsum aber kaum reglementiert wird[302].

Als Bezeichnung für diesen Akzeptanzbereich von Risiken[303] kann man auf den Begriff des Restrisikos zurückgreifen. Zwar wird von einigen im einfachen Recht dieser Begriff – je nach verwendetem Gefahrenabwehr- bzw. Risikomodell[304] – abge-

---

299 Dazu unten 3. Teil, E.

300 *Scherzberg*, ZUR 2010, 303 (306); *ders.*, in: Jahrbuch des Umwelt- und Technikrechts 2012, S. 7 (22f.); *Winkler*, VerwArch 103 (2012), 247 (249); *Petersen*, Verhältnismäßigkeit als Rationalitätskontrolle, S. 86f.; *Scherzberg*, in: Hill/Schliesky (Hrsg.), Management von Unsicherheit und Nichtwissen, S. 31 (52).

301 *Winkler*, VerwArch 103 (2012), 247 (249 Fn. 16); *Meisterernst*, ZLR 2017, 439 (440ff.); vgl. auch *Sunstein*, Gesetze der Angst, S. 35.

302 Siehe dazu noch unten 4. Teil, B., außerdem schon 2. Teil, C. II.

303 Begriff nach *Banse/Bechmann*, Interdisziplinäre Risikoforschung, S. 16ff., die die entsprechende Grenze als „Akzeptanzschwelle" bezeichnen.

304 Dazu *Simon*, Kooperative Risikoverwaltung im neuen Lebensmittelrecht, S. 98 mwN; *Klafki*, Risiko und Recht, S. 11ff. mwN. Hinzu kommt, dass weder der Gesetzgeber noch die Literatur die Begriffe bzw. die dahinterstehenden Modelle (zwei- oder dreistufig) einheitlich verwenden (ausführlich zu diesen Modellen *Lepsius*, VVDStRL 63 [2003], S. 264 [268ff.]; *Simon*, Kooperative Risikoverwaltung im neuen Lebensmittelrecht, S. 92ff.), was aber zum einen für das Verfassungsrecht

lehnt, für eine Umschreibung bestimmter Ausgangslagen, in denen sich der Gesetzgeber bzw. die Gesellschaft befinden, bietet ein solcher Begriff jedoch Vorteile. Wichtig ist: Auch beim Restrisiko liegt ein Risiko vor, es wird jedoch – weil es hingenommen wird – nicht mittels der Risikovorsorge angegangen. Gelöst werden muss der Begriff dabei von seinem Ursprung im Atomrecht. Dort spricht das BVerfG davon, dass ein Restrisiko vorliegt, wenn Schäden nach dem aktuellen Stand der Erkenntnis bei „praktischer Vernunft" ausgeschlossen sind[305]. Zum Teil wird dieser Maßstab von der Literatur rein naturwissenschaftlich verstanden: Ein Restrisiko liege bei sehr geringer Wahrscheinlichkeit[306] vor bzw. wenn ein Ereignis statistisch unwahrscheinlich oder die Schadensneigung nach dem derzeitigen Stand unbekannt und daher nicht berechenbar sei[307]. Diese atomrechtliche Betrachtung greift jedoch zu kurz. Es wird auch davor gewarnt, die Grundsätze aus dem Atomrecht unreflektiert auf andere Rechtsgebiete zu übertragen, da dort die Besonderheit besteht, dass die Risiken horrend hoch – das BVerfG spricht von einer „Hochrisikotechnologie"[308] – und nur begrenzt mit anderen Risikosachverhalten vergleichbar sind[309]. In dieser Grundsätzlichkeit ist dies sicher richtig. Den vom BVerfG verwendeten Maßstab der praktischen Vernunft z.B. kann man kaum auf Regelungsbereiche übertragen, in denen es kein vergleichbar hohes Schadenspotential gibt. Er setzt praktisch den Ausschluss von Schäden voraus[310], was bei der Atomkraft nachvollziehbar, aber in anderen Bereichen nicht zwingend ist. Dies spricht jedoch nur gegen Begriff und Maßstab der „praktischen Vernunft", nicht aber gegen die Verwendung des Begriffs „Restrisiko", um die potentiell gesundheitsschädlichen Sachverhalte zu beschreiben, in die der Staat nicht steuernd eingreifen muss.

Gerade weil im Risikoverwaltungsrecht wegen der komplexen Wirkungszusammenhänge Unsicherheit besteht und es unmöglich oder jedenfalls nur eingeschränkt möglich ist, den Grad der Unwissenheit zu reduzieren, kann es nicht allein um eine naturwissenschaftliche Risikobewertung gehen[311]. Der Begriff des Restrisikos vereint zwei Komponenten: Er darf nur dort zur Anwendung kommen, wo die Verfas-

---

und zum anderen für eine bloße Beschreibung bestimmter Sachverhalte, wie dies hier getan wird, unerheblich ist.

305 BVerfGE 49, 89 (144). Kritisch zum dem Begriff der praktischen Vernunft *Bender*, NJW 1979, 1425 (1428 Fn. 14); *Preuß*, in: Grimm (Hrsg.), Staatsaufgaben, S. 523 (536): „hilfloser wie verharmlosender Ausdruck"; *Hermes*, Das Grundrecht auf Schutz von Leben und Gesundheit, S. 239f.; *Scherzberg*, VVDStRL 63 (2004), S. 214 (241 Fn. 182); *ders.*, in: Jahrbuch des Umwelt- und Technikrechts 2012, S. 7 (14).

306 So wohl *Breuer*, NVwZ 1990, 211 (213f.); *Ladeur*, KritV 1991, 241 (251).

307 *Scherzberg*, VerwArch (84) 1993, 484 (492); *Preuß*, in: Grimm (Hrsg.), Staatsaufgaben, S. 523 (540); wohl auch *Lerche*, in: FS-Scholz, S. 325 (334).

308 BVerfGE 143, 246 (325, 351, 355). Vgl. auch BVerfG, NVwZ 2010, 702 (704), zum Restrisikobegriff des BVerfG bei denkbaren „Schäden mit katastrophalen oder gar apokalyptischen Ausmaßen".

309 *Krüper*, Gemeinwohl im Prozess, S. 32f.

310 Kritisch *Scherzberg*, VerwArch (84) 1993, 484 (512).

311 *Lepsius*, VVDStRL 63 (2004), S. 264 (306).

sung nicht ein Einschreiten des Staates gebietet. In einem zweiten Schritt kann dann berücksichtigt werden, inwieweit die Gesellschaft es aufgrund ihrer kulturellen Prägung akzeptiert, dass der Staat in diesem Bereich untätig bleibt, inwieweit die Bevölkerung das Krankheitsrisiko also selbst trägt. Insoweit ist die Bestimmung der Grenze zwischen Risiko und Restrisiko dann normativ[312].

Keine Rolle spielen kann deswegen bei der Bestimmung des Untermaßes, inwieweit gesundheitsriskante Verhaltensweisen vermeintlich sozialadäquat[313] sind. Auf die Sozialadäquanz verweisen diejenigen, die z. B. den Zigarettenkonsum „als Bestandteil unserer kulturellen Tradition" und somit als „noch etwas anderes als eine Gesundheitsbeschädigung" betrachten[314] und dies bei der Bestimmung der Reichweite der grundrechtlichen Schutzpflichten mitberücksichtigen wollen. Auch das BVerfG ist der Ansicht, dass bei einem Verbot des Verhaltens eines Risikoakteurs neben dem Maß der Gesundheitsgefährdung auch die Bedeutung der verschiedenen Verwendungen für das gesellschaftliche Zusammenleben und die herkömmlichen Konsumgewohnheiten in Deutschland eine Rolle spielen dürften[315]. Nur mit der vermeintlichen Sozialadäquanz kann die geltende Rechtslage erklärt werden, die Alkohol und Nikotin auf der einen und pauschal alle als Betäubungsmittel geltenden Substanzen auf der anderen Seite unterschiedlich behandelt und das Glücksspiel vergleichsweise streng reguliert: Rauchen und insbesondere der Alkoholkonsum sind in Deutschland in größerem Maße akzeptiert als Glücksspiel und der Konsum von „Drogen"; das tatsächliche jeweilige Suchtpotential und die jeweiligen Gesundheitsrisiken allein können den staatlichen Ansatz nicht erklären[316].

Gesellschaftliche Wertungen dürfen aber nicht allein darüber entscheiden, ob ein gesundheitsschädliches Verhalten dem Restrisiko zuzuordnen ist. Wenn die Erkenntnisse, die über die Gesundheitsschädlichkeit z. B. eines Produkts oder eines Lebensmittels vorliegen, über längere Zeit von Politik und Gesellschaft ignoriert werden und insofern vermeintlich ein Konsens über die Sozialadäquanz des Konsums besteht, kann dies die Bewertung als Risiko oder Restrisiko nicht beeinflussen. Dies gilt z. B. für das Passivrauchen, das jahrzehntelang von den Nichtrauchern hingenommen wurde (bzw. werden musste), obwohl die Schädlichkeit nach und nach bekannt wurde[317]. Gerade dann, wenn schon eine Gesundheitsgefahr besteht, darf die

[312] *Preuß*, in: Grimm (Hrsg.), Staatsaufgaben, S. 523 (530); *Hermes*, Das Grundrecht auf Schutz von Leben und Gesundheit, S. 239 f.; *Klafki*, Risiko und Recht, S. 16 f. Ähnlich *Köck*, in: Bora (Hrsg.), Rechtliches Risikomanagement, S. 129 (145). – Leicht andere Definition von Restrisiko bei *Calliess*, Rechtsstaat und Umweltstaat, S. 164 f.

[313] Vgl. etwa *Isensee*, in: ders./Kirchhof (Hrsg.), HbStR, IX, § 191 Rn. 244. Kritisch zu dem Begriff auch *Hermes*, Das Grundrecht auf Schutz von Leben und Gesundheit, S. 241 ff.

[314] So wohl *Di Fabio*, NJW 1997, 2863 (2864).

[315] BVerfGE 90, 145 (195 ff.).

[316] Kritisch in Bezug auf Glücksspiel und Alkohol- und Nikotinkonsum *Bumke*, Der Staat 49 (2010), 77 (84).

[317] Das Passivrauchen ist deswegen gerade ein schlechtes Beispiel für den Zusammenhang von Sozialadäquanz und Schutzpflichten, anders *Isensee*, in: ders./Kirchhof (Hrsg.), HbStR, IX, § 191 Rn. 239. Vergleichsweise früh wies *Suhr*, JZ 1980, 166 (171 f.), darauf hin, dass Raucher sich nicht auf

– vermeintliche – Sozialadäquanz gar nicht mehr untersucht werden[318]. Sonst würden Funktion und Grund der grundrechtlichen Schutzpflicht verkannt. Die kulturelle „Üblichkeit“ darf das Untermaßverbot nicht aushebeln. Nur dann, wenn nicht die Frage im Raum steht, ob der Gesetzgeber das Untermaßverbot einhält, wenn er sich also innerhalb seines politischen Spielraums bewegt, können Überlegungen der Sozialadäquanz darüber entscheiden, ob ein Risiko als Restrisiko gelten soll. Hier zeigt sich ein erster Ansatz dafür, dass das Recht der öffentlichen Gesundheit evidenzbasiert sein muss[319].

2. Soziale Risikovorsorge: das gesundheitliche Existenzminimum

Die unterste Grenze des Sozialstaats bildet das Existenzminimum. Über das Existenzminimum zu verfügen, ist die „elementarste Grundrechtsvoraussetzung“, ohne dieses Minimum ist die Freiheitsausübung nicht möglich[320]. Für die gesundheitliche soziale Risikovorsorge soll hier vom gesundheitlichen Existenzminimum gesprochen werden[321] – verstanden als das Minimum an Ressourcen und Rahmenbedingungen der Autonomieförderung, die für ein gesundes Leben notwendig sind.

Inwieweit der Staat zur Gewährleistung des Existenzminimums verpflichtet ist, wird in der Regel aus Sicht des Einzelnen – des Bedürftigen – diskutiert[322]. Diese individuell-subjektiv orientierte Sicht fragt zum einen nach Ansprüchen auf staatliche Leistungen – insbesondere finanzieller Art wie bei der Grundsicherung – und zum anderen nach Ansprüchen auf Einhaltung einer Art staatlicher Tabuzone durch die Eingriffsverwaltung – wenn z. B. ein Kernbestand an erworbenen Gütern nicht der Besteuerung[323], der Pfändung[324] und der Unterhaltspflicht[325] unterliegt[326]. Der Be-

---

Sozialadäquanz und Konvention berufen können. Auf die insoweit bestehende Kultur beruft sich aber auch *Masing* in seinem Sondervotum zu BVerfGE 121, 317 (386).

[318] Ausführlich im Zusammenhang mit Passivrauchen *Faber*, DVBl 1998, 745 (747 f.).

[319] Ausführlich außerdem unten 3. Teil, D.

[320] *Isensee*, in: ders./Kirchhof (Hrsg.), HbStR, IX, § 190 Rn. 78; so auch *Axer*, in: GS-Brugger, S. 335 (351).

[321] Die Bedeutung der Gesundheit für ein selbstbestimmtes Leben und die Tatsache, dass irgendwie alles mit der Gesundheit zusammenhängt, bedeutet nicht, dass man nicht von einem sozialstaatlichen gesundheitlichen Minimum sprechen kann, dass der Staat gewähren muss. Mindestens missverständlich insoweit *Heinig*, Der Sozialstaat im Dienst der Freiheit, S. 417, der die präventive Seite aber bei den folgenden Ausführungen (S. 417 ff.) ausblendet und sich nur mit der Heilung von Krankheiten beschäftigt.

[322] Hier ging es lange insbesondere um die Frage, inwieweit ein verfassungsrechtlicher Anspruch darauf besteht. Zur Diskussion innerhalb des Schrifttums *Thurn*, Welcher Sozialstaat, S. 99 ff. Vgl. auch *Cremer*, Freiheitsgrundrechte, S. 378 ff.; *Könemann*, Der verfassungsunmittelbare Anspruch auf das Existenzminimum, S. 70 ff.

[323] BVerfGE 82, 60 (85). Zum steuerlichen Existenzminimum *Sartorius*, Das Existenzminimum im Recht, S. 166 ff.

[324] *Kohte*, NJW 1992, 393 (395, 399).

[325] Hierzu *Sartorius*, Das Existenzminimum im Recht, S. 193 ff.

[326] Zur Unterscheidung von Leistungs- und Abwehrdimension *von Arnauld*, in: ders./Musil

griff des Existenzminimums muss jedoch nicht derart eng verstanden werden. Sonst würde übersehen, dass mit ihm ganz unterschiedliche Maßnahmen und Strukturen bezeichnet werden können, die die unterste Grenze des Sozialstaates beschreiben. Für das Recht der öffentlichen Gesundheit ist insbesondere entscheidend, dass man das Existenzminimum inhaltlich von individueller Bedürftigkeit lösen und stattdessen in einem kollektiven Sinne verstehen kann. Anders gewendet unterscheidet man hier zwischen Mikro- und Makroebene des Sozialstaates[327]: Auf der Makroebene geht es nicht um die Bedürftigkeit des Einzelnen, sondern um die Schaffung gesamtgesellschaftlicher günstiger Bedingungen[328]. Die gesamtgesellschaftlichen Bedingungen kann man darüber hinaus in manchen Fällen in dem engen Sinne eines kollektiven Gutes[329] verstehen; dann stehen die Bedingungen im Fokus, die der Staat nicht für Einzelne allein, sondern nur in einem unteilbaren Sinne bereitstellen kann.

Das menschenwürdige Existenzminimum wird klassischerweise auf Rechtsfolgenseite[330] in zwei unterschiedliche Dimensionen geteilt: das physische und das soziale bzw. soziokulturelle Existenzminimum. Das physische Existenzminimum steht für die Mindestbedingungen der Existenz, die unmittelbar auf die Gesundheit einwirken und ihrer Erhaltung und ggf. Wiederherstellung dienen, und ist somit vollumfänglich Bestandteil des gesundheitlichen Existenzminimums. Das soziokulturelle Existenzminimum ist auf die Teilhabe am gesellschaftlichen, kulturellen und politischen Leben gerichtet[331]. Es hat dadurch einen konkreten Bezug zu den entsprechenden Lebenswelten bzw. Alltagssituationen. Teilhabe muss jedoch in einem weiteren Sinne verstanden werden und die Herstellung innerer Autonomie miteinschließen. Abseits des physischen Existenzminimums sollte das Existenzminimum deswegen unter dem Oberbegriff des Teilhabeminimums geteilt werden in das Befähigungsminimum einerseits und das soziokulturelle Existenzminimum im herkömmlichen Sinne andererseits. Da Autonomie und Teilhabe Voraussetzungen für

---

(Hrsg.), Strukturfragen des Sozialverfassungsrechts, S. 251 (261). Auch das Recht Minderjähriger, schuldenfrei in die Volljährigkeit einzutreten, gehört hierher, auch wenn das BVerfG (BVerfGE 72, 155) in diesem Zusammenhang auf das allgemeine Persönlichkeitsrecht abstellt (*von Arnauld*, in: ders./Musil [Hrsg.], Strukturfragen des Sozialverfassungsrechts, S. 251 [295]). Zum Zusammenhang von Existenzminimum und allgemeinem Persönlichkeitsrecht gleich b).

327 Dazu *Kotzur*, BayVBl 2007, 257 (262). Zur Unterscheidung von mikrosozialem und makrosozialem Ansatz *Zacher*, in: Isensee/Kirchhof (Hrsg.), HbStR, II, § 28 Rn. 76. Zur Friedensfunktion des Existenzminimums *Banafsche*, DÖV 2016, 200.

328 *Zacher*, in: Isensee/Kirchhof (Hrsg.), HbStR, II, § 28 Rn. 76.

329 Dazu oben 2. Teil, A. III., IV.

330 Seine verfassungsrechtliche Grundlage wiederum hat der individuelle Anspruch auf Gewährleistung des Existenzminimums laut BVerfG in Art. 1 I iVm Art. 20 I GG (BVerfGE 125, 175). Das Schrifttum folgt dem Gericht hier weitestgehend, andere wollen statt der Menschenwürde für das physische Existenzminimum Art. 2 II 1 GG und für das soziokulturelle Existenzminimum Art. 2 I iVm Art. 1 I GG (*Kingreen*, NVwZ 2010, 558 [558 f.]) oder Art. 2 I GG (*Schulz*, SGb 2010, 201 [202]) heranziehen, was dem hier vertretenen Ansatz am nächsten kommt. Für eine (zusätzliche) Heranziehung von Art. 3 I GG plädiert *Axer*, in: GS-Brugger, S. 335 (345 f.).

331 BVerfGE 125, 175 (223); 132, 134 (160); 137, 34 (72); 142, 353 (370); 152, 68 (127).

ein gesundes Leben sind, gehört auch das Teilhabeminimum zum gesundheitlichen Existenzminimum.

a) Das physische Existenzminimum als Gewährleistung der Autonomie- und Teilhabevoraussetzung Gesundheit

Das physische Existenzminimum aus Art. 20 I iVm Art. 2 II 1 GG soll das „physiologisch Notwendige“[332] – „Nahrung, Kleidung, Hausrat, Unterkunft, Heizung, Hygiene“[333] und Therapie im Krankheitsfall[334] – gewährleisten. Bei der subjektiv-individuellen Sichtweise erfüllt der Staat seine entsprechende Pflicht durch die Bereitstellung ökonomischer Ressourcen (also aktuell im einfachen Recht durch die Regelung von Leistungen der Grundsicherung im SGB II und im SGB XII) und durch die Einräumung des Zugangs zum Gesundheitssystem (im einfachen Recht durch Ansprüche nach dem SGB V). Das bevölkerungsbezogene physische Existenzminimum wird insbesondere durch kollektive Güter gewährleistet, indem der Staat sauberes Trinkwasser bereitstellt und für saubere Luft sorgt und z. B. funktionierende Trinkwassernetze, Abwasser- und Abfallentsorgungssysteme bereit- und instandhält. Hierdurch gerät der sozialstaatliche Auftrag in die Nähe der Gewährleistung der Daseinsvorsorge, d. h. der Bereitstellung der Güter und Dienstleistungen, die für alle notwendig sind bzw. für notwendig erachtet werden, durch den Staat oder ggf. durch Dritte, die dann einer gesteigerten Kontrolle unterliegen[335]. Die Daseinsvorsorge fragt nicht danach, wer sich die entsprechenden Leistungen selbst am Markt kaufen könnte und wer nicht – wer also bedürftig ist –, sondern sie wird umfassend gewährleistet[336]. Nicht durch kollektive Güter, aber durch bevölkerungsweit bereitgestellte Güter gewährleistet der Staat das physische Existenzminimum, wenn er im Miet-, im Bau- und im Städtebaurecht Regelungen schafft, die gesunden Wohnraum gewährleisten sollen. Wenn der Markt nicht genügend oder nicht genügend bezahlbaren Wohnraum bereitstellt, ist der Staat verpflichtet, selbst für genügend Wohnraum zu sorgen[337]. Dies kann durch staatliche Anreize für Bauherren oder durch die Übernahme der Bauherrentätigkeit selbst geschehen.

Außerdem gehört auch die Bereitstellung bzw. Gewährleistung eines Gesundheitssystems zum physischen Existenzminimum[338], das eine medizinische Mindestver-

---

332 BVerwGE 35, 178 (180); 80, 349 (353); 87, 212 (214).

333 BVerfGE 125, 175 (223).

334 Das meinte das BVerfG wohl mit „Gesundheit“ (BVerfGE 125, 175 [223]), denn „Gesundheit“ kann der Staat – anders als Kleidung, Hausrat, Unterkunft etc. – nicht zur Verfügung stellen.

335 Zur Daseinsvorsorge *Zacher*, in: Isensee/Kirchhof (Hrsg.), HbStR, II, § 28 Rn. 65.

336 Zu den Gemeinsamkeiten und Unterschieden von Sozialpolitik und Daseinsvorsorge *Zacher*, in: Isensee/Kirchhof (Hrsg.), HbStR, II, § 28 Rn. 67.

337 Dazu jetzt ausführlich *Schollmeier*, Die Gewährleistung von angemessenem und bezahlbarem Wohnraum als Verfassungsfrage, S. 107 ff.

338 AA *Zwermann-Milstein*, Grund und Grenzen einer verfassungsrechtlich gebotenen gesundheitlichen Mindestversorgung, S. 84 ff.

sorgung im Krankheitsfall gewährt. Diesen Teil des physischen Existenzminimums kann man mit dem Begriff „medizinisches Existenzminimum"[339] umschreiben.

b) Teilhabeminimum

Die Pflicht des Staates zur Gewährleistung des Teilhabeminimums aus Art. 20 I iVm Art. 2 I iVm Art. 1 I GG[340] ist darauf gerichtet, die Mindestbedingungen der Teilhabe bzw. Autonomie bereitzustellen. Geht man von dem Ausgangspunkt aus, dass sich alles, was die Autonomie fördert, positiv auf die Gesundheit auswirkt, gelangt man zur Pflicht des Sozialstaates zur gesundheitlichen sozialen Risikovorsorge, die „Mindestbedingungen individueller Selbstbestimmung"[341] bzw. Teilhabe zu fördern, soweit sie sich in besonderem Maße auf die Gesundheit auswirken.

aa) Befähigungsminimum

Zunächst müssen die Bedingungen vorhanden sein, die zum „Autonomwerden" benötigt werden, die also die innere Autonomie schützen. Hier kann man vom Befähigungsminimum[342] sprechen. Befähigung setzt in einem sehr rudimentären Sinne voraus, dass die Bevölkerung die notwendige Bildung und die notwendigen Informationen erhält, die sie für selbstbestimmte Entscheidungen benötigt. Dem freiheitlichen Sozialstaat ist in der Folge ein „edukatives Kernanliegen inhärent", gerade wegen der Nachrangigkeit materieller Hilfe und dem Vorrang der Hilfe zur Selbsthilfe[343]. Hier setzt der Staat „pädagogische Interventionen"[344] ein.

(1) Edukatives Minimum

Das bedeutet, dass der Staat zunächst ein „edukatives Minimum"[345] bzw. ein „Bildungsexistenzminimum"[346] gewährleisten muss. Die Angleichung von Startchancen

[339] So verwendet von *Neumann*, NZS 2006, 393; *Heinig*, Der Sozialstaat im Dienst der Freiheit, S. 420. Verzichtet werden sollte auf den Begriff des gesundheitlichen Existenzminimums in diesem Zusammenhang (vgl. aber *Lorenz*, in: Boko, GG, Juni 2012, Art. 2 Abs. 2 Satz 1 Rn. 666; *Ebsen*, SDSRV 56 [2007], S. 133 [147]; *Schnath*, NZS 2010, 297 [301]; BVerfGE 152, 68 [145]), nicht nur, weil er dort anders als hier verwendet wird, sondern weil er nicht unmittelbar auf das Krankenversorgungssystem hinweist.

[340] Jedenfalls dem soziokulturellen Existenzminimum wird zum Teil ein enger Bezug zu Art. 2 I 1 iVm Art. 1 GG nachgesagt (*Kingreen*, NVwZ 2010, 558; *Wallerath*, JZ 2008, 157 [164], führt hier Art. 2 I GG an).

[341] *Heinig*, Der Sozialstaat im Dienst der Freiheit, S. 222.

[342] Mit leicht anderem Einschlag spricht *Heinig*, Der Sozialstaat im Dienst der Freiheit, S. 381, vom „freiheitsbefähigende[n] Minimum".

[343] *Heinig*, Der Sozialstaat im Dienst der Freiheit, S. 401.

[344] Dazu *Zacher*, in: Isensee/Kirchhof (Hrsg.), HbStR, II, § 28 Rn. 74.

[345] Begriff verwendet von *Heinig*, Der Sozialstaat im Dienst der Freiheit, S. 451.

[346] *Wapler*, Kinderrechte und Kindeswohl, S. 511.

betrifft insbesondere den Bereich von Schule und Bildung[347], also die Existenz und Zugänglichkeit eines Bildungssystems[348]. Die staatliche Verantwortung für das Schulwesen stellt „eine der wichtigsten Konkretisierungen der sozialstaatlichen Verpflichtung“ dar, „die Voraussetzungen des Freiheitsgebrauchs zu gewährleisten“[349], denn die Persönlichkeitsentfaltung geschieht nicht zuletzt durch Bildung[350]. Der Entwicklungsschutz aus Art. 20 I GG iVm Art. 2 I iVm Art. 1 I GG[351] umfasst somit auch die Pflicht des Staates, dafür zu sorgen, dass sich die Anlagen und Befähigungen der Kinder in der Schule entfalten können[352]. Schulische Bildung wird auch als „für die Persönlichkeitsentwicklung elementar bedeutsame, den Personstatus als solchen umhegende Grundvoraussetzung“[353] angesehen. Nicht getrennt werden kann von der persönlichen Selbstentfaltung in der Schule die soziale Integration, die dort auch stattfindet[354].

Konkret bedeutet dies zunächst, dass aus Art. 20 I iVm Art. 2 I iVm Art. 1 I GG iVm Art. 7 I GG die Pflicht folgt, ein staatliches Schulsystem vorzuhalten[355], das jedenfalls den niedrigstmöglichen Schulabschluss ermöglicht[356]. Den Kindern müssen diejenigen Gegenstände zur Verfügung stehen, die zur Erfüllung ihrer schulischen Pflichten erforderlich sind[357]. Das heißt, der Staat muss entweder als Sachleistung die Lernmittel wie Bücher, Hefte etc. selbst zur Verfügung stellen oder sicherstellen, dass die notwendigen finanziellen Mittel bei Familien mit Kindern vorhanden sind, um sich diese Dinge selbst anzuschaffen. Sonst droht der Ausschluss von Lebenschancen[358].

Ein Entwicklungs- und Entfaltungsschutz, der am allgemeinen Persönlichkeitsrecht ausgerichtet wird, muss darüber hinaus die unterschiedlichen Persönlichkeiten und Bedürfnisse der Kinder berücksichtigen und begabungsgerechte schulische

[347] *P. Kirchhof*, in: Dürig/Herzog/Scholz, Sept. 2015, Art. 3 Abs. 1 Rn. 330; *Axer*, in: GS-Brugger, S. 335 (353).

[348] *Huster/Rux*, in: BeckOK-GG, 15.5.2022, Art. 20 Rn. 212.

[349] *Huster*, Die ethische Neutralität des Staates, S. 284; *Robbers*, in: v. Mangoldt/Klein/Stark, GG, Art. 7 Rn. 6.

[350] *Huster*, Die ethische Neutralität des Staates, S. 302 f. Dazu auch *Große*, Qualität des öffentlichen Schulwesens als Verfassungsgebot?, S. 222 f.

[351] Dazu auch noch unten 4. Teil, C. II. 1. a).

[352] BVerfGE 45, 400 (417); *Di Fabio*, in: Dürig/Herzog/Scholz, GG, Juli 2001, Art. 2 Rn. 210; *Jarass*, in: ders./Pieroth (Hrsg.), GG, Art. 2 Rn. 36. Vgl. auch *P. Kirchhof*, in: Dürig/Herzog/Scholz, Sept. 2015, Art. 3 Rn. 330.

[353] *Kube*, in: Isensee/Kirchhof (Hrsg.), HbStR, VII, § 148 Rn. 121. Vgl. auch BVerfG, NJW 2022, 167 (170).

[354] *Huster*, Die ethische Neutralität des Staates, S. 285, 304; *Große*, Qualität des öffentlichen Schulwesens als Verfassungsgebot?, S. 224 f.

[355] Zur Herleitung dieser Pflicht aus Art. 7 I GG BVerfG, NJW 2022, 167 (170); ausführlich auch *Große*, Qualität des öffentlichen Schulwesens als Verfassungsgebot?, S. 201 ff. mwN, die weitere Begründungen wie das Sozialstaatsprinzip ablehnt (S. 218 Fn. 728).

[356] *Wapler*, Kinderrechte und Kindeswohl, S. 511. Von „Mindeststandards an Bildungsangeboten“ spricht BVerfG, NJW 2022, 167 (170).

[357] *Axer*, in: GS-Brugger, S. 335 (352).

[358] BVerfGE 125, 175 (246).

Laufbahnen ermöglichen[359]. Denn auch eine länger andauernde Unterforderung kann negative gesundheitliche Auswirkungen haben und wesentliche Chancen der Persönlichkeitsentwicklung einschränken.

So steht der staatliche Erziehungsauftrag aus Art. 7 I GG im Dienst der gesundheitlichen Chancengleichheit, weil er dem Staat ein direktes Befähigungsinstrument in die Hand gibt. Art. 7 I GG enthält jedoch keinen staatlichen Auftrag zu frühkindlicher, vorschulischer Bildung[360]. Eine staatliche Pflicht zur Bereitstellung eines flächendeckenden Kinderbetreuungsangebots unterfällt – soweit es sie überhaupt gibt – dem soziokulturellen Existenzminimum, da hier die Teilhabe im engeren Sinne und nicht die Befähigung im Vordergrund steht.

(2) Präferenzbildungsminimum

Bei der Herstellung „selbstbestimmungsadäquater Lebensbedingungen“ muss der Staat beachten, dem Einzelnen als Minimum „die Freiheit zur eigenen Präferenzbildung bei Konzepten des Guten und bei der Verfolgung eigener Vorstellungen von einem gelungenen Leben“ zu lassen[361]. Das betrifft nicht nur Maßnahmen des Staates, die den Einzelnen direkt treffen, sondern auch asymmetrische Beziehungen zwischen Privaten. Das Minimum, das man hier voraussetzen muss, um von selbstbestimmten Entscheidungen sprechen zu können, ist, dass den betroffenen Personen die für eine Entscheidung notwendigen Tatsachen bekannt sind. Hieraus kann die sozialstaatliche Pflicht abgeleitet werden, im Falle großer Informationsasymmetrien zwischen Privaten, die Anzeichen eines Marktversagens sind[362], für einen Ausgleich zu sorgen, indem der überlegenen Partei Informationspflichten auferlegt werden.

bb) Teilhabe iSd soziokulturellen Existenzminimums

Neben der Befähigung im engeren Sinne durch pädagogische Interventionen weist das Teilhabeminimum eine zweite Dimension auf, die aus der Teilhabe im engeren Sinne besteht. Diese Dimension ist deckungsgleich mit dem, was klassischerweise als „soziokulturelles Existenzminimum“ bezeichnet wird. Das BVerfG umschreibt diese Dimension mit der „Sicherung der Möglichkeit zur Pflege zwischenmenschlicher Beziehungen und zu einem Mindestmaß an Teilhabe am gesellschaftlichen, kulturellen und politischen Leben“[363]. Die subjektiv-individuelle Dimension führt auch hier

---

[359] Im Zusammenhang mit der freiheitsfunktionalen Ausrichtung des Sozialstaatsprinzips vgl. *Heinig*, Der Sozialstaat im Dienst der Freiheit, S. 400; vgl. jetzt auch BVerfG, NJW 2022, 167 (170): Es ist „Aufgabe des Staates, die verschiedenen Bildungsfaktoren wie die Erschließung und Förderung individueller Begabungen, die Vermittlung von Allgemeinbildung und von sozialen Kompetenzen bei der Festlegung schulischer Strukturen aufeinander abzustimmen.“

[360] Eine Ableitung eines solchen Auftrags aus den Schutzpflichten zugunsten von Kindern (so *Reith*, Der Erziehungs-, Bildungs- und Betreuungsauftrag des Staates im Vorschulbereich, S. 211 ff.) überzeugt nicht.

[361] *Heinig*, Der Sozialstaat im Dienst der Freiheit, S. 221.

[362] *Fritsch*, Marktversagen und Wirtschaftspolitik, S. 251 ff.

[363] BVerfGE 125, 175 (223); 132, 134 (160); 137, 34 (72); 142, 353 (370); 152, 68 (127).

dazu, dass den Bedürftigen Geldleistungen gewährt werden, damit sie diese selbstständig für selbst gewählte Teilhabemöglichkeiten bzw. -aktivitäten einsetzen können. Die kollektive Dimension hingegen zeigt in besonderer Weise den engen Bezug zur Inklusion bzw. der Vermeidung von Exklusion; das soziokulturelle Existenzminimum ist darauf angelegt, Ausgrenzung und Stigmatisierung zu vermeiden[364]. Inklusion und Exklusion müssen notwendigerweise in gesellschaftlichen Bezügen gedacht werden, da Bezugspunkt der Inklusion die Gesellschaft bzw. einzelne Teilbereiche sind. Der Sozialstaat wird somit dazu verpflichtet, die Teilhabe an den verschiedenen gesellschaftlichen Teilsystemen zu ermöglichen – Kindern im Vorschulbereich Kontakt zu gleichaltrigen Kindern, erwerbsfähigen Erwachsenen die Teilnahme am Arbeitsmarkt, Ausländern den Kontakt zur deutschen Mehrheitsgesellschaft, Menschen mit Behinderungen die Teilnahme am Leben der Mehrheitsgesellschaft –, indem er die entsprechenden Strukturen in dieser Hinsicht ausgestaltet.

Der Sozialstaat ist somit dazu verpflichtet, Kindern ab einem bestimmten Alter durch ein entsprechendes Betreuungsangebot Kontakte zu anderen Kindern zu ermöglichen, den Arbeitsmarkt möglichst inklusiv auszugestalten, im Migrationsrecht ausreichend Möglichkeiten bereitzustellen, auch unrechtmäßige Aufenthalte unter bestimmten Voraussetzungen zu legalisieren[365]. Er muss strukturelle Hindernisse, die aus den Marktgegebenheiten erwachsen (wenn etwa ein Niedriglohnsektor entsteht), ausgleichen bzw. korrigieren, wenn sonst die Beschäftigung für manche Gruppen wesentlich erschwert wäre, also ggf. einen Mindestlohn einführen oder die Ausgestaltung der Sozialabgaben so regeln, dass keine unerwünschten Effekte erzielt werden.

c) Grundsätze der Bestimmung des Umfangs

Der Umfang des Existenzminimums richtet sich nach dem Bedarf; die staatlichen Leistungen sind darauf gerichtet, die „unbedingt erforderlichen Mittel“[366] bereitzustellen. Eine solche Formulierung entspringt der subjektiv-individuellen Perspektive und nimmt vorrangig Geldleistungen in den Blick. Aber auch das kollektive Verständnis des Existenzminimums kann den Begriff des Bedarfs verwenden und auf die „unbedingt erforderliche“ Ausgestaltung der gesellschaftlichen Strukturen verweisen.

Bei der Bestimmung des Bedarfs müssen zunächst immer die tatsächlichen Verhältnisse beurteilt werden, darüber hinaus ist der Begriff des Bedarfs jedoch normativ zu bestimmen, d.h. der Gesetzgeber muss eine „wertende Einschätzung“[367] vornehmen. Denn die tatsächlichen Gegebenheiten allein können zwar zeigen, welche

[364] *Axer*, VVDStRL 68 (2009), S. 177 (199).

[365] Zu letzterem ausführlich *Kießling*, in: Buchholtz/Croon-Gestefeld/Kerkemeyer (Hrsg.), Integratives Recht, S. 75.

[366] BVerfGE 125, 175 (223); 152, 68 (113).

[367] BVerfGE 125, 175 (224 8); 132, 134 (164); 152, 68 (128); 142, 353 (370).

Bedingungen fehlen, sie treffen jedoch keine Aussage dazu, in welchem Umfang sie durch den Staat gewährleistet werden müssen. Der Umfang ist abhängig vom „jeweiligen Entwicklungsstand des Gemeinwesens und den bestehenden Lebensbedingungen“[368], er „hängt von den gesellschaftlichen Anschauungen über das für ein menschenwürdiges Dasein Erforderliche, der konkreten Lebenssituation der Hilfebedürftigen sowie den jeweiligen wirtschaftlichen und technischen Gegebenheiten ab“[369]. Wenn es Anliegen des Sozialstaates ist, die Inklusion in die Gesellschaft zu erreichen, ist die bestehende Gesellschaft notwendigerweise der Bezugspunkt, auf den die Inklusion gerichtet ist. Das soziale Mindestniveau in einem Entwicklungsland ist anders zu bestimmen als das in einem Industrieland, das Mindestniveau 1885 war ein anderes als das im Jahr 2022.

aa) Personale Differenzierungen

Grundsätzlich steht das Existenzminimum allen Personen gleich zu. Das heißt aber nicht, dass nicht für einzelne Teilbereiche ein Spielraum des Gesetzgebers verbleibt, der es ihm erlaubt, den jeweiligen Personenkreis einzuschränken. Hierfür muss der Gesetzgeber begründen, dass für den Personenkreis kein entsprechender Bedarf besteht. Im transnationalen Kontext gilt dies für die Frage, wer überhaupt in die Gesellschaft integriert werden soll; hier darf die Wertung des Migrationsrechts übernommen werden, dass ausreisepflichtige Personen gerade nicht in Deutschland bleiben sollen und deswegen einen niedrigeren Bedarf an Teilhabe haben als Ausländer mit Bleibeperspektive[370]. Für nichtschulpflichtige Kinder muss der Staat nicht uneingeschränkt einen Platz in einer Betreuungseinrichtung vorhalten; er darf durch die entsprechende Ausgestaltung des einfach-rechtlichen Anspruchs regeln, dass dieser erst ab einem bestimmten Alter gilt, wenn er begründen kann, dass jüngere Kinder noch keinen Bedarf an regelmäßigem Kontakt zu anderen Kindern haben.

bb) Art der Maßnahmen

Dem Staat stehen regelmäßig verschiedene Instrumente zur Verfügung. Der Sozialstaat handelt – anders als es die individuell-subjektive Perspektive vermuten lässt – gerade nicht ausschließlich durch die Gewährung von Sozialleistungen. Bei der Gewährleistung des bevölkerungsbezogenen Existenzminimums greift er insbesondere auf pädagogische und umweltgestaltende Interventionen sowie auf die Einräumung von Rechten zurück. Durch die Einräumung von Rechten wird gewährleistet, dass ein wirklich bevölkerungsweiter – d.h. insbesondere diskriminierungsfreier – Zugang zu Einrichtungen gewährt wird, z.B. zum Gesundheitssystem, zu Kinderbetreuungseinrichtungen und zum Schulsystem[371]. Das gleiche gilt für Rechte, die über

[368] BVerfGE 125, 175 (222); 132, 134 (159).
[369] BVerfGE 125, 175 (224); 132, 134 (160).
[370] Dazu *Kießling*, in: Buchholtz/Croon-Gestefeld/Kerkemeyer (Hrsg.), Integratives Recht.
[371] Das dahinterstehende Recht auf Bildung in seiner teilhaberechtlichen Gewährleistungsdi-

die Zugehörigkeit zur Gesellschaft entscheiden, also z. B. in Form der Legalisierung des unrechtmäßigen Aufenthalts.

Darüber hinaus muss der Staat das Steuersystem so ausgestalten, dass der Einzelne gar nicht individuell bedürftig wird. Dieser Pflicht kann er nachkommen durch eine entsprechende Ausgestaltung des Einkommenssteuerrechts, aber auch des Umsatzsteuerrechts, indem existentielle Güter wie (gesunde) Nahrungsmittel geringer besteuert werden als Güter, die nicht zum Existenzminimum gehören[372]. Durch die Verfügbarmachung bzw. Nichtantastung des Einkommens erhält der Einzelne die notwendigen finanziellen Ressourcen, um autonom darüber entscheiden zu können, welche Kleidung, Nahrungsmittel, Hygieneartikel etc. er kaufen möchte. Der Einzelne kann dadurch nicht nur seine persönlichen Präferenzen hinsichtlich ästhetischer Faktoren, sondern auch hinsichtlich unmittelbar gesundheitlicher Belange wirksam werden lassen: Er entscheidet darüber, welche Kleidung er bei welcher Witterung anzieht und wie er sich ernähren möchte. Er entscheidet also autonom darüber, wie er seine Gesundheit erhält und fördert.

Unterstellt man, dass im Winter witterungsangemessene Kleidung teurer ist als im Sommer und dass eine ausgewogene Vollwerternährung teurer ist als eine einseitige, nährstoffarme Ernährung, muss der Gesetzgeber dies in die Berechnung einpreisen, damit der Einzelne tatsächlich einen entsprechenden Entscheidungsspielraum erhält und nicht mangels ausreichender Ressourcen gezwungen ist, die ungesündere Variante zu wählen. Diese Frage wirkt über die Berechnung der Geldleistungen im Rahmen des physischen Existenzminimums hinaus: Auch an anderer Stelle, wo die Höhe der verfügbaren Ressourcen die Wahl beeinflussen kann, ob die teure gesunde oder die günstigere ungesunde Variante gewählt wird, muss der Staat darauf hinwirken, dass diese Wahl nicht durch die verfügbaren Ressourcen vorgegeben wird. So hat z. B. die Regelung im GastG, die vorschreibt, dass das günstigste Getränk in einer Gaststätte nichtalkoholisch sein muss (§ 6 S. 2 GastG), eine entsprechende Wirkung: Denn so wird verhindert, dass der Einzelne bloß aus finanziellen Gründen das alkoholische Getränk wählt.

Auch durch die Einführung eines Mindestlohns wird es dem Einzelnen ermöglicht, sich durch seine Erwerbstätigkeit selbst unterhalten zu können und nicht von staatlicher Hilfe abhängig zu sein. Der Staat kann außerdem den Zugang zu öffentlichen Einrichtungen und staatlich subventionierten Kultureinrichtungen für bestimmte Personengruppen kostenfrei oder jedenfalls so günstig ausgestalten, dass auch in dieser Hinsicht ein individueller – monetärer – Bedarf gar nicht erst entstehen kann[373].

mension (diskriminierungsfreier Zugang, dazu BVerfG, NJW 2022, 167 [171]) wird z. B. in Frage gestellt, wenn Flüchtlingskindern erst ab einer bestimmten Aufenthaltsdauer der Zugang zum Schulsystem eröffnet wird.

372 Ähnlich *Wilksch*, Recht auf Krankenbehandlung und Recht auf ein menschenwürdiges Existenzminimum, S. 159.

373 *Wilksch*, Recht auf Krankenbehandlung und Recht auf ein menschenwürdiges Existenzminimum, S. 159.

In welchem Umfang der Staat Leistungen der medizinischen Versorgung vorhalten muss, ist umstritten[374]; da der Versorgungsstandard, den die GKV aktuell tatsächlich bietet, das medizinische Existenzminimum in der Summe[375] eher über- als unterschreitet[376] und er für die öffentliche Gesundheit nur eine untergeordnete Rolle spielt, soll die Frage hier offen bleiben[377].

3. Fazit

Das Minimum der gesundheitlichen Risikovorsorge wird bei der Krankheitsprävention durch das Untermaßverbot der grundrechtlichen Schutzpflichten beschrieben. Es bildet die Grenze zwischen den Risiken, die die staatliche Schutzpflicht aktivieren, und den Risiken, die nicht durch staatliche Tätigkeiten angegangen werden müssen. Die Gesundheitsrisiken, die unterhalb dieser Schwelle verbleiben, zählen zu den sogenannten Restrisiken, die die Gesellschaft bereit ist hinzunehmen. Die vermeintliche Sozialadäquanz gesundheitsriskanter Verhaltensweisen wiederum – d.h. die kulturelle Üblichkeit bzw. Gewöhnung – kann das Untermaßverbot nicht aushebeln.

Das gesundheitliche Existenzminimum bildet das Minimum der sozialen gesundheitlichen Risikovorsorge. Es kann unterteilt werden in das physische Existenzminimum (als Gewährleistung der Autonomie- und Teilhabevoraussetzung Gesundheit) auf der einen und das Teilhabeminimum (als Gewährleistung der Mindestbedingungen der Teilhabe bzw. Autonomie) auf der anderen Seite. Das Teilhabeminimum wie-

[374] Dazu ausführlich *Heinig*, Der Sozialstaat im Dienst der Freiheit, S. 442ff., 446ff. Für mehr als einen Sockelstandard: *Kingreen*, VVDStRL 70 (2011), S. 152 (166). – Versorgung Bedürftiger muss sich an dem orientieren, was Durchschnittsverdiener vernünftigerweise für die eigene Gesundheitsversorgung aufwenden: *Ebsen*, SDSRV 56 (2007), S. 133 (147); ähnlich *Huster*, in: Mazouz/Werner/Wiesing, Krankheitsbegriff und Mittelverteilung, S. 157 (167f.); anders: Krankenversorgung müsse die „Grundfähigkeiten“ sicherstellen: *Wilksch*, Recht auf Krankenbehandlung und Recht auf ein menschenwürdiges Existenzminimum, S. 268 und passim; ähnlich *Ströttchen*, Verfassungsrechtliche Ansprüche auf konkrete medizinische Leistungen, S. 157ff., der die Teilhabedimension der Gesundheit für die Bestimmung des medizinischen Existenzminimums heranzieht; sehr minimalistisch *Di Fabio*, in: Dürig/Herzog/Scholz, Februar 2004, Art. 2 Abs. 2 S. 1 Rn. 94, der es für zulässig hielte, nur „grundlegende Existenzrisiken“ (stationäre Krankenhausaufenthalte, Behandlung chronischer oder schwerer Krankheiten, Notfallversorgung) von der Solidargemeinschaft abzusichern.

[375] Nicht unkritisch sind einzelne Leistungsausschlüsse zu bewerten, bei denen der Gesetzgeber auf die Eigenverantwortung der Versicherten verweist, die jedoch gerade für ärmere Bevölkerungsgruppen tiefe Einschnitte auch hinsichtlich der Teilhabedimension des Existenzminimums bedeuten, dazu *Ströttchen*, Verfassungsrechtliche Ansprüche auf konkrete medizinische Leistungen, S. 159ff.

[376] So auch *Heinig*, Der Sozialstaat im Dienst der Freiheit, S. 449 Fn. 443; *Schmidt-Aßmann*, NJW 2004, 1689, 1691. AA *Neumann*, NZS 2006, 393 (395).

[377] Ausgeblendet wird dabei auch die Frage nach der gebotenen medizinischen Versorgung von Asylbewerbern, die nach § 4 AsylbLG hinter dem Standard der GKV zurückbleibt (dazu *Wilksch*, Recht auf Krankenbehandlung und Recht auf ein menschenwürdiges Existenzminimum, S. 217ff., 283ff.). Auch hier muss der Gesetzgeber begründen, dass ein geringerer Bedarf an Krankenversorgung besteht als beim Rest der Bevölkerung.

derum besteht aus dem Befähigungsminimum und dem soziokulturellen Existenzminimum.

Die Bestimmung der Grenzen, die durch das Untermaßverbot und die Pflicht zur Gewährleistung des gesundheitlichen Existenzminimums gezogen werden, wird erschwert durch bestehende Unsicherheiten über gesundheitsrelevante Zusammenhänge und erforderliche Bewertungen durch den Gesetzgeber. So ist das Untermaßverbot zwar im Ausgangspunkt unabhängig von Rechten Dritter; bei Unsicherheiten über kausale Zusammenhänge muss jedoch der Gesetzgeber darüber entscheiden, zu welchen Lasten die bestehende Unsicherheit geht. Dies kann oft nur durch die Berücksichtigung entgegenstehender Rechte Dritter geschehen. Die Bestimmung der notwendigen Maßnahmen zur Gewährleistung des gesundheitlichen Existenzminimums wiederum hängt auch von den gesellschaftlichen Anschauungen über das zur Inklusion in die Gesellschaft Erforderliche ab, so dass die Bestimmung ein Stück weit normativ zu erfolgen hat.

C. Das Maximum gesundheitlicher Risikovorsorge: die Freiheitsrechte Dritter

Muss der Gesetzgeber – wie in den meisten Fällen im Recht der öffentlichen Gesundheit – unter Unsicherheit entscheiden, muss er die Risikoverteilung regeln. Da das Untermaß in diesen Fällen nicht absolut bestimmt werden kann, kann aus Sicht der öffentlichen Gesundheit nur gefragt werden, ob – wenn sich der Gesetzgeber für ein Schutzkonzept entschieden hat – die verbleibenden Gesundheitsrisiken – also die weiterhin bestehenden Schutzdefizite – für die Bevölkerung zumutbar sind[378]. Auf der anderen Seite des gesetzgeberischen Spielraums muss geprüft werden, inwiefern die möglichen Instrumente jeweils[379] in die Grundrechte der Risikoakteure bzw. in die Grundrechte Unbeteiligter eingreifen. Gibt es mehrere Instrumente, bei denen der Eingriff nicht unverhältnismäßig ist, fällt die Wahl des Mittels in den gesetzgeberischen Spielraum. Nur dann, wenn die Instrumente gleich geeignet sind, muss er das für die Dritten mildere auswählen, da sonst die Wahl des intensiveren Eingriffs in die Rechte der Dritten mangels Erforderlichkeit unverhältnismäßig wäre.

---

378 Ähnlich – unter Berücksichtigung der Freiheitsrechte Dritter – *Möstl*, Die staatliche Garantie für die öffentliche Sicherheit und Ordnung, S. 110; ähnlich *Calliess*, Rechtsstaat und Umweltstaat, S. 577 ff.

379 Wie die integrierte, mehrpolige Verhältnismäßigkeitsprüfung erfolgen soll, ohne sich an einem einzelnen Grundrechtseingriff zu orientieren, inwiefern also mehrere denkbare Eingriffe in diese Prüfung eingehen, erschließt sich aus den abstrakten Ausführungen von *Calliess*, Rechtsstaat und Umweltstaat, S. 578 ff., nicht.

I. Der Wert der öffentlichen Gesundheit als Faktor in der Abwägung

Bei der Abwägung mit den Interessen Dritter muss der Umfang, in dem die öffentliche Gesundheit dem Risiko ausgesetzt ist, berücksichtigt werden. Das BVerfG spricht regelmäßig davon, dass es sich bei der Gesundheit der Bevölkerung um ein „wichtiges“[380] bzw. „besonders wichtiges“[381] oder „überragend wichtiges“[382] Gemeinschaftsgut bzw. ein Gemeinschaftsgut von „hohem Rang“[383] handele. Der Schutz der öffentlichen Gesundheit ist damit ein Zweck, der den strengsten Anforderungen der Drei-Stufen-Theorie bei Art. 12 I GG genügt; gleichzeitig verhelfen die grundrechtliche Schutzpflicht und das Sozialstaatsprinzip der öffentlichen Gesundheit zu Verfassungsrang[384], wie es bei vorbehaltslos gewährleisteten Grundrechten wie Art. 5 III GG zur Einschränkung erforderlich ist. Abstrakt betrachtet handelt es sich beim Schutz der öffentlichen Gesundheit somit um einen legitimen Zweck, der auch sehr intensive Eingriffe in Grundrechte Dritter rechtfertigen kann. Das bedeutet zwar nicht, dass der öffentlichen Gesundheit im Sinne eines Leitsatzes „im Zweifel für die Gesundheit“ per se der Vorrang zukommt[385] und die Förderung der öffentlichen Gesundheit das vorherrschende Ziel aller staatlichen Maßnahmen sein muss. In tatsächlicher Hinsicht ergäbe sich hierbei auch das Problem, dass unter der Voraussetzung, dass Gesellschaftspolitik immer auch Gesundheitspolitik ist[386], weil sich praktisch für jede staatliche Maßnahme ein Gesundheitsbezug finden lässt, jede staatliche Tätigkeit, die zumindest auch über das Sozialstaatsprinzip gerechtfertigt wird, der gesundheitlichen Risikovorsorge zuzuordnen wäre. Hier bestünde die Gefahr einer Vergesundheitlichung[387] vieler Politikbereiche. Dann wird es schwierig, rechtliche Grenzen für die Sozialgestaltung durch Verhältnisprävention zu ziehen[388]. So wird dann auch von rechtswissenschaftlicher Seite betont, dass aus dieser Perspektive Gesundheit „nicht alles“[389] ist. Umgekehrt gilt aber genauso wenig, dass sich die öffentliche Gesundheit und die Interessen Dritter – dies gilt insbesondere für die der externen Risikoakteure – in jedem Fall mit dem gleichen Ausgangsgewicht in der Abwägung gegenüberstehen. Werden tödliche Auswirkungen befürchtet, rechtfertigt dies intensivere Grundrechtseingriffe als bei befürchteten leichten Gesundheitsschäden. Je höher die Gefahr des Todes ist – ein Risikofaktor also beispielsweise regelmäßig

---

380 BVerfGE 7, 377 (408).

381 BVerfGE 25, 236 (247) (sogar „besonders wichtiges „absolutes““); BVerfG, Beschl. v. 2.3.2004, 1 BvR 784/03, Rn. 9.

382 BVerfGE 126, 112 (139); 115, 276 (284).

383 BVerfGE 85, 248 (264); 107, 186 (196).

384 Vgl. oben 3. Teil, B. II. 1. und B. II. 2.

385 *Rauprich*, Bundesgesundheitsbl 2008, 137 (143); *ders.*, Ethik Med 22 (2010), 263 (271); *Quante*, Ethik Med 2010, 179 (189).

386 Vgl. oben 2. Teil [Einleitung].

387 Zum Begriff *V. Schmidt*, in: Huster/Schramme (Hrsg.), Normative Aspekte von Public Health, S. 209.

388 *Huster*, JZ 2008, 859 (863 f.); *ders.*, Selbstbestimmung, Gerechtigkeit und Gesundheit, S. 84.

389 *Huster*, Selbstbestimmung, Gerechtigkeit und Gesundheit, S. 87.

tödlich verlaufende Krebserkrankungen hervorruft –, desto höher muss das zu erreichende Gesundheitsschutzniveau angesetzt werden. Aber auch bei regelmäßig nicht tödlich verlaufenden Erkrankungen kann noch abgestuft werden: Die Pflicht steigt graduell, orientiert an den Auswirkungen der befürchteten Krankheit, an. Auch an dieser Stelle ist der Charakter der Gesundheit als konditionales oder „transzendentales" Gut zu berücksichtigen[390].

II. Die Rechte Dritter

In welchem Umfang die Rechte Dritter gegen die öffentliche Gesundheit als Ziel staatlicher Maßnahmen ins Feld geführt werden können, hängt davon ab, ob die Dritten als Risikoakteure oder als Unbeteiligte gelten. Risikoakteure sind für das Gesundheitsrisiko verantwortlich, weswegen ihre Rechte von vornherein mit einem geringeren Gewicht in die Abwägung eingehen. Für Unbeteiligte hingegen sind Eingriffe in ihre Grundrechte weniger zumutbar.

1. Die normative Bestimmung der Risikoakteure

Wer in diesem Sinne als verantwortlich gelten kann, ist nicht allein eine Frage der Kausalität, sondern ist normativ zu bestimmen. Berücksichtigt werden müssen dabei das Ausmaß und die Art der Möglichkeit, mit der der Dritte auf das Risiko Einfluss hat und nimmt.

Hier gibt es verschiedene Abstufungen, etwa danach, ob das Verhalten des Dritten auf die Verursachung des Risikos – also auf die potentielle Gesundheitsschädigung – ausgerichtet ist oder ob das Risiko nur Nebenfolge des Verhaltens, also gar nicht beabsichtigt (ggf. sogar unerwünscht) ist. Der erste Fall liegt etwa im Fall des Verzehrs ungesunder Lebensmittel und dem Konsum von Tabakwaren vor. Hier könnte man zunächst die Einstufung der Lebensmittelhersteller und Tabakproduzenten als Risikoakteure deswegen verneinen, weil die Konsumierenden die Produkte aus eigenem Entschluss konsumieren und somit eigenverantwortlich handeln[391]. Dass die Konsumierenden jedoch selbst Einfluss auf das Gesundheitsrisiko haben, schließt es nicht aus, bei wertender Betrachtung auch die Produzenten der potentiell gesundheitsschädlichen Produkte als Risikoakteure anzusehen. Denn diese haben ein wirtschaftliches Interesse daran, dass die Bevölkerung ihre Produkte konsumiert, d.h. sie sind davon abhängig, dass die Bevölkerung bereit ist, das jeweilige Risiko einzugehen. Im Fall von Zucker, Salz und Tabak und auch anderen Lebensstilrisiken wie dem Glücksspiel wird zusätzlich eine möglicherweise beim Konsumenten bestehende „Sucht" bewusst ausgenutzt.

---

390 Ähnlich *Hermes*, Das Grundrecht auf Schutz von Leben und Gesundheit, S. 257.

391 Ausführlich auch noch unten 4. Teil, B. I. 2.

Risikoakteur kann somit auch jemand sein, der nicht den letzten Verursachungsbeitrag für das Entstehen des Gesundheitsrisikos geleistet hat. Er muss auch nicht zwingend ein eigenes Interesse an dem Gesundheitsrisiko haben. Ausreichend ist es, dass er eine Gelegenheit für das Entstehen der Risikoquelle bietet, diese somit kontrollieren kann. Wer es erlaubt, dass in seiner Gaststätte (oder sonstigen Räumlichkeit) geraucht wird, schafft eine Gelegenheit für Raucherinnen, die Schadstoffbelastung in der Gaststätte zu erhöhen und dadurch die Nichtraucher diesem Gesundheitsrisiko auszusetzen. Unerheblich ist es, ob der Gastwirt das Rauchen begrüßt, weil dies ggf. seinen Umsatz steigert, oder ob er es nur hinnimmt, weil er bei einem selbst verhängten Rauchverbot einen Wettbewerbsnachteil befürchtet.

Nur Nebenfolge des Verhaltens eines Risikoakteurs sind z. B. Emissionen im Straßenverkehr. Hier möchte der Autofahrer bloß bequem und schnell von A nach B gelangen; dass er dabei durch den ausgestoßenen Feinstaub die Umwelt und somit die Gesundheit der Anwohner gefährdet, nimmt er zwar in Kauf; im Zweifel stellt dies aber nicht nur eine nicht bezweckte, sondern sogar eine unerwünschte Folge dar. Da aber er allein derjenige ist, der auf dieses Gesundheitsrisiko Einfluss hat, da durch ein Unterlassen der Autofahrt das Gesundheitsrisiko nicht entstünde, ist er Risikoakteur. Das gleiche gilt für eine Impfgegnerin, die sich nicht impfen lassen will: Auch sie beabsichtigt nicht, andere mit der übertragbaren Krankheit anzustecken, dies ändert jedoch nichts daran, dass sie potentielle Ansteckungsquelle für andere ist, auf die allein sie Einfluss hat.

2. Die Rechte Unbeteiligter

Wer keinerlei Einfluss auf das Entstehen des Gesundheitsrisikos hat, kann von vornherein nicht Risikoakteur sein. In der Regel werden gesundheitsschützende oder -fördernde Maßnahmen deswegen nicht bei diesen Personen ansetzen. Ausnahmen kommen jedoch dann in Betracht, wenn Dritte das durch andere verursachte Gesundheitsrisiko verringern können. Dies ist etwa dann der Fall, wenn die Dritten gleichzeitig die zu Schützenden sind und der Schutz aus passiven Maßnahmen – etwa dem Bau einer Lärmschutzwand – besteht. Unbeteiligt sind auch Personen, die bei einer bloßen Verteilung des Gesundheitsrisikos auf mehrere Betroffene – etwa der Feinstaubbelastung durch Umleitung des Straßenverkehrs – belastet werden, damit an anderer Stelle das Gesundheitsrisiko verringert wird.

Dass die Unbeteiligten auf das Entstehen des Gesundheitsrisikos keinen Einfluss hatten, schließt es grundrechtlich nicht aus, ihnen schützende Maßnahmen abzuverlangen bzw. sie an der Herstellung des Schutzes zu beteiligen. Die Hürden hierfür sind jedoch höher als bei der Inanspruchnahme von Risikoakteuren. Unterschieden werden muss außerdem auch bei den Unbeteiligten: Wer durch die Maßnahme selbst geschützt wird, muss sich intensivere Grundrechtseingriffe gefallen lassen als jemand, der von der Maßnahme nicht selbst profitiert. Jemand, der keinerlei Vorteil von der gesundheitsschützenden Maßnahme hat, opfert sich für die Bevölkerung auf; ggf. ist die Maßnahme dann nur verhältnismäßig, wenn die Betroffenen für die ihnen entstehenden Nachteile entschädigt werden.

III. Der Grad der Unsicherheit als Faktor in der Abwägung

Erschwert wird die anzustellende Verhältnismäßigkeitsprüfung durch die bestehende Unsicherheit[392], weil ggf. die verschiedenen in Betracht kommenden Instrumente nur schwer miteinander verglichen werden können, da über ihre Wirkungsweise Unsicherheit besteht[393]. Zwar kann man zunächst die Intensität des gewählten Interventionseingriffs an den Grad der Unsicherheit anpassen[394]. Bei gesicherten Erkenntnissen über das Vorliegen eines Risikos ist Risikovorsorge im Sinne der Risikominimierung geboten[395], d.h. je mehr Erkenntnisse über die Schädlichkeit vorliegen, desto intensiver dürfen Maßnahmen sein und desto geringer ist der Rechtfertigungsaufwand, um dem Verursacher Minimierungsmaßnahmen aufzuerlegen. Je größer die Unsicherheit ist, desto weniger kann aber die Verhältnismäßigkeitsprüfung die angemessene Risikoverteilung steuern: Die Unsicherheit beeinflusst bereits die Eignungsabschätzung und in der Folge auch die Prüfung eines milderen Mittels, da unklar ist, wie beide verglichen werden können. Der feste Bezugspunkt für die Erforderlichkeitsprüfung geht in diesen Fällen verloren[396]. Deswegen wird zum Teil auch eine Neubestimmung des Maßstabs des milderen Mittels gefordert, damit auch sichere und mit Unsicherheit behaftete Handlungsalternativen verglichen werden können[397].

Dieser Befund bedeutet jedoch nicht zwangsläufig, dass der Maßstab für eine Einhegung des gesetzgeberischen Spielraums vollständig verloren geht. Das Verhältnismäßigkeitsprinzip kann auch bei Entscheidungen unter Unsicherheit viele Entscheidungen der Risikoverteilung strukturieren. Während der Corona-Epidemie – die gerade zu Beginn eine Entscheidungssituation unter sehr großer Unsicherheit darstellte – wurde 2020 das Verhältnismäßigkeitsprinzip sogar als *das* steuernde Kriterium angesehen[398]. Jedenfalls muss die Verhältnismäßigkeitsprüfung an die jeweili-

---

[392] *Wahl/Appel*, in: Wahl (Hrsg.), Prävention und Vorsorge, S. 1 (138); *Lübbe-Wolff*, in: Bizer/Koch (Hrsg.), Sicherheit, Vielfalt, Solidarität, S. 47 (64); *Scherzberg*, VVDStRL 63 (2004), S. 214 (243).

[393] *Spiecker gen. Döhmann*, Staatliche Entscheidungen unter Unsicherheit, S. 22; *Klafki*, Risiko und Recht, S. 26.

[394] *Scherzberg*, ZLR 2011, 275 (286); *Scherzberg/Seidl*, ZLR 2014, 5 (16).

[395] *Murswiek*, VVDStRL 48 (1989), S. 207 (216).

[396] Vgl. *Schlink*, VVDStRL 48 (1990), S. 235 (258 f.), für die informationelle Gefahrenvorsorge.

[397] *Spiecker gen. Döhmann*, Staatliche Entscheidungen unter Unsicherheit, S. 23.

[398] *Heinig/Kingreen/Lepsius/C. Möllers/Volkmann/Wißmann*, JZ 2020, 861 (865 ff.). Dazu auch *Wagner*, Verfassungsblog v. 14.5.2020. Zu den Tatsachen bzw. der Datenlage, die der Prüfung der Verhältnismäßigkeit von Corona-Maßnahmen zugrundegelegt wurden, ausführlich *Meßerschmidt/von Hesler*, ZG 2022, 200 (209 ff.).

ge Ausgangslange angepasst (und durch Querschnittserwägungen wie Folgerichtigkeitsgebote erweitert[399]) werden:

Bei hinreichend bekannten Risiken – also insbesondere im Falle der konkreten Besorgnis bzw. Quasi-Sicherheit[400] – muss der Gesetzgeber konkrete Vorsorgeziele umsetzen[401]. Als Instrumente kommen sowohl direkte Steuerungsmittel des Ordnungsrechts als auch indirekte Steuerungsmittel wie ökonomische Anreize und Informationen in Betracht[402]. Ökonomische Instrumente sind weniger intensiv als Ge- oder Verbote, weil sie keinen direkten Zwang ausüben. Bei ihnen besteht aber die Gefahr, dass die Adressatinnen unter Inkaufnahme der finanziellen Belastung dem Steuerungsziel ausweichen[403]. Deswegen ist eine „komplementäre Sichtweise" zwischen dem Ordnungsrecht und dem ökonomischen Anreizinstrumentarium geboten[404]: Der Gesetzgeber muss einen Bereich definieren, in dem keine Abweichungen vom Schutzziel toleriert werden können. Dies ist entweder der Bereich, in dem das Untermaß absolut bestimmt werden kann – etwa wenn sich die Wissenschaft nur über die konkrete Höhe eines Grenzwerts uneinig ist und man den niedrigsten Wert ansetzen kann – oder man sich dem Bereich des Untermaßes jedenfalls annähert. Ein Spielraum für ökonomische Instrumente besteht nur in dem Maße, „in dem das Ausweichen einzelner von den Schutzzielen ausnahmsweise hingenommen werden darf" – wenn also nicht das Untermaß gefährdet ist – oder „in dem das private Ausweichverhalten durch hoheitliche Durchsetzungsmittel ordnungsrechtlich wieder aufgefangen werden kann"[405].

Im Falle der abstrakten Besorgnis bzw. der mittleren Unsicherheit[406] muss der höhere Grad der Unsicherheit in das Schutzkonzept „eingepreist" werden. Verbote gegenüber den Risikoakteuren kommen nur ausnahmsweise – wenn etwa das Risiko einer tödlichen Erkrankung in Rede steht – in Betracht. Will der Staat auf die risikorelevanten Verhaltensmuster einwirken, gebietet es das Verhältnismäßigkeitsprinzip ansonsten, sich auf ökonomische Anreize wie die Verteuerung von Stoffen und Produkten und die Risikokommunikation durch Aufklärung zu beschränken. Bei mangelnder Regelungsreife der Materie wegen der fehlenden Erkenntnisse verlangen die Schutzpflichten, dass die Bevölkerung in die Lage versetzt wird, den Umgang mit dem Risikofaktor eigenverantwortlich zu steuern[407]. Mit dem Risikoverwaltungsrecht geht deswegen eine deutliche Zunahme des informationellen Staatshandelns

---

[399] Dazu unten 3. Teil, E.

[400] Vgl. oben 2. Teil, E. I. 3.

[401] *Scherzberg*, VVDStRL 63 (2004), S. 214 (245). Vgl. auch *Wahl/Appel*, in: Wahl (Hrsg.), Prävention und Vorsorge, S. 1 (136 f.).

[402] *Scherzberg*, VVDStRL 63 (2004), S. 214 (251). Zu ökonomischen Instrumenten im Umweltschutz *Cansier*, NVwZ 1994, 642.

[403] *P. Kirchhof*, NVwZ 1988, 97 (102); *Koenig*, NVwZ 1994, 937 (939).

[404] *Koenig*, NVwZ 1994, 937 (939 f.).

[405] *Koenig*, NVwZ 1994, 937 (940).

[406] Vgl. oben 2. Teil, E. I. 3.

[407] Ähnlich *Scherzberg*, in: Hoffmann-Riem (Hrsg.), Innovationen im Recht, S. 205 (235).

einher[408]. Der Staat verlagert in diesen Fällen das Risiko, dass das Gesundheitsrisiko falsch eingeschätzt wurde, auf die Bevölkerung. Denn hier gibt er nicht selbst die Entscheidung vor, sondern überträgt den Einzelnen die Entscheidung, ob sie dem Risikofaktor ausweichen wollen oder das Gesundheitsrisiko in Kauf nehmen.

Der Risikokommunikation kommt allgemein umso größere Bedeutung zu, je weniger schon eingreifende Maßnahmen gerechtfertigt sind bzw. je weniger der Staat solche Maßnahmen ergreifen will. Sie dient der Reduktion von Informationsasymmetrie. Dort, wo das Schädigungspotential durch die Verbraucher nicht abgeschätzt werden kann, weil ihnen die notwendigen verfügbaren Informationen fehlen, kann der Staat die Produzenten zu einem Bereitstellen der notwendigen Information verpflichten, etwa durch die Angabe der Inhaltsstoffe bei verarbeiteten Lebensmitteln, Arzneimitteln oder Tabakwaren. Dort, wo auch bei Kenntnis der Inhaltsstoffe die Gesundheitsrisiken nicht verlässlich abgeschätzt werden können – weil eben Unsicherheit über die Kausalzusammenhänge besteht –, kann der Staat eine entsprechende Risikokennzeichnung auf dem Produkt vorschreiben, z. B. durch den Hinweis auf Nebenwirkungen von Arzneimitteln.

Bei unbekannten oder nur vermuteten Risiken – also insbesondere im Falle des qualifizierten Nichtwissens bzw. der schweren Unsicherheit[409] – müssen die ergriffenen Maßnahmen auf die Minimierung des noch unspezifischen Risikopotentials zielen. Denn dann ist eine weitere Risikoaufklärung geboten[410]. Je höher der Grad der Unwissenheit ist, desto milder muss das Instrument der Risikovorsorge sein. Bei sehr dünner empirischer Faktenlage kann es auch gerechtfertigt sein, abzuwarten und nichts zu tun oder die Bevölkerung nur über das Risiko aufzuklären[411]. Dies gilt aber nur, wenn die potentiellen Schäden als gering eingestuft werden, was z. B. bei der Atomkraft[412] und dem Teilchenbeschleuniger CERN und befürchteten schwarzen Löchern[413] nicht der Fall ist. Denn umgekehrt gilt: „Hinsichtlich schwerer Schäden an Leben oder Gesundheit einer Vielzahl von Grundrechtsträgern genügt prinzipiell bereits eine im Vorfeld erkannte Realisierungstendenz, um Schutzpflichten des Staates auszulösen“[414].

Kommt der Gesetzgeber zu dem Ergebnis, dass mehrere Instrumente in Betracht kommen, folgt aus dem Gleichheitsgrundsatz und dem Verhältnismäßigkeitsgrundsatz[415], dass er einen Risikovergleich (Vergleich zwischen verschiedenen Risiken sowie Nutzen-Risiko-Bilanzen) anstellen muss. Ein solcher Risikovergleich bezieht auch mögliche unerwünschte Nebeneffekte (wie ein mögliches Ausweichen auf ande-

---

408 *Di Fabio*, Risikoentscheidungen im Rechtsstaat, S. 395 ff.; *ders.*, ZLR 2003, 163 (167).

409 Vgl. oben 2. Teil, E. I. 3.

410 *Hermes*, Das Grundrecht auf Schutz von Leben und Gesundheit, S. 234.

411 So das BVerfG 1987 zu dem Schutzkonzept des Staates zur Bekämpfung von AIDS (NJW 1987, 2287).

412 *Murswiek*, VVDStRL 48 (1989), S. 207 (215).

413 BVerfG, NVwZ 2010, 702 (703 f.).

414 BVerfG, NVwZ 2010, 702 (704).

415 *Di Fabio*, in: FS-Ritter, S. 807 (824 ff.).

re schädliche oder schädlichere Produkte durch die Konsumenten[416]) und die soziale Verteilung der Risiken mit ein[417]. Hier müssen nicht nur die Risiken, sondern auch die Chancen bzw. der Nutzen berücksichtigt werden[418]: So kann etwa der Nutzen, der sich von Gentechnik oder Nanotechnologie erhofft wird, die befürchteten Gesundheitsrisiken aufwiegen. Die Forschungsinteressen der Risikoakteure, die über Art. 5 III GG geschützt sind, können also gleichzeitig auch Interessen der Allgemeinheit sein.

Komplex wird der Risikovergleich insbesondere dann, wenn mehrere Risikoakteure mit unterschiedlich hohen vermuteten Verursachungsbeiträgen beteiligt sind oder wenn auch Maßnahmen in Betracht kommen, die entweder völlig Unbeteiligte (die sogenannten „Vierten"[419], etwa bei der Umleitung von Straßenverkehr, die zu höheren Schadstoffbelastungen an anderen Straßen) oder verstärkt die gesundheitlich Betroffenen (durch passiven Schutz, etwa beim Bau einer Lärmschutzwand) treffen. Hier müssen unterschiedliche Maßnahmen gegenüber nicht gleich beteiligten Betroffenen miteinander verglichen werden.

Im Ergebnis verbleibt ein Spielraum des Gesetzgebers zwischen „den Grenzen des noch zumutbaren Risikos und der noch zumutbaren Freiheitsbeschränkung"[420]. Je unsicherer die Tatsachengrundlage ist, desto intensiver muss der Gesetzgeber die weitere Entwicklung beobachten und seine Risikoentscheidung ggf. an eine geänderte Sachlage anpassen[421].

IV. Freiheitsrechte Dritter bei der sozialen Risikovorsorge

Die dargestellten Grundsätze gelten – soweit sich die entsprechenden Fragen hier stellen – auch für die soziale Risikovorsorge. So kann es auch hier auch zu konkret greifbaren Eingriffen in die Rechte Dritter kommen, etwa bei der Einführung oder Erhöhung des Mindestlohns. Wo der Staat die Lebensbedingungen von Kindern verbessern will, muss immer an das elterliche Erziehungsrecht gedacht werden[422]. In den meisten Fällen wird bei der sozialen Risikovorsorge jedoch auf Strukturen eingewirkt oder staatliche Einrichtungen werden verbessert. Die Bevölkerung trifft dies nur mittelbar – indem sie zur Finanzierung dieser Maßnahmen über die Erhebung von Steuern herangezogen wird. In diesem Bereich ist eine Verhältnismäßigkeitsprüfung aber kaum durchzuführen. Zweck und Mittel können nicht gegeneinander

---

[416] Allgemein zu den Risiken der Risikoregulierung *Sunstein*, Gesetze der Angst, S. 47 ff.

[417] *Scherzberg*, VVDStRL 63 (2004), S. 214 (231 f.).

[418] Vgl. dazu BVerfG, NVwZ 2010, 702 (704).

[419] *Haffner*, Kosten-Nutzen-Abwägungen im Sicherheitsrecht, 95; *G. Kirchhof*, AöR 135 (2010), 29. Vgl. auch *Möstl*, Die staatliche Garantie für die öffentliche Sicherheit und Ordnung, S. 341 ff.

[420] *Möstl*, Die staatliche Garantie für die öffentliche Sicherheit und Ordnung, S. 112.

[421] Dazu noch unten 3. Teil, D. II. 3.

[422] Dazu ausführlich unten 4. Teil, C.

abgewogen werden, da beide Bereiche unabhängig voneinander sind[423]. Sozialstaatliche Aufgaben und individuelle Freiheit von Belastungen sind nur schwer in ein Verhältnis zu setzen[424].

V. Fazit

Das Recht der öffentlichen Gesundheit betrifft nicht einen Politikbereich, der hauptsächlich auf umfangreichen Abwägungen verschiedener – im Ausgangspunkt gleichrangiger – Interessen beruht, wie etwa die Wirtschaftspolitik. Der Schutz bzw. die Förderung der öffentlichen Gesundheit ist vielmehr ein staatliches Ziel, dem ein besonders hoher Rang zukommt, was wiederum die Abwägung mit den Interessen der Risikoakteure vorbestimmt: Deren Interessen müssen besonders gewichtig sein, um in der Abwägung zu gewinnen, und dürfen sich nicht in dem Interesse erschöpfen, ein potentiell schädliches Produkt herzustellen oder ein potentiell schädliches Verhalten beizubehalten.

D. Pflicht zum Erlass evidenzbasierten Rechts

Soll durch das Recht der öffentlichen Gesundheit tatsächlich menschliches Verhalten gesteuert werden, muss sich der Gesetzgeber an den Erkenntnissen der Public-Health-Forschung orientieren, die ihm durch die Gesundheitsberichterstattung vorliegen. Daneben muss er sich mit der Steuerbarkeit menschlichen Verhaltens und somit mit der Verhaltensökonomik[425] auseinanderzusetzen. So einleuchtend es auf den ersten Blick klingt, dass Gesetzgebung stets an der vorhandenen Evidenz ausgerichtet werden muss, so wenig geklärt erscheint die Frage, ob es tatsächlich eine Pflicht zum Erlass evidenzbasierten Rechts gibt, auf den zweiten Blick. Bejaht wird dies – sofern überhaupt diskutiert[426] – eher unter dem Stichwort „gute Gesetzgebung“[427], die möglicherweise Ausdruck politischer Klugheit, aber keine verfassungsrechtliche Pflicht ist. Auch der Aussage des BVerfG aus dem Jahr 1972, dass der Gesetzgeber bildungspolitische Entscheidungen „auf der Grundlage der Ergebnisse der Bildungsforschung“ treffen müsse[428], lässt sich nicht entnehmen, inwieweit dies eine konkrete

---

423 Dazu *Kingreen*, Das Sozialstaatsprinzip im europäischen Verfassungsverbund, S. 144.

424 *Zacher*, DÖV 1970, 3 (10); *Ladeur*, Der Staat 46 (2007), 61 (63).

425 Vgl. *Towfigh*, I·CON 2012, 670 (672).

426 Eine Ausnahme stellen *Steinbach*, Der Staat 54 (2015), 267 (allerdings nur im Rahmen des Übermaßverbots); und *Windoffer*, Verfahren der Folgenabschätzung als Instrument zur rechtlichen Sicherung von Nachhaltigkeit, S. 131 ff., dar.

427 Dazu *Merten*, DÖV 2015, 349.

428 BVerfGE 34, 165 (184).

verfassungsdogmatisch fundierte[429] und ggf. einklagbare Pflicht darstellt. Im Volkszählungsurteil aus dem Jahr 1983 stellte das BVerfG klar, dass erst die „Kenntnis der relevanten Daten“ und die Möglichkeit, die durch sie vermittelten Informationen für die Statistik zu nutzen, die Handlungsgrundlage für eine am Sozialstaatsprinzip orientierte staatliche Politik darstelle[430]. Zwar wird unterstellt, dass das Grundgesetz auf einer „naturwissenschaftsfreundlichen Wirklichkeitskonstruktion“ basiere,[431]; eine allgemeine Aussage mit dem Inhalt, „dass Gesetze auf zutreffenden Tatsachenfeststellungen beruhen oder zu einem tatsächlichen Erfolg führen müssten“, enthält die Verfassung jedoch nicht[432].

Verwandt ist die Frage nach einer Pflicht zum Erlass evidenzbasierten Rechts mit der Frage, ob der Gesetzgeber „mehr als das Gesetz“ schuldet, also etwa seine Gesetze begründen muss. Deckungsgleich sind die beiden Fragestellungen jedoch nicht: Auch wenn man der Ansicht ist, dass es solche Pflichten des inneren Gesetzgebungsverfahrens nicht gibt, stellt sich die Frage, welche Auswirkungen es hat, wenn der Gesetzgeber sich nicht an der vorhandenen Evidenz orientiert oder die Evidenz gar ignoriert und untätig bleibt.

I. Die Bedeutung der Empirie für die verfassungsrechtliche Pflicht zur gesundheitlichen Risikovorsorge

Was passiert nun, wenn der Gesetzgeber den aktuellen Stand der Forschung nicht zur Kenntnis nimmt und die Gesetzgebung deswegen nicht hieran ausrichtet? Hier muss unterschieden werden zwischen der Perspektive der von einer Maßnahme betroffenen Dritten und der Perspektive der öffentlichen Gesundheit: Während im ersten Fall die Frage im Raum steht, ob der Eingriff in die Rechte der Risikoakteure und Unbeteiligten gerechtfertigt sein kann, geht es im zweiten Fall um einen möglichen Verstoß gegen das Untermaßverbot.

1. Übermaßverbot

Die vorhandene Studienlage spielt für die Frage der Verfassungsmäßigkeit einer konkreten Maßnahme an verschiedenen Stellen eine Rolle. Zunächst könnte man überlegen, ob die Implementierung einer Maßnahme, die aufgrund falscher Annahmen über die Wirklichkeit konzipiert wurde, keinen legitimen Zweck verfolgt. Insbesondere dann, wenn eine Maßnahme schädliche Auswirkungen hat – etwa das bestehende Public-Health-Problem verschlimmert –, entfällt schließlich der Schutz bzw. die

429 Von einer solchen Pflicht recht grundsätzlich ausgehend *Cremer*, in: Institut für Bildungsforschung und Bildungsrecht (Hrsg.), Selektion und Gerechtigkeit in der Schule, S. 79 (81).

430 BVerfGE 65, 1 (45).

431 So *Rixen* auf der ineges-Tagung 2020.

432 *Steinbach*, Der Staat 54 (2015), 267 (271).

Förderung der öffentlichen Gesundheit. Diese Konstellation betrifft dann aber aus diesem Grund eher die Prüfungsebene der Geeignetheit. Legitim bleibt der Zweck, weil die öffentliche Gesundheit geschützt oder gefördert werden bzw. weil ein konkreter umschriebenes Problem angegangen werden soll. Wenn Zweck einer Maßnahme tatsächlich nicht die öffentliche Gesundheit ist, obwohl dies so angegeben wurde, wird dies noch an anderer Stelle relevant[433].

Eine andere zu unterstellende Tatsachengrundlage bzw. andere zu unterstellende Auswirkungen des Instruments auf die realen Begebenheiten können dazu führen, dass ein Instrument nicht geeignet ist oder nicht erforderlich ist, weil ein anderes Mittel bei gleicher Eignung milder ist. Bei der Prüfung der Geeignetheit und Erforderlichkeit geht es deswegen im Kern um tatsächliche Fragen[434]. Wurde der tatsächliche Stand der Forschung vom Gesetzgeber nicht zur Kenntnis genommen, kann dies dazu führen, dass der vom Gesetzgeber gewählte Regelungsansatz nicht geeignet ist. Für die Eignung einer Maßnahme genügt es laut BVerfG allerdings, dass der erstrebte Erfolg gefördert werden kann, dass also die Möglichkeit der Zweckerreichung besteht[435]. Das bedeutet in der Konsequenz lediglich, dass das Gesetz nicht von vorneherein untauglich sein darf[436]. Denkbar ist es zwar grundsätzlich, dass in Einzelfällen eine Maßnahme schon nicht geeignet ist. Angesichts der geringen Hürden, die auf der Stufe der Geeignetheit bestehen, wird dies jedoch selten der Fall sein.

Der Hauptanwendungsfall wird deswegen beim Prüfungspunkt der Erforderlichkeit liegen. Das BVerfG verneint die Erforderlichkeit einer Maßnahme erst dann, „wenn ein sachlich gleichwertiges, zweifelsfrei gleich wirksames", die Grundrechtsberechtigten „weniger beeinträchtigendes Mittel zur Verfügung steht, um den mit dem Gesetz verfolgten Zweck zu erreichen"[437]. Falls mehrere Maßnahmen mit der gleichen Wirksamkeit in Betracht kommen, verlangt das Erforderlichkeitsgebot, „vom Gesetzgeber eine auf die Zweckerreichung einerseits und die Grundrechtsbeeinträchtigung andererseits bezogene folgenorientierte Alternativenprüfung"[438].

Auch auf die Angemessenheit können die zu unterstellenden Tatsachen und Prognosen durchschlagen, soweit die betroffenen Rechtsgüter dadurch ein anderes Gewicht erhalten oder dann, wenn eine Maßnahme nur knapp die Hürde der Geeignetheit genommen hat. Dann kann diese Tatsache bei der Prüfung der Angemessenheit wieder aufgegriffen werden[439]. Wird eine Maßnahme somit auf einer falschen oder

---

433 Dazu unten 3. Teil, E. II. 1. b) aa).

434 *Lepsius*, in: Jestaedt/Lepsius/Möllers/Schönberger (Hrsg.), Das entgrenzte Gericht, S. 159 (206); *Petersen*, Der Staat 2010, 435 (442); *Saurer*, Der Staat 2012, 3 (31); *Petersen*, Verhältnismäßigkeit als Rationalitätskontrolle, S. 126; *Lepsius*, in: Jestaedt/Lepsius (Hrsg.), Verhältnismäßigkeit, S. 1 (19).

435 St. Rspr., vgl. nur BVerfGE 152, 68 (130 f.) mwN.

436 BVerfGE 100, 313 (373).

437 St. Rspr., vgl. nur BVerfGE 149, 86 (120) mwN.

438 *Windoffer*, Verfahren der Folgenabschätzung als Instrument zur rechtlichen Sicherung von Nachhaltigkeit, S. 134.

439 *Petersen*, Verhältnismäßigkeit als Rationalitätskontrolle, S. 150.

jedenfalls unbewiesenen Tatsachengrundlage konzipiert, kann die Verhältnismäßigkeit der Maßnahme entfallen[440].

Erlässt der Gesetzgeber Regelungen, die nicht auf dem aktuellen Stand der Public-Health-Forschung beruhen, kommt somit ein Verstoß gegen das Übermaßverbot in Betracht. Denn die Risikoakteure müssen keine Maßnahmen zum Schutz oder zur Förderung der öffentlichen Gesundheit dulden, die nicht geeignet sind, oder Maßnahmen, die nur einen minimalen Effekt haben, wenn der Eingriff in die Rechte der Risikoakteure erheblich ist. Dem Verhältnismäßigkeitsprinzip kann somit ein implizites Gebot zur Tatsachenermittlung und Wirkungsanalyse der verschiedenen in Betracht kommenden Maßnahmen entnommen werden[441].

2. Untermaßverbot

Dieses implizite Gebot zum Erlass evidenzbasierten Rechts wird in der Literatur – soweit überhaupt angesprochen – nur im Rahmen des Übermaßverbots diskutiert[442], d.h. im Recht der öffentlichen Gesundheit hätte es allenfalls für die Risikoakteure eine praktische Bedeutung, die sich dagegen wehren könnten, dass auf einer falschen Tatsachengrundlage in ihre Grundrechte eingriffen würde. Aus der Perspektive der öffentlichen Gesundheit ist dagegen (auch) die Frage von Bedeutung, inwiefern durch die Nichtbeachtung der wissenschaftlichen Studienlage gegen das Untermaßverbot verstoßen wird. Wenn der Stand der Forschung dafür spricht, dass eine noch nicht eingesetzte Intervention die öffentliche Gesundheit schützen oder fördern könnte oder dass sich ohne Interventionen des Gesetzgebers ein Gesundheitsrisiko realisieren bzw. verschlimmern wird – inwiefern folgt daraus eine Pflicht für den Gesetzgeber, dies zur Kenntnis zu nehmen und Maßnahmen zu ergreifen?

Geht es um eine konkrete Intervention, die der Gesetzgeber bislang nicht eingeführt hat, kann überprüft werden, ob insoweit gegen das Untermaßverbot verstoßen wird. Denn es wird davon ausgegangen, dass ein Verstoß gegen das Untermaßverbot nur für konkret angedachte Maßnahmen festgestellt werden kann[443]. Konkrete Maßnahmen, die einen positiven Effekt für die öffentliche Gesundheit versprechen und die der Staat noch nicht eingeführt hat, gibt es viele. Diskutiert werden hier im Rahmen der gefahrenabwehrrechtlichen gesundheitlichen Risikovorsorge z.B. die Einführung eines Tempolimits auf Autobahnen[444] und die Einführung eines Rauchverbots in PKW, wenn Kinder anwesend sind. Im Bereich der sozialen gesundheitlichen Risikovorsorge könnte man an die Einführung einer Kindergrundsicherung

[440] Dies ist auch der Ansatz von *Cremer*, in: Institut für Bildungsforschung und Bildungsrecht (e.V.) (Hrsg.), Selektion und Gerechtigkeit in der Schule, S. 79 (81 f., 91 ff.).

[441] *Steinbach*, Der Staat 54 (2015), 267 (272). Ähnlich *Seckelmann*, Evaluation und Recht, S. 95.

[442] *Steinbach*, Der Staat 54 (2015), 267; vgl. aber auch die Überlegungen bei *Windoffer*, Verfahren der Folgenabschätzung als Instrument zur rechtlichen Sicherung von Nachhaltigkeit, S. 136 ff.

[443] *Cremer*, Freiheitsgrundrechte, S. 275 f.

[444] Vgl. dazu aber die ablehnende Entscheidung BVerfG, NJW 1996, 651.

und einer Kitapflicht denken, die sich positiv auf die Kinderarmutsquote bzw. die Sozialisierung der Kinder auswirken sollen.

Ob die staatliche Schutzpflicht bzw. die Pflicht zur sozialen Risikovorsorge aktiviert wird, hängt davon ab, ob die Risikoschwelle überschritten wird. Der Gesetzgeber kann nur wissen, ob er insoweit gegen das Untermaßverbot verstößt, indem er bei Vorliegen einer Risikolage untätig bleibt, wenn er entsprechend ermittelt, ob eine Risikolage vorliegt, was wiederum eine Folgenprognose auf Basis der verfügbaren wissenschaftlichen Erkenntnisse erfordert[445]. Außerdem muss der Gesetzgeber die möglichen Instrumente auf ihre Geeignetheit und Erforderlichkeit hin bewerten[446]. Im Ergebnis bedeutet dies, dass das Versäumnis, eine Regelung überhaupt zu erlassen – in diesem Fall durch die Ignoranz vorhandener Evidenz –, gegen die Verfassung verstoßen kann. In manchen Fällen legt der Stand der Forschung aber nur nahe, überhaupt tätig zu werden – wie genau dann einem bestehenden Risiko begegnet werden soll, ist durch die Verfassung nicht vorgegeben. Das eingängigste Beispiel hierfür ist die aktuelle Situation beim Klimaschutz – die Forschung ist sich hier einig, dass Maßnahmen ergriffen werden müssen, und selbst wenn man sich z. B. darauf einigt, innerhalb eines bestimmten Zeitraums einen bestimmten Umfang an Treibhausgasen einzusparen, kommen bei der Umsetzung viele, unterschiedlich wirkende Maßnahmen in Betracht. Dass das Nichtergreifen einer konkreten Maßnahme gegen das Untermaßverbot verstößt, kann somit nicht festgestellt werden, solange auch andere Maßnahmen zur Verfügung stehen und der Verfassung nicht die Pflicht zur Ergreifung einer konkreten Maßnahme entnommen werden kann[447]. Der Gesetzgeber darf vielmehr innerhalb seines bestehenden Spielraums auch Rücksicht auf „konkurrierende öffentliche und private Interessen" nehmen[448].

Dies zeigt, dass dem Untermaßverbot nur sehr begrenzt ein Gebot zum Erlass evidenzbasierten Rechts entnommen werden kann. Der Stand der Forschung wird umso eher relevant, je konkreter bereits eine bestimmte Maßnahme diskutiert wird. Soweit der Gesetzgeber aber den ersten Schritt eines Gesetzgebungsverfahrens noch nicht gegangen ist bzw. die Notwendigkeit eines Eingreifens noch nicht verspürt, kann aus der Tatsache, dass die Studienlage ein Eingreifen nahelegt, für eine Pflicht zum Erlass evidenzbasierten Rechts nicht viel hergeleitet werden. Dies zeigt einmal mehr, dass die Perspektive der öffentlichen Gesundheit strukturell der Perspektive der Risikoakteure unterlegen ist[449].

---

445 *Windoffer*, Verfahren der Folgenabschätzung als Instrument zur rechtlichen Sicherung von Nachhaltigkeit, S. 137.

446 *Windoffer*, Verfahren der Folgenabschätzung als Instrument zur rechtlichen Sicherung von Nachhaltigkeit, S. 140.

447 Vgl. jetzt BVerfGE 157, 30 (113 ff.) – Klimaschutz.

448 BVerfGE 77, 170 (214 f.); BVerfG, NJW 1997, 2509; NJW 2002, 1638 (1639); NVwZ 2007, 805; BVerfGE 121, 317 (356 f.).

449 Dazu oben 2. Teil, D. II.

II. Verfassungsrechtliche Pflicht zur Evidenzbasierung

Dieser Befund bestätigt sich, wenn man genauer analysiert, inwiefern das BVerfG den Umgang des Gesetzgebers mit der vorhandenen Evidenz überprüft, wenn es über Gesetze zu entscheiden hat, die von Risikoakteuren angegriffen werden, oder wenn jemand die Verletzung des Untermaßverbots im Umgang mit einem bestimmen Risikofaktor rügt. Das BVerfG entscheidet hier darüber, inwieweit der Gesetzgeber Minimum und Maximum des verfassungsrechtlichen Auftrags zum Schutz und zur Förderung der Gesundheit eingehalten hat. In dem Maße, in dem das BVerfG seine Kontrolle zurücknimmt, besteht im Ergebnis auch keine einklagbare Pflicht des Gesetzgebers zum Erlass evidenzbasierten Rechts.

Ausgangspunkt der verfassungsgerichtlichen Prüfung ist, dass dem Gesetzgeber bei der Aufstellung des Schutzkonzepts gegenüber dem BVerfG ein Einschätzungs-, Wertungs- und Gestaltungsspielraum zukommt[450]. Von der Frage, wo die Grenzen dieses Spielraums liegen – diese werden durch das Über- und das Untermaßverbot gezogen –, ist deswegen die Frage zu trennen, wie und wie weit das BVerfG die Einhaltung dieser Grenzen überprüft. Unterschieden werden muss somit der Kontrollmaßstab – die Verfassung – von der Kontrolldichte; mit letzterer ist die Intensität gemeint, mit der das BVerfG die Einhaltung dieser Grenzen überprüft[451]. Das Verhältnis von gesetzgeberischem Spielraum und verfassungsgerichtlicher Überprüfung gehört zu den ungeklärten Fragen der Rechtswissenschaft und ist eng verwandt mit der Frage, wie das Untermaßverbot bestimmt werden kann[452]. Die Überlegungen müssen also hier ihren Ausgangspunkt nehmen.

Unterstellt man, dass die Gesundheitsschädlichkeit eines Stoffes nach Art und Umfang feststeht und auch Klarheit über die Geeignetheit der möglichen Mittel herrscht – der Gesetzgeber also nicht unter Unsicherheit entscheidet –, kann die Grenze, die das Untermaßverbot zieht, genau bestimmt werden; das würde in diesem Beispiel heißen, dass der Stoff nur unterhalb eines bestimmten Grenzwertes in die Umwelt gelangen darf. Auch ob verschiedene Mittel dieses Ziel erreichen, kann zweifelsfrei geprüft werden – Gesetzgeber und BVerfG wären sich in diesem Fall wohl einig. Die Prüfung, inwiefern diese Mittel dem Übermaßverbot standhalten, wäre wiederum zum Teil mit Wertungen verbunden – diese Wertungen sind jeder Abwägung immanent –; es kann jedoch davon ausgegangen werden, dass Gesetzgeber und BVerfG zu ähnlichen Ergebnissen kämen. Das bedeutet in der Konsequenz, dass der Spielraum des Gesetzgebers insbesondere politischer Natur und für die Auswahl des

---

[450] Vgl. für die gefahrenabwehrrechtliche Risikovorsorge nur BVerfGE 96, 56 (64); 121, 317 (356); 125, 39 (78); BVerfG, NJW 2017, 53 (55); für den sozialen Gestaltungsauftrag nur BVerfGE 5, 85 (198); 22, 180 (204); 100, 271 (284); 110, 412 (445); 123, 267 (362).

[451] Zur (Notwendigkeit der) Unterscheidung von Handlungs- und Kontrollnorm *Mayer*, Untermaß, Übermaß und Wesensgehaltsgarantie, S. 100, 103; *Calliess*, Rechtsstaat und Umweltstaat, S. 589 f.; *O. Klein*, JuS 2006, 960 (961).

[452] Dazu oben 3. Teil, B. III. 1.

konkreten Mittels relevant wäre; der Gesetzgeber könnte entscheiden, welches Mittel er aus den verfügbaren Mitteln auswählt, die sowohl dem Untermaß genügen als auch die Freiheitsrechte Dritter nicht unverhältnismäßig einschränken.

Eine solche Ausgangssituation gibt es jedoch nur in der Theorie. Gerade weil die Studienlage im Bereich der öffentlichen Gesundheit schlechter ist als in anderen Bereichen, die man zum Gesundheitsrecht im weiteren Sinne[453] zählen kann, kommt es dazu, dass der Gesetzgeber in vielen Fällen unter Unsicherheit entscheiden muss[454]. Der Spielraum des Gesetzgebers muss sich deswegen auch auf andere Faktoren beziehen, also auf die unsichere Tatsachengrundlage und die hieraus resultierenden unsicheren Prognosen. Dem Gesetzgeber muss aber auch dort ein Spielraum verbleiben, wo die Vorgaben von Untermaß- und Übermaßverbot im Ergebnis nicht auf ein bestimmtes Instrument hinauslaufen, sondern mehrere Instrumente unter Einhaltung dieser Grenzen in Betracht kommen. Hier darf das BVerfG nicht einfach ein Instrument als das „bessere" oder „zweckmäßigere" auswählen[455]. Es bietet sich deswegen an, für die Bestimmung der Kontrolldichte bei der Überprüfung der gesetzgeberischen Entscheidung durch das BVerfG zwei Inhalte des gesetzgeberischen Spielraums zu unterscheiden: den Tatsachen- und Prognosespielraum auf der einen und den Wertungsspielraum auf der anderen Seite[456]. Der Unterschied zwischen beiden besteht darin, dass sich der Tatsachen- und Prognosespielraum auf empirische Fragen – also die Ermittlung des Sachverhalts – bezieht und somit für eine Pflicht zum Erlass evidenzbasierten Rechts entscheidend ist, während sich der Wertungs- und Gestaltungsspielraum auf normative Fragen bezieht[457].

Auch dort, wo dem Gesetzgeber ein solcher Spielraum durch das BVerfG zugestanden wird, muss das Gericht jedoch ein erlassenes Gesetz daraufhin überprüfen, ob dieses Untermaß- und Übermaßverbot einhält. Ende der 1970er Jahre sprach das BVerfG davon, dass es in seiner bisherigen Rechtsprechung bei der Beurteilung von Prognosen des Gesetzgebers verschiedene Maßstäbe angelegt habe, die von einer Evidenzkontrolle über eine Vertretbarkeitskontrolle bis hin zu einer intensivierten inhaltlichen Kontrolle reichten[458]. Später ließ es dann offen, ob sich aus der Eigenart des in Rede stehenden Sachbereichs, den Möglichkeiten, sich ein hinreichend sicheres Urteil zu bilden, und der Bedeutung der auf dem Spiel stehenden Rechtsgüter wirklich drei voneinander unterscheidbare „Kontrollmaßstäbe" herleiten ließen; das

453 Zum Begriff oben Einleitung.

454 Vgl. oben 2. Teil, A. II.

455 St. Rspr., vgl. nur BVerfGE 149, 86 (120) mwN.

456 Ähnliche Unterscheidung bei *Cremer*, Freiheitsgrundrechte, S. 293, der zwischen Tatsachenfeststellungen, Prognoseentscheidungen und Wertungen trennt; *Petersen*, AöR 138 (2013), 108 (117), der zwischen der normativen Bewertung der abzuwägenden Belange und der empirischen Prognose, wie sich die Maßnahme auf die konkurrierenden Belange auswirken wird, unterscheidet; *O'Hara*, Konsistenz und Konsens, S. 232 ff., der tatsächliche Unklarheit auf der einen und politisch-normative Unklarheit auf der anderen Seite unterscheidet.

457 Und deswegen andere Fragen aufwirft, dazu unten 3. Teil, E. I.

458 BVerfGE 50, 290 (332 f.).

Gericht nehme jedenfalls eine Vertretbarkeitskontrolle vor[459]. Da diese Kriterien unbestimmt bleiben, ist ihre Bedeutung im Schrifttum umstritten[460] bzw. werden sie abgelehnt[461]. Das BVerfG hat diese Drei-Stufen-Lehre bzw. „Abstufungstheorie"[462] auch nie näher erläutert, wendet sie aber in jüngerer Zeit wieder an[463].

Oft werden bei der Diskussion Fragen von Kontrollmaßstab und Kontrolldichte miteinander vermischt[464]. Kontrollmaßstab ist das Grundgesetz und das hieraus folgende Untermaßverbot; ob das BVerfG eine Evidenz- oder Vertretbarkeitskontrolle vornimmt, ist eine Frage der Kontrolldichte[465]. Aus diesem Grund sollten die Ausführungen des BVerfG mangels Ergiebigkeit und Stringenz nicht als Grundlage für die Bestimmung der Kontrolldichte herangezogen werden[466]. Aus der Art, wie das BVerfG ansonsten regelmäßig gesetzgeberische Maßnahmen überprüft, können jedoch einzelne Aspekte herausdestilliert werden, die die gesetzgeberische Pflicht zum Erlass evidenzbasierten Rechts weiter konkretisieren.

1. Pflicht zur Sachverhaltsaufklärung und Pflicht zur Reduzierung der Ungewissheit

Der Tatsachen- und Prognosespielraum des Gesetzgebers bezieht sich auf die Einschätzung der Gefährlichkeit des Sachverhalts, also die Tatsachenfeststellung und die Prognose, die Einschätzung der Eignung des Mittels, die Einschätzung der Erforderlichkeit und in geringem Umfang auf die Angemessenheit[467]. Dieser Spielraum entlastet den Gesetzgeber nicht davon, „nach rationalen Maßstäben empirische Aufklärung zu betreiben"[468]. Zwar folgt aus dem Grundgesetz keine selbständige, von den Anforderungen an die materielle Verfassungsmäßigkeit des Gesetzes unabhängige Sachaufklärungspflicht; dies stellte das BVerfG erst kürzlich klar[469]. Aber ein Risiko bewerten und eine entsprechende Verteilungsentscheidung treffen kann der Gesetzgeber nur, wenn er über eine Informationsbasis verfügt, „die dem Stand der

---

[459] BVerfGE 88, 203 (262 f.). Siehe auch BVerfG, NVwZ 2009, 1494 (1495); NVwZ 2011, 991 (994).

[460] Überlegungen zur Bedeutung bei *Schlaich/Korioth*, Das Bundesverfassungsgericht, Rn. 532 ff.

[461] *Petersen*, Verhältnismäßigkeit als Rationalitätskontrolle, S. 92. Kritisch auch *Bickenbach*, Die Einschätzungsprärogative des Gesetzgebers, S. 135 ff.; *ders.*, RW 2019, 243 (255).

[462] *Seckelmann*, Evaluation und Recht, S. 87.

[463] BVerfGE 153, 182 (272); BVerfG, NJW 2022, 139 (149).

[464] *Jestaedt*, DVBl 2001, 1309 (1316 f.); *Bickenbach*, Die Einschätzungsprärogative des Gesetzgebers, S. 136, 390 f.

[465] Deswegen können Untermaßverbot und Evidenz- oder Vertretbarkeitsprüfung nicht gleichgesetzt werden, so aber *Lee*, Umweltrechtlicher Instrumentenmix und kumulative Grundrechtseinwirkungen, S. 88 f.; *Wilke*, Der Schutz vor den Wirkungen des Fluglärms auf den Menschen nach der Novellierung des FluLärmG, S. 211.

[466] Ähnlich *Petersen*, Verhältnismäßigkeit als Rationalitätskontrolle, S. 109 f.; *Bickenbach*, Die Einschätzungsprärogative des Gesetzgebers, S. 516.

[467] *Bickenbach*, Die Einschätzungsprärogative des Gesetzgebers, S. 145 ff.

[468] *Petersen*, Verhältnismäßigkeit als Rationalitätskontrolle, S. 89.

[469] BVerfGE 143, 246 (343 ff.).

aktuell zu erreichenden Erkenntnis entspricht"[470]. Betritt der Gesetzgeber „wissenschaftlich und praktisch noch unerschlossenes Neuland", muss er sich eine „möglichst breite Informationsgrundlage für eine möglichst rationale Risikoabschätzung" verschaffen[471]. Er muss somit die Auswirkungen eines Sachverhalts auf die öffentliche Gesundheit wissenschaftlich feststellen und analysieren (lassen). Bei dieser Risikoermittlung trifft ihn die Pflicht, Informationen zu erheben, um die Ungewissheit zu minimieren[472] und so die voraussichtlichen Auswirkungen der Regelung „so zuverlässig wie möglich abschätzen" zu können[473]. Sind aber wegen „Unwägbarkeiten der wissenschaftlichen Erkenntnislage die Möglichkeiten des Gesetzgebers begrenzt, sich ein hinreichend sicheres Bild zu machen", genügt es laut BVerfG, „wenn er sich an einer sachgerechten und vertretbaren Beurteilung der ihm verfügbaren Informationen und Erkenntnismöglichkeiten orientiert"[474].

Diese Pflicht zur Reduzierung der Ungewissheit wird aus dem Verhältnismäßigkeitsprinzip abgeleitet[475]. Denn milderes Mittel als eine freiheitsbeschränkende Maßnahme ist in der Regel die Sachverhaltsaufklärung[476]. Für den Fall des qualifizierten Nichtwissens bzw. der schweren Unsicherheit gilt ohnehin, dass die ergriffenen Maßnahmen auf die Minimierung des noch unspezifischen Risikopotentials zielen müssen[477]. Diese Pflicht kann in der Praxis nicht unendlich sein. Das BVerfG spricht von den dem Gesetzgeber „erreichbaren Material" und den ihm „zugänglichen Erkenntnisquellen"[478], ohne dass hierdurch eine konkrete Reichweite folgte. Diese kann nur durch die Abwägung der Vor- und Nachteile einer weiteren Informationsgewinnung und -verarbeitung bestimmt werden[479]. Dort, wo die weitere Sachverhaltsaufklärung unverhältnismäßig wird, ist sie nicht mehr geboten. Eine noch tiefergehende Sachverhaltsaufklärung ist nicht automatisch mit Gewinn verbunden; durch ein zu langes Gesetzgebungsverfahren kann sich das zu regelnde Problem in Einzelfällen auch verschärfen[480]. Dies kann im Recht der öffentlichen Gesundheit insbesondere bei überraschend auftretenden, bislang unbekannten Infektionskrankheiten der Fall sein, wenn ein längerer Gesetzgebungsprozess zu höheren Erkrankungs- und Todesfällen führt. Hier muss ggf. ein Mittelweg zwischen weiterer Sachverhaltsaufklärung und zügiger Entscheidung eingeschlagen werden[481].

---

470 *Klafki*, Risiko und Recht, S. 24.
471 BVerfG, NVwZ 2010, 702 (703).
472 *Di Fabio*, in: FS-Ritter, S. 807 (822); *Krüper*, Gemeinwohl im Prozess, S. 60 f.
473 BVerfGE 50, 290 (334).
474 BVerfG, NJW 2022, 139 (149).
475 *Spiecker gen. Döhmann*, Staatliche Entscheidungen unter Unsicherheit, S. 15.
476 *Spiecker gen. Döhmann*, Staatliche Entscheidungen unter Unsicherheit, S. 15.
477 Vgl. oben 3. Teil, C. III.
478 BVerfGE 50, 290 (334); 57, 139 (160); 65, 1 (55); 125, 175 (239).
479 *Steinbach*, Der Staat 54 (2015), 267 (282).
480 *Steinbach*, Der Staat 54 (2015), 267 (282).
481 *Steinbach*, Der Staat 54 (2015), 267 (283).

Die Informationsgewinnung muss auch in einem „kostenmäßig vertretbaren Rahmen“ stattfinden, da sonst finanzielle Mittel für andere Aufgaben fehlen[482]; ab einem gewissen Punkt wird die weitere Sachaufklärung unökonomisch[483]. Die weitere Informationsbeschaffung ist nicht mehr milder, wenn „die Aufklärungsbemühungen des Staates als ausreichend zu betrachten sind und Entscheidungsfähigkeit gegeben ist“[484]. Der Ermittlungsaufwand ist allerdings höher, wenn hochwertige Rechtsgüter betroffen sind[485]. Besteht Unsicherheit über potentielle negative Effekte, muss länger nach Informationen gesucht werden als bei Unsicherheit über potentielle positive Effekte[486]. Im Ergebnis bedeutet dies, dass eine Pflicht zum Erlass evidenzbasierten Rechts nicht von vornherein die Pflicht umfassen kann, bis ins Unendliche weiterzuforschen.

2. Pflicht zur methodengerechten Erfassung der Wirklichkeit und Kontrolle durch das BVerfG

Die Kontrolle durch das BVerfG wäre „lückenhaft ohne Überprüfung der Wirklichkeitsanalysen des Gesetzgebers oder der für die Wirksamkeit einer Norm notwendigen Kausalzusammenhänge und Korrelationen“[487]. Dort, wo die Studienlage nicht eindeutig ist, verfügt jedoch auch das BVerfG nicht über bessere Erkenntnisse. Dort, wo der Gesetzgeber Prognosen anstellen muss, kann auch das BVerfG nicht bessere Prognosen anstellen. Aus dem Demokratieprinzip[488] und dem Grundsatz der Gewaltenteilung[489] kann als minimale Forderung abgeleitet werden, dass das BVerfG die Einschätzung der Geeignetheit einer Maßnahme und die vom Gesetzgeber angestellten Prognosen bei Unsicherheiten über die Intensität eines Grundrechtseingriffs nicht durch eigene unsichere Einschätzungen ersetzen darf. Einen uneingeschränkten Spielraum des Gesetzgebers kann es jedoch nicht geben, will man den Geltungsanspruch der Verfassung nicht leerlaufen lassen. Aus dem Rechtsstaatsprinzip folgt deswegen, dass die „legislative Wirklichkeitserfassung“ diszipliniert werden muss, indem man den Gesetzgeber zu methodischem Vorgehen verpflichtet[490].

Voraussetzung dafür, dass das BVerfG die vom Gesetzgeber getätigten Annahmen und Bewertungen nicht durch eigene ersetzt, ist deswegen, dass der Gesetzgeber die Risikolage methodengerecht abgeschätzt hat. Je genauer er die Wirkung einer Regelung prognostizieren kann, desto eher ist die Einräumung eines Gestaltungsspiel-

[482] *Spiecker gen. Döhmann*, Staatliche Entscheidungen unter Unsicherheit, S. 16.
[483] *Steinbach*, Rationale Gesetzgebung, S. 122.
[484] *Spiecker gen. Döhmann*, Staatliche Entscheidungen unter Unsicherheit, S. 15.
[485] *Spiecker gen. Döhmann*, Staatliche Entscheidungen unter Unsicherheit, S. 16.
[486] *Spiecker gen. Döhmann*, in: Hill/Schliesky (Hrsg.), Management von Unsicherheit und Nichtwissen, S. 89 (104 f.).
[487] *Bickenbach*, RW 2019, 243 (253); vgl. auch *Sanders/Preisner*, DÖV 2015, 761 (767).
[488] *Cremer*, Freiheitsgrundrechte, S. 299.
[489] Vgl. auch *Steinbach*, Der Staat 54 (2015), 267 (273).
[490] *O'Hara*, Konsistenz und Konsens, S. 224 f.

raums gerechtfertigt und desto mehr wird sich das BVerfG bei der Überprüfung zurückhalten[491] und ggf. nur eine Evidenzkontrolle durchführen, bei der jedenfalls solche Fehler auffallen würden, die auf widersprüchlichen Annahmen über die Realität beruhen, wenn also „Annahmen über die in einem Lebensbereich wirkenden Fakten und Kausalbeziehungen" zugrunde gelegt werden, die miteinander unvereinbar sind[492]. Es besteht somit eine normative Konnexität zwischen den Obliegenheiten des Gesetzgebers im Gesetzgebungsverfahren und der gerichtlichen Pflicht zur Sachverhaltsaufklärung, d. h. das Gericht muss den Sachverhalt nicht ermitteln, wenn der Gesetzgeber seiner entsprechenden Obliegenheit nachgekommen ist[493]. Wenn keine Verfahrensfehler erkennbar sind, wird sich das BVerfG an den Einschätzungen des Gesetzgebers orientieren[494]. Es überprüft, ob die Einschätzung und Prognose des Gesetzgebers auf einer „hinreichend sicheren Grundlage" beruhen[495].

a) Die Tatsachengrundlage gesundheitsschützender Gesetze und die Überprüfung durch das BVerfG

Bei der Überprüfung von Gesetzen, die die öffentliche Gesundheit schützen sollten, spricht das BVerfG regelmäßig davon, dass der gesetzgeberische Spielraum erst dann überschritten sei, wenn die Annahmen des Gesetzgebers in einem Maße fehlsam seien, „dass sie vernünftigerweise keine Grundlage" für die gesetzgeberischen Maßnahmen abgeben könnten[496]. Daraus folgt, dass der Gesetzgeber bei der Sachverhaltsaufklärung die Wirklichkeit methodengerecht erfassen und beurteilen muss[497]. Wenn sich die Wissenschaft nicht einig ist – was von dem Fall abzugrenzen ist, dass sich die Wissenschaft darüber einig ist, dass Unsicherheit über die Schädlichkeit von (potentiellen) Risikofaktoren besteht – muss der Gesetzgeber mit dieser Art von Unsicherheit umgehen. Er darf in diesem Fall insbesondere nicht eine wissenschaftliche Meinung als gesichert zugrunde legen, sondern muss mit der Art seines Regulierungsansatzes der Tatsache Rechnung tragen, dass Uneinigkeit besteht. Er darf bei mehreren vertretbaren Auffassungen einer den Vorzug geben, solange er dabei nicht feststehende Tatsachen ignoriert[498]. Neue wissenschaftliche Erkenntnisse müssen erst dann berücksichtigt werden, wenn sie sich in der wissenschaftlichen Diskussion durchgesetzt haben[499].

---

491 *Bickenbach*, ZfWG Sonderbeilage 2/2017, 11 (13).

492 *O'Hara*, Konsistenz und Konsens, S. 214.

493 *Bickenbach*, Die Einschätzungsprärogative des Gesetzgebers, S. 522.

494 *O'Hara*, Konsistenz und Konsens, S. 233.

495 BVerfGE 153, 182 (272).

496 BVerfGE 121, 317 (350); BVerfG, NJW 2012, 1062 (1063); BVerfGE 145, 20 (74 f.).

497 Begriff nach *O'Hara*, Konsistenz und Konsens, S. 213 ff., der damit allerdings einen umfassenderen Ansatz verfolgt, als hier mit dem Begriff gemeint ist.

498 VGH Kassel, Beschl. v. 7.4.2020, 8 B 892/20.N, Rn. 49; OVG Münster, Beschl. v. 30.4.2020, 13 B 539/20.NE, Rn. 45; Beschl. v. 19.5.2020, 13 B 557/20.NE, Rn. 94, für den Verordnungsgeber und nicht den Parlamentsgesetzgeber.

499 BVerfG, NVwZ 2018, 1555 (1557 f.).

Schaut man sich an, mit welchen Quellen der Gesetzgeber bei der Verabschiedung gesundheitsschützender Regelungen arbeitet und inwiefern das BVerfG das Vorgehen des Gesetzgebers überprüft, zeigt sich, dass das BVerfG nur in seltenen Fällen die Tatsachenfeststellungen des Gesetzgebers zurückweist bzw. durch eigene ersetzt:

Bei der Regelung der Gentechnik im Jahr 2004 berief sich der deutsche Gesetzgeber nur auf die entsprechende EU-Richtlinie[500], ohne bei den Risiken, die er in der Begründung des Gesetzentwurfs anführte[501], selbst Studien anzuführen. Das BVerfG verwies auf die „wissenschaftlich ungeklärte[n] Situation" und stellte fest, dass in einem solchen Fall eine gesetzliche Regelung „keinen wissenschaftlich-empirischen Nachweis des realen Gefährdungspotenzials" voraussetze. Der Gesetzgeber sei vielmehr befugt, „die Gefahrenlagen und Risiken zu bewerten, zumal die geschützten Rechtsgüter verfassungsrechtlich verankert sind und ein hohes Gewicht haben".[502] Im Ergebnis prüfte das BVerfG hier die Nachvollziehbarkeit nicht wirklich, sondern verwies nur auf den Spielraum des Gesetzgebers.

Im Nichtraucherschutzurteil nannte das BVerfG zum einen die Quellen des DKFZ, die auch die Landesgesetzgeber angeführt hatten, zum anderen auch Quellen, die diese nicht herangezogen hatten[503]. Am Sachstand ändern dies jedoch nichts. Die relativierende Aussage eines Sachverständigen habe der Gesetzgeber wegen der „in der Wissenschaft ersichtlich ganz überwiegend vertretenen Gegenmeinung" nicht weiter berücksichtigen müssen; seine „Einschätzung der Gesundheitsgefährdung" war „vertretbar und nicht offensichtlich unrichtig"[504].

Das im Jahr 2009 eingeführte Sonnenstudioverbot für Minderjährige (vgl. § 4 NiSG) begründete der Gesetzgeber mit der krebserregenden Wirkung von UV-Strahlung und berief sich dabei auf Erkenntnisse der International Agency for research on cancer und des Wissenschaftlichen Ausschusses für Konsumgüter der Europäischen Kommission[505] und Empfehlungen der Strahlenschutzkommission[506]. Das BVerfG sprach davon, dass „eine Vielzahl von wissenschaftlichen Untersuchungen" nach Auffassung des Gesetzgebers die Beeinflussung der Hautkrebsentstehung und des Verlaufs einer bestehenden Hautkrebserkrankung durch UV-Strahlung „belegt"[507]. Ob dies tatsächlich der Fall ist, ließ das BVerfG offen; zwar hatten die Beschwerdeführer behauptet, dass die Zusammenhänge im Einzelnen nicht hinreichend geklärt und die vom Gesetzgeber herangezogene Studien wissenschaftlicher Kritik ausgesetzt seien. Aber selbst dieser Umstand führte „nicht zu einer Überschreitung des

[500] Die „Freisetzungsrichtlinie": RL 2001/18/EG des Europäischen Parlaments und des Rates v. 12.3.2001 über die absichtliche Freisetzung genetisch veränderter Organismen in die Umwelt und zur Aufhebung der Richtlinie 90/220/EWG des Rates, ABl L 106/1 v. 17.4.2001.

[501] BT-Drs. 15/3088, S. 26; BT-Drs. 16/6814, S. 13.

[502] BVerfGE 128, 1 (38).

[503] BVerfGE 121, 317 (350).

[504] BVerfGE 121, 317 (352 f.).

[505] BT-Drs. 16/12276, S. 8, 27.

[506] BT-Drs. 16/12276, S. 7 f.

[507] BVerfG, NJW 2012, 1062 (1063).

gesetzgeberischen Beurteilungsspielraums bei der Einschätzung der Gefahr", die Erwägungen des Gesetzgebers seien nicht offensichtlich fehlsam[508].

In der Entscheidung „Bundesnotbremse I" aus dem Jahr 2021 verweist das BVerfG zur Frage, ob im Frühjahr 2021 tatsächlich eine Überlastung des Gesundheitssystems durch die hohe Anzahl an COVID-19-Erkrankten bestanden habe, auf die Stellungnahmen einzelner Sachverständiger, die im Gesetzgebungsverfahren im Bundestag angehört worden waren. Zwar hätten sich „die Einschätzungen zur Gefährdungslage, zur künftigen Entwicklung der Pandemie und zu den Maßnahmen, um diese einzudämmen", im Einzelnen unterschieden. „Belastbare Erkenntnisse, wonach nur geringe oder keine Gefahren für Leben und Gesundheit durch eine Infektion oder nur geringe oder keine Gefahren auch durch Überlastung des Gesundheitssystems vorlägen", seien „jedoch nicht vorhanden" gewesen[509]. In diesem Verfahren räumte das BVerfG außerdem vielen sachkundigen Dritten nach § 27a BVerfGG Gelegenheit zur Stellungnahme ein[510], für die Frage nach der Art der Erregerübertragung (und somit zur Wirksamkeit der Eindämmung von menschlichen Kontakten) stützte sich das BVerfG z. B. auf die Äußerungen vom Helmholtz-Zentrum für Infektionsforschung, der Gesellschaft für Virologie, des Max-Planck-Instituts für Dynamik und Selbstorganisation, der Bundesärztekammer und des Bundesverbands der Ärztinnen und Ärzte des Öffentlichen Gesundheitsdienstes[511]. Auf dieser Grundlage führte das BVerfG dann wegen der zu schützenden „gewichtige[n] verfassungsrechtliche[n] Güter" und der bestehenden Unsicherheiten zur Eignung und Erforderlichkeit der umfassenden Kontaktbeschränkungen bloß eine Vertretbarkeitskontrolle durch[512]. Vergleichbar verfuhr das Gericht in der Entscheidung „Bundesnotbremse II", in der es Unklarheiten zur Wirkung von Schulschließungen auf den Verlauf der Pandemie feststellte, insofern aber keine Unvertretbarkeit der gesetzgeberischen Einschätzung erkennen konnte[513].

Die Rechtsprechung des BVerfG zum Glücksspielrecht fügt sich hier zunächst insofern ein, als das Gericht dem Gesetzgeber einen weiten Einschätzungsspielraum zubilligt und die Gesetze nicht wegen fehlender Evidenz für verfassungswidrig erklärt. Hier geht es regelmäßig um das Suchtpotential der einzelnen Wettart, über das Unsicherheit besteht[514]. So führte das BVerfG zu Sportwetten aus, dass diese für die große Mehrheit der Spieler wohl reinen Erholungs- und Unterhaltungscharakter haben, der Gesetzgeber aber bei Sportwetten mit festen Gewinnquoten schon aufgrund des gegenwärtigen Erkenntnisstandes mit einem nicht unerheblichen Suchtpotential

[508] BVerfG, NJW 2012, 1062 (1063 f.).

[509] BVerfG, NJW 2022, 139 (151).

[510] Eine Auflistung derjenigen, die davon Gebrauch machten, findet sich in Rn. 82 der Entscheidung. Kritisch zur Auswahl der Sachverständigen durch das BVerfG *Boehme-Neßler*, NVwZ-Beilage 2022, 34 (35).

[511] BVerfG, NJW 2022, 139 (152 f.).

[512] BVerfG, NJW 2022, 139 (151, 154). Kritisch *Schwarz*, NVwZ-Beilage 2022, 3 (4).

[513] BVerfG, NJW 2022, 167 (178).

[514] Allgemein dazu *Kläner*, ZfWG 2018, 378 (380 ff.); *Banz/Becker*, ZfWG 2019, 212.

rechnen und dies mit dem Ziel der Abwehr einer höchstwahrscheinlichen Gefahr zum Anlass für Prävention nehmen dürfte[515]. Das Lottospiel trage zwar „aufgrund seiner relativ niedrigen Ereignisfrequenz weniger zu problematischem oder gar pathologischem Spielverhalten" bei als Geld- oder Glücksspielautomaten sowie Casinospiele[516], aufgrund ihres Einschätzungsspielraums seien die Landesgesetzgeber aber nicht gehalten gewesen, das Zahlenlotto als „"harmlose" und nicht suchtgefährdende Art des Glücksspiels" einzustufen[517]. Im Schrifttum hingegen wird das Suchtpotential des Lottospielens stark bezweifelt[518], so dass Gesetzgeber und BVerfG möglicherweise nicht den tatsächlichen Stand der Glücksspielforschung zugrunde gelegt haben. Ähnlich stellt sich die Situation bei Spielhallen bzw. dem Automatenglücksspiel dar: Das BVerfG verwies auf die Erkenntnisse, die die Landesgesetzgeber herangezogen hatten, und zitierte weitere Studien[519]. Eine Studie der Beschwerdeführer wies es zurück, da sie die Gefährlichkeit des Glücksspiels verzerrt darstelle. Die Risikoberechnung der Landesgesetzgeber wurde ausdrücklich gebilligt, sie sei „nicht offensichtlich fehlerhaft"[520]. Diese Einschätzung des BVerfG wird im Schrifttum zum Teil stark kritisiert; sie setze sich nicht mit dem tatsächlichen Stand der Glücksspielforschung auseinander[521].

Eine ähnliche Situation ergab sich im Nichtraucherschutzurteil bei der Überprüfung der Prognose, wie sich die Landesgesetze auf die Gaststättenbetreiber auswirken würden: Der Landesgesetzgeber hatte auf Erfahrungen in anderen Ländern verwiesen, in denen es nicht zu den befürchteten Umsatzeinbußen gekommen war[522]. Das BVerfG hingegen folgte dieser Einschätzung nicht und verwies auf eine Pressemitteilung des Statistischen Bundesamts, die höhere Umsatzeinbußen in den Bundesländern mit Rauchverbot als in Bundesländern ohne Rauchverbot belegen sollte[523]. In der Literatur wurde jedoch gezeigt, dass die Statistik, die das BVerfG heranzog, diese Schlussfolgerung nicht hergab[524]. In der Folge wurde die Eingriffsintensität für die Gaststättenbetreiber höher bewertet, als dies wohl tatsächlich zutreffend war.

Eine Ausnahme in dieser Reihe bildet der Cannabis-Beschluss aus dem Jahr 1994: Das BVerfG verwarf zahlreiche vom Gesetzgeber angenommene Bewertungen über Suchtpotential und Gefährlichkeit sowie die behauptete Funktion als Einstiegsdroge zu gefährlicheren Drogen. Es verwies zwar zunächst auf den Spielraum des Gesetzgebers[525], stellte dann jedoch fest, dass die ursprüngliche Einschätzung der Gesund-

---

515 BVerfGE 115, 276 (305).

516 BVerfG, NVwZ 2008, 1338 (1340).

517 BVerfG, NVwZ 2008, 1338 (1340).

518 *Bumke*, Der Staat 2010, 77 (83 f.).

519 BVerfGE 145, 20 (73 ff.).

520 BVerfGE 145, 20 (72 ff.).

521 *Schneider*, NVwZ 2017, 1073 (1078). Zu dem Problem von Evidenz und Überprüfung der gesetzgeberischen Entscheidung durch Gerichte vgl. auch *Schneider*, GewArch 2014, 424 (427 f.).

522 Berl. Abgeordnetenhaus, Drs. 16/0716 (Allg. Begründung).

523 BVerfGE 121, 317 (355).

524 Dazu kritisch *Petersen*, Der Staat 40 (2010), 435 (448 ff.).

525 BVerfGE 90, 145 (172).

heitsgefahren durch den Gesetzgeber nun umstritten sei[526] und zitierte dann umfassend aus der einschlägigen Fachliteratur; es hatte auch Stellungnahmen des Bundesgesundheitsamts und des Bundeskriminalamts eingeholt[527]. Im Ergebnis hielt es das Konzept des Gesetzgebers jedoch weiterhin für mit der Verfassung vereinbar[528].

b) Die Tatsachengrundlage des Schutz- und Förderminimums

aa) Schutzpflicht

Auch in Schutzpflichtkonstellationen stellt sich die Frage, wie das BVerfG mit der vom Gesetzgeber angeführten Tatsachengrundlage und den angestellten Prognosen umgeht. Im zweiten Abtreibungsurteil hatte das BVerfG davon gesprochen, dass die Vorkehrungen, die der Gesetzgeber in Umsetzung der Schutzpflicht trifft, auf sorgfältigen Tatsachenermittlungen und vertretbaren Einschätzungen beruhen[529] müssen. Dies bedeutet jedoch nicht, dass die Berufung auf den Stand der Forschung vor dem BVerfG zu einem Erfolg von Verfassungsbeschwerden führte. Dies zeigt sich zunächst an der Rechtsprechung, die sich mit der Einhaltung und Neubewertung von Grenzwerten beschäftigt. International empfohlenen Grenzwerte (z. B. des Strahlenschutzes) lassen sich zwar nicht als Beweismittel für die wissenschaftliche Richtigkeit der Vorschriften verwenden, die sie zum Schutz der Bevölkerung umsetzen, sie geben aber laut BVerfG einen im Rahmen einer Evidenzkontrolle maßgeblichen „Hinweis auf deren Plausibilität"[530]. Geltende Grenzwerte können „nur dann verfassungsrechtlich beanstandet werden, wenn erkennbar ist, dass sie die menschliche Gesundheit völlig unzureichend schützen"[531]. Wegen der allgemein unsicheren Forschungslage scheiterten vor dem BVerfG regelmäßig Verfassungsbeschwerden, die niedrigere Grenzwerte durchsetzen wollten. Das BVerfG setzte sich nicht selbst mit dem Forschungsstand auseinander, sondern verwies nur darauf, dass die Aufgabe der laufenden Risikobewertung „von verschiedenen internationalen und nationalen Fachkommissionen wahrgenommen" werde, so z. B. von einer beim Bundesamt für Strahlenschutz gebildeten Arbeitsgruppe von Experten aus den mit dem Forschungsgegenstand befassten Fachrichtungen"[532], bzw. dass der geltende Grenzwert den neuesten Empfehlungen der Strahlenschutzkommission entspreche[533]. In der Sache bedeutet das, dass das BVerfG nur prüft, ob Gesetzgeber und Verwaltung auf der Grundlage ihrer eigenen Risikobewertung tätig geworden sind. In der Konse-

[526] BVerfGE 90, 145 (177).
[527] BVerfGE 90, 145 (177 f.).
[528] BVerfGE 90, 145 (181).
[529] BVerfGE 88, 203 (257).
[530] BVerfG, NVwZ 2000, 309 (310).
[531] BVerfG, NJW 2002, 1638 (1639), zu Mobilfunkanlagen oder Trafostationen; vgl. auch BVerfG, NVwZ 2007, 805.
[532] BVerfG, NJW 2002, 1638 (1639).
[533] BVerfG, NJW 1997, 2509 (2510).

quenz führt das dazu, dass eine Verfassungsbeschwerde nur dann Erfolg haben kann, wenn Gesetzgeber und Verwaltung eine Situation für gefährlich halten, aber untätig bleiben[534].

Auch in anderen Bereichen zeigt sich, dass insbesondere dann, wenn der Gesetzgeber bereits Maßnahmen des Gesundheitsschutzes getroffen hat, die sich ergänzen oder jedenfalls – anders als einzelne punktuelle Maßnahmen – als Programm erscheinen, es das BVerfG genügen lässt, dass es bereits diese Regelungen gibt. Es geht dann nicht auf die wissenschaftlichen Grundlagen ein, sondern verweist – wenn überhaupt – nur darauf, dass der Gesetzgeber die „notwendigen Einschätzungen und Abwägungen" vornehmen müsse[535]. So kam es dann zu dem Ergebnis, dass die gesetzgeberische Entscheidung, „Schritte zur nachhaltigen Reduzierung der Ozon-Vorläufersubstanzen zu kombinieren mit kurzfristigen Verkehrsverboten ab einer bestimmten Ozonkonzentration" aufgrund des „derzeitigen Erkenntnisstandes" – der nicht näher rezipiert wird – „nicht offensichtlich ungeeignet" erscheine, „die Bevölkerung vor unzumutbaren Ozon-Belastungen zu schützen"[536]. Auch ein umfassender Nichtraucherschutz konnte in den 1990er Jahren nicht eingeklagt werden, weil die bestehenden Regelungen (u. a. im Arbeitsschutzrecht und für öffentliche Verkehrsmittel) schließlich zeigten, dass der Gesetzgeber nicht untätig geblieben war[537].

In der Rechtsprechung des BVerfG wird der Stand der Forschung somit nicht wirklich innerhalb der Prüfung eines möglichen Verstoßes gegen das Untermaßverbot herangezogen. In der Konsequenz bedeutet das, dass das BVerfG sich darauf zurückzieht, dass eine Verletzung des Untermaßverbotes nur in Betracht kommt, wenn Schutzvorkehrungen „überhaupt nicht getroffen sind". Da es jedoch immer irgendwelche punktuellen Regelungen – und seien es Generalklauseln – geben wird[538], führt diese Art der Prüfung zwangsläufig ins Leere. Ob die getroffenen Regelungen und Maßnahmen „offensichtlich ungeeignet oder völlig unzulänglich sind, das gebotene Schutzziel zu erreichen", oder ob sie „erheblich hinter dem Schutzziel zurückbleiben" – so der zweite Teil der vom BVerfG selbst aufgestellten Formel[539] –, wird vom Gericht gar nicht geprüft; dazu müsste es ermitteln, welches Schutzziel geboten ist, und dies hängt letztlich davon ab, wie hoch das Gesundheitsrisiko ist, was wiederum nur anhand des Standes der Forschung bewertet werden könnte. Daran wird deutlich, dass die vom BVerfG verwendete Formel in ihrer konkreten Anwendung durch das Gericht keine Maßstäbe bereitstellt, mittels derer die Verletzung des Untermaßverbots gerügt werden könnte[540]. Im Ergebnis ist die Kontrolldichte beim

---

534 *Determann*, NJW 1997, 2501 (2503).

535 BVerfG, NJW 1996, 651.

536 BVerfG, NJW 1996, 651. Kritisch *R. Schmidt*, JZ 1997, 1042; *Steinberg/H. Müller*, in: van Oyen/M. Möllers (Hrsg.), Das Bundesverfassungsgericht im politischen System, S. 735 (746 f.).

537 BVerfG, NJW 1998, 2961 (2962).

538 *Möstl*, DÖV 1998, 1029 (1030).

539 BVerfGE 125, 39 (78 f.); BVerfG, NJW 2017, 53 (55); NVwZ 2018, 1555 (1557). Ähnlich bereits BVerfGE 92, 26 (46); 56, 54 (80 f.); 77, 170 (215); 79, 174 (202). Siehe schon oben 2. Teil, D. II. 2.

540 Kritisch zur Evidenzformel *Murswiek*, Die Verwaltung 33 (2000), 241 (245 ff.) (der anschau-

Untermaßverbot wesentlich geringer als beim Übermaßverbot[541]. Für das Gebot zum Erlass evidenzbasierten Rechts bedeutet dies, dass ein solches kaum aus dem Verhältnis von Gesetzgeber und BVerfG hergeleitet werden kann.

bb) Existenzminimum

Die Bestimmung des Existenzminimums erfolgt auf zwei Ebenen: Zunächst muss der Gesetzgeber den Bedarf in dem Umfang ermitteln, indem er tatsächliche Fragen betrifft. In einem zweiten Schritt muss er normativ bestimmen, was zum Bedarf gehört[542]. Die erste Frage ist von Einschätzungen und Prognosen abhängig und somit für die Frage einer verfassungsrechtlichen Pflicht zur Heranziehung der vorhandenen Evidenz relevant. Auch aus dem Sozialstaatsprinzip folgt, dass der Gesetzgeber „die soziale Wirklichkeit zeit- und realitätsgerecht" erfassen muss"[543]. Diese Erfassung muss nachvollziehbar sein, d.h. der Gesetzgeber muss verlässliche Zahlen und schlüssige Berechnungsverfahren zugrunde legen[544]. Laut eigener Aussage prüft das BVerfG in diesem Zusammenhang, ob der Gesetzgeber das Ziel des Existenzminimums angemessen „erfasst und umschrieben hat, ob er im Rahmen seines Gestaltungsspielraums ein zur Bemessung des Existenzminimums im Grundsatz taugliches Berechnungsverfahren gewählt hat, ob er die erforderlichen Tatsachen im Wesentlichen vollständig und zutreffend ermittelt und schließlich, ob er sich in allen Berechnungsschritten mit einem nachvollziehbaren Zahlenwerk innerhalb dieses gewählten Verfahrens und dessen Strukturprinzipien im Rahmen des Vertretbaren bewegt hat."[545]

Auf dieser Grundlage hat das BVerfG z.B. die Berechnung der Leistungen nach dem SGB II („Hartz IV") für verfassungswidrig erklärt, weil einige der Abschläge innerhalb der Berechnung nicht mit einem niedrigeren Bedarf in tatsächlicher Hinsicht begründet werden konnten[546]. Es rügte außerdem, dass der Gesetzgeber nicht hinreichend berücksichtigt habe, dass Kinder – in den Worten des BVerfG – „keine kleinen Erwachsenen" sind, sondern einen besonderen kinder- und altersspezifischen Bedarf haben, der sich an den an den kindlichen Entwicklungsphasen und „an dem, was für die Persönlichkeitsentfaltung eines Kindes erforderlich ist", ausrichtet[547]. Die Leistungen nach dem AsylbLG waren bereits deswegen evident unzureichend, weil sie seit ihrer Einführung ca. 20 Jahre vor der Entscheidung nicht mehr

lich darlegt, wieso das BVerfG in seiner Entscheidung zum Ozongesetz [BVerfG, NJW 1996, 651] verkannt hat, dass der Gesetzgeber in diesem Fall seine Schutzpflicht verletzt hat); *Dietlein*, Die Lehre von den grundrechtlichen Schutzpflichten, S. 112.

541 *Michael*, in: Jestaedt/Lepsius (Hrsg.), Verhältnismäßigkeit, S. 42 (52).

542 Ausführlichen oben 3. Teil, B. III. 2. c).

543 BVerfGE 125, 175 (224f.); 132, 134 (160f.).

544 BVerfGE 125, 175 (226).

545 BVerfGE 125, 175 (226); 132, 134 (165f.).

546 BVerfGE 125, 175 (238ff.).

547 BVerfGE 125, 175 (246).

erhöht worden waren[548]. Auch in der Entscheidung zur Zulässigkeit von Sanktionen im SGB II-System war die fehlende Evidenz entscheidungserheblich: Denn der Gesetzgeber konnte keine Studien dazu vorlegen, dass die Sanktionen in ihrer unterschiedlichen Höhe geeignet und erforderlich waren, die Bedürftigkeit zu überwinden[549].

Diese Rechtsprechung stellt nun insofern einen Unterschied zur Rechtsprechung dar, bei der die Verletzung des Untermaßverbotes gerügt wurde, als das BVerfG tatsächlich mehrfach mit der fehlenden Evidenz Vorschriften für verfassungswidrig erklärt hat. Die Pflicht zum Erlass evidenzbasierten Rechts scheint in diesem Bereich also stärker zu wirken. Gleichzeitig muss aber berücksichtigt werden, dass diese Rechtsprechung zum individuell-subjektiven Existenzminimum erging, das sich durch die Gewährung von Geldleistungen ausdrückt. Das BVerfG überprüfte konkrete, einzelne Gesetze, die einen punktuellen Leistungsanspruch umsetzten und in einem vergleichsweise überschaubaren Gesetzgebungsverfahren ergangen waren. Das gesundheitliche Existenzminimum hingegen setzt der Gesetzgeber durch viele verschiedene Regelungen in unterschiedlichen Gesetzen um, die auch Wechselwirkungen berücksichtigen müssen.

Das bedeutet wiederum nicht, dass der Gesetzgeber bei der Umsetzung des gesundheitlichen Existenzminimums nicht die Wirklichkeit methodengerecht erfassen muss. Ob die persönlichen Ressourcen z. B. für eine gesunde Ernährung ausreichen, kann der Gesetzgeber nur beurteilen, wenn er ermittelt, wie teuer eine solche Ernährung überhaupt ist und wie er durch die Besteuerung von Nahrungsmitteln hierauf Einfluss nehmen kann. Er muss außerdem ermitteln, wie viele Kinder Anspruch auf einen Kitaplatz haben und wie viele Eltern diesen Anspruch auch wahrnehmen wollen, damit er sicherstellen kann, dass es genügend Plätze für alle Kinder gibt. In diesem Bereich wird es aber insgesamt schwieriger sein, das Fehlen der Tatsachengrundlage zu rügen.

3. Pflicht zur Anpassung an geänderte Umstände

Für die Zeit nach Abschluss des Gesetzgebungsverfahrens muss geregelt sein, wie weiter mit der bestehenden Unsicherheit umgegangen werden soll. Der Einschätzungsspielraum des Gesetzgebers ist nur vorübergehender Natur[550]; neue Erkenntnisse können dazu führen, dass die Einschätzungsprärogative des Gesetzgebers nicht mehr trägt[551] und das Gesetz verfassungswidrig wird[552]. In dem Fall ist der Gesetzgeber wegen seiner Bindung an die Verfassung gemäß Art. 20 III GG zur Nachbesse-

---

548 BVerfGE 132, 134 (LS 1).

549 BVerfGE 152, 68 (140 ff.).

550 *Bickenbach*, Die Einschätzungsprärogative des Gesetzgebers, S. 367; *ders.*, ZfWG Sonderbeilage 2/2017, 11 (13).

551 BVerfGE 143, 216 (245).

552 *Huster*, ZfRSoz 24 (2003), 3 (8 f.).

rung verpflichtet[553]; dies gilt unabhängig davon, was der Grund für das Verfassungswidrigwerden darstellt: ein Verstoß gegen das Übermaßverbot oder die Verletzung des Untermaßverbots bzw. die Pflicht zur Gewährleistung des Existenzminimums[554]. In der Sache geht es hier um dynamischen Grundrechtsschutz[555].

Da sich nicht vorhersagen lässt, ob, wann und wodurch ein Gesetz verfassungswidrig werden wird, muss der Gesetzgeber nach Verabschiedung eines Gesetzes, das auf unsicheren Tatsachengrundlagen bzw. Prognosen beruht[556], „den Erkenntnisfortschritt der Wissenschaft mit geeigneten Mitteln nach allen Seiten" beobachten und bewerten, „um gegebenenfalls weiter gehende Schutzmaßnahmen treffen zu können"[557]. Tut er dies nicht, kann sich „die auf die Eignung bezogene Einschätzungsprärogative mit der Zeit [...] verengen": „Je länger eine unter Nutzung von Prognosespielräumen geschaffene Regelung in Kraft ist und sofern der Gesetzgeber fundiertere Erkenntnisse hätte erlangen können, umso weniger kann er sich auf seine ursprünglichen, unsicheren Prognosen stützen"[558]. Hierdurch wird „zugleich gesichert, dass das Risiko von zunächst noch bestehenden Ungewissheiten in der Wissenschaft nicht einseitig dauerhaft Betroffenen auferlegt wird"[559].

Durch diese dem Gesetzgeber auferlegte Beobachtungs- und Nachbesserungspflicht[560] werden die Probleme, die man bei Entscheidungen unter Unsicherheit mit der Verhältnismäßigkeitsprüfung hat, ein Stück weit kompensiert[561]. Diese Pflicht verhält sich „komplementär zu gesetzgeberischen Entscheidungen unter Unsicherheit mit Prognosecharakter"[562] bzw. ist „das objektiv-rechtliche Pfand des Bürgers für die Einschätzungsspielräume des Gesetzgebers"[563]. Daraus folgt, dass die Beobachtungspflicht desto größer sein muss, je ungesicherter die Tatsachengrundlage

---

[553] *Mayer*, Die Nachbesserungspflicht des Gesetzgebers, S. 154 f., 159; *Bickenbach*, Die Einschätzungsprärogative des Gesetzgebers, S. 357 f.; ähnlich auch schon *Stettner*, DVBl 1982, 1123 (1126).

[554] Ausführlich *Kießling*, ZfRSoz 39 (2018), 60 (66 f.).

[555] *Isensee*, in: ders./Kirchhof (Hrsg.), HbStR, IX, § 191 Rn. 154, 285 ff.; *Köck*, in: Bora (Hrsg.), Rechtliches Risikomanagement, S. 129 (137).

[556] Hierzu *Huster*, ZfRSoz 24 (2003), 3 (17 f.); *Höfling/A. Engels*, in: Kluth/Krings (Hrsg.), Gesetzgebung, § 34 Rn. 21; *Kießling*, ZfRSoz 2018, 60 (61 ff.).

[557] BVerfG, NJW 2002, 1638 (1639); NVwZ 2018, 1555 (1557) mwN. Der Gesetzgeber muss deswegen die für die Beurteilung notwendigen Daten erheben, sammeln und auswerten (*Nagel*, DÖV 2010, 268 [269]).

[558] BVerfG, NJW 2022, 139 (152). Vgl. auch BVerfG, NJW 2022, 167 (184 f.).

[559] BVerfG, NVwZ 2018, 1555 (1558).

[560] Dazu *Huster*, ZfRSoz 24 (2003), 3; *I. Augsberg/S. Augsberg*, VerwArch 98 (2007), 290 (305 ff.); *Höfling/A. Engels*, in: Kluth/Krings (Hrsg.), Gesetzgebung, § 34.

[561] *Isensee*, in: ders./Kirchhof (Hrsg.), HbStR, IX, § 191 Rn. 287 f.; *Wahl/Appel*, in: Wahl (Hrsg.), Prävention und Vorsorge, S. 1 (139); *Steinberg*, NJW 1996, 1985 (1989); *Lübbe-Wolff*, in: Bizer/Koch (Hrsg.), Sicherheit, Vielfalt, Solidarität, S. 47 (65); *I. Augsberg/S. Augsberg*, VerwArch 98 (2007), 290 (304 Fn. 81); *Bickenbach*, Die Einschätzungsprärogative des Gesetzgebers, S. 405.

[562] *Bickenbach*, Die Einschätzungsprärogative des Gesetzgebers, S. 159; vgl. auch *ders.*, RW 2019, 243 (252 f.).

[563] *Bickenbach*, Die Einschätzungsprärogative des Gesetzgebers, S. 364; vgl. auch *Steinbach*, Der Staat 54 (2015), 267 (283); *Bieback*, ZfRSoz 2018, 42 (53).

war, aufgrund derer entschieden wurde, je größer also die Unsicherheit war[564], denn hier ist die Gefahr, dass sich die Prognose nachträglich als nicht tragfähig erweist, besonders groß. Wurden Entscheidungen unter großem Zeitdruck getroffen – etwa während einer Epidemie, die durch einen unbekannten Krankheitserreger ausgelöst wurde –, so dass die Sachverhaltsaufklärung nur eingeschränkt erfolgte, muss diese Sachverhaltsaufklärung unmittelbar nach Verabschiedung des Gesetzes weitergehen, damit so bald wie möglich nachgesteuert werden kann. Auch die Eingriffstiefe hat Einfluss auf den Umfang der Beobachtungspflicht[565]: Je intensiver ein Grundrechtseingriff ist, desto früher und nachhaltiger muss der Gesetzgeber die weitere Entwicklung beobachten.

Bei der sozialen Risikovorsorge ist der Gestaltungsspielraum des Gesetzgebers groß, was nicht zuletzt daran liegt, dass das Sozialstaatsprinzip dem Gesetzgeber keine konkreten Aufträge erteilt. Wie dieser seinen aus dem Sozialstaatsprinzip folgenden Gestaltungsauftrag ausfüllt, ist laut BVerfG ihm überlassen[566]. Gerade weil die Wirkung der sozialstaatlichen Instrumente oft nur schwer zu prognostizieren ist, muss der Staat beobachten[567]. Der Gesetzgeber muss deswegen fortlaufend beobachten, ob die Regelungen, die das gesundheitliche Existenzminimum konkretisieren, noch den Bedarf angemessen befriedigen[568].

III. Ergebnis

Der Gesetzgeber hat die Pflicht, vor Verabschiedung eines Gesetzes den Sachverhalt zu ermitteln, um die bestehende Unsicherheit zu reduzieren. Erlässt er ein Gesetz, das nicht auf zutreffenden Tatsachengrundlagen beruht, ist es verfassungswidrig. Er muss außerdem Prognosen darüber anstellen, wie sich sein Gesetz in der Praxis auswirken wird. Ohne eine solche Prognose könnte er keinen Risikovergleich darüber anstellen, welche von mehreren möglichen Interventionen das selbst gewählte Gesundheitsschutzniveau unter Berücksichtigung widerstreitender Interessen am besten erreichen wird. Nach Verabschiedung des Gesetzes muss er beobachten, ob sich an der Tatsachengrundlage bzw. dem Stand der Wissenschaft etwas geändert hat, was das Gesetz nachträglich verfassungswidrig macht, und ggf. das Gesetz nachbessern. Bei einer kombinierten Betrachtung dieser Pflichten kann man zu dem Ergebnis kommen, dass daraus eine Pflicht zur Gesetzesfolgenabschätzung folgt[569].

---

564 *Bieback*, ZfRSoz 2018, 42 (52); *Kießling*, ZfRSoz 2018, 60 (65).

565 *Steinbach*, Der Staat 2015, 267 (287); *ders.*, Rationale Gesetzgebung, S. 146; *Bieback*, ZfRSoz 2018, 42 (52).

566 Ausführlich oben 3. Teil, A. II.

567 In diese Richtung *Ladeur*, DÖV 2007, 1 (8); *ders.*, Der Staat 46 (2007), 61 (84 f.).

568 Vgl. BVerfGE 125, 175, (225); 137, 34 (76).

569 Vgl. zu dieser Frage auch *Ennuschat*, DVBl 2004, 986 (993); *Windoffer*, Verfahren der Folgenabschätzung als Instrument zur rechtlichen Sicherung von Nachhaltigkeit, S. 136 (Herleitung aus Nachbesserungspflicht); *Steinbach*, Der Staat 54 (2015), 267 (271 f.); *ders.*, Rationale Gesetzgebung,

Insgesamt ist die Pflicht zum Erlass evidenzbasierten Rechts jedoch zu schwach, um Regelungen einzufordern, die es bislang nicht gibt und die noch nicht diskutiert werden. Dort, wo erste Diskussionen stattfinden, kann das Gebot leichten Einfluss nehmen. Dort, wo konkrete Regelungen umgesetzt werden, verpflichtet das Gebot zur Beachtung der Evidenz, da sonst die Verfassungswidrigkeit der Regelungen droht.

E. Pflicht zum Erlass folgerichtigen Rechts

Ein gesundheitliches Risiko wird der Gesetzgeber in der Regel nicht mit einer einzelnen Maßnahme, sondern mit einem Maßnahmenbündel angehen. Dieses Maßnahmenbündel bildet dann das Schutzkonzept, von dem das BVerfG spricht, wenn es die gesetzgeberische Pflicht beschreibt, die sich aus der Schutzpflicht ergibt. Es stellt sich nun die Frage, inwieweit verschiedene Maßnahmen innerhalb eines solchen Schutzkonzepts aufeinander abgestimmt werden müssen. Ein solches Abstimmungsgebot könnte sich aus dem Gebot der Folgerichtigkeit (bzw. Systemgerechtigkeit, Konsistenz oder Konsequenz[570]) ergeben, das – verkürzt und stark vereinfacht gesagt – eine gewisse Widerspruchsfreiheit eines Regelungssystems verlangt.

Bei der Frage der Folgerichtigkeit gesetzgeberischer Entscheidungen geht es um die Bewertung verschiedener Regelungen, die der Gesetzgeber in einem bestimmten Zusammenhang getroffen hat. Dieser Zusammenhang wird im Recht der öffentlichen Gesundheit in der Regel durch einen bestimmten Risikofaktor bestimmt, aber auch bei der sozialen Risikovorsorge kommt das Gebot der Folgerichtigkeit zum Tragen. Das Gebot ist eine Antwort darauf, dass dem Gesetzgeber in gewissem Umfang Wertungen zustehen. Aus dem Demokratieprinzip ergibt sich, dass die Wertungen, die der Gesetzgeber bei der Abwägung der kollidierenden Rechtsgüter vornimmt, durch das BVerfG nur begrenzt durch eigene Wertungen ersetzen werden dürfen[571]. Gleichzeitig ist der Gesetzgeber jedoch an die Grundrechte gebunden; keinerlei gerichtliche Kontrolle seiner Wertentscheidungen verstieße gegen das Rechtsstaatsprinzip[572]. Deswegen wird der bestehende Spielraum des Gesetzgebers, Wertungen vorzunehmen, durch das Gebot der Folgerichtigkeit ein Stück weit wieder eingefan-

S. 139 (Herleitung aus dem Verhältnismäßigkeitsgrundsatz). Eine Pflicht zur Gesetzesfolgenabschätzung ablehnend *Gusy*, ZRP 1985, 291 (296ff.); *Lee*, Umweltrechtlicher Instrumentenmix und kumulative Grundrechtseinwirkungen, S. 158; *Bickenbach*, Die Einschätzungsprärogative des Gesetzgebers, S. 419ff.; *Kahl*, in: Kluth/Krings (Hrsg.), Gesetzgebung, § 13 Rn. 2.

570 Vgl. zu den in Rechtsprechung und Schrifttum gebräuchlichen Begriffen *Payandeh*, AöR 136 (2011), 578 (581); *Dieterich*, Systemgerechtigkeit und Kohärenz, S. 182ff.; *Steinbach*, Rationale Gesetzgebung, S. 86f.

571 *Cremer*, Freiheitsgrundrechte, S. 299.

572 Dazu *Bumke*, Der Staat 49 (2010), 77 (93ff.).

gen; der Spielraum wird sozusagen an den Seitenrändern begrenzt[573]: Denn der Gesetzgeber soll sich nicht über seine selbst – frei – getroffenen Wertungen hinwegsetzen können, ohne sich dafür rechtfertigen zu müssen. Das Gebot der Folgerichtigkeit stellt deswegen keinen inhaltlichen Maßstab dar, der von außen an das gesetzgeberische Vorgehen angelegt wird, sondern nur ein Mittel des BVerfG, das vom Gesetzgeber selbst getroffene Entscheidungen an früheren – oder ggf. parallel getroffenen – Entscheidungen misst und so Wertungswidersprüche[574] – nicht Normwidersprüche – aufzeigt. Im Ergebnis kommt es dadurch zu einem Kompromiss zwischen den Anforderungen des Demokratie- und denen des Rechtsstaatsprinzips[575].

Dieses Gebot der Folgerichtigkeit, das seine Anfänge insbesondere in der Rechtsprechung des BVerfG zum Steuerrecht hat, von dem Gericht aber auch bei den Freiheitsrechten[576] angewandt wird, ist Gegenstand ausführlicher Diskussionen innerhalb des Schrifttums[577], die sich auf die Frage beziehen, was das Gebot inhaltlich bedeuten soll, wo es verfassungsrechtlich verankert ist und wie man das System bestimmen kann, das als Bezugspunkt[578] für die Überlegungen dient. Die Antworten auf diese Fragen beeinflussen sich zum Teil gegenseitig. Für das Recht der öffentlichen Gesundheit ist es unerheblich, ob das Gebot der Folgerichtigkeit so abstrakt betrachtet werden kann, dass man seine Ausprägung sowohl im Steuerrecht als auch bei den Freiheitsrechten und unter konsequenter Berücksichtigung der Rechtsprechung des BVerfG[579] dogmatisch einheitlich verarbeiten kann[580]. Entscheidend ist allein, dass man das Gebot, von dem es verschiedene Varianten gibt[581], auf die Sachverhalte anwenden kann, die der Gesetzgeber im Recht der öffentlichen Gesundheit verarbeiten muss.

---

573 *Petersen*, AöR 138 (2013), 108 (117ff.). So wohl auch *Michael*, JZ 2008, 875 (881).

574 *Wernsmann*, Verhaltenslenkung in einem rationalen Steuersystem, S. 187; *Payandeh*, AöR 136 (2011), 578 (584); *Steinbach*, Rationale Gesetzgebung, S. 92.

575 Dazu ausführlich *Petersen*, AöR 138 (2013), 108 (114ff.).

576 Als erstes Urteil wird hier das Apothekenurteil aus dem Jahr 1958 gesehen (*Bumke*, Der Staat 49 [2010], 77; *Payandeh*, AöR 136 [2011], 578 [603]; *Petersen*, AöR 138 [2013], 108 [128f.]; *Dieterich*, Systemgerechtigkeit und Kohärenz, S. 512).

577 Aus der mittlerweile unüberschaubaren Literatur siehe monographisch jüngst *Brückner*, Folgerichtige Gesetzgebung im Steuerrecht und Öffentlichen Wirtschaftsrecht; *Dieterich*, Systemgerechtigkeit und Kohärenz; *O'Hara*, Konsistenz und Konsens; und ansonsten z.B. *J.F. Lindner*, ZG 2007, 188; *Michael*, JZ 2008, 875; *Bumke*, Der Staat 49 (2010), 77; *Cornils*, DVBl 2011, 1053 (1056f.); *Payandeh*, AöR 136 (2011), 578; *Osterloh*, in: FS-Bryde, S. 429; *Tappe*, JZ 2016, 27.

578 Denn Folgerichtigkeitsüberlegungen brauchen immer einen Bezugspunkt, auf den sie sich beziehen, dazu *Brückner*, Folgerichtige Gesetzgebung im Steuerrecht und Öffentlichen Wirtschaftsrecht, S. 19f.; *Dieterich*, Systemgerechtigkeit und Kohärenz, S. 85; *O'Hara*, Konsistenz und Konsens, S. 23ff.

579 Dass diese Rechtsprechung gerade nicht konsequent zugrundegelegt werden kann, wird sogleich gezeigt.

580 Dieser Frage widmet sich die ausführliche Untersuchung von *Dieterich*, Systemgerechtigkeit und Kohärenz.

581 So auch *O'Hara*, Konsistenz und Konsens, S. 34.

I. Wertungen bei der gesundheitlichen Risikovorsorge

Anders als bei dem Gebot zum Erlass evidenzbasierten Rechts geht es beim Gebot zum Erlass folgerichtigen Rechts nicht um die Begrenzung des Spielraums bei der Aufklärung des Risikopotentials – also auf der Tatsachenebene –, sondern bei der Vornahme von Wertungen. Solche Wertungen trifft der Gesetzgeber im Rahmen der gefahrenabwehrrechtlichen gesundheitlichen Risikovorsorge, wenn sich sein Spielraum wegen der aus Untermaß- und Übermaßverbot folgenden Vorgaben nicht bereits auf ein konkretes Mittel verengt hat. Bei der sozialen gesundheitlichen Risikovorsorge kommt es in dem Umfang zu Wertungen des Gesetzgebers, in dem das Existenzminimum nicht allein von der Erfassung der sozialen Wirklichkeit abhängig ist, sondern normativ bestimmt werden muss.

1. Gefahrenabwehrrechtliche gesundheitliche Risikovorsorge

Wie groß der Spielraum des Gesetzgebers bei der Bestimmung des Gewichts der Abwägungsbelange innerhalb der Verhältnismäßigkeitsprüfung ist, wird unterschiedlich beantwortet. Der Wert der betroffenen bzw. zu schützenden Rechtsgüter – im Recht der öffentlichen Gesundheit die öffentliche Gesundheit – ergibt sich abstrakt betrachtet zunächst aus der Verfassung selbst[582]. Insoweit ist der Aussage zuzustimmen, dass das „verfassungsrechtliche Gewicht des Gesundheitsschutzes [...] nicht Folge gesetzlicher Wertungen, sondern deren Maßstab" ist[583], d.h. das einfache Gesetz gibt nicht die Wertung vor, sondern wird am Maßstab des Grundgesetzes überprüft[584]. Bei Entscheidungen unter Unsicherheit muss der Gesetzgeber jedoch zwangsläufig bei seiner Entscheidung über die Risikoverteilung die bestehende Unsicherheit – in welchem Umfang besteht tatsächlich ein Risiko für die öffentliche Gesundheit? – einpreisen. Insofern besteht ein Spielraum des Gesetzgebers, eine Wertung bezüglich des zu erreichenden Grades des Gesundheitsschutzes vorzunehmen. Verbleibt dem Gesetzgeber aufgrund der Eigenschaften des Risikofaktors ein Spielraum, muss er festlegen, welche Bedeutung er dem Gesundheitsschutz beimessen will. Geht es also nicht um regelmäßig tödlich verlaufende Erkrankungen, sondern um einen Risikofaktor, der nur leichte Erkrankungen bzw. nur in wenigen Fällen tödlich verlaufende Krankheiten verursachen kann, kann der Gesetzgeber ein hohes Gesundheitsschutzniveau verfolgen – d.h. möglichst alle denkbaren Maßnahmen ergreifen wollen – oder ein nur moderates oder niedriges – d.h. nur einzelne, ggf. wenig intensive Maßnahmen ergreifen wollen. Je mehr der Gesetzgeber jedoch in Grundrechte unterschiedlicher Gruppen Dritter eingreifen muss, um das hohe Ge-

[582] *Hummrich*, LKRZ 2008, 326 (328).

[583] Sondervotum *Masing* zu BVerfGE 121, 317 (382); *Cornils*, ZJS 2008, 660 (662 f.); *Mehde/Hanke*, ZG 2010, 381 (394).

[584] *Michael*, JZ 2008, 875 (877).

sundheitsschutzniveau erreichen zu können, desto mehr stellen sich Fragen der Risikoverteilung: Wer muss in welchem Umfang welche Belastung tragen, damit das angestrebte Gesundheitsschutzniveau erreicht werden kann?

Auf der Stufe der Angemessenheit wird dann das Gewicht, dass der Gesetzgeber dem Gesundheitsschutz beimisst, wieder aufgegriffen. Auf dieser Stufe geht es deswegen in größerem Umfang um normative Fragen als auf den vorherigen Stufen der Verhältnismäßigkeitsprüfung[585]. Hier ist das Potential für einen Übergriff des BVerfG in die gesetzgeberischen Spielräume am größten[586], was aber nicht grundsätzlich gegen eine Kontrolle durch das BVerfG spricht.

2. Soziale gesundheitliche Risikovorsorge

Schon die Bestimmung des gesundheitlichen Minimums erfolgt zum großen Teil normativ, da der Gesetzgeber wertend den Bedarf bestimmt. Während der Bedarf, der sich auf das physische Existenzminimum bezieht, noch eher anhand der tatsächlichen Verhältnisse bestimmt werden kann (was wird an Nahrung benötigt?), weil es eher „objektivierbar"[587] ist, und nur in geringem Umfang normativ geprägt ist (etwa in Bezug auf die Angemessenheit einer Unterkunft), darf der Staat zum Teil darüber entscheiden, wer in welchem Umfang teilhaben soll. Deswegen ist der gesetzgeberische Spielraum bei der Bestimmung des Teilhabeminimums größer als beim physischen Existenzminimum[588].

Dies gilt erst recht für den Bereich oberhalb des gesundheitlichen Minimums, also für Interventionen der sozialen Risikovorsorge, die die Gesundheit in höherem Maße fördern sollen, als es allein durch das Minimum geboten ist. Hierbei geht es auch um Vorstellungen eines würdigen Lebens und des sozialen Status[589]. Die Gestaltungsmöglichkeiten des Staates erscheinen hier unendlich. So kann er bereits das Schulsystem auf viele verschiedene Arten ausgestalten; aber auch die soziokulturelle Teilhabe kann durch denkbar viele verschiedene Maßnahmen gefördert werden. Soweit sich Grenzen nicht aus den Freiheitsrechten Dritter ergeben, verbleiben dem BVerfG kaum inhaltliche Maßstäbe, um solche sozialstaatlichen Maßnahmen zu überprüfen. Übrig bleiben allein Folgerichtigkeitserwägungen.

585 *Lepsius*, in: Jestaedt/Lepsius (Hrsg.), Verhältnismäßigkeit, S. 1 (19).
586 *Lepsius*, in: Jestaedt/Lepsius (Hrsg.), Verhältnismäßigkeit, S. 1 (20).
587 *Schulz*, SGb 2010, 201 (206).
588 Vgl. BVerfGE 125, 175 (224f., 231f.).
589 Dazu *O'Hara*, Konsistenz und Konsens, S. 234.

II. Das Folgerichtigkeitsgebot als Grenze des gesetzgeberischen Wertungsspielraums

Da das BVerfG die Wertungen des Gesetzgebers nicht ohne Weiteres durch eigene ersetzen darf, kann das Gebot der Folgerichtigkeit als Instrument eingesetzt werden, das das Gesetzgebungsverfahren auf Fehler hin untersucht und Wertungswidersprüche aufzeigt, die auf Fehler im politischen Prozess zurückgeführt werden können[590]. Es erfolgt also nur eine indirekte Kontrolle der Wertungen des Gesetzgebers. Bei einem solchen Verständnis kompensiert das Gebot der Folgerichtigkeit die abgeschwächte inhaltliche Kontrolle[591]. Auch dadurch wird die öffentliche Gesundheit geschützt bzw. gefördert, weil auf diesem Wege verhindert wird, dass der Staat gegenläufigen Interessen ein zu großes Gewicht einräumt. Der Begriff der Folgerichtigkeit soll deswegen weit verstanden werden: Folgerichtig können z.B. die Anwendung von Berechnungsmethoden, die Vornahme von Risikoeinschätzungen oder die Ausrichtung von Maßnahmen an einem übergeordneten Ziel sein. Entsprechende Widersprüche führen ggf. zu einer Verfassungswidrigkeit des Gesetzes.

1. Gebot der konsequenten legislativen Zweck-/Zielverfolgung

a) Gebot der konsequenten Zugrundelegung der Risikoeinschätzung

Für das Risikoverwaltungsrecht und somit für das Recht der öffentlichen Gesundheit ist zunächst das Gebot der Folgerichtigkeit im Zusammenhang mit Risikoeinschätzungen von Bedeutung. Zwar erlaubt es der Tatsachen- und Prognosespielraum dem Gesetzgeber, bei bestehenden Unsicherheiten das Risikopotential einzuschätzen. Es ist jedoch nicht einsichtig, warum das die Möglichkeit einschließen sollte, das Gefährdungspotential eines bestimmten Risikofaktors in demselben Gesetz[592] oder in anderen, aber dieselbe Materie betreffenden Gesetzen[593] – also innerhalb eines Schutzkonzeptes – unterschiedlich hoch anzusetzen. Deswegen kann man von der Pflicht des Gesetzgebers ausgehen, eine einmal vorgenommene Risikoeinschätzung eines Risikofaktors, die in seinen Spielraum fällt, konsequent in allen anderen Fällen zugrundezulegen, die den Umgang mit diesem Risikofaktor betreffen. Denn es wäre widersprüchlich, in einem Fall einem Risikofaktor eine bestimmte Schädlichkeit zuzuschreiben und in einem anderen Fall von dieser Einschätzung abzuweichen. Durch die einmal getroffene Risikoeinschätzung kommt es zu einer gesetzgeberischen Selbstbindung gem. Art. 3 I GG. In vielen Fällen wird sich diese Pflicht dadurch auswirken, dass Verhaltensweisen oder Stoffe mit dem gleichen Risiko gleich behandelt

---

[590] *Petersen*, Verhältnismäßigkeit als Rationalitätskontrolle, S. 271.

[591] *Petersen*, AöR 138 (2013), 108 (114). Vgl. auch *Lepsius*, in: Jestaedt/Lepsius (Hrsg.), Verhältnismäßigkeit, S. 1 (39).

[592] BVerfGE 121, 317 (362f.).

[593] BVerfGE 107, 186 (197).

werden müssen und dass solche mit einem höheren Risiko zu intensiveren Grundrechtseingriffen führen als solche mit einem geringeren Risiko. Zwar schließt dies nicht aus, dass eine dennoch geregelte Ungleichbehandlung nicht gerechtfertigt sein kann. Es muss jedoch einen sachlichen Grund für die unterschiedliche Behandlung geben, der sich gerade nicht auf die Risikoeinschätzung selbst bezieht. Eine unterschiedliche Behandlung kann z.B. aufgrund unterschiedlich betroffener Freiheitsrechte gerechtfertigt sein.

Diese Pflicht zur konsequenten Zugrundelegung der Risikoeinschätzung kann in Einzelfällen fruchtbar gemacht werden, um Verstöße gegen das Untermaßverbot leichter nachzuweisen. Allgemein gilt: Je weniger Unsicherheit besteht, desto eher kann das Untermaßverbot bestimmt werden[594]. Wenn der Gesetzgeber nun seinen bestehenden Spielraum in einer bestimmten Weise ausübt, wird dadurch sein Spielraum für nachfolgende Entscheidungen, die den gleichen Risikofaktor betreffen, insofern reduziert, als er sich auf die eigentlich bestehende Unsicherheit, die grundsätzlich in dieser Frage besteht, im zweiten Fall nicht mehr berufen kann; der Gesetzgeber muss dann die von ihm im ersten Fall vorgenommene Risikoeinschätzung für den zweiten Fall als maßgeblich zugrundelegen. Nach der Wiedervereinigung galt z.B. in den neuen Bundesländern das alte DDR-Strahlenschutzrecht weiter, das teilweise einen höheren Grenzwert regelte als das sonstige deutsche Strahlenschutzrecht. Das DDR-Niveau entsprach den internationalen Vorgaben, das bundesdeutsche Niveau regelte jedoch einen niedrigeren zulässigen Grenzwert und somit ein höheres Gesundheitsschutzniveau. Das BVerfG sah in der Fortgeltung des DDR-Grenzwerts keinen Verstoß gegen das Untermaßverbot[595]. Das kann nur insoweit richtig sein, als absolut betrachtet – unterstellt man die Angemessenheit der internationalen Vorgaben – ursprünglich kein niedrigerer Grenzwert durch das Untermaßverbot geboten war, also bei der erstmaligen Regelung. Durch die Regelung des höheren Gesundheitsschutzniveaus im restlichen Bundesgebiet hatte der Gesetzgeber jedoch zum Ausdruck gebracht, dass er den Gesundheitsschutz der Bevölkerung höher gewichtete, als es das internationale Recht vorschrieb. Dadurch hatte er sich selbst gebunden. Warum im alten DDR-Gebiet ein anderer Grenzwert gelten sollte, ist nicht ersichtlich.

b) Gebot folgerichtiger Konzeptverwirklichung

Verwandt mit dieser Pflicht zur konsequenten Zugrundelegung einer einmal getroffenen Risikoeinschätzung, aber nicht deckungsgleich damit ist das Gebot der folgerichtigen Konzeptverwirklichung. Hier geht es darum, dass ein angegebenes Ziel auch tatsächlich verfolgt wird, dass also Passgenauigkeit zwischen Ziel und Maßnahme besteht. Ob dies der Fall ist, ist für die Verhältnismäßigkeitsprüfung relevant:

---

594 Siehe oben 3. Teil, B. III. 1. a).

595 BVerfG, NVwZ 2000, 309 (310f.).

Wenn der Gesetzgeber z. B. vorgibt, die Arzneimittelsicherheit als Zweck zu verfolgen, das Gesetz aber eine Unterscheidung zwischen zwei Arzneimitteln – z. B. Impfstoffen – macht, deren Sicherheit in gleicher Weise gefährdet würde – durch den Direktversand von Herstellern an Ärztinnen –, zeigt die unterschiedliche Behandlung – in einem Fall die Einführung einer Apothekenpflicht, im anderen Fall nicht –, dass der Gesetzgeber das Ziel der Arzneimittelsicherheit gar nicht verfolgt[596], sondern in Wirklichkeit andere Zwecke, nämlich in diesem Fall wohl finanzielle Vorteile für Apotheker. Das BVerfG ließ in diesem Fall die Norm formal nicht an der Geeignetheit scheitern, sondern sah schon keinen Gemeinwohlbelang, der durch die Regelung verfolgt wurde, weil „kein hinreichender Zusammenhang" zwischen dem Verbot des Impfstoffversandes und der Arzneimittelsicherheit vorhanden sei[597] – in der Sache war damit aber wohl die fehlende Geeignetheit gemeint. Das BVerfG kritisierte deutlich, dass der Gesetzgeber keinerlei Belege angeführt hatte, die die Regelung hätten rechtfertigen können[598]. In Einzelfällen kann die Tatsache, dass ein anderes Ziel als das vorgegebene verfolgt wird, also dazu führen, dass die Geeignetheit der geregelten Maßnahme ganz entfällt[599], nämlich dann, wenn die Maßnahme den vorgegebenen Zweck unter keinem Gesichtspunkt fördern kann. Die Geeignetheit kann auch entfallen, wenn mehrere verschiedene Maßnahmen sich gegenseitig in ihrer Wirkung aufheben[600].

Diesem Gebot folgerichtiger Konzeptverwirklichung entspricht das Kohärenzgebot, das der EuGH bei der Überprüfung einzelner Maßnahmen an den Grundfreiheiten anwendet. Mit dem Kohärenzgebot fordert der EuGH, dass die mit der Regelung verfolgten Ziele in kohärenter und systematischer Weise verfolgt werden[601]. Ist dies nicht der Fall, ist die Regelung bezogen auf ihr Ziel laut EuGH ungeeignet[602]. Regelmäßig zur Anwendung kommt das Gebot im Glücksspielrecht – aber nicht nur[603]. Als inkohärent sah der EuGH insbesondere staatliche Glücksspielmonopole

---

596 BVerfGE 107, 186.

597 BVerfGE 107, 186 (197).

598 BVerfGE 107, 186 (197 f.).

599 Zum Verhältnis von Geeignetheit und Folgerichtigkeitsgebot auch *J. F. Lindner*, ZG 2007, 188 (198 f.), der eine Verortung an dieser Stelle jedoch ablehnt; *O'Hara*, Konsistenz und Konsens, S. 50; *Steinbach*, Rationale Gesetzgebung, S. 90 Fn. 106.

600 *Bulla*, ZJS 2008, 585 (594): Dann „ist nicht mehr nur eine einzelne Maßnahme isoliert auf ihre Eignung hin zu untersuchen, sondern müssen auch ihre Implikationen auf das Gesamtsystem und ihre Interferenzen mit den sonstigen innerhalb der Teilrechtsordnung vorgesehenen Instrumenten bedacht werden. […] Insbesondere wenn sich die Wertungswidersprüche kumulieren, kann die Eignung einer Maßnahme schließlich ganz entfallen."

601 EuGH, Urt. 21.10.1999, ECLI:EU:C:1999:514, Rn. 36; Urt. v. 6.11.2003, Rs. C-243/01, Rn. 67; Urt. v. 6.3.2007, Rs. C-338/04, C-359/04 und C-360/04, Rn. 53; Urt. v. 1.6.2010, Rs. C-570/07 und C-571/07, Rn. 93 f.; Urt. v. 8.7.2010, Rs. C-447/08 und C-448/08, Rn. 40; Urt. v. 9.9.2010, Rs. C 64/08, Rn. 35. Dazu *Ennuschat*, WRP 2014, 642 (645).

602 EuGH, Urt. 21.10.1999, ECLI:EU:C:1999:514, Rn. 35 f.; Urt. v. 8.9.2009, Rs. C-42/07, Rn. 61; Urt. v. 1.6.2010, Rs. C-570/07, Rn. 93 f.; Urt. v. 8.9.2010, Rs. C-316/07 u. a., Rn. 88; Urt. v. 8.9.2010, Rs. C-46/08, Rn. 55; EuGH, Urt. v. 30.4.2014, Rs. C-390/12, Rn. 43.

603 Zu einer Übersicht über andere Rechtsgebiete siehe *Neuhäuser*, DÖV 2017, 925 (926 ff.).

an, deren Suchtbekämpfungspotential durch zu offensive Werbung und staatliche Einnahmen konterkariert wurde[604]. Auch vor dem EuGH ist das Kohärenzgebot eng mit der Weite der bestehenden Gestaltungsspielräume der nationalen Gesetzgeber verknüpft[605]. Vom EuGH wird das Gebot nicht als selbstständige, unionsrechtliche Schranken-Schranke eingesetzt[606], sondern genauso wie beim BVerfG als Argument in der Verhältnismäßigkeitsprüfung.

Nicht immer entfaltet das Gebot folgerichtiger Konzeptverwirklichung jedoch seine Wirkung auf der Stufe der Geeignetheit. Bleibt eine Restgeeignetheit des vom Gesetzgeber eingesetzten Mittels – die Hürde ist hier schließlich sehr niedrig[607] –, wirkt sich das Auseinanderfallen von tatsächlich verfolgtem und angeblich verfolgtem Ziel erst auf die Angemessenheit aus[608]. Denn je geringer die Geeignetheit einer Maßnahme ist, desto weniger kann der mit ihr verbundene Eingriff gerechtfertigt sein[609]; die mangelnde Folgerichtigkeit wirkt sich hier mittelbar auf die Gewichtung des vom Gesetzgeber verfolgten Ziels aus[610]. Das Gewicht, mit dem der Gesundheitsschutz in die Abwägung eingeht, ist bei nur geringer Geeignetheit des Instruments stark herabgesetzt; der Begründungsaufwand für den Gesetzgeber wiederum steigt. Dies kann letztlich dazu führen, dass Dritte keine Maßnahmen erdulden müssen, die die öffentliche Gesundheit schützen oder fördern sollen, weil sie dies nur in eingeschränktem Umfang – im geringeren Umfang als vom Gesetzgeber vorgegeben – tun. Die Konsistenzerwägungen helfen nun, die Fälle herauszufiltern, in denen der vorgegebene und der tatsächlich verfolgte Zweck auseinanderfallen. Die Inkohärenz bzw. Inkonsistenz ist dann ein Indiz dafür, dass eigentlich ein anderer Zweck verfolgt wurde[611]: beim Direktversandverbot von Impfstoffen nicht die Arzneimittelsicherheit, sondern die Unterstützung von Apothekern, bei dem staatlichen Wettmonopol nicht die Bekämpfung der Suchtgefahren, sondern fiskalische Interessen.

aa) Zielkonflikte als Geeignetheitsproblem

An dieser Stelle kommt man nicht umhin, das gesetzgeberische Ziel und das darauf ausgerichtete Schutzkonzept näher zu ermitteln. Dass diese Ermittlung anfällig für Fehler sein kann, zeigt das Nichtraucherschutzurteil des BVerfG aus dem Jahr 2008. Dieses Urteil hatte landesrechtliche Rauchverbote in Gaststätten zum Gegenstand; für größere Gastronomiebetriebe bestand die Möglichkeit, Raucherräume in den ansonsten rauchfreien Gaststätten einzurichten. Begründet hatten die Landesgesetzge-

604 Vgl. EuGH, Urt. v. 8.9.2010, Rs. C-316/07 u.a., Rn. 103ff.; EuGH, Urt. v. 8.9.2010, Rs. C-46/08, Rn. 67f.

605 Dazu *Frenz*, EuR 2012, 344 (347f.).

606 *Neuhäuser*, DÖV 2017, 925 (931).

607 Vgl. oben 3. Teil, D. I. 1.

608 Vgl. die Anwendung des Folgerichtigkeitsgebots in BVerfGE 115, 276.

609 *O'Hara*, Konsistenz und Konsens, S. 192.

610 *Payandeh*, AöR 136 (2011), 578 (605ff., 610).

611 *Petersen*, AöR 138 (2013), 108 (129f.).

ber die Rauchverbote mit dem Schutz vor den Gefahren des Passivrauchens. Das BVerfG hielt das gewählte Konzept für nicht folgerichtig: „Nur gegenüber den Betreibern [kleiner Gaststätten] bleibt es bei einer strikten Verfolgung des Schutzziels. Die Gesundheitsgefährdungen durch Passivrauchen erhalten so bei der Abwägung gegenüber der Berufsfreiheit der Gastwirte ein unterschiedliches Gewicht.“[612] Das Gericht unterstellte den Landesgesetzgebern, ein Konzept des Nichtraucherschutzes in Gaststätten geregelt zu haben, „das den Gesundheitsschutz im Ausgleich insbesondere mit der Berufsfreiheit der Gaststättenbetreiber verfolgt“[613], und maß hieran die Wirkungen der einzelnen Regelungen und Ausnahmen. Das BVerfG sah somit das System in einer Gewichtung des Gesundheitsschutzes mit gegenläufigen Interessen, also einem Abwägungsergebnis, und sah die Interessen von Inhabern kleiner Gaststätten nicht gewahrt, weil sie keine Raucherräume abtrennen konnten und deswegen Umsatzeinbußen befürchteten. Hier liegt aber der entscheidende Fehler: Die Abwägung mit gegenläufigen Interessen darf erst erfolgen, nachdem der Gesetzgeber das Gesundheitsrisiko eingeschätzt hat und sich innerhalb seines bestehenden Spielraums für ein bestimmtes Gesundheitsschutzniveau entschieden hat, das er verfolgen will. Berücksichtigt man dies, zeigen die dem Urteil zugrundeliegenden Landesnichtraucherschutzgesetze das tatsächliche Konzept, das hier verfolgt wurde: das Konzept eines grundsätzlichen Vorrangs des Schutzes von Nichtraucherinnen bei nachrangiger Ermöglichung eines ergänzenden Raucherangebots“[614], man kann dies auch mit den Worten „in jeder Gaststätte soll es Plätze für Nichtraucher geben“[615] formulieren. Der Gesetzgeber gewichtete deswegen den Gesundheitsschutz nicht dadurch gering, dass er Ausnahmen von den Rauchverboten zuließ[616], denn diese Ausnahmen galten nur dort, wo sie den Nichtraucherschutz nicht berührten. Die „Gesundheitsgefährdungen durch Passivrauchen“ erhielten bei der Abwägung deswegen auch kein „unterschiedliches Gewicht“[617], wenn man unterstellt, dass in jeder Kneipe rauchfreie Plätze vorhanden sein müssen[618]. Was das BVerfG im Nichtraucherschutzurteil mit seiner Interpretation des Folgerichtigkeitsgebots letztlich bewirkte, war das Ziel der Belastungsgleichheit[619] aus Sicht der betroffenen Gaststätteninhaber. Ziel

---

612 BVerfGE 121, 317 (365 f.).

613 BVerfGE 121, 317, LS 1.

614 Sondervotum *Masing* zu BVerfGE 121, 317 (381 f.).

615 Letzteres spricht das BVerfG selbst an: BVerfGE 121, 317 (367). Von diesem Konzept gehen aus Sondervotum 1 (Rn. 174); *Bäcker*, DVBl 2008, 1180 (1182); *Hummrich*, LKRZ 2008, 326 (328). Vgl. auch *Michael*, JZ 2008, 875 (879); *Brückner*, Folgerichtige Gesetzgebung im Steuerrecht und Öffentlichen Wirtschaftsrecht, S. 131. Das Konzept als Bezugspunkt ablehnend *O'Hara*, Konsistenz und Konsens, S. 211 f.

616 So aber BVerfGE 121, 317 (357).

617 So aber BVerfGE 121, 317 (365 f.).

618 Deswegen ergibt auch die Aussage zur Gefahreneinschätzung des BVerfG in dem Urteil keinen Sinn; der Verweis auf die Impfversandentscheidung passt nicht, weil ihm kein vergleichbarer Sachverhalt zugrunde lag (*Brückner*, Folgerichtige Gesetzgebung im Steuerrecht und Öffentlichen Wirtschaftsrecht, S. 74).

619 *Brückner*, Folgerichtige Gesetzgebung im Steuerrecht und Öffentlichen Wirtschaftsrecht,

von Nichtraucherschutzgesetzen ist jedoch nicht der Schutz der Gastwirtinnen[620], sondern der Schutz von Nichtrauchern vor Passivrauch. Berücksichtigt man dies, bereitet die Bestimmung des Konzepts viel weniger Schwierigkeiten, als dies die Diskussion des Nichtraucherschutzurteils[621] vermuten lässt.

Nicht nur deswegen ist es nicht geboten, auf die Identifizierung eines solchen Konzepts zu verzichten. Der alternative Vorschlag, sich allein an dem verfolgten Gemeinwohlziel zu orientieren[622], hilft nicht weiter. Dieses Ziel bleibt bei einer Loslösung von dem konkreten Konzept abstrakt: Ist dies im Falle von Nichtraucherschutzgesetzen allein der Schutz von Nichtrauchern? Der Schutz von Nichtrauchern in Gaststätten? Der Schutz von nichtrauchenden Gästen in Gaststätten? Dies erkennt man nur, wenn man die konkreten Regelungen analysiert. Ausreichend ist es jedenfalls nicht, allgemein auf den Zweck des Schutzes der öffentlichen Gesundheit abzustellen[623]. Auf einer sehr abstrakten Ebene ist dies natürlich zutreffend; auf dieser Abstraktionsebene lässt sich aber weder mit dem Verhältnismäßigkeitsprinzip im Allgemeinen noch mit dem Gebot der Folgerichtigkeit im Besonderen dogmatisch arbeiten.

Die Probleme und Diskussionen rund um dieses eine Urteil dürfen nicht den Eindruck vermitteln, dass sie die Anwendbarkeit des Gebots folgerichtiger Konzeptverwirklichung grundsätzlich[624] schmälern. Die Probleme entstanden vielmehr – wie erwähnt – durch den Fokus des BVerfG auf die Interessen der Gastwirte und den dort angestellten Vergleich verschiedener Gruppen von Gastwirten. Beim Gebot der folgerichtigen Konzeptverwirklichung im hier verstandenen Sinne geht es nicht um einen Vergleich verschiedener Betroffener (weswegen Art. 3 I GG auch keine Rolle spielt[625]), sondern um die Ausrichtung des Konzepts an unterschiedlichen Zielen,

---

S. 73. Das BVerfG prüft also letztlich die Gleichbehandlung von Klein- und Großgastronomie (*Cornils*, ZJS 2008, 660 [663]; *Bäcker*, DVBl 2008, 1180 [1182]; *Zimmermann*, NVwZ 2008, 705 [710]; *Petersen*, AöR 138 [2013], 108 [112]; *Kischel*, in: BeckOK-GG, 15.5.2022, Art. 3 Rn. 96.1; *Hummrich*, LKRZ 2008, 326 [328]; *Dieterich*, Systemgerechtigkeit und Kohärenz, S. 541, vgl. auch Rn. 164 des Urteils [BVerfGE 121, 317 [374 f.]; zum Verhältnis von Art. 12 I GG und Art. 3 I GG in diesem Fall auch *Mehde/Hanke*, ZG 2010, 381 [399 f.]); andere interpretieren das Urteil so, dass das BVerfG hier den Grundsatz der Folgerichtigkeit in dem Art. 3 I GG zu entnehmenden Gedanken der Wettbewerbsgleichheit verwurzelt hat (so *Michael*, JZ 2008, 875 [878 ff.]; *Winkler*, in: BerlKomm., IX/15, Art. 12 Rn. 40; *Schweizer*, Nudging and the principle of proportionality, S. 23), auch wenn das Gericht diesen Fall über Folgerichtigkeitserwägungen innerhalb der Verhältnismäßigkeitsprüfungen löste.

620 Pointiert zusammengefasst: Durch die Prüfung des BVerfG wird „eine Ungleichbehandlung, für die es hinreichende Gründe gibt, aufgrund von wirtschaftlichen Nachteilen, die den Betroffenen zumutbar sind, für verfassungswidrig erklärt“ (*Bäcker*, DVBl 2008, 1180 [1183]).

621 Vgl. z. B. die Einschätzungen bei *Bumke*, Der Staat 2010, 77 (89 Fn. 69); *Gröschner*, ZG 2008, 400; *Cornils*, DVBl 2011, 1053 (1056).

622 So *O'Hara*, Konsistenz und Konsens, S. 211.

623 So aber *Steinbach*, Der Staat 54 (2015), 267 (286), der von der „Volkgesundheit“ spricht.

624 Allgemein ablehnend jedoch *Lepsius*, JZ 2014, 488 (495 f.); *Grzeszick*, VVDStRL 71 (2012), S. 49 (60), der der Ansicht ist, das Gebot weiche von der tradierten Grundrechtsdogmatik ab und lasse sich auch nicht einfügen; mal werde der Grundrechtsschutz gestärkt, mal geschwächt. Sehr kritisch auch *Cornils*, DVBl 2011, 1053 (1056 f.).

625 Anders allgemein *Bumke*, Der Staat 49 (2010), 77 (97 Fn. 98); *Tappe*, JZ 2016, 27 (31).

was dazu führen kann, dass sich die Wirkungen einzelner Maßnahmen gegenseitig aufheben oder blockieren. Das Urteil des BVerfG zum Nichtraucherschutz sollte deswegen gerade nicht herangezogen werden, um allgemeingültige Aussagen zu einem allgemeinen Folgerichtigkeitsgebot zu treffen[626]. Dass das Konzept grundsätzlich gut greifbar ist, zeigt das Sportwetten-Urteil des BVerfG aus dem Jahr 2006, das die bayerische Errichtung eines staatlichen Wettmonopols für Sportwetten zum Gegenstand hatte. Grund für dieses Monopol war vorgeblich die „Ausrichtung des Wettangebots an der Begrenzung und Bekämpfung von Wettsucht und problematischem Spielverhalten"[627]. Durch das staatliche Wettmonopol erzielte der Staat jedoch Einnahmen; dadurch kam es zu einem Konflikt dieser beiden staatlichen Interessen, der sich daran zeigte, dass der Staat gleichzeitig für Sportwetten Werbung machte, die zur Teilnahme ermunterte, weil die Wetten wie eine „grundsätzlich unbedenkliche [...] Freizeitbeschäftigung"[628] vermarktet wurden. Vor diesem Hintergrund kam das BVerfG zu dem Ergebnis, dass das im Rahmen des Wettmonopols eröffnete Sportwettenangebot „nicht konsequent am Ziel der Begrenzung der Wettleidenschaft und Bekämpfung der Wettsucht ausgerichtet"[629] war. Eine „konsequente und wirkliche Ausrichtung an der Bekämpfung und Begrenzung von Wettsucht und problematischem Spielverhalten" bestünde darin, dass die rechtliche und tatsächliche Ausgestaltung des Wettmonopols auf eine aktive Prävention ausgerichtet sei, „insbesondere durch angebotsimmanente Aufklärung, Früherkennung problematischen Spielverhaltens und Förderung der Motivation zur Verhaltensänderung"[630]. Dieser Zielkonflikt zwischen staatlichem Monopol, Einnahmen und gezielter Werbung führte im Ergebnis dazu, dass die Einschränkungen für die Privaten nicht mehr angemessen waren, denn ihnen sei ein Verbot nur zumutbar, „wenn das bestehende Wettmonopol auch in seiner konkreten Ausgestaltung der Vermeidung und Abwehr von Spielsucht und problematischem Spielverhalten" diene[631]. Hier wirkte sich das Gebot auf Angemessenheitsebene aus. Zu einer tatsächlichen Abwägung kam es in dem Urteil jedoch nicht. Dies wird zum Teil kritisiert; eigentlich gehörten die Überlegungen des BVerfG zur Frage der Geeignetheit und nicht zur Angemessenheit[632]. Hier kommt es letztlich darauf an, ob man die Förderung der Zielerreichung der Maßnahme in einem abstrakten Sinne (also „ein staatliches Wettmonopol") oder in einem konkreten Sinne („das Wettmonopol, wie es der Gesetzgeber in diesem Fall ausgestaltet hat") prüft. Das Gebot folgerichtiger Konzeptverwirklichung ist jedenfalls im Ergebnis „abwägungsindifferent"[633].

---

626 Auch wenn es im Schrifttum vielfach als Anlass für solche Überlegungen genommen wurde.
627 BVerfGE 115, 276 (300).
628 BVerfGE 115, 276 (314). Dazu auch EuGH, Urt. v. 8.9.2010, Rs. C-316/07 u.a., Rn. 103.
629 BVerfGE 115, 276 (310).
630 BVerfGE 115, 276 (311 f.).
631 BVerfGE 115, 276 (309 f.).
632 So *Kment*, NVwZ 2006, 617 (620 f.); *Pestalozza*, NJW 2006, 1711 (1713).
633 *J. F. Lindner*, ZG 2007, 188 (193 f.).

bb) Sektorübergreifende Betrachtung und risikofaktorzentriertes System

Der EuGH versteht das Kohärenzgebot so, dass die konterkarierende Wirkung auch von Regelungen anderer Glücksspielbereiche ausgehen kann[634]. Er vergleicht also die verschiedenen Glücksspielsektoren miteinander und untersucht, inwieweit die jeweiligen Regelungen auf das jeweilige Suchtpotential – das sich bei den verschiedenen Glücksspielarten wie z.B. Sportwetten, Lottospielen und Automatenspielen unterscheidet – ausgerichtet sind und sich in ihrer Wirkung gegenseitig beeinflussen[635]. Durch diese „sektorübergreifende Betrachtung"[636] fordert er Gesamtkohärenz[637].

Dass Gesamtkohärenz auch nach deutschem Recht gefordert ist und somit auch für Bereiche gilt, die nicht an den europäischen Grundfreiheiten gemessen werden, wird überwiegend verneint. Nachdem das BVerwG dies 2016 ausdrücklich ablehnte[638], verstand das BVerfG 2017 das Kohärenzgebot jedenfalls so, dass die „suchtpräventiv ausgerichtete staatliche Regulierung in einem Glücksspielsegment" nicht „durch die fiskalische Ausrichtung der Regulierung in einem anderen konterkariert werden" dürfe. Dies gelte „insbesondere dort, wo die Regulierung privater Angebote und staatliche Monopole zusammentreffen, wie dies bei der Regulierung von Spielhallen einerseits und Spielbanken andererseits der Fall sein kann"[639]. Eine sektorübergreifende Betrachtung lehnt das BVerfG somit nicht ab[640].

Die besondere Situation im Glücksspielrecht, die sich daraus ergibt, dass hier zum Teil staatliche Monopole bestehen, kann nur bedingt verallgemeinert werden. Im sonstigen Recht der öffentlichen Gesundheit hat der Staat zwar durch die Einnahmen, die er aus Steuern z.B. auf Tabak und Alkohol erzielt, zum Teil besondere finanziell geprägte Interessen, die ggf. berücksichtigt werden müssen, er ist jedoch nicht selbst an der Produktion von Risikofaktoren beteiligt. Inwieweit nach deutschem Recht eine „sektorübergreifende" Folgerichtigkeit geboten ist, wird dadurch beantwortet, wie weit man den Begriff des Systems zieht, innerhalb dessen man die Folgerichtigkeit überprüft. Im Glücksspielrecht wird nach Sektoren – also nach unterschiedlichen Glücksspielarten – getrennt, so dass man nach diesem Verständnis von verschiedenen Systemen ausgeht. Dieses Vorgehen erscheint auch zunächst insofern plausibel, als jede einzelne Glücksspielart einen eigenen Risikofaktor darstellt. Man

---

634 EuGH, Urt. v. 8.9.2010, Rs. C-316/07 u.a., Rn. 101 ff.; Urt. v. 8.9.2010, ECLI:EU:C:2010:505, Rn. 64 ff.

635 Auch an dieser Stelle geht es nicht um den Vergleich zweier Maßnahmen iSd Art. 3 I GG (so aber BVerfG, Beschl. v. 8.4.2015, 2 BvR 35/12, Rn. 37). Dass ggf. zwei Maßnahmen bzw. zwei Risikofaktoren in die Verhältnismäßigkeitsprüfung einbezogen werden, wird gemacht, um aufzuzeigen, wodurch die erste Maßnahme – die zur Überprüfung steht – ihre Geeignetheit verliert oder jedenfalls zum Teil einbüßt (vgl. auch ausführlich *Windoffer*, GewArch 2012, 388 [389], zur Frage, ob die Geeignetheit die richtige Prüfungsebene ist).

636 *Unterreitmeier*, NJW 2013, 127 (128, 129 f.).

637 *Frenz*, EuR 2012, 344 (351); *Brüning*, NVwZ 2013, 23 (28); *Wormit*, NVwZ 2017, 281 (285); *Neuhäuser*, DÖV 2017, 925 (927).

638 BVerwGE 157, 127 (147).

639 BVerfGE 145, 20 (67 f.).

640 *Waldhoff*, GewArch 2018, 89 (93).

kann bei der Bestimmung des Systems jedoch nicht bei einer solchen formalen Betrachtung stehenbleiben. Maßgeblich sind nicht formale Kriterien, sondern die hinter den Regelungen stehenden Wertungen[641]. Deswegen kann man das System nicht durch die formale Struktur eines einzelnen Gesetzes oder eng aufeinander bezogene Gesetze innerhalb eines streng abgegrenzten Rechtsgebiets begrenzen[642]. Die entscheidende Wertung liegt in der Einschätzung des gesundheitlichen Risikos, das ein Stoff, ein Genussmittel oder ein Virus darstellt. Das System grenzt sich so zwar vorrangig anhand des Risikofaktors ab. Wenn aber die gesundheitsschützenden Regelungen bezüglich des einen Risikofaktors dazu führen, dass die Bevölkerung auf einen anderen Risikofaktor ausweicht[643] – also statt X zu konsumieren nun vermehrt Y konsumiert –, dann müssen die Regelungen bezüglich beider Risikofaktoren als ein System betrachtet werden, auf das das Gebot folgerichtiger Konzeptverwirklichung angewandt werden kann. Hier lässt sich die Aussage des BVerfG einfügen, dass sich die Systembildung nach der Regelung eines bestimmten „Lebensbereichs"[644] richte – ein Begriff, den das BVerfG auch im Zusammenhang mit dem vom Gesetzgeber aufzustellenden Schutzkonzept verwendet[645].

Das Gebot folgerichtiger Konzeptverwirklichung verhilft im Ergebnis dem Risikovergleich zu einem dogmatischen Anknüpfungspunkt. Ein System bilden z. B. nicht Alkohol und Tabak, aber verschiedene alkoholische Getränke zusammen genauso wie Tabak und E-Zigaretten. Denn die Regelungen, die sich auf ein bestimmtes alkoholisches Getränk beziehen, können den Konsum eines anderen alkoholischen Getränks beeinflussen. Dies gilt auch für die Regelungen, die den Tabakkonsum zurückdrängen sollen und sich gleichzeitig auf den Konsum von E-Zigaretten auswirken können.

cc) Die Verhinderung der Berücksichtigung von Lobbyinteressen im politischen Prozess

Das Folgerichtigkeitsgebot führt dazu, dass der Gesetzgeber weniger Spielraum für politische Kompromisse hat. Diese Tatsache an sich spricht jedoch nicht gegen das Gebot[646]. Denn die Rücksichtnahme auf andere politische Interessen muss dort ihre Grenze haben, „wo die bevorzugte Berücksichtigung von Spezialinteressen Folge die-

---

641 *Englisch*, in: FS-Lang, S. 167 (186).

642 So auch *Dieterich*, Systemgerechtigkeit und Kohärenz, S. 162 f.

643 Dann bestehen hier „Interdependenzen", wie dies im Glücksspielrecht diskutiert wird (*Unterreitmeier*, NJW 2013, 127 [130]).

644 BVerfGE 60, 16 (43); BVerfG, ZIP 2014, 464 (467).

645 BVerfGE 110, 141 (159); 121, 317 (356).

646 So aber Sondervotum *Bryde* zu BVerfGE 121, 317 (380 f.); *Dann*, Der Staat 49 (2010), 630 (640, 645); *C. Möllers*, in: Jestaedt/Lepsius/C. Möllers/Schönberger (Hrsg.), Das entgrenzte Gericht, S. 281 (398); *Lepsius*, JZ 2014, 488 (495 f.); *Steinbach*, Rationale Gesetzgebung, S. 93 ff., die hier eine unangemessene Einschränkung des gesetzgeberischen Spielraums sehen. Ähnlich *Mehde/Hanke*, ZG 2010, 381 (395).

ser Wirkungsweise ist[647]. Das Gebot der Folgerichtigkeit hindert den Gesetzgeber daran, mit Lobbygruppen – die insbesondere im Lebensmittelrecht und im Tabakerzeugnisrecht großen Einfluss nehmen – „faule Kompromisse einzugehen"[648] oder deren erwartetem Widerstand schon im Wege des vorauseilenden Gehorsams zu begegnen. Der Einschätzungsspielraum des Gesetzgebers ist umso weniger gerechtfertigt, je stärker die Gefahr von Klientelpolitik ist[649]. Denn in so einem Fall wird die Risikoverteilung, die der Gesetzgeber vornehmen muss, von externen Interessen beeinflusst; die Motivation für eine gesetzliche Regelung liegt dann nicht in der Wertigkeit, die der Gesetzgeber vorgibt zu verfolgen[650]. Eine solche Folgerichtigkeitsprüfung stellt somit keine zusätzliche Rationalitätsanforderung an den Gesetzgebungsprozess, sondern ist für das BVerfG ein Mittel der Kontrolle „und damit eine Voraussetzung, dem Gesetzgeber im Gegenzug einen gewissen Einschätzungsspielraum zugestehen zu können".[651] Das Gebot der Folgerichtigkeit sollte deswegen gerade nicht als grundsätzliche Ermöglichung eines Übergriffs in den gesetzgeberischen Gestaltungs- und Einschätzungsspielraum[652] – auch wenn es zu einem solchen Übergriff im Nichtraucherschutzurteil wegen der zu kritisierenden Anwendung des Gebots kam –, sondern als eine[653] der Voraussetzungen dafür angesehen werden, dass dem Gesetzgeber überhaupt ein solcher Spielraum zugestanden werden kann. Hält sich der Gesetzgeber an seine selbst gesetzten Wertungen, sprechen systemkonforme Akte dafür, dass die Regelung mit dem Grundgesetz vereinbar ist. Insoweit kommt es dann zu einer Erweiterung[654] oder jedenfalls Schonung[655] des gesetzgeberischen Spielraums. Die Funktion der Bindung des Gesetzgebers an den Verhältnismäßigkeitsgrundsatz ist es, „Kompromissen der politischen Instanzen grundrechtsschützende Grenzen zu ziehen. Die Verfassung bildet den Rahmen, nicht den Gegenstand politischer Kompromissfindung auf einfachgesetzlicher Ebene."[656]

c) Zusammenspiel beider Gebote

Wenn man nun die Pflicht zur konsequenten Zugrundelegung der Risikoeinschätzung und das Gebot folgerichtiger Konzeptverwirklichung zusammendenkt, kann es auch eine Pflicht geben, bei sich gegenseitig beeinflussenden Risikofaktoren das un-

---

647 *Petersen*, Verhältnismäßigkeit als Rationalitätskontrolle, S. 42.

648 *Lorz*, Diskussionsbeitrag, VVDStRL 71 (2012), S. 83.

649 *Petersen*, Verhältnismäßigkeit als Rationalitätskontrolle, S. 42 f.

650 *Petersen*, AöR 138 (2013), 108 (118 f.).

651 *Petersen*, AöR 138 (2013), 108 (119).

652 So aber *Bumke*, Der Staat 49 (2010), 77 (80); *Lepsius*, JZ 2014, 488 (496). Zumindest eine Gefahr in dieser Hinsicht sieht *Payandeh*, AöR 136 (2011), 578 (613). In diese Richtung auch *Grzeszick*, VVDStRL 71 (2012), S. 49 (60 f.). Einengung der Gestaltungsfreiheit des Gesetzgebers: *Lepsius*, in: Jestaedt/Lepsius/C. Möllers/Schönberger (Hrsg.), Das entgrenzte Gericht, S. 159 (250).

653 Zu den weiteren Voraussetzungen siehe oben 3. Teil, D. II. 3.

654 *Dieterich*, Systemgerechtigkeit und Kohärenz, S. 225.

655 *O'Hara*, Konsistenz und Konsens, S. 40. Vgl. auch *Michael*, JZ 2008, 875 (882).

656 BVerfGE 130, 131 (143 f.); *Osterloh*, in: FS-Bryde, S. 429 (439).

terschiedliche Suchtpotential insofern den jeweiligen Regelungen zugrundezulegen, als der Risikofaktor mit dem größeren Suchtpotential stärker reguliert werden muss als der Risikofaktor mit dem geringeren Suchtpotential. Je mehr allerdings Interpendenzen zwischen beiden Risikofaktoren bestehen, desto mehr muss dies wiederum berücksichtigt werden. Dann geht es weniger um eine lineare Regelung orientiert an der jeweiligen Risikoeinschätzung, sondern um die Verhinderung unerwünschter Effekte, die durch eine inkohärente Regelung zustandekommen.

d) Fazit

Worum es beim Gebot folgerichtiger Konzeptverwirklichung geht, ist die „Divergenz zwischen der Wertigkeit des normativen Ziels eines Gesetzes und der Geeignetheit der Realisierung dieses Ziels durch das Gesetz“[657]. Der Gesetzgeber genießt Freiheit bei Auswahl und Bestimmung von Zwecken und Zielen, muss aber dann ein konsistentes Konzept zu dessen Realisierung entwickeln und konsequent umsetzen[658]. Das BVerfG gibt bei der Überprüfung keine Bewertung über das vom Gesetzgeber verfolgte Ziel ab[659]. Die Kohärenzerwägungen helfen, zumindest relative Aussagen über den Wert eines Rechtsguts zu treffen, nämlich über den Wert, den der Gesetzgeber dem Rechtsgut zugemessen hat[660]. Das Gebot spielt dann entweder bereits bei der Geeignetheit oder erst bei der Angemessenheit der Maßnahme eine Rolle und schränkt den Einschätzungsspielraum des Gesetzgebers bezüglich der Geeignetheit ein.

Diese Einschränkung ist jedoch deswegen unproblematisch, weil das Gebot der Folgerichtigkeit dem Gesetzgeber nicht verbietet, das Konzept an sich zu ändern[661]. Es gibt auch nicht selbst inhaltliche Maßstäbe vor[662]. Das BVerfG ersetzt damit nicht die Wertungen des Gesetzgebers durch seine eigenen, sondern „überträgt lediglich Wertungen des Gesetzgebers in anderem Zusammenhang auf die grundrechtliche Konfliktsituation und überprüft damit die gesetzgeberische Motivation“[663]. Es führt

---

[657] *Steinbach*, Rationale Gesetzgebung, S. 90.

[658] *Steinbach*, Rationale Gesetzgebung, S. 89 f.

[659] *O'Hara*, Konsistenz und Konsens, S. 206.

[660] *Petersen*, Verhältnismäßigkeit als Rationalitätskontrolle, S. 178 f.

[661] Vgl. BVerfGE 122, 210 (242); BVerfG, HFR 2016, 72 (76 f.), allerdings für das Steuerrecht; *Bieback*, ZfRSoz 2018, 42 (52). Es sagt außerdem nichts darüber aus, ob nicht eine andere Maßnahme als die gewählte, die einen intensiveren Grundrechtseingriff darstellte (z. B. ein absolutes Rauchverbot statt eines mit Ausnahmen geltenden Rauchverbots), verhältnismäßig wäre (kritisch aber Sondervotum *Masing* zu BVerfGE 121, 317 [382]; *Michael*, JZ 2008, 875 [877]; *Gröschner*, ZG 2008, 400; *Dann*, Der Staat 2010, 630 [635]; *Schweizer*, Nudging and the principle of proportionality, S. 23). Denn solche „Radikallösungen“ nehmen nicht bloß auf der einen Seite der Abwägung etwas weg – sie fügen auf der anderen Seite der Abwägung auch etwas hinzu (ähnlich *Payandeh*, AöR 136 [2011], 578 [606]; *O'Hara*, Konsistenz und Konsens, S. 195): Die öffentliche Gesundheit wird so umfassender geschützt.

[662] *Bumke*, Der Staat 49 (2010), 77 (95).

[663] *Petersen*, AöR 138 (2013), 108 (130). Gleiches gilt für die Anwendung des Kohärenzgebots durch den EuGH (dazu *Frenz*, EuR 2012, 344 [348 f.]).

nur zur Anwendung eines vom Gesetzgeber selbst gesetzten inneren Maßstabs, es richtet keine Vorgaben von außen an das System. Wenn eine Maßnahme einer anderen Maßnahme in ihrer Wirkung widerspricht oder zwei Maßnahmen unterschiedlicher Intensität nur damit erklärt werden können, dass offenbar unterschiedliche Gefahreinschätzungen zugrunde liegen oder andere Interessen leitend waren, wird das vom Gesetzgeber vorgegebene Ziel nicht konsequent verfolgt.

Das Gebot folgerichtiger Konzeptverwirklichung sagt deswegen nichts über die Einhaltung des Untermaßverbots aus. Denn der Staat kann das Konzept auch ändern: So hatte er nach dem Sportwettenurteil die Möglichkeit, am staatlichen Monopol festzuhalten und es konsequent an der Suchtprävention auszurichten, und die Möglichkeit, auch Privaten die Vermittlung von Sportwetten zu erlauben[664]. Auf die Frage, ob das Suchtpotential von Sportwetten nicht aber ein bestimmtes Maß an aktiver Prävention verlangt, hält das Gebot folgerichtiger Konzeptverwirklichung keine Antwort bereit; dies ist eine Frage des Untermaßverbots.

2. Gebot der abgestimmten Ausgestaltung von Regelungsstrukturen

Der Spielraum des Gesetzgebers wird außerdem durch das Gebot der abgestimmten Ausgestaltung von Regelungsstrukturen eingeschränkt. Hier geht es nicht um die Verhältnismäßigkeit einer Maßnahme, die durch die Berücksichtigung gegenläufiger Ziele beeinflusst wird, sondern um die nichtkonsequente Orientierung eines Regelungskonzepts an bestimmten allgemeinen Grundsätzen oder Prinzipien, die nicht selbst durch die Verfassung vorgegeben werden. Eine solche Bedeutung wird dem Gebot der Folgerichtigkeit bislang insbesondere im Steuerrecht[665] und im Wahlrecht[666] zugeschrieben[667]. Beide Rechtsgebiete sind verfassungsrechtlich kaum vorgeprägt, der Gesetzgeber muss vielmehr zunächst eine grundsätzliche Wertung dahingehend treffen, an welchen Prinzipien er das jeweilige Rechtsgebiet ausrichten will. Das BVerfG überprüft deswegen nur die Einhaltung abstrakter Prinzipien (wie im Steuerrecht das der gleichen steuerlichen Lastenverteilung oder im Wahlrecht die Entscheidung für ein bestimmtes Wahlsystem) und die folgerichtige Ausgestaltung anhand dieser Prinzipien. Abgeleitet wird das Folgerichtigkeitsgebot hier aus Art. 3 I GG; die Rechtfertigung der Abweichung durch sachliche Gründe ist grundsätzlich möglich.

Will man dieses Gebot verallgemeinern, um es so auch für das Recht der öffentlichen Gesundheit anwendbar zu machen, müssen Fälle im Vordergrund stehen, die sich nicht auf eine einzelne Maßnahme konzentrieren, sondern auf Entscheidungen,

---

664 *Kment*, NVwZ 2006, 617 (622).

665 Ausführlich *Englisch*, in: FS-Lang, S. 167; *Brückner*, Folgerichtige Gesetzgebung im Steuerrecht und Öffentlichen Wirtschaftsrecht, S. 41 ff.; *Waldhoff*, Die Verwaltung 48 (2015), 85 (93 ff.); *O'Hara*, Konsistenz und Konsens, S. 125 ff.

666 Vgl. etwa BVerfGE 1, 208 (246); 120, 82 (103 f.).

667 Vgl. *Payandeh*, AöR 136 (2011), 578 (594 ff.).

die sehr breitflächig wirken und deswegen ein komplizierteres Konzept des Gesetzgebers erfordern, während gleichzeitig die Verfassung die Grundwertungen nicht vorgibt. Bestimmt werden muss hier nicht – anders als beim Gebot folgerichtiger Konzeptverwirklichung – ein System, sondern es müssen die Grundwertungen[668] herausgearbeitet werden, die einen Lebensbereich prägen[669]. Bezugspunkt ist dann eine „Grundregel", die aus der konkreten rechtlichen Behandlung besteht, die die Regelsachverhalte aus dem geregelten Lebensbereich erfahren; sie drückt aus, wie der Gesetzgeber grundsätzlich mit einem sozialen Problem umgehen will[670]. Da auch hier Art. 3 I GG zur Anwendung kommt[671], ähnelt es dem Gebot zur konsequenten Zugrundelegung der Risikoeinschätzung. Der entscheidende Unterschied liegt darin, dass es hier nicht um die Einschätzung eines tatsächlichen Sachverhalts (die Schädlichkeit eines Risikofaktors), sondern um Wertungen geht. Diese Wertungen werden wiederum nicht durch die Verfassung vorgegeben.

a) Gebot der Einhaltung selbstgesetzter Leitprinzipien

Insbesondere bei der sozialen Risikovorsorge kann dieses Gebot zum Tragen kommen. Denn aus dem Sozialstaatsprinzip ergeben sich nur grobe Vorgaben wie die Autonomieförderung. Dem Gesetzgeber kommt also die Aufgabe zu, diesen staatlichen Auftrag in konkrete Regelungen umzusetzen, und dabei muss er entscheiden, inwieweit er die Bevölkerung auf eigenverantwortliche Anstrengungen verweist oder ob er im Gegensatz dazu gesellschaftliche Ungleichgewichtslagen stärker durch Umverteilung von Handlungsoptionen ausgleicht. Dabei wird es regelmäßig dazu kommen, dass er bestimmte Leitprinzipien oder ein bestimmtes Leitbild verfolgt. In einem solchen Fall muss er sich dann an diesem Prinzip bzw. Leitbild festhalten lassen. Er kann also nicht einerseits die Bevölkerung auf ihre Eigenverantwortung verweisen, ihr aber andererseits nicht die Informationen zur Verfügung stellen, die sie für eigenverantwortliche Entscheidungen benötigt, oder ihr gar die Möglichkeit nehmen, solche Entscheidungen zu treffen.

Widersprüchlich ist es z.B. auch, im Krankenversicherungsrecht die „Eigenverantwortung" der Betroffenen dadurch „fördern" zu wollen, dass für den Erkrankungsfall Leistungen der GKV entfallen bzw. eine Beteiligung an den Kosten erforderlich wird, wenn gleichzeitig nicht das Umfeld geschaffen wird, das gesundheitsförderliche Entscheidungen fördert[672]. Insofern besteht ein „konstitutives

---

[668] BVerfG, ZIP 2014, 464 (467).

[669] *Brückner*, Folgerichtige Gesetzgebung im Steuerrecht und Öffentlichen Wirtschaftsrecht, S. 134, 140 ff.; *O'Hara*, Konsistenz und Konsens, S. 152 ff.

[670] *O'Hara*, Konsistenz und Konsens, S. 158 ff.

[671] Hierzu auch *O'Hara*, Konsistenz und Konsens, S. 158 ff., 171, der betont, dass es an dieser Stelle um die Integrität der Rechtsordnung geht, hier also eine objektivrechtlich-rechtsstaatliche Erwägung angestellt wird (S. 164). Eine Verortung von Folgerichtigkeitserwägungen in Art. 3 I GG allgemein ablehnend *Payandeh*, AöR 136 (2011), 578 (589 ff.).

[672] Zu diesem Umfeld und der Verhältnisprävention noch unten 4. Teil, B. I. 2.

Bedingungsverhältnis zwischen prospektiver und retrospektiver Eigenverantwortung"[673].

Bezugspunkt des Folgerichtigkeitsgebots in dieser Ausprägung ist die legislative Grundentscheidung. In der Regel werden die Regelungsstrukturen, die durch dieses Gebot aufeinander abgestimmt werden müssen, jedoch nur schwer erkennbar sein, weil sie in vielen unterschiedlichen Gesetzen zu finden sind, die ggf. wiederum bestimmte andere Zwecke verfolgen, an denen die Regelungen ausgerichtet werden müssen. Im Ergebnis wird das Gebot der Einhaltung selbstgesetzter Leitprinzipien deswegen nur selten praktische Bedeutung erlangen können. Verstöße gegen das Gebot werden wohl nur festgestellt werden können, wenn die gewählte Ausgestaltung willkürlich ist[674].

b) Folgerichtige Bestimmung des Existenzminimums

Das Gebot der abgestimmten Ausgestaltung von Regelungsstrukturen kann außerdem herangezogen werden, wenn es um die Konzeption des gesundheitlichen Existenzminimums geht. Abgesehen davon, dass der Bedarf methodengerecht erfasst werden muss[675], dürfen sich die Wertungen, die der Gesetzgeber innerhalb seines normativ geprägten Spielraums vornehmen darf, nicht widersprechen. Das Folgerichtigkeitsgebot aus Art. 3 I GG zwingt den Gesetzgeber hier, staatliche Verteilungsentscheidungen – für die das Grundgesetz keinen näheren Maßstab bereithält – an einem Mindestmaß an „systematischen Grundstrukturen" auszurichten[676].

aa) Vorgaben des BVerfG aus den Entscheidungen zum Existenzsicherungsrecht

In mehreren Entscheidungen hat das BVerfG zum Existenzsicherungsrecht entschieden, dass der Gesetzgeber – wenn er eine Methode zur Ermittlung des Bedarfs auswählt – diese Methode folgerichtig anwenden muss. Das heißt, er darf von den „Strukturprinzipien" seines Berechnungsmodells nicht ohne sachlichen Grund abweichen[677]. Sachliche Gründe können abweichende Regelungsstrukturen und -zwecke sein[678]. In der Entscheidung des BVerfG zu den Leistungen nach dem SGB II aus dem Jahr 2010 hieß es, der Gesetzgeber müsse den Umfang der Leistungen „folgerichtig in einem transparenten und sachgerechten Verfahren" ermitteln[679].

---

673 *Marckmann*, in: Rauprich/Marckmann/Vollmann (Hrsg.), Gleichheit und Gerechtigkeit in der modernen Medizin, S. 299 (307).

674 Dazu *O'Hara*, Konsistenz und Konsens, S. 171 ff.

675 Siehe oben 3. Teil, D. II. 2 b) bb).

676 Vorsichtig zu einer solchen Pflicht *Osterloh*, in: FS-Bryde, S. 429 (442).

677 BVerfGE 125, 175 (238).

678 BVerfGE 125, 175 (225 f., 232).

679 BVerfGE 125, 175 (225).

Im Schrifttum wurde dies als Gebot der „prozeduralen Systemkonsistenz“[680] bzw. eines prozedural optimierten Gesetzgebungsverfahrens[681] interpretiert. Später konkretisierte das BVerfG seine Ausführungen jedoch dahingehend, dass sich die „aus der Verfassung ergebenden Anforderungen an die methodisch sachgerechte Bestimmung“ des Existenzminimums nicht auf das Gesetzgebungsverfahren, „sondern auf dessen Ergebnisse“ beziehen[682]. Dass dies in der Sache einen Unterschied macht, ist zweifelhaft. Ein Unterschied ergibt sich nur für eine 2010 angeklungene Begründungspflicht; damals hatte das Gericht von einer Obliegenheit des Gesetzgebers gesprochen, die Berechnung nachvollziehbar zu begründen, damit geprüft werden könne, ob seine Wertungen und Entscheidungen verfassungsgemäß seien[683]. Eine solche – selbstständig rügbare[684] – Begründungspflicht gibt es gerade nicht. Dadurch verzichtet das BVerfG jedoch nicht auf Folgerichtigkeitserwägungen[685]. Denn das Gebot der Folgerichtigkeit bezieht sich nicht notwendigerweise auf das Gesetzgebungsverfahren, sondern kann auch einen materiellen – wenn auch wertfreien – Maßstab darstellen, und es ist auch nicht von vornherein davon abhängig, dass der Gesetzgeber sein Gesetz ausführlich begründet. Es verpflichtet den Gesetzgeber dazu, dort, wo das Grundgesetz keine bestimmte Methode der Bedarfsermittlung vorschreibt, Abweichungen von der gewählten Methode sachlich zu rechtfertigen[686]. Er darf nicht einerseits festlegen, dass etwas zum Bedarf gehört, und andererseits eine Berechnungsmethode wählen, die die Berücksichtigung dieses Bedarfs ausschließt[687]. Auch hier wirkt das Folgerichtigkeitsgebot aber letztlich fast nur in Form einer Willkürkontrolle[688].

---

680 *Kingreen*, NVwZ 2010, 558 (560); sich dem anschließend *Dann*, Der Staat 49 (2010), 630 (637).

681 *Dann*, Der Staat 49 (2010), 630 (636).

682 BVerfGE 132, 134 (162); 137, 34 (73).

683 BVerfGE 125, 175 (237 f.).

684 Im Schrifttum wird – unabhängig vom Existenzsicherungsrecht – eine solche Pflicht seit langer Zeit intensiv diskutiert und hauptsächlich abgelehnt (*Cremer*, NVwZ 2004, 668; *Waldhoff*, in: FS-Isensee, S. 325 [330 ff.]; *Ennuschat*, DVBl 2004, 986 [991]; *Hebeler*, DÖV 2010, 754 [759 ff.]; *Schwarz/Bravidor*, JZ 2011, 653 [657]; *Dann*, Der Staat 49 [2010], 630 [637]; vgl. aber ausführlich *Gartz*, Begründungspflicht des Gesetzgebers; zur Begründungspflicht auch *Kluth*, in: ders./Krings [Hrsg.], Gesetzgebung, § 14 Rn. 73 ff.; *Sanders/Preisner*, DÖV 2015, 761); nicht zuletzt Entscheidungen des 2. Senats zur Besoldung befeuerten dabei die Debatte. Der 2. Senat versteht dabei die Pflicht, ein Gesetz zu begründen, als prozedurale Sicherung, die die Schwierigkeit kompensieren soll, das verfassungsrechtlich gebotene Besoldungsniveau anhand materieller Kriterien zu bestimmen (BVerfGE 130, 263 [301 f.]; 139, 64 [127]; 140, 240 [296]; 149, 382 [395 ff.]; kritisch *Hartmann*, ZBR 2014, 228; *Risse*, JZ 2018, 71 [74]). Jüngst stellte dann der 1. Senat klar, dass das Besoldungsrecht einen Sonderfall darstelle und diese Entscheidungen nicht verallgemeinerbar seien; eine allgemeine formelle Begründungspflicht bestehe nicht. Entscheidend sei, „dass im Ergebnis die Anforderungen des Grundgesetzes nicht verfehlt werden“ (BVerfGE 140, 65 [79 f.]; 143, 246 [345 f.]; siehe auch BVerfG, Beschl. v. 1.2.2018, 1 BvR 1379/14, Rn. 9).

685 So aber *Luthe*, jM 2016, 249 (251 f.).

686 BVerfGE 125, 175 (225).

687 BVerfGE 132, 134 (163); 137, 34 (100).

688 Ähnlich *Axer*, in: GS-Brugger, S. 335 (348).

bb) Übertragung auf gesundheitliches Existenzminimum

Bei der Berechnung des Existenzminimums wirkt das Folgerichtigkeitsgebot als Kompensation dafür, dass sich aus der Verfassung keine konkrete Höhe oder ein konkreter Umfang des Existenzminimums ergibt. Dem Gesetzgeber wird erst ein Spielraum bei der Bestimmung des Bedarfs zugestanden, er muss dann aber die Berechnung so vornehmen, dass sich dieser Bedarf auch wirklich im Ergebnis der Berechnung niederschlägt. So wird verhindert, dass die Betroffenen Leistungen in einem geringeren Umfang erhalten, als dies nach der selbst gewählten Entscheidung des Gesetzgebers eigentlich notwendig wäre.

Diese Grundsätze können auch auf das gesundheitliche Existenzminimum übertragen werden, es ist jedoch deutlich schwieriger, auf dieser Ebene Verstöße gegen das Folgerichtigkeitsgebot zu bestimmen. Auf einer abstrakten Ebene führt die Einhaltung dieses Gebots dazu, dass die verschiedenen betroffenen Rechtsgebiete aufeinander abgestimmt werden; Abweichungen müssen sachlich gerechtfertigt werden. Dies gilt insbesondere für die Regelungen, die über die Höhe der ökonomischen Ressourcen entscheiden, die der Bevölkerung zur Verfügung stehen. Hier ist ein Minimum an Abstimmung zwischen Sozialrecht, Einkommensteuerrecht, Mehrwertsteuerrecht, Vollstreckungsrecht und Unterhaltsrecht erforderlich.

Wenn Leistungen, die für eine Teilhabe zwingend notwendig sind (z. B. Sehhilfen, Rollatoren, Rollstühle und andere Hilfsmittel), vom Katalog der GKV ausgeschlossen werden, müssen diese Leistungsausschlüsse durch das Existenzsicherungsrecht (also im SGB IX und SGB II, XII) aufgefangen werden[689], da sonst das Teilhabeminimum unterschritten wird[690]. Das gleiche gilt für Zahnersatz: Wenn sich Menschen auf finanziellen Gründen keinen Zahnersatz leisten können, wird die Armut durch Zahnlücken unmittelbar im Gesicht sichtbar, was wiederum zu Ausgrenzung und Stigmatisierung führen kann[691].

In der Schule muss der Staat entweder die notwendigen Lernmittel (wie Bücher) für alle Schülerinnen und Schüler bereitstellen oder die Kosten der Selbstanschaffung über das Grundsicherungsrecht berücksichtigen[692]. Wenn er auf digitales Lernen setzt, muss er entsprechende Endgeräte für die Schülerinnen und Schüler vorhalten (also z. B. pro Klasse mehrere Tablets oder Computer in der Schule bereitstellen). Wenn dann – wie während der Corona-Epidemie – die Schulen geschlossen werden und auf Fernunterricht umgestellt wird, muss der Staat dafür sorgen, dass alle Schülerinnen und Schüler ein solches Endgerät von zu Hause nutzen können.

---

[689] Dazu BSGE 110, 183 (193); dagegen BSGE 108, 235 (238 f.).

[690] Ähnlich *Ströttchen*, Verfassungsrechtliche Ansprüche auf konkrete medizinische Leistungen, S. 148.

[691] *Ströttchen*, Verfassungsrechtliche Ansprüche auf konkrete medizinische Leistungen, S. 162; dazu auch *Wenner*, in: Wallrabenstein/Ebsen (Hrsg.), Stand und Perspektiven der Gesundheitsversorgung, S. 115 (127).

[692] Dazu BVerfGE 125, 175 (248 f.).

III. Fazit

Das Folgerichtigkeitsgebot kann in verschiedenen Ausprägungen im Recht der öffentlichen Gesundheit zur Anwendung kommen: Der Gesetzgeber muss seinen Entscheidungen einmal getroffene Risikoeinschätzungen konsequent zugrundelegen; wenn er gleichzeitig sich widersprechende Ziele verfolgt, kann dies zur Unangemessenheit einer dieser Regelungen führen; er muss die soziale Risikovorsorge konsequent an selbst gewählten Leitprinzipien ausrichten und er muss das gesundheitliche Existenzminimum so ausgestalten, dass der von ihm ermittelte Bedarf auch tatsächlich befriedigt wird. Das Folgerichtigkeitsgebot gibt die Ausgangswertungen nicht selbst vor, sondern wirkt lediglich als querschnittliche Erwägung in die Prüfung der Verfassungsmäßigkeit konkreter Regelungen hinein: Verhält sich der Gesetzgeber widersprüchlich, können Regelungen verfassungswidrig oder ergänzende Regelungen notwendig werden. Auf diese Weise wird die Tatsache, dass sich der Verfassung nur grobe Leitlinien der gesundheitlichen Risikovorsorge entnehmen lassen, ein Stück weit kompensiert.

F. Zusammenfassung des 3. Teils

Der Staat ist verfassungsrechtlich zur Krankheitsprävention und Gesundheitsförderung verpflichtet: Aus der grundrechtlichen Schutzpflicht – gestützt auf Art. 2 II 1 GG und Art. 2 I iVm Art. 1 I GG – ergibt sich die Pflicht, die Bevölkerung bereits im Risikostadium vor externen Einflüssen zu schützen, die sich negativ auf die Gesundheit und auf die Persönlichkeitsentwicklung auswirken können. Aus dem Sozialstaatsprinzip iVm Art. 2 II 1 GG und iVm Art. 2 I iVm Art. 1 I GG ergibt sich die Pflicht zur sozialen Risikovorsorge, die sowohl die Gesundheit als Teilhabe- und Autonomievoraussetzung als auch die Autonomie und Teilhabe direkt fördert. Der staatliche Auftrag besteht nur nachrangig, d. h. nur in dem Maße, in dem der Einzelne sich nicht selbst schützen kann. Der Verweis auf die Eigenverantwortung versagt jedoch dort, wo externe Faktoren Einfluss auf die Gesundheit der Bevölkerung nehmen und wo der Einzelne nichts gegen das Gesundheitsrisiko ausrichten kann, weil es beispielsweise aus einem kollektiven Übel besteht.

Der jeweilige staatliche Auftrag besteht als (einklagbare) staatliche Pflicht nur in Form der Grenze, die das Untermaßverbot bzw. das Existenzminimum ziehen. Die Bestimmung dieser Grenze gestaltet sich umso schwieriger, je größer die Unsicherheit über das gesundheitliche Risiko ist. Ggf. müssen im Rahmen der Risikoverteilung schon bei der Bestimmung dieser Grenze die Freiheitsrechte Dritter berücksichtigt werden. Im Grundsatz ist das Untermaßverbot jedoch unabhängig von entgegenstehenden Rechten Dritter. Erwägungen der Sozialadäquanz dürfen bei der Bestimmung der Grenze keine Rolle spielen, soweit dadurch die Gesundheitsschädlichkeit eines Risikofaktors ausgeblendet würde. Das gesundheitliche Existenzminimum wiederum kann unterteilt werden in das physische Existenzminimum und das Teilhabeminimum. Bei der Bestimmung des Teilhabeminimums ist der Spielraum des Gesetzgebers größer als bei der Bestimmung des physischen Existenzminimums; hier muss und darf der Gesetzgeber ein Stück weit selbst definieren, was er zum Bedarf zählt.

Über die Grenze, die durch das Untermaßverbot und das Existenzminimum gezogen wird, hinaus verhilft dieser Auftrag der gesundheitlichen Risikovorsorge zu Verfassungsrang, was im Rahmen der Eingriffsrechtfertigung entscheidend sein kann. Die Freiheitsrechte Dritter können der Risikovorsorge jedoch Grenzen setzen. Wo diese Grenze zu ziehen ist, hängt davon ab, ob die Dritten als Risikoakteure oder als Unbeteiligte gelten.

Wird der Gesetzgeber im Rahmen der gesundheitlichen Risikovorsorge tätig, muss er den Stand der Public-Health-Forschung berücksichtigen und auch nachträglich die Regelungen an neue Erkenntnisse anpassen. Insofern besteht eine Pflicht zum Erlass evidenzbasierten Rechts. Soweit der Gesetzgeber einen Spielraum hat, bestimmte Wertungen vorzunehmen, bindet er sich durch seine Entscheidungen selbst: Dann muss er das weitere Schutzkonzept folgerichtig ausgestalten.

4. Teil

Regulierung im Recht der öffentlichen Gesundheit

Mit Hilfe der im 2. Teil ausgearbeiteten Systematisierung und der im 3. Teil aufgezeigten verfassungsrechtlichen Pflichten und Grenzen sollen nun die drei Regelungsgegenstände, die bereits im 2. Teil ausführlicher dargestellt wurden – übertragbare Krankheitserreger, Lebensstilrisiken und die Kindergesundheit –, daraufhin untersucht werden, welchen Regulierungsansatz der Gesetzgeber in Bezug auf die Risikoakteure und in Bezug auf die zu schützenden Bevölkerungsgruppen verfolgt oder verfolgen könnte bzw. müsste und welche Grundsätze der Risikoverteilung in konkreten Regulierungsinstrumenten zum Ausdruck kommen. Ausgangspunkt der Betrachtung sollen die jeweiligen besonderen Herausforderungen sein: Dies können empirische Erkenntnisse sein, die im Recht bislang nicht ausreichend verarbeitet wurden, die Nichteignung eines bestehenden Gesetzes zur Risikovorsorge oder Auslegungsverständnisse in der Grundrechtsdogmatik.

A. Neu auftretende Krankheitserreger

Das Infektionsschutzrecht ist ein Unterrechtsgebiet, das immer den Schutz der Gesundheit Dritter bezweckt[1]. Maßnahmen, die dem Eigenschutz einzelner Personen dienen sollen, sind unzulässig – so darf niemand dazu gezwungen werden, sich impfen zu lassen, um selbst vor einem Erreger geschützt zu sein, und niemand muss sich im Erkrankungsfall einer Heilbehandlung unterziehen[2]. Das gesamte IfSG verfolgt somit einen bevölkerungsbezogenen Schutzzweck. Der Begriff „bevölkerungsbezogen" kann im Infektionsschutzrecht jedoch zusätzlich auch auf die eingesetzten Instrumente erstreckt werden: So kann man unterscheiden zwischen Maßnahmen, die punktuell im Umfeld einer konkreten infizierten Person bzw. eines konkreten Ausbruchs ansetzen, und Maßnahmen, die einen flächendeckenden Ansatz verfolgen, weil sie keinen Bezug zu einem konkreten, lokalen Infektionsherd haben. Ein solcher bevölkerungsbezogener – flächendeckender – Ansatz zeigt sich daran, dass nicht einzelne Infizierte oder Kontaktpersonen von Infizierten, sondern die gesamte Bevölkerung oder jedenfalls große Gruppen Adressatinnen der entsprechenden Maßnah-

[1] Dazu *Kießling*, in: dies. (Hrsg.), IfSG, 3. Aufl., Einf. Rn. 1, § 1 Rn. 1, 4.

[2] Letzteres ist in § 28 I 3 IfSG ausdrücklich geregelt und gilt auch für den Fall, dass ein Erkrankter gem. § 30 I IfSG im Krankenhaus isoliert ist.

men sind. Eine solche Strategie wird zum einen bei der Regelung von Impfpflichten verfolgt, wenn sich bestimmte Gruppen oder die ganze Bevölkerung gegen einen bestimmten Krankheitserreger wie z. B. das Masernvirus impfen lassen müssen, damit dadurch eine Herdenimmunität innerhalb der Bevölkerung aufgebaut wird. Die Impfpflichten gehören zur Verhütung von Infektionskrankheiten (§§ 16 ff. IfSG), die früher als die Bekämpfung (§§ 24 ff. IfSG) ansetzt und bereits dadurch nicht auf einen konkreten Ausbruch bezogen ist. Auf eine flächendeckende Strategie greift der Staat außerdem seit 2020 in der Corona-Epidemie zurück, nachdem die punktuelle Nachverfolgung von Infektionsketten mit der anschließenden Anordnung von Isolation und Quarantäne[3] und Beobachtung nicht mehr ausreichte, um die Epidemie nachhaltig einzudämmen. Im Folgenden soll allein dieser flächendeckende Ansatz der Bekämpfung von Infektionskrankheiten analysiert werden, weil die Politik hier Neuland betreten hat und das IfSG auf diese Art von Maßnahmen nicht ausgelegt[4] ist.

I. Besondere Ausgangssituation: Risikoakteur Allgemeinheit

Als Risikoakteure im Sinne des Risikovorsorgeansatzes gelten im Infektionsschutzrecht Personen, die andere Personen mit einer Krankheit anstecken bzw. die einen Krankheitserreger auf andere Personen übertragen können. Dass sie keinerlei eigenes Interesse an dieser Übertragung haben, ist irrelevant. Im Gefahrenabwehrrecht würde sie man als Verhaltensstörer bezeichnen, die durch ihr Verhalten – durch die Teilnahme am gesellschaftlichen Leben – eine Gefahr für andere schaffen, weil diese sich bei ihnen anstecken können.

Im IfSG werden diese Personen als Kranke (d. h. nachweislich Infizierte, die Symptome entwickelt haben, § 2 Nr. 4), Krankheitsverdächtige (d. h. Personen mit Symptomen, bei denen noch der Nachweis der Infektion fehlt, § 2 Nr. 5), Ausscheider (d. h. Personen, die nachweislich Krankheitserreger ausscheiden und dadurch ansteckend sind, aber keine Symptome haben, § 2 Nr. 6) und Ansteckungsverdächtige (d. h. Personen, die möglicherweise infiziert sind, § 2 Nr. 7, also z. B. Kontaktpersonen von Infizierten) bezeichnet. Diese vier infektionsschutzrechtlich relevanten[5] Personengruppen sind die Adressatinnen der meisten Standardmaßnahmen der Bekämpfung

[3] Zum Begriff der Quarantäne, die seit Mai 2020 im IfSG eigentlich „Absonderung" heißt, *Kießling*, in: dies. (Hrsg.), IfSG, 3. Aufl., § 30 Rn. 4.

[4] So auch VGH München, Beschl. v. 16.9.2020, 20 NE 20.1994, Rn. 17: „Es handelt sich bei der Corona-Pandemie um ein seit Bestehen der Bundesrepublik Deutschland erstmalig auftretendes Ereignis, das derzeit mit bestehenden rechtlichen Rahmenbedingungen gehandhabt wird, die auf eine Pandemie dieser Größenordnung nicht zugeschnitten sind"; zustimmend *Kingreen*, JURA 2020, 1019 (1025); siehe außerdem *Dreier*, DÖV 2021, 229 (231). AA *Rixen*, NJW 2020, 1097 (1099): Mit der Generalklausel sollte auch „eine situationsadäquate Bekämpfung" sich epidemisch ausbreitender Infektionskrankheiten ermöglicht werden; anders später *ders.*, VVDStRL 2021, S. 37 (54). – Zur Frage, inwieweit durch das 3. BevSchG v. 18.11.2020 (BGBl I 2397) eine Verbesserung erreicht wurde, unten 4. Teil, A. III. 2. b) bb) (2).

[5] Zum Begriff *Kießling*, in: dies. (Hrsg.), IfSG, 3. Aufl., § 2 Rn. 18.

von Infektionskrankheiten; so können gem. § 30 IfSG Infizierte isoliert und Krankheitsverdächtige und Ansteckungsverdächtige unter Quarantäne gestellt werden, für sie gelten gem. § 34 und § 42 gesetzliche Tätigkeitsverbote in Gemeinschaftseinrichtungen und in Lebensmittelbetrieben und gem. § 31 können durch Verwaltungsakt berufliche Tätigkeitsverbote ausgesprochen werden, so lange diese Personen ansteckend sind.

Eine effektive Seuchenbekämpfung steht in der Praxis vor einem Problem, wenn bei einer Krankheit aufgrund einer langen Inkubationszeit bzw. einer Kontagiosität schon vor dem Auftreten von Symptomen oder wegen symptomloser Verläufe gar nicht für alle Personen feststeht, ob sie infiziert sind. Der Erreger wird dann bereits übertragen, bevor die infizierte Person isoliert werden kann oder ohne dass man jemals feststellen wird, dass die Überträgerin infiziert war. Dem versucht das IfSG zwar durch die Kategorie der Ansteckungsverdächtigen ein Stück weit Rechnung zu tragen[6], weil dadurch auch Personen, bei denen weder Symptome bestehen noch durch einen Test nachgewiesen ist, dass sie infiziert sind, die aber Kontaktpersonen 1. Grades sind, Adressatinnen vieler Maßnahmen sein können. Wenn jedoch während einer Epidemie die Kontakte Infizierter nicht mehr zuverlässig zurückverfolgt werden können, steht nicht fest, welche Personen welche Eigenschaften aufweisen und somit zu welcher der infektionsschutzrechtlich relevanten Personengruppen sie zählen[7]. Zwar ist die Kategorie der Ansteckungsverdächtigen weit, da mit dem Begriff des Verdachts eine normative Wahrscheinlichkeitsbeurteilung vorgenommen wird[8]; mit anderen Worten kann bei hochinfektiösen und -kontagiösen Krankheitserregern z. B. schon bei einem flüchtigen Kontakt ein Ansteckungsverdacht angenommen werden. Erforderlich bleibt aber der Bezug zu einer konkreten (potentiellen) Ansteckungssituation. Ansteckungsverdächtig iSd § 2 Nr. 7 IfSG sind deswegen nicht pauschal alle aus dem Ausland Einreisenden, so dass eine für alle Einreisenden geltende 14-tägige Quarantäneanordnung nicht auf § 30 IfSG gestützt werden kann[9].

[6] Durch die Kategorie der Krankheits- und Ansteckungsverdächtigen werden Gefahrverdacht und Gefahrerforschung „zum normativen Leitbild" des IfSG (*Rixen*, in: Kloepfer [Hrsg.], Pandemien als Herausforderung für die Rechtsordnung, S. 67 [76]). Das bedeutet aber nicht, dass dadurch das IfSG schon Teil des Risikoverwaltungsrechts wird (in diese Richtung aber *A. Engels*, DÖV 2014, 464 [469]). Denn ein Einschreiten mit dem Zweck der Gefahrenabwehr gestützt auf einen Gefahrverdacht ist nicht zwingend unvereinbar mit dem Gefahrenabwehrrecht (dazu *Kießling*, in: Kulick/Goldhammer [Hrsg.], Der Terrorist als Feind?, S. 261). Zum Unterschied von Gefahrenabwehr und Risikovorsorge oben 2. Teil, A. II.

[7] Vgl. VG Hamburg, Beschl. v. 27.3.2020, 14 E 1428/20, Rn. 51; VG Hannover, Beschl. v. 16.4.2020, 15 B 2147/20, Rn. 10.

[8] Dazu *Kießling*, in: dies. (Hrsg.), IfSG, 3. Aufl., § 2 Rn. 31.

[9] OVG Lüneburg, Beschl. v. 11.5.2020, 13 MN143/20, Rn. 26 ff.; VG Hamburg, Beschl. v. 13.5.2020, 15 E 1967/20, Rn. 29 ff.; OVG Münster, Beschl. v. 5.6.2020, 13 B 776/20.NE, Rn. 39; *Kießling*, in: dies. (Hrsg.), IfSG, 3. Aufl., § 30 Rn. 20 f. AA VG Freiburg, Beschl. v. 14.5.2020, 4 K 1621/20, Rn. 31; OVG Schleswig, Beschl. v. 12.6.2020, 1 B 94/20, Rn. 16 f. – Der Gesetzgeber hat im November 2020 für die Einreisequarantäne eine eigene Verordnungsermächtigung geschaffen, die nicht die Zugehörigkeit zu den infektionsschutzrechtlich relevanten Personengruppen verlangt (§ 36 VIII 1 Nr. 1 IfSG).

Erst recht sind nicht alle in Deutschland Lebenden ansteckungsverdächtig (auch nicht während einer bundesweiten Epidemie)[10], so dass auch allgemeine Ausgangsbeschränkungen – auch wenn sie fälschlicherweise als „häusliche Quarantäne"[11] bezeichnet werden – nicht auf § 30 IfSG gestützt werden können[12].

Bei diesen Maßnahmen handelt es sich rechtlich um einen neuen Typ von Interventionen. Hier wird der Schutz nicht nur an einem bevölkerungsbezogenen Ziel ausgerichtet, sondern auch die Intervention selbst setzt bei der ganzen Bevölkerung an. Man kann diese Maßnahmen deswegen als „flächendeckende Maßnahmen" bezeichnen[13]. Weil die flächendeckende Anordnung von Maßnahmen im IfSG nicht vorgegeben ist – Maßnahmen nach § 28 I oder §§ 29–31 IfSG werden durch Einzelverwaltungsakt oder ggf. durch Allgemeinverfügung gem. § 35 S. 2 (L)VwVfG angeordnet –, bedarf es der Umsetzung durch eine Rechtsverordnung gem. § 32 IfSG, d. h. die nach Landesrecht zuständige Behörde – z. B. das Landesgesundheitsministerium – verordnet auf dieser Grundlage durch abstrakt-generelle Regelungen landesweite oder jedenfalls auf bestimmte Gebiete bezogene Maßnahmen.

Abgesehen von dieser Frage der richtigen Handlungsform benötigen die Behörden aber für flächendeckende Epidemiebekämpfungsmaßnahmen auch im materiellen Recht eine Rechtsgrundlage, die die Adressierung nicht nur der vier genannten infektionsschutzrechtlichen Personengruppen, sondern auch der Allgemeinheit erlaubt. Denn auch Personen, die keinen Kontakt zu Infizierten hatten, und solche, die bereits infiziert waren und nun (möglicherweise) immun sind, werden von diesen flächendeckenden Maßnahmen erfasst. Insbesondere die Rechtsprechung ging im Jahr 2020 davon aus, dass § 28 I IfSG als infektionsschutzrechtliche Bekämpfungsgeneralklausel herangezogen werden konnte[14], weil sie – mit der ganz überwiegenden Meinung im Schrifttum[15] – unterstellte, dass auch Nichtstörer Adressaten von Maßnahmen sein können, die auf die Generalklausel gestützt werden[16]. Der Begriff

---

[10] So aber VG Hamburg, Beschl. v. 20.3.2020, 10 E 1380/20, Rn. 7.

[11] *J. F. Lindner*, in: H. Schmidt (Hrsg.), COVID-19, § 18 Rn. 87 f.

[12] Unzutreffend *Ziekow*, DVBl 2020, 732 (736). *Kingreen* geht offenbar davon aus, dass der Adressatenkreis des § 30 I 2 IfSG identisch mit dem des § 28 I 1 IfSG ist (*Kingreen*, JURA 2020, 1019 [1025]); dies übersieht jedoch die unterschiedliche Formulierung in § 28 I 1 IfSG und § 30 I 2 IfSG.

[13] Von Maßnahmen mit „Breitenwirkung" spricht *Ruschemeier*, RW 2020, 450 (453).

[14] Zur Änderung des IfSG im November 2020 unten 4. Teil, A. III. 2. b) bb) (2).

[15] *Klafki*, Risiko und Recht, S. 307; *Guckelberger*, NVwZ-Extra 9a/2020, 1 (6); *Kingreen*, JURA 2020, 1019 (1025); *Johann/Gabriel*, in: BeckOK-InfSchR, 1.7.2020, § 28 IfSG Rn. 21; *Ruschemeier*, RW 2020, 450 (465); wohl auch *Sangs/Eibenstein*, JZ 2021, 710 (718); differenzierter *J. F. Lindner*, in: H. Schmidt (Hrsg.), COVID-19, § 18 Rn. 60 ff. AA *Wüstenberg*, GewArch 2020, 241 (243), aufgrund von sich nicht erschließenden Vorannahmen, er differenziert jedenfalls zwischen S. 1 und S. 2 bei § 28 I IfSG und hält bei S. 2 die Inanspruchnahme von Nichtstörern für zulässig (244). Eine Gleichsetzung von „Nichtstörern" und der „Allgemeinheit" findet sich auch bei *Barczak*, Der nervöse Staat, S. 571.

[16] Vgl. nur BVerwGE 142, 205 (213); VG Hamburg, Beschl. v. 27.3.2020, 14 E 1428/20, Rn. 51; VGH Mannheim, Beschl. v. 22.10.2020, 1 S 3201/20, Rn. 39; OVG Magdeburg, Beschl. v. 27.10.2020, 3 R 205/20, Rn. 22; OVG Berlin-Brandenburg, Beschl. v. 6.11.2020, OVG 11 S 97/20, Rn. 31; OVG Lüneburg, Beschl. v. 9.11.2020, 13 MN 472/20, Rn. 37.

„Nichtstörer“ wird an dieser Stelle regelmäßig verwendet, um den gefahrenabwehrrechtlichen Umstand zu beschreiben, dass diese Personen die Gefahr nicht verursacht haben. Dementsprechend wären sie keine Risikoakteure. Wer die möglichen Adressatinnen des § 28 I IfSG in Störer und Nichtstörer aufteilen will, muss bei flächendeckenden Maßnahmen das Problem, das gar nicht feststeht, wer infiziert ist und wer nicht (und somit: wer Störer und wer Nichtstörer ist), durch den Verweis darauf lösen, dass jedenfalls alle entweder Störer oder Nichtstörer seien[17]; es bleibt dann offen, welcher Adressat in welche Kategorie fällt. Dadurch wird jedoch die im Gefahrenabwehrrecht notwendige konkret-individuelle Verbindung zwischen Gefahrenlage und Adressat verwischt[18]. Der Begriff „Nichtstörer“ trifft das Problem der Adressierung der „Allgemeinheit“ schon deswegen nicht präzise, weil er auf die Vorschriften des allgemeinen Ordnungsrechts verweist, die für die Heranziehung Unbeteiligter gelten und hierfür hohe Hürden – wie etwa das Vorliegen einer gegenwärtigen erheblichen Gefahr (vgl. § 19 OBG NW) – aufstellen. Diese Voraussetzungen mögen bei einer Epidemie in einem allgemeinen Sinne vorliegen, bezogen auf eine individualisierte Person – die schließlich Adressatin eines Verbots ist – ist dies jedoch bei der Kategorie der Krankheitsverdächtigen und Ansteckungsverdächtigen nicht der Fall, weil hier gerade keine konkrete *Gefahr* besteht, sondern nur ein Verdacht. Auch der Verweis darauf, dass die Generalklausel vom Gesetzgeber für unvorhergesehene Fälle geschaffen wurde, um „für alle Fälle gewappnet zu sein“[19], hilft nicht weiter, da er damit nur solche Fälle meinte, bei denen ein individueller Bezug zu einer konkreten Infektionsgefahr besteht: Dies zeigt sich daran, dass er für die Figur des Nichtstörers beispielhaft das „Verbot an jemanden, der (noch) nicht ansteckungsverdächtig ist, einen Kranken aufzusuchen“, nannte[20].

Inwieweit bei den §§ 28 ff. IfSG überhaupt auf die Störervorschriften des allgemeinen Ordnungsrechts zurückgegriffen werden darf bzw. muss, ist nicht restlos geklärt. Oft wird die Notwendigkeit des Rückgriffs behauptet, ohne dass dann die damit einhergehenden Voraussetzungen geprüft werden[21]. In einem anderen Zusammenhang – bei Schulbetretungsverboten, die im Falle eines Masernausbruchs gegenüber Nichtimmunen verhängt werden – hat der Gesetzgeber auf das Störerproblem bei der Generalklausel des § 28 I 1 IfSG reagiert, indem er für diese Fälle eine eigene Standardermächtigung in § 28 II IfSG geschaffen hat: Nun muss nicht mehr festgestellt werden, wer inwieweit ansteckungsverdächtig iSd § 2 Nr. 7 IfSG ist oder ob die Vor-

---

[17] *Rixen*, NJW 2020, 1097 (1101); so wohl auch *Kingreen*, JURA 2020, 1019 (1025).

[18] Ein Problem, das u.a. auch bei Glasverboten auftritt, vgl. dazu *Kießling*, JURA 2016, 483 (487 ff.).

[19] Auf diese Formulierung berufen sich Rspr. und Literatur stets, um die Weite des Anwendungsbereichs zu betonen, vgl. nur VGH Mannheim, Beschl. v. 25.6.2020, 1 S 1739/20, Rn. 61; VG München, Beschl. v. 29.10.2020, M 26a S 20.5372, Rn. 70; Thür. LVerfGH, Urt. v. 1.3.2021, 18/20, Rn. 381; OVG Lüneburg, Beschl. v. 25.11.2021, 13 KN 132/20, Rn. 36; *Johann/Gabriel*, in: BeckOK-InfSchR, 1.7.2022, § 28 IfSG Rn. 31; *Ruschemeier*, JöR n.F. 69 (2021), 449 (455).

[20] BT-Drs. 8/2468, S. 27.

[21] Konsequent jedoch *Katzenmeier*, MedR 2020, 461 (462).

aussetzungen des polizeilichen Notstands iSd allgemeinen Ordnungsrechts vorliegen, sondern Adressatinnen können all diejenigen sein, die weder einen Impfschutz, der den Empfehlungen der STIKO entspricht, noch eine Immunität gegen Masern durch ärztliches Zeugnis nachweisen können.

Die Probleme mit der Kategorie des Nichtstörers zeigen bereits, dass die gefahrenabwehrrechtlichen Kategorien bei flächendeckenden Maßnahmen nicht weiterhelfen. Dies zeigt sich auch an anderer Stelle. § 28 I IfSG führt beispielhaft Maßnahmen auf, die aufgrund der Generalklausel verfügt werden. So kann die zuständige Behörde gem. S. 2 Veranstaltungen oder sonstige Ansammlungen von Menschen beschränken oder verbieten und Badeanstalten oder in § 33 IfSG genannte Gemeinschaftseinrichtungen oder Teile davon schließen. Hier wird der Adressatenkreis durch die jeweilige Veranstaltung oder Einrichtung bestimmt. Vorausgesetzt wird nicht, dass es sich bei all den betroffenen Personen um Kranke, Krankheitsverdächtige, Ausscheider oder Ansteckungsverdächtige handelt. Offen gelassen wird vom Wortlaut des § 28 I IfSG aber, ob die infektionsschutzrechtliche Gefahrenlage – die „Feststellung" von Kranken, Krankheitsverdächtigen, Ausscheidern oder Ansteckungsverdächtigen – in der jeweiligen Einrichtung oder während der Veranstaltung aufgetreten sein muss. In der Praxis wird dieser Zusammenhang wohl – wenn keine Epidemie aufgetreten ist – oft vorliegen; dass eine Kita geschlossen werden darf, wenn dort ein Fall von Ebola aufgetreten ist, leuchtet ein. Für die Auslegung, die einen derartigen Zusammenhang zwischen Gefahrenlage und Adressaten jedoch nicht verlangt, spricht, dass der Gesetzgeber die Vorgängervorschrift dieses Teils der Generalklausel – § 43 BSeuchG – „Maßnahmen gegenüber der Allgemeinheit" nannte; gleichzeitig verlangte er einschränkend, dass eine meldepflichtige Krankheit in epidemischer Form aufgetreten war. 1980 ging dann § 43 BSeuchG in § 34 BSeuchG – jetzt § 28 I IfSG – auf[22] und der Gesetzgeber verzichtete ausdrücklich auf die einschränkende Voraussetzung, dass die Krankheit „in epidemischer Form" aufgetreten war; der Begriff sei nicht quantifizierbar, die Beschränkung auf diese Krankheitsform nicht sachgerecht[23]. Ohne diese einschränkende Voraussetzung fehlt es § 28 I 2 IfSG aber nun an einem Korrektiv; der Wortlaut ist denkbar weit. Dies könnte dafür sprechen, dass nun keine allgemeine, schwere Gefahrenlage – wie bei einer Epidemie – vorliegen muss, dafür aber die Feststellung von Kranken, Krankheitsverdächtigen, Ausscheidern oder Ansteckungsverdächtigen gerade innerhalb der Einrichtung bzw. auf der Veranstaltung gemacht werden muss. Letztlich führt die historische Auslegung des § 28 I 2 IfSG jedoch nicht zu einem eindeutigen Ergebnis. Diskutiert wurde diese Frage lange Zeit weder in der Rechtsprechung noch im Schrifttum[24]. Es macht jedoch grundrechtlich einen großen Unterschied, ob eine Veranstaltung verboten wird oder eine Einrichtung geschlossen wird, weil vor Ort Erkrankungsfälle aufgetreten sind bzw. wahrscheinlich auftreten werden oder weil allgemein in der Region eine

---

[22] Viertes Gesetz zur Änderung des BSeuchG v. 18.12.1979, BGBl I 2248.

[23] BT-Drs. 8/2468, S. 27.

[24] Vgl. aber jetzt *Rixen*, VVDStRL 2021, S. 37; *Kießling*, JZ 2022, 53 (54 f.).

Epidemie aufgetreten ist. Im letzteren Fall ist der Bezug zwischen den Adressaten der Maßnahme und der Gefahrenlage nur noch sehr lose; der Rechtfertigungsdruck für solche Maßnahmen steigt.

Gem. § 28 I 1 2. HS IfSG kann die zuständige Behörde außerdem Personen verpflichten, den Ort, an dem sie sich befinden, nicht oder nur unter bestimmten Bedingungen zu verlassen oder von ihr bestimmte Orte oder öffentliche Orte nicht oder nur unter bestimmten Bedingungen zu betreten. Auch hier ergibt eine Auslegung keine klare Antwort auf die Frage, inwieweit die infektionsschutzrechtliche Gefahrenlage sich gerade auf diese Orte beziehen und in welcher Beziehung der Adressat hierzu stehen muss. Die Bundesländer stützten auf diesen Teil der Vorschrift – der erst seit der Änderung des IfSG im März 2020[25] in dieser Form gilt – die weitreichenden Ausgangsbeschränkungen und Betretungsverbote der Öffentlichkeit im Frühjahr 2020, ohne dass hierfür weitere, einschränkende Voraussetzungen vorliegen mussten.

Die Rechtsprechung hat trotz der Lücken und Auslegungsschwierigkeiten innerhalb der §§ 28 ff. IfSG die Anordnung flächendeckender Maßnahmen gegenüber der Allgemeinheit zu Beginn der Corona-Pandemie 2020 weithin gebilligt. Nur vereinzelt wurden Bedenken geäußert, ob § 28 IfSG wirklich als Rechtsgrundlage ausreichen kann[26]. In der Konsequenz wurde die Generalklausel des § 28 I 1 IfSG für die weitreichendsten Grundrechtseingriffe herangezogen, ohne dass auf Tatbestands- oder Adressatenseite hierfür besondere einschränkende Voraussetzungen vorliegen mussten oder der Umfang der zulässigen Maßnahmen auf Rechtsfolgenseite begrenzt gewesen wäre. Als im Oktober 2020 der VGH München den Anschein erweckte, nur noch vorübergehend § 28 IfSG als Rechtsgrundlage zu akzeptieren[27], reagierte der Gesetzgeber plötzlich sehr schnell[28] und fügte in einem überhasteten Gesetzgebungsverfahren einen neuen § 28a in das IfSG ein, den er als auf SARS-CoV-2 zugeschnittene Erweiterung der Generalklausel[29] versteht.

Eine solche Anwendung der Generalklausel – auch in Verbindung mit § 28a IfSG[30] – führt dazu, dass zunächst nicht mehr trennscharf zwischen den zwei Befugniskategorien des IfSG – Verhütung im Vorfeld und Bekämpfung nach erfolgtem Ausbruch – unterschieden wird, sondern ein eigener Bereich zwischen Verhütung

---

[25] Gesetz zum Schutz der Bevölkerung bei einer epidemischen Lage von nationaler Tragweite v. 27.3.2020, BGBl I 587.

[26] VGH Mannheim, Beschl. v. 9.4.2020, 1 S 925/20, Rn. 37 ff.; VG Hamburg, Beschl. v. 5.5.2020, 7 E 1804/20, Rn. 91; VGH München, Beschl. v. 16.9.2020, 20 NE 20.1994, Rn. 17 mwN. Die große Ausnahme stellt der Beschl. des saarl. VerfGH v. 28.8.2020 dar, der die Pflicht zur Kontaktdatenerfassung in der Gastronomie und anderen Betrieben für unvereinbar mit den Grundrechten hielt, weil § 28 IfSG keine taugliche Rechtsgrundlage darstelle (Lv 15/20); vgl. außerdem später VG Hamburg, Beschl. v. 10.11.2020, 13 E 4550/20, Rn. 13, und die Zweifel bei VGH München, Beschl. v. 5.11.2020, 20 NE 20.2468, Rn. 11 ff.

[27] VGH München, Beschl. v. 29.10.2020, 20 NE 20.2360, Rn. 35 ff.

[28] Dazu auch *Volkmann*, Verfassungsblog v. 20.11.2020.

[29] BT-Drs. 19/23944, S. 31.

[30] Dazu noch unten 4. Teil, A. III. 2. b) bb) (2).

und Bekämpfung entsteht. Darüber hinaus werden auch die Grenzen des Gefahrenabwehrrechts im engeren Sinne überdehnt: Wenn die infektionsschutzrechtliche Gefahr nicht auf der konkreten Versammlung oder in einer bestimmten Einrichtung auftreten muss, dann wird vorsorglich alles verboten, was die Übertragung des Erregers begünstigen würde, so er denn vor Ort vorhanden wäre[31]. Epidemiebekämpfung ist deswegen – anders als die punktuelle Eindämmung einzelner Ausbrüche im Umfeld bekannter Infizierter – nicht mehr Gefahrenabwehr, sondern Risikovorsorge[32]. Das heißt nicht, dass diese Art von Maßnahmen nicht verfassungsrechtlich zulässig sein könnte. Das Problem ist vielmehr, dass auf sie das IfSG nicht ausgelegt ist. Zwar ist das IfSG auch bei neu auftretenden, bislang unbekannten Krankheitserregern anwendbar. Aber in solchen Fällen – wie in den 1980er Jahren HIV und Ende 2019 SARS-CoV-2 – entscheiden die Behörden zunächst unter erheblicher Unsicherheit[33]. Diese Unsicherheit kann sich auf das Virus selbst, dessen Übertragungswege, den weiteren Verlauf der übertragbaren Krankheit und deren Schwere oder räumliche Verbreitung beziehen[34]. Erkenntnisse ergeben sich für den Staat nur sukzessive (durch Forschung während des Verlaufs in Deutschland oder durch den Verlauf in anderen Staaten, in denen das Virus schon früher aufgetreten ist). Diese Situation der geforderten Entscheidungen unter Unsicherheit führt dazu, dass die Strukturen des Gefahrenabwehrrechts im engeren Sinne überfordert sind[35].

II. Regelungsansatz

Wenn kein Impfstoff gegen den Krankheitserreger zur Verfügung steht und auch noch keine Herdenimmunität innerhalb der Bevölkerung aufgebaut wurde, weil es sich um einen neuen Krankheitserreger handelt und/oder Reinfektionen möglich sind, wird der Staat versuchen, die Ausbreitung der Krankheit durch nichtpharmazeutische Interventionen einzudämmen. Dies gilt jedenfalls für die Fälle, in denen der Erreger schwerwiegende Krankheitsverläufe verursachen kann. Die Eindämmung der Ausbreitung wird durch das infektionshygienische Prinzip der Distanzierung – also durch die räumliche Trennung infizierter Personen von nichtinfizierten

---

[31] Diesen Gedanken in allgemeine Entwicklungslinien des Polizei- und Sicherheitsrecht einbettend *Volkmann*, NVwZ 2021, 1408 (1410).

[32] *Mangold*, VVDStRL 2021, S. 7 (19); *Kießling*, JZ 2022, 53 (55 f.). Im Ergebnis auch *Kingreen*, Verfassungsblog v. 4.11.2020; ähnlich *Meßerschmidt/von Hesler*, ZG 2022, 200 (205); allgemein zum Infektionsschutzverwaltungsrecht *Kingreen*, in: Huster/Kingreen (Hrsg.), Handbuch Infektionsschutzrecht, Kap. 1 Rn. 86.

[33] Zu Pandemierisiken *Klafki*, Risiko und Recht, S. 161 f.; mit Bezug zur Corona-Pandemie *Rixen*, VVDStRL 2021, S. 37 (40 ff.); *Ladeur*, RuP 2021, 144; *Kamil Abdulsalam*, JöR n. F. 69 (2021), 487 (494 ff.).

[34] *A. Engels*, DÖV 2014, 464 (469); ausführlich *Trute*, GSZ 2020, 93 (94 f.).

[35] Allgemein *A. Engels*, DÖV 2014, 464 (467 ff., 474). Der Begriff des Gefahrverdachts kann dies gerade nicht auffangen, dazu unten 4. Teil, A. II. 3. b) aa) (1) (a); aA *Mers*, Infektionsschutz im liberalen Rechtsstaat, S. 31 f.

Personen[36] – umgesetzt. Für die weitere Betrachtung kann die Bevölkerung dabei in drei verschiedene Gruppen geteilt werden: die Infizierten, vor denen geschützt werden muss, besonders gefährdete Personen (Risikogruppen), die besonders geschützt werden müssen, und allen anderen, die weder besonders gefährdet sind noch andere anstecken können. Diese letzte Gruppe kann mit dem Begriff „Allgemeinheit" beschrieben werden, wobei mitgedacht werden muss, dass nicht immer feststeht, ob sich jemand in der Gruppe der Infizierten oder der Gruppe der Allgemeinheit befindet. Besonders gefährdete Personen können außerdem gleichzeitig auch bereits infiziert sein. Maßnahmen kommen gegenüber allen drei Personengruppen in Betracht. Rechtlich kann insofern eine Wechselwirkung bestehen, als Maßnahmen gegenüber der Allgemeinheit umso weniger eingreifend zulässig sind, je weniger das Potential beim besonderen der Schutz der Risikogruppen ausgeschöpft ist.

1. Pflicht zum Handeln

Die grundrechtliche Schutzpflicht verlangt vom Staat, die Bevölkerung vor Krankheitserregern zu schützen. Der Umfang dieser Pflicht hängt zunächst von der Schwere der jeweiligen Krankheit ab. Der Spielraum des Gesetzgebers ist dann enger, wenn es um eine potentiell tödliche Krankheit – wie COVID-19 – geht, denn dann ist die Grenze, die das Untermaßverbot zieht, höher anzusetzen als bei Krankheiten, die einen solchen Verlauf nicht oder nur selten nehmen. Das gleiche gilt für Krankheiten, die zwar nicht überdurchschnittlich tödlich sind, aber schwere Verlaufsformen beinhalten und/oder zu erheblichen Langzeitfolgen bzw. -schäden wie Herzschäden oder dem chronischen Erschöpfungssyndrom führen[37], die ganz massive Auswirkungen auf den Alltag der Betroffenen haben. Bliebe der Staat untätig, verletzte er das Untermaßverbot.

2. Das Ziel der Epidemiebekämpfung

Dem Staat obliegt es, über die Strategie der Bekämpfung der Infektionskrankheit unter Gesichtspunkten der Risikoverteilung zu entscheiden[38]. Er muss zunächst eine Grundentscheidung treffen: Soll der Krankheitserreger komplett ausgerottet werden oder soll die Epidemie nur eingedämmt werden? Die Eindämmung wiederum kann in unterschiedlich großem Ausmaß angestrebt werden[39]. Während es bei einzelnen lokalen Ausbrüchen noch möglich sein wird, die Ausbreitung des Erregers effektiv zu

[36] RKI (Hrsg.), RKI-Fachwörterbuch Infektionsschutz und Infektionsepidemiologie, Stichwort „Distanzierung".

[37] Diese Langzeitfolgen werden auch bei COVID-19 beschrieben („Long Covid").

[38] Vgl. auch *Lichdi*, SächsVBl 2020, 273 (278).

[39] Dazu auch *Volkmann*, Verfassungsblog v. 20.11.2020.

verhindern, kann es während der dynamischen Ausbreitung eines Erregers irgendwann erforderlich werden, das Ziel der Bekämpfung anzupassen.

a) Der Schutz der Funktionsfähigkeit des Gesundheitssystems

In der Corona-Pandemie gab die Politik früh die Verhinderung der Überlastung des Gesundheitswesens als Ziel aus. Die Bilder aus Bergamo im März 2020[40] zeigten plötzlich eindrücklich, dass das Gesundheitssystem ohne drastische Schutzmaßnahmen auch in Deutschland kollabieren könnte. „Kollabieren" hätte in diesem Zusammenhang geheißen, dass es in den Krankenhäusern zur Triage gekommen wäre, dass also nicht alle Patientinnen und Patienten hätten versorgt werden können und Menschen gestorben wären, die bei vorhandenen Behandlungskapazitäten überlebt hätten. Vor diesem Hintergrund sprach Bundeskanzlerin Merkel am 11.3.2020 davon, dass alle Anstrengungen darauf zu richten seien, das Gesundheitssystem vor Überlastung zu schützen[41]. Das 1. BevSchG v. 27.3.2020[42] wurde damit begründet, dass einer „Destabilisierung des gesamten Gesundheitssystems" vorgebeugt werden müsse[43]. Auch in Rechtsprechung[44] und Literatur[45] wurde während der Corona-Epidemie früh darauf verwiesen, dass die Eindämmung des Infektionsgeschehens das Gesundheitssystem vor Überforderung schützen solle.

Verorten konnte man das Ziel der Verhinderung der Überlastung des Gesundheitssystems als Unterziel der „Verhinderung der Weiterverbreitung übertragbarer Krankheiten"[46] des § 1 I IfSG[47], auch wenn der Gesetzgeber bei Schaffung des IfSG im Jahr 2000 nicht an dieses Ziel gedacht hatte[48]. Im November 2020 wurde dieses Ziel dann mit § 28a III 1 IfSG unmittelbar im Gesetz verankert. Gleichzeitig hieß es, dass die Infektionszahlen so gering gehalten werden sollten, dass die Nachverfolgbarkeit der Infektionsketten gewährleistet werden könne, dies drückte sich in den ins Gesetz aufgenommenen Schwellenwerten von 35 und 50 gemeldeten Neuinfektionen auf 100.000 Einwohner innerhalb von sieben Tagen aus (§ 28a III 5, 6 IfSG

---

[40] Hierauf verweist auch *Leisner-Egensperger*, JZ 2021, 913 (915).

[41] Pressekonferenz von Bundeskanzlerin Merkel, Bundesgesundheitsminister Spahn und RKI-Chef Wieler v. 11.3.2020, abrufbar unter https://www.bundesregierung.de/breg-de/suche/pressekonferenz-von-bundeskanzlerin-merkel-bundesgesundheitsminister-spahn-und-rki-chef-wieler-1729940.

[42] BGBl I 587.

[43] BT-Drs. 19/18111, S. 14.

[44] Aus der Anfangszeit: VG Minden, Beschl. v. 12.3.2020, 7 L 212/20, Rn. 14; VG Bremen, Beschl. v. 26.3.2020, 5 V 553/20, Rn. 45; OVG Münster, Beschl. v. 6.4.2020, 13 B 398/20.NE, Rn. 80, 92 ff.; VGH Kassel, Beschl. v. 7.4.2020, 8 B 892/20.N, Rn. 33, 52.

[45] *Lepsius*, Verfassungsblog v. 6.4.2020; *Kämmerer/Jischkowski*, GesR 2020, 341 (343).

[46] Wobei strenggenommen die Verhinderung der Weiterverbreitung nicht das eigentliche Ziel ist, sondern das Mittel, um die Gesundheit der Bevölkerung – auf dieser Abstraktionsebene bewegt sich § 1 IfSG – zu schützen.

[47] So *Kießling*, in: dies. (Hrsg.), IfSG, 1. Aufl., § 1 Rn. 10.

[48] Darauf weist *Arzt*, DÖV 2021, 262 (263), zu Recht hin.

idF v. 18.11.2020)[49]. Als diese Schwellenwerte im Herbst 2020 in vielen Bereichen Deutschlands überschritten wurden[50], wurden die Rechtsgrundlagen des § 28a I IfSG jedoch nicht im Sinne eines „harten“ Lockdowns“ angewandt; die Rede war vielmehr von einem „Lockdown Light“, der dann in vergleichweise kurzem Abstand immer wieder verlängert und punktuell verschärft wurde[51]. Gedacht wurde wohl nicht mehr (nur) an Triagesituationen wie in Bergamo; verhindert werden sollte stattdessen (auch), dass geplante Operationen in Krankenhäusern verschoben würden, weil wegen der hohen Auslastung der Intensivstationen im Notfall für diese Patientinnen und Patienten kein Intensivbett zur Verfügung stünde[52].

Auch die sogenannte „Bundesnotbremse“ des § 28b IfSG idF v. 22.4.2021[53], mit der der Bund unmittelbar durch Gesetz bundesweit geltende Corona-Schutzmaßnahmen festlegte, wurde damit begründet, „eine Überlastung des Gesundheitssystems insgesamt zu vermeiden und die medizinische Versorgung bundesweit sicherzustellen“[54]. Im Gesetz selbst zeigte sich das neue Ziel besonders deutlich ab September 2021[55], als zunächst in § 28a III 3 IfSG[56] für über einen Basisschutz hinausgehende Maßnahmen das Ziel verankert wurde, „eine drohende Überlastung der regionalen und überregionalen stationären Versorgung zu vermeiden“; ab März 2022 setzte die sogenannte „Hotspot“-Regelung des § 28a VIII IfSG[57] gem. § 28a

[49] Dazu *Kießling*, in: dies. (Hrsg.), IfSG, 2. Aufl., § 28a Rn. 12, 125. Kritisch zur Aussagekraft der Inzidenzwerte im weiteren Verlauf der Epidemie *Sangs/Eibenstein*, JZ 2021, 710 (714).

[50] Am 21.10.2020 übersteigt die 7-Tages-Inzidenz erstmals im bundesweiten Durchschnitt den Wert von 50; ein Großteil der Bundesländer liegt im Durchschnitt noch unter 50, am 9.11.2020 übersteigt die 7-Tages-Inzidenz erstmals in jedem Bundesland durchschnittlich den Wert von 50 (COVID-19-Lagebericht vom 21.10.2020, https://www.rki.de/DE/Content/InfAZ/N/Neuartiges_Coronavirus/Situationsberichte/Okt_2020/2020-10-21-de.pdf?__blob=publicationFile, S. 4; COVID-19-Lagebericht vom 9.11.2020, https://www.rki.de/DE/Content/InfAZ/N/Neuartiges_Coronavirus/Situationsberichte/Nov_2020/2020-11-09-de.pdf?__blob=publicationFile, S. 4).

[51] Die Videoschaltkonferenzen der Bundeskanzlerin mit den Regierungschefinnen und Regierungschefs der Länder („MPK“), die die Maßnahmen der Länder vorbereiteten, fanden am 28.10.2020, 25.11.2020 und 13.12.2020 statt.

[52] In den Beschlüssen der Videoschaltkonferenzen der Bundeskanzlerin mit den Regierungschefinnen und Regierungschefs der Länder („MPK“) wird dies jedoch nicht immer deutlich, erst im Beschl. v. 18.11.2021 ist davon die Rede, dass elektive Eingriffe von den Krankenhäusern verschoben würden (https://www.bundesregierung.de/resource/blob/974430/1982598/defbdff47daf5f177586a5d34e8677e8/2021-11-18-mpk-data.pdf?download=1, S. 8).

[53] BGBl I 802.

[54] BT-Drs. 19/28444, S. 8; hier wurde auch auf die Verschiebung planbarer Eingriffe aufmerksam gemacht.

[55] Außerdem war bereits ab November 2020 die Ergreifung von Schutzmaßnahmen von der Feststellung der epidemischen Lage von nationaler Tragweite gem. § 5 I 1 IfSG durch den Bundestag abhängig, die wiederum voraussetzt, dass eine „ernsthafte Gefahr für die öffentliche Gesundheit in der gesamten Bundesrepublik Deutschland besteht“ (§ 5 I 6 IfSG); „öffentliche Gesundheit“ wird hier mit „Gesundheitssystem“ übersetzt (so *Kingreen*, in: Huster/Kingreen (Hrsg.), Handbuch Infektionsschutzrecht, Kap. 1 Rn. 118).

[56] IdF v. 10.9.2021, BGBl I 4147.

[57] IdF v. 18.3.2022, BGBl I 466.

VIII 2 Nr. 2 IfSG voraus, dass „eine Überlastung der Krankenhauskapazitäten in der jeweiligen Gebietskörperschaft drohte".

Historisch betrachtet ist dieses Ziel infektionsschutzrechtlicher Maßnahmen neu. In der bereits vor der Corona-Pandemie verfügbaren Literatur wurde es nicht erwähnt[58]. Dies ist wohl damit zu erklären, dass unter der Geltung des BSeuchG und des IfSG bis 2020 nur einzelne Infektionsfälle[59] oder kleinere Ausbrüche[60] Anlass für Maßnahmen waren, es aber abgesehen von schwereren Influenzawellen – die nicht mit flächendeckenden Maßnahmen angegangen wurden – keine Verbreitung schwerer Erkrankungen epidemischen Ausmaßes gab. Das Gesundheitssystem stand nie konkret vor der Überlastung.

Aus Art. 2 II 1 GG iVm dem Sozialstaatsprinzip leitet sich die Pflicht des Staates ab, ein funktionierendes Gesundheitssystem – eine ausreichende Gesundheitsinfrastruktur – bereitzustellen[61]. Dazu gehören sowohl die ambulante als auch die stationäre Versorgung[62]. Der Staat muss somit sicherstellen, dass es genügend Behandlungskapazitäten gibt. Unabhängig von Detailfragen (welche Art von Diagnose diese Pflicht auslöst und welche Behandlungsmethoden gewährleistet werden müssen[63]) muss er also in einer Pandemie gewährleisten können, dass das Gesundheitssystem nicht durch zu behandelnde Pandemiepatienten so überlastet wird, dass die gesundheitliche Versorgung insgesamt leidet[64]. Ein Rest Unschärfe bleibt aber bei diesem Ziel: So ist unklar, ob die Vermeidung der Verschiebung von Operationen bzw. elektiven Eingriffen ausreicht und ob das Gesundheitssystem bereits überlastet ist, wenn das Personal überlastet ist[65]. Für Beides spricht viel; in der politischen Diskussion sind diese Detailfragen jedoch erstaunlich unterbelichtet geblieben. Vergleichbares gilt für die Frage, zu welchem Zeitpunkt das Ziel der Verhinderung der Überlastung ein staatliches Eingreifen mit Pandemiebekämpfungsmaßnahmen rechtfertigt. Man wird davon ausgehen können, dass bereits begründete Anhaltspunkte dafür, dass eine Überlastung eintreten könnte, ausreichen[66]; berücksichtigt werden muss dabei, dass Pandemiebekämpfungsmaßnahmen erst mit Verzögerung zu einer messbaren Entlastung für das Gesundheitssystem führen.

Der Schutz des Gesundheitssystems vor Überlastung ist nicht nur ein legitimes Ziel, sondern eine Pflicht des Staates. Ein funktionierendes Gesundheitssystem stellt

---

58 Vgl. *Klafki*, Risiko und Recht; *Mers*, Infektionsschutz im liberalen Rechtsstaat; aus der Kommentarliteratur etwa *Erdle*, IfSG, § 1; *Gerhardt*, IfSG, § 1.

59 Etwa Fälle von Tuberkulose.

60 Etwa Masernausbrüche in Schulen oder Flüchtlingsunterkünften.

61 So auch *Leisner-Egensperger*, JZ 2021, 913 (919); ähnlich *Wallrabenstein*, ZMGR 2011, 197 (198).

62 Zum allgemeinen stationären Sicherstellungsauftrag des Staates *Quaas*, in: Quaas/Zuck/Clemens (Hrsg.), Medizinrecht, § 25 Rn. 23.

63 Zum medizinischen Existenzminimum bereits oben 3. Teil, B. III. 2. a).

64 *Huster*, in: ders./Kingreen (Hrsg.), Handbuch Infektionschutzrecht, Kap. 8 Rn. 1.

65 Diese Fragen aufwerfend *Leisner-Egensperger*, JZ 2021, 913 (920), die fordert, dass der Gesetzgeber dieses Ziel weiter konkretisiert.

66 Ähnlich *Ruschemeier*, JöR n. F. 69 (2021), 449 (458).

ein Kollektivrechtsgut[67] dar, das aber mittelbar die individuelle Gesundheit schützt[68]: Denn verhindert wird, dass sich der Gesundheitszustand Einzelner aufgrund fehlender Behandlungskapazitäten verschlechtert. Diese Art der Steuerung des Infektionsgeschehens – an der Kapazitätsgrenze des Gesundheitssystems und nicht ausgerichtet an einzelnen Infektionen – verdeutlicht besonders eindrücklich die bevölkerungsbezogene Perspektive von Public Health: Verhindert werden nicht individuelle Infektionen um des individuellen Leids willen. Der Schutz des Gesundheitssystems vor Überlastung ist aber nicht das *einzige* legitime Ziel während einer Epidemie, wie es teilweise in der rechtswissenschaftlichen[69] und politischen[70] Debatte behauptet wurde[71].

b) Weitere Ziele

Allgemein werden der Schutz von Leben und Gesundheit als (weiteres) Ziel von Schutzmaßnahmen angesehen[72], wie es auch § 28a III 1 IfSG neben dem Schutz der Funktionsfähigkeit des Gesundheitssystems angibt. Auf dieser Abstraktionshöhe kann mit dem Ziel aber nicht gearbeitet werden, eine Verhältnismäßigkeitsprüfung bzw. gerichtliche Kontrolle[73] könnte nicht durchgeführt werden. Man muss dieses Ziel also konkretisieren: So wird z. B. von dem Ziel gesprochen, die „Anzahl der potenziellen Coronatoten sowie der schweren COVID-19-Verläufe mit entsprechenden Langzeitfolgen möglichst gering zu halten“[74]. Auf diese Weise gerät auch „Long Covid“[75] in den Blick, das bei einer Steuerung des Infektionsgeschehens allein an der Kapazitätsgrenze der stationären Versorgung gar nicht berücksichtigt wird[76]. Berücksichtigt werden muss außerdem, dass ein hohes Infektionsgeschehen, das noch nicht das Gesundheitssystem überlastet, dazu führen kann, dass Personen, bei denen

---

[67] *Kingreen*, in: Huster/Kingreen (Hrsg.), Handbuch Infektionsschutzrecht, Kap. 1 Rn. 118; *Leisner-Egensperger*, JZ 2021, 913 (919). Vermieden werden sollte allerdings der Begriff „öffentliche Gesundheit“ in diesem Zusammenhang, da er missverständlich ist. Dies zeigt sich z. B. in § 5 I 6 IfSG.

[68] Das BVerfG spricht davon, dass die Aufrechterhaltung eines funktionsfähigen Gesundheitssystems „Zwischenziel“ des Gesundheits- und Lebensschutzes ist (NJW 2022, 139 [150]).

[69] *Lepsius*, Verfassungsblog v. 6.4.2020; *Pérez-Sauquillo Muñoz*, GA 2021, 328 (336).

[70] In diese Richtung ist wohl die Aussage von Bundesjustizminister Buschmann zu verstehen, auch wenn er von „tiefgreifenden“ Grundrechtseinschränkungen spricht (https://www.abgeordnetenwatch.de/profile/marco-buschmann/fragenantworten/koennen-sie-ihr-versprechen-aus-dem-herbst-2021-dass-alle-grundrechtlicheneinschraenkungen-am-2032022-0).

[71] So auch *Poscher*, in: Huster/Kingreen (Hrsg.), Handbuch Infektionsschutzrecht, Kap. 4 Rn. 121.

[72] So *Poscher*, in: Huster/Kingreen (Hrsg.), Handbuch Infektionsschutzrecht, Kap. 4 Rn. 121.

[73] *Dapprich*, COVuR 2021, 717.

[74] Hiervon spricht *Leisner-Egensperger*, JZ 2021, 913 (915). Ähnlich *Dapprich*, COVuR 2021, 717 (720).

[75] RKI, Epidemiologischer Steckbrief zu SARS-CoV-2 und COVID-19: „Langzeitfolgen“ (Stand: 26.11.2021).

[76] Vgl. auch das BVerfG: Die Schutzpflicht aus Art. 2 II 1 GG umfasse „den Schutz vor sämtlichen mit einer SARS-CoV-2-Infektion einhergehenden Gesundheits- und Lebensgefahren, insbesondere vor schweren Krankheitsverläufen und Langzeitfolgen (Long Covid)“ (NJW 2022, 389 [396]).

eine Infektion schwerwiegende Folgen nach sich ziehen könnte[77], ggf. bestimmte gesellschaftliche Situationen meiden, um das Ansteckungsrisiko so gering wie möglich zu halten. Das Infektionsgeschehen und die nicht vorhandenen staatlichen Maßnahmen führten dann zu einem Ausschluss von sozialer Teilhabe[78]; die Pandemiebekämpfung hat somit auch eine Teilhabedimension. Je nach Bedrohlichkeit der Krankheit kann die in Bezug auf die Risikogruppen besonders aktivierte Schutzpflicht[79] es deswegen gebieten, das Infektionsgeschehen in größerem Maße einzudämmen, als es eine Steuerung der Kapazitäten des Gesundheitssystems erforderte. Der Staat verletzte womöglich das Untermaßverbot, bliebe er untätig, solange nur genügend Kapazitäten in den Krankenhäusern vorhanden wären[80]. Es bleibt jedoch schwierig, hierfür allgemeine Maßstäbe aufzustellen.

Legitimes Ziel ist es außerdem, die Funktionsfähigkeit kritischer Infrastrukturen[81] zu schützen. So würde ein dortiger massiver Arbeitsausfall zum Stillstand einzelner gesellschaftlicher Bereiche führen. In der Corona-Epidemie wurde dieses Ziel erst im September 2022[82] in § 28b II IfSG aufgenommen. Überlegungen zum Ziel von Epidemiebekämpfungsmaßnahmen müssen außerdem von Corona abstrahieren; die Ziele müssen nicht kumulativ vorliegen: So ist der Staat auch zur Epidemiebekämpfung berechtigt und verpflichtet, wenn keinerlei Folgeschäden drohen, das Gesundheitssystem nicht überlastet ist, weil die Erkrankten kaum ärztliche Hilfe benötigen, aber sehr viele der Erkrankten für mehrere Wochen arbeitsunfähig sind, oder wenn die Erkrankten kaum ärztliche Behandlung benötigen und zunächst nicht arbeitsunfähig sind, aber ein nicht unerheblicher Teil von ihnen später unzumutbare Langzeitschäden entwickelt.

3. Risikoverteilung

Die Risikoverteilung ist deswegen besonders komplex, weil viele verschiedene Personengruppen angesprochen werden, die ein unterschiedliches Ansteckungsrisiko (sowohl als Überträgerinnen als auch als Empfängerinnen) tragen, und gleichzeitig punktuell wirkende Maßnahmen nicht ausreichen, um die Seuche wirksam einzudämmen. Auch innerhalb der verschiedenen Personengruppen sind die möglichen Maßnahmen in unterschiedlichem Maß geeignet, einen Beitrag zur Eindämmung der Epidemie zu leisten. Gleichzeitig ist es bei Krankheitserregern, die bereits vor dem Auftreten erster Krankheitssymptome übertragen werden können, nahezu aus-

---

[77] Zum Begriff der Risikogruppen unten 4. Teil, A. II. 3. a).

[78] Darauf weist auch *Frenz*, CoVuR 2021, 2 (4), hin.

[79] Dazu unten 4. Teil, A. II. 3. a).

[80] So – im Zusammenhang mit der Corona-Pandemie *Froese*, DÖV 2022, 389 (395).

[81] Zum Begriff siehe die Definition des Bundesamtes für Bevölkerungsschutz und Katastrophenhilfe (https://www.bbk.bund.de/DE/Themen/Kritische-Infrastrukturen/kritische-infrastrukturen_node.html).

[82] Gesetz v. 16.9.2022, BGBl I 1454.

geschlossen, sie ohne Impfstoff komplett auszurotten[83]. Hinzu kommt, dass die Eindämmung einer Epidemie in wesentlichem Umfang auch durch Maßnahmen, die allein die öffentliche Hand belasten, beeinflusst wird. Dies gilt z. B. für die Anschaffung bzw. Bevorratung von Schutzkleidung und medizinischem Gerät und die Ausstattung der Krankenhäuser[84], die Förderung der Impfstoff- und sonstiger Arzneimittelforschung und die personelle und technische Ausstattung des ÖGD[85]. Der Gesetzgeber hat also ein hochkomplexes Schutzkonzept aufzustellen.

a) Regelungsansatz gegenüber Risikogruppen

Wie sich auch eindrücklich in der Corona-Epidemie gezeigt hat, trifft eine Krankheit nicht immer (statistisch betrachtet) alle Personengruppen gleich; manche Krankheitserreger sind vielmehr besonders gefährlich für bestimmte Personengruppen. Die Schutzpflicht ist deswegen in Bezug auf die Personengruppen, bei denen ein tödlicher bzw. besonders schwerer Verlauf statistisch betrachtet besonders häufig auftritt, von vornherein höher als für den Rest der Bevölkerung. D.h. der Staat ist verpflichtet, diese Personengruppen – die Vulnerablen[86] – besonders gut zu schützen[87]. Dazu muss er diese Risikogruppen definieren, indem er auf die Erkenntnisse der Medizin bzw. Virologie und der Epidemiologie zurückgreift[88]. Dass es sich bei der Festlegung von Risikogruppen zwangsläufig um eine Typisierung handelt und somit von der Definition auch Personen erfasst werden, die tatsächlich kein erhöhtes Risiko aufweisen, und andersherum auch Personen, die nach der Definition keiner Risikogruppe angehören, tatsächlich aber ein höheres Risiko aufweisen, nicht erfasst werden, liegt in der Natur der Sache, wenn statistische Zusammenhänge auf konkrete Maßnahmen heruntergebrochen werden. Gegen die Festlegung von Risikogruppen und die Implementierung besonderer Maßnahmen zu deren Schutz an sich kann dies nicht geltend gemacht werden. Soweit die Definition der Risikogruppen an einzelnen Stellen Schwierigkeiten bereitet, entlässt dies den Gesetzgeber nicht aus der Verantwortung, jedenfalls für die unstreitig bestehenden Risikogruppen (bei SARS-CoV-2 z. B. Menschen ab 70 oder Personen, die ein stark herabgesetztes Immunsystem, etwa während einer Chemotherapie, haben) einen besonderen Schutz vorzusehen. Es liegt dann ein Stück weit im Spielraum des Gesetzgebers, ob er das Schutzniveau sehr

[83] Der Erreger SARS-CoV-1 hingegen verschwand anderthalb Jahre nach seinem erstmaligen Auftreten wieder – wohl auch, weil die Infizierten erst ansteckend waren, nachdem sie Symptome zeigten, und so die Schutzmaßnahmen sehr früh eingreifen konnten.

[84] Hinzu kommt der Zugang zum Gesundheitssystem, der in ganz erheblichem Maße beeinflusst, wie viele Tote ein Staat zu verzeichnen hat. Wegen der Krankenversicherungspflicht in Deutschland ist dies für die deutsche Analyse jedoch zweitrangig.

[85] Vgl. VG Hamburg, Beschl. v. 5.5.2020, 7 E 1804/20, Rn. 103.

[86] Zum Begriff *Rixen*, VVDStRL 2021, S. 37 (38 f.).

[87] Vgl. schon oben 4. Teil, II. 2. b).

[88] Vgl. zu den Personen mit einem höheren Risiko für einen schweren COVID-19-Krankheitsverlauf die Informationen des RKI (https://www.rki.de/DE/Content/InfAZ/N/Neuartiges_Coronavirus/Risikogruppen.html, Stand: 29.10.2020).

hoch ansetzt und bereits Gruppen verstärkt schützt, bei denen noch einzelne Unsicherheiten bezüglich der Höhe des Gesundheitsrisikos bestehen, oder ob er einen besonderen Schutz nur für Hochrisikogruppen vorsieht. Wenn sich die Erkenntnisse der Medizin, der Virologie und der Epidemiologie ändern, muss der Gesetzgeber die Definition jedenfalls entsprechend erweitern oder einschränken[89].

aa) Schutz ohne Grundrechtseingriff

Bevor der Gesetzgeber die Allgemeinheit zur Seuchenbekämpfung heranzieht, muss der Schutz der Risikogruppen im Vordergrund stehen. Damit sind zwei Aspekte gemeint: Zunächst ist zu berücksichtigen, inwieweit die Möglichkeit zum Eigenschutz besteht, denn die staatliche Schutzpflicht besteht nur in dem Umfang, in dem kein Eigenschutz möglich ist. Ist ein nebenwirkungsarmer, wirksamer Impfstoff verfügbar, müssen sich die Risikogruppen auf die Inanspruchnahme dieser Impfung verweisen lassen. Solange keine medizinische Kontraindikation vorliegt, können sie die Impfung nicht verweigern und gleichzeitig anderweitigen Schutz verlangen, der für andere Bevölkerungsgruppen Grundrechtseingriffe bedeutete. Auch das Tragen von Atemschutzmasken und anderer Schutzausrüstung, die die Aufnahme des Krankheitserregers wirksam verhindern, stellt passiven Schutz dar. Diese Form des Eigenschutzes muss aber möglich und zumutbar sein. Hier ist der Begriff der Möglichkeit in dem Sinne auszulegen, dass die formale Möglichkeit nicht ausreicht: Ist es etwa Personen aufgrund ihres geistigen Zustands nicht zuzumuten, eine Schutzmaske zu tragen, ist dies zu berücksichtigen. Erst recht gilt dies für Personen, die aufgrund einer eingeschränkten Lungenfunktion nicht durch eine solche Barriere atmen können. Aber auch gesunden Personen kann es nicht zugemutet werden, über längere Zeiträume oder gar im Alltag ständig (etwa im Pflegeheim) Maske zu tragen. Falls es Engpässe bei der Beschaffung des Impfstoffes bzw. der Schutzmasken gibt, ist der Staat verpflichtet, die Verfügbarkeit sowohl des Impfstoffs als auch der Schutzmasken zu gewährleisten.

Darüber hinaus hat der Staat Maßnahmen des passiven Schutzes zu ergreifen, die für die Risikogruppen keinen Grundrechtseingriff darstellen. Dazu gehört, dass Personen, die zwingend mit Personen der Risikogruppe in Kontakt kommen – wie das Personal in Alten- und Pflegeheimen –, mit einem Impfstoff – falls verfügbar – und weiterer Schutzausrüstung ausgestattet werden, damit sie kein Gesundheitsrisiko für die Personen der Risikogruppe darstellen, die sich nicht durch Eigenschutzmaßnahmen selbst schützen können. Möglich sind außerdem z. B. Maßnahmen der Distanzierung, die nur kurz wirken und sich nicht auf persönliche Beziehungen auswirken, also z. B. die Verpflichtung von Einzelhandelsgeschäften, besondere Zeitfenster festzulegen, in denen Risikogruppen einkaufen gehen können.

---

[89] Zur Nachbesserungspflicht des Gesetzgebers 3. Teil, D. II. 3.

bb) Schutz durch Grundrechtseingriff

Erst danach kann auch über Eingriffe in die Grundrechte der Angehörigen der Risikogruppen nachgedacht werden. Da sie in besonderem Maße gefährdet sind, müssen sie auch Grundrechtseingriffe hinnehmen; es kann nicht geboten sein, vorrangig und allein die Allgemeinheit zum Schutz heranzuziehen. Dies bedeutet jedoch im Umkehrschluss nicht, dass die Risikogruppen allein durch „Beschränkungen ihrer eigenen Freiheit" geschützt werden dürfen. „Vielmehr darf der Staat Regelungen treffen, die auch den vermutlich gesünderen und weniger gefährdeten Menschen in gewissem Umfang Freiheitsbeschränkungen abverlangen, wenn gerade hierdurch auch den stärker gefährdeten Menschen, die sich ansonsten über längere Zeit vollständig aus dem Leben in der Gemeinschaft zurückziehen müssten, ein gewisses Maß an gesellschaftlicher Teilhabe und Freiheit gesichert werden kann."[90]

Insbesondere bei Maßnahmen der Distanzierung, die die Hochrisikogruppe der Alten und Pflegebedürftigen vom Rest der Bevölkerung durch Besuchsverbote für Alten- und Pflegeheime trennt, steht die grundrechtliche Abwägung vor dem Dilemma, dass diese Besuchsverbote zwar (in ihrer Absolutheit) die Betroffenen besonders wirksam vor der Einschleppung des Erregers schützen, diese Verbote aber gleichzeitig erhebliche Auswirkungen auf die Gesundheit haben können. Wenn die Bewohner keinen Besuch mehr erhalten und keine Gruppenaktivitäten innerhalb des Heims stattfinden, ist die psychische Gesundheit durch die drohende Vereinsamung betroffen[91]. Wenn sich die Bewohner weniger bewegen können, weil sie z. B. ohne ihre Angehörigen weniger oder keine Spaziergänge mehr machen können, wirkt sich dies schnell auf die körperliche Gesundheit aus. Ein Recht auf soziale Kontakte vermittelt auch das allgemeine Persönlichkeitsrecht aus Art. 2 I iVm Art. 1 GG[92]. Hinzu kommt der Eingriff in das Grundrecht auf Ehe und Familie aus Art. 6 I GG, wenn auch enge Familienangehörigen vom Verbot erfasst sind[93]. In Einzelfällen können Besuchsverbote auch Freiheitsbeschränkungen iSd Art. 2 II 2 GG darstellen: wenn die Fortbewegung nur mit Hilfe Dritter möglich ist und das Personal hierfür keine Zeit hat[94]. Soweit die Fortbewegung alleine möglich ist, die Bewohner aber die Einrichtung nicht verlassen dürfen, liegt darin wiederum ein Eingriff in Art. 11 und Art. 2 I GG[95].

Auch wenn es zu Beginn einer neuen Epidemie gerechtfertigt sein mag, absolute Besuchsverbote zu verhängen, ist der Staat dazu verpflichtet, die Maßnahmen an der vorhandenen Evidenz auszurichten: Spätestens sobald sich zeigt, dass der Krankheitserreger hauptsächlich durch das Personal und Dienstleister wie Lieferanten und

[90] BVerfG, Beschl. v. 13.5.2020, 1 BvR 1021/20, Rn. 9.
[91] *Hufen*, GuP 2020, 93 (94).
[92] *Glaab/Schwedler*, NJW 2020, 1702 (1703); *Hufen*, GuP 2020, 93 (94); kritisch auch *Leitmeier*, DÖV 2020, 645 (650).
[93] *Glaab/Schwedler*, NJW 2020, 1702 (1703); *Hufen*, GuP 2020, 93 (94).
[94] Ausführlich *Glaab/Schwedler*, NJW 2020, 1702 (1704).
[95] *Hufen*, GuP 2020, 93 (94).

nicht durch Angehörige eingeschleppt wird[96], sind absolute Besuchsverbote für Angehörige nicht mehr gerechtfertigt[97]. In einem ersten Schritt zwingt dies den Staat zur Durchführung entsprechender Studien[98].

Daneben muss genau analysiert werden, welche Verbote mit welcher Begründung gerechtfertigt werden können: Den Bewohnern der Heime wird man – wenn nicht der Verdacht besteht, dass sie infiziert sind – kaum das Verlassen der Einrichtung verbieten können. Ein solches Verbot hätte allein den Zweck, sie vor sich selbst zu schützen[99], und wäre auch ansonsten nicht verhältnismäßig[100]. Besuchsverbote hingegen dienen nicht (allein) dem Schutz des einzelnen Bewohners vor einer Ansteckung durch seine Angehörigen[101], sondern auch dem Schutz der übrigen Bewohner und des Personals, die bei einer Infektion dieses einzelnen Bewohners der Gefahr einer Übertragung des Erregers ausgesetzt sind. Hier wird es jedoch in vielen Fällen mildere Mittel – wie Besuche nur mit Schutzkleidung und ggf. Abstandsgeboten, jedenfalls Besuche im Freien – geben[102]. Geprüft werden muss auch, ob nicht eine räumliche Trennung der Bewohner dergestalt umgesetzt werden kann, dass die Bewohner, die sich selbstbestimmt für Kontakte nach Außen entschieden haben, von den Bewohnern getrennt untergebracht werden, die sich für den „bedingungslosen Gesundheitsschutz“ entscheiden[103]. Sobald Schnelltests verfügbar sind, könnte man diese vor einem Besuch für die Angehörigen verpflichtend machen. Ein absolutes Besuchsverbot wird jedenfalls kaum angemessen sein[104]. Insbesondere für Sterbende darf es keine Besuchsverbote geben, da hier bereits die Menschenwürde betroffen wäre[105].

Im Ergebnis bedeutet dies, dass zwar während einer Epidemie der Schutz der Vulnerablen auch durch Eingriffe in die Grundrechte der Vulnerablen gewährleistet werden darf, dass sich aber die Konzentration auf die Vulnerablen schnell erschöpft. Deswegen dürfen grundsätzlich auch der Allgemeinheit Beschränkungen auferlegt werden.

b) Regelungsansatz gegenüber der Bevölkerung

Je weniger abschließend die Risikogruppen definiert werden können, desto weniger darf sich der Staat allein auf den Schutz der nachgewiesenen Risikogruppen konzentrieren. Denn wenn nach dem Stand der Wissenschaft auch Junge ohne Vorerkrankungen schwere Verlaufsformen der Krankheit und Langzeitschäden entwickeln

---

96 Davon in Bezug auf die Angehörigen ausgehend *Heberlein*, GuP 2020, 97 (103).
97 *Hufen*, GuP 2020, 93 (95); vgl. auch *Kingreen*, JURA 2020, 1019 (1028).
98 *Hufen*, GuP 2020, 93 (95).
99 Dazu auch unten 4. Teil, B. II. 2. a).
100 *Hufen*, GuP 2020, 93 (96).
101 Jedenfalls in diese Richtung *Hufen*, GuP 2020, 93 (95 f.).
102 *Glaab/Schwedler*, NJW 2020, 1702 (1704 f.).
103 *Hufen*, GuP 2020, 93 (96).
104 So auch *Glaab/Schwedler*, NJW 2020, 1702 (1705).
105 *Hufen*, GuP 2020, 93 (96).

können, ist jede Person potentielle Risikopatientin. Hinzu kommt, dass nicht alle Angehörigen der Risikogruppen in Einrichtungen leben, auf die man Maßnahmen konzentrieren könnte. Personen mit einem hohen Risiko für einen schweren Verlauf können auch Kinder sowie Erwachsene sein, die im normalen häuslichen Umfeld mit ihrer Familie leben. Der Staat handelt deswegen unter erheblicher Unsicherheit, was die Ursachen von Ansteckungsverläufen und die Schwere des Gesundheitsschadens angeht. Angesichts der möglicherweise irreversiblen oder jedenfalls sehr langanhaltenden Schäden darf der Staat auch Maßnahmen gegenüber der Bevölkerung ergreifen.

Flächendeckend – d. h. gegenüber der gesamten Bevölkerung – angeordnet wurden während der Corona-Epidemie im Frühjahr 2020 etwa die Schließung von Schulen und Kitas, die Schließung von Einzelhandelsgeschäften, gastronomischen Betrieben, Fitnessstudios und anderen Sportanlagen, Dienstleistern wie Frisören und Prostitutionsstätten, Verbote von Versammlungen und Gottesdiensten. In einigen Bundesländern wurden Ausgangsbeschränkungen angeordnet, d. h. für das Verlassen der häuslichen Wohnung musste man einen „triftigen Grund" darlegen können. Andere Bundesländer erließen Kontaktverbote in der Öffentlichkeit, die einen ähnlichen Effekt hatten, aber der Bevölkerung weniger Einschränkungen und insbesondere keine Rechtfertigungspflicht für das Verlassen der Wohnung auferlegten. Schließlich wurde in allen Bundesländern verordnet, beim Einkauf, der Nutzung des ÖPNV und anderen Gelegenheiten eine Maske zu tragen. Im Herbst 2020 setzte man zunächst auf Sperrstunden für die Gastronomie und Beherbergungsverbote gegenüber Personen aus „Risikogebieten"[106], bis man dann für November und Dezember 2020 einen „Lockdown light" verhängte, der weitestgehend den Maßnahmen des Frühjahrs entsprach; nur die Kitas und Schulen wurden nicht flächendeckend geschlossen.

aa) Risikoakteure bei übertragbaren Krankheiten

Durch diese Distanzierungsmaßnahmen werden die Betroffenen zum Schutz der öffentlichen Gesundheit massiv in ihren Grundrechten eingeschränkt. Betroffen sind Art. 11 I, 8 I, 4 I, II, 12 I, 6 I, 2 I iVm 1 I GG und auch Art. 2 II 1 GG selbst, wenn solche Einschränkungen negative Auswirkungen auf die Gesundheit haben. Mit welchem Gewicht diese Interessen in die Abwägung eingehen, hängt maßgeblich davon ab, ob die Betroffenen als Risikoakteure oder als Unbeteiligte anzusehen sind.

(1) Infizierte

Risikoakteure sind zunächst die nachweislich Erkrankten und symptomlos Infizierten, die ansteckend sind. Das IfSG spricht von Kranken und Ausscheidern (§ 2 Nr. 4 und 6 IfSG). Erforderlich für die entsprechende Feststellung ist die medizinische Di-

---

[106] Hierzu *Eibenstein*, COVuR 2020, 688.

agnose[107], also bei SARS-CoV-2 ein positives Testergebnis. Die Gefahr einer Ansteckung kann auch bereits bei Personen angenommen werden, die einschlägige Symptome aufweisen, bei denen jedoch (noch) nicht der Nachweis vorliegt, dass sie tatsächlich infiziert sind. Das IfSG nennt diese Personen Krankheitsverdächtige (§ 2 Nr. 5). Lässt man für die Begründung eines Krankheitsverdachts tatsächlich nur einschlägige Symptome ausreichen und untermauert die Einschätzung bei diffusen Symptomen durch zusätzliche Erwägungen (wie den Kontakt zu einem Infizierten), ist es gerechtfertigt, diese Personen bereits als Risikoakteure aufzufassen.

(a) Nachweis vs. Verdacht

Ob auch Personen, die keine Symptome aufweisen und von denen man noch nicht weiß, ob sie infiziert sind, bereits Risikoakteure sein können, hängt von den genauen Umständen ab. Das IfSG verwendet die Kategorie der Ansteckungsverdächtigen (§ 2 Nr. 6) für Personen, von denen anzunehmen ist, dass sie Krankheitserreger aufgenommen haben.

Der Begriff der Annahme verweist zunächst darauf, dass gerade kein Nachweis vorliegen muss, sondern ein geringerer Maßstab anzuwenden ist. Im Übrigen ist die Frage, ob die Annahme gerechtfertigt ist, dass jemand Krankheitserreger aufgenommen hat, allein von einer medizinischen/virologischen bzw. epidemiologischen Beurteilung abhängig, nämlich von der Übertragungsart des Krankheitserregers und seiner Kontagiosität. Hier zeigt sich, dass das IfSG wie kein anderes Gesetz, das zum Recht der öffentlichen Gesundheit gehört, die Berücksichtigung der Evidenz – d. h. die Erkenntnisse der Epidemiologie, der Medizin und ggf. der Virologie – ermöglicht bzw. sogar ausdrücklich voraussetzt[108]. In der Praxis wurden bei SARS-CoV-2 lange Zeit Kontaktpersonen 1. Grades als ansteckungsverdächtig eingestuft, wozu Personen gehörten, die entweder sehr engen Kontakt zu einem Infizierten oder einen länger als 15 Minuten dauernden üblichen sozialen Kontakt zu einem Infizierten hatten[109]. Als ansteckungsverdächtig gelten diese Personen dann für die Dauer der Inkubationszeit des Krankheitserregers.

Bei Infektionen, die symptomlos verlaufen und trotzdem übertragbar sind bzw. die bereits vor dem Auftreten von Symptomen übertragbar sind, ist die Seuchenbekämpfung nur dann effektiv, wenn der Kreis der möglicherweise Infizierten nicht besonders eng gezogen wird. Nur wenn bereits Ansteckungsverdächtige als Teil der Infektionskette gezählt werden, können Infektionsherde nachhaltig isoliert werden. Diese nachhaltige Isolierung und letztlich Austrocknung der Infektionsherde ist wiederum deswegen geboten, weil so der Rest der Bevölkerung weniger einschneidende Maßnahmen hinnehmen muss. Inwieweit Bekämpfungsmaßnahmen bereits gegenüber Ansteckungsverdächtigen im Einzelfall gerechtfertigt sein können, hängt dann von

107 *Kießling*, in: dies. (Hrsg.), IfSG, 3. Aufl., § 2 Rn. 22, 27.

108 Dazu *Rixen*, in: Kloepfer (Hrsg.), Pandemien als Herausforderung für die Rechtsordnung, S. 67 (70).

109 Vgl. die Kriterien in § 2 I Corona-Test-VO v. 14.10.2020 (BAnz AT 14.10.2020 V), bei deren Vorliegen von einem Ansteckungsverdacht ausgegangen wurde.

der jeweiligen Maßnahme und dem mit ihr verbundenen Grundrechtseingriff ab sowie von den Grundsätzen einer angemessenen Risikoverteilung. Von vornherein ausgeschlossen ist die Heranziehung von Ansteckungsverdächtigen jedenfalls nicht.

Eine andere Frage ist es, ob die Kategorie der Ansteckungsverdächtigen auch bei flächendeckenden Maßnahmen, also im Rahmen von Rechtsverordnungen, angewendet werden kann. Dann wird nicht individuell bezogen auf den Betroffenen ermittelt, inwiefern dieser Kontakt zu einem Infizierten hatte, sondern es wird anhand abstrakt definierter Merkmale bestimmt, wer als ansteckungsverdächtig gilt. So verfuhr etwa Bayern, als es in den 1980er Jahren alle Prostituierten und intravenös Drogen Konsumierenden regelmäßigen Reihentests auf HIV unterziehen wollte[110], und so wurde 2020 während der Corona-Epidemie verfahren, als für alle Reiserückkehrer aus sogenannten Risikogebieten eine 14-tägige Quarantäne und eine Testpflicht verordnet wurden.

Hier muss unterschieden werden zwischen Ermittlungsmaßnahmen und Schutzmaßnahmen. Schutzmaßnahmen wie die Quarantäne nach § 30 IfSG setzen einen konkreten Ansteckungsverdacht voraus. Ermittlungsmaßnahmen nach § 25 IfSG gehören zu den Maßnahmen, die den Einsatz von Schutzmaßnahmen vorbereiten sollen. Durch Untersuchungen – wie Tests zum Nachweis der Infektion mit SARS-CoV-2 – nach § 25 III 2 IfSG soll erst herausgefunden werden, wer als Adressat von Schutzmaßnahmen in Betracht kommt. Deswegen setzt § 25 I IfSG die Schwelle für die Anordnung solcher Ermittlungsmaßnahmen niedriger an und verlangt als Mindestvoraussetzung nur die Annahme eines Ansteckungsverdachts, also den Verdacht eines Verdachts einer Erkrankung[111]. Das ist insofern unbedenklich, als es in diesem Stadium um Gefahrerforschung und nicht um Gefahrenabwehr geht[112]. Bei der Gefahrerforschung kann es ausreichen, gruppenbezogene Regelungen zu treffen, solange nicht der weit überwiegende Teil der von den Kriterien erfassten Personen diese Kriterien tatsächlich nicht erfüllt. Reihentestungen für Prostituierte auf HIV waren deswegen auch in den 1980er Jahren nicht gerechtfertigt[113], Reihentestungen für Reiserückkehrer aus Risikogebieten während der Corona-Epidemie hingegen schon.

Bei der Quarantäne ist nun der entscheidende Unterschied bereits auf Tatbestandsseite, dass sie den Verdacht eines Ansteckungsverdachts nicht ausreichen lässt, sondern einen Ansteckungsverdacht verlangt (§ 30 I 2 IfSG). Als Minimum müssen hier abstrakte Kriterien vorliegen, die ein Infektionsrisiko definieren. Das ist nicht der Fall, wenn pauschal für alle aus dem Ausland Einreisenden eine 14-tägige häusliche Quarantäne verordnet wird[114], wenn nicht das Infektionsrisiko in allen anderen

---

110 Dazu *Kießling*, in: Löhnig (Hrsg.), Beginn der Gegenwart, S. 157 (168ff.).

111 *Kießling*, in: dies. (Hrsg.), IfSG, 3. Aufl., § 25 Rn. 3.

112 *Kießling*, in: dies. (Hrsg.), IfSG, 3. Aufl., § 25 Rn. 3.

113 *Kießling*, in: dies. (Hrsg.), IfSG, 3. Aufl., § 25 Rn. 16.

114 Ausführlich OVG Lüneburg, Beschl. v. 11.5.2020, 13 MN 143/20, Rn. 26ff.; VG Hamburg, Beschl. v. 13.5.2020, 15 E 1967/20, Rn. 29ff.; OVG Münster, Beschl. v. 5.6.2020, 13 B 776/20.NE, Rn. 39; *Kießling*, in: dies. (Hrsg.), IfSG, 3. Aufl., § 30 Rn. 20; aA VG Freiburg, Beschl. v. 14.5.2020, 4 K 1621/20, Rn. 31; OVG Schleswig, Beschl. v. 12.6.2020, 1 B 94/20, Rn. 16f.

Staaten signifikant höher ist als in Deutschland. Anders wird allgemein die Einreise aus Risikogebieten bewertet, hier soll ein typisierender Ansteckungsverdacht gerechtfertigt sein[115]. Ob dieser Ansteckungsverdacht gerechtfertigt ist, ist zunächst eine Frage der Definition des Risikogebiets[116]. Daneben stellt sich die Frage, ob die Quarantäne ein taugliches Instrument für solche Massenverfahren durch Rechtsverordnung sein kann. Hiergegen spricht schon, dass die Anordnung einer Quarantäne – auch in der häuslichen Wohnung – eine Freiheitsentziehung darstellt, die in jedem Einzelfall durch einen Richter angeordnet werden müsste, was erstens das IfSG aber nicht vorsieht[117] und was zweitens auch nicht mit der Handlungsform der Rechtsverordnung kompatibel ist[118]. Die Quarantäne darf deswegen nur punktuell bei individuellem Bezug zu einer Infektionsgefahr angeordnet und nicht im Wege der Verordnung über abstrakt definierte Risikokriterien verordnet werden[119].

(b) Nachrangigkeit der Heranziehung der Allgemeinheit

Der Staat wird seiner Pflicht, vorrangig die Gruppe der Infizierten im weiteren Sinne mit Maßnahmen zu belasten, nur dann gerecht, wenn er herausfindet, welche Personen zu dieser Gruppe gehören. Auf diese Weise wird die unklare Grenze innerhalb der Gruppe der „Allgemeinheit“, die zwischen den Infizierten und den Unbeteiligten besteht, ein Stück weit präzisiert, indem die Infizierten aus der Gruppe der Allgemeinheit herausgelöst werden. Umgesetzt werden kann dies nur durch eine Testung von Personen auf den Erreger.

Es ist somit vor Verhängung flächendeckender Maßnahmen und auch parallel dazu geboten, durch Kontaktverfolgung und Testung die Infektionsherde und -ketten ausfindig zu machen (vgl. § 25 IfSG) und die gebotenen Schutzmaßnahmen gem. §§ 28 I, 29 ff. IfSG zu ergreifen; dazu gehört bei Krankheitserregern, die durch soziale Kontakte erfolgen, auch die Absonderung gem. § 30 I 2 IfSG, d. h. die Isolierung der Infizierten, damit diese den Erreger nicht weiterverbreiten können.

Teil der Gesamtstrategie muss es sein, möglichst viele Infizierte ausfindig zu machen, um so die Unsicherheit in Bezug auf die Verbreitung des Erregers innerhalb der Bevölkerung abzubauen. Das bedeutet, dass durch Testung (§ 25 III 2 IfSG) möglicher

---

115 OVG Lüneburg, Beschl. v. 11.5.2020, 13 MN 143/20, Rn. 38; *J. F. Lindner*, in: H. Schmidt (Hrsg.), COVID-19, § 18 Rn. 88; zu einer entsprechenden Regelung OVG Lüneburg, Beschl. v. 5.6.2020, 13 MN 195/20, Rn. 33 f.

116 Dazu § 2 Nr. 17 IfSG. Mit Wirkung zum 31.3.2021 wurde schließlich mit § 36 VIII 1 Nr. 1 IfSG eine eigene Rechtsgrundlage für die Reiserückkehrerquarantäne geschaffen (BGBl. I 370).

117 Dazu *Kießling*, in: dies. (Hrsg.), IfSG, 3. Aufl., § 30 Rn. 29.

118 *Kluckert*, in: ders. (Hrsg.), Das neue Infektionsschutzrecht, § 2 Rn. 217; *Kießling*, in: dies. (Hrsg.), IfSG, 3. Aufl., § 32 Rn. 5.

119 Wenn man dies anders sieht, muss man den Betroffenen jedenfalls die Möglichkeit geben, nachzuweisen, dass in ihrem konkreten Fall der Ansteckungsverdacht nicht gerechtfertigt ist, etwa weil sie nachweislich Antikörper gegen den Krankheitserreger aufweisen oder keinen Kontakt zur Bevölkerung des Risikogebiets hatten (vgl. auch *J. F. Lindner*, in: H. Schmidt [Hrsg.], COVID-19, § 18 Rn. 88). Ein negativer Corona-Test kurz vor oder am Tag der Einreise reicht dazu nicht aus, weil möglicherweise der Nachweis einer Infektion erst zu einem späteren Zeitpunkt gelingt.

Infizierter frühzeitig herausgefunden werden muss, wer ansteckend ist[120]. Bei grundsätzlich vorhandener Testkapazität dürfen somit nicht nur Personen, die Symptome aufweisen (die Krankheitsverdächtigen), sondern müssen bereits auch Personen, die als ansteckungsverdächtig gelten, getestet werden. Innerhalb der Risikogruppen und deren Umfeld muss erst recht umfassend und früh getestet werden, d.h. bei einem Erkrankungs- bzw. Infektionsfall innerhalb eines Pflegeheims müssen Bewohner und Personal getestet werden, wenn nicht die baulichen Gegebenheiten und der Einsatz des Personals eine Übertragung bei bestimmten Personen ausschließen.

Falls die Erkenntnisse nahelegen, dass viele Infektionen in bestimmten Gebieten im Ausland erfolgen, kann auch eine Testpflicht für Reiserückkehrer gerechtfertigt sein (§ 36 VII IfSG). Die Eignung einer solchen Maßnahme hängt entscheidend davon ab, wie die Risikogebiete definiert werden und wie die Testpflicht um- und durchgesetzt wird.

Wenn sich herausstellt, dass viele Infektionen in Gemeinschaftseinrichtungen stattfinden, kann auch eine regelmäßige, anlassunabhängige Testpflicht für das Personal in solchen Einrichtungen gerechtfertigt sein.

Hinzu kommt als Ermittlungsmaßnahme (§ 25 I, II IfSG) das sogenannte Contact Tracing, also die Nachverfolgung der Kontakte, die Infizierte während der wahrscheinlichen Ansteckungszeit hatten. Hierdurch kann herausgefunden werden, wer als ansteckungsverdächtig gilt und somit zu den infektionsschutzrechtlich relevanten Personen gehört, die sich ggf. besonderen Maßnahmen unterziehen müssen, also zunächst der Testung (§ 25 III 2 IfSG) und der Absonderung und Beobachtung (§§ 30, 29 IfSG).

(2) Schaffung und Kontrolle einer Infektionsquelle

Auch Dritte, die nicht wie die Infizierten den letzten Verursachungsbeitrag für das Entstehen des Gesundheitsrisikos geleistet haben, können unter bestimmten Umständen als Risikoakteure angesehen werden[121]. Dies ist dann der Fall, wenn sie eine Gelegenheit für das Entstehen der Risikoquelle geschaffen haben und diese dadurch kontrollieren können. Das bedeutet, dass nicht alle Personen, die von den flächendeckend angeordneten Maßnahmen während der Corona-Epidemie betroffen waren und von vielen als „Nichtstörer“ bezeichnet werden, bei wertender Betrachtung keine Risikoakteure sind. Bei der anzustellenden wertenden Betrachtung zeigt sich, dass zumindest bestimmte Personengruppen doch als Verantwortliche gelten können. So kann man die Veranstalter von Großveranstaltungen wie Fußballspielen oder die Betreiber von Diskotheken und Fitnessstudios als verantwortlich dafür ansehen, dass der Krankheitserreger während der von ihnen geschaffenen Gelegenheiten besonders leicht übertragen werden kann. Denn sowohl eng zusammenstehende Fußballfans, deren Fangesänge mit feuchter Aussprache einhergehen, als auch die Besu-

[120] VG Hamburg, Beschl. v. 5.5.2020, 7 E 1804/20, Rn. 104.
[121] Vgl. schon oben 3. Teil, C. II.

cher von Diskotheken und Fitnessstudios, die auf engem Raum körperlich aktiv sind, haben ein erhöhtes Ansteckungsrisiko, wenn Infizierte unter den Anwesenden sind. Dieses Ansteckungsrisiko wird durch die Veranstalter und Betreiber geschaffen, auch wenn sie selbst nicht infiziert sind und weder ein wirtschaftliches noch ein sonstiges Interesse daran haben, dass es zu Ansteckungen kommt[122].

Veranstalter und Betreiber sind deswegen dann Risikoakteure, wenn sie die Gelegenheit einer Ansteckung schaffen bzw. das Übertragungsrisiko beherrschen[123]. Dass das eigene Geschäftskonzept nicht vollumfänglich mit Maßnahmen der Seuchenbekämpfung kompatibel ist, gehört ein Stück weit zum Geschäftsrisiko. An dieser Stelle muss jedoch eine differenzierte Betrachtung erfolgen: Eine solche Gelegenheit zur Übertragung besteht nicht bereits durch eine Veranstaltung bzw. den Betrieb z.B. einer Gaststätte an sich. Berücksichtigt werden muss, ob durch passgenaue Hygienekonzepte das Ansteckungsrisiko so stark gemindert werden kann, dass die Bevölkerung (als Ganze) bereit ist, das verbleibende Risiko einer Ansteckung – als Restrisiko[124] – in Kauf zu nehmen. Wird ein Erreger nach dem virologischen Kenntnisstand über eine Distanz von 1,5 Metern durch Speicheltröpfchen übertragen und kann ein Gastwirt die Tische innerhalb seiner Gaststätte so anordnen, dass sie mehr als 1,5 Meter auseinanderstehen, schafft er – ggf. noch unter Berücksichtigung baulicher Trennungen wie Plexiglasscheiben und weiterer hygienischer Maßnahmen wie der Bereitstellung von Desinfektionsmitteln – bei wertender Betrachtung keine Gelegenheit zur Ansteckung. Wird der Erreger hingegen (auch) über Aerosole übertragen, die durch die Luftströmung verteilt werden, reichen Abstände zwischen den Tischen nicht mehr aus. Solche Übertragungsarten führen außerdem notwendigerweise zu einer differenzierten Betrachtung von Innen- und Außenschankflächen. Betriebsverbote von Außenschankflächen sind – bei Einhaltung weiterer hygienischer Maßnahmen wie Abstandsgeboten – dann nur schwer zu rechtfertigen. In Innenräumen kann ggf. durch den Einsatz spezieller Luftfilter die Übertragung des Erregers minimiert werden. Wenn dennoch ein vollständiger „Lockdown“ angeordnet wird, damit das Virus noch weiter eingedämmt wird, obwohl das Virus nur durch soziale Kontakte übertragen wird, dann sind auch die Veranstalter und Betreiber keine Risikoakteure mehr.

bb) Unbeteiligte – die „Allgemeinheit“

Die Personen, die übrig bleiben – das sind Betreiber von Handel und Dienstleistungen, die nicht als Risikoakteure gelten, weil sie bestimmte Hygienestandards einhalten können, und Privatpersonen, die von Kita-Schließungen, Ausgangsbeschränkungen, Kontaktverboten, Abstandsgeboten und Maskenpflichten betroffen sind –

---

[122] Im Gefahrenabwehrrecht würde man in diesen Fällen mit der Kategorie des Zweckveranlassers argumentieren, der die Gefahr „objektiv bezweckt“ hat (dazu *Schoch*, JURA 2009, 360 [363]).

[123] Ähnlich – allgemein – *D. Müller*, DVBl 1991, 143 (145).

[124] Zum Begriff oben 3. Teil, B. III. 1. b).

fallen unter den Begriff der Allgemeinheit. Von solchen Maßnahmen, die den Alltag der Menschen einschränken, ist ausnahmslos jeder betroffen[125]. Dass einzelne Personen aus dem Adressatenkreis infiziert sind, ist unerheblich, da weder auf Tatbestandsseite zwischen besonders ansteckungsriskanten und anderen Situationen noch beim Adressatenkreis zwischen Infizierten und Nichtinfizierten unterschieden wird.

Dieser flächendeckende Ansatz in materiell-rechtlicher Hinsicht zeigt gleichzeitig, welche Handlungsform die Bundesländer wählen mussten: Diese Art von Maßnahmen kann nur abstrakt-generell in Form einer Rechtsverordnung verordnet werden. Allgemeinverfügungen kommen nur im Rahmen einer punktuellen Betrachtung als Handlungsform in Betracht, wenn ein Einzelfall (wenn auch mit vielen Adressatinnen) geregelt werden soll. Die bevölkerungsbezogene Vorgehensweise zeigt sich gerade dadurch, dass kein Einzelfall mehr feststellbar ist, weil nicht mehr einzelne Personen individuell angesprochen werden, die bei der infektionsschutzrechtlichen Verantwortung einer bestimmten Kategorie zugerechnet werden können, sondern ganz pauschal die Allgemeinheit. Anders als vielfach behauptet ist der Einzelfall gerade nicht die konkrete Epidemie selbst, denn eine Epidemie kann nicht geregelt werden[126]. Geregelt werden kann nur menschliches Verhalten.

(1) Verabschiedung des Störerbegriffs

Wegen der Einordnung des Infektionsschutzrechts in das Gefahrenabwehrrecht ordnen Literatur und Rechtsprechung die Adressaten infektionsschutzrechtlicher Maßnahmen immer den Kategorien „Störern" und „Nichtstörern" zu[127]. Der Begriff des Nichtstörers ist dabei zu voraussetzungsvoll, um passgenau das Problem zu umschreiben, wenn im Bereich des Risikos agiert wird, da er eine erhöhte – konkrete – Gefahr verlangt[128]. Der Begriff ist abgesehen davon auch innerhalb der Gefahrenabwehrdogmatik unterkomplex, soweit mit ihm pauschal alle Unbeteiligten gemeint sind, unabhängig davon, inwiefern sie einen Beitrag zur Gefahrenabwehr leisten können[129]. Denn mit dem Begriff „Nichtstörer" werden im allgemeinen Gefahrenabwehrrecht Personen bezeichnet, die als Inhaberinnen eines Gegenmittels gezielt zur Gefahrenabwehr herangezogen werden. Die Adressatinnen von Maßnahmen, die sich nicht gezielt an Einzelne, sondern flächendeckend an alle richten, heißen deswegen nicht „Nichtstörer": Denn auch wenn der Einzelne durch das Masketragen oder das Schließen seines Restaurants einen Beitrag zur Epidemiebekämpfung leistet, ginge es doch zu weit, darin bereits die Inhaberschaft eines Gegenmittels zu erkennen. Bei individueller Betrachtung ist sein Beitrag nämlich unerheblich, erst die Masse

[125] Zu den damit verbundenen besonderen grundrechtlichen Fragen *Ruschemeier*, RW 2020, 450 (462 ff.).

[126] So auch *Laubinger*, in: FS-Rudolf, S. 305 (312 f.); ausführlich *Kießling*, in: dies. (Hrsg.), IfSG, 3. Aufl., § 32 Rn. 11.

[127] Siehe oben 4. Teil, A. I.

[128] Siehe oben 4. Teil, A. I.

[129] Dazu *Kießling*, JURA 2016, 483 (485 f.).

der Beiträge führt dazu, dass die Maßnahmen überhaupt nachhaltige Wirkung zeigen. Das liegt daran, dass diese Art der Epidemiebekämpfung ein kollektives Gut darstellt[130] – die einzelne Maßnahme kann zwar punktuell Übertragungen verhindern, aber nicht die Epidemie eindämmen. Die von diesen Maßnahmen Betroffenenen kann man „nachhaltig betroffenen Jedermann"[131] oder „Unbeteiligte" nennen, wobei der zweite Begriff leicht missverständlich ist.

Im Infektionsschutzrecht sollte man jedenfalls den Störerbegriff verabschieden – dies zeigt die Corona-Epidemie eindrücklich. Das IfSG muss aber präzisieren, in welchen Fällen solche flächendeckenden Maßnahmen angeordnet werden dürfen[132].

(2) Voraussetzungen der Inanspruchnahme der Allgemeinheit

Es sind deswegen – ausgehend von den Grundsätzen einer angemessenen Risikoverteilung – Kriterien zu entwickeln, die präzisieren, unter welchen Voraussetzungen die Allgemeinheit herangezogen werden kann und welche Maßnahmen nur zulässig sein können.

(a) Keine Eigenschutzmöglichkeit

Als erste Voraussetzungen muss es sich um einen Erreger handeln, gegen den – für die gesamte Bevölkerung – nicht einfacher Eigenschutz möglich ist, also z. B. durch einen nebenwirkungsarmen Impfstoff, der der gesamten Bevölkerung Schutz vor einem schweren Krankheitsverlauf bietet. Die üblichen Grippewellen werden deswegen in der Regel die Voraussetzungen schon wegen der Verfügbarkeit eines Impfstoffs nicht erfüllen, auch wenn dieser immer nur zum Teil schützt und nicht alle Infektionen verhindern kann. Allgemein gilt: Je weniger für den Schutz der Risikogruppen getan wird, desto weniger sind langfristige Maßnahmen für die Allgemeinheit zumutbar.

(b) Eingeschränkte Eignung des punktuellen Ansatzes

Erst wenn Maßnahmen gegenüber den Infizierten die Epidemie nicht mehr effektiv eindämmen können, kommen Maßnahmen gegenüber Unbeteiligten in Betracht. Das ist dann der Fall, wenn eine Kontaktverfolgung in dem erforderlichen Maße entweder daran scheitert, dass wegen der Übertragungsart und der Infektiosität des Erregers so viele Menschen als Kontaktpersonen 1. Grades gelten, dass sie faktisch nicht mehr ermittelt werden können (wenn etwa der Übertragungsweg so groß ist, dass schon gar nicht feststeht, wer alles überhaupt Kontakt zu Infizierten hatte), oder daran, dass die Gesundheitsämter hiermit wegen des Ausmaßes der Seuche in personeller oder technischer Hinsicht überfordert sind. Dies kann jedoch nur eingeschränkt gelten: Grundsätzlich gebietet es die staatliche Schutzpflicht auch, vorsorglich und spätestens bei Ausbruch einer Seuche die zuständigen Behörden personell so

---

130 Dazu oben 2. Teil, A. IV.

131 *Schoch*, in: ders. (Hrsg.), Besonderes Verwaltungsrecht, Kap. 1 Rn. 1010.

132 Dazu, dass die Einfügung von § 28a IfSG durch das 3. BevSchG v. 18.11.2020 das Problem nicht gelöst hat, unten 4. Teil, A. III. 2. b) bb) (2).

auszustatten, dass eine wirksame Aufgabenerledigung erfolgen kann und dadurch unnötige Grundrechtseingriffe gegenüber der Bevölkerung vermieden werden. Der Staat kann sich jedenfalls nicht auf die flächendeckende Anordnung einschneidender Maßnahmen zurückziehen, ohne die Kontaktverfolgung durch eine Verbesserung der personellen Ausstattung zu fördern[133]. Eine Kontrollfunktion kann die Überlegung übernehmen, in welchem Stadium der Erreger bereits übertragen werden kann: Ist dies vor dem Auftreten von Symptomen oder gibt es gar asymptomatische Überträger, stößt das Contact Tracing an seine Grenzen. Dann hilft auch die Verstärkung des Personals nur begrenzt. Die Voraussetzung setzt ihrerseits voraus, dass sich der Erreger epidemisch verbreitet – denn bei lokalen Ausbrüchen liegen die genannten Voraussetzungen wohl in der Regel nicht vor. Daraus folgt, dass Unbeteiligte von vornherein nur dann Adressatinnen von Schutzmaßnahmen sein können, wenn eine epidemische Lage vorliegt. Eine Epidemie setzt allerdings nicht notwendigerweise voraus, dass das gesamte Bundes- oder jedenfalls ein vollständiges Landesgebiet betroffen ist; ausreichend ist eine Häufung von Erkrankungsfällen[134], die über einen lokal eng begrenzten Ausbruch hinausgeht.

(c) Schwere der Krankheit

Je größer das Gesundheitsrisiko ist, desto einschneidendere Maßnahmen lassen sich rechtfertigen[135]. Dieser allgemeine Grundsatz gilt auch für die Frage, ob neben einem punktuellen ein flächendeckender Ansatz verfolgt werden darf. Für Ausgangsbeschränkungen hat das BVerfG diesen Grundsatz auf die Formel gebracht, sie kämen „nur in einer äußersten Gefahrenlage in Betracht"[136]. Es muss deswegen die Art der Krankheit berücksichtigt werden, die von dem Erreger verursacht werden kann, und der Grad der Wahrscheinlichkeit, dass Infektionen zu einer Erkrankung führen. Nur im Falle einer besonderen Gefährlichkeit kann die Heranziehung der Allgemeinheit gerechtfertigt sein. Hier könnte es sich anbieten, den Begriff der „klinisch schweren Verlaufsform" aus § 2 Nr. 3a IfSG heranzuziehen und insgesamt unter Einbeziehung der dort auch genannten „Ausbreitungsweise" eine „bedrohliche übertragbare Krankheit" zu verlangen: Eine solche liegt vor bei einer übertragbaren Krankheit, die auf Grund klinisch schwerer Verlaufsformen und[137] ihrer Ausbreitungsweise eine schwerwiegende Gefahr für die Allgemeinheit verursachen kann.

(d) Der Umgang mit bestehenden Unsicherheiten

Bei der Wahl der Bekämpfungsstrategie muss der Staat die Bewertungen und Risikoeinschätzungen der Virologie, Epidemiologie, Medizin und Psychologie berücksich-

---

[133] Während der Corona-Epidemie 2020 etwa wurden vorübergehend Soldaten der Bundeswehr in den Gesundheitsämtern zur Kontaktnachverfolgung eingesetzt.

[134] Zum Begriff der Epidemie RKI (Hrsg.), RKI-Fachwörterbuch, Infektionsschutz und Infektionsepidemiologie, Stichwort „Epidemie".

[135] Siehe oben 3. Teil, C. I.

[136] BVerfG, NJW 2022, 139 (166).

[137] Dazu, dass beide Voraussetzungen kumulativ vorliegen müssen, *Kießling*, in: dies. (Hrsg.), IfSG, 3. Aufl., § 2 Rn. 13.

tigen[138]. Bei neuartigen Erregern liegt es in der Natur der Sache, dass die Behörden unter großer Unsicherheit entscheiden müssen. Zu Beginn bestehen Unsicherheiten u. a. über die Übertragungswege, die Kontagiosität, die Infektiosität, den Verlauf der übertragbaren Krankheit und deren Schwere. Das gleiche gilt für die Frage, welche Instrumente in welchem Umfang und in welchen Situationen geeignet sind. Erkenntnisse ergeben sich für den Staat nur nach und nach. Die Bekämpfungsstrategie muss aus diesem Grund immer wieder den neuen Erkenntnissen angepasst werden. Je größer die Unsicherheit ist, desto größer ist auch die Beobachtungspflicht des Gesetzgebers. D.h. gerade zu Beginn muss er in sehr kurzen Abständen überprüfen, wie seine Maßnahmen wirken, welche neuen Erkenntnisse es gibt und ob nicht mittlerweile weniger einschneidende Maßnahmen ausreichen. Daraus folgt, dass die Maßnahmen knapp zu befristen sind[139]. Der Zeitraum darf andererseits nicht zu kurz gewählt werden: Neue Maßnahmen müssen auch Zeit haben, ihre Geeignetheit zu zeigen. Eine Befristung unterhalb der Inkubationszeit würde deswegen wohl keine brauchbaren Erkenntnisse liefern[140].

Selbst wenn erste Erkenntnisse vorliegen und die Maßnahmen bereits modifiziert wurden, kann bei einem lokalen, starken Infektionsherd wieder Unsicherheit über die genaue räumliche Ausbreitung bestehen. Dies kann es rechtfertigen, vorübergehend lokal eine stärker typisierende Betrachtung vorzunehmen und stärker generalisierende Regelungen zu treffen[141]. Dazu gehört es auch, durch eine weitreichende, typisierende Betrachtung „Zeit für notwendige Aufklärungsmaßnahmen zu gewinnen und um anschließend auf belastbarer Grundlage über die weitere Vorgehensweise zu entscheiden"[142]. Das bedeutet, dass der Staat allein mit dem Ziel, Zeit und neue Erkenntnisse zu gewinnen[143], umfangreiche Maßnahmen verhängen kann. Dies ergibt sich aus der grundrechtlichen Schutzpflicht und der Staat käme einer Verletzung des Untermaßverbotes insbesondere dann nahe, wenn ein längeres Untätigbleiben oder ein zu frühzeitiges Lockern flächendeckender Maßnahmen das gesundheitliche Risiko exponentiell erhöhte[144]. Dies beinhaltet wiederum, dass ggf. nachträglich sichtbar wird, dass diese Maßnahmen objektiv nicht erforderlich waren. Der Staat muss jedenfalls, sobald sich zeigt, dass die Maßnahmen nicht erforderlich sind, nachbessern. Sobald ihm nähere Erkenntnisse vorliegen, die es ermöglichen, die

---

[138] BVerfG, NVwZ 2020, 622 (623).

[139] *Kersten/Rixen*, Der Verfassungsstaat in der Corona-Krise, 2. Aufl., S. 100; *Kingreen*, JURA 2020, 1019 (1029). Vgl. auch die Befristungspflicht in § 28a V IfSG, die jedenfalls für Rechtsverordnungen (nicht hingegen für Allgemeinverfügungen) gilt; § 28b V 1 IfSG hingegen enthält nur noch eine Begründungs- und keine Befristungspflicht.

[140] Unerheblich sind jedenfalls Zeiträume, die sich nach der Dauer der Erkrankung richten (so aber wohl *Wüstenberg*, GewArch 2020, 241 [243]), weil man weiterhin Symptome aufweisen kann, wenn man nicht mehr ansteckend ist.

[141] OVG Münster, Beschl. v. 29.4.2020, 13 B 512/20.NE, Rn. 50; Beschl. v. 6.7.2020, 13 B 940/20.NE, Rn. 54.

[142] OVG Münster, Beschl. v. 6.7.2020, 13 B 940/20.NE, Rn. 53.

[143] „In gewisser Weise wird damit die Gesellschaft zum Labor" (*Trute*, jM 2020, 291 [293]).

[144] Vgl. auch – allgemeiner – *Trute*, jM 2020, 291 (293).

Ausbreitung genauer einzuschätzen, muss er Abstand nehmen von diesem breiten Ansatz und umschwenken auf differenzierte Maßnahmen[145].

cc) Fazit

Aus Gesichtspunkten der Risikoverteilung ergibt sich, dass der Staat innerhalb der Adressatengruppe der Bevölkerung versuchen muss, vorrangig gegenüber den Infizierten vorzugehen. Denn die Konzentration auf die Gruppe der Infizierten – wozu auch Krankheitsverdächtige und Ansteckungsverdächtige gehören – ermöglicht es, punktuell an einer konkreten, individualisierten Infektionsgefahr anzusetzen. Bevor die restliche Bevölkerung Adressatin von Maßnahmen sein kann – bevor also ein flächendeckender Ansatz zum Einsatz kommt –, muss der Staat durch Testung und Contact Tracing herausfinden, wer zur Gruppe der Infizierten gehört.

Reicht dieses punktuelle Vorgehen nicht aus, um die Epidemie einzudämmen, darf der Staat flächendeckend vorgehen, wenn keine ausreichenden Eigenschutzmöglichkeiten vorhanden sind (etwa ein Impfstoff) und wenn es um eine bedrohliche übertragbare Krankheit geht. Die Beobachtungspflicht des Staates ist hier besonders streng, weil die Grundrechtseingriffe besonders intensiv sind und die Unsicherheit, unter der der Staat entscheiden muss, bei neuen Krankheitserregern besonders groß ist. Der Staat muss somit engmaschig die Auswirkungen seiner Maßnahmen beobachten und nachbessern, sobald der flächendeckende Ansatz nicht mehr erforderlich ist.

c) Regelungsansatz gegenüber Immunen

Eine weitere Gruppe, die grundrechtlich gesondert betrachtet werden muss, besteht aus den Personen, die wegen einer bereits durchgemachten Infektion oder durch eine Impfung Antikörper gegen den Krankheitserreger gebildet haben und deswegen gegen ihn immun sind. Nicht bei jedem Erreger kommt es jedoch hierzu. Während zwei Masernimpfungen bzw. eine Maserninfektion bei 95–100 % der Personen zu einem lebenslangen Schutz führen[146], sind bei SARS-CoV-2 sowohl nach einer Infektion als auch nach einer vollständigen Impfserie (vgl. § 22a I 2 IfSG) (Re-)Infektionen möglich. Bei Immunen stellt sich die Frage, ob sie von flächendeckend eingesetzten Maßnahmen ausgenommen werden müssen; soweit Unsicherheiten über eine vorhandene Immunität nach Infektion oder Impfung bestehen, muss hiermit umgegangen werden.

Bei punktuell angeordneten Maßnahmen und nachgewiesener Immunität ist die Rechtslage eindeutig: Maßnahmen nach §§ 29–31 IfSG dürfen gegen Immune schon deswegen nicht ergehen, weil die Tatbestandsvoraussetzungen nicht vorliegen. Denn

145 OVG Münster, Beschl. v. 29.4.2020, 13 B 512/20.NE, Rn. 50; Beschl. v. 6.7.2020, 13 B 940/20.NE, Rn. 54.

146 RKI-Ratgeber Masern, Stand: 23.07.2021.

die §§ 29–31 IfSG verlangen, dass die Adressatinnen Kranke, Krankheitsverdächtige, Ansteckungsverdächtige oder Ausscheider sind. Dazu müssten die Immunen mindestens „wahrscheinlich infiziert“ sein, was wegen der Immunität ausgeschlossen ist. Auch Maßnahmen, die nach § 28 I IfSG angeordnet werden, der keine derart strenge Adressatenregelung enthält, wären rechtswidrig: Die Maßnahmen wären nicht dazu geeignet, eine Übertragung des Krankheitserregers zu verhindern, weil die Immunen den Erreger nicht mehr übertragen können.

Bei flächendeckend verordneten Maßnahmen ergibt sich das Problem, dass nicht ohne Weiteres ersichtlich ist, wer immun ist und wer nicht. Der Nachweis an sich ergibt sich durch die Einträge der Impfungen in den Impfpass (§ 22 IfSG); Infektionen, die eine Immunität erzeugen, könnten dort eingetragen werden. Fraglich ist jedoch, wie solche individuellen Dokumente bei flächendeckenden Maßnahmen berücksichtigt werden können. Während des Gesetzgebungsverfahrens zum 2. BevSchG wurde überlegt, den § 28 I um zwei Sätze zu ergänzen, die lauten sollten:

> „Bei der Anordnung und Durchführung von Schutzmaßnahmen nach den Sätzen 1 und 2 ist in angemessener Weise zu berücksichtigen, ob und inwieweit eine Person, die eine bestimmte übertragbare Krankheit, derentwegen die Schutzmaßnahmen getroffen werden, nach dem Stand der medizinischen Wissenschaft wegen eines bestehenden Impfschutzes oder einer bestehenden Immunität nicht oder nicht mehr übertragen kann, von der Maßnahme ganz oder teilweise ausgenommen werden kann, ohne dass der Zweck der Maßnahme gefährdet wird. Soweit von individualbezogenen Maßnahmen abgesehen werden soll oder Ausnahmen allgemein vorgesehen werden, hat die betroffene Person durch eine Impf- oder Immunitätsdokumentation nach § 22 oder ein ärztliches Zeugnis nachzuweisen, dass sie die bestimmte übertragbare Krankheit nicht oder nicht mehr übertragen kann.“[147]

Von dieser Idee wurde jedoch während des Verfahrens Abstand genommen. Zunächst stellt sich die Frage, wie bei flächendeckenden Maßnahmen Ausnahmen für Immune ausgestaltet werden müssten und wie dies in der Praxis überprüft werden könnte. Vergleichsweise einfach erscheinen die Ausgestaltung und Umsetzung bei Maßnahmen, die zwar flächendeckend in Form einer Verordnung erlassen werden, die aber nur in wenigen konkreten Einzelfällen wirken, in denen es einen Ansprechpartner gibt. So könnte man Ausnahmen von Besuchsverboten in Pflegeheimen für immune Angehörige[148] leicht umsetzen; das gleiche gilt für Quarantäneverordnungen für Reiserückkehrer[149].

---

[147] Die beiden Sätze waren als S. 3 und S. 4 vorgesehen. Diese „Formulierungshilfe“ für die Fraktionen ist abrufbar unter https://www.bundesgesundheitsministerium.de/fileadmin/Dateien/3_Downloads/Gesetze_und_Verordnungen/GuV/S/Entwurf_Zweites_Gesetz_zum_Schutz_der_Bevoelkerung_bei_einer_epidemischen_Lage_von_nationaler_Tragweite.pdf.

[148] Angedacht von Deutscher Ethikrat, Immunitätsbescheinigungen in der Covid-19-Pandemie, Position A, S. 21.

[149] So sahen diese Verordnungen in der Corona-Pandemie Ausnahmen für bestimmte Personengruppen vor, etwa Personen, die sich nur kurz im Ausland aufgehalten haben, oder Personen, die einen negativen Coronatest vorlegen können, vgl. z. B. § 1 VI, VII niedersächsische Quarantäne-Verordnung idF v. 6.11.2020.

Schwieriger wird der Vollzug bei flächendeckenden Maßnahmen im normalen Alltag, also bei Kontaktverboten und Maskenpflichten. Da die Einhaltung dieser Maßnahmen höchstens stichprobenartig kontrolliert wird und andersherum auch nicht in jeder Situation ein Ansprechpartner zur Verfügung steht, kann der Immunstatus nicht in jeder Situation überprüft werden, selbst wenn der Betroffene dies wollte. Die Nichteinhaltung der geltenden Regeln stellt sich dann für den Rest der Bevölkerung als Regelverstoß dar, was wiederum Nichtimmune dazu verleiten könnte, sich auch nicht an die verordneten Maßnahmen zu halten[150]. Gegen die Einführung eines Immunitätsausweises wird außerdem angeführt, dass sie möglicherweise Personen dazu verleiten könnte, sich absichtlich mit dem Erreger anzustecken, um eine Infektion und in der Folge eine Immunität hervorzurufen[151]. Diese Erwägung kann jedoch von vornherein nur dann grundrechtliche Relevanz erlangen, wenn durch die absichtlich herbeigeführte Infektion ein Gesundheitsrisiko für Dritte entsteht: Derjenige, der sich absichtlich infiziert und dann in Selbstisolation geht, gefährdet niemanden, so dass ihm dieses Vorgehen auch nicht verboten werden kann; alles andere wäre ein unzulässiges Vorgehen zum Schutze des Einzelnen vor sich selbst[152]. Soweit über absichtliche Einzelinfektionen hinausgehende „Ansteckungspartys" befürchtet werden, müsste auch hier differenziert werden zwischen Personen, die sich danach selbst isolieren, und solchen, die eine Gefahr für Dritte darstellen. Gegen letztere könnten die Behörden all die Maßnahmen anordnen, die sie auch in jeder anderen Gefahrensituation anordnen dürften. Wer sich absichtlich ansteckt und danach nicht selbst isoliert, macht sich außerdem wegen (fahrlässiger) Körperverletzung strafbar, wenn er den Erreger nachweislich auf Dritte überträgt; die GKV könnte ihn gem. § 52 I SGB V in angemessener Höhe an den Behandlungskosten beteiligen.

Dass von der Einführung von Immunitätsausweisen möglicherweise Anreizwirkungen ausgehen, mag dem Ziel, die Ausbreitung des Erregers einzudämmen, zwar „diametral entgegen[stehen]"[153], dies gilt jedoch nur auf einer sehr abstrakten Ebene. Auf der Mikroebene stehen schließlich Maßnahmen zur Verfügung, gegen die jeweiligen Personen vorzugehen. Allgemein ist es zweifelhaft, Verstöße Einzelner gegen geltende Regeln als Argument für Eingriffe in die Grundrechte anderer heranzuziehen. Bei genauerer Betrachtung wird aus dem Ziel, Fehlanreize (wie Ansteckungspartys) zu vermeiden, die Erwägung, Grundrechtseinschränkungen aus generalpräventiven Motiven zuzulassen[154]: Personen, die keine Gefahr darstellen (Im-

---

[150] Deutscher Ethikrat, Immunitätsbescheinigungen in der Covid-19-Pandemie, Position A, S. 22, Position B, S. 43.

[151] Hiervon gehen *Klafki*, Verfassungsblog v. 4.5.2020; *Bockholdt*, in: Schlegel/Meßling/Bockholdt (Hrsg.), COVID-19, 2. Aufl., § 14 Rn. 135; *Kersten/Rixen*, Der Verfassungsstaat in der Corona-Krise, 2. Aufl., S. 174; Deutscher Ethikrat, Immunitätsbescheinigungen in der Covid-19-Pandemie, Position A, S. 22, Position B, S. 43, aus.

[152] Dazu oben 4. Teil, A. [einleitender Absatz]; siehe auch noch 4. Teil, B. II. 2. a).

[153] So *Klafki*, Verfassungsblog v. 4.5.2020. Ähnlich Deutscher Ethikrat, Immunitätsbescheinigungen in der Covid-19-Pandemie, Position A, S. 22.

[154] Ausdrücklich *Klafki*, Verfassungsblog v. 4.5.2020.

mune), werden zur Risikovorsorge herangezogen, damit andere von einem unerwünschten Verhalten abgeschreckt werden und es so entweder nicht zu Vollzugsproblemen oder nicht zu einer erschwerten Eindämmung des Virus kommt. In diesem Sinne war im Gesetzentwurf vorgesehen, dass Personen nur dann von Schutzmaßnahmen ausgenommen werden könnten, wenn dies den Zweck der Maßnahme nicht gefährdet[155]. Auf dieser Grundlage – so wird überlegt – wären dann z. B. ausnahmslose Kontaktbeschränkungen zulässig[156]. Der Zweck einer Maßnahme ist jedoch nicht ihr eigener Vollzug. Und auch wenn mit dem Absehen von Ausnahmen für Immune „Ansteckungspartys" und dadurch eine Weiterverbreitung des Erregers verhindert werden sollen, muss berücksichtigt werden, dass generalpräventive Erwägungen mit gefahrenabwehrrechtlichen Grundsätzen nicht zu vereinbaren sind[157]. Dass dies bei der Risikovorsorge anders zu bewerten wäre, erscheint fraglich. Hier zeigt sich vielmehr, dass die Risikovorsorgeperspektive des Staates mit der gefahrenabwehrrechtlichen Perspektive des Einzelnen kollidiert, beide Perspektiven also nicht wirklich kompatibel sind. Was man von den Immunen in der Konsequenz verlangt, ist Solidarität[158] – sie sollen sich Grundrechtseingriffe gefallen lassen (deren Zweck sie nicht fördern können, weil sie den Krankheitserreger nicht verbreiten können), damit sich andere an die Regeln halten. Verfassungsrechtlich könnte man überlegen, dies als Beitrag zur Herstellung eines kollektiven Gutes zu verstehen[159]: Die Eindämmung der Pandemie kann schließlich nur gelingen, wenn sich genügend Personen daran beteiligen. Immune können aber – wie ausgeführt – keinen Beitrag zur Eindämmung des Erregers leisten, soweit hiermit die Übertragung des Erregers gemeint ist. Dass die Förderung der allgemeinen Regelbefolgungsmoral oder der Akzeptanz der Bevölkerung von ihnen verlangt werden kann, ist zu bezweifeln[160].

Gegen einen Immunitätsausweis und die Berücksichtigung bei der Verordnung von Schutzmaßnahmen werden weitere Bedenken geltend gemacht, bei denen aber unklar bleibt, wie sie verfassungsrechtlich zu verankern sind: Man befürchtet eine Spaltung der Gesellschaft – eine Aufteilung in Immune und nicht Immune – und damit verbundene Diskriminierungen oder Stigmatisierungen[161] durch eine „Impfpass-Elite"[162] oder eine Zwei-Klassen-Gesellschaft[163]. Infektionsschutzrechtlich können diese Befürchtigungen jedoch nicht recht verfangen. Etwaigen Diskriminie-

---

[155] Siehe oben den Wortlaut der geplanten Norm. Vgl. auch Deutscher Ethikrat, Immunitätsbescheinigungen in der Covid-19-Pandemie, Position A, S. 20, 29.

[156] *Bockholdt*, in: Schlegel/Meßling/Bockholdt (Hrsg.), COVID-19, 1. Aufl., § 11 Rn. 47.

[157] Anders *Klafki*, Verfassungsblog v. 4.5.2020: jedenfalls als utima ratio.

[158] Dazu *Franzenburg*, COVuR 2021, 207 (209 f.), der dies mit dem Sozialstaatsprinzip rechtfertigt; wie hier ablehnend *J. F. Lindner*, Verfassungsblog v. 29.12.2020.

[159] In diese Richtung – und dann ebenso ablehnend – *Komp/Thrun*, JA 2021, 743 (745 f.).

[160] So auch *Komp/Thrun*, JA 2021, 743 (746).

[161] Deutscher Ethikrat, Immunitätsbescheinigungen in der Covid-19-Pandemie, Position A, S. 22; *Boehme-Neßler*, NVwZ 2020, 1570 (1571).

[162] *Michl*, Verfassungsblog v. 11.5.2020.

[163] Deutscher Ethikrat, Immunitätsbescheinigungen in der Covid-19-Pandemie, Position B, S. 40; *Boehme-Neßler*, NVwZ 2020, 1570 (1571); *Franzenburg*, COVuR 2021, 207 (2010 f.), der dies als

rungen und Stigmatisierungen – sollte es tatsächlich dazu kommen – muss auf anderer Ebene begegnet werden[164]. Das gleiche gilt für die Vollzugsprobleme: Sobald Immunitätsnachweise verfügbar sind, müsste der Staat darüber aufklären, dass diese existieren und dass für diese Personen die flächendeckend verordneten Maßnahmen nicht gelten. Erforderlich wären dann erhöhte Kontrollen[165]. Gleichzeitig könnte er an die Immunen appellieren, sich trotzdem freiwillig an Regelungen wie Abstandsgebote und Maskenpflichten zu halten – erzwingen darf er dies aber nicht.

Während der Corona-Pandemie setzte Ende 2020 die Diskussion um eine „Privilegierung Geimpfter" ein. Diese Terminologie wurde kritisiert[166], schließlich handele es sich nicht um Privilegien, wenn Geimpfte von Schutzmaßnahmen ausgenommen würden, sondern um die Rücknahme von nicht mehr gerechtfertigen Eingriffen in grundrechtliche Freiheiten[167]. In der Praxis war die Bedeutung dann ungleich geringer, weil sich herausstellte, dass die Impfstoffe keine sterile Immunität erzeugten. Der Staat war deswegen nicht verpflichtet, Geimpfte pauschal von allen Corona-Maßnahmen auszunehmen[168]. Zwischen Geimpften und Ungeimpften unterschieden wurde jedoch bei „2G"-Zugangsbeschränkungen, die im Herbst und Winter 2021/22 in vielen Lebensbereichen eingesetzt wurden: Hiernach wurde nur Genesenen und Geimpften Zugang zu Restaurants, Fitnessstudios und anderen Einrichtungen gewährt; Ungeimpfte konnten sich auch nicht durch Vorlage eines negativen Schnelltests Zugang verschaffen[169]. Die „2G"-Regelung kann jedoch nur zulässig sein, solange Impfungen zumindest für eine gewisse Weile bzw. zu einem gewissen Umfang Schutz vor Ansteckung bieten[170]. Berücksichtigt werden muss außerdem, inwiefern das statistische Risiko, dass Ungeimpfte ansteckend sind, durch einen negativen Schnelltest so gesenkt werden kann, dass es nicht mehr höher ist als bei ungetesteten Geimpften und Genesenen[171]. Ggf. muss also „3G" – d.h. der Zugang wird Geimpften, Genesenen und Getesten gewährt – in Betracht gezogen werden, weil in diesem Fall kein vollständiger Ausschluss Nichtimmunisierter stattfindet, sondern Nichtimmunisierte einen Testnachweis vorlegen können. Ob diese Unterstellung der geringeren Virusverbreitung zutrifft, hängt zum einen von den

---

Rechtfertigung für eine Gleichbehandlung ausreichen lässt. Vereinzelt wird gar ein Verstoß gegen die Menschenwürdegarantie des Art. 1 I GG gesehen (*Boehme-Neßler*, NVwZ 2020, 1570).

164 Etwa durch Aufklärungskampagnen, so Deutscher Ethikrat, Immunitätsbescheinigungen in der Covid-19-Pandemie, Position A, S. 26.

165 Vgl. auch *Komp/Thrun*, JA 2021, 743 (746). Anders *Mangold*, VVDStRL 2021, S. 7 (25).

166 *J.F. Lindner*, Verfassungsblog v. 29.12.2020; *Amhaouach/Huster*, Verfassungsblog v. 31.12.2020; *Mangold*, VVDStRL 2021, S. 7 (25); *Leisner-Egensperger*, DVBl 2021, 825 (828); *Komp/Thrun*, JA 2021, 743 (745); *Kersten/Rixen*, Der Verfassungsstaat in der Corona-Krise, 2. Aufl., S. 174f.

167 Ausführlich *Kingreen*, in: Huster/Kingreen (Hrsg.), Handbuch Infektionsschutzrecht, Kap. 1 Rn. 144f.

168 So auch *Franzenburg*, COVuR 2021, 207 (208); *Leisner-Egensperger*, DVBl 2021, 825 (827). Zu dieser Frage auch *Erbguth*, DVBl 2021, 1136.

169 Zur entsprechenden „3G"-Regelung *Kießling*, in: dies. (Hrsg.), 3. Aufl., IfSG, § 28a Rn. 37a.

170 Vgl. zum Folgenden bereits *Kießling*, in: dies. (Hrsg.), 3. Aufl., IfSG, § 28a Rn. 37d.

171 Dazu auch *J. F. Lindner*, Verfassungsblog v. 29.12.2020.

verwendeten Impfstoffen und zum anderen von der jeweiligen Virusvariante ab[172], sie ändert sich also im Laufe der Pandemie. Soweit sie zutrifft, kann „2G“ grundsätzlich verhältnismäßig sein – soweit Ausnahmen für Minderjährige und für die Versorgung mit lebenswichtigen Gütern gemacht werden[173] –, weil dann das Ansteckungsrisiko in dem Restaurant oder der Einrichtung gesenkt wird. Ergänzend darf im Rahmen der anzustellenden Risikoabwägung berücksichtigt werden, dass durch „2G“ auch ein Anreiz für Ungeimpfte entsteht, sich impfen zu lassen. Allein darf dies aber nicht der Zweck der Einführung von „2G“ sein[174]. Unter diesen Voraussetzungen handelt es sich bei „2G“ nicht um eine indirekte Impfpflicht[175].

III. Querschnittsfragen

Weil eine Epidemie nicht durch einzelne Maßnahmen eingedämmt werden kann, sondern verschiedene Maßnahmetypen, die unterschiedliche Grundrechtseingriffe bedeuten, miteinander kombiniert werden, muss der Staat ein Schutzkonzept aufstellen[176], das die unterschiedlichen Wirkungen – sowohl hinsichtlich der Erreichung des Ziels als auch hinsichtlich der Betroffenen – berücksichtigt. Im Rahmen dieser Querschnittsbetrachtung muss der Staat entscheiden, in welchen Situationen das Risiko eher hingenommen werden kann als in anderen (wo also ein Restrisiko besteht). Geringe Belastungen an einer Stelle können – allein mit Blick auf die Zahl von Infektionen betrachtet – mit der Notwendigkeit strikterer Maßnahmen an anderer Stelle einhergehen[177].

1. Die Überprüfung des Schutzkonzepts der Exekutive

Durch die Kombination verschiedener Maßnahmen – die den flächendeckenden Ansatz gerade von dem punktuellen Ansatz der §§ 29–31 IfSG und dem Ansatz des allgemeinen Gefahrenabwehrrechts unterscheidet[178] – besteht eine Ähnlichkeit zu behördlichen Entscheidungen in Verteilungsverfahren, auch wenn es bei der Epidemiebekämpfung nicht um die Verteilung von Gütern, sondern um die Verteilung von Belastungen geht. Hier wird der Charakter der gesundheitlichen Risikovorsorge als sozialgestaltende Risikovorsorge[179] besonders deutlich.

---

172 Vgl. dazu etwa *Warg*, NJOZ 2022, 65 (66 ff.); *Greve/Lassahn*, NVwZ 2022, 197 (198).

173 Dazu *Kießling*, in: dies. (Hrsg.), 3. Aufl., IfSG, § 28a Rn. 137e.

174 Unklar in dieser Hinsicht *Greve/Lassahn*, NVwZ 2022, 197 (200).

175 So im Ergebnis auch *Kingreen*, in: Huster/Kingreen (Hrsg.), Handbuch Infektionsschutzrecht, Kap. 1 Rn. 144; *Greve/Lassahn*, NVwZ 2022, 197 (199).

176 So auch *Rixen*, VVDStRL 2021, S. 37 (58).

177 Dazu OVG Münster, Beschl. v. 19.5.2020, 13 B 557/20.NE, Rn. 111.

178 So auch *Wollenschläger*, Stellungnahme, BT-Drs. 19(14)246(20), S. 6.

179 Vgl. nur *Wahl/Appel*, in: Wahl (Hrsg.), Prävention und Vorsorge, S. 1 (93); dazu schon oben 2. Teil, B. I. 2. a) aa) (2) für das Umweltrecht.

Eine Verteilung der Belastungen kann nur dann sachgerecht erfolgen, wenn die Exekutive ein Schutzkonzept aufstellt[180], das die unterschiedlichen flächendeckenden Maßnahmen in ihren Wirkungen aufeinander abstimmt[181]. Wenn insgesamt die Zahl der Infektionen niedrig gehalten werden soll, kann dies theoretisch auch dadurch geschehen, dass man in einem Bereich nahezu alles verbietet und andere Bereiche komplett offenlässt. Das wäre aber grundrechtlich nicht zu rechtfertigen. Maßnahmen müssen also „in zahlreichen Lebensbereichen" ergriffen werden, „um Belastungen breit zu streuen und so Überforderungen einzelner Gruppen in ausgewählten Lebensbereichen zu vermeiden"[182]. Auf politischer Ebene geht es hier – anders als bei bi- oder multipolaren Verhältnissen – um „gesamtgesellschaftliche Abwägungen"[183], rechtlich ergibt sich dies aus dem Folgerichtigkeitsgebot[184].

a) Die Überprüfung der Verhältnismäßigkeit von Konzepten

Die Entscheidung des Staates, wie die Belastung auf verschiedene Personengruppen verteilt werden soll, drückt sich in einem Maßnahmekonzept[185] bzw. Maßnahmepaket[186] aus, das regelmäßig in Form einer Rechtsverordnung nach § 32 IfSG zur Geltung kommen wird[187]. Das Denken in Maßnahmekonzepten stellt die Prüfung der Verhältnismäßigkeit von Schutzmaßnahmen vor Herausforderungen[188]. Denn anders als bei einer „Abwägung in der Einzelfallperspektive"[189] müsste eigentlich mitberücksichtigt werden, dass die Erklärung einer Maßnahme des Maßnahmenbündels für unverhältnismäßig Auswirkungen auf die Verhältnismäßigkeit der übrigen Maßnahmen haben könnte[190]. Auch können nicht einzelne Maßnahmen miteinander verglichen werden: Was wäre das mildere Mittel bei einem Maßnahmenbündel?[191] Wie vergleicht man Konzepte, die einen unterschiedlichen Regelungsansatz

---

[180] So auch *Wollenschläger*, Stellungnahme, BT-Drs. 19(14)246(20), S. 29 f., unter Verweis auf behördliche Verteilungsverfahren (*Wollenschläger*, Verteilungsverfahren, S. 538 ff.).

[181] Dazu auch – skeptisch – *Gallon/Mangold*, Verfassungsblog v. 31.10.2020.

[182] So die Formulierung des BVerfG, NJW 2022, 139 (156). Hierzu *Froese*, DÖV 2022, 389 (397 f.).

[183] *Kersten/Rixen*, Der Verfassungsstaat in der Corona-Krise, 2. Aufl., S. 99.

[184] Überlegungen in diese Richtung auch bei *Trute*, jM 2020, 291 (298); *Kämmerer/Jischkowski*, GesR 2020, 341 (342); *Froese*, DÖV 2022, 389 (395).

[185] *Kießling*, JZ 2022, 53 (59).

[186] *Mangold*, VVDStRL 2021, S. 7 (20).

[187] Während der Corona-Pandemie griff der Bundesgesetzgeber aber hin und wieder auf Maßnahmegesetze zurück, so insbesondere durch die sogenannte Bundesnotbremse des § 28b idF v. 22.4.2021.

[188] So auch *Mangold*, VVDStRL 2021, S. 7 (20 f.). Zur Überprüfung von Maßnahmebündeln auch *Meßerschmidt/von Hesler*, ZG 2022, 200 (214 f.). Allgemein zur Überforderung des Verhältnismäßigkeitsgrundsatzes in der Pandemie *Barczak*, Der nervöse Staat, S. 685 ff.

[189] Begriff nach *Lepsius*, JöR n. F. 69 (2021), 705 (755), der auch aufzeigt, dass die Verhältnismäßigkeitsprüfungen von Versammlungsverboten durch die Gerichte aufgrund der dort vorliegenden Einzelfallperspektive aus der Masse der Entscheidungen herausstachen. Vgl. zur Verhältnismäßigkeitsprüfung der Gerichte in der Corona-Pandemie auch *Volkmann*, NVwZ 2021, 1408 (1412).

[190] Anders wohl *Murswiek*, NVwZ-Extra 5/2021, 1 (14 f.).

[191] *Trute*, GSZ 2020, 93 (100); ähnlich *Gallon/Mangold*, Verfassungsblog v. 31.10.2020.

verfolgen?[192] Dass Belastungen auch auf andere hätten verteilt werden können, wird jedenfalls an dieser Stelle nicht berücksichtigt[193]. Bei der Erforderlichkeit müsste eigentlich geprüft werden, ob das gesamte Maßnahmebündel erforderlich ist, um das angestrebte Ziel zu erreichen[194] – wenn also 75 % Kontaktreduktion angestrebt werden, das Maßnahmebündel aber 85 % Reduktion erreicht, wäre es wohl nicht erforderlich. Unklar bliebe dann aber, welche Maßnahme aus dem Bündel gestrichen werden müsste.

Möglicherweise zeigen gerade diese Überlegungen zur Verhältnismäßigkeitsprüfung, dass im Epidemiebekämpfungsrecht umgedacht werden muss: Weg vom Gefahrenabwehrrecht im engeren Sinne hin zu planungsrechtlichen Erwägungen[195]. Die Parallele zum Planungsrecht liegt auf der Hand: Von Planung spricht man im Verwaltungsrecht, wenn der Staat in einer konkreten Situation zur Minderung von Risiken eine komplexe Interessenlage nach Abschätzung mehrerer Handlungsmöglichkeiten durch Verknüpfung verschiedener Maßnahmen auflösen muss[196]. Überprüft würden Epidemiemaßnahmekonzepte dann wie Planungsentscheidungen, d. h. vorrangig auf Abwägungsfehler[197]. Das bedeutet, dass gerichtlich das den Behörden eingeräumte Planungsermessen hauptsächlich dahingehend überprüft wird, ob eine Abwägung überhaupt stattgefunden hat; in die Abwägung „müssen alle nach Lage der Dinge abwägungserheblichen öffentlichen und privaten Belange eingestellt und in einen Ausgleich gebracht werden, der nicht außer Verhältnis zur Gewichtigkeit einzelner Belange steht“[198].

Das schließt es nicht aus, dass einzelne Maßnahmen aus dem Konzept so herausstechen, dass sie für sich genommen unverhältnismäßig sind und auch im Verbund mit anderen Maßnahmen nicht ergriffen werden dürfen[199]. Das BVerfG erkannte eine solche Unverhältnismäßigkeit aber noch nicht einmal bei nächtlichen Ausgangssperren, die nur mittelbar dem Gesundheitsschutz dienten, weil sie die Überwachung der gleichzeitig eingesetzten Kontaktbeschränkungen erleichtern sollten[200]. Das

---

192 Etwa statt Kontaktbeschränkungen eine stärkere Abschirmung von Risikogruppen, vgl. BVerfG, NJW 2022, 167 (179).

193 BVerfG, NJW 2022, 139 (155); NJW 2022, 167 (178 f.).

194 *Murswiek*, NVwZ-Extra 5/2021, 1 (5). Ablehnend *Leisner-Egensperger*, JZ 2021, 913 (914 f.).

195 Vgl. dazu *Kießling*, JZ 2022, 53 (59 ff.); außerdem *Kluth*, Thesenpapier der Deutschen Gesellschaft für Gesetzgebung v. 8.6.2021; *ders.*, Verfassungsblog v. 10.12.2021.

196 Ausführlich *Köck*, in: Voßkuhle/Eifert/Möllers (Hrsg.), Grundlagen des Verwaltungsrechts, Band 2, § 36 Rn. 10 ff. und zusammenfassend Rn. 19.

197 *Schuppert*, Verwaltungswissenschaft, S. 209.

198 *Kloepfer/Durner*, Umweltschutzrecht, § 4 Rn. 6. Zu den drei bekannten Abwägungsfehlern Abwägungsausfall, -defizit und -fehleinschätzung *Schuppert*, Verwaltungswissenschaft, S. 538; *Köck*, in: Voßkuhle/Eifert/Möllers (Hrsg.), Grundlagen des Verwaltungsrechts, Band 2, § 36 Rn. 127 ff. – Grundrechte stehen also nicht unter dem „Vorbehalt eines gesetzgeberischen Gesamtschutzkonzepts“ (einen entsprechenden Vorwurf machte *Degenhart*, NJW 2022, 123 [127], dem BVerfG in Bezug auf das Recht auf Bildung und die Schulschließungen).

199 Zur Überprüfung des Grundsatzes der Verhältnismäßigkeit bei Dieselfahrverboten im Zusammenhang mit Luftreinhalteplänen BVerwGE 168, 20, Rn. 34 ff.

200 Kritisch zu diesem Ziel auch *Degenhart*, NJW 2022, 123 (126).

Gericht berief sich hier einerseits auf den weiten Einschätzungsspielraum des Gesetzgebers und das Einfügen in ein Gesamtkonzept, andererseits auf die zahlreichen Ausnahmen von den nächtlichen Ausgangsbeschränkungen (die aber konsequenterweise dann deren Wirksamkeit hätten schmälern müssen)[201]. Hier hätte man angesichts des intensiven Grundrechtseingriffs, den Ausgangssperren darstellen, auch von einer – in planungsrechtlicher Terminologie – Abwägungsfehleinschätzung ausgehen können[202].

Abgesehen von solchen herausstechenden unverhältnismäßigen Maßnahmen bleibt es aber eine Herausforderung, dass Maßnahmen „nur in ihrem Zusammenwirken mit weiteren [...] ergriffenen Maßnahmen bewertet werden" können[203]. Weitere Anhaltspunkte für Abwägungsfehler könnten sich aus Folgerichtigkeitsüberlegungen ergeben.

b) Pflicht zur konsequenten Zugrundelegung der Risikoeinschätzung

Eine gerechte Verteilung der Belastung wird zunächst durch die Pflicht zur konsequenten Zugrundelegung der Risikoeinschätzung verlangt. Da es während einer Epidemie immer um den gleichen Erreger – bei Corona SARS-CoV-2 – geht, müssen sich die Behörden innerhalb eines Schutzkonzepts an ihrer Risikoeinschätzung festhalten lassen. Ob der Erreger vorrangig im Wege der Tröpfcheninfektion, Schmierinfektion oder über Aerosole übertragen wird, ist eine Frage der Virologie; die Einschätzung hat sich im Laufe der Epidemie gewandelt. Während man zu Beginn vorrangig von einer Übertragung über Tröpfchen und Kontaktflächen ausging, rückten die Kontaktflächen als Überträger später in den Hintergrund und man geht mittlerweile von einer Übertragung insbesondere durch Tröpfchen und Aerosole aus. Der Staat ist zunächst verpflichtet, sein Schutzkonzept regelmäßig daraufhin zu überprüfen, ob die Risikoeinschätzung noch dem aktuellen Erkenntnisstand entspricht. So ist es nicht nachvollziehbar, dass noch 2022 in den Landes-Coronaverordnungen Plexiglasscheiben als Alternativen zu Masken erlaubt wurden[204], da Plexiglasscheiben, die nach oben und unten und zu den Seiten offen sind, keine Aerosole abhalten.

In dem Umfang aber, in dem mehrere Risikoeinschätzungen wissenschaftlich vertretbar sind, muss eine Behörde, die sich zu einer – virologisch vertretbaren – Risikoeinschätzung durchgerungen hat, diese Risikoeinschätzung bei allen Maßnahmen des gleichen Schutzkonzepts zur Grundlage machen; mit anderen Worten: Sie darf nicht bei der Regulierung der Gastronomie die Abstandsregelung von 1,5m, die auf der Unterstellung der Übertragung durch Tröpfchen basiert, zugrundelegen und bei der Regulierung von Sportstätten und Fitnessstudios die Übertragung über Aero-

---

[201] BVerfG, NJW 2022, 139 (166).

[202] Kritisch auch *Thurn*, Verfassungsblog v. 3.12.2021; *Degenhart*, NJW 2022, 123 (126); *Schwarz*, NVwZ-Beilage 2022, 3 (4).

[203] BVerfG, NJW 2022, 267 (181).

[204] Vgl. etwa § 3 II Nr. 14 CoronaSchutzVO NRW v. 11.1.2022.

sole. Die Behörde kann bei der Ausgestaltung von Regelungen auch das jeweilige Infektionsrisiko anhand der Personenanzahl pro Quadratmeter (unter vergleichbaren Lüftungsbedingungen) berechnen.

Wenn sich nun eine Behörde – soweit vertretbar – dazu entscheidet, z. B. die Abstandsregelung als maßgeblich anzusehen, verstößt die Ungleichbehandlung verschiedener Branchen nicht gegen Art. 3 I GG, wenn dies damit gerechtfertigt wird, dass in einem Fall diese Abstandsregelung nicht eingehalten werden kann. Entsprechendes gilt für die Berücksichtigung der Personenzahl pro Quadratmeter[205]. In diesem Fall wird vielmehr dem Gleichbehandlungsgrundsatz durch Berücksichtigung interner Ziele Rechnung getragen[206].

Dieser Grundsatz der Berücksichtigung des Infektionsrisikos der jeweiligen Tätigkeitsart kann jedoch durch externe Zwecke durchbrochen werden. Das bedeutet, dass zum einen auch die Auswirkungen der Ge- und Verbote für die betroffenen Unternehmen und Dritte und zum anderen auch öffentliche Interessen an der uneingeschränkten Aufrechterhaltung bestimmter unternehmerischer Tätigkeiten berücksichtigt werden dürfen[207]. Bei gleichem Infektionsrisiko können also auch bestimmte Tätigkeitsarten unterschiedlich behandelt werden oder sogar eine Tätigkeit mit höherem Infektionsrisiko gegenüber einer Tätigkeit mit geringerem Risiko bevorzugt werden, wenn dies etwa durch die Berücksichtigung besonders gewichtiger Grundrechte (wie Art. 8 I GG) geboten ist[208]. Dies kann es rechtfertigen, auch bei sehr strengen Regelungen, die einem Lockdown nahekommen, Ausnahmen für Betriebe oder Tätigkeiten vorzusehen, die für den Erhalt der Funktionsfähigkeit von Staat und Gesellschaft unverzichtbar erscheinen[209]. Mit dieser Begründung dürfen bzw. müssen insbesondere Lebensmittelgeschäfte, Apotheken und ähnliche Betriebe offenbleiben[210].

---

[205] In diesem Sinne wurde von der Rspr. die Ungleichbehandlung von Kinos im Vergleich zu Restaurationsbetrieben, Spielhallen, Fitnessstudios, Spielbanken, Wettannahmestellen, Museen, Ausstellungen, Galerien oder Busreisen als gerechtfertigt (OVG Lüneburg, Beschl. v. 17.6.2020, 13 MN 218/20, Rn. 45) und das Verbot einer Versammlung mit Hinweis auf die zulässige Personenanzahl in einem Bus als unzulässig (VG Hamburg, Beschl. v. 16.4.2020, 17 E 1648/20, Rn. 27) angesehen.

[206] In der Rspr. wurde auch von „Ungleichbehandlungen" „allein aus infektionsschutzrechtlichen Gründen" gesprochen (so VGH Mannheim, Beschl. v. 30.4.2020, 1 S 1101/20, Rn. 51).

[207] OVG Lüneburg, Beschl. v. 16.4.2020, 13 MN 67/20, Rn. 55; OVG Saarlouis, Beschl. v. 13.11.2020, 2 B 332/20, Rn. 20; OVG Berlin-Brandenburg, Beschl. v. 11.11.2020, 11 S 111/20, Rn. 56. Vgl. auch *Kersten/Rixen*, Der Verfassungsstaat in der Corona-Krise, 2. Aufl., S. 184.

[208] Dies ist mit „Auswirkungen der Ge- und Verbote für die betroffenen Unternehmen und Dritte" gemeint – es geht um grundrechtlich geschützte Belange, die sich in ihrer Intensität (u. a.) je nach Grundrecht unterscheiden können (zweifelnd in Bezug auf die Berücksichtigung solcher Belange VGH Mannheim, Beschl. v. 30.4.2020, 1 S 1101/20, Rn. 54).

[209] *Rixen*, NJW 2020, 1097 (1101); VGH Mannheim, Beschl. v. 18.2.2021, 1 S 398/21, Rn. 107.

[210] OVG Berlin-Brandenburg, Beschl. v. 17.4.2020, 11 S 22/20, Rn. 25; VGH Mannheim, Beschl. v. 30.4.2020, 1 S 1101/20, Rn. 53. So lässt sich außerdem die Begrenzung des Warenangebots von Wochenmärkten ausschließlich auf Lebensmittel rechtfertigen (OVG Lüneburg, Beschl. v. 16.4.2020, 13 MN 67/20, Rn. 55).

Sobald die Behörden ein strenges Schutzkonzept lockern, müssen sie erneut über die gerechte Verteilung der Belastung entscheiden. Bei jeder Verlängerung bzw. Neufassung der Verordnungen müssen die Behörden überprüfen, ob die Regelungen weiterhin notwendig sind. Es muss jedes Mal überprüft werden, ob es angesichts neuer Erkenntnisse verantwortet werden kann, weitere Lockerungsmaßnahmen zu ergreifen[211]. Dabei erlangt das Gesamtkonzept der Verordnungsgeberin wesentliche Bedeutung[212]; die Pflicht zur konsequenten Zugrundelegung der Risikoeinschätzung spricht für eine gleichmäßige Lockerung in den verschiedenen Bereichen (von der aber erneut durch sachliche Gründe abgewichen werden darf). In diesem Sinne entschieden etwa im Spätsommer 2020 mehrere Gerichte, dass es angesichts der Tatsache, dass weitgehende Lockerungen in nahezu allen gesellschaftlichen, sozialen und wirtschaftlichen Bereichen zugelassen wurden, obwohl dort weiterhin ein Infektionsrisiko bestand, nicht gerechtfertigt sei, in Prostitutionsstätten weiterhin den vollständigen Ausschluss von Infektionsgefahren anzustreben[213]. Wenn es in den anderen Bereichen ausreiche, dass das Verbreitungsrisiko lediglich reduziert werde, müsse dies auch für Prostitutionsstätten gelten[214].

c) Gebot folgerichtiger Konzeptverwirklichung

Die Geeignetheit einer Maßnahme kann fraglich erscheinen, wenn sie durch andere Maßnahmen (oder das Unterlassen von Maßnahmen) in derselben Rechtsverordnung (oder in parallel geltenden Rechtsverordnungen) konterkariert wird, wenn sich also die Wirkungen zweier Maßnahmen gegenseitig aufheben. Eine Maßnahme wird jedenfalls dann unangemessen, wenn das ganze System nicht folgerichtig ausgestaltet wird[215] und somit das Ziel weniger gefördert wird. Dann muss der Einzelne Einschränkungen nicht ertragen. Problematisch wird die Geltendmachung dieser Prinzipien jedoch dann, wenn das Ziel, das das Schutzkonzept verfolgt, so unbestimmt formuliert ist, dass nur im Ansatz überprüft werden kann, inwieweit dieses Ziel als Ganzes erreicht wird und welchen Anteil einzelne Maßnahmen an der Erreichung dieses Ziels haben. So ist es vergleichsweise einfach zu überprüfen, ob das Ziel, die Infektionsrate auf 0 zu senken, erreicht wird. Jede Lockerungsregelung würde strengere Maßnahmen an anderer Stelle konterkarieren. Ähnliches gilt für die Situation,

---

211 BVerfG, NJW 2020, 1427 (1428); OVG Lüneburg, Beschl. v. 28.8.2020, 13 MN 307/20, Rn. 24.

212 BVerfG, NJW 2020, 1427 (1428); OVG Münster, Beschl. v. 8.9.2020, 13 B 902/20.NE, Rn. 17.

213 OVG Magdeburg, Beschl. v. 3.9.2020, 3 R 156/20, Rn. 19; OVG Münster, Beschl. v. 8.9.2020, 13 B 902/20.NE, Rn. 36; ähnlich OVG Lüneburg, Beschl. v. 28.8.2020, 13 MN 307/20, Rn. 26.

214 Auch die Aerosolverbreitung sei in Prostitutionsstätten nicht höher als in Fitnessstudios oder bei privaten Feiern mit bis zu 150 Personen. Andersherum sei die „durchschnittliche Verweildauer der Kunden regelmäßig nicht so lang wie zum Beispiel in den gegenwärtig ebenso von einem Öffnungsverbot betroffenen Diskotheken und Clubs, bei denen die gleichzeitige Anwesenheit einer Vielzahl von Personen hinzutritt" (OVG Münster, Beschl. v. 8.9.2020, 13 B 902/20.NE, Rn. 39).

215 Das OVG Magdeburg, Beschl. v. 3.9.2020, 3 R 156/20, Rn. 27, spricht davon, dass sich einzelne Schutzmaßnahmen in das Gesamtkonzept bzw. Maßnahmenbündel einfügen müssen.

in der durch sehr strenge Maßnahmen vagere Ziele wie die Vermeidung der Überlastung des Gesundheitssystems, die Senkung der Reproduktionsrate unter 1 oder das noch vagere Ziel, Infektionsketten wieder durch den punktuellen Ansatz nachverfolgen zu können, erreicht werden sollen. Dies gilt jedenfalls dann, wenn diese strengen Regelungen die Allgemeinheit ausnahmslos treffen.

Sobald es jedoch zu der Kombination kommt, dass eines dieser vageren Ziele mit unterschiedlichen Belastungen an verschiedenen Stellen kombiniert wird, stellt sich die Frage der folgerichtigen Konzeptverwirklichung, denn hier können wenig wirksame Maßnahmen an der einen Stelle die strengeren Regelungen an anderer Stelle konterkarieren[216]. Hier wird die Folgerichtigkeitsfrage zur Verteilungsfrage: Welche Bevölkerungsgruppen müssen welche Belastungen tragen, damit in der Summe das Ziel des Schutzkonzepts erreicht wird? Dies ist nicht nur eine Frage der Risikoverteilung nach allgemeinen Maßstäben, sondern hier muss gerade berücksichtigt werden, inwiefern milde Maßnahmen in einem Bereich dazu führen, dass einer anderen Gruppe Anstrengungen abverlangt werden, die sie nicht tragen müsste, wenn im ersten Bereich strengere Regelungen gölten[217]. An dieser Stelle wird besonders deutlich, dass es eines Schutzkonzeptes bedarf, das nicht durch individuelle Verhältnismäßigkeitsprüfungen gesteuert werden kann, sondern notwendigerweise eine Querschnittsbetrachtung verlangt[218].

Hier kann in einem ersten Schritt bei der Hierarchie der infektionsschutzrechtlich relevanten Personengruppen angesetzt werden[219]. Wer am ehesten zu den Erregerüberträgern gehört, muss auch die längsten bzw. strengsten Eingriffe hinnehmen[220]. Und andersherum: Bei wem das nicht der Fall ist, der muss am wenigsten belastet werden. Wenn z. B. kleine Kinder eher nicht zu den Überträgern eines Krankheitserregers gehören, sind lange Kita-Schließungen nicht gerechtfertigt. Nach einem Lockdown sollten Kita-Schließungen vielmehr zu den ersten Maßnahmen gehören, die zurückgenommen werden. Ähnliches gilt für Grundschüler, falls Kinder unter zehn Jahren nicht maßgeblich zur Verbreitung des Erregers beitragen. In einem zweiten Schritt kann geschaut werden, inwiefern die jeweiligen Bereiche grundrechtlich geschützt sind. Die besondere Berücksichtigung der Kinder und die frühe Öffnung von Kitas und Schulen ergibt sich aus dem Recht der Kinder auf Bildung[221] bzw. im Vorschulalter auf Teilhabe. Danach sind die Interessen derjenigen zu berücksichtigen,

---

216 Hierzu auch *Kingreen*, Verfassungsblog v. 4.11.2020.

217 Vgl. auch *Wollenschläger*, Stellungnahme, BT-Drs. 19(14)246(20), S. 30.

218 *Trute*, GSZ 2020, 93 (100); *Gallon/Mangold*, Verfassungsblog v. 31.10.2020; in der Sache auch *Froese*, DÖV 2022, 389 (397 f.).

219 So auch *Froese*, DÖV 2022, 389 (398).

220 Vgl. auch *Lichdi*, RuP 2021, 352 (359): „Der Gesetzeszweck [des IfSG], Ansteckungen zu vermeiden, gebietet [… es], das Gewicht des jeweiligen Verursachungsbeitrags eines gesellschaftlichen Sektors bei der Auswahl der Schutzmaßnahmen angemessen zu berücksichtigen."

221 Dazu jetzt BVerfG, NJW 2022, 167 (169 ff.). – Deswegen ist es sicherlich nicht „schwer zu rechtfertigen, wenn Restaurants und Hotels bis auf weiteres geschlossen und Gottesdienste verboten bleiben, öffentliche Schulen hingegen wieder öffnen sollen" (so aber *Schmitz/Neubert*, NVwZ 2020, 666 [669]).

die durch eine Erwerbstätigkeit ihren Lebensunterhalt verdienen; diese Interessen sind durch Art. 12 I GG geschützt. Am wenigsten Berücksichtigung müssen Freizeitinteressen finden, die nicht über andere Aspekte (wie sportliche und somit gesundheitsförderliche Aspekte) mitgeschützt werden. Beispielhaft kann man diese Grundsätze an der Maskenpflicht veranschaulichen, da diese Maßnahme in allen Lebensbereichen zur Anwendung kommen kann: So erscheint es bei einer Gesamtbetrachtung unzumutbar, Kindern das Tragen einer Maske in der Schule aufzuerlegen, wenn zur gleichen Zeit Erwachsene in Fitnessstudios in geschlossenen Räumen keine Maske tragen müssen. Auch am Arbeitsplatz, an denen sich Erwachsene mehrere Stunden am Tag aufhalten, dürfen grundsätzlich weniger strenge Regelungen gelten als im Freizeitbereich, in dem man nur punktuell an Veranstaltungen teilnimmt. Wenn sich herausstellt, dass private Treffen und Feiern die Infektionszahlen in die Höhe treiben, ist der Staat verpflichtet, zuerst hier einzuschreiten, bevor Kitas und Schulen geschlossen und weitere Einschränkungen für die Gastronomie und Dienstleister verordnet werden.

d) Prozedurale Kompensation

Die gerichtliche Kontrolle von Epidemiebekämpfungsmaßnahmen würde sich hauptsächlich auf die methodische Überprüfung der Prognosen und deren Existenz, auf die innere Folgerichtigkeit des Konzepts und auf die der Abwägung zugrundeliegenden Wertungen beschränken. Die Überprüfung der Abwägung hätte sich auf die Fragen zu konzentrieren, ob alle entscheidungserheblichen Belange in die Abwägung eingestellt und die abgewogenen Belange nicht falsch gewichtet wurden[222].

Die fehlenden materiellen Maßstäbe für eine Feinsteuerung können nur prozedural kompensiert werden, wie es auch im Planungsrecht der Fall ist; durch Verfahrensanforderungen wird dort das Planungsermessen rechtsstaatlich eingehegt[223]. Der Staat muss im Ergebnis das Maßnahmekonzept nicht nur aufstellen (indem er eine Verordnung erlässt), sondern die Verordnung auch begründen[224] und seine Maßstäbe offenlegen. In der Begründung muss u. a. dargelegt werden, welche Belange mit welcher Gewichtung in die Abwägung eingestellt werden[225] und auf welchen Prognosen das Konzept beruht. So reicht es nicht aus, bloß formelhaft zu behaupten, dass eine Maßnahme Kontakte reduziert. Hinzu kommen eine Befristungs[226]- und eine Beobachtungs- und Nachbesserungspflicht[227], wie sie bei staatlichen Entscheidungen unter Unsicherheit gebraucht werden[228], um den Staat zu zwingen, auf neue

---

[222] Hierfür auch *Trute*, GSZ 2020, 93 (101).

[223] *Kersten*, in: Schoch (Hrsg.), Besonderes Verwaltungsrecht, Kap. 3 Rn. 31.

[224] So auch *Mangold*, VVDStRL 2021, S. 7 (21).

[225] *Köck*, in: Voßkuhle/Eifert/Möllers (Hrsg.), Grundlagen des Verwaltungsrechts, Band 2, § 36 Rn. 31.

[226] *Mangold*, VVDStRL 2021, S. 7 (20); *Froese*, DÖV 2022, 389 (393).

[227] Vgl. auch *Wollenschläger*, Stellungnahme, BT-Drs. 19(14)246(20), S. 30 ff.

[228] Dazu oben 3. Teil, D. II. 3.

Erkenntnisse zu reagieren. Diese Obliegenheiten müssen dann im Gesetz selbst festgeschrieben werden[229].

2. Das IfSG als taugliche Rechtsgrundlage

Das IfSG ist in mehrfacher Hinsicht nicht auf die Bewältigung der Herausforderungen, die eine Epidemie mit sich bringt, ausgerichtet[230]. Das Gesetz setzt mit seinem gefahrenabwehrrechtlichen Ansatz voraus, dass auf lokale Ausbrüche mit punktuellen Maßnahmen reagiert wird. Dafür sieht es zum einen Ermittlungsmaßnahmen und Mitwirkungspflichten vor (§ 25), die konkrete Verdachtsmomente verlangen und im Einzelfall durchgeführt bzw. durchgesetzt werden können wie Testungen bei Kontaktpersonen 1. Grades als Ansteckungsverdächtige. Zum anderen erlauben auch die Standardmaßnahmen der §§ 29–31 IfSG Maßnahmen nur gegenüber Kranken, Krankheitsverdächtigen, Ansteckungsverdächtigen und Ausscheidern. Auf flächendeckende Maßnahmen der Risikovorsorge ist das IfSG – auch nach den Änderungen durch das 3. BevSchG vom 18.11.2020 sowie den weiteren Änderungen in den Jahren 2021 und 2022 – nicht ausgelegt.

a) Reihentests

Was im IfSG fehlt, ist eine Rechtsgrundlage für Reihentestungen ohne einen konkreten Ansteckungsverdacht. Eine Ausnahme bildet § 36 IX 1 Nr. 1 lit. c IfSG, der es dem Bundesgesundheitsministerium erlaubt, per Rechtsverordnung eine Testpflicht für Reiserückkehrer einzuführen, die möglicherweise im Ausland einem erhöhten Infektionsrisiko ausgesetzt waren. Diese Verordnungsermächtigung stellt allerdings keine nachhaltige Regelung dar. Ursprünglich setzte sie voraus, dass der Bundestag eine epidemische Lage von nationaler Tragweite gem. § 5 I IfSG festgestellt hat; im November 2021 wurde sie zwar von diesem Erfordernis entkoppelt, im Gegenzug wurde ihre Geltungsdauer aber befristet (vgl. den immer wieder verlängerten § 36 XII IfSG)[231]. Sie ist außerdem an systemfremder Stelle im IfSG geregelt[232] und hilft bei Reihentestungen in anderen Kontexten nicht weiter. Vergleichbare Rechtsgrundlagen gibt es im IfSG – weder für bestimmte Einrichtungen wie Kitas oder Schulen noch vollständig allgemein gehalten – nicht[233].

[229] Dies ist bei § 28a V IfSG der Fall, bei § 28b V IfSG idF v. 16.9.2022 hingegen fehlt die Befristungspflicht.

[230] Ganz sicher gestattete es keine „grundrechtssensible Bewältigung der Corona-Krise" (so aber *Kersten/Rixen*, Der Verfassungsstaat in der Corona-Krise, 1. Aufl., S. 144; sehr positiv der Befund auch bei *Ipsen*, NdsVBl 2020, 165, der die Frage nach der Rechtsgrundlage nicht stellt).

[231] Gesetz v. 16.9.2022, BGBl I 1454.

[232] *Schweigler*, in: Kießling (Hrsg.), IfSG, 3. Aufl., Vorb. §§ 33 ff. Rn. 3, § 36 Rn. 1.

[233] Zu Testpflichten gestützt auf die Generalklausel des § 28 I IfSG *Kießling*, in: dies. (Hrsg.), IfSG, 3. Aufl., § 28 Rn. 56 ff. – Die Testpflichten nach § 28b II 1 Nr. 3 IfSG sind auf die Corona-Pandemie beschränkt.

Es ist also weiterhin der Gesetzgeber gefragt, eine eigene Vorschrift für verpflichtende Reihentests ohne konkreten Verdacht zu schaffen. Eine solche Regelung könnte auch verfassungskonform geschaffen werden, solange die Voraussetzungen eng gefasst sind.

b) Schutzmaßnahmen

Weil die §§ 29–31 IfSG ihren Adressatenkreis abschließend regeln und auch während einer Epidemie nicht die gesamte Bevölkerung als ansteckungsverdächtig gelten kann, stützten die Behörden während der Corona-Epidemie flächendeckende Maßnahmen bis zum Inkrafttreten des Dritten Gesetzes zum Schutz der Bevölkerung bei einer epidemischen Lage von nationaler Tragweite vom 18.11.2020 auf die Generalklausel des § 28 I IfSG.

aa) Die Sperrung der Generalklausel durch die Standardermächtigung

Dies führte zum einen dort zu Problemen, wo Maßnahmen angeordnet werden sollten, die deckungsgleich waren mit den Maßnahmen, die in §§ 29–31 IfSG geregelt sind, oder ihnen jedenfalls von der Art ihrer Ausgestaltung sehr nahe kamen. Denn in diesen Fällen war es in der Regel schon aus gesetzessystematischen Gründen ausgeschlossen, die Generalklausel des § 28 I IfSG heranzuziehen[234]: Sonst wären die strengeren Voraussetzungen der Standardermächtigungen – die enge Beschreibung des Adressatenkreises – umgangen worden. Dies galt für „häusliche Absonderungen", bei denen man nicht verlangt, dass die Adressatinnen mindestens ansteckungsverdächtig sind[235]. Problematisch waren auch Betriebsuntersagungen, wenn nicht auf eine konkrete Infektionsgefahr in dem jeweiligen Betrieb abgestellt wurde, wie dies § 31 IfSG verlangt. Das bedeutet, dass es für die weitreichenden Einschränkungen und Schließungen in den Bereichen Industrie, Gewerbe, Handel und Dienstleistungen während der Corona-Epidemie bis November 2020 keine Rechtsgrundlage gab; die Standardermächtigung des § 31 IfSG sperrte Untersagungen aufgrund von § 28 I IfSG[236].

Geht man hingegen davon aus, dass § 28 I IfSG herangezogen werden konnte, zeigt sich besonders deutlich, dass die Risikovorsorge nicht in die vom IfSG verwendeten Kategorien Verhütung (§§ 16 ff.) und Bekämpfung (§§ 24 ff.) einer Infektionskrankheit passt. Bei Maßnahmen der Verhütung nach § 16 erhalten die Betroffenen eine Entschädigung nach § 65 IfSG. Bei Maßnahmen während der Bekämpfung ist eine

---

[234] *Kießling*, in: dies. (Hrsg.), IfSG, 3. Aufl., § 28 Rn. 49, 55; allgemein zur gesetzessystematischen Abgrenzung von Generalklauseln und Standardermächtigungen *Möstl*, JURA 2011, 840 (842 ff.).

[235] *Kießling*, in: dies. (Hrsg.), IfSG, 3. Aufl., § 28 Rn. 61.

[236] *Antweiler*, NVwZ 2020, 584 (587). AA OVG Lüneburg, Beschl. v. 29.6.2020 – 13 MN 244/20, Rn. 26; Beschl. v. 26.5.2020 – 13 MN 182/20, Rn. 37; OVG Hamburg, Beschl. v. 20.5.2020 – 5 Bs 77/20, Rn. 22 f.; *Fleischfresser*, in: Kluckert (Hrsg.), Das neue Infektionsschutzrecht, § 13 Rn. 39; *Heberlein*, GuP 2020, 97 (99).

solche Entschädigung nicht vorgesehen (und eine analoge Anwendung des § 65 IfSG für die betroffenen Betriebe wird ganz überwiegend abgelehnt[237]), es sei denn, die Betroffenen sind mindestens ansteckungsverdächtig: Für diesen Fall ist § 31 IfSG einschlägig, der wiederum zu einem Entschädigungsanspruch nach § 56 I IfSG führt. Betriebsuntersagungen ohne diese konkrete Infektionsgefahr im Betrieb[238] waren für die Betroffenen nun doppelt nachteilig: Es wurde eine Rechtsgrundlage (§ 28 I IfSG) herangezogen, die eigentlich durch § 31 IfSG gesperrt war, und sie erhielten keine Entschädigung, weil die Untersagung auch nicht als Verhütung iSd § 16 IfSG angeordnet wurde. Hier bestand also sowohl auf Primär- als auch auf Sekundärebene eine Lücke.

bb) Grundrechtseingriffe und Parlamentsvorbehalt

(1) Rechtslage bis 18.11.2020

In den Fällen, in denen sich nicht diese gesetzessystematischen Fragen stellten, scheiterte eine Heranziehung der Generalklausel des § 28 I IfSG aus anderen Gründen. Wesentlichkeitstheorie bzw. Parlamentsvorbehalt verpflichten den Gesetzgeber, „wesentliche, für die Grundrechtsverwirklichung maßgebliche Regelungen selbst zu treffen und nicht anderen Normgebern oder der Exekutive zu überlassen“[239]. Das bedeutet, dass abhängig von der Schwere des Grundrechtseingriffs, die die jeweiligen flächendeckenden Maßnahmen darstellen, eine Heranziehung der Generalklausel ausschied, weil die Maßnahmen nicht in einer eigenen Standardermächtigung geregelt waren, die die genauen Voraussetzungen auf Tatbestandsseite regelte und die erlaubten Vorgehensweisen auf Rechtsfolgenseite absteckte. Auch der Bestimmtheitsgrundsatz verlangt, dass eine Norm so formuliert ist, dass das Verhalten der Behörden nach Inhalt, Zweck und Ausmaß begrenzt wird und die Gerichte an diesem Maßstab das behördliche Vorgehen kontrollieren können[240]. Diese Anforderungen sind umso strenger, je intensiver die Grundrechtseingriffe sind, die die Vorschrift ermöglichen soll[241].

Bei den meisten flächendeckenden Maßnahmen, die während der Corona-Epidemie verordnet wurden, handelt es sich um Grundrechtseingriffe, die wegen ihrer Intensität den Parlamentsvorbehalt auslösen: Dies gilt für Besuchsverbote und Ausgangsverbote in Pflegeheimen, für Ausgangsbeschränkungen[242], Kontaktverbote

[237] Dazu oben 4. Teil, A. III. 1. c).

[238] Eine solche Gefahr immer fordernd *Heberlein*, GuP 2020, 97 (104).

[239] BVerfGE 34, 165 (192 f.); 40, 237 (248 f.); 41, 251 (260); 45, 400 (417 f.); 47, 46 (78 f.); 61, 260 (275); 83, 130 (142); 98, 218 (251); 105, 279 (305); 108, 282 (311); 116, 24 (58); 128, 282 (317); 134, 141 (184); 141, 143 (170); 147, 253 (309 f.). Ausführlich im Zusammenhang mit dem IfSG auch *Volkmann*, NJW 2020, 3153; *Brocker*, NVwZ 2020, 1485; *Kießling*, Verfassungsblog v. 4.11.2020.

[240] BVerfGE 113, 348 (375 f.); 149, 293 (323 f.).

[241] BVerfGE 75, 329 (342); 83, 130 (145); 86, 288 (311); 93, 213 (238); 109, 133 (159); 128, 282 (318); 134, 33 (81); 149, 293 (323 f.).

[242] Ausgangsbeschränkungen erlauben das Verlassen der häuslichen Wohnung nur, wenn ein „triftiger Grund“ vorliegt. Die Bürgerinnen und Bürger müssen sich bei dieser Konstruktion also

und Versammlungsverbote[243], für Betriebsschließungen und -beschränkungen, die Schließung von Gemeinschafts- und anderen Bildungseinrichtungen sowie Sportstätten, ohne dass es vor Ort zu einem Ausbruch kam, Einreisebeschränkungen und Beherbergungsverbote für Reisende innerhalb Deutschlands, die Kontaktdatenerfassung in Betrieben mit Publikumsverkehr[244] und die Pflicht, während des Unterrichts oder anderen längeren Zeiträumen (etwa der Nachmittagsbetreuung) in der Schule eine Maske zu tragen. Für diese und vergleichbare Maßnahmen bedarf es jeweils einer besonderen Rechtsgrundlage[245], die genau festlegt, wann solche Maßnahmen eingesetzt werden dürfen[246].

Im Gefahrenabwehrrecht ist es anerkannt, dass die Behörden in Situationen, die der Gesetzgeber nicht vorhersehen konnte, übergangsweise auf die Generalklausel zurückgreifen dürfen, bis der Gesetzgeber das Gesetz an die neuen Erkenntnisse angepasst hat[247]. Deswegen kann man der Ansicht sein, dass es dem Staat im Frühjahr nicht verwehrt war, § 28 I IfSG anzuwenden. Spätestens nach der zweiten Überarbeitung des IfSG während der Corona-Epidemie (durch das 2. BevSchG[248]) war diese

---

für die Inanspruchnahme ihrer Grundrechte rechtfertigen. Dies ist schon im Ansatz verfassungsrechtlich problematisch (dazu auch saarl. VerfGH, Beschl. v. 28.4.2020, Lv 7/20, Rn. 51; Sondervotum zu VerfGH Berlin, Beschl. v. 14.4.2020, 50 A/20, Rn. 16; *F. Schmitt*, NJW 2020, 1626); hinzu kommt, dass Viren nicht durch das Verlassen der Wohnung, sondern durch menschliche Kontakte übertragen werden. Deswegen darf der Staat nur Letzteres verbieten (so auch *Wüstenberg*, NWVBl 2020, 276 [280 Fn. 42]; aA *J. F. Lindner*, in: H. Schmidt [Hrsg.], COVID-19, § 18 Rn. 73; sehr unkritisch zu Ausgangsbeschränkungen *Ziekow*, DVBl 2020, 732). Zu Ausgangsbeschränkungen und Kontaktverboten ausführlich *Guckelberger*, NVwZ-Extra 9a/2020, 1. Zu Ausgangssperren als typische Maßnahme im Ausnahmezustand *Barczak*, Der nervöse Staat, S. 570 ff.

243 Versammlungsverbote dürfen wegen der aus Art. 8 I GG folgenden besonderen Relevanz nicht pauschal, also insbesondere nicht durch Rechtsverordnung gem. § 32 IfSG, ohne Ansehung des konkreten Einzelfalls angeordnet werden (BVerfG, Beschl. v. 17.4.2020 – 1 BvQ 37/20, Rn. 23; *Kießling*, in: dies. [Hrsg.], IfSG, 3. Aufl., § 28 Rn. 47; *Kingreen*, JURA 2020, 1019 [1028]; *Völzmann*, DÖV 2020, 893 [903]).

244 Dazu saarl. VerfGH, Beschl. v. 28.8.2020, Lv 15/20.

245 Zu den herausgearbeiteten Voraussetzungen oben 4. Teil, A. II. 3. b) bb) (2); Kriterien stellt auch *Volkmann*, NJW 2020, 3153 (3159 f.), auf. Vgl. auch *C. Möllers*, Verfassungsblog v. 26.3.2020; *F. Schmitt*, NJW 2020, 1626 (1629); *Katzenmeier*, MedR 2020, 461 (462); *Kluckert*, in: ders. (Hrsg.), Das neue Infektionsschutzrecht, § 2 Rn. 105 f.; *Trute*, jM 2020, 291 (295); *Guckelberger*, NVwZ-Extra 9a/2020, 1 (8 f.); *Wüstenberg*, GewArch 2020, 241 (246); *Lichdi*, SächsVBl 2020, 273 (276 f.); *Leitmeier*, DÖV 2020, 645 (647 f.); vgl. auch VG Hamburg, Beschl. v. 5.5.2020 – 7 E 1804/20, Rn. 91; zurückhaltender *Fleischfresser*, in: Kluckert (Hrsg.), Das neue Infektionsschutzrecht, § 13 Rn. 28 f. – Die wenigsten hielten § 28 I IfSG für eine taugliche Rechtsgrundlage (so pauschal – ohne Diskussion – *Frenz*, GewArch 2020, 246 [247]; offenbar auch *Labrenz*, NWVBl 2020, 265 [268 f.]; sehr weitgehend auch *Rixen*, NJW 2020, 1097 [1099]; *Johann/Gabriel*, in: BeckOK-InfSchR, 1.7.2022, § 28 IfSG Rn. 5, 31, 31.1).

246 Nicht ausreichend ist die Aufzählung von Regelbeispielen, ohne dass damit besondere Voraussetzungen für einzelne Maßnahmen aufgestellt würden (so aber *Brocker*, NVwZ 2020, 1485 [1487]; wohl auch *Rixen*, NJW 2020, 1097 [1099]).

247 Vgl. BVerfG, DVBl 2013, 169 (171). Darauf weisen im Zusammenhang mit der Corona-Epidemie auch *Guckelberger*, NVwZ-Extra 9a/2020, 1 (8); *Siegel*, NVwZ 2020, 577 (582), hin.

248 V. 19.5.2020, BGBl I 1018.

Übergangsfrist jedoch abgelaufen[249]. Zu dieser Zeit gab es bereits eine Debatte innerhalb der Rechtswissenschaft über die Voraussetzungen der Heranziehung der Generalklausel[250], die der Gesetzgeber zur Kenntnis nehmen konnte[251]. Zwar haben die Gerichte in der Vergangenheit bei der Heranziehung der polizeirechtlichen Generalklausel in anderen Kontexten längere Übergangsfristen gebilligt. Angesichts der massiven, flächendeckenden Grundrechtseingriffe konnte der Zeitraum, der dem Gesetzgeber als Übergangsfrist während der Corona-Epidemie eingeräumt wurde, jedoch nur kurz sein.

(2) Rechtslage ab dem 19.11.2020

Darüber hinaus geht es in diesem Fall nicht um eine einzelne Maßnahme, die auch in der Praxis nur vereinzelt eingesetzt und möglicherweise noch erprobt wird, sondern um flächendeckende, langanhaltende Maßnahmen, die zugleich als Maßnahmen der Risikovorsorge nicht in die gefahrenabwehrrechtliche Ausrichtung der Generalklausel eingepasst werden können. Dies wird bislang in der Diskussion übersehen: Bei den flächendeckenden Maßnahmen handelt es sich um Risikovorsorge – und das schließt die Heranziehung der gefahrenabwehrrechtlichen Vorschrift des § 28 I IfSG von vornherein aus.

Aus diesem Grund ist auch die Neuregelung des § 28a I IfSG kritisch zu sehen. Nicht nur ist es schon höchst zweifelhaft, dass sie den Vorgaben des Parlamentsvorbehalts und des Bestimmtheitsgebots genügt: So zieht sie der Exekutive kaum Grenzen, sondern erlaubt vielmehr alle bis Herbst 2020 eingesetzten Maßnahmen und weitere, bis dahin nicht diskutierte Maßnahmen – wie nächtliche Ausgangssperren (§ 28a II 1 Nr. 2 IfSG) – als „beispielhafte Anwendungsfälle" des § 28 I IfSG[252]. Die Berücksichtigung der grundrechtlichen geschützten Interessen der Bevölkerung wird nur formelhaft verlangt (§ 28a VI 2 IfSG)[253]; ein abgestuftes System verschiedener Schutzmaßnahmen mit unterschiedlichen Voraussetzungen ist nur oberflächlich erkennbar (§ 28a III), weil keine Schwellenwerte oder besondere Eingriffsvoraussetzungen mit bestimmten Maßnahmen verbunden werden. Entsprechendes gilt für

---

[249] So schon *Kießling*, in: dies. (Hrsg.), IfSG, 1. Aufl., § 28 Rn. 64; im Oktober *Volkmann*, NJW 2020, 3153 (3157); vgl. auch *Kingreen*, JURA 2020, 1019 (1026). AA im Juli *Trute*, jM 2020, 291 (295). Ganz vereinzelt wurde schon Anfang Mai bemängelt, dass der Gesetzgeber Ende März bei der Änderung des IfSG durch das 1. BevSchG nicht bereits solche Rechtsgrundlagen geschaffen hatte (VG Hamburg, Beschl. v. 5.5.2020, 7 E 1804/20, Rn. 88).

[250] Vgl. nur *Klafki*, JuWissBlog v. 18.3.2020; *Edenharter*, Verfassungsblog v. 19.3.2020; *Kingreen*, Verfassungsblog v. 20.3.2020; *C. Möllers*, Verfassungsblog v. 26.3.2020.

[251] „Minimalinvasiv" wurde § 28 I IfSG im März an einer Stelle geändert, ohne dass dadurch jedoch das Problem gelöst wurde, dazu schon *Kießling*, JuWissBlog v. 24.3.2020.

[252] So auch *Volkmann*, Verfassungsblog v. 20.11.2020.

[253] Ähnlich *Volkmann*, Verfassungsblog v. 20.11.2020.

§ 28b II ff. IfSG, der im September 2022[254] § 28a IfSG als Rechtsgrundlage für die Länder abgelöst hat[255].

Entscheidend ist aber: § 28a IfSG (sowohl Abs. 1 als auch Abs. 7 und 8 in den von November 2021 bis September 2022 geltenden Fassungen) und § 28b II ff. IfSG bleiben in den gefahrenabwehrrechtlichen Strukturen des § 28 IfSG verhaftet – die Schutzmaßnahmen des § 28a und des § 28b gelten als solche des § 28 IfSG. Die Vorschriften lösen nicht das Problem, dass flächendeckende Maßnahmen ohne Bezug zu einer konkret-individuellen Infektionsgefahr Risikovorsorge darstellen.

Notwendig wären Regelungen[256], die zunächst das Verhältnis von individuell-punktuellem Ansatz und flächendeckendem Ansatz klären: Der flächendeckende Ansatz darf nicht bei lokalen Ausbrüchen zum Einsatz kommen. Hierzu müssen die Ziele, die mit solchen Maßnahmen verfolgt werden dürfen, differenziert ins Gesetz aufgenommen werden – etwa die Eindämmung des Infektionsgeschehens dergestalt, dass es wieder mit punktuellen Maßnahmen (Kontaktnachverfolgung und Isolierung Infizierter) angegangen werden kann, und/oder die Sicherstellung der Funktionsfähigkeit des Gesundheitssystems und kritischer Infrastrukturen und die Verhinderung von Langzeitschäden.

Dann haben die Vorschriften genau zu regeln, welche besonderen Voraussetzungen für einzelne Schutzmaßnahmen gelten. Der Bestimmtheitsgrundsatz verlangt nicht, dass der Gesetzgeber alle denkbaren Konstellationen voraussieht und für jede mögliche Konstellation genaustens regelt, wie die Exekutive vorgehen muss[257]. Aber das Regelungskonzept des Gesetzgebers muss erkennen lassen, dass sich sowohl das gesundheitliche Risiko als auch die grundrechtliche Betroffenheit der Bevölkerung jeweils in ihrem Ausmaß unterscheiden können und deswegen bei Vorliegen einer epidemischen Lage nicht pauschal alle denkbaren Maßnahmen ergriffen werden dürfen. Bei der Beschreibung der einzelnen Schutzmaßnahmen muss die Regelung deswegen sehr konkret werden bzw. detailliert sein; aus der Definition konkreter Schutzmaßnahmen ergibt sich im Gefahrenabwehrrecht im Umkehrschluss, welche Maßnahmen nicht zulässig sind: nämlich die, die in ihrer Eingriffsintensität über die genannten Maßnahmen hinausgehen.

An anderer Stelle wiederum muss das Gesetz der Exekutive einen Spielraum belassen: So sind Vorgaben, die an konkrete Inzidenzwerte (wie die 35 bzw. 50 Neuinfektionen auf 100.000 Einwohner pro Woche, vgl. § 28a III idF von November 2020) oder andere Schwellenwerte anknüpfen, zu eng[258]: Denn dann ist für die Berücksichtigung örtlicher Besonderheiten wie lokale Ausbrüche in Einrichtungen oder einzelnen Unternehmen oder für eine besonders hohe oder besonders niedrige An-

---

[254] Gesetz v. 16.9.2022, BGBl I 1454.

[255] Zur geänderten Systematik von §§ 28a und 28b IfSG *Kießling*, Stellungnahme, BT-Drs. 20(14)48(34), S. 2.

[256] Vgl. zu einem möglichen Epidemiegesetz *Gallon/Hollo/Kießling*, Epidemiegesetz.

[257] In diese Richtung aber OVG Münster, Beschl. v. 18.8.2020, 13 B 847/20.NE, Rn. 83.

[258] Kritisch auch *Volkmann*, Verfassungsblog v. 20.11.2020.

zahl durchgeführter Tests kein Raum; außerdem können Schwellenwerte je nach Krankheitserreger eine unterschiedliche Aussagekraft haben.

Da die verschiedenen Maßnahmen der Epidemiebekämpfung nicht unverbunden nebeneinander stehen, sondern vom Staat ein folgerichtiges Schutzkonzept verlangt wird, muss sich in einer Norm, die den flächendeckenden Ansatz als Gegenstand der Risikovorsorge regelt, anders als beim punktuell-individuellen Ansatz eine Konzeptpflicht wiederfinden. Dabei muss der Begriff „Konzept" nicht zwingend in der Norm selbst genannt werden[259], die Konzeptpflicht kann sich auch indirekt daraus ergeben, dass besondere Anforderungen wie Begründungs- und Evaluierungspflichten und besondere Kriterien genannt werden, die die Exekutive zu berücksichtigen hat. Die Exekutive braucht nämlich einen Spielraum, um das Schutzkonzept[260] umsetzen zu können[261], der aber durch die Pflicht zur Berücksichtigung verschiedener Kriterien[262] eingehegt wird. Durch die Pflicht zur Berücksichtigung solcher Kriterien wird der Entscheidungs- und Auswahlprozess rationalisiert[263]. Das gleiche gilt für eine Begründungspflicht: Das Vorliegen einer Begründung kann darüber entscheiden, ob eine Regelung von den Gerichten als verhältnismäßig angesehen wird oder nicht, denn in manchen Fällen wird nur durch die Begründung deutlich, welches Ziel der Staat verfolgte[264]. Das Schutzkonzept drückt sich dann im Ergebnis in der erlassenen Rechtsverordnung nach § 32 IfSG aus. §§ 28a und 28b II ff. IfSG genügen diesen Vorgaben nicht.

c) Fazit

Die strukturellen Probleme, die bei der Anwendung des IfSG während der Corona-Epidemie zunächst bestanden, wurden auch durch die Änderungen durch das 3. BevSchG vom 18.11.2020 und die späteren Änderungen an §§ 28a und 28b IfSG nicht gelöst. Nach wie vor trägt das IfSG nicht dem Unterschied zwischen punktueller Gefahrenabwehr und von konkreten Gefahren losgelöster Risikovorsorge Rechnung; versucht wurde vielmehr, die Maßnahmen, die der Risikovorsorge zuzurechnen sind, in das bestehende System zu integrieren. Dadurch wird es bei der Rechtsanwendung zwangsläufig zu einer Überdehnung der gefahrenabwehrrechtlichen Begriffe und Kategorien (wie dem Ansteckungsverdacht) kommen. Eine nachhaltige Reform ist weiterhin notwendig.

---

259 Vgl. aber zur Möglichkeit einer entsprechenden Formulierung § 6 des Epidemiegesetz-Entwurfs von *Gallon/Hollo/Kießling*, Epidemiegesetz.

260 Dazu oben 4. Teil, A. III. 1.

261 So auch *Wollenschläger*, Stellungnahme, BT-Drs. 19(14)246(20), S. 22.

262 Zu möglichen Kriterien vgl. § 8 des Epidemiegesetz-Entwurfs von *Gallon/Hollo/Kießling*, Epidemiegesetz.

263 *Wollenschläger*, Stellungnahme, BT-Drs. 19(14)246(20), S. 31.

264 *Ennuschat*, DVBl 2004, 986 (991).

IV. Thesen zur Risikovorsorge im Infektionsschutzrecht

Das Konzept des bevölkerungsbezogenen Schutzes der öffentlichen Gesundheit erlangt im Infektionsschutzrecht eine doppelte Bedeutung, wenn nicht nur die Bevölkerung geschützt wird, sondern auch auf die Anknüpfung an konkrete Infektionsgefahren verzichtet wird und stattdessen flächendeckende Maßnahmen eingesetzt werden, von denen die gesamte Bevölkerung erfasst wird. Bei diesem Ansatz handelt es sich um Risikovorsorge, auf die das IfSG jedoch nicht ausgelegt ist, weil es konkrete Gefahren verlangt und nur ermöglicht, darauf punktuell zu reagieren. Die daraus entstehenden Schwierigkeiten zeigen sich an verschiedenen Stellen: Bei fehlenden Rechtsgrundlagen für verdachtslose Reihentests, bei mit § 28a und § 28b IfSG falsch konzipierten Rechtsgrundlagen für flächendeckende Schutzmaßnahmen und fehlenden Entschädigungsregelungen für Betriebe[265], die zur Eindämmung der Ausbreitung eines Erregers schließen müssen.

Vorrangig müssen die Risikoakteure zur Eindämmung herangezogen werden; die allgemeine Bevölkerung gilt als Unbeteiligte. Nachweislich Immune, die den Krankheitserreger nicht mehr übertragen können, haben einen Anspruch darauf, auch von flächendeckenden Maßnahmen verschont zu bleiben. Bei den entsprechenden Belastungsverteilungsentscheidungen bietet sich die Übernahme planungsrechtlicher Grundsätze und Kategorien an, weil die Verhältnismäßigkeitsprüfung mit der Überprüfung komplexer Schutzkonzepte überfordert ist.

Verteilungs- und Folgerichtigkeitsfragen stellen sich insbesondere dann, wenn kein strenger „Lockdown" verfolgt wird, sondern verschiedene Bevölkerungsgruppen in unterschiedlichem Ausmaß von Epidemiebekämpfungsmaßnahmen betroffen sind. Hier muss vermieden werden, dass einzelne Branchen gegenüber anderen benachteiligt werden, ohne dass dies mit einem unterschiedlichen Infektionsrisiko begründet werden kann. Bevölkerungsgruppen, die sich auf einen besonderen Grundrechtsschutz berufen können (wie insbesondere Kinder), haben einen Anspruch darauf, in besonderem Maße von einschränkenden Maßnahmen verschont zu bleiben. Dies gilt insbesondere für den Fall, dass sie den Erreger nicht öfter als andere Personengruppen weiterverbreiten.

---

265 Zu möglichen Lösungsansätzen Sachverständigenausschuss nach § 5 Abs. 9 IfSG, Evaluation der Rechtsgrundlagen und Maßnahmen der Pandemiepolitik (Evaluationsbericht) v. 30.6.2022 (https://www.bundesgesundheitsministerium.de/fileadmin/Dateien/3_Downloads/S/Sachverstaendigenausschuss/BER_IfSG-BMG.pdf), S. 119 f.

B. Regelungsgegenstand Lebensstilrisiken

Bei Lebensstilrisiken handelt es sich um Gesundheitsrisiken, die nur diejenigen betreffen, die diesen Lebensstil – also eine bestimmte Verhaltensweise – pflegen[266]. Insbesondere der Konsum von Tabakwaren, Alkohol und Betäubungsmitteln sowie eine ungesunde Ernährung werden hierzu gezählt, aber auch die (exzessive) Teilnahme an Glücksspielen, das Fahren ohne Fahrradhelm und das Ausüben gefährlicher Sportarten gehören zu den Lebensstilrisiken in diesem Sinne, die nicht für Dritte, sondern nur für den Betroffenen selbst ein Gesundheitsrisiko darstellen. Die rechtlichen Fragen, die sich bei der Regulierung dieser Risiken stellen, sind somit bereits im Ansatz andere als die im Falle übertragbarer Krankheiten. *New Public Health* muss sich hier mit Fragen der Eigenverantwortung, Autonomie und Paternalismus auseinandersetzen. An dieser Stelle darf die Diskussion jedoch nicht stehen bleiben. Es soll gezeigt werden, dass die politische – deutsche – Diskussion, wie sie bislang hauptsächlich geführt wird, einen Umstand ausblendet, der für die weitere rechtliche Bewertung entscheidend ist: den Einfluss der Umgebung auf gesundheitsrelevante Entscheidungen der Bevölkerung.

I. Besondere Ausgangssituation: Eigenverantwortung vs. Marktversagen

Ausgangspunkt der Regulierung von Lebensstilrisiken ist herkömmlich die Annahme, dass sich die Konsumierenden aus freier Verantwortung heraus für ihre gesundheitsriskante Verhaltensweise entschieden haben. Dadurch werden sie zu Risikoakteuren in Bezug auf ihre eigene Gesundheit. Rechtlich führt dies zu der Frage, inwiefern der Staat überhaupt auf einen legitimen Zweck zurückgreifen kann, wenn er versucht, auf das Konsumverhalten der Bevölkerung einzuwirken. Hier reguliert der Staat in den Alltag der Menschen hinein und sieht sich schnell dem Vorwurf des Paternalismus[267] ausgesetzt[268].

1. Entlastung der Sozialkassen?

Diese Paternalismusdiskussion ist sehr facettenreich und schießt mitunter über das Ziel hinaus. Ihr aber damit von vornherein aus dem Weg zu gehen, die Einwirkung auf das gesundheitsriskante Verhalten der Bevölkerung pauschal mit dem angeblich

---

[266] Zum Begriff „Lebensstil" 1. Teil, A. II. 2.; zu den Lebensstilrisiken schon 2. Teil, C. II.

[267] Zur Definition des Paternalismus ausführlich *Reitter*, Rechtspaternalismus und Biomedizinrecht, S. 25 ff.; kritisch dazu wiederum *J. F. Lindner*, JZ 2020, 844 (845).

[268] Der Begriff „Paternalismus" impliziert in der Diskussion regelmäßig eine „moralische Abqualifizierung" (*J. F. Lindner*, JZ 2020, 844).

verfolgten Ziel der finanziellen Entlastung der Sozialkassen zu begründen[269], wird der Komplexität des Problems noch nicht einmal im Ansatz gerecht. Das Argument der finanziellen Entlastung der Sozialkassen stützt sich darauf, dass der Konsum potentiell gesundheitsriskanter Produkte in der Terminologie der Ökonomik zu externen Kosten führt, d.h. zu Kosten, die die Gemeinschaft anstelle des sich gesundheitsriskant verhaltenden Individuums zu tragen hat, also beispielsweise durch erhöhte Leistungen der GKV. Der übermäßige Konsum von Zucker, Salz und Fett durch die Bevölkerung soll z.B. der GKV jedes Jahr 17 Milliarden Euro an Folgekosten bescheren[270]. Die Kosten für Adipositas werden – abhängig von der Berechnungsart – auf 9 Mrd. bis 29 Mrd. Euro geschätzt[271]. Auch für das Rauchen existieren Berechnungen: 2016 ging die Bundesregierung davon aus, dass die Sozialkassen jährlich mit 25,41 Milliarden Euro belastet würden (diesen Kosten standen 2014 wiederum Einnahmen durch die Tabaksteuer in Höhe von 14,61 Milliarden Euro gegenüber)[272]. Manche gehen davon aus, dass sich durch konsequent betriebene Prävention langfristig ungefähr 25% der heute für Krankenversorgung aufgewendeten Ressourcen einsparen ließen[273]. Auch durch die Gurt- und Helmpflicht im Straßenverkehr[274] z.B. würden Kosten der Fürsorge privater und öffentlicher Pflegepersonen gespart[275].

Problematisch sind solche Erwägungen aus zwei Gründen. Zunächst ist es auf einer tatsächlichen Ebene schon höchst fraglich, ob in all diesen Fällen tatsächlich Kosten gespart würden, wenn der Einzelne sich gesundheitsbewusster verhielte. So kommt es ggf. zu hohen Kosten für die Versorgung schwer Pflegebedürftiger, die ohne Helm bzw. Gurt bei Unfällen im Straßenverkehr gestorben wären[276]. Beim Rauchen gehen manche davon aus, dass durch den im Durchschnitt frühzeitigen Tod von Rauchern Krankenkassen und Rentenversicherungen Kosteneinsparungen entstehen („Death Benefit"-Effekt[277]). Hier gibt es verschiedene Berechnungsmodelle

---

[269] So *Gerg*, Nudging, S. 142; recht pauschal auch *Samhat*, Gesundheitsgerechtes Verhalten, S. 19f. Für zulässig halten dieses Ziel aber auch *Volkmann*, Darf der Staat seine Bürger erziehen?, S. 41, für staatliche Programme gegen Übergewicht und die Gurt- und Helmpflicht; manche halten ein Verbot der Selbstgefährdung für den Fall für zulässig, dass erhebliche finanzielle Belastungen der Allgemeinheit drohen (*Doehring*, in: FS-Zeidler, S. 1553 [1558]; *Dietlein*, Die Lehre von den grundrechtlichen Schutzpflichten, S. 229). Kritisch *Huster*, Ethik Med 2010, 289 (295); *ders.*, in: Schumann (Hrsg.), Das erziehende Gesetz, S. 193 (220f.); *ders.*, Selbstbestimmung, Gerechtigkeit und Gesundheit, S. 22; *Kolbe*, Freiheitsschutz vor staatlicher Gesundheitssteuerung, S. 374ff.; *Kreßner*, Gesteuerte Gesundheit, S. 399ff., ablehnend *van Aaken*, in: Kemmerer/C. Möllers/Steinbeis/Wagner (Hrsg.), Choice Architecture in Democracies, S. 161 (189).

[270] *Meier/Senftleben/Deumelandt/Christen/Riedel/Langer*, PLoS ONE 10(9) 2015, 1 (2).

[271] Je nachdem, ob nur die direkten Kosten der medizinischen Versorgung oder auch weitere Kosten wie Frühverrentung und Arbeitsunfähigkeit gezählt werden, vgl. *Garlichs*, Das Gesundheitswesen 2017, 447.

[272] BT-Drs. 18/7218, S. 2.

[273] So *Rosenbrock*, Bundesgesundheitsbl 2001, 753 (755).

[274] § 21a I StVO iVm § 35a IV StVZO; § 31a II, StVO. Dazu noch unten 4. Teil, B. II. 2. a).

[275] BGHZ 74, 26 (34); BVerfGE 59, 275 (278f.); OLG Hamm, NJW 1985, 1790 (1791).

[276] *Klimpel*, Bevormundung oder Freiheitsschutz?, S. 174.

[277] *Wigger*, Wirtschaftsdienst 2005, 518 (519).

und -ansätze, die zu keinem eindeutigen Ergebnis führen[278]. Unterstellt man, dass tatsächlich durch das Rauchen Kosten gespart werden, müsste man aus volkswirtschaftlicher Sicht diese Art „billiger“ Gesundheitsgefährdung eher begrüßen – eine Konsequenz, die sich mit dem Anliegen der Gesundheits- und Sozialpolitik so nicht vereinbaren ließe[279]. Jedenfalls im Falle von Adipositas gibt es diesen Death-Benefit-Effekt wohl nicht[280]. In tatsächlicher Hinsicht könnte man wohl dem Gesetzgeber einen Spielraum bei der Einschätzung zugestehen.

Entscheidend ist jedoch auf der rechtlichen Ebene, dass das Ziel der Entlastung der Sozialkassen von vornherein nicht alle Interventionsarten tragen kann. Will man gesundheitsriskantes Verhalten verbieten bzw. ein bestimmtes Verhalten wie bei der Gurt- oder Helmpflicht vorschreiben, steht der Verweis auf die Folgekostenlast für die Allgemeinheit im Widerspruch dazu, dass der Einzelne bereits über Pflichtversicherungen zur Vorsorge gezwungen wird[281]. Die Schutzrichtung des Sozialstaatsprinzips würde umgekehrt und gegen den Einzelnen gerichtet[282]; auf diesem Wege würde eine Art öffentliche Gesundheitspflicht begründet[283]. Aber auch staatliche Appelle oder vergleichbare „weiche“ Maßnahmen können nicht mit der Entlastung der Sozialkassen begründet werden. Argumentiert man mit den externen Kosten gesundheitsriskanten Verhaltens, können allein Interventionen zulässig sein, die die Internalisierung dieser Kosten als Ziel verfolgen. Konsequenter wäre es deswegen, die Erstattungsfähigkeit der Kosten der GKV entfallen zu lassen oder einzuschränken[284], die Bürger also an den Behandlungskosten zu beteiligen[285], was wiederum andere rechtliche Fragen nach sich ziehen würde[286], oder eine Pigou-Steuer[287] auf gesund-

---

[278] Vgl. *Sopp*, EuZW 2005, 365 (366 ff.). Siehe auch *Wigger*, Wirtschaftsdienst 2005, 518 (519).

[279] *Veatch*, in: Sass (Hrsg.), Medizin und Ethik, S. 328 (344).

[280] *Karnani/McFerran/Mukhopadhyay*, JACR 2016, 445 (449) mwN; davon gehen auch *Huster/Reimann*, VSSAR 2020, 267 (293), aus.

[281] *Kolbe*, Freiheitsschutz vor staatlicher Gesundheitssteuerung, S. 376 f. Vgl. hierzu auch *Reitter*, Rechtspaternalismus und Biomedizinrecht, S. 74 f., die darauf hinweist, dass die „freiheits*ermöglichende* staatliche Verpflichtung zur Übernahme der Kosten“ „die Zulässigkeit einer entsprechenden Handlungseinschränkung nicht begründen“ kann, siehe außerdem S. 169 ff.

[282] *Fischer*, Die Zulässigkeit aufgedrängten staatlichen Schutzes vor Selbstschädigung, S. 261 f.; *Gampp/Hebeler*, BayVBl 2004, 257 (264); *Barczak*, in: Ach (Hrsg.), Grenzen der Selbstbestimmung in der Medizin, S. 65 (102). Vgl. auch *Hillgruber*, Der Schutz des Menschen vor sich selbst, S. 101 f. Im Ergebnis auch ablehnend *Kreßner*, Gesteuerte Gesundheit, S. 400 ff.

[283] *Hufen*, DRiZ 2014, 302 (304); *Dietlein*, Die Lehre von den grundrechtlichen Schutzpflichten, S. 229; er spricht außerdem vom Sozialstaat als „Bumerang“.

[284] *Fischer*, Die Zulässigkeit aufgedrängten staatlichen Schutzes vor Selbstschädigung, S. 260 f.; *Volkmann*, Darf der Staat seine Bürger erziehen?, S. 21 Fn. 39; *Kolbe*, Freiheitsschutz vor staatlicher Gesundheitssteuerung, S. 378 ff. Vgl. auch die Überlegungen bei *Hillgruber*, Der Schutz des Menschen vor sich selbst, S. 100 ff.

[285] *Huster*, in: Schumann (Hrsg.), Das erziehende Gesetz, 2014, S. 193 (221).

[286] Dazu *Huster*, in: Schmitz-Luhn/Bohmeier (Hrsg.), Priorisierung in der Medizin, S. 193.

[287] *Kupferschmidt*, in: Drewello/Kupferschmidt/Sievering, Markt und Staat, S. 221 (229). Die Besteuerung gesundheitsschädlicher Produkte zur Internalisierung der externen Kosten wird insbesondere im englischen Sprachraum diskutiert, vgl. *Pratt*, 87 Tulane L. Rev. (2012), 73; *Horne*, Public Health Ethics 2019, 287 (289).

heitsriskante Produkte zu erheben. Dadurch würden die negativen externen Effekte wieder internalisiert[288], also auf den Konsumenten übertragen, der die Kosten für die Solidargemeinschaft verursacht hat. Die Höhe einer solchen Steuer müsste sich dann an den Kosten orientieren, die das ungesunde Verhalten für Dritte hat[289]. Für Tabakwaren bedeutete dies, dass die Steuer nur in sehr geringer Höhe angesetzt oder – bei Vorliegen des Death-Benefit-Effekts – gar nicht erhoben werden dürfte.

2. Paternalismus und Verantwortung

Wenn man Einwirkungen auf das gesundheitsriskante Verhalten der Konsumierenden nicht in allen Fällen damit begründen kann, dass die Sozialkassen finanziell entlastet werden sollen, kommt man nicht umhin, in die Paternalismusdiskussion einzusteigen. Diese Diskussion würde wiederum – im Vergleich zu dem Kostenargument – am „anderen Ende" verkürzt, wenn man Einwirkungen auf den Lebensstil pauschal mit der Begründung für unzulässig erklärte, dass Lebensstilrisiken stets auf völlig selbstbestimmten Entscheidungen beruhten. Dies ignorierte die Erkenntnisse aus anderen Disziplinen und wäre somit nicht evidenzbasiert.

Bei der Risikoverteilung muss der Staat berücksichtigen, inwieweit die Risikoübernahme durch die Konsumierenden freiwillig erfolgte und inwiefern die Industrie als Risikoakteurin gilt. Eigenverantwortliche Entscheidungen, ein Gesundheitsrisiko einzugehen, müssen respektiert werden[290]. So richtig diese Aussage ist, so wenig lässt sich daraus ableiten. Sie ist – anders als oft zu lesen ist[291] – nicht bereits das Ergebnis der Paternalismusdiskussion, sondern streng genommen erst ihr Anfang. Denn Freiwilligkeit kann nicht einfach unterstellt werden[292]. Berücksichtigt werden muss, inwiefern überhaupt die Fähigkeit zu selbstverantwortlichem Umgang mit dem Risiko besteht[293].

Selbstbestimmt handeln nur die Personen, die gemäß ihren eigenen Präferenzen handeln können. Dass sich eine Person gesundheitsriskant verhält, scheint auf den ersten Blick auszudrücken, dass sie genau dies tut. Präferenzen werden jedoch zum einen durch externe Faktoren beeinflusst und zum anderen können die langfristigen Präferenzen einer Person (gesünder zu leben) ihren kurzfristigen Präferenzen (in der

---

[288] Auch bei „negativen externen Effekten", die vorliegen, wenn „die Handlung eines Marktteilnehmers bei einem anderen Kosten verursacht, ohne dass diese im entsprechenden Marktpreis berücksichtigt sind", handelt es sich um einen Fall des Marktversagens (*Kupferschmidt*, in: Drewello/Kupferschmidt/Sievering, Markt und Staat, S. 221 [227]; zum Marktversagen schon 3. Teil, B. I. 2.

[289] *Gruber*, Regulation 2002, 52 (53).

[290] *Kolbe*, Freiheitsschutz vor staatlicher Gesundheitssteuerung, S. 300; *Kreßner*, Gesteuerte Gesundheit, S. 338; *Hillgruber*, Der Schutz des Menschen vor sich selbst, S. 71, 121. Ähnlich *v. Münch*, in: FS-Ipsen, S. 113 (125); *Gampp/Hebeler*, BayVBl 2004, 257 (261 f.).

[291] Vgl. *Wiebe*, Unternehmerfreiheit versus Verbraucherschutz?!, S. 247.

[292] So aber *Epstein*, 93 Georgetown Law Journal 2005, 1361 (1368).

[293] *Scherzberg*, VVDStRL 63 (2004), S. 214 (241).

Gegenwart zu rauchen oder ein Stück Kuchen zu essen) widersprechen[294]. Hier wird das eigentlich als vernünftig erkannte Ziel auf die Zukunft verschoben, weil der Nutzen des gegenwärtigen Konsums überbewertet wird[295]; man spricht von „zeitinkonsistentem Verhalten"[296]. Andere erklären dieses Verhalten nicht mit der Überbewertung des gegenwärtigen Konsums, sondern mit der Tatsache, dass es von „viszeralen Faktoren" wie Hunger, Schmerzen und Entzugserscheinungen bei einer Sucht gesteuert wird[297]. Insbesondere bei der Ernährung muss berücksichtigt werden, dass der menschliche Stoffwechsel evolutionär bedingt auf „Überkonsum" ausgerichtet ist, um für „schlechte Zeiten" Energiereserven (in Form von Fett) vorzuhalten[298]. Dadurch erklärt sich auch, warum Menschen salzige und insbesondere süße Speisen bevorzugen[299]. In der Wissenschaft umstritten ist, ob Zucker süchtig macht. Die ersten Anhaltspunkte dafür lieferten Versuche mit Ratten. Über die Übertragbarkeit der Studien auf Menschen wird gestritten[300]. Mittlerweile sind die Forscher, die von einer Zuckersucht beim Menschen ausgehen, jedoch in der Überzahl[301].

Die Entscheidung der Konsumierenden kann auch auf Rationalitätsdefiziten beruhen[302]. So unterliegen Personen regelmäßig kognitiven Verzerrungen, d. h. sie schätzen z. B. Risiken aufgrund bestimmter Vorannahmen falsch ein[303] oder sie verwenden Heuristiken[304], die bei der Entscheidung leitend werden. Entscheidungen scheinen dann nicht rational zu sein, wenn sie von externen Faktoren wie der Präsentation und dem Framing von Informationen[305], durch die Entscheidungsarchitektur, durch Peer effects oder Anreize beeinflusst werden oder der Mensch aus Trägheit die eigentlich rationalere Option nicht wählt[306]. Manchmal fehlen schlicht Informationen oder die Informationen selbst liegen zwar vor, aber es werden die falschen Schlussfol-

---

[294] Ausführlich *van Aaken*, in: Anderheiden/Bürkli/Heinig/Kirste/Seelmann (Hrsg.), Paternalismus und Recht, S. 109 (112 f.); *Eidenmüller*, JZ 2011, 814 (816 f.); *Mathis*, in: Spiecker gen. Döhmann/Wallrabenstein (Hrsg.), Rechtswissenschaftliche Fragen an das neue Präventionsgesetz, S. 79 (85); *Barton*, Public Health Ethics 2013, 207 (213).

[295] *Kolbe*, Freiheitsschutz vor staatlicher Gesundheitssteuerung, S. 52 ff.

[296] *Gruber/Köszegi*, Q.J. ECON. 2001, 1261 (1277 ff.); *Gruber*, Regulation 2002, 52 (54).

[297] *Loewenstein*, 65 J. Org. Behav. & Hum. Decision Processes 1996, 272 (289).

[298] *Benforado/Hanson/Yosifon*, 53 Emory L.J. 2004, 1645 (1675 ff.).

[299] *Benforado/Hanson/Yosifon*, 53 Emory L.J. 2004, 1645 (1685).

[300] Gegen die Existenz einer Zuckersucht: *Benton*, Clinical Nutrition 29 (2010), 288.

[301] Für einen Überblick über den aktuellen Stand vgl. *Wiss/Avena/Rada*, Front. Psychiatry 2018, Art. 545, S. 1.

[302] Und somit nicht dem Modell sogenannten homo oeconomicus gerecht wird, das in der Ökonomie verwendet wird (ausführlich hierzu *Kolbe*, Freiheitsschutz vor staatlicher Gesundheitssteuerung, S. 45 ff. mwN; *Gerg*, Nudging, S. 10 ff. mwN).

[303] Ausführlich *Hanson/Kysar*, N. Y. Univ. Law Rev. 1999, 630 (646 ff.).

[304] Ausführlich *Hanson/Kysar*, N. Y. Univ. Law Rev. 1999, 630 (662 ff.).

[305] Damit ist die Darstellung einer Aussage gemeint: So wird die Aussage „200 Menschen (von 600) werden überleben" positiver wahrgenommen als die Aussage „400 Menschen (von 600)" werden sterben, obwohl beide inhaltlich identisch sind (dazu *Tversky/Kahneman*, Science 1981, 453).

[306] Ausführlich *Buyx*, Ethik Med 22 (2010), 221 (225 f.); *Mathis*, in: Spiecker gen. Döhmann/Wallrabenstein (Hrsg.), Rechtswissenschaftliche Fragen an das neue Präventionsgesetz, S. 79 (84 ff.). Vgl. auch *Fritsch*, Marktversagen und Wirtschaftspolitik, S. 321 ff.

gerungen daraus gezogen (etwa was die Nährstoffe von Lebensmitteln angeht und bei welcher Zusammensetzung Lebensmittel in welchem Umfang zu einer erhöhten Kalorienzufuhr führen [also Verhältnis von Nährstoffen zur Kalorienhöhe]), was auch mit dem Bildungsgrad zu tun hat[307].

Kinder können Risiken nicht freiwillig eingehen; diese Fähigkeit bildet sich erst im Laufe ihrer Entwicklung heraus. Diese besondere Verletzlichkeit von Kindern ist deswegen bei der Risikoverteilung zu berücksichtigen[308]. Für die Tabakkontrollpolitik gilt in diesem Zusammenhang Folgendes: Da es wegen des Suchtpotentials schwierig ist, mit dem Rauchen aufzuhören, ist es aus Sicht der öffentlichen Gesundheit entscheidend, dass möglichst wenige Personen anfangen zu rauchen und dass die, die dies doch tun, keine schweren Raucher werden. Die Tabakindustrie hat das gegenteilige Interesse: Langfristig Gewinne erzielen kann sie nur, wenn sie neue Konsumenten und insbesondere Süchtige gewinnt, denn Letztere sind aus ihrer Sicht die besten Kunden. Da das Potential bei den Erwachsenen ausgeschöpft ist – Mitte der 1970er Jahre wurde noch ein Anstieg der Rauchenden bei den Frauen verzeichnet – und davon ausgegangen wird, dass 80% der Raucher vor ihrem 18. Geburtstag angefangen haben zu rauchen[309] – anders gewendet: nach Eintritt der Volljährigkeit die meisten Personen für die Zigarettenindustrie „verloren" sind –, ist die Beeinflussung von Kindern und Jugendlichen besonders wichtig. Man kann hier von einem „wirtschaftlichen Zwang"[310] der Tabakindustrie sprechen, auf junge Menschen einzuwirken, um sie vom Rauchen zu überzeugen. Der Staat verfolgt bei Maßnahmen der „Tabakkontrollpolitik" somit zwei Ziele: die Verhinderung des Einstiegs insbesondere von Jugendlichen auf der einen Seite und die Reduktion des Rauchens auf der anderen Seite. Dies geschieht durch Maßnahmen, die Einfluss darauf haben, wann, wo, wie und in welcher Zusammensetzung Raucher Tabakprodukte konsumieren dürfen[311].

Als weitere Risikoakteure neben den Konsumentinnen kommen deswegen die Produzenten und Vertreiber potentiell gesundheitsschädlicher Produkte in Betracht. Diese verfolgen vorrangig das Ziel der Profitmaximierung, d.h. sie haben ein wirtschaftliches Interesse daran, dass möglichst viele Konsumenten möglichst viele ihrer Produkte konsumieren. Um dieses Ziel zu erreichen, wenden sie insbesondere zwei Strategien an: So nutzen sie zum einen die kognitiven Verzerrungen auf Seiten der Konsumierenden aus und manipulieren zum anderen das Umfeld, in dem die Konsumierenden ihre Kaufentscheidungen treffen – im Supermarkt, im Restaurant oder in der Kantine/Mensa[312].

---

307 Dazu *Karnani/McFerran/Mukhopadhyay*, JACR 2016, 445 (450f.).

308 *Britz*, JZ 2014, 1069 (1074).

309 So BT-Drs. 16/5049, S. 10.

310 *Adams*, Jugendschutz durch Lenkungsabgaben, S. 2.

311 Maßnahmen wie solche gegen Zigarettenschmuggel und bestimmte Hinweispflichten der Tabakproduzenten an den Staat werden im Folgenden ausgeklammert, weil sie nur höchst mittelbar auf den Konsumenten einwirken.

312 *Pratt*, 87 Tulane L. Rev. (2012), 73 (104) mwN. Allgemein *Eichenberger/Frey*, JNPÖ 1993, 50 (55ff.).

Die Produzenten haben ein Interesse daran, dass die Risikoeinschätzung der Konsumentinnen bezüglich ihres Produkts möglich gering ausfällt. D.h. sie haben nicht nur kein Interesse daran, z. B. die Inhaltsstoffe ihrer Produkte offenzulegen, sondern auch ein Interesse daran, unmittelbar auf die Risikoeinschätzung der Konsumenten einzuwirken[313]. Die erwähnten kognitiven Verzerrungen auf Seiten der Konsumenten werden zum Teil von den Produzenten/Vertreibern überhaupt erst hervorrufen[314]. Dies geschieht durch Marketingbotschaften, die z. B. in den Vordergrund von Werbung für Lifestyleprodukte nicht Fakten über das Produkt, sondern ein positives Gefühl bzw. eine bestimmte positive Atmosphäre stellen (wie beim „Marlboro-Mann“ das Freiheitsgefühl)[315]; zum Teil vermitteln Slogans unterschwellig die Botschaft, dass die Wahl der Produkte durch die Konsumentinnen aus Eigenverantwortung erfolgt[316] oder dass die Produzenten ihr Angebot allein an den Interessen der Konsumentinnen ausrichten. Aussagen von Vertretern der Lebensmittelindustrie im Sinne von: Bei einer ausgewogenen Ernährung habe „jedes Lebensmittel seinen Platz“[317], enthalten die gleiche Botschaft. Dies bereitet die Grundlage für die Blaming-the-victim-Strategie, in der derjenige, der sich gesundheitsriskant verhält, „selbst Schuld“ ist, wenn sich bei ihm eine Krankheit manifestiert. Verankern sich entsprechende Einstellungen innerhalb der Bevölkerung, kommt es zur Stigmatisierung von Übergewichtigen, die schließlich die „freie Wahl“ hatten, sich gesünder zu ernähren. Die kulturell geprägte gesellschaftliche Einschätzung, Übergewicht beruhe auf fehlender Willenskraft, ist nach wie vor die herrschende soziale Konstruktion von Adipositas[318]. Sie ist jedoch nicht evidenzbasiert.

Werbung für Lebensmittel und (alkoholische) Getränke kann direkt an das Hunger- und Durstgefühl[319] appellieren, um so auf die Präferenzen einzuwirken und Impulshandlungen hervorzurufen. Es werden außerdem Heuristiken ausgenutzt, d.h. die Konsumenten werden mit vereinfachenden, positiv konnotierten Schlagworten wie „light“, „mild“, „low carb“ etc. zum Kauf bzw. Konsum animiert[320], ohne dass diese Produkte notwendigerweise insgesamt gesünder sind als vergleichbare, weil sich diese Schlagworte nur auf einen Bestandteil und nicht auf die gesamte Zusammensetzung beziehen. Zum Teil werden missverständliche oder gar falsche Bot-

---

313 *Hanson/Kysar*, N. Y. Univ. Law Rev. 1999, 630 (637).

314 *Hanson/Kysar*, N. Y. Univ. Law Rev. 1999, 630 (636).

315 *Hanson/Kysar*, N. Y. Univ. Law Rev. 1999, 630 (732).

316 Etwa „Ich liebe es!“ von McDonald’s, „Have it your way“ von Burger King; Beispiele aus dem amerikanischen Fast-Food-Markt bei *Benforado/Hanson/Yosifon*, 53 Emory L.J. 2004, 1645 (1709 f.), allgemeiner (1712); allgemeiner *Wiley*, U.C. Davis L. Rev. 121 (2013), 121 (162).

317 Bund für Lebensmittelrecht und Lebensmittelkunde e. V., Lebensmittel-Informationsverordnung, https://www.bll.de/de/lebensmittel/kennzeichnung/lebensmittelinformationsverordnung.

318 *Wiley*, U.C. Davis L. Rev. 121 (2013), 121 (161).

319 Zu den „viszeralen Faktoren“ schon oben in diesem Abschnitt; *Hanson/Kysar*, N. Y. Univ. Law Rev. 1999, 630 (738 f.).

320 *Karnani/McFerran/Mukhopadhyay*, JACR 2016, 445 (461) mwN.

schaften verbreitet, etwa dass Fett schädlicher ist als Zucker oder dass hauptsächlich Bewegungsmangel statt eine falsche Nahrungsaufnahme Übergewicht verursacht[321].

Für die Berücksichtigung der Ursachen gesundheitlicher Ungleichheit ist relevant, dass z. B. die Tabakindustrie ihre Produkte stärker in sozioökonomisch schwächeren Wohnvierteln bewirbt[322]. Dies trägt dazu bei, dass in diesen Gegenden mehr geraucht wird und Rauchen zur „sozialen Norm" wird, die wiederum auch die Menschen beeinflusst, die vielleicht in einem anderen Umfeld nicht angefangen hätten zu rauchen[323].

Die Manipulation der Entscheidungssituationen erfolgt z. B. durch die Festlegung von Portionsgrößen: So wird mehr konsumiert, wenn große Portionsgrößen verfügbar sind. Dies führt nicht nur zu einer erhöhten Nahrungsaufnahme in dem Moment, sondern auch über den Tag verteilt, da die erhöhte Aufnahme nicht durch einen späteren geringeren Konsum ausgeglichen wird. Auch die Zusammensetzung der Mahlzeiten in Restaurants, Kantinen und Mensen und stark verarbeiteter Lebensmittel (highly processed foods) – also z. B. das Hinzufügen von Salz und Zucker – kann zu einer erhöhten Nahrungsaufnahme führen[324]. Soweit die Zusammensetzung von Produkten Auswirkungen auf eine bestehende Sucht haben kann bzw. ggf. erst eine solche Sucht hervorruft, wird der Konsument in besonderem Ausmaß manipuliert. Dies gilt für Lebensmittel und einem (eigentlich nicht erforderlichen) Hinzufügen von Zucker (wenn man unterstellt, dass Zucker süchtig macht) und insbesondere für Zigaretten und das Hinzufügen von Stoffen wie Ammoniak, die das Suchtpotential steigern[325].

Im Zusammenhang mit fehlenden Informationen über die Zusammensetzung gesundheitsschädlicher Produkte und der Einflussnahme auf die Zusammensetzung der Lebensmittel wird von Marktversagen[326] oder auch insgesamt von Marktmanipulation[327] gesprochen, d. h. der Manipulation der Konsumierenden durch die Produzenten, die von dem Wettbewerb zwischen den verschiedenen Produzenten befördert, wenn nicht sogar erzwungen wird[328]. Zwar wird nicht jeder Konsument in diesem Sinne manipuliert; nicht jeder, der sich Tabakwerbung anschaut, wird zum Raucher und nicht jeder Besucher eines Fast-Food-Restaurants wählt eine Portionsgröße, die zum Überkonsum führt. Auf einer individuellen Ebene kann somit keine Kausalität zwischen der Marktmanipulation und dem Gesundheitsrisiko hergestellt

---

321 Vgl. nur *Karnani/McFerran/Mukhopadhyay*, California Management Review 2014, 5. Für entsprechende Kampagnen, die Produkte gesünder aussehen lassen sollen, als sie tatsächlich sind, gibt es mittlerweile den Begriff „leanwashing".

322 *Voigt*, Public Health Ethics 2010, 91 (94) mwN.

323 *Voigt*, Public Health Ethics 2010, 91 (94) mwN.

324 *Benforado/Hanson/Yosifon*, 53 Emory L.J. 2004, 1645 (1701 f.).

325 DKFZ, Gesundheit fördern – Tabakkonsum verringern, S. 44.

326 *Moodie/Swinburn/Richardson/Somaini*, International Journal of Pediatric Obesity, 2006, 133 (136); *Pratt*, 87 Tulane L. Rev. (2012), 73 (106); *Karnani/McFerran/Mukhopadhyay*, JACR 2016, 445 (449 f.); *Horne*, Public Health Ethics 2019, 287 (290).

327 Ausführlich *Hanson/Kysar*, N. Y. Univ. Law Rev. 1999, 630.

328 *Hanson/Kysar*, N. Y. Univ. Law Rev. 1999, 630 (724 ff.).

werden. Dies hat jedoch für das Recht nur dann Auswirkungen, wenn eine solche individuelle Kausalität notwendig ist, etwa im Haftungsrecht[329]. Für die Zuschreibung von Verantwortung im Recht der öffentlichen Gesundheit ist es ausreichend, dass die Marktmanipulation auf bevölkerungsbezogener Ebene wirkt.

Ein evidenzbasiertes Recht der öffentlichen Gesundheit muss diese Ausgangskonstellation berücksichtigen und darf nicht einfach das Leitbild des mündigen Verbrauchers zugrunde legen. Es wäre stark verkürzend, der Bevölkerung allein die Verantwortung für das eingegangene Gesundheitsrisiko zuzuschreiben. Gesundheitsriskantes Verhalten – insbesondere, wenn es Ausdruck des Lebensstils ist – ist immer durch soziale Faktoren mitverursacht[330]. Verantwortung tragen deswegen auch die produzierenden und vertreibenden Unternehmen. In vielerlei Hinsicht kann im Falle der Lebensstilrisiken wie Tabakkonsum und ungesunder Ernährung von einem Marktversagen ausgegangen werden[331]. Risikoakteure sind somit sowohl die Konsumentinnen als auch die Produzenten. Das bedeutet gleichzeitig, dass Präventionsansätze nicht allein aus Verhaltensprävention bestehen können.

3. Regulierung von Lebensstilrisiken und das „gute Leben"

Staatliche Maßnahmen, die auf Krankheitsprävention und Gesundheitsförderung abzielen, werden häufig mit einem Verweis darauf für unzulässig gehalten, dass der Staat hier der Bevölkerung vorschreiben wolle, was ein „gutes Leben" sei. So wird z.B. der Vorwurf erhoben, staatliche Interventionen in Ernährungsfragen wollten der Bevölkerung vorschreiben, was „normativ richtige" Lebensmittel seien. Kampagnen gegen Übergewicht seien Teil einer „Informationsoffensive" des Staates, um seine Vorstellung einer „guten" Ernährung zu propagieren[332]. Sie entfalteten eine „überschießende edukatorische Wirkung" insoweit, als der Staat die Kompetenz beanspruche zu definieren, was eine „gute" Lebensführung ausmache[333]. Durch die Festlegung von Nährwertprofilen gebe die EU vor, was gute und was schlechte Lebensmittel seien[334]. Andere sehen in den Rauchverboten, die zum Schutz vor Passivrauch geregelt wurden, einen „Schritt in Richtung einer staatlichen Inpflichtnahme zu einem „guten Leben""[335].

---

[329] Vgl. (zum amerikanischen Haftungsrecht) *Benforado/Hanson/Yosifon*, 53 Emory L.J. 2004, 1645 (1796f., 1800f.).

[330] Ausführlich zur Verantwortung des Einzelnen für die Entstehung von Adipositas *Mayes*, Bioethics 2015, 217; vgl. auch Leopoldina, Diskussionspapier Nr. 22, S. 9f.

[331] *Pratt*, 87 Tulane L. Rev. (2012), 73 (88); *Finch/Briggs/Tallack*, Improving health by tackling market failure, S. 16.

[332] *Höfling*, ZLR 2006, 121 (125).

[333] *Höfling*, ZLR 2006, 121 (131).

[334] *Sosnitza*, ZLR 2004, 1 (10f.); *Meisterernst*, ZLR 2004, 43 (46); *v. Danwitz*, ZLR 2005, 201 (202). Ähnlich *Mettke*, ZLR 2008, 381 (386f.).

[335] So Sondervotum *Masing* zu BVerfGE 121, 317 (384f.); zustimmend *Barczak*, in: Ach (Hrsg.), Grenzen der Selbstbestimmung in der Medizin, S. 65 (100); *Kreßner*, Gesteuerte Gesundheit, S. 26.

Einige sind der Ansicht, dass der Staat in diesen Fällen seine Kompetenzen überschreite, weil er nicht das Wohl oder Glück der Bürger inhaltlich bestimmen dürfe[336]. Seine Neutralitätspflicht zwinge ihn, hier keine Bewertung vorzunehmen, sie verbiete es ihm, eine bestimmte Form des „guten Lebens" zu fördern[337], also eine Maßnahme mit der Vorzugswürdigkeit einer bestimmten Konzeption zu begründen[338]. Die Autonomie des Einzelnen würde übergangen, wenn ihm nicht zugestanden würde, selbst zu bestimmen, was er für richtig und gut hält[339]. Andere halten den philosophischen Begriff des guten Lebens zu unbestimmt, als ihn juristisch verarbeiten zu können[340]. Eine Neutralitätspflicht gebe es nur in Fragen der Religion und Weltanschauung[341]. Eine solche gelte nicht für alle grundrechtlich geschützten Güter, gerade im Anwendungsbereich des Art. 2 I GG – der gesundheitsriskantes Verhalten schützt – gebe es keine strikte Neutralitätspflicht[342].

Fraglich ist jedoch, ob hier von dem gleichen Neutralitätsbegriff ausgegangen wird. Denn dass der Staat grundsätzlich Maßnahmen zur Krankheitsprävention und Gesundheitsförderung ergreifen darf, wird von niemandem bestritten. Allein durch die Entscheidung, solche Maßnahmen zu ergreifen, drückt der Staat aus, dass er sie für „richtig" hält. Das heißt, bei jeder gesundheitsschützenden Maßnahme schwingt die Bewertung des Staates mit, dass er gesundheitsbewusstes Verhalten „besser" findet als gesundheitsriskantes. In einer Demokratie haben die Bürger durch die Wahl ihrer parlamentarischen Vertreter die Möglichkeit, über ethische Fragen abzustimmen – dass sich die dadurch entstehenden Mehrheiten in Gesetzen niederschlagen, macht gerade das Wesen einer Demokratie aus. Das Recht kann somit gar nicht „ethisch neutral" sein und muss dies auch nicht sein[343]. Nur so kann es auch überhaupt dazu kommen, dass Wertungen in die Frage einfließen, welches Risiko als Restrisiko der Bevölkerung zu betrachten ist und nicht durch das Recht angegangen wird[344]. Mit der Neutralitätspflicht ist somit nur gemeint, dass der Staat seine Gesetze neutral begründen muss[345], und nicht, dass er nicht im Ergebnis auf bestimmte

---

336 *Kreßner*, Gesteuerte Gesundheit, S. 348 Fn. 1633.

337 Allgemein *Britz*, Kulturelle Rechte und Verfassung, S. 232; *Huster*, Die ethische Neutralität des Staates, S. 5 ff., 47 ff.; *ders.*, in: Schmitz-Luhn/Bohmeier (Hrsg.), Priorisierung in der Medizin, S. 193 (196).

338 *Huster*, Die ethische Neutralität des Staates, S. 98 ff.

339 *Klimpel*, Bevormundung oder Freiheitsschutz?, S. 25 f.; *Barczak*, in: Ach (Hrsg.), Grenzen der Selbstbestimmung in der Medizin, S. 65 (85).

340 *Britz*, Kulturelle Rechte und Verfassung, S. 233 f.; *Volkmann*, Darf der Staat seine Bürger erziehen?, S. 19.

341 *Volkmann*, Darf der Staat seine Bürger erziehen?, S. 19 f.; *Middel*, in: Weilert (Hrsg.), Gesundheitsverantwortung zwischen Markt und Staat, S. 145 (154); *Kolbe*, Freiheitsschutz vor staatlicher Gesundheitssteuerung, S. 216.

342 *Volkmann*, Darf der Staat seine Bürger erziehen?, S. 19 Fn. 35; *Kolbe*, Freiheitsschutz vor staatlicher Gesundheitssteuerung, S. 216.

343 *Nettesheim*, Liberaler Verfassungsstaat und gutes Leben, S. 31 ff.

344 Siehe oben 3. Teil, B. III. 1. b).

345 *Huster*, Die ethische Neutralität des Staates, S. 98 ff.

Verhaltensweisen Einfluss nehmen darf[346]. Solange nachgewiesen ist, dass ein Lebensmittel ein gesundheitliches Risiko darstellt, darf der Staat somit gezielte Gesundheitskampagnen einsetzen. Letztlich kommt es darauf an, dass die in der Kampagne getätigten Aussagen den Wissensstand bezüglich der Gesundheitsschädlichkeit wahrheitsgemäß aufgreifen. Solange also nicht behauptet wird, Zucker mache definitiv süchtig[347], darf der Staat die Bevölkerung mittels solcher Kampagnen dazu bewegen wollen, sich ausgewogener zu ernähren. Auch umfassende Rauchverbote sind so lange unproblematisch, wie sie dem Schutz der Nichtraucher dienen. Schon eher gerechtfertigt ist der Vorwurf, dass das Betäubungsmittelstrafrecht seine tatsächlichen Interessen, nämlich die Zurückdrängung der vom gesellschaftlichen Idealbild des „guten" Lebens abweichenden Verhaltensweisen, hinter „pseudo-paternalistischen Erwägungen" verstecke[348]. Die Pflicht zur Begründungsneutralität kann nicht dadurch umgangen werden, dass andere Ziele vorgegeben werden[349].

Dass der Staat im Ergebnis auch das Verhalten auf einer abstrakteren Ebene steuert und so zwangsläufig auch auf soziale Normen einwirkt, wird erst dann zum verfassungsrechtlichen Problem, wenn gegen Grundrechte verstoßen wird[350].

II. Regelungsansatz

Bei der Regulierung von Lebensstilrisiken kommen beide Risikoakteure als Adressatengruppen in Betracht: Zum einen kann der Staat bei der Bevölkerung – genauer gesagt den Konsumierenden – und den gesundheitsriskanten Verhaltensweisen selbst ansetzen. Er kann zum anderen aber auch den Unternehmen, die die potentiell gesundheitsschädlichen Produkte herstellen und vertreiben, bestimmte Vorgaben machen. Eine verfassungsrechtliche Betrachtung muss zwischen beiden Interventionsansätzen trennen. Maßnahmen, die sich an die Produzenten richten, stellen für diese eigene Grundrechtseingriffe – in andere Grundrechte als bei den Konsumenten – dar und sind somit gesondert zu bewerten.

1. Der Ansatz der Europäischen Union

Die Regulierung von Lebensstilrisiken erfolgt in Deutschland zu einem großen Teil durch Regelungen, die auf zwingende Vorgaben aus dem Unionsrecht zurückgehen. Insbesondere bei der Regulierung des Tabakkonsums und der ungesunden Ernäh-

---

346 So auch *Kreßner*, Gesteuerte Gesundheit, S. 350.

347 Zur Zuckersucht oben 4. Teil, B. I. 2.

348 *Wohlers/Went*, in: Hirsch/Neumann/Seelmann (Hrsg.), Paternalismus im Strafrecht, S. 289 ff.

349 Zu vorgegebenen Zielen schon oben 3. Teil, E. II. 1. b).

350 Ähnlich *Kolbe*, Freiheitsschutz vor staatlicher Gesundheitssteuerung, S. 216. – Zur Einwirkung auf soziale Normen noch unten 4. Teil, B. II. 2. c).

rung wurde die EU in der Vergangenheit aktiv; Lebensmittelrecht und Tabakerzeugnisrecht gehören zu dem am stärksten europäisierten Rechtsgebieten[351]. Über die europäischen Vorgaben ging der deutsche Gesetzgeber wiederum – anders als andere europäische Staaten – oft nicht hinaus. Lange Zeit weigerte sich der deutsche Gesetzgeber – auf Druck der Tabaklobby – etwa, als letzter EU-Mitgliedstaat ein umfangreiches Tabakwerbeverbot zu verabschieden, obwohl er dazu sogar durch die Framework Convention on Tobacco Control (FCTC) der WHO[352] völkerrechtlich verpflichtet war.

Die EU hat verschiedene Richtlinien erlassen, die den Umgang mit Tabakwaren regeln. Tabakwerbung im Fernsehen zu zeigen sowie Tabakerzeugnisse über das Fernsehen zu verkaufen, wurde im Jahr 1989 durch die Richtlinie 89/552/EWG[353] verboten. Im gleichen Jahr wurde mit der Richtlinie 89/622/EWG die Etikettierung angegangen[354]. Seit 2016 gilt die Richtlinie 2014/40/EU[355] (Tabakprodukt-RL), die u. a. ausführliche Regelungen über die Etikettierung, ein Verbot für Zigaretten mit charakteristischen Aromen und Sicherheits- und Qualitätsanforderungen für elektronische Zigaretten enthält. Die Werbung in anderen Medien als im Fernsehen und das Sponsoring zugunsten von Tabakerzeugnissen wurde in der Richtlinie 2003/33/EG des Europäischen Parlaments und des Rates geregelt[356].

Im Lebensmittelrecht haben insbesondere die Lebensmittel-BasisVO, die VO über Lebensmittelzusatzstoffe, die VO über den Zusatz von Vitaminen und Mineralstoffen sowie bestimmten anderen Stoffen, die HCVO, die LMIV und die VO über Lebensmittel für Säuglinge und Kleinkinder, Lebensmittel für besondere medizinische Zwecke und Tagesrationen für gewichtskontrollierende Ernährung einen besonderen Gesundheitsbezug[357]. Alkoholische Getränke sind punktuell über die lebens-

---

351 *Schipper*, Lebensmittelkennzeichnungsrecht im Lichte des wohlgeordneten Rechts, S. 44.

352 Die FCTC ist die erste Konvention, die von der WHO ausgehandelt wurde. Sie wurde von 54 Staaten (von Deutschland im Jahr 2013) unterzeichnet (https://treaties.un.org/Pages/ViewDetails.aspx?src=TREATY&mtdsg_no=IX-4-a&chapter=9&clang=_en).

353 RL des Rates v. 3.10.1989 zur Koordinierung bestimmter Rechts- und Verwaltungsvorschriften der Mitgliedstaaten über die Ausübung der Fernsehtätigkeit (ABl L 298/23 v. 17.10.1989), geändert durch RL 2007/65/EG des Europäischen Parlamentes und des Rates v. 11.12.2007 (ABl L 332/27 v. 18.12.2007).

354 RL 89/622/EWG v. 13.11.1989 zur Angleichung der Rechts- und Verwaltungsvorschriften der Mitgliedstaaten über die Etikettierung von Tabakerzeugnissen (ABl L 359/1 v. 8.12.1989), später geändert durch RL 92/41/EWG des Rates v. 15.5.1992 (ABl L 158/30 v. 11.6.1992) und RL 2001/37/EG des Europäischen Parlaments und des Rates v. 5.6.2001 (ABl L 194/26 v. 18.7.2001).

355 RL 2014/40/EU des Europäischen Parlaments und des Rates v. 3.4.2014 zur Angleichung der Rechts- und Verwaltungsvorschriften der Mitgliedstaaten über die Herstellung, die Aufmachung und den Verkauf von Tabakerzeugnissen und verwandten Erzeugnissen und zur Aufhebung der Richtlinie 2001/37/EG, ABl L 127/1 v. 29.4.2014.

356 RL 2003/33/EG des Europäischen Parlaments und des Rates v. 26.5.2003 zur Angleichung der Rechts- und Verwaltungsvorschriften der Mitgliedstaaten über Werbung und Sponsoring (ABl L 152/16 v. 20.6.2003).

357 Ausführlich dazu oben 2. Teil, C. II. 2.

mittelrechtlichen Regelungen mitgeregelt, darüber hinaus hat der Unionsgesetzgeber kaum Regelungen erlassen[358].

Die umfangreiche Unionsgesetzgebung überrascht, wenn man berücksichtigt, dass sich die EU auf keinen Kompetenztitel berufen kann, der ihr ein Tätigwerden allein aus Gründen der Krankheitsprävention und Gesundheitsförderung erlaubte. Mit Art. 168 findet sich im AEUV zwar eine Vorschrift, die sich auf die öffentliche Gesundheit bezieht[359]. Art. 168 AEUV vermittelt der EU jedoch – genau wie Art. 169 und der dort genannte Verbraucherschutz – keine originäre Kompetenz[360], sondern beinhaltet lediglich eine Querschnittsklausel[361], die der EU vorschreibt, bei der Festlegung und Durchführung aller Unionspolitiken und -maßnahmen ein hohes Gesundheitsschutzniveau sicherzustellen. Anders als das deutsche Grundgesetz verpflichtet der AEUV also zu „health in all policies", gibt der EU aber keine Erlaubnis, allein zum Schutz oder zur Förderung der Gesundheit tätig zu werden.

a) Binnenmarktharmonisierung

Die weitreichenden Vorgaben im Tabakerzeugnisrecht und im Lebensmittelrecht stützte der Unionsgesetzgeber auf Art. 114 I 2 AEUV, d.h. sie ergingen als Maßnahmen zur Angleichung der Rechts- und Verwaltungsvorschriften der Mitgliedstaaten, die die Errichtung und das Funktionieren des Binnenmarkts zum Gegenstand haben. Die Vorschrift sieht vor, dass im Vordergrund der Maßnahmen die Binnenmarktharmonisierung steht; Anlass für ein Tätigwerden müssen also Handelshemmnisse sein, die abgebaut werden sollen. In der Praxis hat der EuGH diese Vorgaben sehr weit ausgelegt; wenn die Voraussetzungen des Art. 114 AEUV vorliegen, dürfe dem Gesundheitsschutz maßgebliche Bedeutung zukommen[362]. In der Literatur wird dies zum Teil mit Skepsis betrachtet[363].

---

358 Vgl. etwa Art. 9 Ie) und Art. 22 RL 2010/13/EU des Europäischen Parlaments und des Rates v. 10.3.2010 über audiovisuelle Mediendienste, ABl L 95/1 v. 15.4.2010. Manche Mitgliedstaaten wurden selbst aktiv, wodurch es zu einer großen Fragmentierung auf diesem Gebiet innerhalb der EU gekommen ist (*Alemanno/Garde*, in: dies. [Hrsg.], Regulating Lifestyle Risks, S. 1 [10]).

359 Auch wenn dieser Titel in der deutschen Übersetzung irreführenderweise mit „Gesundheitswesen" überschrieben ist: *Schmidt am Busch*, in: Grabitz/Hilf/Nettesheim (Hrsg.), Das Recht der Europäischen Union, Oktober 2016, Art. 168 AEUV Rn. 9; *Kingreen*, in: Calliess/Ruffert (Hrsg.), EUV/AEUV, Art. 168 AEUV Rn. 12. – In der englischen Version des AEUV ist von „Public Health" die Rede.

360 *Mettke*, ZLR 2008, 381 (384).

361 *Schmidt am Busch*, in: Grabitz/Hilf/Nettesheim (Hrsg.), Das Recht der EU, Oktober 2016, Art. 168 AEUV Rn. 86.

362 EuGH, Urt. v. 5.10.2000, Rs. C-376/98, Rn. 88; Urt. v. 10.12.2002, EU:C:2002:741, Rn. 62; Urt. v. 14.12.2004, EU:C:2004:800, Rn. 32; EU:C:2004:802, Rn. 31; Urt. v. 12.12.2006, EU:C:2006:772, Rn. 39; Urt. v. 4.5.2016, Rs. C-547/14, Rn. 60f. Nur im Jahr 2000 kippte der EuGH die Richtlinie 98/43/EG mit der Begründung, dass die Binnenmarktharmonisierung nicht ausreichend im Vordergrund stand (EuGH, ECLI:EU:C:2000:544).

363 *Barczak*, Das Gesundheitsideal als Werbeversprechen, S. 54ff.; *Wiebe*, GewArch 2016, 456 (457); *Dalby*, ZLR 2016, 690 (692); *Lübke*, GPR 2016, 181 (183); *Nettesheim*, EuZW 2016, 578 (579).

b) Hohes Gesundheits- und Verbraucherschutzniveau

Wird der Unionsgesetzgeber mit dem Ziel der Binnenmarktharmonisierung gem. Art. 114 AEUV tätig, darf er sich nicht am „kleinsten gemeinsamen Nenner" orientieren, sondern muss vielmehr gem. Art. 114 III AEUV ein hohes Gesundheitsschutzniveau und ein hohes Verbraucherschutzniveau verfolgen. Dazu ist er auch gem. Art. 168 I und Art. 169 I AEUV verpflichtet[364]. Dieses Niveau legt die EU selbst im Rahmen einer Wertentscheidung fest[365]. Letztlich kann die EU so aufgrund gefestigter Rechtsprechung unter dem Deckmantel der Binnenmarktharmonisierung weitreichende gesundheitspolitische Ziele verfolgen[366].

c) Evidenzbasierung der Unionsgesetzgebung

Anders als das GG schreibt der AEUV ausdrücklich die Evidenzbasierung der Unionsgesetzgebung zur Binnenmarktharmonisierung vor: Berücksichtigt werden müssen gem. Art. 114 III AEUV „alle auf wissenschaftliche Ergebnisse gestützten neuen Entwicklungen". Diese wissenschaftsbasierten Entscheidungsprozesse werden in den einzelnen Richtlinien und Verordnungen dann genauer geregelt[367]. Wenn Unsicherheiten hinsichtlich des Vorliegens oder des Umfangs von Risiken für die menschliche Gesundheit bestehen, darf sich der EU-Gesetzgeber vom Vorsorgeprinzip leiten lassen, d. h. er darf bereits Maßnahmen zum Schutz der Gesundheit ergreifen, „ohne dass abgewartet werden müsste, dass das Bestehen und die Schwere dieser Risiken vollständig dargelegt werden"[368].

d) Europäische Vorgaben der Tabaksteuer

Gem. Art. 113 AEUV kann die EU außerdem Vorgaben für die Harmonisierung von Verbrauchsteuern – also z. B. Steuern auf Tabak und Alkohol – machen. Dieser Artikel ist nicht in Kapitel 3 des AEUV über die Rechtsangleichung, sondern in Kapitel 2 – einem eigenen Steuerrechtskapitel – geregelt, auch eine Harmonisierung setzt aber voraus, dass sie für die Errichtung und das Funktionieren des Binnenmarkts und die Vermeidung von Wettbewerbsverzerrungen notwendig ist. Auf dieser Grundlage wurde z. B. die Richtlinie 2011/64/EU des Rates v. 21.6.2011 über die Struktur und die Sätze der Verbrauchsteuern auf Tabakwaren[369] erlassen. Europarechtlich vorgegeben sind dadurch die die Art der Besteuerung (sie orientiert sich an der Menge und nicht

Vgl. aber auch *Haratsch*, ZEuS 2004, 559 (563 ff.); *Heck*, Paradigmenwechsel im Lebensmittelrecht, S. 189 ff., für die HCVO.

364 Vgl. dazu EuGH, Urt. v. 4.5.2016, Rs. C-547/14, Rn. 60 f. mwN.

365 *Schroeder/Kostenzer*, EuR 2013, 389 (391).

366 Kritisch *Dalby*, ZLR 2016, 690 (692).

367 Vgl. Art. 5, 19 RL 2014/40/EU; Art. 6 VO (EG) Nr. 178/2002; Art. 5, 6 HCVO.

368 EuGH, Urt. v. 17.12.2015, Rs. C-157/14, Rn. 81 f.

369 ABl L 176/24 v. 5.7.2011.

an der Gesundheitsschädlichkeit der Zigaretten) und der Mindeststeuersatz (d. h. der nationale Gesetzgeber kann die Steuer erhöhen).

e) Vergleichbarkeit mit dem Ansatz der gesundheitlichen Risikovorsorge

Der europarechtliche Ansatz entspricht insofern dem aus dem deutschen Verfassungsrecht im 3. Teil herausgearbeiteten Ansatz, als ein hohes Gesundheitsschutz- und ein hohes Verbraucherschutzniveau verlangt werden. In beiden Fällen kann dies als Argument herangezogen werden, um die Grundrechtseingriffe gegenüber der Industrie als Risikoakteur zu begründen. Im Folgenden sollen europarechtliche Fragen mitberücksichtigt werden, im Mittelpunkt steht jedoch eine Analyse des deutschen Verfassungsrechts. Das heißt, dass Maßnahmen, die bei einer allein verfassungsrechtlichen Betrachtung gerechtfertigt sein könnten, womöglich europarechtlich ausgeschlossen sind. Dieses Spannungsverhältnis steht jedoch nicht im Fokus der Untersuchung.

2. Der Regelungsansatz gegenüber der Bevölkerung

Gesundheitsriskantes Verhalten ist grundsätzlich durch Art. 2 I GG geschützt[370], d. h. zu rauchen, sich ungesund zu ernähren und Alkohol zu konsumieren, wird von der allgemeinen Handlungsfreiheit erfasst. Im Verhältnis von Einzelnem und Staat besteht „Freiheit zur Krankheit“[371] und somit auch Freiheit zum Gesundheitsrisiko. Je mehr gesundheitsriskantes Verhalten den eigenen Lebensstil nicht nur faktisch-nebenbei, sondern aus einer bewussten Entscheidung heraus prägt, ist auch das allgemeine Persönlichkeitsrecht nach Art. 2 I iVm Art. 1 I GG einschlägig als das Recht, die individuelle Lebensgestaltung selbst zu bestimmen. Neben dieser geschützten

---

[370] BVerfG, NJW 2012, 1062 (1063); *Kolbe*, Freiheitsschutz vor staatlicher Gesundheitssteuerung, S. 194; *Kreßner*, Gesteuerte Gesundheit, S. 203 ff.; *Reitter*, Rechtspaternalismus und Biomedizinrecht, S. 134 f. Ebenso denkbar ist eine Verortung in dem allgemeinen Persönlichkeitsrecht aus Art. 2 I iVm Art. 1 I GG (so *Kirste*, JZ 2011, 805 [809]); wegen der gleichen Grundrechtsschranken von Art. 2 I GG und Art. 2 I iVm Art. 1 I GG soll dies hier aber auf sich beruhen. – Anders die Einschätzung von *Höfling*, ZEFQ 103 (2009), 286 (287); *Barczak*, in: Ach (Hrsg.), Grenzen der Selbstbestimmung in der Medizin, S. 65 (85, 89), die Art. 2 II 1 GG auch eine Ausprägung als Selbstbestimmungsrecht über die eigene Gesundheit zuschreiben (Art. 2 II 1 GG hält wohl auch *Kirste*, JZ 2011, 805 [813], für möglicherweise einschlägig), dagegen spricht aber, dass Art. 2 II 1 GG die Gesundheit im Sinne eines Zustands bzw. einer Eigenschaft und nicht vergleichbar zu einem Verhalten (wie bei anderen Grundrechten) schützt (so auch *Gampp/Hebeler*, BayVBl 2004, 257 [259]). Schon eher kann man von einem speziellen Recht der körperlichen Dispositionsfreiheit aus Art. 2 II 1 iVm Art. 2 I iVm Art. 1 I GG ausgehen (so *Fateh-Moghadam*, in: ders./Sellmaier/Vossenkuhl [Hrsg., Grenzen des Paternalismus, S. 21 [23]). Ausführlich zu dieser Abgrenzung *Kolbe*, Freiheitsschutz vor staatlicher Gesundheitssteuerung, S. 169 ff. – *Fischer*, Die Zulässigkeit aufgedrängten staatlichen Schutzes vor Selbstschädigung, S. 65 f., sieht in einem partiellen Verbot, Genussmittel zu konsumieren, zusätzlich einen Eingriff in Art. 14 I GG.

[371] BVerfGE 58, 208 (226); siehe auch BVerfG, NJW 2011, 2113 (2115); NJW 2011, 3571 (3572); NJW 2017, 53 (56).

äußeren Freiheit, die insbesondere gegenüber Ver- und Geboten in Stellung gebracht werden kann, schützt das allgemeine Persönlichkeitsrecht auch die innere Geisteshaltung[372], also die innere Einstellung zu gesundheitlichen Fragen, wozu auch die Willensbildung als Prozess gehört. Personen sollen selbst darüber entscheiden können, was für sie zu einem „guten Leben" gehört. Auf diese innere Einstellung wirkt der Staat ein, wenn er ein Verhalten nicht bloß verbietet, sondern wenn er auf die Präferenzen des Einzelnen einwirkt, damit dieser seine Einstellung in gesundheitsrelevanten Fragen ändert. Dies geschieht in der Regel durch „weichere" Maßnahmen als Ge- und Verbote. Die allgemeine Handlungsfreiheit und das allgemeine Persönlichkeitsrecht schützen somit jeweils zwei unterschiedliche Aspekte eines ungesunden Lebensstils.

a) Das eigene Verhalten als Risikofaktor?

Die gefahrenabwehrrechtliche Risikovorsorge verpflichtet den Staat dazu, Risikofaktoren von der Bevölkerung fernzuhalten oder die Exposition zu begrenzen. Wenn nun das eigene Verhalten einen Risikofaktor für die Gesundheit darstellt, stellt sich die Frage, ob die rechtsstaatliche Schutzpflicht den Staat dazu verpflichtet oder es ihm jedenfalls erlaubt, auf dieses Verhalten einzuwirken, um so den Risikofaktor einzudämmen oder ggf. sogar durch ein Verbot ganz auszuschalten. Entsprechende Verbote sind in der Praxis selten – so gibt es kein Gesetz, dass das Rauchen oder den Alkoholkonsum pauschal verbieten würde. Ausnahmen gibt es nur für Minderjährige. Für Erwachsene gilt eine Gurtpflicht für Autofahrer und eine Helmpflicht für Motorradfahrer[373]; für Frauen, die gerade entbunden haben, gilt nach der Geburt ein achtwöchiges absolutes Beschäftigungsverbot. Einen Spezialfall[374] stellt das Betäubungsmittelrecht dar, dass auch den Konsum bestimmter Betäubungsmittel unter Strafe stellt. Dass Verbote gesundheitsriskanten Verhaltens für Erwachsene in der Praxis so selten sind, liegt daran, dass diese – als hart paternalistische Maßnahmen[375]

---

[372] *Lüdemann*, Edukatorisches Staatshandeln, S. 110 f.; *Britz*, Freie Entfaltung durch Selbstdarstellung, S. 23; *Möller*, Paternalismus und Persönlichkeitsrecht, S. 63 ff.; *Kolbe*, Freiheitsschutz vor staatlicher Gesundheitssteuerung, S. 188 ff., 223 f.; *Kreßner*, Gesteuerte Gesundheit, S. 222 ff. *Gerg*, Nudging, S. 94 ff., hingegen sieht Art. 2 I GG als einschlägig an.

[373] Vgl. § 21a I StVO iVm § 35a IV StVZO; § 31a II, StVO. Diskutiert wird hin und wieder eine Helmpflicht für Fahrradfahrer (dazu *Schaks/Szymanski*, NVwZ 2015, 1108). Eine solche mit der Begründung ablehnend, anders als bei Kraftfahrern könne im Falle eines Unfalls durch das Tragen eines Helmes kein Schaden von anderen abgewehrt werden: *Fischer*, Die Zulässigkeit aufgedrängten staatlichen Schutzes vor Selbstschädigung, S. 264 f.

[374] Vgl. außerdem § 8 I 2 TPG, nach dem Organspenden, die sich auf eine Niere, den Teil einer Leber oder andere nicht regenerierungsfähige Organe beziehen, nur zulässig sind zum Zwecke der Übertragung auf Personen, die dem Spender in besonderer persönlicher Verbundenheit offenkundig nahestehen. Da dieses Verbot nur punktuell wirkt und es nicht vorrangig um die Krankheitsprävention geht, soll es hier nicht weiter betrachtet werden.

[375] Zur Unterscheidung von „hartem" und „weichem" (bzw. „starkem" und „schwachem") Paternalismus siehe nur *Klimpel*, Bevormundung oder Freiheitsschutz?, S. 27; *Reitter*, Rechtspaternalismus und Biomedizinrecht, S. 27 ff.

– nur schwer verfassungsrechtlich zu rechtfertigen sind. Dies gilt jedoch nicht nur für Verbote. Auch mildere Maßnahmen wie finanzielle Anreize, die das Verhalten nur erschweren, aber letztlich die Entscheidung dem Einzelnen überlassen sollen, sind als gefahrenabwehrrechtliche Risikovorsorge nur schwer zu begründen. Manche halten Grundrechtseingriffe, die nur den Schutz der Bevölkerung vor sich selbst bezwecken[376], in jedem Fall für unzulässig[377]. Selbst wenn man dies nicht so sieht, wird es schwierig, solche Maßnahmen grundrechtsdogmatisch einzuordnen.

aa) Einschlägigkeit der Schutzpflicht

Sieht man die grundrechtliche Schutzpflicht nur bei Vorliegen eines mehrpoligen Rechtsverhältnisses als einschlägig an, spricht gegen die Heranziehung der Schutzpflicht, dass bei Selbstgefährdungen ein solches Rechtsverhältnis nicht vorliegt, sondern Risikoakteur und Betroffener identisch sind. Deswegen wird von vielen die Anwendung der Schutzpflicht auf diese Konstellation abgelehnt; der objektiv-rechtliche Gehalt des Grundrechts dürfe nicht gegen die subjektive Selbstbestimmung des Grundrechtsträgers gewendet werden[378]. Anders als bei einer Grundrechtskollision würden die Grundrechte sonst dem Betroffenen wieder nehmen, was sie ihm an Freiheit gegeben haben[379]. Ein „Grundrechtsschutz gegen sich selbst"[380] passe nicht „in das liberale Konzept der Grundrechte"[381] und würde diese zu Grundpflichten verkehren[382]. Eine staatliche Pflicht entstehe gar nicht erst, wenn der Einzelne die Gefahr selbst verursacht hat[383].

---

[376] Hiermit wird in der Regel der Begriff des Paternalismus beschrieben, vgl. *Eidenmüller*, Effizienz als Rechtsprinzip, S. 359; *Heinig*, in: Anderheiden/Bürkli/Heinig/Kirste/Seelmann (Hrsg.), Paternalismus und Recht, S. 157 (166); *ders.*, Der Sozialstaat im Dienst der Freiheit, S. 263; *Klimpel*, Bevormundung oder Freiheitsschutz?, S. 22; *Fateh-Moghadam*, in: ders./Sellmaier/Vossenkuhl (Hrsg.), Grenzen des Paternalismus, S. 21 (22); *Klement*, in: Spiecker gen. Döhmann/Wallrabenstein (Hrsg.), Rechtswissenschaftliche Fragen an das neue Präventionsgesetz, S. 105 (121); *Kolbe*, Freiheitsschutz vor staatlicher Gesundheitssteuerung, S. 109 ff.

[377] *Gampp/Hebeler*, BayVBl 2004, 257 (262); *Höfling*, ZEFQ 103 (2009), 286 (288); *Klement*, in: Spiecker gen. Döhmann/Wallrabenstein (Hrsg.), Rechtswissenschaftliche Fragen an das neue Präventionsgesetz, S. 105 (124).

[378] *Isensee*, in: ders./Kirchhof (Hrsg.), HbStR, IX, § 191 Rn. 244; *Hillgruber*, Der Schutz des Menschen vor sich selbst, S. 148; *Faber*, DVBl 1998, 745 (747); *Fischer*, Die Zulässigkeit aufgedrängten staatlichen Schutzes vor Selbstschädigung, S. 198 f.; *Kirste*, JZ 2011, 805 (810); *Barczak*, in: Ach (Hrsg.), Grenzen der Selbstbestimmung in der Medizin, S. 65 (87). Ähnlich *Hermes*, Das Grundrecht auf Schutz von Leben und Gesundheit, S. 228 ff.

[379] *Hillgruber*, Der Schutz des Menschen vor sich selbst, S. 148; *Gampp/Hebeler*, BayVBl 2004, 257 (261); ähnlich *Reitter*, Rechtspaternalismus und Biomedizinrecht, S. 180 f.

[380] So die Formulierung von *v. Münch*, in: FS-Ipsen, S. 113.

[381] *Isensee*, in: ders./Kirchhof (Hrsg.), HbStR, IX, § 191 Rn. 244; *Kirste*, JZ 2011, 805 (810). Ähnlich *Schwabe*, JZ 1998, 66 (70).

[382] *Hermes*, Das Grundrecht auf Schutz von Leben und Gesundheit, S. 229; *Krings*, Grund und Grenzen grundrechtlicher Schutzansprüche, S. 209; *Barczak*, in: Ach (Hrsg.), Grenzen der Selbstbestimmung in der Medizin, S. 65 (87). Ähnlich *Gampp/Hebeler*, BayVBl 2004, 257 (261).

[383] *Hermes*, Das Grundrecht auf Schutz von Leben und Gesundheit, S. 245.

Ein Ausnahmefall wird von einigen dann angenommen, wenn es um irreparable Schäden bzw. die Selbstzerstörung geht[384]: In diesem Fall mag man den Grundrechtsträger bei wertender Betrachtung als Gefahrenquelle für sich selbst ansehen und ihn durch Verbote vor sich selbst schützen. Im Recht der öffentlichen Gesundheit denkt man hier an potentiell tödliche Stoffe oder solche, die schwerwiegende, unheilbare Krankheiten verursachen können. Bei bestimmten „harten" Betäubungsmitteln, die bei regelmäßigem Konsum einen starken körperlichen Verfall verursachen (Crystal Meth), leuchtet es z. B. zunächst ein, dass der Staat sie verbietet. Das Betäubungsmittelrecht wird damit begründet, dass es auf dem Grundgedanken beruhe, dass derjenige, der „jedes Gesundheitsrisiko" tragen will, vor sich selbst geschützt werden muss"[385]. Was aber ist mit Nikotin, wenn man unterstellt, dass das Risiko, früher zu sterben, bei langjährigen Rauchern um 87 % höher liegt als bei lebenslangen Nichtrauchern[386]? Hier müssen zwei Überlegungen voneinander getrennt werden. Zunächst muss unterschieden werden zwischen einem Verbot des Verkaufs und einem Verbot des Konsums bzw. Gebrauchs. Dass es der Industrie oder auch anderen Personen verboten wird, bestimmte gesundheitsschädliche Produkte in Umlauf zu bringen, kann ihnen gegenüber mit der Überlegung gerechtfertigt werden, dass Verkäufer und Vertreiber die weitere Verwendung nicht kontrollieren können. So gibt es Arzneimittel und Chemikalien, die nur von Fachpersonal „vor Ort" eingesetzt werden und nicht an Patienten oder Verbraucherinnen abgegeben werden dürfen. Das rechtfertigt es jedoch noch nicht, den Konsum bzw. den Gebrauch direkt zu verbieten. Auch wenn z. B. ein Verbot des Verkaufs bestimmter Betäubungsmittel faktisch den Konsum unmöglich macht, bedeuten beide Verbote nicht das Gleiche. Denn ein Verbot des Konsums muss rechtfertigen können, inwiefern man dem Einzelnen nicht zutraut, mit seiner eigenen Gesundheit verantwortlich umzugehen. Bei Betäubungsmitteln und auch Tabakprodukten kommt dabei ein zweiter Gedanke ins Spiel: Der Grund, warum man dem Einzelnen den verantwortlichen Konsum nicht zutraut, liegt nicht in erster Linie in der Gesundheitsschädlichkeit des Stoffs an sich oder jedenfalls nicht allein, sondern (zusätzlich) in dem Suchtpotential des Stoffes. Manche unterstellen, dass mit dem Gebrauch von Stoffen mit einem hohen Suchtpotential das autonome Subjekt sein eigenes Dasein negiere, die Daseinsbedingungen zerstöre, auf denen moralisch und pragmatisch freie Subjektivität substantiell beruhe; dem dürfe der Staat entgegenwirken[387]. Der Staat dürfe eingreifen, „wenn die Entscheidung zu Drogenkonsum die Gefahr beinhaltet, durch schwere Abhängigkeit

[384] Vgl. *v. Münch*, in: FS-Ipsen, S. 113 (128); *Dietlein*, Die Lehre von den grundrechtlichen Schutzpflichten, S. 224, der diese Frage aber im Ergebnis offenlässt; *Isensee*, in: ders./Kirchhof (Hrsg.), HbStR, IX, § 191 Rn. 246, der eine entsprechende Pflicht des Staates aber nicht auf die rechtsstaatliche Schutzpflicht, sondern auf eine in dogmatischer Hinsicht etwas vage bleibende „Grundrechtsfürsorge" stützen will. Ansonsten wird diese Ausnahme dem autonomieorientierten Paternalismus zugeordnet, vgl. dazu unten 4. Teil, B. II. 2. b).

[385] *Doehring*, in: FS-Zeidler, S. 1553 (1559 Fn. 26).

[386] *Inoue-Choi/Liao/Reyes-Guzman/Hartge/Caporaso/Freedman*, JAMA Intern Med. 2017, 87.

[387] *Köhler*, ZStW 1992, 3 (27 f.).

in einen Zustand der Unfreiheit zu geraten", wenn also z. B. das „gesamte Leben auf die Befriedigung der Sucht reduziert ist"[388]. Der Staat brauche nicht zu warten, bis eine Abhängigkeit eingetreten ist[389]. Solche Überlegungen, die versuchen zu begründen, dass ein Süchtiger nicht mehr eigenverantwortlich handelt, weil die Sucht sein Entscheidungsvermögen einschränkt, argumentieren jedoch hauptsächlich mit dem Begriff der Autonomie und nicht mit der Gefährlichkeit des Stoffes[390]. Sie gehören somit nicht zur gefahrenabwehrrechtlichen, sondern zur sozialen Risikovorsorge.

Das gleiche gilt für Regelungen, die Minderjährige oder psychisch Kranke vor sich selbst schützen sollen. Das BVerfG stützt entsprechende Maßnahmen auf die staatliche Schutzpflicht für die Gesundheit[391]. Grund für die Zulässigkeit solcher Maßnahmen kann jedoch nur sein, dass man im ersten Schritt den Betroffenen nicht die Fähigkeit zur Selbstbestimmung zubilligt[392] und im zweiten Schritt unterstellt, dass durch die Maßnahme etwas verhindert werden soll, was sie im Zustand vorhandener Autonomie nicht gewollt hätten. Der Grund, warum man bei Erwachsenen respektiert, dass sie gesundheitsschädliche Produkte konsumieren oder sich anderweitig gesundheitsschädlich verhalten wollen, ist ihre Autonomie. Der Grund, warum man dies bei Minderjährigen nicht tut, ist deren eingeschränkte Autonomiefähigkeit. Die Unterstellung, dass Minderjährige ein Produkt im Zustand vorhandener Autonomie nicht konsumiert hätten, wird dann bei Minderjährigen pauschal vorgenommen; bei Erwachsenen darf hier auch typisiert werden, wenn es dafür eine ausreichende evidenzbasierte Entscheidungsgrundlage gibt[393].

So kann man dann auch die Gurt- und Helmpflichten und auch die Pflicht zur sozialen Vorsorge rechtfertigen: Man unterstellt den Betroffenen, dass das verbotene Verhalten (Fahren ohne Gurt oder Helm; keine Vorsorge gegen die Risiken im Krankheitsfalle oder im Alter) nicht ihren langfristigen Präferenzen entspricht, da sie im tatsächlich eintretenden Notfall doch den Schutz gewollt hätten[394]. Dies ist jedoch – wie gezeigt – keine Begründung, die sich auf die grundrechtlichen Schutzpflichten stützen kann, sondern die zur sozialen Risikovorsorge gehört.

Die Vertreter eines schutzgutorientierten Schutzpflichtenverständnisses kommen konsequenterweise zu dem Ergebnis, dass auch der Grundrechtsträger selbst Gefahrenquelle sein kann[395]. Das heißt aber noch nicht, dass dies den Staat dazu berechtigt und verpflichtet, den Einzelnen vor dessen gesundheitsriskantem Verhalten zu

---

388 *Klimpel*, Bevormundung oder Freiheitsschutz?, S. 198.

389 *Klimpel*, Bevormundung oder Freiheitsschutz?, S. 198 f.

390 Vgl. auch *Wapler*, Kinderrechte und Kindeswohl, S. 380.

391 Ärztliche Zwangsbehandlung: BVerfGE 142, 313 (338 f.); BVerfGE 158, 131 (Rn. 64); Fixierung in der Unterbringung: BVerfGE 149, 293 (322); Solariennutzungsverbot für Minderjährige: BVerfG, NJW 2012, 1062 (1063).

392 Zur Tragfähigkeit des Arguments der fehlenden Autonomiefähigkeit Minderjähriger zur Rechtfertigung des Paternalismus ihnen gegenüber *Godwin*, The Journal of Ethics 2020, 307 mwN.

393 Vgl. noch unten 4. Teil, B. II. 2. b).

394 Für die soziale Vorsorge *Wüst/Beck*, WiSt 2010, 289 (293).

395 *Dietlein*, Die Lehre von den grundrechtlichen Schutzpflichten, S. 103, 219 ff., der aber zu dem Ergebnis kommt, dass über keine der Schranken des Art. 2 I GG der Schutz des Einzelnen vor sich

schützen. Denn der Einzelne muss tatsächlich Gefahren- bzw. Risikoquelle sein. Dort, wo sich jemand im vollen Bewusstsein dafür entscheidet, ein Gesundheitsrisiko einzugehen, stellt er bei wertender Betrachtung kein Risiko in diesem Sinne da. Dies läuft parallel zu der Überlegung, dass die Schutzpflicht (nur) so weit reicht, wie ein Bedarf an Schutz besteht. Ein solcher Bedarf besteht gerade nicht, wenn das Gesundheitsrisiko freiwillig eingegangen wird. Auch an dieser Stelle werden die Begriffe Autonomie und Eigenverantwortung somit maßgeblich und verweisen auf die soziale Risikovorsorge.

bb) Gemeinwohlbelang

Nicht erklären können außerdem Ansätze, die die Schutzpflicht für einschlägig halten, worin der Gemeinwohlbelang liegen soll, auf den die Schranke des Art. 2 I GG verweist. Im Schrifttum wird diese Frage häufig nicht diskutiert[396] oder es wird nur auf das Übermaßverbot als Schranke des Art. 2 I (bzw. Art. 2 II) GG[397] verwiesen. In einem ersten Schritt müsste aber geklärt sein, inwieweit der Schutz des Einzelnen vor sich selbst einen Gemeinwohlbelang darstellt, der unter die „verfassungsmäßige Ordnung“ des Art. 2 I GG fällt; die dort auch genannten „Rechte Dritter“ sind schließlich gerade nicht einschlägig.

Das BVerfG spricht pauschal davon, dass es „grundsätzlich ein legitimes Gemeinwohlanliegen“[398] sei, Menschen davor zu bewahren, sich selbst leichtfertig einen größeren persönlichen Schaden zuzufügen[399]. Dies hat das Gericht nicht nur im Fall von Minderjährigen – unter Verweis auf den verfassungsrechtlichen Rang des Jugendschutzes[400] – und psychisch Kranken[401], sondern etwa auch für Altersbeschränkungen für Geschlechtsumwandlungen[402] und Beschränkungen bei Organspenden[403] entschieden. Was für ein Gemeinwohlbelang dies sein soll bzw. wie man beim Schutz des Einzelnen vor sich selbst diesen Gemeinwohlbelang konstruiert, bleibt beim BVerfG in diesen Fällen jedoch offen[404]. Im Glücksspielrecht geht das

---

selbst gerechtfertigt werden kann (S. 227 ff.); ähnlich auch *Robbers*, Sicherheit als Menschenrecht, S. 221, der aber im Ergebnis einen aufgedrängten Schutz vor Selbstgefährdung für unzulässig hält.

396 Vgl. aber *Kreßner*, Gesteuerte Gesundheit, S. 334 f.

397 So wohl *Fateh-Moghadam*, in: ders./Sellmaier/Vossenkuhl (Hrsg.), Grenzen des Paternalismus, S. 21 (39); und auch *Martens*, DÖV 1976, 457 (460); *v. Münch*, in: FS-Ipsen, S. 113 (126); beide aber für den Fall, dass Selbstgefährdungen in der Gesellschaft stark zunehmen.

398 BVerfG, NJW 1999, 3399 (3401); NJW 2012, 1062 (1063). Auch in BVerfGE 58, 208 (224) spricht das BVerfG von überwiegenden Belangen des Gemeinwohls, die den Schutz des Einzelnen vor sich selbst rechtfertigen.

399 BVerfGE 60, 123 (131); BVerfG, NJW 1999, 3399 (3401); NJW 2012, 1062 (1063).

400 BVerfG, NJW 2012, 1062 (1064).

401 BVerfGE 58, 208 (220); vgl. jetzt auch BVerfGE 149, 293 (342), allerdings ohne Verweis auf das Gemeinwohl.

402 BVerfGE 60, 123 (131).

403 BVerfG, NJW 1999, 3399 (3401).

404 *Kirste*, JZ 2011, 805 (811); ausführlich zur Frage, inwiefern hier Gemeinwohlbelange vorliegen könnten (im Ergebnis ablehnend), *Reitter*, Rechtspaternalismus und Biomedizinrecht, S. 164 ff. Kri-

BVerfG davon aus, dass die Vermeidung und Abwehr von Suchtgefahren ein überragend wichtiges Gemeinwohlziel darstellt, weil „Spielsucht zu schwerwiegenden Folgen nicht nur für die Betroffenen selbst, sondern auch für ihre Familien und für die Gemeinschaft führen kann"[405]. Das Gericht ließ in diesem Fall wiederum offen, inwiefern eine Pflicht des Staates zum Schutz der Gesundheit seiner Bürger bestehe.

Wenn sich das Gericht näher zu den Gemeinwohlbelangen äußert, konstruiert es bei näherer Betrachtung – wie in der erwähnten Entscheidung aus dem Glücksspielrecht – vermeintlich betroffene Rechte Dritter. Auf diese Weise wird etwa das nachgeburtliche Beschäftigungsverbot für Mütter gestützt; Schutzgut soll die Gesundheit des Neugeborenen sein. Da jedoch auch der Vater die Pflege des Säuglings übernehmen kann und die Mutter durch das Verbot auch nicht zur Übernahme der Pflege verpflichtet wird, kann ein Beschäftigungsverbot nicht mit dem Zweck des Neugeborenenschutzes gerechtfertigt werden[406]. Konstruiert werden die Rechte Dritter[407] auch zur Rechtfertigung der Gurt- bzw. Helmpflicht für Auto- bzw. Motorradfahrer[408] : In der Rechtsprechung wurde die Gurtpflicht damit begründet, dass der Insasse eines Fahrzeuges nicht den Fahrer eines anderen Fahrzeugs „rechtlich oder wenigstens moralisch" für schwere Verletzungen oder gar den Tod des Nichtangeschnallten mitverantwortlich machen dürfe[409]. Zusätzlich wurde darauf abgestellt, dass ein Angeschnallter bzw. Helmtragender nach einem Unfall nicht oder nur leicht verletzt wäre und deswegen noch sachgerecht reagieren könnte, um ggf. die Schädigung anderer Verkehrsteilnehmer zu vermeiden[410].

---

tisch auch *Kreßner*, Gesteuerte Gesundheit, S. 334 f. Auch Altersbeschränkungen für Geschlechtsumwandlungen können eher mit dem Schutz der Autonomie des Einzelnen – durch Offenhaltung des Verfolgens späterer Präferenzen durch Übergehen der kurzfristigen Präferenzen (dazu unten 4. Teil, B. II. 2. b] cc]) – begründet werden als durch Gemeinwohlbelange.

405 BVerfGE 115, 276 (304 f.).

406 *Sinder*, JZ 2017, 975 (979).

407 Gefährdung anderer Verkehrsteilnehmer: *v. Münch*, in: FS-Ipsen, S. 113 (121); *Lorenz*, in: BoKo, GG, April 2008, Art. 2 Abs. 1 Rn. 152; *Ossenbühl*, NVwZ 1986, 162 (165); *Schuler-Harms*, SDSRV 67 (2018), S. 27 (36); *Samhat*, Gesundheitsgerechtes Verhalten, S. 149, 151. Auf nicht näher spezifizierte „Gemeinwohlinteressen" verweist *Enders*, VVDStRL 64 (2005), S. 7 (42).

408 Zur Gesetzgebungsgeschichte *Klimpel*, Bevormundung oder Freiheitsschutz?, S. 170.

409 BGHZ 74, 26 (34). Dies wurde zum Teil so verstanden, dass damit gemeint sei, dass es die moralische Pflicht gebe, andere nicht zu Todesverursachern zu machen, man solle also davor geschützt werden, an einer solchen Schuld zu zerbrechen (so *Schwabe*, JZ 1998, 66 [71]).

410 BGHZ 74, 26 (34); BVerfG, NJW 1987, 180; jüngst erneut BVerwGE 166, 125 (130). – Im Schrifttum wurde für die Helmpflicht gefragt, ob dies in der Konsequenz bedeute, dass jeder Verkehrsteilnehmer verpflichtet sei, sich vorsorglich so zu verhalten, dass er bei einem Unfall seiner Pflicht aus § 323c StGB nachkommen könnte (so kritisch *Hillgruber*, Der Schutz des Menschen vor sich selbst, S. 97 f.; kritisch hierzu wiederum *Fischer*, Die Zulässigkeit aufgedrängten staatlichen Schutzes vor Selbstschädigung, S. 263 f.).

Diese konstruierte[411] Argumentation mit den Rechten Dritter[412] zeigt, dass es tatsächlich keinen Gemeinwohlbelang in diesen Fällen gibt[413]. Letztlich war es wohl bei der Urteilsfindung auch nicht unerheblich, dass der mit Gurt- und Helmpflicht verbundene Zwang als gering, als bloße Belästigung, eingestuft wurde, während es bei Auto- und Motorradunfällen nicht nur um die Gesundheit, sondern oft auch um das Leben des Fahrers geht. So erschien das Ergebnis schon verhältnismäßig, bevor überzeugend begründet wurde, warum der verfolgte Zweck legitim war[414]. Das Ergebnis mag einleuchten – die Argumente tun es nicht. Auch im Betäubungsmittelrecht werden Rechte Dritter vorgeschoben, obwohl es wohl eigentlich um den Schutz der Bevölkerung vor sich selbst geht[415]. So sollen durch den Erwerb und den Besitz von Cannabis fremde Rechtsgüter insofern gefährdet werden, „als sie die Möglichkeit einer unkontrollierten Weitergabe der Droge an Dritte eröffnen". Gerade „im Erwerb zum Zwecke des Eigenverbrauchs" verwirkliche sich „die Nachfrage nach der Droge", „die den illegalen Drogenmarkt von der Nachfrageseite her" konstituiere[416]. Eine solche Argumentation ist – genau so wie der Verweis auf die organisierte Kriminalität im Bereich des Betäubungsmittelstrafrechts[417] – jedenfalls soweit zirkulär, wie mit Kriminalität die Straftaten gemeint sind, die erst durch das BtMG geschaffen wurden[418]. Will man tatsächlich nur die Weitergabe an Dritte unter Strafe stellen, könnte das Gesetz genau dies allein als Tatbestandsmerkmal enthalten.

Der eigene Lebensstil kann somit nicht als Risikofaktor angesehen werden, der mittels der gefahrenabwehrrechtlichen Risikovorsorge – also über die rechtsstaatliche Schutzpflicht – angegangen werden könnte. Will der Staat die Bevölkerung vor diesen gesundheitsriskanten Verhaltensweisen – Tabak- und Alkoholkonsum, ungesunde Ernährung – schützen, muss er sich auf eine andere verfassungsrechtliche Grundlage berufen[419]. Bei näherer Betrachtung passen viele der vorgebrachten Argumente im Zusammenhang mit paternalistischen Maßnahmen, die durch das BVerfG und/oder die Literatur für zulässig gehalten werden – etwa im Zusammenhang mit Minderjährigen –, eher zur Autonomieförderung als zu einem gefahrenab-

---

411 *Klimpel*, Bevormundung oder Freiheitsschutz?, S. 173.

412 Kritisch auch *van Aaken*, in: Anderheiden/Bürkli/Heinig/Kirste/Seelmann (Hrsg.), Paternalismus und Recht, S. 109 (137); *Barczak*, in: Ach (Hrsg.), Grenzen der Selbstbestimmung in der Medizin, S. 65 (101).

413 So auch *Reitter*, Rechtspaternalismus und Biomedizinrecht, S. 75 f. Im Ergebnis auch *Dietlein*, Die Lehre von den grundrechtlichen Schutzpflichten, S. 230, der als einzige mögliche Ausnahme den Fall anführt, dass der Staat den Hungerstreik eines inhaftierten Terroristen mit Zwangsmitteln beendet, um nicht als erpressbar zu gelten (S. 229). Hier stellt sich aber die Frage, ob der Terrorist bei wertender Betrachtung überhaupt als Gefahrenquelle angesehen werden kann, schließlich geht es ihm gerade darum, die mit dem Hungerstreik einhergehenden Gesundheitsschäden herbeizuführen.

414 In diese Richtung auch kritisch *Hillgruber*, Der Schutz des Menschen vor sich selbst, S. 96.

415 Ähnlich *Reitter*, Rechtspaternalismus und Biomedizinrecht, S. 55.

416 BVerfGE 90, 145 (186 f.).

417 BVerfGE 90, 145 (174 f.).

418 *Klimpel*, Bevormundung oder Freiheitsschutz?, S. 191.

419 *Krings*, Grund und Grenzen grundrechtlicher Schutzansprüche, S. 209.

wehrrechtlich geprägten Ansatz. Maßnahmen, die einen solchen Autonomiebezug nicht haben, sind verfassungsrechtlich nicht zu rechtfertigen.

b) Gesundheitliches Empowerment – soziale Risikovorsorge

Ein möglicher Regelungsansatz für Maßnahmen, die den Einzelnen vor seinem bevorzugten Lebensstil „schützen", ist die soziale Risikovorsorge, bei der es um die Förderung der Autonomie der Bevölkerung geht. Dies bedeutet, dass auch die Maßnahmen vorrangig andere sind als die bei der gefahrenabwehrrechtlichen Risikovorsorge, die sich hauptsächlich der Maßnahmen des Ordnungsrechts bedient. Im Bereich der Lebensstilrisiken greift der Staat hauptsächlich auf Instrumente zurück, die mit dem Begriff „Nudge" – auf deutsch: „Stupser" – bezeichnet werden und mit denen das Verhalten der Bevölkerung sanft – d.h. nicht durch Ge- oder Verbote oder finanzielle Anreize[420] – gesteuert werden soll. Die Verhaltensökonomie beschäftigt sich mit der Frage, wann solche Nudges in Frage kommen; in der Philosophie kreist die Debatte um die Frage, ob solche Nudges – die den Einzelnen zu einem gesünderen Leben bewegen wollen – als Form des „libertären" bzw. weichen Paternalismus[421] legitim sind.

Die Diskussionen können und sollen an dieser Stelle nicht ausführlich wiedergegeben werden. Dies gilt auch für die weitere Beschreibung des Nudging-Konzepts an sich – welche Instrumente man aus welchen Gründen als Nudge bezeichnet[422], ist unerheblich, wenn man die einzelnen Instrumente einer rechtlichen Analyse unterzieht und sich dabei auf ihre Wirkung konzentriert. Viele dieser Instrumente sind auch nicht neu[423]; andere haben im Kontext dieser Arbeit keine Relevanz, weil es nicht der Staat ist, der sie einsetzt. Entscheidend ist an dieser Stelle Folgendes: Solange die Verfassungsrechtswissenschaft die Nudging-Diskussion allein aus der Sicht der Freiheitsrechte der „Gestupsten" betrachtet, die vor sich selbst geschützt werden sollen[424], bleibt die Diskussion einseitig; sie gerät in eine argumentative Schieflage zugunsten der Freiheitsrechte, die die öffentliche Gesundheit in der Argumentation benachteiligt[425]. Die Zulässigkeit gesundheitsfördernder Nudges kann auch andersherum untersucht werden: Dass der Staat über die Pflicht zur sozialen Risikovorsorge

---

420 Zu den Instrumenten und dem Konzept ausführlich *Wolff*, RW 2015, 194. Zu Anreizen im Recht jetzt *Wolff*, Anreize im Recht.

421 Zu den Begriffen vgl. nur *Thaler/Sunstein*, Nudge, S. 4 ff.; *Kirste*, JZ 2011, 805.

422 Verwendet werden unterschiedliche Definitionen, vgl. *Barton/Grüne-Yanoff*, Review of Philosophy and Psychology 2015, 341 (342 ff.). Zu einer juristischen Definition ausführlich *Gerg*, Nudging, S. 35 ff. Zur Typologie des Nudgings *Gerg*, Nudging, S. 57 ff.

423 Das neue am Nudging-Konzept war bei dessen Vorstellung (*Thaler/Sunstein*, Nudge) sein wissenschaftliches Fundament der Verhaltensökonomik (*Kolbe*, Freiheitsschutz vor staatlicher Gesundheitssteuerung, S. 76).

424 Vgl. mit Gesundheitsbezug jüngst *Kolbe*, Freiheitsschutz vor staatlicher Gesundheitssteuerung; *Kreßner*, Gesteuerte Gesundheit; allgemein *Gerg*, Nudging.

425 Vgl. dazu schon 2. Teil, D. II.

zur Autonomieförderung verpflichtet ist[426], beantwortet die Frage, ob Maßnahmen dieser Art überhaupt legitim sein können[427]. Der Staat darf Maßnahmen der Verhaltensprävention einsetzen, um die Gesundheitskompetenz der Bevölkerung zu steigern und sie zu selbstbestimmten, gesundheitsrelevanten Entscheidungen zu befähigen. Dass sich der Staat wiederum die Erkenntnisse der Verhaltensökonomie zunutze macht, zeigt letztlich nur, dass in diesem Bereich der erste Schritt zu einem evidenzbasierten Recht gegangen wurde. Deswegen geht die Kritik an der Health-Claims-VO und der Tabakregulierung, die mit der vermeintlichen „Abkehr vom mündigen Verbraucher" argumentiert[428], an der empirischen Datenlage vorbei[429].

Auf dieser Ebene des legitimen Zwecks wird Autonomieförderung zunächst in einem weiten Sinne verstanden[430]. Bei der weiteren Prüfung einzelner Maßnahmen muss der Autonomiebegriff enger gefasst werden: So kann insbesondere Maßnahmen, die mit einem konkreten Appell verbunden sind, zwar auch in einem weiten – langfristig gedachten – Sinne autonomiefördernde Wirkung zukommen, sie können aber gleichzeitig in der Gegenwart autonomieverkürzende Wirkung haben. Diese Maßnahmen stellen deswegen einen Eingriff dar und müssen auf ihre Verhältnismäßigkeit hin überprüft werden. Maßnahmen hingegen, die allein Handlungsoptionen erweitern, wirken in keiner Weise beschränkend auf die Betroffenen ein und stellen bereits keinen Eingriff dar[431]. Der Begriff der Autonomie nimmt somit den Dreh- und Angelpunkt bei der Beantwortung der Frage ein, wo die Rechte des Einzelnen der sozialen Risikovorsorge Grenzen setzen[432]. Im Einzelfall kann es schwierig sein zu bestimmen, inwiefern eine Maßnahme autonomiefördernd ist.

Wenn der Staat Rationalitätsdefizite der Bevölkerung ausgleichen und ihr helfen will, ihre Willensschwächen zu überwinden, müssen in einem ersten Schritt die behaupteten Rationalitätsdefizite tatsächlich bestehen[433]. Wo hier bei der Sachver-

---

426 Vgl. oben 3. Teil, A. II. – Nicht sich aus dem Sozialstaatsprinzip ergebende Pflichten, sondern allein die grundrechtliche Schutzpflicht spricht hingegen *Gerg*, Nudging, S. 131 ff., 139, an.

427 Vgl. zu dieser Frage ansonsten *van Aaken*, in: Anderheiden/Bürkli/Heinig/Kirste/Seelmann (Hrsg.), Paternalismus und Recht, S. 109 (133 ff.); *Kolbe*, Freiheitsschutz vor staatlicher Gesundheitssteuerung, S. 278 ff.; *Kreßner*, Gesteuerte Gesundheit, S. 318 ff. Eine „Abkürzung" bei der Paternalismusdiskussion nimmt allerdings *Gerg*, Nudging, S. 142, der Nudges bezogen auf gesundheitliche Lifestyle-Risiken kurzerhand damit begründet, dass sie der Entlastung der Sozialkassen dienen.

428 So *Meisterernst*, ZLR 2002, 569 (579 f.); *Gorny*, ZLR 2003, 253 (258); *v. Danwitz*, GRUR 2005, 896 (897); *ders.*, ZLR 2005, 201 (222 f.).

429 Zur Kritik am wissenschaftlichen Niveau der HCVO *Hahn/Teufer*, ZLR 2008, 663 (680 ff.).

430 Vgl. oben 3. Teil, A. II. 3.

431 Ähnlich *Barton*, Public Health Ethics 2013, 207 (213).

432 Vgl. ähnlich im Nudging-Kontext *van Aaken*, Working Paper No. 2015-01, S. 11; außerdem *Reitter*, Rechtspaternalismus und Biomedizinrecht, S. 30.

433 Dies wird zum Teil bestritten: Die vermeintlichen Defizite stellten nicht immer Defizite dar (*Gigerenzer*, Rev.Phil.Psych. 2015, 361). Dies sagt jedoch noch nichts über die grundsätzliche Frage aus, ob der Gesetzgeber tatsächlich bestehende Rationalitätsdefizite ausgleichen darf; aus einem solchen Vorwurf folgt vielmehr, dass die empirische Forschung sauber und ihrerseits unverzerrt arbeiten muss. Kritisch zur (wohl fehlenden) Evidenz *Huster*, Selbstbestimmung, Gerechtigkeit und Gesundheit, S. 41.

haltsaufklärung Unsicherheiten verbleiben, muss der Gesetzgeber mit diesen Unsicherheiten wie mit anderen Unsicherheiten umgehen. Dabei ist es ein Stück weit nicht nur eine empirische, sondern auch eine politische Frage, ob der Gesetzgeber solche Rationalitätsdefizite unterstellt, also eine Frage, die in seinen Spielraum fällt[434]. Wo Defizite nachgewiesen sind bzw. eine Wahrscheinlichkeit dafür spricht, darf der Gesetzgeber dann typisieren; diese Defizite müssen also nicht bei der gesamten Bevölkerung vorliegen[435]. Auch hier entscheidet der Staat unter Unsicherheit, denn nicht immer ist klar, inwiefern die sozialen Faktoren das Gesundheitsverhalten beeinflussen. Ein Stück weit muss die Entscheidung für eine autonomiefördernde Maßnahme also in den Spielraum des Gesetzgebers fallen. Politische Interventionen sind umso eher möglich, je stärker der Verdacht ist, dass die sozialen Faktoren das gesundheitsrelevante Verhalten steuern und nicht eine völlig eigenverantwortliche Entscheidung vorliegt[436].

aa) Bereitstellung von Informationen und Abbau von Informationsasymmetrien

Der Staat kann dort, wo der Bevölkerung gesundheitsrelevante Informationen nicht zur Verfügung stehen, das entsprechende Informationsdefizit ausgleichen. In diesem Fall werden die Handlungsmöglichkeiten und -optionen der Konsumierenden erweitert[437]; ein Eingriff in ihre Grundrechte liegt darin nicht. Dies gilt z.B. für Gesundheitskampagnen[438] wie Plakataktionen und Informationsseiten im Internet – etwa der BZgA – zur Schädlichkeit einzelner Risikofaktoren wie Tabakwaren, Alkohol und bestimmten Lebensmitteln. Solche Maßnahmen der Risikokommunikation (in der Terminologie des Risikoverwaltungsrechts) bzw. der Gesundheitserziehung (in der Terminologie von Public Health) haben jedoch einen begrenzten Effekt und sind hauptsächlich bei Personen mit einem höheren Bildungsgrad wirksam. Es stellt sich auch die Frage, wie wirksam Maßnahmen der Gesundheitserziehung sind, wenn bei den Betroffenen eine Sucht vorliegt[439].

Die Informationsasymmetrie, die zwischen Produzenten und Konsumenten besteht, da die Konsumenten ohne entsprechende Informationen der Produzenten nicht wissen können, welche Inhaltsstoffe in welcher Konzentration in den Produkten enthalten sind, kann der Staat dadurch ausgleichen, dass er die Produzenten zur Offenlegung der Inhaltsstoffe verpflichtet. Für die Konsumentinnen wirken diese

[434] *Kreßner*, Gesteuerte Gesundheit, S. 348. So auch – wenn auch wohl weitergehender – *Kolbe*, Freiheitsschutz vor staatlicher Gesundheitssteuerung, S. 321. Kritisch *Eidenmüller*, JZ 2011, 814 (820).

[435] *Mayr*, in: Fateh-Moghadam/Sellmaier/Vossenkuhl (Hrsg.), Grenzen des Paternalismus, S. 48 (70); *Kolbe*, Freiheitsschutz vor staatlicher Gesundheitssteuerung, S. 323.

[436] *Huster*, Ethik Med 2010, 289 (298); *ders.*, in: Schumann (Hrsg.), Das erziehende Gesetz, 2014, S. 193 (225).

[437] *Kreßner*, Gesteuerte Gesundheit, S. 270.

[438] *Kolbe*, Freiheitsschutz vor staatlicher Gesundheitssteuerung, S. 211 f. Fn. 683.

[439] *Schulte/Joyner/Potenza/Grilo/Gearhardt*, Curr Psychiatry Rep 2015, 1 (4 f.).

Maßnahmen allein freiheitserweiternd[440] und stellen somit keinen Eingriff dar[441]. Dies gilt allgemein für die Kennzeichnung von Inhaltsstoffen/Zutaten auf Produkten, aber auch für Nährwertangaben auf Lebensmitteln[442].

Der Staat darf somit zunächst im Falle von Wissensmängeln und objektiven Fehlvorstellungen neutral informieren und aufklären[443]. Vollständig neutral ist eine Informationsvermittlung aber wohl nie[444]. Bei Nährwertangaben auf Lebensmitteln zeigt sich das z. B. daran, dass der Staat hier eine Auswahl getroffen hat, welche Nährstoffe angegeben werden müssen und auf welche Weise die Präsentation zu erfolgen hat. Durch Weglassen anderer Informationen bzw. Betonung einzelner Aspekte erhält auch eine ansonsten zutreffende Information immer ein wertendes Element. Schon eine Vereinfachung kann problematisch sein[445]. Das bedeutet jedoch nicht, dass diese Art der Informationsvermittlung sofort eine autonomieverkürzende Wirkung hat. Davon kann erst die Rede sein, wenn die Vereinfachung einer an sich richtigen Information dazu führt, dass ein neuer – verzerrter – Informationsgehalt entsteht oder wenn das Informationsdefizit der Konsumentinnen bewusst ausgenutzt und ggf. sogar verstärkt wird[446].

bb) Die Förderung unbeeinflusster Präferenzbildung

Der Staat kann außerdem auf die externen Faktoren einwirken, die bereits bei der Präferenzbildung wirksam werden. So wird sichergestellt oder jedenfalls gefördert, dass gesundheitsrelevante Entscheidungen auf einem selbst gebildeten Willen und nicht auf einem von Dritten beeinflussten Willen beruhen[447]. Bei diesen externen Faktoren handelt es sich im Falle der Lebensstilrisiken insbesondere um solche, die durch die Produzenten gesteuert werden. So wirkt z. B. die Art, wie das Produkt vermarktet wird, auf die Willensbildung der Konsumenten ein; dies ist schließlich das Ziel von Marketing. Die Tatsache, dass manche Konsumentinnen nur beschränkt rational handeln oder willensschwach sind, wird dabei durch die Produzenten teilweise gezielt ausgenutzt[448]. Aber auch die Einwirkung auf die Menge des Konsums durch die Produzenten, indem bestimmte Portionsgrößen vorgegeben werden, fällt hierunter. In diesem Fall kann der Staat eine maximale Portionsgröße vorschreiben. Ein Eingriff in Grundrechte des Konsumenten liegt darin nicht, er kann schließlich weiterhin so viel konsumieren, wie er möchte. Durch die Hürde, ggf. eine zweite Por-

---

440 *Kreßner*, Gesteuerte Gesundheit, S. 270.

441 *Kolbe*, Freiheitsschutz vor staatlicher Gesundheitssteuerung, S. 210 f., 227 ff.; *Gerg*, Nudging, S. 100.

442 *Wolff*, RW 2015, 194 (217 f.).

443 *Kolbe*, Freiheitsschutz vor staatlicher Gesundheitssteuerung, S. 313.

444 *Jolls/Sunstein*, Journal of Legal Studies 2006, 199 (232).

445 *Kreßner*, Gesteuerte Gesundheit, S. 283.

446 *Kreßner*, Gesteuerte Gesundheit, S. 271; *Gerg*, Nudging, S. 101.

447 Vgl. *Gerg*, Nudging, S. 67.

448 *Eichenberger/Frey*, JNPÖ 1993, 50 (55 ff.).

tion bestellen bzw. eine zweite Packung kaufen zu müssen, wird er lediglich dazu gebracht, sich den Umfang eines Konsums zu vergegenwärtigen[449].

Aus Sicht der Bevölkerung stellen Marketingeinschränkungen keine Grundrechtseingriffe dar, denn es werden ausschließlich Rationalitätsdefizite vermindert oder beseitigt[450] oder im Falle der Health-Claims verhindert, dass Defizite entstehen. Soweit Werbung auch eine Informationsfunktion für den Konsumenten[451] zugesprochen oder auf die „Bipolarität des Kommunikationsprozesses" verwiesen wird[452], führt dies nicht zu einem anderen Ergebnis[453]. Zwar verlangen Konsumentscheidungen „entsprechende Informations- und Meinungsbildungsquellen"[454], ein Anspruch kann jedoch nur auf sachliche Informationen bestehen, die die Informationsasymmetrie ausgleichen. Zur Kontrolle kann man sich fragen: Wenn die Risikoakteure freiwillig ihre werbende Tätigkeit einstellten – würden dadurch geschützte Interessen der Verbraucherinnen beeinträchtigt? Ihr Interesse liegt allein darin, über die Eigenschaften des Produktes informiert zu werden. Wirtschaftswerbung liegt allein im Interesse des herstellenden Unternehmens. Der Verbraucher hat ein Informationsinteresse, aber kein (grundrechtlich geschütztes[455]) Interesse an Werbung in Form von externer Einwirkung auf die Präferenzbildung.

cc) Hilfe zur Verfolgung der langfristigen (statt kurzfristigen) Präferenzen

Eine Förderung der Autonomie des Einzelnen stellt es dar, wenn der Staat der Bevölkerung hilft, ihren langfristigen und nicht ihren kurzfristigen Präferenzen zu folgen, wenn dies ihrem Wunsch entspricht. Das Problem liegt an anderer Stelle: Wie kann der Staat feststellen, dass Menschen einander widersprechende kurzfristige und langfristige Präferenzen haben? Und falls dies gelingt: Woher weiß er, dass Personen ihren langfristigen Präferenzen gegenüber ihren kurzfristigen Präferenzen den Vorzug geben? Große Bedeutung erlangen hier die empirischen Erkenntnisse bezogen auf die verschiedenen Lebensstilrisiken.

(1) Präferenzwiderspruch

Bei der Frage, welche langfristigen Präferenzen Personen haben, dürfen sich staatliche Instrumente nicht von der Idee leiten lassen, dass die Bevölkerung allgemein einen möglichst hohen Gesundheitszustand anstrebt – hier würde der Staat langfristige Präferenzen unterstellen, die so nicht nachgewiesen werden können, und dadurch

---

[449] Man kann deswegen darin auch den Ansatz des Staates sehen, den Entscheidungsprozess zu verlangsamen. Dazu noch unten 4. Teil, B. II. 2. cc) (3) (a).

[450] *Gerg*, Nudging, S. 101.

[451] *v. Danwitz*, ZLR 2005, 201 (223); vgl. auch *Gorny*, ZLR 2003, 253 (256 f.).

[452] *Kühling*, in: BeckOK-InfoMedienR, 1.11.2018, Art. 5 GG Rn. 28.

[453] Ähnlich *Voigt*, Public Health Ethics 2010, 91 (98 f.).

[454] *Kühling*, in: BeckOK-InfoMedienR, 1.11.2018, Art. 5 GG Rn. 28.

[455] So im Ergebnis auch *Samhat*, Gesundheitsgerechtes Verhalten, S. 136. AA *Kevekordes*, Tabakwerbung und Tabaketikettierung im deutschen und europäischen Recht, S. 57, 92.

Vorstellungen von einem „guten Leben" bemühen. Eine heteronome Entscheidung wird nicht dadurch zu einer autonomen Entscheidung, dass sie nach dem Urteil Dritter dem Betroffenen dienen und dessen Freiheit maximieren soll[456]. Wenn Einzelne ihrer eigenen Gesundheit einen gering(er)en Status einräumen, muss dies respektiert werden. Die Autonomie der Betroffenen wird nur dann gewahrt, wenn ihr Wille im Vordergrund des staatlichen Handelns steht, wenn also nicht die objektiv vernünftige gesundheitsfördernde Entscheidung als Richtschnur genommen wird.

Es ist aber durchaus denkbar, dass mittels empirischer Studien nachgewiesen werden kann, dass bei einem Großteil etwa der Raucher oder von Personen, die sich ungesund ernähren, die langfristige Präferenz vorliegt, dieses gesundheitsriskante Verhalten aufzugeben. Der Gesetzgeber darf hierbei typisieren[457], es müssen nicht alle Konsumierenden eines Risikofaktors die gleichen langfristigen Präferenzen haben.

(2) Bevorzugung der langfristigen Präferenz

Kann der Staat das Vorhandensein der langfristigen Präferenzen nachweisen, darf er nun nicht der Versuchung erliegen, pauschal zu unterstellen, dass alle Konsumentinnen ihren langfristigen Präferenzen – und somit der objektiv vernünftigeren Entscheidung – den Vorzug geben. Der Staat muss sich bei der Auflösung dieses Präferenzkonflikts wiederum daran orientieren, was die Konsumenten – „unter Einschluss möglicher Defizite bei der Präferenzformung und -gewichtung"[458] – selbst wollen[459]. Hier darf der Staat wieder typisieren; dass die Konsumenten hier in ausreichender Zahl für eine Typisierung[460] den langfristigen Präferenzen den Vorzug geben, wird aber wohl nur selten gelingen[461]. Am ehesten wird dies dann möglich sein, wenn es sich um einen Risikofaktor mit großem Suchtpotential handelt: Wenn das gesundheitsschädliche Verhalten auf einer Sucht basiert, können sich die langfristigen Präferenzen in einer Entscheidungssituation nicht durchsetzen, weil die kurzfristigen Präferenzen durch die Sucht gesteuert werden.

Hier kann der Staat bei der Typisierung[462] wie folgt vorgehen: Je höher das Suchtpotential und je höher das Gesundheitsrisiko ist, desto eher darf unterstellt werden, dass keine autonome Entscheidung vorliegt, und desto intensivere Maßnahmen sind

---

[456] *Heinig*, in: Anderheiden/Bürkli/Heinig/Kirste/Seelmann (Hrsg.), Paternalismus und Recht, S. 157 (170); *Kreßner*, Gesteuerte Gesundheit, S. 352.

[457] *Kreßner*, Gesteuerte Gesundheit, S. 354. Ablehnend *Möller*, Paternalismus und Persönlichkeitsrecht, S. 192 ff.

[458] *Kreßner*, Gesteuerte Gesundheit, S. 351.

[459] Vgl. auch *Huster/Reimann*, VSSAR 2020, 267 (286).

[460] Ähnlich die Erwägungen von *van Aaken*, Working Paper No. 2015-01, S. 33, die im Rahmen der Verhältnismäßigkeit davon ausgeht, dass Maßnahmen, die für die Mehrheit der Adressatinnen Autonomieeinbußen (die sich nicht nur auf die kurzfristigen Präferenzen beziehen) bedeuten, unzulässig sind.

[461] So auch *Kreßner*, Gesteuerte Gesundheit, S. 354.

[462] Dazu auch *Klimpel*, Bevormundung oder Freiheitsschutz?, S. 199.

gerechtfertigt[463]. Je höher das Gesundheitsrisiko ist, desto mehr Abstriche dürfen dabei beim Suchtpotential gemacht werden und andersherum. Bei Stoffen, die zur Abhängigkeit führen können, sind umso eher paternalistisch anmutende Maßnahmen gerechtfertigt, je höher der Abhängigkeitsgrad ist bzw. je nachgewiesener das Suchtpotential des jeweiligen Stoffes ist.

Es kann außerdem berücksichtigt werden, inwiefern vor dem erstmaligen Konsum das Gesundheitsrisiko und das Suchtpotential bekannt waren, ob sich somit die Betroffenen regelmäßig „freiwillig in die Sucht" begeben haben. Hier ist der Zeitpunkt entscheidend, in dem sich das gesundheitsriskante Verhalten typischerweise in einer Sucht manifestiert. Wer als Minderjähriger mit dem gesundheitsriskanten Verhalten beginnt und dies aufgrund der Abhängigkeit beibehält (wie dies in der Regel beim Konsum von Tabakwaren der Fall ist), hat dies in einem Stadium getan, in dem er nicht vollständig autonom handelte. Er hat sich somit nicht – anders als ein Erwachsener, der das erste Mal mit dem gesundheitsriskanten Verhalten experimentiert – „freiwillig in die Sucht begeben". Damit er zu einem späteren Zeitpunkt die Möglichkeit hat, sich gegen das Rauchen zu entscheiden, muss verhindert werden, dass er im Zustand eingeschränkter Autonomie die Sucht entwickelt, die diese spätere Entscheidung nachhaltig erschwert bzw. unmöglich macht. Der Staat muss deswegen dafür sorgen, dass der Rauchbeginn möglichst spät einsetzt. Dass die kurzfristigen nicht den langfristigen Präferenzen entsprechen, kann deswegen auch als Argument für besonders strenge Interventionen gegenüber Minderjährigen herangezogen werden. Hier können sogar Verbote gerechtfertigt sein bei Produkten, die ein hohes Suchtpotential haben und/oder besonders gesundheitsschädlich für Minderjährige sind. Interventionen, die mit dem Jugendschutz begründet werden und hierzu auch geeignet sind, werden in der Regel verhältnismäßig sein.

(3) Mögliche Maßnahmen

Gelingt es dem Staat, sowohl einen Präferenzwiderspruch als auch die Bevorzugung der langfristigen Präferenz auf statistischer Ebene nachzuweisen, darf er Instrumente einsetzen, die die Wahl der kurzfristigen Präferenz erschweren, indem sie unattraktiver gemacht wird. Verboten wird die Entscheidung zugunsten der kurzfristigen Präferenz bei Erwachsenen nicht.

(a) Verlangsamung des Entscheidungsprozesses zur Überwindung von Trägheit oder falscher persönlicher Risikoeinschätzung

Ungeeignet sind reine Aufklärungsmaßnahmen in den Fällen, in denen Personen das objektiv bestehende Risiko kennen, aber für sich selbst davon ausgehen, dass das Risiko nicht eintreten wird, sie also „verschont" bleiben werden („Optimism Bias"). In diesen Fällen kommen Maßnahmen in Betracht, die man als „Wahlhilfen" bezeich-

[463] Der EuGH sieht in Verbrauchern von Tabakerzeugnissen wegen der durch das Nikotin hervorgerufenen Abhängigkeit „eine besonders anfällige Kategorie von Verbrauchern": Urt. v. 4.5.2016, Rs. C-547/14, Rn. 144.

nen kann: Sie überlassen dem Einzelnen das „Ob", verlangsamen aber den Entscheidungsprozess[464]. Das heißt, sie setzen darauf, dass der Konsument, wenn er sie wahrnimmt, einen Moment innehält, sein Verhalten überdenkt und möglicherweise doch seinen langfristigen Präferenzen folgt. Wählt er hingegen das gesundheitsriskante Verhalten, erfolgt dies auf einer informierteren bzw. bewussteren Entscheidung als zuvor.

Zu Maßnahmen dieser Zielsetzung gehören Warnungen über das Gesundheitsrisiko, die direkt auf dem Produkt aufgebracht werden. Weil diese Art von Maßnahmen einen zuvor bestehenden „bias" neutralisieren soll, werden sie auch als „Debiasing" bezeichnet[465]. Sie erfolgen auf der Grundlage, dass unbewusste kognitive Prozesse und die emotionale Ansprache durch die Produzenten identifiziert und überwunden werden sollen. Sie sind sachlich nüchtern gehalten[466] und erfolgen transparent; sie verdeutlichen das Risiko durch Framing[467]. Ein Grundrechtseingriff liegt in diesen Fällen nicht vor. Dies gilt etwa für die Text-Warnhinweise auf Zigarettenschachteln[468]. Diese sind für die Konsumentinnen bei jedem Griff zur Schachtel sichtbar und führen somit regelmäßig die gesundheitsschädlichen Auswirkungen des Rauchers vor Augen. Sie legen „dem Adressaten nahe, seine Kaufentscheidung im Hinblick auf die Gesundheitsgefahren nochmals zu überdenken."[469] Auch Nährwertangaben auf Lebensmittelverpackungen kann man als Fall des Debiasing ansehen[470], wenn man sie nicht bereits als bloße Information zum Abbau der Informationsasymmetrie einordnet. Auch sie stellen jedenfalls keinen Eingriff in die Rechte der Konsumierenden dar.

Neben Warnhinweisen durch Text können die entsprechenden Warnungen bzw. Informationen grafisch aufbereitet werden. Hier kann unterschieden werden zwischen der bloßen Visualisierung einer Information und der Verdeutlichung eines Appells. Werden die enthaltenden Nährstoffe bezogen auf ihren Anteil in Form eines Diagramms dargestellt, werden die Anteilsangaben nur visualisiert. Wird durch die grafische Aufbereitung jedoch sofort deutlich, was die „gesündere Wahl" ist, handelt es sich um einen Appell, also beispielsweise bei der Lebensmittelampel, die durch die

---

464 *van Aaken*, in: Anderheiden/Bürkli/Heinig/Kirste/Seelmann (Hrsg.), Paternalismus und Recht, S. 109 (112, 124 ff.); *dies.*, in: Kemmerer/C. Möllers/Steinbeis/Wagner (Hrsg.), Choice Architecture in Democracies, S. 161 (176).

465 Grundlegend *Jolls/Sunstein*, Journal of Legal Studies 2006, 199; siehe außerdem *Kreßner*, Gesteuerte Gesundheit, S. 300 f.

466 *Kreßner*, Gesteuerte Gesundheit, S. 301.

467 *Jolls/Sunstein*, Journal of Legal Studies 2006, 199 (216); *Barton*, Public Health Ethics 2013, 207 (211, 213).

468 *van Aaken*, in: Anderheiden/Bürkli/Heinig/Kirste/Seelmann (Hrsg.), Paternalismus und Recht, S. 109 (138); *Fateh-Moghadam*, in: ders./Sellmaier/Vossenkuhl (Hrsg.), Grenzen des Paternalismus, S. 21 (22); *Kirste*, JZ 2011, 805 (807); *Klement*, in: Spiecker gen. Döhmann/Wallrabenstein (Hrsg.), Rechtswissenschaftliche Fragen an das neue Präventionsgesetz, S. 105 (138); *Wolff*, RW 2015, 194 (216); *Kreßner*, Gesteuerte Gesundheit, S. 302; *Beul*, KritV 2019, 39 (51).

469 BVerfGE 95, 173 (184).

470 *Kreßner*, Gesteuerte Gesundheit, S. 302.

Verwendung von Signalfarben bestimmte Nährstoffe bzw. Lebensmittel kennzeichnet, oder bei einem Piktogramm auf alkoholischen Getränken, das eine durchgestrichene Schwangere zeigt. Besonders drastisch wird der Appell bei den Schockbildern auf Zigarettenschachteln. Ein Grundrechtseingriff soll dann vorliegen, wenn Maßnahmen die Grenze von Sachlichkeit und Nüchternheit überschreiten und dadurch nicht mehr nur einen bestehenden Bias neutralisieren[471]. Das soll dann geschehen, wenn die Maßnahmen die bei den Konsumentinnen bestehenden Defizite eher ausnutzen und verstärken, indem sie einen Appell an die Emotionen richten. Hier ist auch von einer Manipulation der Konsumentinnen die Rede[472], die nicht transparent, sondern unsichtbar wirke[473]. In diesen Fällen werde auf die innere Willensbildung in einer Weise eingewirkt, die nicht bloß die Bildung eigener Präferenzen stärkt, sondern Einfluss auf die Präferenzen selbst nimmt. Dann liege ein Eingriff in das allgemeine Persönlichkeitsrecht aus Art. 2 I iVm Art. 1 I GG vor[474], das an dieser Stelle in Form eines „Rechts auf unmanipulierte Willensbildung" in Erscheinung trete[475].

Auf dieser Grundlage wird im Falle der Lebensmittelampel überwiegend nicht von einem Eingriff ausgegangen[476]. Die Ampelkennzeichnung erleichtert vorrangig das Verständnis der abstrakten Nährwertangaben durch die Farbgebung; es werden somit Informationen in eine leichter verständliche Sprache übersetzt. Zwar werden durch die Signalfarben auch die Emotionen angesprochen, dies geschieht jedoch transparent und nicht manipulativ[477]. Schockbilder auf Zigarettenschachteln hingegen stellen nach diesen Maßstäben einen Eingriff dar[478]. Bei ihnen handelt es sich nicht mehr um neutrales Debiasing[479], sondern bereits um Rebiasing[480]. Soweit vereinzelt damit argumentiert wird, dass es sich bei Schockbildern nur um den Ausgleich dafür handele, dass auch die Unternehmen im Rahmen ihrer Werbung über die emotionale Ebene „manipulieren", da positive Emotionen (Marlboro-Mann)

---

[471] Grundsätzlich von einem Eingriff bei Warnungen und Appellen geht *Gerg*, Nudging, S. 102, aus.

[472] *van Aaken*, in: Kemmerer/C. Möllers/Steinbeis/Wagner (Hrsg.), Choice Architecture in Democracies, S. 161 (178); *Kolbe*, Freiheitsschutz vor staatlicher Gesundheitssteuerung, S. 231; *Kreßner*, Gesteuerte Gesundheit, S. 284. Ähnlich *Wolff*, RW 2015, 194 (218). *Seckelmann/Lamping*, DÖV 2016, 189 (194), verbinden Nudges allgemein mit Manipulation.

[473] *van Aaken*, in: Kemmerer/C. Möllers/Steinbeis/Wagner (Hrsg.), Choice Architecture in Democracies, S. 161 (172 f.).

[474] *Kreßner*, Gesteuerte Gesundheit, S. 297 f.

[475] Vgl. *Huster/Reimann*, VSSAR 2020, 267 (288).

[476] *Wolff*, RW 2015, 194 (217 f.); *Beul*, KritV 2019, 39 (52).

[477] Ähnlich *Seckelmann/Lamping*, DÖV 2016, 189 (196).

[478] *Wolff*, RW 2015, 194 (218); *van Aaken*, in: Kemmerer/C. Möllers/Steinbeis/Wagner (Hrsg.), Choice Architecture in Democracies, S. 161 (172 f.); *Gerg*, Nudging, S. 106. AA *Kolbe*, Freiheitsschutz vor staatlicher Gesundheitssteuerung, S. 232; *Schweizer*, Nudging and the principle of proportionality, S. 10. – Allgemein kritisch zu solchen Maßnahmen *Jolls/Sunstein*, Journal of Legal Studies 2006, 199 (214 f.).

[479] *Jolls/Sunstein*, Journal of Legal Studies 2006, 199 (215); *Kreßner*, Gesteuerte Gesundheit, S. 301.

[480] *Kreßner*, Gesteuerte Gesundheit, S. 302.

mehr Einfluss auf den Konsumenten haben als nüchtern vermittelte Fakten (Warnung vor Gesundheitsrisiko)[481], wird dem entgegengehalten, dass dies zwar den Tatsachen entsprechen möge, aber den Beweis schuldig bleibe, warum sich der Staat manipulierender Instrumente bedienen dürfe[482].

Hier muss jedoch differenziert werden: Ein Eingriff in Art. 2 iVm Art. 1 I GG liegt bereits deshalb vor, weil auf die kurzfristigen Präferenzen eingewirkt wird[483]. Insofern könnte man auch im Falle der reinen Text-Warnhinweise auf Zigarettenschachteln von einem Eingriff ausgehen[484], weil diese Hinweise nicht nur informieren, sondern den Konsumenten davon abbringen sollen, zur Schachtel zu greifen. Das gleiche gilt für die Lebensmittelampel. Dass sich der Staat – in diesem Fall – solcher Instrumente bedienen darf, die auf die kurzfristigen Präferenzen einwirken, liegt daran, dass dies den langfristigen Präferenzen des Konsumenten entspricht. Eine verallgemeinerbare Legitimation für den Einsatz manipulierender Instrumente liegt darin nicht. Ein solches Vorgehen des Staates zur Förderung der allgemeinen Sozialmoral[485] oder anderer Ziele wäre anders zu bewerten. In anderen Kontexten hat die Verwendung von Fotos, die Emotionen beim Betrachter auslösen (etwa unterernährte Kinder im Rahmen eines Spendenaufrufs), nichts mit Autonomieförderung zu tun.

Zweifelhaft ist außerdem die Einschätzung, dass Schockbilder „heimlich" und „manipulierend" eingesetzt werden. Solange die Bilder eine Warnung visualisieren, die auf einer zutreffenden Bewertung des Gesundheitsrisikos beruht, und nicht gesundheitliche Folgen abbilden, die nicht auf das Rauchen zurückgeführt werden können, werden zwar die Emotionen angesprochen, aber es wird nicht manipuliert. Unklar bleibt auch, inwiefern die Schockbilder intransparenter eingesetzt werden als bloße Text-Warnhinweise. Dass eine Warnung die Emotionen anspricht, kann nicht ausreichend sein für die Annahme der Intransparenz[486]. Heimlich bzw. intransparent werden Instrumente erst dann eingesetzt, wenn ihr Ziel oder ihr Einsatz selbst verborgen bleiben und so den Adressaten auch die Möglichkeit des Rechtsschutzes genommen wird[487]. Bei den Schockbildern ist es für die Betrachterin jedoch leicht ersichtlich, dass man sie durch das Verdeutlichen extremer Gesundheitsschäden vom Rauchen abhalten will.

---

481 Zu letzterem *Hanson/Kysar*, N. Y. Univ. Law Rev. 1999, 630 (732 f.); nicht grundsätzlich ablehnend auch *Seckelmann/Lamping*, DÖV 2016, 189 (196).

482 Dazu *Huster/Reimann*, VSSAR 2020, 267 (279).

483 Anders die Bestimmung der Eingriffsschwelle bei *Kolbe*, Freiheitsschutz vor staatlicher Gesundheitssteuerung, S. 231 f., die nicht zwischen den Einwirkungen auf die kurzfristigen Präferenzen und den langfristigen Einstellungen trennt: Dem Einzelnen müsse „im Wesentlichen die Macht genommen werden, seine Persönlichkeit mit seinen individuellen Wertvorstellungen und Überzeugungen zu bestimmen, oder dies zumindest in erhöhtem Maße erschwert werden." Auch Schockbilder überschritten diese Schwelle nicht.

484 So auch *Barton*, Public Health Ethics 2013, 207 (213).

485 Dazu *Lüdemann*, Edukatorisches Staatshandeln.

486 So auch *Schweizer*, Nudging and the principle of proportionality, S. 9, jedoch mit anderen Schlussfolgerungen.

487 Zum Problem des fehlenden Rechtsschutzes *van Aaken*, Working Paper No. 2015-01, S. 14.

Da all diese Wahlhilfen einen Grundrechtseingriff darstellen, müssen sie verhältnismäßig sein. Da der Eingriff bei Warnhinweisen und ähnlichen sachlich-nüchternen Instrumenten nur sehr gering ist, gibt es hier keine Probleme. Bei den Schockbildern und anderen Instrumenten, die eine emotionale Reaktion auslösen wollen, handelt es sich um einen intensiveren Eingriff; die Autonomieeinbußen[488] bei den kurzfristigen Präferenzen sind jedoch auch hier noch moderat. Dies gilt insbesondere, weil sich der Effekt der Schockbilder sehr schnell abnutzt. Zwar ist vorgesehen, dass diese Bilder regelmäßig ausgewechselt werden, aber es scheint zweifelhaft, dass sich dadurch ein nachhaltiger Abschreckungseffekt erzielen lässt. Dieser wird wohl eher bei Kindern erreicht werden können, die vom Raucheinstieg abgehalten werden sollen. Wenn man als Voraussetzung für solche Schockbilder die Bevorzugung der langfristigen Präferenzen, ein Produkt nicht zu konsumieren, ansieht, zeigt sich gleichzeitig, dass der Einsatz dieser Schockbilder nicht unangemessen ist. Der Staat muss dafür nachweisen können, dass bei der Mehrheit der Konsumierenden die langfristige Präferenz vorhanden ist, das Gesundheitsrisiko nicht einzugehen, und er muss Bilder auswählen, die nicht mit irreführenden Aussagen operieren. Das zeigt gleichzeitig, dass solche Bilder nicht bei jedem erdenklichen Gesundheitsrisiko eingesetzt werden können. Neben dem Risiko, das vom Rauchen ausgeht, mögen diese Voraussetzungen noch beim Risiko des Alkoholkonsums vorliegen. Bei ungesunden Lebensmitteln kommen solche emotionalen Appelle nicht in Betracht.

(b) Lenkungssteuern

Eine weitere Maßnahme, die die langfristigen Präferenzen wirksam machen will, ist die Verteuerung gesundheitsschädlicher Produkte. Eine wirtschaftswissenschaftliche Theorie geht davon aus, dass insbesondere zeitinkonsistente Raucher – also diejenigen, die zwar nicht heute, aber in der Zukunft aufhören wollen zu rauchen, dies dann aber nicht schaffen – durch Tabaksteuererhöhungen zum Aufhören bewegt werden können[489]. Dieser Effekt tritt insbesondere bei starken Erhöhungen auf[490]. Der Staat setzt also bei einem solchen Ansatz die Tabaksteuer als Lenkungssteuer ein[491]. In anderen Ländern werden auch zuckerhaltige Getränke besteuert, damit die

---

[488] Dazu *van Aaken*, in: Anderheiden/Bürkli/Heinig/Kirste/Seelmann (Hrsg.), Paternalismus und Recht, S. 109 (136).

[489] *Gruber*, Regulation 2002, 52 (54f.), *Wigger*, Wirtschaftsdienst 2005, 518 (520f.). Man kann finanzielle Anreize auch als Form des Debiasings ansehen, wenn man unterstellt, dass Personen verteuerte Produkte eher kaufen, wenn dieser Kauf ihren tatsächlichen Präferenzen entspricht (zur Einordnung – und im Ergebnis ablehnend – *Jolls/Sunstein*, Journal of Legal Studies 2006, 199 [211]).

[490] DKFZ, Gesundheit fördern – Tabakkonsum verringern, S. 23; *Wigger*, Wirtschaftsdienst 2011, 39.

[491] Einen anderen Ansatz verfolgen Steuern, die externe Kosten internalisieren sollen. Im Gesundheitsbereich wäre dies bei Steuern der Fall, die die Kosten, die durch ein gesundheitsriskantes Verhalten für das Gesundheitssystem entstehen, durch eine Steuer kompensiert sollen. Der durch die Steuer erhöhte Preis soll dann die tatsächlichen individuellen und gesellschaftlichen Kosten des gesundheitsriskanten Konsums widerspiegeln (*Finch/Briggs/Tallack*, Improving health by tackling market failure, S. 9). Bei dieser allein marktbezogenen Begründung zur Entlastung der Sozialkassen

Konsumenten auf gesündere Getränke ausweichen; vereinzelt werden auch Fettsteuern erhoben.

Anders als bei Produktkennzeichnungen kann sich der Konsument nicht für die ungesunde Variante entscheiden, ohne einen Nachteil zu haben: Er wird schließlich finanziell belastet. Lenkungssteuern haben deswegen immer zwei Wirkungen, die beide – auch wenn sie sich für den Einzelnen im Ergebnis nur alternativ auswirken – grundrechtlich überprüft werden müssen[492]: eine Belastungswirkung[493] und eine Gestaltungswirkung[494]. Die Gestaltungswirkung ergibt sich aus dem Lenkungseffekt (der Konsument unterlässt das ungesunde Verhalten, weil das Produkt teuer ist). Sie stellt einen Eingriff in Art. 2 I GG dar, weil auf die Entschließungsfreiheit eingewirkt wird[495].

Verhaltenssteuerung durch Anreize geht im Grundsatz vom „Modell des rationalen, eigennützigen Menschen aus, der bei Preisveränderungen sein Verhalten neu optimiert"[496]. Diese Optimierung ist dort faktisch nicht möglich, wo keine elastische Nachfrage besteht. Denn wenn die Nachfrage unelastisch ist, können die Betroffenen ihr Verhalten nicht ändern und der Lenkungszweck geht ins Leere. Zum Teil wird davon ausgegangen, dass bei Tabakprodukten keine elastische Nachfrage vorhanden ist[497]; dies gelte jedenfalls bei den Konsumentinnen, bei denen eine Nikotinabhängigkeit vorliegt[498], die also gar nicht wählen können zwischen Inkaufnahme der Steuer und dem Konsum der Zigaretten. Auch wenn unterstellt werden kann, dass nikotinabhängige Raucher umso weniger auf Verteuerungsstrategien reagieren, je stärker ausgeprägt ihre Sucht ist[499], wird der Lenkungszweck der Steuer jedoch bereits dann gefördert, wenn der Tabakkonsum insgesamt zurückgeht. Deswegen ist es irrelevant, dass der Tabakkonsum für Einzelne ggf. unvermeidbar ist[500]. Insbesondere vor der Verfestigung einer Sucht kann eine Verteuerung Effekte erzielen. Die

---

ergeben sich die bereits diskutierten Probleme, insbesondere ob dieser Kompensationseffekt überhaupt erreicht wird (siehe oben 4. Teil, B. I. 1.).

[492] *P. Kirchhof*, in: Isensee/Kirchhof (Hrsg.), HbStR, V, § 118 Rn. 69; *Glaser*, StuW 2012, 168 (171); *Wernsmann*, in: FS-P. Kirchhof, Band 2, § 152 Rn. 3.

[493] *Birk*, Das Leistungsfähigkeitsprinzip als Maßstab der Steuernormen, S. 70 f.; *Wernsmann*, Verhaltenslenkung in einem rationalen Steuersystem, S. 345.

[494] *Birk*, Das Leistungsfähigkeitsprinzip als Maßstab der Steuernormen, S. 71 ff.; *Wernsmann*, Verhaltenslenkung in einem rationalen Steuersystem, S. 345.

[495] BVerfGE 110, 177 (191 f.); *Wernsmann*, Verhaltenslenkung in einem rationalen Steuersystem, S. 70 f., 348 ff.; *P. Kirchhof*, in: Isensee/Kirchhof (Hrsg.), HbStR, V, § 118 Rn. 65, 69; *Glaser*, StuW 2012, 168 (171); *Wernsmann*, in: FS-P. Kirchhof, Band 2, § 152 Rn. 3; *Kolbe*, Freiheitsschutz vor staatlicher Gesundheitssteuerung, S. 205 ff.; *Kempf*, Die Rechtfertigung der Tabaksteuer, S. 207. Zur Einordnung bzw. Wirkung der Steuern auch *Wernsmann*, Verhaltenslenkung in einem rationalen Steuersystem, S. 188: Steuern als weiches Instrument ohne Zwang. – Zur Belastungswirkung unten 4. Teil, B. III. 2. b).

[496] *Mathis*, in: Spiecker gen. Döhmann/Wallrabenstein (Hrsg.), Rechtswissenschaftliche Fragen an das neue Präventionsgesetz, S. 79 (90).

[497] *Reding/W. Müller*, Einführung in die Allgemeine Steuerlehre, S. 191.

[498] *Englisch*, in: Tipke/Lang, Steuerrecht, Rn. 18.129.

[499] DKFZ, Gesundheit fördern – Tabakkonsum verringern, S. 22.

[500] *Wernsmann*, Verhaltenslenkung in einem rationalen Steuersystem, S. 92 Fn. 437.

Lenkungswirkung hängt dann davon ab, wie groß Anhebungen der Tabaksteuer ausfallen. Es wird davon ausgegangen, dass in Hocheinkommensländern eine Preiserhöhung von 10 % den Tabakkonsum um rund 4 % reduziert[501], bei Kindern und Jugendlichen sogar um bis zu 13 %[502]. Ihre Nachfrage ist elastischer als die älterer Raucher[503], u. a. weil sie besonders preissensibel sind[504]. Das gleiche gilt für Angehörige der unteren sozialen Schichten[505]. Von einer allgemein bestehenden unelastischen Nachfrage kann somit keine Rede sein. Sieht man in der Tabaksteuer eine Wahlhilfe in Form eines monetären Anreizes, die eingesetzt wird, um die langfristigen Präferenzen wirksam zu machen, ist die Gestaltungswirkung der Steuer nicht unangemessen[506]. Hier muss insbesondere wieder das Suchtpotential von Tabakwaren berücksichtigt werden, das zu großen Autonomiedefiziten führen kann.

Wollte der Gesetzgeber auch ungesunde Lebensmittel mit einer Zucker- oder Fettsteuer belegen, müsste er berücksichtigen, dass immer eine gesündere – und günstigere – Alternative vorhanden sein müsste, damit das Ziel der Steuer auch wirklich erreicht werden könnte, weil bei Lebensmitteln ein vollständiger Verzicht nicht in Frage kommt. Bei Lebensmitteln besteht trotzdem immer das Problem, dass es zu jedem ungesunden Produkt viele Alternativen geben wird, die nicht gesünder sind, so dass es insgesamt nicht unbedingt zu dem erwünschten Effekt käme. Bei der Ausgestaltung von Steuern auf ungesunde Lebensmittel kann es deswegen schwierig sein, sie so zu gestalten, dass ein nachhaltiger Lenkungseffekt erzielt wird. Da Lebensmittel generell eher günstig sind, führt eine Besteuerung in geringem Umfang auch absolut gesehen zu keinen hohen Kosten[507]. Immer mitgedacht werden müssen Ausweichstrategien der Konsumierenden: Wenn z. B. nur zuckerhaltige Soft Drinks besteuert werden, weichen die Konsumierenden ggf. auf andere Getränke aus, die auch zuckerhaltig sind oder ggf. ein anderes Gesundheitsrisiko darstellen, so dass zwar der Konsum zurückgeht, aber in eine andere unerwünschte Richtung gelenkt wird[508]. Effektiver wäre es dann, alle zuckerhaltigen Getränke zu besteuern[509]. Zunächst müsste außerdem belegt werden, dass die Konsumierenden in diesem Fall immer langfristigen Präferenzen der Vorzug geben. Es wäre wohl ausreichend, dass nachgewiesen werden könnte, dass die Konsumentinnen weniger zuckerhaltige Ge-

---

501 DKFZ, Gesundheit fördern – Tabakkonsum verringern, S. 20; *Schaller/Pötschke-Langer*, Pneumologe 2012, 1.

502 DKFZ, Gesundheit fördern – Tabakkonsum verringern, S. 20.

503 *Wigger*, Wirtschaftsdienst 2011, 39.

504 *Hanewinkel/B. Isen*see, Umsetzung, Akzeptanz und Auswirkungen der Tabaksteuererhöhung vom 1. März 2004, S. 5; *Wimmer*, Rauchen, ein ganz normales Konsumverhalten?, S. 115.

505 *Hanewinkel/B. Isensee*, Umsetzung, Akzeptanz und Auswirkungen der Tabaksteuererhöhung vom 1. März 2004, S. 5.

506 Vgl. auch *Kolbe*, Freiheitsschutz vor staatlicher Gesundheitssteuerung, S. 333 f., die in Einzelfällen sogar G- oder Verbote für zulässig halten würde, zum Einsatz von Zwang durch den Staat auch *Eichenberger/Frey*, JNPÖ 1993, 50 (71 f.).

507 *Karnani/McFerran/Mukhopadhyay*, JACR 2016, 445 (457 f.).

508 *Pratt*, 87 Tulane L. Rev. (2012), 73 (112 f.).

509 Vgl. auch Leopoldina, Diskussionspapier Nr. 22, S. 26.

tränke konsumieren wollen. Denn Ziel muss nicht der vollständige Verzicht auf den Konsum sein, da Zucker unterhalb einer bestimmten Schwelle nicht als gesundheitsschädlich gilt. Wenn der Nachweis gar nicht geführt werden könnte, müssten Steuern auf zuckerhaltige Produkte auf eine andere Rechtfertigung gestützt werden (etwa die Internalisierung externer Kosten[510]).

Unverhältnismäßig wären Lenkungssteuern dann, wenn ihnen erdrosselnde Wirkung zukäme. Dann läge ein unzulässiger Formenmissbrauch vor, denn das Steuergesetz handelte seinem ihm begrifflich zukommenden Zweck, Steuereinnahmen zu erzielen, zuwider[511]. Dass der Staat das Verhalten in diesen Fällen nicht komplett verbieten wollte, zeigte gerade die Wahl des Steuerrechts. Für politisch gewollte Verbotswirkungen ist auf das Ordnungsrecht zurückzugreifen[512].

c) Einwirken auf soziale Normen – die langfristigen Präferenzen

Ein großer Rückgang beim Rauchereinstieg wird dann erzielt, wenn es die Public-Health-Strategie zum Hauptziel hat, Tabak als nicht normal in der Gesellschaft erscheinen zu lassen[513]. Wenn Rauchen sozial geächtet ist, führt die soziale Kontrolle dazu, dass Personen gar nicht erst anfangen zu rauchen oder dass sie weniger rauchen. Diese Denormalisierungsstrategie[514] kann nicht nur durch Gesundheitskampagnen, die mit „gelben Zähnen" und „stinkender Kleidung" auf die Unattraktivität des Rauchens bei anderen Personen aufmerksam machen[515] und so bislang in Deutschland noch nicht eingesetzt wurden, umgesetzt werden, sondern auch durch die herkömmlichen Tabakkontrollpolitikinterventionen: So haben Rauchverbote auch den Effekt, dass Minderjährige in ihrem normalen sozialen Umfeld (z.B. in der Schule und im Eiscafé) weniger Tabakkonsum wahrnehmen, also seltener mit dem Rauchen als „normalem Erwachsenenverhalten" konfrontiert werden. Rauchverbote am Arbeitsplatz führen zu einem Rückgang der Rauchprävalenz um fast 4%[516]. Auch durch die Einrichtung von Nichtraucherzonen in öffentlichen Einrichtungen wie Schulen und Krankenhäusern und in der Gastronomie erhalten Raucher einen Anreiz, mit dem Rauchen aufzuhören, und werden jedenfalls darin unterstützt, ihren Konsum einzuschränken[517]. Andersherum trägt die Allgegenwärtigkeit von Zigarettenwerbung dazu bei, dass das Rauchen als normal in der Gesellschaft angesehen wird[518].

---

510 Dazu oben 4. Teil, B. I. 1.

511 BVerfGE 16, 147 (162).

512 *Englisch*, StuW 2015, 52 (57).

513 *Pierce/White/Emery*, Tobacco Control 2012, 258 (260).

514 Dazu *Alemanno*, EJRR 2012, 32 (33); im US-amerikanischen Kontext *Bayer*, SOC. SCI. & MED. 2008, 463 (466ff.).

515 Dazu und allgemein zu dieser Strategie *Wiley*, U.C. Davis L. Rev. 121 (2013), 121 (132ff.).

516 *Schaller/Pötschke-Langer*, Pneumologe 2012, 1

517 DKFZ, Gesundheit fördern – Tabakkonsum verringern, S. 38.

518 *Hanewinkel/Pohl*, Werbung und Tabakkonsum, S. 2; DKFZ, Zigarettenwerbung in Deutschland, S. 3.

In Deutschland ist diese Einwirkung auf die soziale Norm noch kein eigenes Politikziel, was sich bereits daraus erklärt, dass Deutschland im Vergleich zu anderen Ländern stets nur sehr zurückhaltend Maßnahmen der Tabakkontrollpolitik eingeführt hat. Der Effekt stellt sich aber von allein ein, wenn die verschiedenen Maßnahmen in der Kombination das Bild des unerwünschten Rauchens prägen[519]. In dem Bereich, indem dieser Effekt durch Nudges erzielt wird, entsteht ein dritter Bereich zwischen Erlaubtsein und Verbot eines gesundheitsriskanten Verhaltens: „die rechtlich erlaubte, aber unerwünschte, verwerfliche, stigmatisierte und erschwerte Freiheitsausübung" (Permit But Discourage)[520].

Diese Einwirkung auf die sozialen Normen kann in zweierlei Hinsicht einen Grundrechtseingriff darstellen: Soweit auf die Präferenzen der Bevölkerung eingewirkt wird (sie soll nicht mehr rauchen, weil sie dies selbst für richtig hält), ist die innere Geistesfreiheit betroffen, die von Art. 2 I iVm Art. 1 I GG geschützt wird[521]. Soweit beim Einzelnen zwar keine Änderung der inneren Einstellung bewirkt wird, er das gesundheitsriskante Verhalten aber unterlässt, weil er den sozialen Druck spürt und nicht als „Abweichler" gelten will, wird in seine allgemeine Handlungsfreiheit gem. Art. 2 I GG eingegriffen[522].

aa) Veränderung der Präferenzen

Auch Ge- und Verbote führen nicht nur dazu, dass die Adressaten der Norm sich aus Angst vor Sanktionen bzw. Durchsetzung an die Norm halten, sondern wirken sich langfristig auch auf die Einstellung der Adressaten und der Gesellschaft insgesamt aus[523]. Dass der Staat durch Gesetze auf die innere Einstellung einwirkt, ist somit nichts, was allein beim Einsatz „weicherer" Instrumente passiert. Im Schrifttum wird nun an dieser Stelle ausführlich untersucht, ob die einzelnen Nudges der Tabakkontrollpolitik durch die kumulative Wirkung, die sie zusammen erzeugen, einen Eingriff in Art. 2 I iVm Art. 1 I GG darstellen könnten, weil sie auf die Präferenzen der Einzelnen einwirken[524]. Dies geschieht jedoch auf der Prämisse, dass die einzelnen Maßnahmen – auch die Schockbilder – noch nicht die Schwelle eines Eingriffs überschreiten. Das Problem an dieser Stelle ist jedoch nicht die Frage, ob ein Eingriff vorliegt – davon kann ausgegangen werden, weil jedenfalls die Maßnahmen, die auf die kurzfristigen Präferenzen einwirken, bereits einen solchen darstellen –, sondern die Frage der Rechtfertigung. Wenn man diese Eingriffe der Lebensstilregulierung wiederum nur auf der Prämisse zulässt, dass das Wirksamwerden der langfristigen,

---

519 *Feldman/Bayer*, Annual Review of Law and Social Science 2011, 79 (88).

520 *Kolbe*, Freiheitsschutz vor staatlicher Gesundheitssteuerung, S. 91.

521 Siehe oben 4. Teil, B. II. 2.

522 In diesem Fall liegt dann ein mittelbarer Grundrechtseingriff vor, vgl. *Lüdemann*, Edukatorisches Staatshandeln, S. 123 ff.

523 *Eidenmüller*, Effizienz als Rechtsprinzip, S. 342 f.

524 *Kolbe*, Freiheitsschutz vor staatlicher Gesundheitssteuerung, S. 239 ff., die dies im Ergebnis ablehnt (S. 243); anders *Kreßner*, Gesteuerte Gesundheit, S. 280.

bevorzugten Präferenzen gefördert wird, wird bei den Personen, die diese langfristige Präferenz aufweisen, nicht mehr auf die Präferenzen eingewirkt. Dies betrifft notwendigerweise den größten Teil der Konsumierenden, da sonst die Typisierung nicht gerechtfertigt wäre.

bb) Verhaltensänderung durch sozialen Druck

Ändert eine Person ihr gesundheitsriskantes Verhalten, weil sie den sozialen Druck spürt, liegt darin bloß ein mittelbarer Eingriff in Art. 2 I GG. In der Regel wird der Staat diesen Effekt nicht bezwecken und es ist insbesondere schwierig, diesen Effekt zu vermeiden, sollen die jeweiligen einzelnen Maßnahmen ihr originäres Ziel nicht verfehlen. In der Regel wird ein solcher mittelbarer Eingriff nicht unverhältnismäßig sein.

Der soziale Druck resultiert zunächst daraus, dass ein bestimmtes Verhalten (Rauchen) oder ein bestimmter Zustand (Übergewicht) nicht mehr als die Norm gelten, also unnormal werden. Dies zeigt sich durch die faktische Überzahl der Nichtraucher oder der Normalgewichtigen. Sozialer Druck kann jedoch darüber hinaus umschlagen in eine Stigmatisierung der „Unnormalen", die sich für ihr Verhalten oder ihren Zustand nicht nur rechtfertigen müssen, sondern auch als „selbst schuld" gelten und ggf. sozial geächtet werden. Einen solchen Stigmatisierungseffekt können insbesondere Maßnahmen der Verhaltensprävention zur Reduzierung von Übergewicht haben[525], da sie auf der Prämisse der Eigenverantwortung konzipiert sind, die aber so nicht tragfähig ist[526]. Vor einer solchen Stigmatisierung schützt wiederum das allgemeine Persönlichkeitsrecht. Ob eine Denormalisierungsstrategie, die jedenfalls die Stigmatisierung in Kauf nimmt, verhältnismäßig ist, hängt zum einen davon ab, ob es überhaupt empirische Erkenntnisse dazu gibt, dass die Strategie geeignet sein könnte, und zum anderen davon, welchen Grad an Stigmatisierung die Strategie auslöst[527]. Wird eine Gruppe von Personen an den Rand der Gesellschaft gedrängt durch Maßnahmen, die nicht entwürdigend und eher vorübergehend sind, und geht es um ein gesundheitsriskantes Verhalten, das man leicht ablegen oder jedenfalls ein Stück weit vor anderen verstecken kann, kann eine solche Strategie möglicherweise verhältnismäßig sein[528].

Bei der Stigmatisierung von Übergewicht muss jedoch berücksichtigt werden, dass sich Übergewichtige nur begrenzt von diesem Stigma aus eigener Kraft befreien kön-

---

525 *Goldberg/Puhl*, Hastings Cent Rep 2013, 5; *Mayes*, Bioethics 2015, 217 (221); Leopoldina, Diskussionspapier Nr. 22, S. 11 f. Diese Strategie befürwortend *Bloche*, The Georgetown LJ 93 (2005), 1335 (1349 ff., 1354).

526 Dazu oben 4. Teil, B. I. 2.

527 Wenn man es dagegen ablehnt, Stigmatisierungsgrade anzunehmen, und vielmehr jede Stigmatisierung als unwürdige Behandlung ablehnt, kommt man zu dem Ergebnis, dass eine Stigmatisierungsstrategie nie zulässig ist (*Burris*, SOC. SCI. & MED 2008, 473 [475]).

528 In diese Richtung *Wiley*, U.C. Davis L. Rev. 121 (2013), 121 (140), auf der Grundlage von *Bayer*, SOC. SCI. & MED. 2008, 463 (467), der im Ergebnis aber sehr vorsichtig ist.

nen, solange die Umgebung übergewichtsfördernd ist. Adipöse müssen darüber hinaus nicht nur abnehmen, sondern ggf. sehr viel abnehmen und dann auch noch das Gewicht halten (was aufgrund von Anpassungen des Stoffwechsels sehr schwierig sein kann[529]), damit sie von dem Stigma befreit sind[530], und sie sind immer – in jeder Situation – als Adipöse erkennbar. Deswegen kann schon die Geeignetheit der Denormalisierungsstrategie bei Adipositas bezweifelt werden. Erst recht kann sie nicht verhältnismäßig im engeren Sinne sein, denn die Stigmatisierung kann selbst negative Effekte auf den Gesundheitszustand haben[531]. Die Umstände sprechen vielmehr dafür, bei Adipositas eine Strategie zu verfolgen, die sich auf die übergewichtsfördernde Umgebung konzentriert.

Bei Rauchern stellt sich die Situation insofern anders dar, als diese nicht konstant als Raucher zu erkennen sind. Erschwerend kommt aber auch hier hinzu, dass das Verhalten nicht leicht abgelegt werden kann, wenn eine Sucht besteht. Unklar ist aber, ob die Tabakkontrollpolitik bereits stigmatisierend ist[532]. Jedenfalls kann die Geeignetheit der Denormalisierungsstrategie bezweifelt werden. Für verschiedene westliche Länder inklusive Deutschland wurde beobachtet, dass die Denormalisierungsstrategie der Tabakkontrollpolitik dazu beigetragen hat, dass die Rauchraten innerhalb der oberen sozialen Schichten in größerem Umfang zurückgingen als die Raten in den unteren sozialen Schichten[533]. Durch diese Verschiebung wurde Rauchen zum Lebensstil insbesondere der unteren sozialen Schichten. Dies wiederum spricht dafür, auch hier nicht auf Denormalisierung und Verhaltensprävention zu setzen, sondern an der Umgebung anzusetzen[534].

d) Fazit

Die soziale Risikovorsorge besteht aus dem Ansatz, die Autonomie der Bevölkerung zu fördern. Der Staat muss sich deswegen darauf konzentrieren, Informationsdefizite zu beseitigen, externe Einwirkungen auf die Präferenzbildung zu unterbinden und bei internen Präferenzwidersprüchen die Wahl der bevorzugten Präferenz zu unterstützen. Unter diesen Voraussetzungen getroffene eigenverantwortliche Entscheidungen – auch gesundheitsriskante – muss der Staat dann respektieren, weil die gesundheitsriskante Handlung in tatsächlicher Hinsicht Ausdruck einer autonomen Entscheidung ist.

Hält man die skizzierten Voraussetzungen der Autonomieförderung ein, verliert die Paternalismus- bzw. Nudging-Diskussion ein Stück weit die Grundlage ihrer Kritik: Schockbilder auf Zigarettenschachteln, Lebensmittelampel und Tabaksteuer sind

---

529 Dazu Leopoldina, Diskussionspapier Nr. 22, S. 13 f.
530 *Wiley*, U.C. Davis L. Rev. 121 (2013), 121 (168).
531 *Wiley*, U.C. Davis L. Rev. 121 (2013), 121 (169 ff.) mwN.
532 So auch *Burris*, SOC. SCI. & MED 2008, 473 (475), der Stigmatisierung als Strategie ablehnt.
533 *Feldman/Bayer*, Annual Review of Law and Social Science 2011, 79 (82).
534 Vgl. *Wiley*, U.C. Davis L. Rev. 121 (2013), 121 (140 f.); *Alemanno*, EJRR 2012, 32 (36 Fn. 35).

dann nicht paternalistische Instrumente eines Nanny-Staates, sondern Instrumente, die es den Konsumierenden ermöglichen, ihre langfristigen Präferenzen wirksam werden zu lassen. In der Praxis liegt das Problem deswegen weniger in der rechtlichen Rechtfertigung, sondern in dem empirischen Nachweis, dass die Mehrzahl der Konsumentinnen weniger rauchen und sich gesunder ernähren will.

3. Die Industrie als Risikoakteurin

Die bisherige Analyse hat gezeigt, dass aus verschiedenen Gründen ein Einwirken auf die Umgebung – also die Verhältnisprävention – der Verhaltensprävention vorzuziehen ist. Durch entsprechende Interventionen werden die Situationen verändert, in denen gesundheitsrelevante Entscheidungen getroffen werden; gesundheitsrelevante Verhaltensweisen werden dadurch ein Stück weit destigmatisiert.

Die entsprechenden Maßnahmen, die der Staat gegenüber der Industrie ergreift, werden als „indirekt-paternalistisch" bezeichnet, weil sie andere Personen als die Adressaten vor sich selbst schützen sollen. Vereinzelt wird nun behauptet, dass paternalistische Maßnahmen grundsätzlich unzulässig seien und dass deswegen auch indirekt-paternalistische Maßnahmen keinen legitimen Zweck verfolgten[535]. Dies beruht jedoch erstens auf einem nicht näher erläuterten, pauschalen Verständnis von Paternalismus und verliert zweitens aus dem Blick, was das Ziel – also der Regulierungsansatz – dieser Art von Einwirkung auf die Industrie ist. Bei der Industrie handelt es sich nicht um eine Unbeteiligte, die nun ohne einen auf sie bezogenen Grund Grundrechtseingriffe erdulden muss. Grund für die Einwirkung ist vielmehr, dass die Hersteller von Lebensmitteln, Tabakwaren und alkoholischen Getränken verantwortlich sind für die Zusammensetzung ihrer Produkte und somit für deren potentielle Gesundheitsschädlichkeit. Sie nutzen bestehende Süchte und bestimmte Rationalitätsdefizite der Konsumierenden aus, um ihre Gewinne zu maximieren. Dieses Ausnutzen führt dazu, dass Konsumenten nicht als „eigenverantwortlich" in einem Sinne gelten können, die die Verantwortung von der Industrie nimmt. Die Industrie ist vielmehr bei wertender Betrachtung für eine Risikoquelle verantwortlich, die ein Gesundheitsrisiko für Dritte darstellt. Soweit der Staat der Industrie Beschränkungen auferlegt, verfolgt er somit einen legitimen Zweck: Er wird im Rahmen der gefahrenabwehrrechtlichen Risikovorsorge tätig, d.h. im Verhältnis zu den Risikoakteuren stützt sich der Staat auf die grundrechtlichen Schutzpflichten zum Schutz der Gesundheit der Bevölkerung[536].

Bei der Grundrechtsprüfung müssen dann die Motive der Industrie berücksichtigt werden. Dies geschieht auf zwei Ebenen: bei der Frage, welches Grundrecht für Herstellung und Vertrieb gesundheitsriskanter Produkte einschlägig ist, und im Rahmen der Abwägung mit der öffentlichen Gesundheit. So macht es einen Unterschied, ob

---

535 *Schweizer*, Nudging and the principle of proportionality, S. 12.

536 In diesem Sinne auch *Heck*, Paradigmenwechsel im Lebensmittelrecht, S. 185 f.

das Verhalten eines Risikoakteurs auf die Verursachung des Risikos – also auf die potentielle Gesundheitsschädigung – ausgerichtet ist oder ob das Risiko nur Nebenfolge des Verhaltens, also gar nicht beabsichtigt (ggf. sogar unerwünscht), ist. Der erste Fall liegt im Fall des Verzehrs ungesunder Lebensmittel und dem Konsum von Tabakwaren und Alkohol vor. Hier zielt das Verhalten der Produzenten auf die Verursachung des Risikos – also auf die potentielle Gesundheitsschädigung –, das Risiko ist nicht nur unbeabsichtigte, ggf. sogar unerwünschte Nebenfolge[537] des Verhaltens. Sie sind wirtschaftlich davon abhängig, dass die Konsumierenden bereit sind, das jeweilige Risiko einzugehen. Sobald sich eine Sucht manifestiert hat, kann andererseits auf Seiten der Betroffenen nicht mehr davon gesprochen werden, dass diese das Risiko freiwillig eingehen. Von Autonomie kann dann keine Rede mehr sein. Die Produzenten machen sich die Sucht der Konsumierenden zu Nutze und nutzen die Autonomiedefizite bewusst aus[538]. Dies gilt auch bereits vor der Manifestation einer Sucht, wenn kognitive Verzerrungen hervorgerufen oder jedenfalls ausgenutzt werden.

Ein wesentliches Abgrenzungskriterium für die Risikoverteilung ist der bestimmungsgemäße Gebrauch eines Produkts. Der Hersteller kann für die sich aus diesem Gebrauch ergebenden Risiken, aber nicht darüber hinaus verantwortlich gemacht werden. Daraus folgt wiederum die Pflicht, über den bestimmungsgemäßen Gebrauch zu informieren[539]. Wird ein Produkt anders, als es seine Bestimmung vorsieht, gebraucht, fällt diese Zweckentfremdung in die Risikosphäre der Konsumierenden. Bei zucker-, salz- und fetthaltigen Lebensmitteln, Alkohol und Tabakwaren beinhaltet jedoch bereits der bestimmungsgemäße Gebrauch ein Gesundheitsrisiko. Bei Lebensmitteln kommt es dabei entscheidend auf die konkrete Zusammensetzung und die Portionsgröße an, da bei geringen Mengen und kleinen Portionen das Risiko sehr gering oder nichtexistent ist. Hier kommt es dann auf die wissenschaftliche Evidenz zu der Frage an, wieviel von diesen Zutaten grundsätzlich als „gesund" gelten können. Das gleiche gilt für den Alkoholkonsum. Nachdem man lange Zeit davon ausging, dass es auf die Dosis ankommt, tendiert man mittlerweile dazu, bereits den Konsum geringer Mengen als Gesundheitsrisiko zu betrachten. Für Tabakwaren gilt: Sie führen – als einzige frei erwerbbare Produkte – bei bestimmungsmäßigem Gebrauch bei einem Großteil der Konsumenten zu Abhängigkeit, schwerwiegenden Gesundheitsschäden und vorzeitigem Tod[540].

---

537 Dies ist etwa bei Autofahrern der Fall, die es sicher nicht auf die Feinstaubbelastung, die sie verursachen, anlegen.

538 Kritisch *Huster*, JZ 2008, 859 (867).

539 Vgl. für das Arzneimittelrecht § 8 III Nr. 2 lit. b ChemVerbotsV, § 11 AMG (Packungsbeilage).

540 *Adams/Bornhäuser/Pötschke-Langer/Grunewald*, NJW 2004, 3657; DKFZ, Gesundheit fördern – Tabakkonsum verringern, S. 43.

a) Verbot gesundheitsschädlicher Zutaten

Nur in geringem Umfang macht der Staat Vorgaben zur Zusammensetzung der Produkte. Hierbei kann er sich auf die grundrechtliche Schutzpflicht aus Art. 2 II 1 GG stützen. Die herstellenden Unternehmen wiederum können sich auf Art. 12 I GG bzw. ggf. auf Art. 16 GRC berufen; die Entscheidung über die Zusammensetzung ihrer Produkte ist von der Berufsfreiheit umfasst. Solche Vorgaben können von vornherein nur gerechtfertigt sein, wenn die Zutat, deren Verwendung verboten werden soll, nachweislich gesundheitsschädlich ist (wie Transfette in Lebensmitteln) oder das Entstehen einer Sucht fördert, denn das Verbot nimmt unmittelbar auf das Warenangebot der Unternehmer Einfluss und stellt deswegen einen schweren Eingriff in ihre Grundrechte dar.

Orientierte sich die Regulierung von Tabakwaren nicht am Lebensmittelrecht, das kein Zulassungsverfahren für die Herstellung und das Inverkehrbringen vorsieht[541], sondern z.B. am Arzneimittelrecht, das ein Inverkehrbringen von einer vorherigen Zulassung abhängig macht (§ 21 I AMG), würden Zigaretten wegen ihrer Gesundheitsschädlichkeit diese Zulassung wohl nicht erhalten[542]; die Ausgliederung des Tabakerzeugnisrechts aus dem Lebensmittelrecht in ein Sonderregime war gerade deswegen notwendig[543]. Nun beschränkt man sich vorrangig darauf, Höchstwerte der Schadstoffe festzuschreiben, die nicht überschritten werden dürfen, was im Ergebnis ein Verbot noch schädlicherer Zigaretten bedeutet[544]. Beim Verbot von Menthol und vergleichbaren Aromen ist entscheidend, dass diese – auch wenn sie selbst nicht gesundheitsschädlich sind – den für ungeübte Raucherinnen unangenehmen Geschmack überlagern und dadurch den Konsum der gesundheitsschädlichen Produkte für diese Gruppe überhaupt erst ermöglichen. Diese Verbote sollen den Einstieg in den Tabakkonsum verhindern[545] und können mit dem besonderen Schutz Minderjähriger gerechtfertigt werden.

Unionsrechtlich werfen Produktverbote die Frage auf, wie sie mit dem Ziel der Binnenmarktharmonisierung vereinbar sein können. Das Schrifttum kritisiert, dass der freie Warenverkehr nur dann gefördert würde, wenn durch das Verbot der aromatisierten Zigaretten der Handel mit anderen – weniger gesundheitsschädlichen – Zigaretten gefördert würde[546]. Ein Komplettverbot beseitige „den Handel und nicht

---

[541] *Meisterernst*, Lebensmittelrecht, § 1 Rn. 20, zu den Ausnahmen vgl. Rn. 21 f.

[542] Vgl. schon 1975 BT-Drs. 7/3597, S. 12; jüngst Wissenschaftliche Dienste des Bundestags, Verfassungsmäßigkeit eines umfassenden Verbots der Werbung für Tabakerzeugnisse, WD -0 - 30-0 - 023/16, S. 9.

[543] Vgl. oben 2. Teil, B. I. 2. a) aa) (3).

[544] Dazu EuGH, Urt. v. 10.12.2002, Rs. C-491/01, Rn. 126 ff.

[545] Erwägungsgrund Nr. 16 RL 2014/40/EU.

[546] *Lübke*, GPR 2016, 181 (183).

die Hemmnisse“[547]. Der EuGH hingegen hatte hier keine Bedenken[548]: Auch ein Verbot verhindere schließlich, dass es zu verschiedenen nationalen Regelungen kommt und dies sei zur Binnenmarktharmonisierung ausreichend. Abzustellen ist somit „nicht auf eine Verbesserung der Marktchancen für ein bestimmtes Produkt, sondern auf die Funktionsverbesserung des Binnenmarktes insgesamt“[549]. Das Verbot ist „der Preis für die freie Zirkulationsfähigkeit „normaler“ Tabakerzeugnisse“[550].

b) Einschränkung des Angebots durch Regelung der Verkaufsorte und -größen

Der Staat kann auf die Verfügbarkeit der Produkte Einfluss nehmen, indem er bestimmte Abgabeorte oder Portionsgrößen verbietet oder vorschreibt. Hierzu kann er sich auf die grundrechtliche Schutzpflicht aus Art. 2 I iVm Art. 1 I GG stützen, denn Grund für die Regulierung ist die Einflussnahme auf die Präferenzen der Konsumierenden. Berücksichtigt werden muss, dass die Verfügbarkeit die Höhe des Konsums beeinflusst.

Die Eingriffe in Art. 12 I GG sind jeweils gering, da sie sich nicht auf die Zusammensetzung des Produkts selbst beziehen und es den Konsumierenden nicht verwehren, beliebig große Mengen der Produkte zu kaufen. Wer Zigaretten erwerben möchte, kann dies auch dann tun, wenn Tabakautomaten verboten sind; wer pro Tag 50 Zigaretten rauchen oder 2 Liter zuckerhaltige Limonade trinken will, kann dies auch tun, wenn die Packungsgröße beschränkt ist. Dass der Umsatz für die Produzenten höher ist, wenn der Vertrieb gar nicht reguliert ist, führt nicht dazu, dass der Eingriff besonders schwer wiegt; man kann ihn mit der Begrenzung der Ladenöffnungszeiten vergleichen. Auch diese begrenzen die Verfügbarkeit, nehmen aber keinen unmittelbaren Einfluss auf den Umfang des Konsums selbst.

Sowohl ein Verbot von Tabakautomaten als auch ein Verbot des Verkaufs zuckerhaltiger Getränke in großen Bechern könnten somit verfassungsrechtlich gerechtfertigt werden. Der Gesetzgeber könnte mit dem Ziel des Minderjährigenschutzes außerdem das Aufstellen von Süßigkeiten- und Soft-Drink-Automaten in Schulen und den Betrieb von Fast-Food-Restaurants in der Nähe von Schulen (wie in anderen Ländern)[551] verbieten.

---

547 *Dalby*, ZLR 690 (695). Kritisch auch *Nettesheim*, EuZW 2016, 578 (579): Man fühle „sich an einen Doktor erinnert, der die Durchblutungsschwierigkeiten eines Patienten dadurch zu „heilen“ beansprucht, dass er den Blutkreislauf unterbricht und den Patienten sterben lässt.“

548 EuGH, Urt. v. 4.5.2016, Rs. C-547/14, Rn. 94, 116ff.

549 *Gundel*, in: Ruffert (Hrsg.), EnzEur Bd. 5: Europäisches Sektorales Wirtschaftsrecht, § 8 Rn. 25 mwN.

550 *Tietje*, in: Grabitz/Hilf/Nettesheim (Hrsg.), Das Recht der EU, Juli 2016, Art. 114 AEUV Rn. 99.

551 *Karnani/McFerran/Mukhopadhyay*, JACR 2016, 445 (459f.).

c) Abbau der Informationsasymmetrie durch Informationspflichten

Ohne eine Kennzeichnung der Inhaltsstoffe eines Produkts fehlt den Konsumenten das Minimum an Informationen für eine eigenverantwortliche Konsumentscheidung. Solche großen Informationsasymmetrien sind Ausdruck eines Marktversagens[552], das eine Intervention des Staates rechtfertigt[553]. Gestützt auf die Schutzpflicht aus Art. 2 II 1 GG darf der Staat die Produzenten somit dazu verpflichten, die Bestandteile offenzulegen, die Gesundheitsrelevanz haben, und diese auf der Packung abzudrucken.

d) Einschränkens des Ausnutzens kognitiver Verzerrungen: Regulierung des Marketings

Soweit der Staat das Marketing reguliert, reagiert er darauf, dass durch die Produzenten auf die Präferenzen der Konsumierenden eingewirkt werden soll. Die Unterbindung der Einwirkung auf die Präferenzen durch die Produzenten ist wesentliches Element einer staatlichen Präventionspolitik, die die Autonomie der Konsumiernden fördern will[554]. Durch die Einwirkung auf die Präferenzen und die Ausnutzung von Autonomiedefiziten werden die Produzenten zu Risikoakteuren für die Gesundheit der Konsumenten. Dieser Regulierungsansatz kann sich deswegen auf die grundrechtliche Schutzpflicht aus Art. 2 I iVm Art. 1 I GG stützen.

Die produzierenden Unternehmen können sich wiederum auf die Berufsfreiheit gem. Art. 12 I GG berufen. Darüber hinaus wird überwiegend davon ausgegangen, dass Wirtschaftswerbung – als Teilbereich des Marketings – zusätzlich unter den Schutz des Art. 5 I 1 GG fällt, sich die Industrie also auf die Meinungsfreiheit berufen kann. Diese Einordnung entspricht auch dem Verständnis des europäischen Grundrechtsschutzes (Art. 11 I, 16 GRC, Art. 10 EMRK).

Im Rahmen der Abwägung der öffentlichen Gesundheit mit den Grundrechten der Unternehmen ist nun die Tatsache zu berücksichtigen, dass Grund des Marketings die Mehrung des Profits und nicht die Teilnahme am politischen Prozess ist. Dies führt dazu, dass der Spielraum des Gesetzgebers bei der Regulierung des Marketings am oberen Rand – also durch die Grundrechte der produzierenden Unternehmen – nicht besonders stark begrenzt wird. Er kann also relativ weitgehende Werbeverbote zum Schutz der öffentlichen Gesundheit erlassen; der EuGH spricht davon, dass auch vorläufige oder endgültige Verbote zulässig sind[555]. Europarechtlich ist dies dadurch vorgezeichnet, dass hier eine allgemeine Abwägung der unterschiedlichen Interessen unter Berücksichtigung des Vorsorgeprinzips und des bei der Harmonisierung anzustrebenden hohen Gesundheits- und Verbraucherschutzni-

---

[552] *Fritsch*, Marktversagen und Wirtschaftspolitik, S. 249 ff.

[553] *van Aaken*, in: Kemmerer/C. Möllers/Steinbeis/Wagner (Hrsg.), Choice Architecture in Democracies, S. 161 (177). Siehe außerdem ausführlich oben 3. Teil, B. I. 2.

[554] *Huster/Reimann*, VSSAR 2020, 267 (280).

[555] EuGH, Urt. v. 4.5.2016, Rs. C-547/14, Rn. 64 mwN.

veaus vorgenommen wird. Der EuGH berücksichtigt ausdrücklich die Motive der Unternehmen[556].

Im deutschen Verfassungsrecht kommt man in der Regel auch zu diesem Ergebnis[557] – dogmatisch ist dies jedoch schwierig zu begründen, wenn man mit der herrschenden Meinung im Schrifttum[558] und dem BVerfG[559] die Meinungsfreiheit für einschlägig hält im Falle von Wirtschaftswerbung. Denn Werbeverbote im Tabakerzeugnisrecht oder Lebensmittelrecht richten sich unmittelbar gegen eine bestimmte Meinung, nämlich das kommerzielle Anpreisen jeweils dieser Produkte[560]. Dadurch handelt es sich bei den entsprechenden Regelungen nicht um allgemeine Gesetze iSd Art. 5 II GG, wenn man diese Schranke eng auslegt und nur verlangt, dass sich das Gesetz gegen die Äußerung einer bestimmten Meinung richtet, eine Voraussetzung, die nicht durch die Abwägung von Meinungsfreiheit und Gesundheitsschutz überwunden werden kann[561]. BVerfG und weite Teile der Literatur entgehen diesem Ergebnis allerdings dadurch, dass sie die Schranke weit auslegen und es ausreichen lassen, dass das Gesetz, selbst wenn es sich gegen eine bestimmte Meinung richtet, ein Rechtsgut mit Verfassungsrang schützt und dieses Rechtsgut in diesem Fall Vorrang vor der Meinungsfreiheit hat[562], oder dass sie von vornherein eine Rechtfertigung über verfassungsimmanente Schranken für möglich erachten[563]. In diesen Fällen

---

556 Vgl. Generalanwalt *Jääskinen*, EU:C:2015:460, Rn. 55; EuG, ECLI:EU:T:2016:150, Rn. 81, mwN.

557 Zur Berücksichtigung der Motive der Produzenten auch *Siekmann*, DÖV 2003, 657 (662).

558 *Winkler*, in: BerlKomm., GG, IX/15, Art. 12 Rn. 38; *Schmidt-Jortzig*, in: Isensee/Kirchhof (Hrsg.), HbStR, VII, § 162 Rn. 23; *Wendt*, in: v. Münch/Kunig (Hrsg.), GG, 7. Aufl., Art. 5 Rn. 30; *Bethge*, in: Sachs (Hrsg.), GG, Art. 5 Rn. 79; *Schulze-Fielitz*, in: Dreier (Hrsg.), Art. 5 Rn. 62; *Schemmer*, in: BeckOK-GG, 15.5.2022, Art. 5 Rn. 4. Kritisch *Degenhart*, in: BoKo, GG, Juli 2017, Art. 5 Abs. 1 und 2 Rn. 135 ff. Differenzierend *Ueltzhöffer*, Die staatliche Einflussnahme auf den Tabakkonsum von Kindern und Jugendlichen in Deutschland, S. 108 ff.; *Hufen*, JuS 2015, 952. Kritisch zur pauschalen Zuordnung von Wirtschaftswerbung zu Art. 5 I GG *Kevekordes*, Tabakwerbung und Tabaketikettierung im deutschen und europäischen Recht, S. 55. – Ausführlich zur Entwicklung im Schrifttum *Hatje*, Wirtschaftswerbung und Meinungsfreiheit, S. 76 ff.

559 BVerfG, NJW 2015, 1438 (1439); außerdem BVerfGE 102, 347 (359). Ausführlich zur Rechtsprechung des BVerfG *Faßbender*, GRUR Int 2006, 965 (965 ff.). Ursprünglich war das BVerfG der Ansicht, das Grundrecht der Meinungsfreiheit aus Art. 5 I 1 GG könne „für eine Wirtschaftswerbung allenfalls in Anspruch genommen werden, wenn die Werbung einen wertenden, meinungsbildenden Inhalt hat oder Angaben enthält, die der Meinungsbildung dienen" (BVerfGE 95, 173 [181 f.]). Zur frühen Rechtsprechung *Hatje*, Wirtschaftswerbung und Meinungsfreiheit, S. 67 ff.

560 *Ueltzhöffer*, Die staatliche Einflussnahme auf den Tabakkonsum von Kindern und Jugendlichen in Deutschland, S. 112. Vgl. *Huster*, JuS 2002, 262 (263), zu einem gedachten umfassenden Alkoholwerbeverbot.

561 Für ein solches Verständnis der allgemeinen Gesetze *Hatje*, Wirtschaftswerbung und Meinungsfreiheit, S. 98; *Schemmer*, in: BeckOK-GG, 15.5.2022, Art. 5 Rn. 99.1.

562 So für den Fall der Tabakwerbung *Kevekordes*, Tabakwerbung und Tabaketikettierung im deutschen und europäischen Recht, S. 102 ff.

563 *Schemmer*, in: BeckOK-GG, 15.5.2022, Art. 5 Rn. 113; *Starck/Paulus*, in: v. Mangoldt/Klein/Starck, GG, Art. 5 Rn. 272; *Schulze-Fielitz*, in: Dreier (Hrsg.), Art. 5 Rn. 152; *Degenhart*, in: BoKo, GG, Juli 2017, Art. 5 Abs. 1 und 2 Rn. 98.

geht dann der Schutz der öffentlichen Gesundheit der Meinungsfreiheit der Risikoakteure vor.

Folgt man auf der dogmatisch-abstrakten Ebene der Schrankenregelung des Art. 5 II GG diesem Verständnis nicht[564], können nur solche Werbeverbote, die mit dem Schutz der Jugend begründet werden, vor Art. 5 II GG Bestand haben, denn die Schranke des Jugendschutzes darf sich gegen eine bestimmte Meinung an sich richten[565]. Auf diese Weise können Werbeverbote, die die Verhinderung des Raucheinstiegs von Kindern und Jugendlichen bezwecken[566], und Kindermarketingverbote im Lebensmittelrecht[567] gerechtfertigt werden.

Übrig bleiben jedoch Verbote von Werbung, die zu diesem Zweck schon im Ansatz ungeeignet sind: z. B. Tabakwerbung, die zu einer Zeit im Kino läuft, zu der Kinder und Jugendliche keinen Zutritt haben, oder die in Printmedien erscheint, die an Kinder und Jugendliche nicht verkauft werden dürfen. An dieser Stelle soll der Blick zurück auf die Frage gelenkt werden, welches Grundrecht die Marketingtätigkeit von Unternehmen schützt: Dies kann nicht die Meinungsfreiheit sein, vielmehr ist die Berufsfreiheit das vorrangig einschlägige Grundrecht. Dieses Ergebnis ergibt sich aus einem konsequenten Verständnis der Meinungsfreiheit und ihrer Schrankenregelung: Eine Dogmatik der Schrankenregelung des Art. 5 II GG, die einerseits den Jugend- (und Ehr-)Schutz vom Erfordernis des allgemeinen Gesetzes ausnimmt, andererseits aber keine Berücksichtigung beliebiger verfassungsrechtlich geschützter Ziele zulässt, ist in sich insbesondere dann konsequent, wenn sie von vornherein auf einem bestimmten historisch-politischen Verständnis der Meinungsfreiheit aufbaut. Dieses Verständnis sieht die Meinungsfreiheit als vorrangig „politisches Freiheitsrecht"[568], das enger verstanden werden muss, als dies von der herrschenden Meinung getan wird. Ohne einen irgendwie zum Ausdruck kommenden politischen Bezug sind Werbeaussagen allein von Art. 12 I GG geschützt[569]. Zwar soll der Inhalt von Werbebotschaften den Adressaten durch eine wertende Stellungnahme zum Kauf motivieren. Dies geschieht, indem die Werbebotschaft an ein vorgeprägtes Werteschema der Adressaten gerichtet ist oder versucht, auf die Wertvorstellungen der Adressaten Einfluss zu nehmen[570]. Der Sinn der Werbung ist jedoch nicht die

---

564 Ausführlich *Kirsch*, NWVBl 2010, 136 (138). Kritisch auch *Siekmann*, DÖV 2003, 657 (660); *Huster*, JuS 2002, 262 (263).

565 Sonst wäre ihre Nennung überflüssig, die drei Schranken stehen nebeneinander. Vgl. auch *Schmidt-Jortzig*, in: Isensee/Kirchhof (Hrsg.), HbStR, VII, § 162 Rn. 60; *Bethge*, in: Sachs (Hrsg.), GG, Art. 5 Rn. 141, 159; *Schulze-Fielietz*, in: Dreier (Hrsg.), GG, Art. 5 Rn. 147; *Starck/Paulus*, in: v. Mangoldt/Klein/Starck, GG, Art. 5 Rn. 269. Aa BVerfGE 124, 300 (327); *Degenhart*, in: in: BoKo, GG, Juli 2017, Art. 5 Abs. 1 und 2 Rn. 96.

566 *Siekmann*, DÖV 2003, 657 (660).

567 Dazu noch unten 4. Teil, C. III. 2. a).

568 Starck, Freiheit und Institutionen, S. 257 Fn. 117.

569 *Faßbender*, GRUR Int 2006, 965 (971). In diese Richtung auch *Huster*, JuS 2002, 262 (264 Fn. 11).

570 *Hatje*, Wirtschaftswerbung und Meinungsfreiheit, S. 82. Zustimmend *Kühling*, in: BeckOK-InfoMedienR, 1.11.2018, Art. 5 GG Rn. 28.

Äußerung einer bestimmten Ansicht, um dadurch einen Meinungsbildungsprozess in Gang zu setzen bzw. an einer geistigen Auseinandersetzung teilzunehmen, „sondern die Beeinflussung des Käufers mit dem Ziel, ihn kaufbereit zu machen“[571]; es geht es um den Verkauf von Produkten[572] und somit allein um wirtschaftliche Interessen. Die Privilegierung, die sich für die Äußerung von Meinungen aus den hohen Anforderungen des Art. 5 II GG ergibt, ist nur gerechtfertigt, wenn der Grund, weshalb es die hohen Anforderungen des Art. 5 II GG gibt, auch bei der Wirtschaftswerbung vorliegt. Sieht man den Grund historisch betrachtet in der grundlegenden Bedeutung der Meinungsäußerungsfreiheit für den freiheitlich-demokratischen Staat, liegen diese Voraussetzungen gerade nicht vor[573]. Dass die Wirtschaftswerbung das Privileg des Art. 5 II GG in der Sache nicht „verdient“, erkennen auch einige Autoren an, die sie dem Schutzbereich von Art. 5 I GG unterstellen wollen. So stellt sich aber die Frage, ob sich diese Ansätze nicht ad absurdum führen[574], wenn sie zur Kompensation die Schranken des Art. 12 I GG auf Art. 5 I 1 GG übertragen[575] oder eine besondere werbespezifische, ungeschriebene Schrankenregelung wegen der fehlenden Teilnahme am politischen Prozess in Art. 5 II GG hineinlesen[576] wollen. Diese Argumente sprechen nicht für eine Überdehnung der Schrankenregelung des Art. 5 II GG, sondern für ein engeres Verständnis des Schutzbereichs des Art. 5 I 1 GG.

Dem Schutz der Meinungsfreiheit kann Wirtschaftswerbung nur dann unterfallen, wenn sie zu einer Debatte von allgemeinem Interesse beiträgt[577], was nicht der Fall ist, wenn ausschließlich und unmittelbar die Förderung des Produktabsatzes bezweckt wird[578], indem Autonomiedefizite ausgenutzt werden. Eine solche Unterscheidung nach dem Zweck der Meinung ist auch nicht per se unzulässig[579]. Mit ihr ist keine Bewertung der Meinung verbunden, sondern nur die Frage, in welchem Zusammenhang das Äußern der Meinung unter Berücksichtigung des Zwecks der Meinungsfreiheit steht. Ein solches Vorgehen ist auch für die Versammlungsfreiheit bekannt[580]: Hier unterscheidet das BVerfG nach dem Zweck der Versammlung und lässt Spaßveranstaltungen ohne politischen Bezug nicht in den Genuss des Grundrechts kommen[581].

571 BVerwGE 2, 172 (178 f.).

572 *Faßbender*, GRUR Int 2006, 965 (970).

573 *Faßbender*, GRUR Int 2006, 965 (970 f.).

574 So auch *Faßbender*, GRUR Int 2006, 965 (971).

575 So *Lerche*, Werbung und Verfassung, S. 98, 114; *Ahrens*, JZ 1995, 1096 (1100).

576 So *Völzmann*, AöR 2018, 251 (271 ff.).

577 *Faßbender*, GRUR Int 2006, 965 (970); *Hufen*, JuS 2015, 952. – Diese Voraussetzungen lagen etwa bei der umstrittenen Benetton-Werbung insbesondere der 1990er Jahre vor (so auch *Faßbender*, GRUR Int 2006, 965 [971]). Zwar war der Zusammenhang mit dem beworbenen Produkt nicht wirklich erkennbar, aber gerade deswegen war der Beitrag zur politischen Debatte überhaupt vorhanden (*Faßbender*, GRUR Int 2006, 965 [971]). Vgl. auch den Fall bei BVerfG, NJW 2002, 1187, in dem ein Optiker mit einem Zusatz warb, der auf seine tierschützenden Aktivitäten verwies.

578 *Faßbender*, GRUR Int 2006, 965 (972).

579 So aber *Schmidt-Jortzig*, in: Isensee/Kirchhof (Hrsg.), HbStR, VII, § 162 Rn. 24.

580 *Faßbender*, GRUR Int 2006, 965 (970).

581 BVerfG, NJW 2001, 2459 (2461).

Der fehlende politische Bezug ist auch bei den Unionsgrundrechten der Grund dafür, dass Werbeverbote aus gesundheitlichen Gründen relativ einfach gerechtfertigt werden können. Im Ergebnis ist der Schutz auf beiden Ebenen wohl vergleichbar.

aa) Allgemeine Werbeverbote

Besonders drastische Mittel sind allgemeine Werbeverbote, also Verbote, die die Werbung in einem bestimmten Medium (Print, TV, Plakat) komplett verbieten, ohne dass weitere inhaltliche Umstände (wie eine Irreführung der Konsumenten[582]) vorliegen müssten. Ein Werbeverbot für Tabakwaren auch auf Plakatwänden verabschiedete Deutschland im Jahr 2020 nach langer Diskussion; es ist am 1.1. 2022 in Kraft getreten[583]. Die Tabakindustrie hatte bis dahin erfolgreich ein solches Verbot verhindert. Von ihr in Auftrag gegebene Rechtsgutachten, die die Verfassungswidrigkeit belegen sollten, nutzten entweder das Argument des „unzulässigen Paternalismus"[584] und/oder stellten den empirischen Hintergrund verzerrt bzw. fehlerhaft dar. So wurde in der Diskussion zur Wirkung von Tabakwerbung immer wieder behauptet, Tabakwerbung beeinflusse nur die Markenwahl, es gehe nur um die Verschiebung von Marktanteilen zwischen den verschiedenen Marken hin und her; der Markt sei gesättigt[585]. Diese Behauptung gilt jedoch als widerlegt; Werbung beeinflusst auch die Gesamtnachfrage[586]. Dass Werbung auf Absatzsteigerung zielt, wird auch von keiner anderen Branche als der Tabakbranche bestritten[587]. Die Schaffung neuer Nachfrage (insbesondere durch Ansprache der jungen Nichtraucher) ist notwendigerweise ein Ziel der Tabakindustrie, da ältere Raucher sterben oder – in geringem Umfang – aufhören zu rauchen[588]. Je früher eine Person zu einer bestimmten Zigarettenmarke greift, desto eher bleibt sie dieser Marke später treu[589]. Die Wahrscheinlichkeit des Zigarettenkonsums nimmt bei Jugendlichen mit steigenden Werbekontakten zu[590]. Zwar gehen manche davon aus, dass weder in die eine noch in die andere Richtung eine Wirkung von Tabakwerbung bewiesen werde könne[591]. Die Erkenntnisse reichen aber jedenfalls aus, um Werbeverboten nicht die Geeignetheit abzusprechen[592].

---

[582] Dazu unten 4. Teil, II. 3. d) bb).

[583] Dazu 2. Teil, C. II. 1. b) bb) (1).

[584] Dazu schon oben 4. Teil, I. 2.

[585] *Zapka*, RIW 1990, 132 (136).

[586] DKFZ, Gesundheit fördern – Tabakkonsum verringern, S. 32.

[587] *Ueltzhöffer*, Die staatliche Einflussnahme auf den Tabakkonsum von Kindern und Jugendlichen in Deutschland, S. 99 Fn. 400.

[588] *Effertz*, Kindermarketing, S. 131.

[589] *Effertz/Kaiser*, LMuR 2012, 234 (236).

[590] *Effertz*, Kindermarketing, S. 161; *Pierce/White/Emery*, Tobacco Control 2012, 258 (259).

[591] *Kevekordes*, Tabakwerbung und Tabaketikettierung im deutschen und europäischen Recht, S. 82 f.

[592] *Kevekordes*, Tabakwerbung und Tabaketikettierung im deutschen und europäischen Recht, S. 85; *Siekmann*, DÖV 2003, 657 (661).

Solche Verbote können bei Risikofaktoren, bei denen eine konkrete Besorgnis bzw. Quasi-Sicherheit in Bezug auf das Gesundheitsrisiko vorliegt, gerechtfertigt sein, während bei einem geringeren Risikograd die Aufklärung durch Warnhinweise ausreichend sein dürfte. Das Argument hingegen, dass Werbung nicht verboten werden dürfe, wenn ein Produkt legal ist – wie es immer wieder seitens der Politik zu hören ist[593] –, verkennt, dass Werbeverbote gerade erforderlich sein können, um ein Produkt nicht verbieten zu müssen. Wenn ein Produkt gefährlich ist, darf – bzw. muss – der Umgang reguliert werden[594] und dazu können auch umfassende Werbeverbote gehören.

Gerechtfertigt wäre auch die weitgehende Wegnahme der Marketingfläche auf dem Produkt durch umfangreiche Vorgaben, was auf den Verpackungen aufgedruckt sein muss (Warnhinweise) und was nicht aufgedruckt werden darf; dies gilt insbesondere für Tabakwaren. Bei diesen kommt letztlich sogar die komplette Wegnahme der Marketingfläche durch eine Pflicht zum „Plain Packaging" in Betracht[595], wie es sie bereits in anderen Staaten gibt: Dort dürfen Zigarettenpackungen keine Logos mehr tragen, sondern müssen einheitlich aussehen; der Markenname darf dann nur in einer vorgegebenen Schrift auf die Packung gedruckt werden.

bb) Verbot der Täuschung

Das Interesse des Herstellers kann von vornherein nicht überwiegen, wenn er den Konsumenten in die Irre führen will, denn dann wirkt er in besonders massiver Weise – durch Manipulation – auf dessen Präferenzen ein. Der EuGH spricht davon, dass Informationen, die unvollständig, mehrdeutig oder irreführend sind und den Verbraucher in die Irre führen können, nicht durch die Meinungsfreiheit und die unternehmerische Freiheit geschützt sein könnten[596]. Dies liegt auf der Hand bei unwahren Tatsachenbehauptungen und entspricht der deutschen Grundrechtsauslegung, die in diesen Fällen einen Schutz durch Art. 5 I GG verneint[597].

Eine der Kernregelungen der HCVO sieht eine Genehmigungspflicht für bestimmte gesundheitsbezogene Angaben auf Lebensmitteln vor[598], die auf Grundlage der wissenschaftlichen Evidenz ergeht. Diese Regelung, die „dem Verbraucher möglichst genaue und transparente Informationen über die Eigenschaften" des Lebensmit-

---

[593] Insbesondere von der Union, vgl. https://www.faz.net/aktuell/politik/inland/bundestag-verschlepptabakwerbeverbot-14983103.html.

[594] So auch *Siekmann*, DÖV 2003, 657 (662).

[595] Zur Reichweite der RL 2014/40/EU in Bezug auf die Gestaltung der Verpackung EuGH, Urt. v. 4.5.2016, Rs. C-547/14, Rn. 73ff. Zum Plain Packaging aus europarechtlicher Sicht *Schroeder*, ZLR 2012, 405; *Shmatenko*, ZfRV 2014, 4.

[596] EuGH, ECLI:EU:C:2017:437, Rn. 54.

[597] BVerfGE 99, 185 (197).

[598] Art. 10 III: Verweise auf allgemeine, nichtspezifische Vorteile des Nährstoffs oder Lebensmittels für die Gesundheit im Allgemeinen oder das gesundheitsbezogene Wohlbefinden sind nur zulässig, wenn ihnen eine in einer der Listen nach Artikel 13 oder 14 enthaltene spezielle gesundheitsbezogene Angabe beigefügt ist.

tels[599] gewährleisten soll, in der Literatur aber als unverhältnismäßig kritisiert wird[600], wurde vom EuGH gebilligt. Er verwies auf die Studienlage zu der fraglichen gesundheitsbezogenen Angabe; wegen des europarechtlichen Vorsorgeprinzips[601] ließ er es genügen, dass ein Risiko für die menschliche Gesundheit nicht ausgeschlossen war, um den Eingriff in die Grundrechte der Hersteller zu rechtfertigen[602].

cc) Verbot der Förderung des Konsums durch zutreffende Aussagen

Sowohl im Lebensmittelrecht als auch im Tabakerzeugnisrecht gibt es Regelungen, die auch das Werben mit zutreffenden Informationen untersagen. Vordergründig scheint hier von dem Verbraucherleitbild des Verbrauchers, der vor zutreffenden Informationen geschützt werden muss, ausgegangen zu werden. Zutreffende Informationen sind zunächst einmal jedoch neutral; die Offenlegung der Inhaltsstoffe ist bei Informationsasymmetrien sogar geboten[603]. Damit solche Einschränkungen gerechtfertigt sein können, müssen deswegen weitere Umstände hinzutreten, die im Ergebnis zu einer Irreführung der Konsumierenden führen. Der EuGH geht in solchen Fällen davon aus, dass wegen der Irreführungsmöglichkeit von vornherein kein Schutz durch die Meinungsfreiheit bzw. die unternehmerische Freiheit besteht[604]. Ob jedoch überhaupt eine Irreführungsmöglichkeit vorliegt, bedarf einer genauen Prüfung, so dass solche Verbote an den Grundrechten gemessen werden müssen[605].

Die europäischen Richtlinien gehen von einem sehr weiteren Verständnis der Irreführung aus. So war das Konzept der Nährwertprofile der HCVO (Art. 4) von dem Ziel getragen, dass „ungesunde" Lebensmittel nicht gesünder erscheinen sollen, als sie tatsächlich sind. Lebensmittel, die mit nährwert- oder gesundheitsbezogenen Angaben beworben werden sollen, müssen danach ein von der Kommission festgelegtes Nährwertprofil einhalten[606]. Dadurch wollte man verhindern, dass z. B. Süßigkeiten, die zwar tatsächlich fettfrei sind, die Angabe „fettfrei" tragen dürfen – allein wegen des hohen Zuckergehalts. Zwar spricht die HCVO hier nicht von Irreführung, aber hierum geht es in der Sache[607]. In eine ähnliche Richtung kann die Entscheidung der Kommission interpretiert werden, mehrere gesundheitsbezogene Angaben zur Wirkung von Glucose-Täfelchen, die wissenschaftlich abgesichert waren, nicht in die

599 EuGH, Urt. v. 17.12.2015, Rs. C-157/14, Rn. 74.

600 *Meisterernst*, ZLR 2004, 43 (53 ff.); *v. Danwitz*, ZLR 2005, 201 (210 ff.); *ders.*, GRUR 2005, 896 (897).

601 Vgl. oben 4. Teil, B. II. 1.

602 EuGH, Urt. v. 17.12.2015, Rs. C-157/14, Rn. 81 ff., zu natriumarmem Mineralwasser.

603 Dazu oben 3. Teil, I. 2. b).

604 EuGH, ECLI:EU:C:2017:437, Rn. 54.

605 *Meisterernst*, WRP 2017, 934 (935).

606 Dazu oben 2. Teil, C. II. 2. b) bb) (3).

607 Zum Teil wird angedeutet, dass in diesen Fällen eine Irreführung vorliegen könnte (*Holle*, in: ders./Hüttebräuker [Hrsg.], HCVO, Einf. Rn. 17; dies ablehnend OLG Düsseldorf, ZLR 2005, 513). AA (zur Irreführung nicht geeignet) *Barczak*, Das Gesundheitsideal als Werbeversprechen, S. 57, der hier „Elemente einer paternalistisch-prohibitorischen *food governance*" sieht, siehe außerdem S. 88 ff.

Positivliste zu Art. 13 HCVO aufzunehmen. Dies geschah mit der Begründung, dass die entsprechenden Angaben zum Verzehr von Zucker aufriefen, was gegen allgemein akzeptierte Ernährungs- und Gesundheitsgrundsätze verstieße, weil nach diesen Grundsätzen der Verzehr von Zucker verringert werden solle. Diese Argumentation wurde vom EuGH gebilligt[608]. Da dieses Verbot kein absolutes Werbeverbot darstellt[609], war für den Gerichtshof insbesondere entscheidend, dass durch diese Regelung ein hohes Verbraucherschutzniveau angestrebt wurde[610]. Auch wenn man das hinter dieser Begründung stehende Ziel grundsätzlich teilt, bleibt dieser Ansatz nach der derzeitigen Rechtslage jedoch problematisch, weil die Verweigerung der Aufnahme in die Liste im Ergebnis zur indirekten Anwendung des Nährwertprofilkonstrukts führte[611], obwohl die entsprechende Regelung mangels Einführung der Profile durch die Kommission nie zur Anwendung kam.

Für alkoholische Getränke gilt nach der HCVO ein absolutes Verbot gesundheitsbezogener Angaben. Dies wurde vom EuGH sehr weit ausgelegt; die Angabe „bekömmlich" wurde als gesundheitsbezogene Angabe eingeordnet, so dass damit nicht geworben werden durfte[612]. Begründet wurde dies mit der Gesundheitsschädlichkeit von Alkohol[613], maßgebliche Erwägung für die Annahme der Verhältnismäßigkeit war, dass es sich nur um ein Werbeverbot und nicht um ein Verbot der Herstellung oder des Vertriebs handele[614]. Auch hier geht es in der Sache um Irreführung: Man will verhindern, dass ein potentiell gesundheitsschädliches Produkt mit einem gesundheitlich positiv konnotierten Begriff („bekömmlich") in Verbindung gebracht wird. Für Tabakprodukte gilt Vergleichbares: Sie dürfen wegen einer möglichen Irreführung nicht die Aufdrucke „light" und „mild" tragen, auch wenn tatsächlich weniger Schadstoffe als in „normalen" Zigaretten enthalten sind. Nichtraucher könnten dadurch aber zum Raucheinstieg verleitet werden. Und auch bei Raucherinnen führen solche Aufdrucke wohl nicht immer dazu, dass sie auf die weniger gesundheitsschädlichen Produkte ausweichen. Berücksichtigt werden muss das sogenannte kompensatorische Rauchen[615]: Enthalten Zigaretten tatsächlich weniger Nikotin, rauchen manche Raucher mehr Zigaretten, um das gleiche Nikotinlevel zu erreichen, und inhalieren dadurch mehr Schadstoffe. Der EuGH zog beide Argumente zur Rechtfertigung der entsprechenden Vorschrift heran: Berücksichtigt werden müssten sowohl die Rauchgewohnheiten als auch die „Gefahr, dass die Verwendung beschreibender Merkmale den Tabakkonsum fördert, wenn diese nahe legen, dass der

---

608 EuGH, ECLI:EU:C:2017:437, Rn. 71.
609 EuG, ECLI:EU:T:2016:150, Rn. 82.
610 EuGH, ECLI:EU:C:2017:437, Rn. 80.
611 *Holle*, in: ders./Hüttebräuker (Hrsg.), HCVO, Einf. Rn. 10.
612 EuGH, Urt. v. 6.9.2012, Rs. C-544/10, Rn. 28 ff.
613 EuGH, Urt. v. 6.9.2012, Rs. C-544/10, Rn. 48 ff.
614 EuGH, Urt. v. 6.9.2012, Rs. C-544/10, Rn. 57.
615 Dazu *Alemanno*, EJRR 2012, 32 (37).

Konsum eines bestimmten Tabakerzeugnisses sich positiver als andere Tabakerzeugnisse auf die Gesundheit auswirke."[616]

Es ist außerdem verboten, Tabakerzeugnisse in den Verkehr zu bringen, wenn die Packung, die Außenverpackung oder werbliche Informationen Angaben über den Gehalt des Tabakerzeugnisses an Nikotin, Teer oder Kohlenmonoxid enthalten. Kritiker sind der Ansicht, dem Verbraucher werde „jede Selbstbestimmung abgesprochen", „eigenverantwortlich darüber zu entscheiden, zu welcher Zigarette er den greifen möge"; ihm werde „erst gar nicht die Möglichkeit für eine mündige Entscheidung gegeben", „da ihm die Parameter für eine Abwägung entzogen" würden[617]. Dies verkennt jedoch, dass die Irreführung nicht auf der Angabe einzelner absoluter Werte beruht, sondern auf dem Vergleich dieser Werte, der wiederum durch Laien schnell falsch verstanden werden kann[618]. Zigaretten mit maschinell erzeugten niedrigeren Rauchwerten sind nicht zwangsläufig weniger schädlich als Zigaretten mit höheren Rauchemissionswerten[619], dies würde durch die Angabe des Nikotin-, Teer- oder Kohlenmonoxidgehalts ggf. suggeriert[620].

dd) Pflicht zum Abdruck von Warnhinweisen

Wenn Produzenten verpflichtet werden, auf ihren Produkten vor der Gesundheitsschädlichkeit des Produkts zu warnen, muss bei der Prüfung der Zulässigkeit solcher Pflichten zwischen zwei verschiedenen Wirkungen dieser Warnungen unterschieden werden. Die Hauptwirkung liegt in dem Inhalt der Warnung selbst. Eine Nebenwirkung besteht darin, dass die Verpackung in geringerem Flächenumfang zu Marketingzwecken genutzt werden kann, weil in dem Größenumfang des Warnaufdrucks die Verpackung nicht mehr verwendet werden kann für einen Abdruck des Markenlogos oder andere Aufdrucke. Diese beiden Wirkungen müssen getrennt betrachtet werden, auch wenn BVerfG und EuGH die Zulässigkeit der Pflicht zum Aufdruck der Warnung u. a. damit begründet haben, dass dem Hersteller noch ausreichend Platz bleibe für die Nutzung der Verpackung zu Marketingzwecken. Das ist aber eine selbstständige Fragestellung, die unabhängig davon ist, wodurch dem Hersteller der Platz genommen wird (indirekt durch die Pflicht zum Abdruck von Warnhinweisen oder durch ein direktes Nutzungsverbot[621]).

Warnhinweise, die auf die Gefährlichkeit des Produkts hinweisen, sind ein übliches Instrument der Risikovorsorge, das eingesetzt wird, um den Umgang mit dem

---

616 EuGH, Urt. v. 10.12.2002, Rs. C-491/01, Rn. 138.

617 So *Dalby*, ZLR 2016, 690 (698). Kritisch auch *Howells/Watson*, in: Alemanno/Garde (Hrsg.), Regulating Lifestyle Risks, S. 23 (28).

618 EuGH, Urt. v. 4.5.2016, Rs. C-547/14, Rn. 160. Kritisch aber *Rohnfelder*, in: Erbs/Kohlhaas, Strafrechtliche Nebengesetze, Nov. 2016, § 18 TabakerzG Rn. 15.

619 BT-Drs. 18/7218, S. 42 unter Berufung auf die Leitlinien zur Framework Convention on Tobacco Control (FCTC) über die Verpackung und Etikettierung von Tabakerzeugnissen, Nummer 44.

620 Erwägungsgrund Nr. 25 RL 2014/40/EU.

621 Zum Plain Packaging bereits oben 4. Teil, B. II. 3. d) aa).

gefährlichen Stoff/Produkt überhaupt erst erlauben zu können[622]. Der Hinweis auf die Gefährlichkeit kann somit als Gegenstück zur Erlaubnis verstanden werden. Dieses Instrument lässt sich in vielen Bereichen des Risikoverwaltungsrechts finden, insbesondere in denen, die dem Verbraucherschutzrecht zuzurechnen sind. Eine Warnhinweispflicht trifft solche Produkte, die so gefährlich sind, dass sie nicht ohne diese Reglementierung auf den Markt gelassen werden dürften, die aber gleichzeitig für manche Verbraucher einen Nutzen haben, so dass ein Verbot der Produkte nicht gewünscht und im Ergebnis auch unverhältnismäßig wäre[623]. Das BVerfG drückte es im Urteil zu den Warnhinweisen auf Zigarettenpackungen so aus: „Die Pflicht zum Aufdruck der Warnhinweise" „rechtfertigt sich aus der besonderen Sach- und Verantwortungsnähe der Hersteller und Händler von Tabakerzeugnissen zu der Aufgabe des Schutzes vor Gefährdungen durch einen Tabakkonsum, den diese Unternehmen veranlassen."[624] Auch der EuGH hatte keine Einwände gegen die Anbringung von Warnhinweisen[625]. Die Beschränkungen der Produzenten müssen „gegen das Erfordernis abgewogen werden, einen hohen Schutz der menschlichen Gesundheit in einem Bereich zu gewährleisten, der durch die Toxizität des betreffenden Produkts und seine Abhängigkeit hervorrufenden Wirkungen gekennzeichnet ist"[626].

Entscheidend sind somit im Falle von Zigaretten die Schädlichkeit und das Suchtpotential. Die Formulierung der Warnhinweise muss hierauf bezogen sein. Dann überbringt der Warnhinweis „dem Konsumenten lediglich eine medizinische Wissensgrundlage für seine Kaufentscheidung"[627]. In der Praxis bestehen aber hier bei genauerer Betrachtung zum Teil Probleme. Während die Informationsbotschaft „Tabakrauch enthält über 70 Stoffe, die erwiesenermaßen krebserregend sind", wohl nicht ernsthaft in ihrer inhaltlichen Aussage bestritten werden kann, ist der Hinweis „Rauchen ist tödlich", für den sich der deutsche Gesetzgeber auch entschieden hat, stark verkürzend bzw. vereinfachend; er scheint durch das besonders negative Framing eine Monokausalität zu behaupten, die sachlich nicht zutrifft[628]. Dadurch entsteht die Gefahr, dass der Staat selbst kognitive Verzerrungen bei den Konsumierenden hervorruft.

---

[622] Ähnlich *Wiebe*, GewArch 2016, 456 (457); *ders.*, Unternehmerfreiheit versus Verbraucherschutz?!, S. 228. Ausführlich zu Kennzeichnungspflichten im Verbraucherschutzrecht *Tonner/Brieske*, BB 1996, 913.

[623] *Tonner/Brieske*, BB 1996, 913 (919).

[624] BVerfGE 95, 173 (187).

[625] EuGH, Urt. v. 10.12.2002, Rs. C-491/01, Rn. 131 f. Er begründete dies jedoch auch damit, dass den Herstellern genügend Raum bleibe, um auf der Verpackung andere Angaben, insbesondere bezüglich ihrer Marken, anzubringen.

[626] EuGH, Urt. v. 4.5.2016, Rs. C-547/14, Rn. 210.

[627] BVerfGE 95, 173 (186 f.).

[628] So *Kevekordes*, Tabakwerbung und Tabaketikettierung im deutschen und europäischen Recht, S. 149, für die früheren, vergleichbaren Aussagen „Rauchen verursacht Krebs" und „Rauchen verursacht Herz- und Gefäßkrankheiten". Vgl. zum Framing bei Tabakwarnhinweisen auch *Barton*, Public Health Ethics 2013, 207 (211).

Belässt er es hingegen dabei, sachlich zutreffende Fakten als Grundlage der Warnungen heranzuziehen, wird den Kritikern dieser Pflicht zum Abdruck der Warnhinweise auch ein weiteres Argument genommen. Sie bemängeln, dass es den Herstellern verboten ist, die Warnhinweise mit Kommentaren, Umschreibungen oder Bezugnahmen zu versehen (§ 11 I 2 Nr. 2 TabakerzV). Das Gesetz verbietet also einen Aufdruck des Herstellers, der den Warnhinweis inhaltlich relativiert. Dadurch soll nun in die Meinungsfreiheit eingegriffen werden[629]. Der Gesetzgeber wolle mit der Kennzeichnungspflicht „eine bestimmte Ausrichtung und Verengung der öffentlichen Meinungsbildung über das Rauchen hin zu den Risiken erreichen". Dies sei zwar ein legitimes Ziel, aber er erzwinge dabei die „Mithilfe derer, die im gesellschaftlichen Kommunikationsprozeß – aus welchen Motiven heraus auch immer – gerade die gegenläufige Meinung vertreten"[630]. Wenn die Warnhinweise jedoch inhaltlich korrekt sind, rückt dies jede inhaltliche Relativierung in die Nähe der Unwahrheit. Und die Äußerung unwahrer Tatsachen fällt nicht in den Schutzbereich der Meinungsfreiheit[631]. Die Meinungsfreiheit umfasst nicht das Recht, nachgewiesene Kausalitäten zu Werbezwecken in Zweifel zu ziehen.

Eine vergleichbare Ausgangslage liegt auch bei alkoholischen Getränken vor[632]. Auch hier wären Warnhinweise denkbar, die nicht als unverhältnismäßig gelten könnten.

ee) Pflicht zum Abdruck von Schockbildern

Auch für die Pflicht zum Abdruck von Schockbildern gilt, dass es hier nicht vorrangig um die Frage geht, wieviel Platz den Herstellern noch für ihr Marketing auf dem Produkt bleibt[633], sondern um die Frage, inwiefern sie ihr Produkt auf der Verpackung „verteufeln"[634] müssen. Begründet werden kann eine solche Pflicht nur mit der massiven Einwirkung auf die Präferenzen der Konsumierenden durch die Produzenten und der Zulässigkeit eines entsprechenden Ausgleichs. Gegenüber den Produzenten greift dieses Argument stärker als gegenüber den Konsumenten, da die staatliche Schutzpflicht aus Art. 2 I iVm Art. 1 I GG den Staat dazu verpflichtet, die Einwirkung auf die Präferenzen der Konsumenten durch die Produzenten zu unterbinden. Auch hier gilt: Die Bilder müssen auf zutreffenden Tatsachen beruhen, dürfen also das Gesundheitsrisiko nicht verzerrt darstellen.

---

629 So *Di Fabio*, NJW 1997, 2863, bei der damaligen Rechtslage konnte dies nur „verdeckt" geschehen, da das Gesetz kein ausdrückliches Verbot solcher relativierenden Aussagen enthielt.

630 *Di Fabio*, NJW 1997, 2863. Vgl. auch *Hatje*, Wirtschaftswerbung und Meinungsfreiheit, S. 96, 122 f.

631 BVerfGE 99, 185 (197).

632 Vgl. auch *Wiebe*, GewArch 2016, 456 (462).

633 So aber EuGH, Urt. v. 4.5.2016, Rs. C-547/14, Rn. 209.

634 *Wiebe*, GewArch 2016, 456 (459). Vgl. zur Frage, ob die Schockbilder durch Produktkarten verdeckt werden dürfen oder ob auch auf Automaten und den Warenausgabegeräten an den Supermarktkassen zu sehen sein müssen, *Zechmeister*, ZLR 2017, 451 (468 f.); *Rohnfelder*, in: Erbs/Kohlhaas, Strafrechtlich Nebengesetze, Nov. 2016, TabakerzV § 11 Rn. 2; LG München, LMuR 2018, 215.

e) Fazit

Die Inpflichtnahme der Industrie zur gesundheitlichen Risikovorsorge beruht auf der Bewertung, dass die Industrie Risikoakteurin ist: Sie stellt Produkte her, die in einem bestimmten Umfang gesundheitsschädlich sind, bzw. vermarktet diese Produkte in einer Weise, die zu einem gesundheitsriskanten Konsum führen kann. Auch wenn staatliche Vorgaben zur Zusammensetzung der Produkte, Einschränkungen des Vertriebs, Pflichten zur Kennzeichnung der Produkte und zum Abdruck von Warnhinweisen sowie Marketingverbote die Industrie stark in ihren Grundrechten einschränken, sind diese Interventionen gerechtfertigt, soweit sie auf wissenschaftlichen Erkenntnissen beruhen: Sie schützen die Gesundheit der Konsumierenden bzw. fördern deren Autonomie.

III. Querschnittsfragen

Zum Schluss soll auf offene Querschnittsfragen eingegangen werden, die bei einer Analyse der Regulierungsansätze bislang vernachlässigt wurden.

1. Folgerichtigkeit einzelner Konzepte

Eine solche Querschnittsfrage zeigt sich im Rahmen des Vergleichs verschiedener Risikofaktoren, die zum gleichen Schutzkonzept gehören. Hier zwingt das Folgerichtigkeitsgebot dazu, mögliches Ausweichverhalten mitzubedenken.

a) Der Umgang mit der E-Zigarette

Bei der Regulierung von E-Zigaretten verfolgt der Gesetzgeber zwei verschiedene Ziele. Wenn man unterstellt, dass E-Zigaretten weniger schädlich sind als „klassische" Zigaretten, wird die öffentliche Gesundheit gefördert, wenn Raucher von der Zigarette auf die E-Zigarette umsteigen. Gleichzeitig will der Staat aber verhindern, dass Nichtraucherinnen – insbesondere Kinder und Jugendliche – zu Konsumenten werden und E-Zigaretten als Einstieg in eine „Raucherkarriere" nutzen. Der Gesetzgeber muss deswegen beachten, dass Maßnahmen, die auf die Raucherinnen zielen, nicht aus Nichtraucherinnen Raucherinnen machen. Mittlerweile wurden im Tabakerzeugnisrecht verschiedene Anpassungen vorgenommen, die die E-Zigaretten den herkömmlichen Zigaretten gleichstellen. Vollständig ist dies jedoch nicht geschehen, so müssen die Packungen von E-Zigaretten z. B. keine Schockbilder tragen und sind auch bei der Regulierung der Werbung nach wie vor privilegiert[635]. In der Vergangenheit wurde durch den Bundesrat versucht, dem Werbeverbot des § 21 I TabakerzG

[635] Kritisch deswegen der Bundesrat: BR-Drs. 468/1/20, S. 2.

eine Nr. 5 anzufügen, die lauten sollte: Es ist verboten, im Verkehr mit Tabakerzeugnissen oder in der Werbung dafür werbliche Informationen zu verwenden, „die den Eindruck erwecken, dass elektronische Zigaretten weniger schädlich als Tabakerzeugnisse seien"[636]. Dieser Vorschlag fiel jedoch der Diskontinuität zum Opfer und ist bis heute nicht Gesetz geworden. Erst ab 2024 gilt das Verbot der Außenwerbung auch für E-Zigaretten. Auch von der Tabaksteuer blieb die E-Zigarette lange verschont[637]. In dieser Privilegierung könnte deswegen ein Verstoß gegen das Gebot folgerichtiger Konzeptverwirklichung[638] liegen.

b) Der Einsatz von Lenkungssteuern als Präventionsinstrument

Die Höhe des Steuersatzes orientiert sich bei der Zigarette – anders als die Alkopopsteuer[639] – nicht an deren Schädlichkeit (etwa dem Nikotin- oder Teergehalt)[640]. Im deutschen Steuerrecht gilt eigentlich die gleichheitsrechtliche Maßgabe, dass sich die „Ausgestaltung der steuerlichen Bemessungsgrundlage konsequent am jeweiligen Lenkungszweck auszurichten" hat[641]. Insofern ist die Tabaksteuer nicht folgerichtig ausgestaltet[642]. Hier ist jedoch zu beachten: Die Ausgestaltung der Tabaksteuer ist unionsrechtlich vorgegeben. Der nationale Gesetzgeber hat keinerlei Spielraum, den Steuersatz an der Schädlichkeit der Zigaretten auszurichten, da die Art und die Mindesthöhe der Besteuerung durch die unionsweite Harmonisierung der Tabaksteuer europarechtlich vorgegeben sind. Der Harmonisierungsprozess wiederum verfolgte andere Ziele als die deutsche Verbrauchsteuergesetzgebung, im Vordergrund stand die Beseitigung von Hemmnissen für den Binnenmarkt[643].

Was der deutsche Gesetzgeber aber selbst entscheiden kann, ist die konkrete Höhe der Tabaksteuer; das Unionsrecht gibt nur einen Mindeststeuersatz vor[644]. Die absolute Höhe der Steuer sowie die Größe des Unterschieds bei einer Erhöhung der Steuer wiederum sind entscheidend für die Frage, welche Gestaltungswirkung die Tabaksteuer hat. Aus gesundheitspolitischer Sicht kann man von Lenkungssteuern erwarten, dass sie tatsächlich zu einem spürbaren Rückgang des Konsums führen. Als

---

636 BR-Drs. 229/1/16, S. 5.

637 Erst seit 1.7.2022 unterliegt sie der Tabaksteuer (Art. 2 iVm Art. 5 II Tabaksteuermodernisierungsgesetz v. 10.8.2021, BGBl I 3411).

638 Dazu oben 3. Teil, E. II. 1. b).

639 Diese richtet sich nach der enthaltenen Alkoholmenge (§ 2 AlkopopStG).

640 Siehe oben 2. Teil, C. II. 1. a) dd).

641 *Tipke*, Die Steuerrechtsordnung, Band II, S. 1057; *Englisch*, StuW 2015, 52 (56). Wohl weiter *Wernsmann*, Verhaltenslenkung in einem rationalen Steuersystem, S. 105 Fn. 482, S. 391, der aber auch davon ausgeht, dass Ausnahmetatbestände innerhalb der Steuer zum gleichheitsrechtlichen Problem werden können.

642 *Englisch*, in: Tipke/Lang, Steuerrecht, Rn. 18.129.

643 *Eiling*, Verfassungs- und europarechtliche Vorgaben an die Einführung neuer Verbrauchsteuern, S. 44 f.

644 Siehe oben 4. Teil, B. II. 1. d).

2004 die sogenannte Alkopopsteuer[645] eingeführt wurde, sollte sie laut Begründung des Gesetzentwurfs die Getränke[646] so „verteuern", „dass sie von jungen Menschen nicht mehr gekauft werden"[647]. Die hierdurch erzielten Einnahmen werden gem. § 4 S. 1 AlkopopStG zur Finanzierung von Maßnahmen zur Suchtprävention der BZgA eingesetzt. In den Jahren nach Einführung der Steuer verschwanden die Getränke praktisch vom Markt[648]. Hier gab es allerdings ein Ausweichverhalten der Jugendlichen, die in Folge mehr Mischgetränke auf Bier- und Weinbasis konsumierten[649]. Solche Effekte müssen bei einem folgerichtig ausgestalteten Konzept mitberücksichtigt werden[650].

Die Tabaksteuer hingegen ist in ihrer gegenwärtigen Form nicht als Präventionsinstrument konzipiert[651]. Für einen nachhaltigen Lenkungseffekt müssten Erhöhungen spürbar sein, sie also einen großen Unterschied zur vorherigen Besteuerung darstellen[652]. Einmalige starke Erhöhungen wirken sich längerfristig stärker negativ auf den Zigarettenkonsum aus als mehrere Erhöhungen in kleinen Schritten[653]. In den Jahren 2002 bis 2005 entschied sich der Gesetzgeber zu starken Erhöhungen (von jährlich ca. 10 bis 16 % auf Fabrikzigaretten, die in Höhe von 7 bis 14 % bei den Verbrauchern ankamen[654]), die zwar zu einem Konsumrückgang bei einigen Rauchern, jedoch bei anderen Rauchern zu einem Konsumwechsel von Zigaretten zu dem damals deutlich geringer besteuerten Feinschnitt und zu einer Zunahme des Konsums von in Deutschland nicht versteuerten Zigaretten (durch legale Grenzkäufe und illegalen Schmuggel) führte[655], was wiederum Einbußen für den Staat bedeutete[656]. Die Bundesregierung konnte hier nachträglich „bezogen auf den Gesamtkonsum" keinen „entsprechend hohe[n] Gesundheitsschutz" erkennen[657], was wohl bedeuten sollte, dass der erzielte bevölkerungsweite Gesundheitsgewinn in keinem angemessenen Verhältnis zu den zurückgegangenen Einnahmen stand. Im Jahr 2010 wurde ein

---

[645] Gesetz über die Erhebung einer Sondersteuer auf alkoholhaltige Süßgetränke (Alkopops) zum Schutz junger Menschen v. 23.7.2004 (Alkopopsteuergesetz – AlkopopStG), BGBl I 1857.

[646] Zum Begriff § 1 II AlkopopStG.

[647] BT-Drs. 15/2587, S. 1.

[648] Eine erste Einschätzung der Auswirkungen der Steuer – auch zu dem zum Teil erfolgten Ausweichen auf andere alkoholische Getränke – enthält der Bericht der Bundesregierung aus dem Jahr 2005, BT-Drs. 15/5929. Zum Teil wird allerdings bestritten, dass das Verschwinden vom Markt auf die Steuer zurückzuführen war (*Kraus/Piontek*, Sucht 2012, 137).

[649] Dazu *Pavel*, Behördliches Vorgehen gegen Alkoholkonsum in der Öffentlichkeit, S. 79 f.

[650] Dazu oben 3. Teil, E. II. 1. b) cc).

[651] Auch wenn sie als solches im jährlichen Drogenbericht der Bundesregierung aufgeführt wird, vgl. *Die Drogenbeauftragte der Bundesregierung*, Drogen- und Suchtbericht 2019, S. 45.

[652] Hierzu auch DKFZ, Gesundheit fördern – Tabakkonsum verringern, S. 23.

[653] *Wigger*, Wirtschaftsdienst 2011, 39.

[654] DKFZ, Tabaksteuererhöhungen und Rauchverhalten in Deutschland, S. 3.

[655] *Köthe/Noll*, BB 2015, 1174 (1178).

[656] Dieser Effekt wurde bereits in den 1990er Jahren beobachtet: *Wigger*, Wirtschaftsdienst 2005, 518.

[657] BT-Drs. 17/12414, S. 6.

5-Stufen-Modell eingeführt[658], das eine „regelmäßige, moderate" Erhöhung der Steuer bis 2015 festschrieb[659] und somit gerade nicht auf den Effekt angelegt war, der starken Erhöhungen zugeschrieben wird. Ziel war dann auch nicht der Gesundheitsschutz, sondern die „Optimierung" des Tabaksteueraufkommens[660]. Erst nachträglich war von dem Ziel des Gesundheitsschutzes, das durch dieses Modell auch verfolgt werde, die Rede[661]. Bezeichnend ist, dass das Modell durch den Finanzausschuss und nicht den Gesundheitsausschuss des Bundestages empfohlen wurde[662]. Die Notwendigkeit der Tabaksteuererhöhung wurde u. a. damit begründet, dass der Konsumverzicht und Rauchverbote zum Rückgang der Einnahmen durch die Tabaksteuer geführt hätten[663]. Dieses 5-Stufen-Modell führte dann dazu, dass die Steuererhöhungen keinen Lenkungseffekt hatten[664]; zeitinkonsistente Raucherinnen werden durch solche Erhöhungen nicht zum Aufhören bewegt[665].

Es liegt nahe, dass sich der Gesetzgeber in der Vergangenheit an den Ertrag aus der Tabaksteuer gewöhnt hatte und in der Folge versuchte, den mit ihr erzielten Ertrag konstant zu halten[666]. Dazu passt der Befund, dass die Einnahmen durch die Tabaksteuer (Zigaretten, Feinschnitt, Zigarren/Zigarillos, Pfeifentabak zusammengerechnet) von 2002 bis 2018 konstant bei um die 14 Mrd. Euro pro Jahr lagen[667], obwohl die Tabaksteuer in dieser Zeit immer wieder erhöht wurde. Tabaksteuererhöhungen wurden in der Vergangenheit u. a. für Überweisungen an die EG[668], zur Finanzierung von Maßnahmen der Terrorismusbekämpfung nach dem 11. September[669] und zur Finanzierung versicherungsfremder Leistungen in der GKV[670] oder zur Stopfung von Haushaltslöchern[671] verwendet. Nicht immer wurde bei Tabaksteuererhöhungen überhaupt auf das gesundheitspolitische Ziel Bezug genommen[672]; die Erhö-

658 Fünftes Gesetz zur Änderung von Verbrauchsteuergesetzen v. 21.12.2010, BGBl I 2221.

659 BT-Drs. 17/4052, S. 13.

660 BT-Drs. 17/4052, S. 13 f.

661 BT-Drs. 17/12414, S. 6.

662 BT-Drs. 17/4052.

663 BT-Drs. 17/4052, S. 13.

664 DKFZ, Tabaksteuererhöhungen und Rauchverhalten in Deutschland, S. 4; *Wigger*, Wirtschaftsdienst 2011, 39. Vereinzelt ist vor diesem Hintergrund der Vorwurf zu lesen, die Tabakindustrie habe dieses Modell entwickelt (https://www.wlz-online.de/politik/raucher-zahlen-eine-milliarde-euro-mehr-5423256.html v. 25.10.2010), dies wird jedoch von der Bundesregierung zurückgewiesen (BT-Drs. 17/12414, S. 6).

665 *Wigger*, Wirtschaftsdienst 2011, 39 (41).

666 Allgemein für Lenkungssteuern *F. Kirchhof*, DVBl 2000, 1166 (1169). Jedenfalls ordnet der Gesetzgeber den Fiskalzweck nicht dem Lenkungszweck unter (zu dieser Frage *Wernsmann*, Verhaltenslenkung in einem rationalen Steuersystem, S. 107).

667 Vgl. die Zahlen in BT-Drs. 18/1065, S. 4, für die Jahre 2002 bis 2013; BT-Drs. 18/2001, S. 55, für die Jahre 2014 bis 2016; BT-Drs. 19/16325, S. 2, für die Jahre 2017 und 2018.

668 BT-Drs. 11/2970, S. 1.

669 BT-Drs. 14/7062, S. 4.

670 BT-Drs. 15/1525, S. 2.

671 Vgl. zuletzt BT-Drs. 17/4052, S. 13.

672 Eine Ausnahme bildet insofern BT-Drs. 9/844, S. 8: „außerdem gesundheitspolitisch erwünscht". Nachträglich auf den Gesundheitsschutz bezugnehmend BT-Drs. 17/12414, S. 6.

hung der staatlichen Einnahmen steht jedenfalls seit den 1970er Jahren im Vordergrund[673]. Angesichts dessen verwundert es nicht, dass von einer „Perversion des Lenkungsgedankens“[674], von „Heuchelei“[675] und einer Lenkungssteuer gesprochen wird, die „offen fiskalisch ausgebeutet“[676] wird und „keinerlei gesundheitspolitische Tendenz“[677] aufweist.

Die Lenkungswirkung der Tabaksteuer ist zwangsläufig gering, wenn sich ihre Bemessung an haushaltspolitischen und nicht gesundheitspolitischen Erwägungen orientiert. Dies heißt nicht, dass die Geeignetheit völlig außer Frage steht, weil ein Mindestmaß an Eignung reicht[678]. Wegen dieses Mindestmaßes an Eignung verstößt die Konzeption der Tabaksteuer wohl auch nicht gegen das Gebot der abgestimmten Ausgestaltung von Regelungsstrukturen[679], weil die Tabaksteuer nicht anderen Bestandteilen des Schutzkonzepts zuwiderläuft, sie also nicht deren Eignung in Frage stellt. Sie fördert aber andersherum auch nicht die Wirksamkeit des Schutzkonzepts insgesamt in nennenswertem Umfang, was jedenfalls gesundheitspolitisch äußerst fragwürdig ist.

c) Die konsequente Besteuerung innerhalb eines Schutzkonzepts

Unabhängig von dem jeweiligen Steuersatz, mit dem ein einzelnes Produkt besteuert wird, muss auf horizontaler Ebene das Konzept folgerichtig verwirklicht werden. Das bedeutet, dass der Staat, wenn er sich für den Einsatz einer Lenkungssteuer entscheidet, die Besteuerung konsistent ausgestalten muss. Er darf nicht nur einzelne Produkte mit einer Lenkungssteuer belasten, wenn andere Produkte mit einem vergleichbaren Gesundheitsrisiko auf dem Markt verfügbar sind. Denn dann kann es zu Ausweichkonsumhandlungen kommen, die dem Lenkungszweck widersprechen[680].

Für die Risikofaktoren Alkoholkonsum und Tabakkonsum und die aktuelle Rechtslage bedeutet dies, dass die komplette Ausnahme eines Produkts von der Besteuerung gegen Art. 3 I GG verstößt. Das gilt z. B. für Wein, der im Gegensatz zu Branntwein, Schaumwein und Bier von der Besteuerung ausgenommen ist[681]. Werden Produkte innerhalb eines Schutzkonzepts unterschiedlich besteuert, ist dies gerechtfertigt, wenn die Produkte unterschiedlich schädlich sind[682]. Die E-Zigarette

---

[673] Siehe die Übersicht bei *Fichte*, Wirtschaftsdienst 2014, 62 (64).

[674] *Reding/W. Müller*, Einführung in die Allgemeine Steuerlehre, S. 191.

[675] *Reding/W. Müller*, Einführung in die Allgemeine Steuerlehre, S. 191; *Tipke*, Die Steuerrechtsordnung, Band II, S. 1079.

[676] *Englisch*, Wettbewerbsgleichheit im grenzüberschreitenden Handel, S. 615.

[677] *F. Kirchhof*, Die steuerliche Doppelbelastung der Zigaretten, S. 27; kritisch auch *Tipke*, Die Steuerrechtsordnung, Band II, S. 1082.

[678] So auch *Kempf*, Die Rechtfertigung der Tabaksteuer, S. 172.

[679] Dazu oben 3. Teil, E. II. 2.

[680] Dazu oben 4. Teil, E. II. 1. b) bb).

[681] *Englisch*, Wettbewerbsgleichheit im grenzüberschreitenden Handel, S. 621.

[682] Eine Differenzierung ist nur dann geeignet, wenn der Lenkungszweck in der Norm folgerichtig umgesetzt wurde (*Wernsmann*, Verhaltenslenkung in einem rationalen Steuersystem, S. 245).

kann also geringer besteuert werden als Zigaretten. Die völlige Ausnahme der E-Zigarette von den Lenkungssteuern war jedoch nicht gerechtfertigt. Das gleiche gilt für die nach wie vor niedrigere Besteuerung von Feinschnitt zum Selberdrehen von Zigaretten im Vergleich zu Fabrikzigaretten, auch wenn die Differenz mittlerweile geringer ist als früher[683].

2. Die Berücksichtigung von Aspekten gesundheitlicher Ungleichheit

Bislang nicht angesprochen wurde auch die Berücksichtigung von Umständen, die im Zusammenhang mit der gesundheitlichen Ungleichheit diskutiert werden. Gerade Lebensstilrisiken wie Tabak-, Alkoholkonsum und eine unausgewogene Ernährung sind in den unteren sozialen Schichten überproportional häufig anzutreffen. Das bedeutet zum einen, dass dieser Bevölkerungsschicht weniger finanzielle Ressourcen zur Verfügung stehen, und zum anderen, dass auch der geringere Bildungsgrad berücksichtigt werden muss.

a) Das Potential der Pflicht zum Erlass evidenzbasierten Rechts, gesetzliche Leitbilder abzulösen

Im Recht der Regulierung von Lifestyle-Risiken sind Gesundheitsschutz und Verbraucherschutz besonders eng miteinander verzahnt. Das Leitbild des mündigen Verbrauchers, das in der deutschen Literatur immer wieder hochgehalten wird, kann bei näherer Betrachtung nicht aufrechterhalten werden. Dies gilt auch aus Gründen, die mit gesundheitlicher Ungleichheit in Zusammenhang stehen. Hier muss sich die Rechtswissenschaft einem interdisziplinären Zugang öffnen und anerkennen, dass die europäische Tabakregulierung und besonders ausdrücklich die Health-Claims-VO[684] Beispiele für evidenzbasiertes Recht darstellen[685]. Das ist auch der Grund, warum die HCVO keinen Fremdkörper im Werberecht – also insbesondere im Vergleich zu den Werbeverboten des UWG – darstellt[686]; die HCVO geht von vornherein von einem anderen Ansatz aus und ist anderen Grundsätzen verpflichtet.

Prävention, die nur auf Informierung des Konsumenten setzt, folgt dem verbraucherschutzrechtlichen Informationsmodell, das unterstellt, dass Konsumierende eigenverantwortlich mit dem Risiko umgehen können, wenn man sie nur infor-

---

683 Zur unterschiedlichen Besteuerung verschiedener Verarbeitungsformen und -stufen auch *Englisch*, in: Tipke/Lang, Steuerrecht, Rn. 18.111.

684 *Buchner*, in: Gerhardus/Breckenkamp/Razum/Schmacke/Wenzel (Hrsg.), Evidence-based Public Health, S. 111 (115).

685 Das schließt es nicht aus, an einzelnen Regelungen der HCVO und Widersprüchen innerhalb der VO Kritik zu üben, dazu ausführlich *Meisterernst/Haber*, WRP 2019, 413.

686 So aber *Ruess*, ZLR 2013, 262 (269).

miert[687]. Das Informationsmodell ist jedoch nur eine Antwort auf bestehende Informationsasymmetrien[688] und baut darauf auf, dass Informationen von allen Konsumierenden verstanden und verarbeitet werden. Daran kann es bei einem niedrigen Bildungsabschluss aber fehlen. So verwenden und verstehen Personen aus niedrigen sozialen Schichten bzw. einem geringen Bildungsniveau z. B. Nährwertkennzeichnungen am wenigsten[689]. Weitere soziale Faktoren, die Einfluss auf die Präferenzbildung nehmen, sind nicht Bestandteil dieses Verbraucherschutzmodells. Verbraucherschutz durch Information ist deswegen nicht unbedingt effektiv[690]. Als Antwort wird im Verbraucherschutzrecht über alternative Modelle nachgedacht, die dies berücksichtigen. Man kann hier vom Schutzmodell[691] bzw. dem sozialen Verbraucherschutzmodell sprechen, das von der strukturellen Unterlegenheit des Konsumenten ausgeht[692]. Im Privatrecht – zu dem der überwiegende Teil des Verbraucherschutzrechts als Querschnittsmaterie gehört – wird dieses Modell sehr skeptisch betrachtet. Der gesundheitliche Verbraucherschutz aus einer Public-Health-Perspektive kann und muss jedoch einem eigenen Leitbild folgen. Die vorhandenen Erkenntnisse darf der Gesetzgeber nicht ignorieren. Die Entmündigung des Verbrauchers[693] kann man im Falle der HCVO nur sehen, wenn man genau dies tut. Mit Evidenzbasierung hat eine Diskussion, die sich allein um abstrakte, normative Themen wie Verbrauchermündigkeit und Bevormundung dreht, nichts zu tun[694]. Auch fordern weder die deutschen Grundrechte noch die Unionsgrundrechte eine Orientierung am mündigen Verbraucher[695]. Das Europarecht fordert sogar ein hohes Verbraucherschutzniveau (Art. 114 III, 169 I AEUV), sogar von Verbrauchererziehung ist die Rede (Art. 169 I AEUV). Darüber hinaus wird Verbraucherschutz im Recht der öffentlichen Gesundheit durch das Ziel des Gesundheitsschutzes verstärkt (Art. 9, 114 III, 168 I AEUV), so dass auch deswegen keine Orientierung an dem Leitbild erfolgen muss, das ansonsten im Verbraucherschutzrecht gilt[696].

Evidenzbasiertes Recht muss sich vor jeder Regulierung durch Information mit der Frage auseinandersetzen, wie sich Verbraucher Informationen beschaffen, wie sie

687 *Klinck/Riesenhuber*, in: dies. (Hrsg.), Verbraucherleitbilder, S. 1 (2); *Schultes*, LMuR 2022, 279 (280).

688 *Achilles*, Vom Homo Oeconomicus zum Differenzierten Verbraucher, S. 70, kritisch zu dem Modell S. 78 f.

689 *Karnani/McFerran/Mukhopadhyay*, JACR 2016, 445 (461) mwN.

690 *Klinck/Riesenhuber*, in: dies. (Hrsg.), Verbraucherleitbilder, S. 1 (7).

691 *Klinck/Riesenhuber*, in: dies. (Hrsg.), Verbraucherleitbilder, S. 1 (2); *Wiebe*, Unternehmerfreiheit versus Verbraucherschutz?!, S. 65 ff.; *Achilles*, Vom Homo Oeconomicus zum Differenzierten Verbraucher, S. 79 ff.

692 *Klinck/Riesenhuber*, in: dies. (Hrsg.), Verbraucherleitbilder, S. 1 (2).

693 So *Meisterernst*, ZLR 2002, 569 (579 f.); *Sosnitza*, ZLR 2004, 1 (19); *Haratsch*, ZEuS 2004, 559; *v. Danwitz*, ZLR 2005, 201 (222 f.).

694 Kritisch *Buchner*, in: Gerhardus/Breckenkamp/Razum/Schmacke/Wenzel (Hrsg.), Evidence-based Public Health, S. 111 (113).

695 *Möstl*, LMuR 2014, 77 (81).

696 Ähnlich *Gundel*, in: Ruffert (Hrsg.), EnzEur Bd. 5: Europäisches Sektorales Wirtschaftsrecht, § 8 Rn. 59.

diese verarbeiten und wie sie mit Informationsdefiziten umgehen, welchen Mehrwert weitere Informationen je nach Aufbereitung haben und wie Verbraucherinnen geholfen werden kann, mit dem „information overload" umzugehen[697]. Vor einer Entscheidung für oder gegen die Lebensmittelampel sollten z. B. die Rationalitätsdefizite, die Verbraucher beim Lebensmittelkauf aufweisen, empirisch ermittelt werden und auf dieser Grundlage dann eine Ampel gestaltet werden[698]. Die farbliche Codierung soll die „klarste und am leichtesten verständliche Darstellung einer Information"[699] und somit auch für bildungsferne Schichten gut verständlich sein[700].

Der mündige Verbraucher als Leitbild kann auch schnell einen Stigmatisierungseffekt nach sich ziehen. Denn wenn unterstellt wird, dass Informationen ausreichen, um sich gesund zu ernähren, scheinen Übergewichtige „selbst schuld" zu sein. Dies spricht dafür, verstärkt auf indirekte Maßnahmen zu setzen, also Maßnahmen, die das Umfeld gesünder machen (gesündere Lebensmittel, kleinere Portionen, weniger Werbung). Will man die sozialen Faktoren, die zu den gesundheitlichen Ungleichheiten führen, berücksichtigen, muss man das Leitbild des mündigen Verbrauchers verabschieden.

b) Lenkungssteuern als überproportionale Belastung der unteren sozialen Schichten?

Zum Teil bestehen Vorbehalte gegenüber einer strengen Tabakkontrollpolitik aus dem Grund, dass die unteren sozialen Schichten durch diese Maßnahmen in besonderer Weise belastet werden, weil sie häufiger rauchen als Mitglieder der oberen sozialen Schichten[701]. Dies steht in einem gewissen Kontrast zu dem Anliegen der Public-Health-Verbände, gesundheitliche Chancengleichheit herzustellen. Denn diese kann nur erreicht werden, wenn die speziellen Probleme der unteren sozialen Schichten angegangen werden, die die gesundheitlichen Ungleichheiten hervorrufen.

Die Steuer auf das belastete Verhalten wirkt als „Selektionsinstrument"[702], das denjenigen vom Rauchen abhalten wird, dem das Rauchen durch die Steuer zu teuer wird[703]. Dies wiederum impliziert, dass insbesondere diejenigen, die über nur eingeschränkte Finanzmittel verfügen – also die unteren sozialen Schichten –, durch die Steuer belastet werden. Zunächst bedeutet die Wirkung als Selektionsinstrument jedoch nur, dass derjenige, für den der Nutzen des Rauchens geringer ist als der Ver-

---

697 *Buchner*, in: Gerhardus/Breckenkamp/Razum/Schmacke/Wenzel (Hrsg.), Evidence-based Public Health, S. 111 (113).

698 *Buchner*, in: Gerhardus/Breckenkamp/Razum/Schmacke/Wenzel (Hrsg.), Evidence-based Public Health, S. 111 (113).

699 *Preuß*, DLR 2008, 8.

700 *Schipper*, Lebensmittelkennzeichnungsrecht im Lichte des wohlgeordneten Rechts, S. 245; vgl. auch *Preuß*, DLR 2008, 8 (11).

701 Dies klingt an bei *Flanigan*, J Med Ethics 2016, 305 (307).

702 *Gawel*, StuW 2001, 26 (27).

703 *Wernsmann*, Verhaltenslenkung in einem rationalen Steuersystem, S. 154 f.

mögensverlust, am ehesten aufhören wird zu rauchen[704]. Ein solcher Nutzen bemisst sich nicht zwingend nach finanziellen Gesichtspunkten, sondern auch nach dem gefühlten Genuss; so mag auch jemand, der über mehr finanzielle Ressourcen verfügt, den Nutzen des Rauchens nicht so hoch ansetzen, dass sich die finanzielle Belastung für ihn „lohnt". Nichtsdestotrotz ist ein Effekt von Verbrauchsteuern, dass die Angehörigen der unteren sozialen Schichten überproportional durch die Steuern belastet werden[705]. Denn Belastungswirkung und Zielerreichungsgrad unterschieden sich nach den Vermögensverhältnissen der Betroffenen: Ge- und Verbote gelten für jeden, Lenkungssteuern treffen insbesondere diejenigen, die nur über wenig finanzielle Mittel verfügen[706]. Die Tabaksteuer weist somit eine regressive Belastungswirkung in Bezug auf das zur Verfügung stehende Einkommen auf[707]; das gleiche gölte für Steuern auf ungesunde Lebensmittel[708].

Im Steuerrecht gilt als bereichsspezifische Konkretisierung des allgemeinen Gleichheitssatzes das Leistungsfähigkeitsprinzip[709], wonach die wirtschaftliche Leistungsfähigkeit den Bezugspunkt der Besteuerung bildet[710]. Zum Teil wird typisierend unterstellt, dass der Konsum von Tabakwaren die Leistungsfähigkeit indiziere[711] und die Tabaksteuer als Sondersteuer auf einen besonderen Genuss zu verstehen sei[712]. Dass der Verbrauch die Leistungsfähigkeit indiziert, kann aber bezweifelt werden. Er spiegelt bloß Konsumgewohnheiten wider, die bei schlechter finanzieller Ausstattung dazu führen, dass der Konsument andere Konsumgüter weniger nachfragt als Tabakprodukte[713]. Gerade die Tatsache, dass die Angehörigen der unteren sozialen Schichten überproportional häufig rauchen, zeigt, dass der Tabakkonsum nichts mit der finanziellen Leistungsfähigkeit zu tun hat. Oder pointiert formuliert: „Es wird nicht umso mehr geraucht, je mehr man sich das finanziell leisten kann."[714]

Es kommt somit zu einer Durchbrechung des Leistungsfähigkeitsprinzips. Diese Durchbrechung kann nur durch den Lenkungszweck gerechtfertigt werden[715]. D.h.

---

[704] Vgl. *Wernsmann*, Verhaltenslenkung in einem rationalen Steuersystem, S. 155.

[705] Dadurch, dass die Angehörigen der unteren sozialen Schichten öfter rauchen als die der oberen sozialen Schichten, ist diese höhere Belastung nicht nur individuell spürbar, sondern liegt auch kollektiv betrachtet vor.

[706] *Englisch*, Wettbewerbsgleichheit im grenzüberschreitenden Handel, S. 617.

[707] *Voigt*, Public Health Ethics 2010, 91 (98); *Englisch*, StuW 2015, 52 (62).

[708] *Karnani/McFerran/Mukhopadhyay*, JACR 2016, 445 (458).

[709] *Birk*, Das Leistungsfähigkeitsprinzip als Maßstab der Steuernormen, S. 155 ff.; *Huster*, Rechte und Ziele, S. 358 ff.; *Wernsmann*, Verhaltenslenkung in einem rationalen Steuersystem, S. 262 ff., 267 ff.

[710] *Birk*, Das Leistungsfähigkeitsprinzip als Maßstab der Steuernormen, S. 163 ff.

[711] *F. Kirchhof*, Die steuerliche Doppelbelastung der Zigaretten, S. 30 (dass dies nicht für den Einzelnen gelte, der ggf. aufgrund einer Sucht Zigaretten erwirbt, sei irrelevant); vgl. auch *Kempf*, Die Rechtfertigung der Tabaksteuer, S. 21 ff., 153 ff.

[712] *F. Kirchhof*, Die steuerliche Doppelbelastung der Zigaretten, S. 30.

[713] *Fichte*, Wirtschaftsdienst 2014, 62 (65).

[714] *Tipke*, Die Steuerrechtsordnung, Band II, S. 1076.

[715] Im Schrifttum wird zum Teil eine Rechtfertigung von besonderen Verbrauchsteuern allgemein nur noch über Lenkungszwecke für möglich gehalten: so *Englisch*, in: Tipke/Lang, Steuer-

eine Verbrauchsteuer, die die unteren sozialen Schichten überproportional belastet, kann durch die öffentliche Gesundheit gerechtfertigt sein. Dazu muss die Durchbrechung des Leistungsfähigkeitsprinzips zur Erreichung dieses Ziels geeignet, erforderlich und angemessen sein[716]. Die Verhältnismäßigkeitsprüfung ist umso strenger, je näher das gewählte Differenzierungskriterium den verbotenen Differenzierungsmerkmalen des Art. 21 GrCh steht[717]. Für die gleichheitsrechtliche Betrachtung sind die beiden oben erwähnten Wirkungen zu unterscheiden.

aa) Individuelle Betrachtung: der Vergleich zweier Raucher aus unterschiedlichen sozialen Schichten

Die erste Frage ist, ob ein Verstoß gegen Art. 3 I GG / Art. 20 GRCh vorliegt, weil der einzelne Raucher aus der unteren sozialen Schicht weniger leistungsfähig ist. Hier geht es um den Vergleich eines Rauchers aus der unteren sozialen Schicht mit einem Raucher aus einer höheren sozialen Schicht. Der Erste wird insofern höher belastet, als er die gleiche Höhe an Tabaksteuer entrichten muss wie der Zweite, obwohl er weniger leistungsfähig ist. Die höhere Belastung zeigt sich auch bei der Umsatzsteuer, die jedoch durch ein abgestimmtes System von Steuerrecht und Sozialrecht aufgefangen wird[718]: So gilt ein reduzierter Umsatzsteuersatz für Waren, die zum täglichen bzw. existenznotwendigen Bedarf gerechnet werden.

Der Grundfreibeitrag der Einkommensteuer sowie das Sozialrecht bei der Berechnung der Grundsicherung berücksichtigen, dass die Bedürftigen bereits überproportional durch die Umsatzsteuer belastet werden. Es wird nun überlegt, ob in solchen Fällen – auch bei anderen Verbrauchssteuern auf Genussmittel wie Kaffee oder Alkohol kann dieses Problem auftreten – nicht ein Mindestmaß an Orientierung am Leistungsfähigkeitsprinzip vorliegen muss, etwa über selektive Steuerbefreiungen oder Steuervergütungen[719], oder ob hier eine Abstimmung mit dem Grundsicherungsrecht vorgenommen werden muss[720]. Zum Teil wird sogar vertreten, dass es zu einem „Eingriff" in das Existenzminimum kommen könne, wenn wie bei dem Konsum von Tabakwaren ggf. eine Sucht vorliegt und der Süchtige deswegen nicht auf

recht, Rn. 18.123, 18.128ff. – Werden auf Konsumgüter besondere Verbrauchsteuern erhoben, kommt es außerdem zu einer doppelten steuerlichen Belastung dieser Güter, da auf sie bereits Umsatzsteuer erhoben wird. Auch diese Doppelbelastung bedarf der Rechtfertigung entweder durch eine besondere Leistungsfähigkeit oder einen Lenkungszweck (*Tipke*, Die Steuerrechtsordnung, Band II, S. 1050; weniger Voraussetzungen stellt *F. Kirchhof*, Die steuerliche Doppelbelastung der Zigaretten, S. 25f., auf), so dass sich hier letztlich die gleichen Fragen stellen.

716 *Ohlendorf*, Grundrechte als Maßstab des Steuerrechts in der Europäischen Union, S. 261f.

717 *Ohlendorf*, Grundrechte als Maßstab des Steuerrechts in der Europäischen Union, S. 262.

718 *Eiling*, Verfassungs- und europarechtliche Vorgaben an die Einführung neuer Verbrauchssteuern, S. 140f.

719 Im Ergebnis ablehnend *Englisch*, StuW 2015, 52 (62f.). Überlegungen zu Vergünstigungen für gesunde Lebensmittel bei Besteuerung ungesunder Lebensmittel für einkommensschwache Konsumenten bei *Pratt*, 87 Tulane L. Rev. (2012), 73 (130ff.).

720 *Englisch*, StuW 2015, 52 (63). Überlegungen in diese Richtung („income support") als Ausgleich für die Tabaksteuer bei *Voigt*, Public Health Ethics 2010, 91 (98).

den Konsum verzichten kann[721]. Wenn der Lenkungszweck einer Steuer ein Rechtfertigungsgrund für die Durchbrechung des Leistungsfähigkeitsprinzips ist[722], trägt jedoch der Vergleich mit der Umsatzsteuer nicht, die keinen Lenkungszweck verfolgt. Die Belastungen durch die Tabaksteuer durch eine finanzielle Kompensation an anderer Stelle zu berücksichtigen, würde ihrem Lenkungszweck widersprechen. Ökonomisch betrachtet ist solch eine Steuer schließlich besonders effektiv, wenn sie gerade die Personen empfindlich trifft, die das unerwünschte Verhalten in besonderem Maße an den Tag legen. Da gerade diese Personengruppen besonders preissensibel sind, ist die Steuer bei ihnen besonders wirksam[723]. Diese Wirkung würde konterkariert, versuchte man, dass entstehende Finanzdefizit an anderer Stelle auszugleichen. Diese Kompensation ist deswegen nicht nur nicht geboten; es stellte vielmehr einen Verstoß gegen das Folgerichtigkeitsgebot dar, den Konsum von gesundheitsriskanten Gütern, den man mit einer Lenkungssteuer belastet, im Rahmen der Grundsicherung als Bedarf miteinzuberechnen.

Dass sich die „jeweiligen Intensitätsgrade von Beeinträchtigung und Zielerreichung wechselseitig ausgleichen", ist deswegen kein Problem im Rahmen einer anzustellenden freiheitsrechtlichen Abwägung[724], sondern vielmehr der Beweis für die besonders punktgenaue Wirksamkeit der Lenkungssteuern in diesem Bereich. Anders sähe es dann aus, wenn das gesundheitsriskante Verhalten in allen gesellschaftlichen Schichten gleich verteilt wäre oder gar die oberen Schichten das Verhalten überproportional häufig an den Tag legten. Dann wäre die Lenkungswirkung gering und könnte die besondere Belastung der unteren sozialen Schichten im Rahmen der Abwägung nicht tragen. Bei einer individuellen Betrachtung liegt jedoch kein Verstoß gegen Art. 3 I GG vor[725].

bb) Kollektive Betrachtung: die überproportionale Heranziehung der unteren sozialen Schichten zur Erzielung von Einnahmen für gesamtgesellschaftliche Aufgaben

Problematisch wird es jedoch, wenn die Steuer gar nicht daran ausgerichtet wird, eine Lenkungswirkung zu erzielen, sondern zur Erzielung von Einnahmen erhoben wird, mittels derer gesamtgesellschaftliche Aufgaben – wie etwa Maßnahmen der inneren Sicherheit oder versicherungsfremde Leistungen in der GKV – finanziert

---

721 *Englisch*, Wettbewerbsgleichheit im grenzüberschreitenden Handel, S. 616 Fn. 266.

722 *Thiemann*, in: Emmenegger/Wiedmann (Hrsg.), Linien der Rspr. des BVerfG, S. 179 (205).

723 *Gruber*, Regulation 2002, 52 (55).

724 So aber *Englisch*, Wettbewerbsgleichheit im grenzüberschreitenden Handel, S. 617.

725 So im Ergebnis auch allgemein *Wernsmann*, Verhaltenslenkung in einem rationalen Steuersystem, S. 157; *Sacksofsky*, in: Voßkuhle/Eifert/Möllers (Hrsg.), Grundlagen des Verwaltungsrechts, Band II, § 39 Rn. 103; wohl auch *Selmer/Brodersen*, DVBl 2000, 1153 (1168). – Der Grund für die Ausnahme, die *Englisch* macht für die Fälle, in denen der Konsum typischerweise bei einer Personengruppe mit geringer Kaufkraft vorliegt, wenn „ein besonderes Bedürfnis nach Verwirklichung des Lenkungsziels besteht" wie bei der Alkopopsteuer (Wettbewerbsgleichheit im grenzüberschreitenden Handel, S. 622 f. Fn. 291), erschließt sich nicht ganz; gemeint ist ggf. das besondere Gewicht des Jugendschutzes.

werden. Die zweite Frage ist deswegen, inwiefern es gerechtfertigt sein kann, dass die unteren sozialen Schichten überproportional gesamtgesellschaftliche Aufgaben finanzieren.

Das Prinzip der Besteuerung nach der Leistungsfähigkeit darf der Gesetzgeber nur bei Vorliegen gewichtiger Gründe durchbrechen, dem Lenkungsziel muss ein bestimmter verfassungsrechtlich anerkannter Eigenwert zukommen[726]. Die öffentliche Gesundheit ist zweifelsohne ein solcher Zweck. Fraglich ist jedoch, inwieweit dieser Zweck auch bei der Ausgestaltung der Lenkungssteuer vom Gesetzgeber ausgedrückt werden muss. Bei der Tabaksteuer kommt dieser Zweck nur höchst mittelbar zum Ausdruck. Lenkungsziele sind nur dann geeignet, rechtfertigende Gründe zu liefern, „wenn sie von erkennbaren Entscheidungen des Gesetzgebers getragen werden, mit dem Instrument der Steuer andere als bloße Ertragswirkungen erzielen zu wollen“[727]. Der im Vordergrund stehende Fiskalzweck kann das Leistungsfähigkeitsprinzip nicht durchbrechen. Die Finanzierung gesamtgesellschaftlicher Aufgaben durch eine höhere Belastung der unteren sozialen Schichten verstößt gegen Art. 3 I GG.

IV. Thesen zur Risikovorsorge bei der Regulierung von Lebensstilrisiken

Ein evidenzbasiertes Vorgehen des Staates ist insbesondere dort zu beobachten, wo die Regelungen auf Vorgaben der EU basieren. Dies wird im deutschen Schrifttum nicht immer anerkannt, sondern zum Teil wird das Leitbild des mündigen Verbrauchers als allein maßgeblich betrachtet. Dadurch geraten soziale Faktoren aus dem Blick; dies entspricht gerade nicht dem Public-Health-Blick. Dieses evidenzbasierte Vorgehen bedeutet jedoch noch nicht, dass bereits alle Möglichkeiten der Regulierung ausgeschöpft wären. So ist das Lebensmittelrecht aus der Perspektive der gesundheitlichen Risikovorsorge nur ansatzweise reguliert. Dies sieht bei der Tabakkontrollpolitik auf den ersten Blick anders aus, die oft als Beispiel für einen „Nanny State“[728] genannt wird. Dabei wird jedoch übersehen, dass die Schädlichkeit von Zigaretten dazu führt, dass kein Regulierungsansatz sinnvoll mit ihnen umgehen kann[729]. Kämen sie heutzutage erstmals auf den Markt, würde man sie nicht zulassen[730]. Die weitreichenden Vorgaben des Tabakerzeugnisrechts sind deswegen nur Ausdruck des Spagats, den der Gesetzgeber vollziehen muss.

---

[726] *Glaser*, StuW 2012, 168 (173).

[727] BVerfGE 93, 121 (147 f.); 99, 280 (296); 105, 73 (112 f.); *Glaser*, StuW 2012, 168 (173).

[728] Sinngemäß *Crosby*, E.L. Rev. 2002, 177 (182).

[729] *Chapman*, Tobacco Control 2008, 73.

[730] Vgl. schon 1975 BT-Drs. 7/3597, S. 12; jüngst Wissenschaftliche Dienste des Bundestags, Verfassungsmäßigkeit eines umfassenden Verbots der Werbung für Tabakerzeugnisse, WD 10 – 3000 – 023/16, S. 9.

Gegenüber der Bevölkerung kann sich der Staat auf die soziale Risikovorsorge berufen. Daraus folgt, dass Maßnahmen damit begründet werden müssen, Informationsdefizite zu beseitigen, externe Einwirkungen auf die Präferenzbildung zu unterbinden und bei internen Präferenzwidersprüchen die Wahl der bevorzugten Präferenz zu unterstützen. Denn nur in diesen Fällen liegt eine Förderung der Autonomie der Bevölkerung vor. Die grundrechtliche Schutzpflicht hingegen kann nicht als Rechtsgrundlage herangezogen werden, um die Bevölkerung vor sich selbst zu schützen.

Die Industrie ist für die Lebensstilrisiken insoweit verantwortlich, als sie gesundheitsschädliche Zutaten verwendet und auf die Präferenzen der Konsumierenden Einfluss nimmt. Der Staat ist somit dazu berechtigt, diese Präferenzeinwirkung durch Vorgaben für Verkaufsorte und Portionsgrößen, Warnhinweispflichten und die Einschränkung des Marketings zu regulieren.

Auch der Einsatz von Lenkungssteuern ist ein grundsätzliches zulässiges Mittel der Risikosteuerung. Bei der Tabaksteuer ergibt sich in der Praxis jedoch das Problem, dass sie nicht folgerichtig als Präventionsinstrument konzipiert ist, sondern hauptsächlich zur Finanzierung präventionsfremder Zwecke eingesetzt wird. Das wiederum belastet die unteren sozialen Schichten – in denen am häufigsten geraucht wird – überproportional.

C. Regelungsgegenstand Kindergesundheit

Das Umfeld, in dem Kinder aufwachsen, prägt ihren Gesundheitszustand ein Leben lang. Das ist eine Erkenntnis der Lebenslauftheorie. Insbesondere das Verhalten der Eltern hat große Auswirkungen auf die Gesundheit der Kinder. Auch soziale Faktoren, die den Gesundheitszustand von Kindern beeinflussen, gibt es viele. Im Folgenden sollen einzelne Faktoren und an ihnen anknüpfende mögliche Regelungsansätze analysiert werden, bei denen der gesundheitliche Bezug auf der Hand liegt. Ausgeblendet werden weitere mögliche Instrumente, die sich positiv auf die Gesundheit der Kinder auswirken könnten[731].

---

[731] Dies gilt insbesondere für die Verteilung der ökonomischen Ressourcen, also beispielsweise durch die Berücksichtigung gesundheitlicher Aspekte bei der Ausgestaltung der Umsatzsteuer oder durch Grundsicherungsmodelle wie die vorgeschlagene Kindergrundsicherung oder das bedingungslose Grundeinkommen.

I. Besondere Ausgangssituation: eingeschränkte Autonomiefähigkeit und familiäre Gesundheitssozialisation

Im Vergleich zu Erwachsenen muss sich die Regulierung der Kindergesundheit mit insbesondere zwei entscheidenden Unterschieden befassen: Kinder können zunächst für ihre gesundheitsrelevanten Entscheidungen nicht verantwortlich gemacht werden; Risiken können sie nicht freiwillig eingehen. Die Autonomiefähigkeit der Kinder bildet sich in den ersten Lebensjahren heraus und entwickelt sich weiter, bis sie – früher oder später, aber jedenfalls nicht zwingend (erst oder schon) mit Erreichen der Volljährigkeit – der von Erwachsenen gleicht[732]. Das gleiche gilt für die innere Unabhängigkeit: Je mehr Bindung und Schutz Kinder benötigen, desto abhängiger sind sie faktisch von ihren Bezugspersonen; sie müssen erst lernen, ihre Bedürfnisse von denen der Erwachsenen abzugrenzen; sie sind in dieser Zeit sehr anfällig für Manipulationen[733]. Allein aufgrund ihres Alters und der fehlenden Lebenserfahrung weisen sie ein Informationsdefizit auf[734].

Erheblichen Einfluss auf den Gesundheitsstatus hat die familiäre Sozialisation: die sogenannte Gesundheitssozialisation. Für die Herausbildung von Lebensstilrisikofaktoren muss berücksichtigt werden, dass der Lebensstil mit seinen Risiken häufig vererbt wird[735]. In einem Zustand nur eingeschränkter Autonomiefähigkeit entwickeln sich die gesundheitsrelevanten Präferenzen der Kinder eng orientiert an den Präferenzen der Eltern. In diesem Kontext muss wiederum berücksichtigt werden, dass gleichzeitig die Industrie auf die Präferenzen der Eltern sowie auch direkt auf die Präferenzen der Kinder einwirkt. In rechtlicher Hinsicht besteht die Besonderheit, dass die gesundheitsrelevanten Entscheidungen der Eltern, die diese für ihre Kinder treffen, dem Schutz des Art. 6 II 1 GG unterfallen.

1. Lebensmittel für Kinder und Übergewicht

Als Beispiel für die Auswirkung externer sozialer Faktoren auf die Kindergesundheit kann die Zusammensetzung und Vermarktung von Kinderlebensmitteln dienen. Die ersten 1000 Tage im Leben eines Menschen gelten als besonders prägend, was die Ernährung angeht. Der Geschmack der Lebensmittel, die die Kinder in frühen Lebensjahren zu sich nehmen, prägt den späteren Geschmack und dadurch die späteren Vorlieben. Die Ernährungskommission der Deutschen Gesellschaft für Kinder- und Jugendmedizin empfiehlt deswegen, bei der Herstellung von Beikost auf den Zusatz von Salz und Zucker zu verzichten[736].

---

[732] *Wapler*, Kinderrechte und Kindeswohl, S. 397 f.
[733] *Wapler*, Kinderrechte und Kindeswohl, S. 398 f.
[734] *Wapler*, Kinderrechte und Kindeswohl, S. 399 f.
[735] Ausführlich oben 1. Teil, A. II. 2.
[736] DGKJ, Monatsschr Kinderheilkd 2014, 527 (534).

In den ersten drei Lebensjahren wird maßgeblich Einfluss auf das Adipositasrisiko genommen[737]. Neben einzelnen mütterlichen Faktoren wie einem Normalgewicht zu Beginn der Schwangerschaft und der Vermeidung bzw. wirksamen Behandlung eines Schwangerschaftsdiabetes wirken sich das Stillen des Säuglings sowie das Meiden einer hohen Protein- und Energiezufuhr und zuckerhaltiger Getränke im Säuglings- und im frühen Kindesalter positiv auf das Risiko aus[738]. Eine erhöhte Gewichtszunahme in den ersten beiden Lebensjahren erhöht das Adipositasrisiko im Schul- und Erwachsenenalter[739].

Den Einflüssen in der sehr frühen Kindheit – d.h. im Säuglings- und Kleinkindalter – kommt somit eine große Bedeutung zu. Da es in diesem Alter noch kein bewusst gesteuertes Gesundheitsverhalten durch die Kinder selbst gibt, spielen die Präferenzen und das Verhalten der Eltern eine entscheidende Rolle. Ohne direkt auf die Eltern einzuwirken, kann der Staat die Ernährung der Kinder durch eine strenge Regulierung industriell gefertigter Nahrung beeinflussen, also durch Verhältnisprävention.

Bei älteren Kindern kommt das Marketing der Industrie als weiterer Einflussfaktor hinzu. Besonders nachhaltig wirkt Kindermarketing, also das Marketing von Produkten, die sich direkt an Kinder richten, wie bestimmte Süßigkeiten oder Kindermahlzeiten in Restaurants. Denn hier wird bereits sehr früh auf die Präferenzen der Konsumenten eingewirkt; die große Informationsasymmetrie nimmt an dieser Stelle aus einer Lebenslaufperspektive ihren Anfang. Die Definition des Begriffs „Kinderlebensmittel"[740] zeigt bereits, dass es sich bei diesen Lebensmitteln nicht um solche handelt, die auf besondere Ernährungsbedürfnisse der Kinder ausgerichtet sind, sondern um solche, die auf eine bestimmte Art und Weise vermarktet werden. Kinder und Eltern werden getrennt angesprochen: die Kinder über die Verpackung und ggf. ein zusätzliches Geschenk, Eltern mit gesundheitsbezogenen Angaben. Kinder „überschauen die Auswirkungen ihrer Konsumentscheidungen nicht, sondern maximieren lediglich einen mutmaßlichen Gegenwartsnutzen", sie verhalten sich nicht rational im Sinne der ökonomischen Theorie[741]. Bei ihnen liegt eine besondere Art der asymmetrischen Informationsverteilung vor, weil die Werbung nicht vollständig Sprache und Darstellungsweise so wählt, dass Kinder sie angemessen verstehen[742].

Da allerdings 90% der sogenannten Kinderlebensmittel als gesundheitsschädlich nach den WHO-Kriterien (Nährwertprofilmodell) gelten[743], weil sie zu viel Zucker und/oder Fett enthalten, stellen Kinderlebensmittel ein doppeltes Problem dar: ein-

737 *Koletzko*, Monatsschr Kinderheilkd 2018, 403 (404).

738 *Koletzko*, Monatsschr Kinderheilkd 2018, 403 (404).

739 *Koletzko/Grote/Schiess/Verwied-Jorky/Brands/Demmelmair/von Kries*, Monatsschr Kinderheilkd 2010, 553 (556).

740 Siehe oben 2. Teil, C. III. 3. a).

741 *Effertz*, Kindermarketing, S. 470.

742 *Effertz*, Kindermarketing, S. 473.

743 *Garlichs*, Das Gesundheitswesen 2017, 447 (449).

mal wegen ihrer ungesunden Zusammensetzung und einmal wegen ihrer besonderen Vermarktung. Studien zeigen, dass Kindermarketing für Lebensmittel zur erhöhten Nahrungsaufnahme führt[744] und auch auf die Art der Lebensmittel, die die Kinder konsumieren, Einfluss hat[745]. In Bezug auf Kinder und die Entstehung von Übergewicht zeigt sich im Bereich des Lebensmittelsektors somit ein noch größeres Marktversagen, als dies bei Erwachsenen der Fall ist[746]: Kinder sind mangels der Fähigkeit zu rationaler Entscheidungsfindung von vornherein keine gleichberechtigten Marktteilnehmer; die bestehende Informationsasymmetrie kann nicht durch einfache Kennzeichnungspflichten ausgeglichen werden. Es stellt sich deswegen die Frage, ob der Staat auf diesem Gebiet in ausreichender Weise tätig geworden ist oder ob er sich jedenfalls für eine viel strengere Regulierung entscheiden dürfte.

2. Risikofaktor Eltern und die Interpretation des Art. 6 II GG

Die Verantwortung für das gesundheitliche Aufwachsen der Kinder liegt zuallererst bei deren Eltern. In ihrer Verantwortung liegen Erziehung und Pflege der Kinder (vgl. Art. 6 II 1 GG) und sie haben die Kinder vor Gesundheitsgefahren zu schützen, die durch Dritte drohen. Dies verbietet es dem Staat nicht, direkt gegenüber den Dritten tätig zu werden und die Einwirkung auf die Präferenzen der Kinder zu unterbinden. Es stellt sich jedoch z. B. die Frage, inwieweit Eltern verpflichtet sind, ihre Kinder vor dem Entstehen gesundheitsschädlichen Übergewichts zu schützen und inwiefern und durch welche Interventionen der Staat berechtigt wäre, diesen Schutz zu überwachen und ggf. durchzusetzen. Auch in anderen Fällen können Interventionen, die der Staat zum Schutz oder zur Förderung der Kindergesundheit ergreift, in das elterliche Erziehungsrecht des Art. 6 II 1 GG eingreifen. In der Diskussion solcher möglichen Interventionen – wie verpflichtende Vorsorgeuntersuchungen und Impfungen – wird in der Rechtswissenschaft ein Verständnis der Reichweite des Art. 6 II 1 GG deutlich, das eine besondere Asymmetrie von Elternrecht und Kinderschutz zur Folge hat. Dies liegt daran, dass die entsprechenden Sachverhalte fast ausschließlich aus dem Blickwinkel des Elternrechts betrachtet werden. Inwieweit nicht ggf. sogar eine staatliche Schutzpflicht zugunsten der Kinder besteht, die solche Maßnahmen rechtfertigen oder gar fordern könnte, wird nicht angesprochen; es wird nie „vom Kind her" argumentiert.

Die „Übermacht des Elternrechts", die Asymmetrie[747] bzw. Dominanz[748], die hier beobachtet werden kann, ergibt sich zunächst aus der Struktur und dem Wortlaut

---

744 *Karnani/McFerran/Mukhopadhyay*, JACR 2016, 445 (450).

745 *Benforado/Hanson/Yosifon*, 53 Emory L.J. 2004, 1645 (1701) mwN.

746 Zum Marktversagen in diesem Fall *Moodie/Swinburn/Richardson/Somaini*, International Journal of Pediatric Obesity, 2006, 133 (136). Siehe zum Marktversagen allgemein bei Lebensstilrisiken oben 4. Teil, B. I 2.

747 *Hörnle/Huster*, JZ 2013, 328 (332).

748 *Isensee*, in: ders./Kirchhof (Hrsg.), HbStR, IX, § 191 Rn. 41.

des Art. 6 II 1 GG. Von den Interessen der Kinder ist dort nicht die Rede[749]. Zwar soll das Elternrecht ein „dienendes“[750], „treuhänderisches“ bzw. „fremdnütziges“[751] Recht sein[752], das im Interesse des Kindes ausgeübt werden soll – und die Grundannahme des Art. 6 II 1 GG ist, dass die Eltern im Interesse und Sinne ihrer Kinder handeln und besser als der Staat wissen, was ihre Kinder benötigen[753] –, dies ändert jedoch nichts daran, dass in der rechtswissenschaftlichen Diskussion die Abwehrperspektive im Vordergrund steht und dadurch eine Sicht gefördert wird, die das Elternrecht im Sinne eines Freiheitsrechts im eigenen Interesse ansieht[754]. Ein Freiheitsrecht stellt Art. 6 II 1 GG allerdings nur im Außenverhältnis gegenüber dem Staat dar.

Will sich der Staat auf sein Wächteramt berufen, das in Art. 6 II 2 GG verankert ist, muss er – nach allgemeiner Meinung – begründen, dass eine Kindeswohlgefährdung bzw. -schädigung[755] vorliegt. Hiervon wird erst ausgegangen, wenn elterliches „Versagen“[756], der „Missbrauch“ des Elternrechts[757] „oder die „Nichterfüllung der Pflicht zur Kindeserziehung“[758] vorliegen[759]. Im medizinischen Bereich wird „die Anordnung von maximal invasiven, schwerwiegenden Heilbehandlungen wie Operationen, Amputationen oder Chemotherapien“ als „äußerste Grenze“ des Art. 6 II 1 GG ge-

---

[749] Auf „der Ebene des Verfassungstextes“ bleibt daduch „das grundrechtliche Verhältnis zwischen Kind und staatlicher Gemeinschaft“ „in Bezug auf elterliche Pflege und Erziehung“ „eigentümlich unterbestimmt“ (*von Landenberg-Roberg*, Elternverantwortung im Verfassungsstaat, S. 637).

[750] *Ossenbühl*, Das elterliche Erziehungsrecht im Sinne des Grundgesetzes, S. 51; *von Coelln*, in: Sachs (Hrsg.), GG, Art. 6 Rn. 53. Vgl. auch *Jestaedt/Reimer*, in: BoKo, GG, Dez. 2018, Art. 6 Abs. 2 und 3 Rn. 71 ff.

[751] BVerfGE 59, 360 (377); 61, 358 (372); 84, 168 (180); *Ossenbühl*, Das elterliche Erziehungsrecht im Sinne des Grundgesetzes, S. 51.

[752] Ausführlich hierzu *von Landenberg-Roberg*, Elternverantwortung im Verfassungsstaat, S. 166 ff.

[753] BVerfGE 59, 360 (376); vgl. BVerfGE 72, 122 (139 f.); 99, 216 (232).

[754] Zu dem möglichen elternzentrierten und dem möglichen kindzentrierten Verständnis des Art. 6 II 1 GG *Krüper*, ZJS 2012, 547 (549); aus der Ethik *Giesinger*, Zeitschrift für praktische Philosophie 2015, 59 (65 ff.).

[755] *Badura*, in: Dürig/Herzog/Scholz, GG, Jan. 2019, Art. 6 Rn. 110; *Uhle*, in: BeckOK-GG, 15.5.2022, Art. 6 Rn. 61; *von Coelln*, in: Sachs (Hrsg.), GG, Art. 6 Rn. 69; *Robbers*, in: v. Mangoldt/Klein/Starck, GG, Art. 6 Rn. 243; *Ossenbühl*, Das elterliche Erziehungsrecht im Sinne des Grundgesetzes, S. 72; *Jeand'Heur*, Verfassungsrechtliche Schutzgebote zum Wohl des Kindes und staatliche Interventionspflichten aus der Garantienorm des Art. 6 Abs. 2 Satz 2 GG, S. 102; *Jestaedt*, in: Lipp/Schumann/Veit (Hrsg.), Kindesschutz bei Kindeswohlgefährdung, S. 5 (13 f.); *Reith*, Der Erziehungs-, Bildungs- und Betreuungsauftrag des Staates im Vorschulbereich, S. 172.

[756] *Jestaedt/Reimer*, in: BoKo, GG, Dez. 2018, Art. 6 Abs. 2 und 3 Rn. 416; *Badura*, in: Dürig/Herzog/Scholz, GG, Jan. 2019, Art. 6 Rn. 110; *Uhle*, in: BeckOK-GG, 15.5.2022, Art. 6 Rn. 47 (sogar „nachhaltig gefährdendes Versagen“); *Ossenbühl*, Das elterliche Erziehungsrecht im Sinne des Grundgesetzes, S. 68.

[757] *von Coelln*, in: Sachs (Hrsg.), GG, Art. 6 Rn. 76; *Burgi*, in: Merten/Papier (Hrsg.), HbGR, IV, § 109 Rn. 47; *Brosius-Gersdorf*, in: Dreier (Hrsg.), GG, Art. 6 Rn. 179; *Ossenbühl*, Das elterliche Erziehungsrecht im Sinne des Grundgesetzes, S. 68; *Hörnle/Huster*, JZ 2013, 328 (331 f.).

[758] *Burgi*, in: Merten/Papier (Hrsg.), HbGR, IV, § 109 Rn. 47.

[759] Inhaltlich auch *Hölbling*, Wie viel Staat vertragen Eltern?, S. 152.

nannt[760]. Unterhalb dieser Schwelle dürfe der Staat nicht tätig werden. Die Belange der Kinder sollen erst dann relevant werden, wenn dieser Minimalstandard unterschritten wird und die familiäre Situation „nach den allgemeinen Anschauungen für das Kind unerträglich" wird[761]. Begründet wird dies auch damit, dass der Staat nicht gegen den Willen der Eltern für eine bestmögliche Förderung der Fähigkeiten bzw. Entwicklung des Kindes sorgen dürfe[762]. „Bestmögliche Förderung" und „unerträgliche Situation" bilden jedoch nur die zwei entgegengesetzten Pole, zwischen denen viele Entscheidungen der Eltern denkbar sind, die sich negativ auf die Gesundheit des Kindes auswirken. Diese gesundheitsrelevanten Sachverhalte sind – nach allgemeiner Ansicht – der staatlichen Regulierung entzogen. Dies erstaunt, wenn man gleichzeitig berücksichtigt, dass das staatliche Wächteramt seine verfassungsrechtliche Grundlage in der Schutzpflicht zugunsten der Grundrechte der Kinder[763] haben soll. Wenn die Schutzpflicht immer nur den Minimalstandard sichert und ansonsten keine Sachverhalte denkbar sein sollen, in denen sie sich gegenüber dem Elternrecht durchsetzen könnte, zeigt dies, dass die Schutzpflicht bei Art. 6 II GG besonders durchsetzungsschwach ist. Nach dieser Auffassung besteht für den Gesetzgeber kein Spielraum, der nach unten hin durch den Begriff der Kindeswohlgefährdung und nach oben hin durch das Übermaßverbot in Bezug auf das Elternrecht eingeschränkt wird, sondern das Übermaßverbot in Bezug auf das Elternrecht soll bereits dann verletzt sein, wenn der Gesetzgeber unmittelbar vor der Schwelle der Kindeswohlgefährdung handelt. Die bei Art. 6 II GG zu beobachtende Asymmetrie zugunsten der Eltern ist dadurch noch größer als die grundsätzlich bestehende Asymmetrie von Schutzpflicht und Abwehrrechten[764].

Das allgemeine Verständnis von Art. 6 II 1 GG führt dazu, dass der Staat darauf verwiesen wird, nur Angebote bereitzustellen, also Sozialleistungen vorzuhalten, da in diesen Fällen kein Eingriff vorliegt. Im einfachen Recht klaffte deswegen lange Zeit eine große Lücke zwischen den Rechtsgrundlagen, die Hilfsangebote des Staates regeln, und solchen, die es ihm erlauben einzugreifen. Da sich der Begriff des Kindeswohls immer auf ein individuelles Kind bezieht, verbietet es die herkömmliche Auslegung des Art. 6 II 1 GG außerdem, einen bevölkerungsbezogenen Ansatz der ge-

---

[760] *Krüper*, ZJS 2012, 547 (549).

[761] *Ossenbühl*, Das elterliche Erziehungsrecht im Sinne des Grundgesetzes, S. 71.

[762] So BVerfGE 60, 79 (94); 72, 122 (139); *Böckenförde*, in: Essener Gespräche zum Thema Staat und Kirche 14 (1980), S. 54 (76); *Hörnle/Huster*, JZ 2013, 328 (332); *Badura*, in: Dürig/Herzog/Scholz, GG, Jan. 2019, Art. 6 Rn. 96; *Uhle*, in: BeckOK-GG, 15.5.2022, Art. 6 Rn. 61; *Robbers*, in: v. Mangoldt/Klein/Starck, GG, Art. 6 Rn. 243; *von Landenberg-Roberg*, Elternverantwortung im Verfassungsstaat, S. 808.

[763] *Isensee*, in: ders./Kirchhof (Hrsg.), HbStR, IX, § 191 Rn. 38; *Robbers*, in: v. Mangoldt/Klein/Starck, GG, Art. 6 Rn. 241; *von Coelln*, in: Sachs (Hrsg.), GG, Art. 6 Rn. 69; *Wapler*, Kinderrechte und Kindeswohl, S. 517.

[764] Dies zeigt sich besonders deutlich bei der Interpretation von *Jestaedt/Reimer*, in: BoKo, GG, Dez. 2018, Art. 6 Abs. 2 und 3 Rn. 125, 127.

sundheitlichen Risikovorsorge zum Schutz der Kindergesundheit zu verfolgen[765]. In letzter Zeit wandelt sich zwar der gesellschaftliche Konsens darüber, was Eltern zugemutet werden kann. So wurden nicht nur die Angebote der Kinder- und Jugendhilfe und die Leistungen der GKV (Früherkennungsuntersuchungen) ausgeweitet, sondern auch Eingriffe in das elterliche Erziehungsrecht wie die Überprüfung der Teilnahme an den Untersuchungen (Melde- und Einladungswesen; Übermittlung der Daten ans Jugendamt) und neuerdings die Masernimpfpflicht eingeführt, die vor nicht allzu langer Zeit noch – unter Verweis auf das elterliche Erziehungsrecht – undenkbar schienen. Die Maßnahmen bleiben jedoch entweder sehr umstritten (wie die verpflichtenden Vorsorgeuntersuchungen) oder werden nicht mit der Gesundheit der Kinder der betroffenen Eltern, sondern der öffentlichen Gesundheit begründet (wie bei der Impfpflicht). Dass Eltern auch einen Risikofaktor für ihr eigenes Kind darstellen können, wird ausgeblendet.

II. Regelungsansatz

Regelungsziel ist der Schutz und die Förderung der Gesundheit von Kindern. Der Staat kann bei Interventionen unmittelbar auf die Kinder selbst einwirken oder bei den Risikoakteuren ansetzen. Als Risikoakteure können zum einen die Industrie – insbesondere die Lebensmittelindustrie – und zum anderen die Eltern gelten, die gesundheitsrelevante Entscheidungen treffen, die sich negativ auf die Gesundheit ihrer Kinder auswirken.

1. Gegenüber Kindern

Autonomiefähigkeit setzt voraus, dass eine Person ihre Präferenzen – die ggf. auf eine unkritische Verinnerlichung in der Kindheit zurückgehen – einer kritischen Überprüfung unterziehen kann und sich von ihnen ggf. befreien bzw. sie durch andere Präferenzen ersetzen kann[766]. Diese Fähigkeit fehlt zunächst bei Kindern. Sie entsteht graduell, d. h. je älter ein Kind wird, desto mehr prägt sich diese Fähigkeit aus.

An diesem Ausgangspunkt setzt eine Rechtfertigung paternalistischer Interventionen – sei es durch die Eltern, sei es durch den Staat – in der Ethik an, die in der Rechtswissenschaft ignoriert wird, wenn pauschal die grundrechtliche Schutzpflicht für einschlägig gehalten wird[767], wenn Minderjährigen bestimmte Verhaltensweisen verboten werden. Die eingeschränkte Autonomiefähigkeit der Kinder führt dazu, dass diese nicht in ausreichender Weise fähig sind, rationale Entscheidungen

---

[765] Allgemein *Jestaedt/Reimer*, in: BoKo, GG, Dez. 2018, Art. 6 Abs. 2 und 3 Rn. 432; *Uhle*, in: BeckOK-GG, 15.5.2022, Art. 6 Rn. 61a.

[766] *Schickhardt*, Kinderethik, S. 175.

[767] Siehe oben 4. Teil, B. II. 2. a).

zu treffen, also Entscheidungen, die ihre eigenen Interessen schützen und fördern[768]: Kinder können ihre zukünftigen Präferenzen nicht absehen und diese deswegen nicht verfolgen, sie haben keine ausgereifte Impulskontrolle und noch keine gefestigten Ziele[769]. Man kann auch bezweifeln, dass sie (jedenfalls umfassend) eigene – d. h. authentische – Präferenzen haben[770]. Auch wenn diese Prämissen – im Vergleich zu Erwachsenen – kritisiert werden[771], so ist es doch wohl Konsens, dass Kinder bei typisierter Betrachtung weniger als Erwachsene die Folgen ihrer Handlungen überblicken können und bereits kognitiv nur eingeschränkt in der Lage sind, Entscheidungssituationen vollständig zu überblicken. Diese Fähigkeit entwickelt sich erst im Laufe der Zeit, bis dann mit der Volljährigkeit vom Gesetzgeber unterstellt wird, dass die Autonomiefähigkeit in ausreichender Weise besteht[772]. Hilfreich ist eine Unterteilung in drei – zugebenermaßen sehr grobe – Entwicklungsstufen bei Kindern[773]: Auf der 1. Stufe befinden sich Säuglinge und Kleinkinder, die in großem Umfang hilfebedürftig sind, nur sehr gering ausgebildete körperliche, geistige und soziale Kompetenzen, noch keine stabile Persönlichkeit, keine Identität und kein volles Selbstbewusstsein haben. Die 2. Stufe beginnt nach der Kleinkindphase, also ca. ab dem 4. Lebensjahr; in dieser Phase bilden sich das Selbstbewusstsein und eine persönliche Identität heraus, das Kind entwickelt grundlegende Kompetenzen und Fähigkeiten. Auf der 3. Stufe unterscheiden sich Kinder nur noch wenig von Erwachsenen. Wo auch bei Erwachsenen punktuell Defizite bestehen, kann dem der gesundheitliche Verbraucherschutz Rechnung tragen[774].

Dieser besondere Entwicklungsprozess kann durch das Schutzgut der Gesundheit nur zum Teil abgebildet werden. Besondere Bedeutung für Kinder kommt deswegen der Pflicht zur Gewährleistung des Entwicklungs- und Entfaltungsschutzes aus Art. 20 I GG iVm Art. 2 I iVm Art. 1 I GG[775] zu. Entwicklung ist nicht nur ein kör-

---

768 *Schapiro*, Arizona Law Review 2003, 575 (580).

769 Zusammenfassend für entsprechende Ansätze *Godwin*, The Journal of Ethics 2020, 307 (315 f.).

770 *Giesinger*, in: Drerup/Schickhardt (Hrsg.), Kinderethik, S. 21 (23).

771 *Schrag*, Philosophy 1977, 167 (170 ff.); *Godwin*, The Journal of Ethics 2020, 307. Zur Unterscheidung des Kindesstatus und des Erwachsenenstatus *Giesinger*, in: Drerup/Schickhardt (Hrsg.), Kinderethik, S. 21. Vgl. auch *Schaber*, in: Drerup/Schickhardt (Hrsg.), Kinderethik, S. 33, mit einem eigenen Vorschlag zur Rechtfertigung des Paternalismus gegenüber Minderjährigen, der jedoch mit seinem Kriterium der Fähigkeit, Erlaubnisse zu erteilen, nahezu deckungsgleich mit der autonomiezentrierten Rechtfertigung ist.

772 Dies gilt jedenfalls für die hier interessierenden Rechtsgebiete. Im Strafrecht besteht für den Übergang bis zur Vollendung des 21. Lebensjahres noch die Möglichkeit, „Heranwachsende" nach Jugendstrafrecht zu beurteilen.

773 In Anlehnung an *Schickhardt*, Kinderethik, S. 22 f.

774 Siehe oben 4. Teil, B. II. 2. b).

775 Vgl. auch *Große*, Qualität des öffentlichen Schulwesens als Verfassungsgebot?, S. 245 ff., die jedoch eine Verankerung im allgemeinen Persönlichkeitsrecht ablehnt und die Persönlichkeitsentfaltung des Kindes als eigenes Schutzgut in Art. 2 I GG verankert; sie konstruiert eine entsprechende staatliche Pflicht außerdem nicht über das Sozialstaatsprinzip, sondern aus der leistungsrechtlichen Dimension der Grundrechte (S. 254 ff.).

perlicher und geistiger Prozess, bei dem sich verschiedene bereits bei der Geburt vorhandene Anlagen entfalten, hinzu kommen externe Einflüsse, die sich auf die Entwicklung auswirken. Diese Einflüsse wirken sich unmittelbar auf die körperliche, mentale und kognitive Entwicklung aus, wo man am ehesten von Gesundheit sprechen kann. Sie berühren aber auch die Ausbildung und Entfaltung der Persönlichkeit, wozu auch das Entstehen der Fähigkeiten zu eigenverantwortlichem Handeln gehört. Die Entwicklung des Kindes zu einer selbstbestimmten Person wird vom Schutzgut des allgemeinen Persönlichkeitsrechts umfasst, sie zielt darauf, dass das Kind in die allgemeine Handlungsfreiheit hineinwächst, also letztlich selbstbestimmte Handlungen treffen kann[776]. Auch das BVerfG betont in ständiger Rechtsprechung, dass Kinder „des Schutzes und der Hilfe“ bedürfen, um sich zu eigenverantwortlichen Persönlichkeiten „innerhalb der sozialen Gemeinschaft zu entwickeln“[777]. Sie hätten ein Recht auf „Entwicklung zur Persönlichkeit, auf „Person werden““[778]. Sprachlich ist diese Formulierung schief, weil Kinder bereits ab Geburt eine Person sind bzw. eine Persönlichkeit haben, die sich nur im Laufe des Heranwachsens weiterentwickelt, verändert und ausdifferenziert[779]. Inhaltlich ist damit jedoch das Richtige gemeint: Kinder haben ein Recht auf eine „ungestörte kindgemäße Entwicklung“[780]. Der Gesetzgeber ist verpflichtet, „die Lebensbedingungen des Kindes zu sichern, die für sein gesundes Aufwachsen erforderlich sind“[781]. Der Persönlichkeitsschutz ist somit entwicklungsorientiert konzipiert[782].

Die entsprechende Förderung geschieht insbesondere durch die Verbesserung der Lebensbedingungen durch die Gestaltung der strukturellen sozialen Bedingungen. Gleichzeitig trifft den Staat die Pflicht, negative Einwirkungen auf diesen Entwicklungsprozess im Rahmen der grundrechtlichen Schutzpflicht aus Art. 2 I iVm Art. 1 I GG zu unterbinden. Wegen der besonderen Bedeutung des Gesundheitszustands in der Kindheit auf die spätere Gesundheit muss der Staat bei Kindern ein hohes Gesundheitsschutzniveau verfolgen.

a) Soziale Risikovorsorge

Angesichts der Bedeutung des Entwicklungs- und Entfaltungsschutzes als Teil der sozialen Risikovorsorge aus Art. 20 I GG iVm Art. 2 I iVm Art. 1 I GG trifft den Staat

---

776 *Wapler*, Kinderrechte und Kindeswohl, S. 100. Vgl. auch *S. Engels*, AöR 122 (1997), 212 (226).

777 BVerfGE 79, 51 (63); BVerfG, NJW 2022, 167 (169).

778 BVerfG, NJW 2000, 2191 (2192).

779 *Wapler*, Kinderrechte und Kindeswohl, S. 101 f.

780 BGHZ 198, 346 (351 f.) mwN; BGHZ 206, 347 (364).

781 BVerfGE 24, 119 (145); 56, 363 (384); 57, 361 (383); 133, 59 (73 f.); BVerfG, NJW 2022, 167 (169). Zustimmend auch *Ueltzhöffer*, Die staatliche Einflussnahme auf den Tabakkonsum von Kindern und Jugendlichen in Deutschland, S. 46 ff. – Kritisch zu dem damit verbundenen subjektiv-öffentlichen Recht, das das BVerfG 2021 in seiner Entscheidung „Bundesnotbremse II“ schuf, *Nettesheim*, JZ 2022, 525.

782 So auch *S. Engels*, AöR 122 (1997), 212 (226).

eine Pflicht, Kindern ein kindgerechtes Aufwachsen mit den notwendigen Teilhabechancen zu ermöglichen, damit sich ihre Persönlichkeit entwickeln und entfalten kann[783]. Auch die soziale Risikovorsorge gegenüber Kindern muss zuallererst ihre Autonomie fördern, bevor andere Maßnahmen zu ihrem Schutz oder zur Förderung ihrer Gesundheit getroffen werden[784]. Die Förderung der Autonomie führt dazu, dass den Kindern kein Lebensmodell von außen vorgegeben wird, dass sie vielmehr Präferenzeinwirkungen von außen reflektieren können und somit selbst entscheiden können, welche Lebenspläne sie verfolgen wollen. Damit paternalistische Interventionen gar nicht erst notwendig werden, müssen „breit ausgerichtete, allgemein vorbeugende Anstrengungen" unternommen werden[785].

Maßnahmen, die durch die Gestaltung der strukturellen sozialen Bedingungen die Lebensbedingungen der Bevölkerung – insbesondere, aber nicht nur in der frühen Kindheit – verbessern sollen, werden in der Sozialpolitik mit dem Begriff der Sozialinvestitionen[786] umschrieben. In diesem Kontext ist ein Rechtsanspruch für Kinder auf frühkindliche Bildung und Förderung in einer Kita zu sehen: Er kann als Sozialinvestition verstanden werden, wenn er nicht einen besonderen Förderungsbedarf voraussetzt, sondern allgemein für alle Kinder gilt. Ein solcher Anspruch setzt das Teilhabeminimum[787] der Kinder um: Der Staat ist verpflichtet, ihnen durch ein entsprechendes Betreuungsangebot Kontakte zu anderen Kindern zu ermöglichen, um so Teil der Gesellschaft zu werden. Der Gesetzgeber darf dabei im Rahmen einer wertenden Betrachtung eine Altersgrenze festlegen, unterhalb derer er nicht von einem entsprechenden Bedarf an Inklusion ausgeht[788].

Der Gesetzgeber hat sich dazu entschieden, für Kinder zwischen Vollendung des ersten und dritten Jahres (§ 24 II SGB VIII) und für Kinder zwischen Vollendung des dritten Jahres und dem Schuleintritt (§ 24 III SGB VIII) einen solchen bedarfsunabhängigen Anspruch einzuführen. Für Kinder hingegen, die das erste Lebensjahr noch nicht vollendet haben, setzt die Förderung in der Einrichtung entweder einen individuellen Entwicklungsbedarf des Kindes oder einen individuellen beschäftigungsbezogenen Bedarf der Eltern voraus (§ 24 I SGB VIII). Der Gesetzgeber sieht

---

783 Zum Teil wird diskutiert, inwieweit der Kindeswohlbegriff für ähnliche Ansätze (Pflicht, für kinderfreundliche Lebensbedingungen zu sorgen) herangezogen werden kann (*Jeand'Heur*, Verfassungsrechtliche Schutzgebote zum Wohl des Kindes und staatliche Interventionspflichten aus der Garantienorm des Art. 6 Abs. 2 Satz 2 GG, S. 108 ff.; *Eichholz*, in: Maywald/Eichholz, Kindeswohl und Kinderrechte, S. 37 [52]). Der Begriff des Kindeswohls ist jedoch individualistisch (dazu noch unten 4. Teil, C. II. 2. b] bb] [2]) und deswegen nicht geeignet für die Konstruktion solcher Pflichten des Staates (*Wapler*, Kinderrechte und Kindeswohl, S. 233; den Ansatz *Jeand'Heurs* ablehnend auch *Reith*, Der Erziehungs-, Bildungs- und Betreuungsauftrag des Staates im Vorschulbereich, S. 176). Nur das Sozialstaatsprinzip kann einen solchen Auftrag vermitteln (so auch *Wapler*, Kinderrechte und Kindeswohl, S. 304).

784 Vgl. *Schickhardt*, Kinderethik, S. 217.

785 *Schickhardt*, Kinderethik, S. 217.

786 Dazu oben 3. Teil, B. I.

787 Dazu oben 3. Teil, B. III. 2. b).

788 Dazu oben 3. Teil, B. III. 2. b) bb).

bei dieser Altersgruppe somit noch keinen grundsätzlichen Bedarf an Inklusion, womit er innerhalb seines Spielraums bleibt. Für die Kinder ab Vollendung des ersten Lebensjahres stellt sich dann die Frage, welche qualitativen Voraussetzungen die frühkindliche Förderung erfüllen muss, damit tatsächlich von einer Gewährleistung des Teilhabeminimums die Rede sein kann[789], und wie mit der Tatsache umzugehen ist, dass der Staat aktuell die Erfüllung des Anspruchs nicht für alle Kinder gewährleisten kann. Dass die Eltern eine finanzielle Kompensation erhalten, ändert so lange an der Verletzung des Teilhabeminimums der Kinder nichts, wie diese Kompensation nicht zur Finanzierung einer anderweitigen Teilhabemöglichkeit (etwa in einer privaten Kita) genutzt wird.

Aus Art. 20 I GG iVm Art. 2 I GG iVm Art. 1 I GG ergibt sich somit eine Pflicht des Staates zu Sozialinvestitionen, also zu Investitionen in einem Bereich und zu einem Zeitpunkt, der eine möglichst gesunde Entwicklung der Bevölkerung zu autonomen Erwachsenen ermöglicht[790].

b) Die Förderung unbeeinflusster Präferenzbildung

Den Staat trifft die Pflicht, die Kinder bei der Ausbildung ihrer Präferenzen zu unterstützen, indem er Einwirkungen auf die Präferenzen durch Dritte, die keinerlei eigenes grundrechtlich geschütztes Interesse an dieser Einwirkung geltend machen können, unterbindet. Im Verbraucherschutzrecht muss unterschieden werden: In Rechtsgebieten, die allein dem Verbraucherschutz dienen, in denen also kein Gesundheitsbezug berücksichtigt wird, besteht Verbraucherschutz auch darin, Minderjährigen die Entwicklung zum mündigen Verbraucher nicht dadurch zu erschweren,

[789] Je schlechter der Betreuungsschlüssel z. B. ist, desto mehr werden die Kinder nur noch „verwahrt". Auch geht die Bildungs- und Kindheitsforschung von bestimmten zeitlichen Obergrenzen für unterschiedliche Altersgruppen aus, die pro Tag aus Sicht der Kinder nicht überschritten werden sollten. Dazu auch unten 4. Teil, II, 2. c) cc) (2).

[790] Die Aufladung über das allgemeine Persönlichkeitsrecht und Art. 2 II GG bedeutet dabei, dass der Staat berücksichtigen muss, dass der Entwicklungsschutz allein kinderbezogen verstanden werden darf: Kinder sollen sich um ihrer selbst willen, weil sie einen entsprechen Achtungsanspruch gegenüber dem Staat haben, zu gesunden Erwachsenen entwickeln (vgl. auch *Wapler*, Kinderrechte und Kindeswohl, S. 407 f.). Dies ist deswegen bedeutsam, weil der Sozialinvestitionsstaat oft so verstanden wird, dass Sozialpolitik mit wirtschaftspolitischen Zielen verknüpft wird und Sozialinvestitionen dazu dienen, die Arbeitsmarktfähigkeit des Einzelnen zu maximieren (*Busemeyer*, in: DS-BSG I, S. 631 [634]). Auch die frühkindliche Bildung wird unter dieser Zielsetzung betrachtet: Kinder werden nach diesem Ansatz als Humankapital angesehen (vom „Humankapital Kind" spricht z. B. *Hoffmann*, Soziale Gerechtigkeit für Kinder, S. 166; kritisch *Lessenich*, APuZ 49-50/2012, 55 [60]; allgemein kritisch zum Begriff „Humankapital" *Butterwegge*, Krise und Zukunft des Sozialstaates, S. 338). In sie muss nach diesem Verständnis möglichst frühzeitig und umfassend investiert werden, damit die Inklusion in den Arbeitsmarkt später reibungslos funktioniert und sie einen produktiven Beitrag zum Bruttosozialprodukt leisten. Kinder sind aber zunächst Individuen mit eigenen Rechten und kein Humankapital, das nach externen Motiven geformt werden kann (kritisch deswegen aus der Perspektive der sozialwissenschaftlichen Kindheitsforschung *Klinkhammer*, in: Bühler-Niederberger/Mierendorff/Lange [Hrsg.], Kindheit zwischen fürsorglichem Zugriff und gesellschaftlicher Teilhabe, S. 205).

dass bis zur Volljährigkeit alle Einwirkungen auf die Präferenzen unterbunden werden[791]. Das bedeutet, dass nur sehr krasse Einwirkungen unterbunden werden, aber nicht jegliches Verhalten Dritter, das möglicherweise auf die Präferenzen einwirkt. Sobald jedoch ein besonderer gesundheitlicher Bezug besteht, ist die Bedeutung der Gesundheit mit in die Abwägung einzubeziehen: Da Gesundheit eine Autonomievoraussetzung ist und gleichzeitig Einflüsse in der frühen Kindheit nachhaltige Auswirkungen auf den Gesundheitszustand im späteren Leben haben, darf der Staat umso eher Einwirkungen auf die gesundheitlichen Präferenzen unterbinden, je früher diese im Leben der Bevölkerung eine Rolle spielen. Auch hier hätte eine unterschiedslose Unterbindung aller Einflüsse bis zur Volljährigkeit wohl negative Auswirkungen.

Für eine Unterscheidung kann man sich an den oben dargestellten Entwicklungsphasen orientieren. Dies spricht dann dafür, Marketing für jüngere Kinder (einschließlich des Grundschulalters) vollständig zu verbieten und ab einer gewissen Autonomiefähigkeit (ca. ab zehn Jahren) nur noch Werbeaussagen, die irreführend sind. Eine Ausnahme besteht für den Fall, dass das Produkt, das beworben werden soll, (jedenfalls für Minderjährige) besonders gesundheitsschädlich ist. In den Fällen ist auch ein absolutes Verbot von Werbung, die sich an Minderjährige richtet, gerechtfertigt, wie dies bei Tabakwerbung und Werbung für alkoholische Getränke (§ 6 V JMStV) der Fall ist.

Da geschmackliche Präferenzen insbesondere durch die Ernährung in den ersten 1000 Tagen geprägt wird und diese geschmacklichen Präferenzen wiederum Auswirkungen auf den Gesundheitszustand haben, weil sie zu einem erhöhten Zucker-, Salz- oder Fettkonsum führen, kann auch eine solche Einwirkung auf die Präferenzen der Kinder zu deren Schutz unterbunden werden. Dies bedeutet, dass die Zusammensetzung industriell gefertigter Nahrung, die sich an diese Altersgruppe richtet, besonders reguliert werden kann. Das gleiche gilt für das Marketing, auch wenn es sich in dieser Altersgruppe an die Eltern und nicht an die Kinder richten wird. Hier müssen die Kinder davor geschützt werden, dass ihre Eltern zum Kauf ungesunder Varianten gebracht werden.

2. Gegenüber Eltern

Die in der Rechtswissenschaft herrschende Interpretation des Art. 6 II 1 GG scheint staatlichen Interventionen, die mit der Gesundheit der Kinder begründet werden und in das elterliche Erziehungsrecht eingreifen, entgegenzustehen. Diese Risikoverteilung zwischen Eltern und Kindern zulasten der Kinder muss neu gedacht werden. Solange die Eltern tatsächlich im Interesse ihrer Kinder handeln, kann Art. 6 II 1 GG in seiner Funktion als Abwehrrecht die möglichen Konflikte zwischen Staat und El-

[791] Vgl. zu einer Berücksichtigung unterschiedlicher Entwicklungsstufen im Lauterkeitsrecht *Alexander*, in: MüKO-UWG, nach § 3 Abs. 3 Nr. 28 Rn. 11 f., 23.

tern angemessen bewältigen. Sobald die elterlichen Entscheidungen jedoch die Gesundheit oder gesundheitliche Entwicklung des Kindes in negativer Weise beeinflussen, gerät die Struktur des Art. 6 II 1 GG an ihre Grenzen[792]: Denn hier entsteht eine besondere Dreieckskonstellation, weil die Gefährdung des Kindes nicht von einem beliebigen Dritten, sondern gerade von den Personen ausgeht, denen das Grundgesetz die Aufgabe zuweist, die Interessen des Kindes zu vertreten und dem Kind Schutz zu gewähren. Hier kommt es also zu einer Grundrechtskollision[793], auch wenn dies von manchen bestritten wird[794]. In manchen Fällen fällt die Beschützerrolle der Eltern weg – etwa wenn diese das Kind nicht vor Übergriffen Dritter schützen –, in anderen Fällen werden die eigentlichen Beschützer selbst zur Gefahren- oder Risikoquelle. Verweist man nun darauf, dass das Verhalten der Eltern durch Art. 6 II 1 GG einem besonderen Schutz des Grundgesetzes untersteht, die Eltern somit gegenüber anderen Risikoakteuren vom Grundgesetz privilegiert würden, wird verkannt, dass dieses Elternrecht anders als die Grundrechte, auf die sich andere Risikoakteure berufen können, auf das Wohl des in seiner Gesundheit Beeinträchtigten bezogen ist. Die Privilegierung kann nur im Außenverhältnis zum Staat bestehen; im Innenverhältnis wird sie durch die Rechte der Kinder relativiert, wenn nicht gar vollständig aufgehoben. Es stellt bereits empirisch betrachtet eine verkürzte Darstellung der tatsächlichen Verhältnisse dar, wenn Eltern stets entweder als umfänglich fürsorglich oder als das Kind vernachlässigend angesehen werden. In dem sehr großen Graubereich dazwischen stehen sich die Bedürfnisse der Kinder und Präferenzen und Bedürfnisse der Eltern oft gegenüber. Auch rechtlich muss dieser Graubereich betrachtet werden können.

Zu einem Umdenken bei der Beurteilung der Verantwortung, die Eltern für das gesunde Aufwachsen ihrer Kinder tragen, führt eine kindzentrierte Betrachtung[795], die sowohl die staatlichen Schutzpflichten zugunsten der Kinder als auch das elterliche Erziehungsrecht in einen Ausgleich bringt[796]. Dass den Staat allgemein die Pflicht trifft, die Gesundheit und die Entwicklung der Kinder zu schützen, wurde bereits gezeigt[797]. Nun stellt sich die Frage, wie weit der Staat dabei gehen darf, wenn gleichzeitig das elterliche Erziehungsrecht berührt wird.

---

[792] Allgemein zu den ungeklärten Fragen der Dogmatik von Eltern- und Kindesrechten im Lichte des Art. 6 II 1 GG *von Landenberg-Roberg*, Elternverantwortung im Verfassungsstaat, S. 2 ff.

[793] Ausführlich *Jestaedt/Reimer*, in: BoKo, GG, Dez. 2018, Art. 6 Abs. 2 und 3 Rn. 108 ff.; ähnlich *von Landenberg-Roberg*, Elternverantwortung im Verfassungsstaat, S. 262.

[794] Bestritten von *Ossenbühl*, Das elterliche Erziehungsrecht im Sinne des Grundgesetzes, S. 55; *Jeand'Heur*, Verfassungsrechtliche Schutzgebote zum Wohl des Kindes und staatliche Interventionspflichten aus der Garantienorm des Art. 6 Abs. 2 Satz 2 GG, S. 20.

[795] Eine solche Betrachtung grundsätzlich ablehnend *Badura*, in: Dürig/Herzog/Scholz, GG, Jan. 2019, Art. 6 Rn. 136, der sonst eine „Auflösung der durch das Elternrecht strukturierten Familie" befürchtet.

[796] Dazu jetzt ausführlich *von Landenberg-Roberg*, Elternverantwortung im Verfassungsstaat.

[797] Vgl. oben 4. Teil, C. II. 1.

a) Welche Sachverhalte fallen in das Elternrecht?

Eltern sind verantwortlich für die Gesundheit ihrer Kinder. Da es in den meisten Fällen nicht nur die eine – die richtige – Wahl in dieser Hinsicht gibt, fallen Entscheidungen, die die Eltern in gesundheitlichen Belangen treffen, grundsätzlich unter das elterliche Erziehungsrecht. Art. 6 II 1 GG spricht von der „Pflege und Erziehung" der Kinder. Wenn vom elterlichen „Erziehungsrecht" die Rede ist, wird also ein Oberbegriff für zwei unterschiedliche Sachverhalte verwendet. Wie noch gezeigt werden wird, ist die Unterscheidung zwischen Pflege und Erziehung (im engeren Sinne) wichtig[798].

Elterliche Entscheidungen mit gesundheitlichen Auswirkungen auf das Kind fallen in den meisten Fällen unter den Pflegebegriff. Die Pflege ist auf das körperliche Wohl des Kindes bezogen[799], hier geht es um die Sorge für Leben und Gesundheit u. a. durch „Sicherstellung der Ernährung, Kleidung, Hygiene, körperliche Bewegung" und Zuführung zur medizinischen Behandlung im Krankheitsfall[800]. Erfasst sind vom elterlichen Recht die konkrete Bestimmung dessen, was in diesem Rahmen für erforderlich gehalten wird, also was und wieviel die Kinder essen, welche Kleidung sie tragen und wie oft sie die Zähne putzen. Dazu gehört auch die Frage, ob die Kinder der Kinderärztin oder dem Kinderarzt im Rahmen der Gesundheitsuntersuchungen nach § 26 SGB V vorgestellt werden, wogegen sie geimpft werden sollen und ob sie einen Fahrradhelm oder UV-Schutzkleidung tragen.

Erziehung dagegen bezieht sich nicht auf die körperliche, sondern die geistige und seelische Entwicklung[801], also auf die Entwicklung der Persönlichkeit[802]. Dies geschieht – auf abstrakter Ebene – durch die Vermittlung von Werten und Grundhaltungen und zeigt sich konkret u. a. durch die Wahl der Schulbildung, die sexuelle Aufklärung und die „Unterweisung" in politischen und religiös-weltanschaulichen Fragen[803]. Die Erziehung bekommt in dem Umfang einen Gesundheitsbezug, in dem die Persönlichkeitsentwicklung einen Gesundheitsbezug aufweist. Pflege und Erziehung überschneiden sich, wenn die Entscheidungen, die sich in besonderer

---

798 Für einen einheitlichen Begriff von Pflege und Erziehung jedoch *Heiderhoff*, in: v. Münch/Kunig, GG, 7. Aufl., Art. 6 Rn. 136; *Badura*, in: Dürig/Herzog/Scholz, GG, Jan. 2019, Art. 6 Rn. 107; *Uhle*, in: BeckOK-GG, 15.5.2022, Art. 6 Rn. 51; *Robbers*, in: v. Mangoldt/Klein/Starck, GG, Art. 6 Rn. 143; *Reith*, Der Erziehungs-, Bildungs- und Betreuungsauftrag des Staates im Vorschulbereich, S. 124.

799 Siehe nur *von Landenberg-Roberg*, Elternverantwortung im Verfassungsstaat, S. 663 f. Manche Autoren rechnen außerdem die Vermögenspflege hierzu (so z. B. *von Coelln*, in: Sachs [Hrsg.], GG, Art. 6 Rn. 60). Ob dies gerechtfertigt ist, kann hier dahinstehen, da die Vermögenssorge im Folgenden keine Rolle spielt.

800 Vgl. nur *Brosius-Gersdorf*, in: Dreier (Hrsg.), GG, Art. 6 Rn. 158 mwN. Ähnlich – wenn auch mit einer leicht anderen Abgrenzung von Pflege und Erziehung (Rn. 268) – *Jestaedt/Reimer*, in: BoKo, GG, Dez. 2018, Art. 6 Abs. 2 und 3 Rn. 270.

801 *Brosius-Gersdorf*, in: Dreier (Hrsg.), GG, Art. 6 Rn. 159.

802 Im Ergebnis auch *Jestaedt/Reimer*, in: BoKo, GG, Dez. 2018, Art. 6 Abs. 2 und 3 Rn. 275.

803 *Brosius-Gersdorf*, in: Dreier (Hrsg.), GG, Art. 6 Rn. 159; *Jestaedt/Reimer*, in: BoKo, GG, Dez. 2018, Art. 6 Abs. 2 und 3 Rn. 286.

Weise auf das körperliche Wohl auswirken, einem umfassenden Erziehungskonzept entspringen, etwa von dem Leitbild getragen sind, niemals in die „göttliche Schöpfung“ einzugreifen und deswegen auf „künstliche“ Eingriffe in den menschlichen Körper zu verzichten, also die Arzneimittelgabe bei Erkrankung, Impfungen, chirurgische Eingriffe und die Gabe von Blutkonserven abzulehnen. Dass es diese Überschneidungen aus Elternsicht gibt, bedeutet jedoch nicht, dass zwischen den Begriffen nicht getrennt werden sollte. Die Überschneidung kann im Einzelfall dadurch aufgelöst werden, dass die Wirkung auf das Kind untersucht wird. So ist z.B. die Beschneidung von Kindern aus Elternsicht von religiösen Werten bestimmt, wirkt sich aber (insbesondere bei Säuglingen und sehr kleinen Kindern) zunächst nur auf das körperliche Wohl des Kindes aus, weil sie den religiösen Bezug noch nicht erfassen können.

Damit eine Handlung der Eltern dem Schutz des Art. 6 II 1 GG unterfallen kann, muss sie auf das Kind bezogen sein[804], also aus der Sicht der Eltern Pflege oder Erziehung darstellen. Nicht jede Handlung, die sich in irgendeiner Weise auf das körperliche Wohl oder die Entwicklung der Persönlichkeit des Kindes auswirkt, untersteht dem besonderen Schutz des Art. 6 II 1 GG. Das heißt nicht, dass bereits auf Schutzbereichsebene geprüft werden müsste, inwieweit das elterliche Verhalten konkret dem Kindeswohl dient[805] – ganz allgemein überzeugt es dogmatisch nicht, kindeswohlgefährdende Verhaltensweisen aus dem Schutzbereich herauszunehmen, weil hier die Aufgabe der Schranke in den Schutzbereich verlagert wird[806] –; hilfreich ist vielmehr die Testfrage, was sich an dem Verhalten des Elternteils änderte, wenn man sich das Kind aus der Situation hinwegdenkt. Verliert die Situation dann ihren Sinn (etwa bei der Frage, ob das Kind geimpft oder aus anderen Gründen einem Arzt vorgestellt werden soll oder ob Strafen ein probates Erziehungsmittel sind), ist das Elternrecht betroffen[807]; ändert sich an dem Verhalten der Eltern nichts, ist der Schutzbereich des Art. 6 II 1 GG nicht berührt. So setzt zwar die Entscheidung der Eltern, in Anwesenheit der Kinder zu rauchen, die Kinder dem Gesundheitsrisiko Passivrauch aus; wenn die Eltern jedoch nicht gerade beabsichtigen, ihre Kinder zu Rauchern zu erziehen, ist dieses Verhalten nicht von Art. 6 II 1 GG, sondern allein von Art. 2 I GG er-

---

804 *Jestaedt/Reimer*, in: BoKo, GG, Dez. 2018, Art. 6 Abs. 2 und 3 Rn. 271; *Osthold*, Die rechtliche Behandlung von Elternkonflikten, S. 151 f.

805 So aber *Jestaedt/Reimer*, in: BoKo, GG, Dez. 2018, Art. 6 Abs. 2 und 3 Rn. 89, 127, 264 ff.; *Brosius-Gersdorf*, in: Dreier, GG, Art. 6 Rn. 144, 161, 172; *Coester-Waltjen*, in: v. Münch/Kunig, GG, 6. Aufl., Art. 6 Rn. 81; *Uhle*, in: BeckOK-GG, 15.5.2022, Art. 6 Rn. 57; *Osthold*, Die rechtliche Behandlung von Elternkonflikten, S. 162; vgl. ähnlich *Hümmer*, ZfL 2007, 46 (50).

806 Ablehnend auch *Wapler*, Kinderrechte und Kindeswohl, S. 126.

807 Dies gilt auch für die Entscheidung der Eltern, ihren Kindern den Besuch eines Sonnenstudios zu erlauben, unabhängig davon, ob die Eltern die UV-Strahlung für schädlich halten, ihren Kindern aber den dahingehenden Wunsch erfüllen wollen, oder die UV-Strahlung für kindeswohlförderlich halten (etwa zur Verbesserung des Hautbildes oder bei Neurodermitis). Vom BVerfG wurde die Frage, ob die Befürwortung des Sonnenstudiobesuchs des Kindes vom Schutzbereich des Art. 6 II 1 GG umfasst ist, offengelassen (BVerfG, NJW 2012, 1062 [1064]).

fasst[808], denn das Verhalten der Eltern ist nicht auf die Kinder bezogen, auch wenn es auf sie einwirkt. Ein erheblicher Teil der elterlichen Verhaltensweisen wie der eigene Ernährungsstil, das Konsumverhalten etc., die zur Gesundheitssozialisation beitragen – dem Umstand, dass der Lebensstil der Eltern den Lebensstil der Kinder prägt –, findet deswegen nicht im Kontext von Art. 6 II 1 GG statt. Eine Ausnahme bildet z. B. die Ernährung insoweit, als die Eltern grundsätzliche Ernährungsentscheidungen treffen (wenn etwa vorgegeben wird, dass sich die Familie vegan/vegetarisch/oä oder nach einer bestimmten Diät wie „low carb" ernähren soll) oder jedenfalls aktiv einen Rahmen für die im Rahmen von Familienmahlzeiten zu konsumierenden Lebensmittel vorgeben (durch Kochen, Verfügbarkeit der Lebensmittel durch Einkaufen, Auswahl des Restaurants) und nicht nur Ernährungsweisen faktisch vorleben.

b) Wann darf der Staat eingreifen?

Dass eine Pflege oder Erziehung darstellende Handlung der Eltern negative Auswirkungen auf die Gesundheit der Kinder hat, führt weder dazu, dass der Schutzbereich des Art. 6 II 1 GG nicht eröffnet ist, noch dazu, dass der Staat allein deswegen eingreifen darf[809]. Viele Entscheidungen der Eltern haben Auswirkungen auf die Gesundheit der Kinder, ohne dass sie bereits die Rechtfertigungsschwelle überschreiten. Der Staat hat bei Eingriffen in Art. 6 II 1 GG zwei Möglichkeiten, sein Tätigwerden zu rechtfertigen:

aa) Die öffentliche Gesundheit als Eingriffszweck

Geht es ihm um den Schutz Dritter, kann er sich auf kollidierendes Verfassungsrecht berufen[810], also auf die staatliche Schutzpflicht, die ihn gegenüber den Dritten trifft. Auf diese Konstruktion kann der Staat etwa die Einführung einer Impfpflicht (vgl. für Masern § 20 VIII IfSG)[811] oder den Ausschluss vom Schulunterricht von Kindern, die an einer ansteckenden Krankheit leiden, (vgl. § 34 I 2 IfSG) stützen. Begründet werden solche Maßnahmen mit der Verhinderung der Übertragung einer Krankheit auf Dritte, also den Rest der Bevölkerung, und nicht mit der Gesundheit der Kinder selbst.

bb) Die Abwendung der Kindeswohlgefährdung als Eingriffszweck

Geht es dem Staat um den Schutz der Kinder vor ihren Eltern, steht ihm das staatliche Wächteramt des Art. 6 II 2 GG zu, das einen qualifizierten Gesetzesvorbehalt

[808] AA wohl *Hörnle/Huster*, JZ 2013, 328 (333); wie hier im Ergebnis *Jestaedt/Reimer*, in: BoKo, GG, Dez. 2018, Art. 6 Abs. 2 und 3 Rn. 272.

[809] *Hörnle/Huster*, JZ 2013, 328 (333).

[810] *Jestaedt/Reimer*, in: BoKo, GG, Dez. 2018, Art. 6 Abs. 2 und 3 Rn. 347.

[811] Dazu *Amhaouach/Kießling*, MedR 2019, 853 (859 f.).

darstellt[812]. Qualifiziert ist dieser Gesetzesvorbehalt deswegen, weil sich der Staat nur dann auf das Wächteramt berufen kann, wenn er zum Schutz des Kindes tätig wird. Das Wächteramt hat seine Grundlage in den Schutzpflichten des Staates gegenüber dem Kind[813]: Es konkretisiert den staatlichen Schutzauftrag[814] in Bezug auf die Entwicklung und Entfaltung und die Gesundheit von Kindern und Jugendlichen; es nimmt Bezug auf etwas, was woanders seinen verfassungsrechtlichen Ursprung hat[815], nämlich in der staatlichen Schutzpflicht aus Art. 2 I iVm Art. 1 I GG[816] und Art. 2 II 1 GG[817].

(1) Bestimmung der Kindeswohlgefährdung

Nach herkömmlicher Ansicht ist Voraussetzung eines staatlichen Eingreifens, dass eine Kindeswohlgefährdung vorliegt. Die Frage ist, wann im Falle von Pflege und Erziehung eine solche Gefährdung anzunehmen ist. Unlösbar verbunden ist damit die Frage, wer dies beurteilen kann bzw. darf. An dieser Stelle zeigt sich nun die Bedeutung, die eine Trennung der Begriffe „Pflege" und „Erziehung" hat.

Was eine gute Erziehung ist, kann nur in engen Grenzen objektiv bestimmt werden[818]. Da sich der Begriff des Kindeswohls immer auf das individuelle Kind bezieht, haben die Eltern einen sich regelmäßig aus der Natur der Sache ergebenden „Erkenntnisvorsprung"[819]. Sie kennen das Kind am besten; der Staat kann – in dem vom Grundgesetz unterstellten Regel- bzw. dem Idealfall – nicht besser wissen, welche Art von Erziehung dem Wohl des individuellen Kindes am besten zuträglich ist. Auch wenn man nicht diesen Idealfall zugrunde legt, sondern den Grund der Stärke des Elternrechts gegenüber staatlichen Erziehungsversuchen darin sieht, dass dem Staat aufgrund seiner Verpflichtung zu ethischer Neutralität die Maßstäbe dafür fehlen, über eine gute bzw. die „richtige" Erziehung zu entscheiden und das elterlichen

---

[812] *Jestaedt/Reimer*, in: BoKo, GG, Dez. 2018, Art. 6 Abs. 2 und 3 Rn. 343 ff.; *von Landenberg-Roberg*, Elternverantwortung im Verfassungsstaat, S. 798. Diese Einordnung ist nicht unumstritten (ausführlich *Wapler*, Kinderrechte und Kindeswohl, S. 123 ff.), manche sehen in Art. 6 II 1 GG ein vorbehaltslos gewährleistetes Grundrecht, das dann aber über kollidierendes Verfassungsrecht eingeschränkt werden kann. Im Ergebnis ergeben sich dann keine Unterschiede, vgl. dazu ausführlich *Osthold*, Die rechtliche Behandlung von Elternkonflikten, S. 157 ff.

[813] *Jestaedt/Reimer*, in: BoKo, GG, Dez. 2018, Art. 6 Abs. 2 und 3 Rn. 384; *Robbers*, in: v. Mangoldt/Klein/Starck, GG, Art. 6 Rn. 241; *von Coelln*, in: Sachs (Hrsg.), GG, Art. 6 Rn. 69; *Osthold*, Die rechtliche Behandlung von Elternkonflikten, S. 171; *von Landenberg-Roberg*, Elternverantwortung im Verfassungsstaat, S. 144 f.

[814] Anders *Hölbling*, Wie viel Staat vertragen Eltern?, S. 157 f.; *Hörnle/Huster*, JZ 2013, 328 (332), nach denen die Schutzpflicht „neben" dem staatlichen Wächteramt steht.

[815] Anders ausdrücklich *Badura*, in: Dürig/Herzog/Scholz, GG, Jan. 2019, Art. 6 Rn. 112: Die Schutzpflicht wurzele allein in der grundrechtlichen Pflichtbindung der Eltern.

[816] *S. Engels*, AöR 122 (1997), 212 (242).

[817] Vgl. auch BVerfG, NJW 2017, 1295 (Rn. 38).

[818] Dazu *Huster*, Die ethische Neutralität des Staates, S. 256 ff.; *Wapler*, Kinderrechte und Kindeswohl, S. 435 ff.

[819] *Osthold*, Die rechtliche Behandlung von Elternkonflikten, S. 227.

Vorgehen in Erziehungsfragen zu bewerten[820], kommt man zu dem Ergebnis, dass den Eltern der Interpretationsvorrang in Erziehungsfragen zukommt. Die Situation stellt sich hier aus Sicht des Staates aber insbesondere als weitere Situation unter Ungewissheitsbedingungen dar – es besteht für ihn Unsicherheit darüber, welche Auswirkungen elterliche Entscheidungen in Erziehungsfragen auf das Kind haben.

Während die elterliche Erziehung den Kindern nicht nur Werte vorgeben darf, sondern dies auch muss, weil Kinder – jedenfalls jüngere – noch keine hinreichend stabilen Präferenzen für ihre Lebensführung und somit selbst noch keine Werte ausgebildet haben[821], liegt die Situation in den meisten Sachverhalten mit Gesundheitsbezug anders. Hier geht es nicht um die Lebensführung an sich, um Werte, die das Verhalten des einzelnen anleiten, um pädagogische Entscheidungen eines „Besser" oder „Schlechter". Ob eine Entscheidung der Eltern das körperliche Wohl des Kindes beeinträchtigt, kann grundsätzlich objektiv bestimmt werden[822]; die Unsicherheit ist hier deutlich reduziert gegenüber den Entscheidungen, die auf Erziehungsfragen im engeren Sinne zurückgehen. Deswegen entziehen sich diese Sachverhalte der elterlichen Interpretationsbefugnis für das Wohl des Kindes[823] und somit insbesondere dem Interpretationsvorrang der Eltern[824]. Der Staat kann und darf beurteilen, inwiefern die elterliche Entscheidung gesundheitliche Auswirkungen auf das Kind hat, was allerdings nicht bedeutet, dass die Gesundheit des Kindes immer Vorrang vor den elterlichen Interessen hat[825]. Bei der Bewertung muss sich der Staat zwingend von den vorhandenen wissenschaftlichen Erkenntnissen leiten lassen, damit die Interpretation so objektiv wie möglich erfolgt.

Sind die Erkenntnisse nicht eindeutig, besteht also Unsicherheit über die Frage, ob bzw. in welchem Umfang eine elterliche Entscheidung negative gesundheitliche Auswirkungen für das Kind hat, kommt den Eltern der Interpretationsvorrang zu, etwa bei der Frage, ob auch harmlose Krankheiten sofort mit Medikamenten behandelt werden sollten oder ein Abwarten ausreichend ist, oder bei der Frage, ob eine vegetarische Ernährung einer fleischhaltigen Ernährung vorzuziehen ist. In diesen Fällen kann nicht objektiv bestimmt werden, ob eine der beiden Varianten dem Kind schadet. In den meisten Fällen, die das körperliche Wohl betreffen, ist dies jedoch anders.

---

[820] So *Huster*, Die ethische Neutralität des Staates, S. 261 f.

[821] Vgl. *Hörnle/Huster*, JZ 2013, 328 (331); allgemein bereits oben 4. Teil, C. II. 1.

[822] So auch *Burgi*, in: Merten/Papier (Hrsg.), HbGR, IV, § 109 Rn. 25; *von Coelln*, in: Sachs (Hrsg.), GG, Art. 6 Rn. 71; *Huster*, Die ethische Neutralität des Staates, S. 264; *Hümmer*, ZfL 2007, 46 (50). Vgl. auch *Jestaedt/Reimer*, in: BoKo, GG, Dez. 2018, Art. 6 Rn. 114 ff.; *Hölbling*, Wie viel Staat vertragen Eltern?, S. 151.

[823] *Jestaedt/Reimer*, in: BoKo, GG, Dez. 2018, Art. 6 Rn. 114; *Isensee*, in: ders./Kirchhof (Hrsg.), HbStR, IX, § 191 Rn. 40; *Uhle*, in: BeckOK-GG, 15.5.2022, Art. 6 Rn. 57.

[824] *von Coelln*, in: Sachs (Hrsg.), GG, Art. 6 Rn. 71; *Osthold*, Die rechtliche Behandlung von Elternkonflikten, S. 227 f. AA für gesundheitsrelevante Handlungen der Eltern ausdrücklich *Rixen*, NJW 2013, 257 (258 f.).

[825] So müssen Eltern stets die Bedürfnisse der verschiedenen Familienmitglieder berücksichtigen und auch sie selbst müssen ihre Bedürfnisse nicht der Gesundheit der Kinder vollständig unterordnen.

So entspricht es z. B. der herrschenden Anschauung innerhalb der Ernährungswissenschaft, dass sehr kleine Kinder nicht vegan ernährt werden sollten, weil es sonst zu einem gefährlichen Nährstoffmangel kommen kann[826], es entspricht dem Standard in der Medizin, bakterielle Infektionen ab einer gewissen Schwere mit Antibiotika zu behandeln, und dem Standard in der Pädiatrie, dass körperliche Entwicklungsverzögerungen frühzeitig entdeckt und behandelt werden müssen, wenn keine nachhaltigen Störungen entstehen sollen.

Gerade weil die Erziehungsziele durch den Staat nicht bewertet werden dürfen und letztlich auch weil Auswirkungen verschiedener Erziehungsstile und -methoden auf die Persönlichkeitsentwicklung nur begrenzt beurteilt werden können, kann man überhaupt nur davon sprechen, dass eine Kindeswohlgefährdung nur in Ausnahmefällen durch die Erziehung verursacht wird. Wenn aber die Pflege – das körperliche Wohl – objektiver bestimmt werden kann, muss sich das auch auf die Frage auswirken, wann von einer Kindeswohlgefährdung in diesen Fällen ausgegangen werden kann. Bestimmen allein die Eltern über das Kindeswohl, verkommt die Rede von den Pflichten der Eltern gegenüber den Kindern zur Leerformel[827]. Bei einer solchen elternzentrierten Auslegung des Elternrechts zählte die Freiheit der Eltern mehr als die Gesundheit der Kinder[828]. Das bedeutet jedoch nicht, dass das Kindeswohl in allen Facetten allein objektiv bestimmt werden soll, wie es zum Teil in der Kinderethik vertreten wird[829]. Die hier vorgeschlagene Differenzierung zwischen Pflege und Erziehung trägt sowohl dem Neutralitätsgebot des Staates in Erziehungsfragen und den elterlichen Interessen als auch dem Gesundheitsschutz des Kindes Rechnung.

Die unterschiedliche Bestimmung des Kindeswohls danach, ob Pflege oder Erziehung betroffen sind, wird in der Literatur nur vereinzelt vorgenommen[830] und es werden insbesondere keine weiteren Schlüsse – etwa in der Übertragung auf konkrete Fälle mit Gesundheitsbezug – daraus gezogen. Nur vereinzelt liest man, dass der Beurteilungsspielraum des Staates größer sei, wenn die Pflege und nicht die Erziehung betroffen ist; es seien in diesen Fällen geringere Anforderungen an die Gefährdung des Kindes zu stellen[831]. Allgemein wirkt die verfassungsrechtliche Diskussion des elterlichen Erziehungsrechts verkürzt, weil sie sich fast ausschließlich mit der Erziehung und nicht mit der Pflege durch die Eltern beschäftigt[832], wenn es um das

---

826 *Richter u. a.*, Position der DGE, S. 99.

827 Dazu *Schickhardt*, Kinderethik, S. 251.

828 *Giesinger*, Zeitschrift für praktische Philosophie 2015, 59 (65). Eine völlige Ausblendung der Gesundheit findet sich bei *Badura*, in: Dürig/Herzog/Scholz, GG, Jan. 2019, Art. 6, der den Pflegebegriff nicht näher konkretisiert (Rn. 111) und sich allein auf die staatliche Erziehung als Instrument konzentriert (insb. Rn. 139).

829 *Schickhardt*, Kinderethik, S. 251 f.

830 Eine Ausnahme stellt *Osthold*, Die rechtliche Behandlung von Elternkonflikten, dar. Die Unterscheidung klingt an bei den Beispielen von *Jestaedt/Reimer*, in: BoKo, GG, Dez. 2018, Art. 6 Abs. 2 und 3 Rn. 405 ff.

831 *Brosius-Gersdorf*, in: Dreier (Hrsg.), GG, Art. 6 Rn. 182.

832 So konzentriert sich auch die ausführliche Untersuchung von *von Landenberg-Roberg*, Elternverantwortung im Verfassungsstaat, auf die Erziehung; besonders deutlich wird dies an der

staatliche Wächteramt geht. Diese Einseitigkeit der Diskussion mag zum einen darauf zurückzuführen sein, dass das BVerfG fast ausschließlich über Fälle entscheidet, die die Entziehung des Sorgerechts zum Gegenstand haben. Zum anderen scheint der historische Hintergrund des Art. 6 II 1 GG auf die Diskussion durchzuschlagen. So wurde Art. 6 II 1 GG als Antwort auf die Erfahrungen mit der Erziehung in Zeiten des Nationalsozialismus geschaffen, als der Staat sich umfassende Erziehungskompetenzen anmaßte und z. B. durch die „Hitlerjugend" ideologischen Einfluss auf die Kinder und Jugendlichen nahm. „Das Grundgesetz wurde also zu einer Zeit entwickelt, in der staatliche Einflussnahme auf die Erziehung ein ideologischer Faktor war, der einen nicht unerheblichen Anteil am Beinahe-Untergang der gesamten gesellschaftlichen Ordnung" hatte.[833] Bei der Interpretation des Art. 6 II 1 GG gewinnt man nun den Eindruck, dass die staatlichen Befugnisse immer vor dem Hintergrund dieses Extremfalls interpretiert werden. Das Ergebnis dieser Interpretation ist für diese und vergleichbare Extremfälle gerechtfertigt, es kann jedoch schlicht nicht auf alle denkbaren Konstellationen übertragen werden. Dass die meisten Fälle nicht einmal in die Nähe einer staatlichen Zwangserziehung rücken, sondern z. B. nur einzelne Maßnahmen zum Schutz der Gesundheit des Kindes betreffen, wird ausgeblendet. Die Rede ist in der Regel nur von der Erziehung und dem allgemeinen Persönlichkeitsrecht[834]; beim Elternrecht handele es sich um ein Recht, das im Interesse der „Persönlichkeitsentwicklung" des Kindes ausgeübt werden muss[835]. Die Gesundheit des Kindes wird nicht erwähnt. Man muss deswegen ergänzen: Das Recht der Eltern muss im Interesse der gesundheitlichen Entwicklung des Kindes ausgeübt werden.

Darüber hinaus ist es fragwürdig, dass als Voraussetzung bei Art. 6 II 1 GG die Kindeswohlgefährdung u. a. mit „Versagen" übersetzt wird[836], handelt es sich doch dabei um eine Voraussetzung der Trennung des Kindes von den Eltern gem. Art. 6 III GG. Insgesamt entsteht der Eindruck, dass das Schrifttum stets Fälle vor Augen hat, in denen den Eltern das Sorgerecht entzogen oder jedenfalls das Kind in Obhut genommen wird, wie es den Situationen der Entscheidungen des BVerfG zugrundeliegt[837] – dass der Staat auch mit viel milderen Maßnahmen in das Elternrecht eingreifen kann, wird ausgeblendet. Dies zeigt sich auch an einer viel zitierten Passage aus einem Urteil des BVerfG[838]: Das Wohl des Kindes bilde zwar „den Richtpunkt für den Auftrag des Staates gem. Art. 6 II 2 GG", dies bedeute aber nicht, „dass jedes Versagen oder jede Nachlässigkeit den Staat berechtigt, die Eltern von der Pflege und

Aussage „Die elterliche Erziehungsautonomie" bilde „den zentralen Schutzgegenstand des Elterngrundrechts" (S. 668).

833 *Osthold*, Die rechtliche Behandlung von Elternkonflikten, S. 71. Vgl. auch *Ossenbühl*, Das elterliche Erziehungsrecht im Sinne des Grundgesetzes, S. 41.

834 So z. B. bei *Burgi*, in: Merten/Papier (Hrsg.), HbGR, IV, § 109 Rn. 45 f.

835 So *Brosius-Gersdorf*, in: Dreier (Hrsg.), GG, Art. 6 Rn. 142.

836 Vgl. oben 4. Teil, C. I. 2.

837 Vgl. nur die Sachverhalte bei BVerfGE 24, 119; BVerfG, JAmt 2002, 307; FamRZ 2008, 492; ZKJ 2012, 186; JAmt 2014, 223; NJW 2017, 1295.

838 BVerfGE 24, 119 (144 f.).

Erziehung auszuschalten oder gar selbst diese Aufgabe zu übernehmen". Angesichts der Fälle, über die das BVerfG entscheidet, ist die verfassungsrechtliche Diskussion auch im Schrifttum sehr auf § 1666 BGB – d.h. auf eine Norm, die auf die individuelle Kindeswohlgefährdung zugeschnitten ist – und auf andere Vorschriften des Familienrechts fokussiert.

(2) Verzicht auf den Begriff der Kindeswohlgefährdung

Dass es einer Norm wie § 1666 BGB bzw. entsprechender individueller Maßnahmen zum Kindesschutz bedarf, um in den beschriebenen Extremfällen dem Einzelfall gerecht zu werden, leuchtet ein. Für den Blick auf weniger intensive Maßnahmen des Staates kommt man bei dieser Betrachtung aber nicht weiter. Ist es dem Staat wirklich verwehrt, bereits in einem früheren Stadium unter Risikobedingungen „in die Familie zu intervenieren"?

Wenn man unterstellt, dass verfassungsrechtlich die Kindeswohlgefährdung dort beginnt, wo die grundrechtlich geschützten Belange des Kindes gefährdet oder verletzt werden[839], liegt es nahe, auf den Begriff des Kindeswohls[840] und den der Kindeswohlgefährdung ganz zu verzichten[841] und sich auf die staatliche Schutzpflicht zugunsten der Gesundheit und der Entwicklung des Kindes zu konzentrieren[842], die schließlich das staatliche Wächteramt aktiviert. Der Begriff des Kindeswohls ist kein originär verfassungsrechtlicher, sondern ein familienrechtlicher Begriff, der in die verfassungsrechtliche Diskussion aufgenommen wurde und sich hier verselbstständigt hat[843]. Er verschleiert, dass das staatliche Wächteramt seine Grundlage in den Schutzpflichten des Staates zugunsten des Kindes hat, und hat letztlich zu der verfassungsrechtlichen Schieflage zwischen Elternrechten und Kindesrechten geführt. Ganz verzichten kann man jedoch auf eine Beschreibung dessen, was der Begriff „Kindeswohl" inhaltlich ausdrücken will, nicht. Denn auch die Frage, wann die grundrechtlich geschützten Belange des Kindes gefährdet werden, kann nur durch eine Beschreibung dieser Belange beantwortet werden. Verabschiedet werden sollte deswegen vorrangig der Begriff „Kindeswohl*gefährdung*".

Grundlage eines staatlichen Eingreifens ist somit die staatliche Schutzpflicht zugunsten der Gesundheit, gestützt auf Art. 2 II 1 GG, und zugunsten der Persönlich-

---

[839] *Wapler*, Kinderrechte und Kindeswohl, S. 517.

[840] Kritisch zu dem Begriff *Huster*, Die ethische Neutralität des Staates, S. 261 ff. Zur Unbestimmtheit des Begriffs *Wapler*, Kinderrechte und Kindeswohl, S. 135 f., 141 ff.

[841] Vereinzelt wird bereits so vorgegangen, ohne sich jedoch damit dogmatisch näher auseinanderzusetzen und die Abkehr von der allgemeinen Ansicht offenzulegen (so *Lindner*, ZRP 2006, 115 [117], bei der Prüfung verpflichtender Vorsorgeuntersuchungen; BVerfG, NJW 2012, 1062 [1064], beim Verbot des Sonnenstudiobesuchs Minderjähriger).

[842] Ausführlich zum Verständnis von Art. 6 II 1 und 2 GG unter Heranziehung der grundrechtlichen Schutzpflicht *Wapler*, Kinderrechte und Kindeswohl, S. 175 ff.; *Osthold*, Die rechtliche Behandlung von Elternkonflikten, S. 133 ff.

[843] Ausführlich *Wapler*, Kinderrechte und Kindeswohl, S. 128 ff.; *von Landenberg-Roberg*, Elternverantwortung im Verfassungsstaat, S. 117 f. Vgl. zur Bestimmung des Begriffs in der Kinderethik *Schickhardt*, Kinderethik, S. 192 ff.; *ders.*, in: Drerup/Schickhardt (Hrsg.), Kinderethik, S. 63.

keitsentwicklung, gestützt auf Art. 2 I iVm Art. 1 I GG. Das bedeutet jedoch gerade nicht, dass über die staatliche Schutzpflicht zugunsten des Kindes weiterhin nur ein Minimalstandard geschützt wird[844] und oberhalb dieses Minimalstandards keine Abwägung stattfindet. Denn diese Ansicht verkennt, dass das Untermaßverbot nur die harte Grenze nachzeichnet, unterhalb derer der von der Schutzpflicht Begünstigte klagen kann. Zwischen Untermaßverbot und Übermaßverbot befindet sich ein Korridor. Hier hat der Gesetzgeber einen Spielraum, ob er eingreifen will, der auch bei Art. 6 II GG zur Anwendung kommen muss. Dieser Spielraum besteht zwischen den beiden Polen „Versagen" auf der einen und „optimaler Förderung" bzw. „Höchstmaß an Gesundheit" auf der anderen Seite. Immer dort, wo die grundrechtliche Schutzpflicht des Staates auch in anderen Fällen – also ohne den familiären Bezug – aktiviert würde, wird sie dies auch bei einem gesundheitsriskanten Verhalten der Eltern gegenüber ihren Kindern. Der Staat ist dann verpflichtet, zugunsten des Kindes aktiv zu werden. Er darf nicht erst dann tätig werden, wenn die Eltern ihre Kinder durch „harte Schläge" misshandeln, ihnen sexuelle Gewalt antun, sie hungern lassen[845] oder ihnen bei lebensbedrohlichen Erkrankungen eine Bluttransfusion verweigern[846]. In diesen und vergleichbaren Fällen wird man sich oft auf Rechtsfolgenseite bereits bei Maßnahmen nach Art. 6 III GG befinden. Der Staat darf vielmehr bereits dann in das elterliche Erziehungsrecht eingreifen, wenn die Eltern ihren Kindern keinen Fahrradhelm aufsetzen, sie die Kinder nicht (zu deren eigenem Schutz[847]) impfen lassen wollen, sie nicht zu den Vorsorgeuntersuchungen bringen oder sie darin unterstützen, ins Sonnenstudio zu gehen[848].

---

[844] So *Wapler*, Kinderrechte und Kindeswohl, S. 178; *von Landenberg-Roberg*, Elternverantwortung im Verfassungsstaat, S. 808 f. Dieser Minimalstandard bestehe aus der materiellen Versorgung mit Nahrung, Kleidung, Obdach; der gesundheitlichen Erhaltung des Kindes; dem Schutz des Kindes vor Übergriffen auf seine leibliche, seelische oder geistige Integrität; langfristigen und tragfähigen sozialen Beziehungen; angemessener Bildung sowie Chancen, die das Kind befähigen, später seine Lebensweise selbst zu wählen, seinen Lebensunterhalt selbst zu verdienen und am politischen Gemeinwesen teilzuhaben; dem grundlegenden Respekt vor der individuellen Persönlichkeit des Kindes, der sich in der adäquaten Berücksichtigung seiner Interessen, der Gewährung entwicklungsangemessener Handlungsspielräume und der Beteiligung des Kindes an Entscheidungen über seine Belange in geeigneten Formen äußert (*Wapler*, Kinderrechte und Kindeswohl, S. 516, unter Rückgriff auf den Begriff des Kindeswohls; ähnlich *von Landenberg-Roberg*, Elternverantwortung im Verfassungsstaat, S. 698 ff.).

[845] Vgl. die Aufzählung bei *Brosius-Gersdorf*, in: Dreier (Hrsg.), GG, Art. 6 Rn. 163.

[846] Dazu *Burgi*, in: BerlKomm, XII/07, GG, Art. 6 Rn. 76.

[847] Die Impfung zum Schutze Dritter spielt sich auf einer anderen Rechtfertigungsschiene ab: Dann ist Ziel die Herstellung von Herdenimmunität, die auf die verfassungsimmanente Schranke zugunsten der Rechtsgüter des Art. 2 II 1 GG gestützt werden kann.

[848] Ähnlich *Brosius-Gersdorf*, in: Dreier (Hrsg.), GG, Art. 6 Rn. 184. Vgl. auch das gestufte Maßnahmenkonzept von *Hölbling*, Wie viel Staat vertragen Eltern?, die dies jedoch eher rechtspolitisch fordert als es dogmatisch mit dem bestehenden Verfassungsrecht begründet.

c) Wie darf der Staat eingreifen?

Damit ist noch nicht gesagt, dass der Staat in diesen Fällen entsprechende Ge- bzw. Verbote aussprechen darf. Welche Maßnahme jeweils gerechtfertigt ist, hängt zum einen davon ab, in welchem Umfang die Gesundheit des Kindes jeweils betroffen ist, zum anderen muss der Staat die Besonderheiten der familiären Situation berücksichtigen, die letztlich Grund dafür sind, dass den Eltern das Recht aus Art. 6 II 1 GG eingeräumt wird. Art. 6 II 1 GG bildet – anders gesagt – die Grenze der staatlichen Schutzpflicht[849] und aufgrund des Einschätzungsvorrangs in Erziehungsfragen, die auch in gesundheitlichen Belangen Bedeutung erlangen können, wird dies im Ergebnis bedeuten, dass der Spielraum des Staates kleiner ist, als er es in Fällen wäre, in denen Risikoakteur nicht die Eltern, sondern Dritte wären. Dies ergibt sich daraus, dass der Überschneidungsbereich von Pflege und Erziehung manchmal nicht vollständig aufgelöst werden kann.

aa) Kriterien

Aus dem Gegenüber von Kindesgrundrechten und Elternrecht ergibt sich ein abgestuftes System: Der Staat darf relativ milde Maßnahmen schon früh einsetzen[850], besonders intensive Eingriffe hingegen erst ab einer Schwelle, die der Kindeswohlgefährdung nach herkömmlichem Verständnis nahe kommen. Hier kann man einen Katalog von Kriterien aufstellen[851]:

Verbote bestimmter elterlicher Entscheidungen sind dann erforderlich, wenn die Entscheidung der Eltern vorhersehbar zu einer irreversiblen Schädigung der Gesundheit des Kindes führt[852]. Davon ist auszugehen bei medizinisch nicht indizierten Übergriffen in die physische Integrität des Kindes[853]. Dies gehört zum physischen Existenzminimum der Kinder; in der Terminologie des Art. 6 II 1 GG kann man auch vom „Pflegeminimum" gegenüber den Eltern sprechen. Auch vermeintlich harmlose Eingriffe in die körperliche Unversehrtheit können nachhaltig das allgemeine Persönlichkeitsrecht des Kindes berühren, wenn sie nämlich dem Kind die Möglichkeit nehmen, später nach den eigenen Präferenzen zu entscheiden[854]. Erst

---

[849] Vgl. *Germann*, MedR 2013, 412 (415).

[850] Implizit geht auch das BVerfG so vor, als es in der Entscheidung zu dem Sonnenstudioverbot für Minderjährige innerhalb der Prüfung einer Verletzung des Art. 6 II 1 GG keine Kindeswohlgefährdung prüft, sondern den Eingriff (sofern überhaupt einer vorliege) für so gering hält, dass das Verbot verhältnismäßig ist; Eltern könnten Kinder schließlich auf andere Weise UV-Strahlung aussetzen (BVerfG, NJW 2012, 1062 [1064]). – AA *Osthold*, Die rechtliche Behandlung von Elternkonflikten, S. 185 f.

[851] Vgl. allgemein zur Notwendigkeit eines solchen Katalogs *Hörnle/Huster*, JZ 2013, 328 (332).

[852] Jedenfalls zur „Vermutungsregel" zugunsten der körperlichen Unversehrtheit im Beschneidungskontext *Krüper*, ZJS 2012, 547 (550 f.).

[853] Im Ergebnis *Müller-Terpitz*, in: Spickhoff (Hrsg.), Medizinrecht, Art. 6 GG Rn. 16.

[854] Für die Beschneidung *Grams*, GesR 2013, 332 (335); allgemein *von Landenberg-Roberg*, Elternverantwortung im Verfassungsstaat, S. 706. – Dahinter steht ethisch das Recht des Kindes auf eine offene Zukunft. Dazu *Wapler*, ARSP 135 (2002), 171, auch wenn diese das Recht insbesondere

recht nehmen Geschlechtsumwandlungen und Sterilisationen[855] und Geschlechtsangleichungen bei intersexuellen Kindern den Kindern wichtige Entscheidungen für die Zukunft vorweg. Es muss der Tatsache Rechnung getragen werden, dass sich die Präferenzen des Kindes später anders darstellen als die der Eltern zum jetzigen Zeitpunkt, und bei irreversiblen Entscheidungen würde von vornherein verhindert, dass sich das Kind später an seinen eigenen Präferenzen orientieren könnte. Auch das Präferenzbildungsminimum ist somit betroffen. Umgekehrt gilt, dass die elterliche Entscheidung umso mehr zu respektieren ist, je leichter sie rückgängig gemacht werden kann bzw. je weniger Auswirkungen auf die Gesundheit der Kinder sie hat[856].

Fraglich ist, inwieweit die Motive der Eltern ausschlaggebend sein können. Diese Frage stellt sich immer dann, wenn die gesundheitsrelevante Entscheidung der Eltern durch besondere Werte und Vorstellungen geleitet wird. Hier kommt es zu einer gewissen Asymmetrie, beispielweise bei der Beschneidung[857]: Der Staat will die Gründe der Eltern aufgrund seiner religiös-weltanschaulichen Neutralität nicht bewerten, verliert aber dabei aus dem Blick, dass die Beschneidung für das Kind einen irreversiblen körperlichen Übergriff darstellt. Nun könnte man der Ansicht sein, die elterliche Entscheidung würde einem erhöhten Schutz unterstehen, weil die Eltern sich auf ein zusätzliches Grundrecht – die Religionsfreiheit gem. Art. 4 I, II GG – berufen könnten[858]. Vergleichbar stellte sich die Frage, ob die Entscheidung für eine vegane oder vegetarische Ernährung durch die Gewissensfreiheit gem. Art. 4 I GG geschützt ist. Art. 4 GG gibt aber als individuelles Freiheitsrecht den Eltern kein Recht, über einen Dritten zu bestimmen[859]. Dass die Eltern überhaupt auf das körperliche Wohl des Kindes einwirken dürfen, ergibt sich allein aus Art. 6 II 1 GG und auch dieses Grundrecht kann kein genuines Recht der Eltern an dem Kind begründen[860], sondern muss im Interesse des Kindes ausgelegt werden. Dies ergibt sich daraus, dass Kinder Personen mit eigenem moralischem Status sind[861]. Art. 4 GG kann somit den Schutz nicht verstärken; es stehen sich allein Art. 6 II 1 GG und Art. 2 II 1 GG gegenüber. Wenn die elterliche Entscheidung zu einem irreversiblen Eingriff führt, können die Motive der Eltern nur insoweit eine Rolle spielen, als sie sich auf die Gesundheit des Kindes beziehen. Sind die Eltern der Ansicht, ein körperlicher Eingriff

---

auf Informations- und Bildungsinteressen des Kindes bezieht (ebenda, S. 184). Vgl. zu den Interessen des Kinders auch *Schickhardt*, Kinderethik, S. 250 f.

855 *Hörnle/Huster*, JZ 2013, 328 (334).

856 Ähnlich *Hörnle/Huster*, JZ 2013, 328 (333 f.).

857 *Germann*, MedR 2013, 412 (415).

858 So wohl *Krüper*, ZJS 2012, 547 (549 f.). Vgl. auch *Badura*, in: Dürig/Herzog/Scholz, GG, Jan. 2019, Art. 6 Rn. 114, der gar die Religionsfreiheit der Religionsgemeinschaften für ausschlaggebend hält.

859 Allgemein *Giesinger*, Zeitschrift für praktische Philosophie 2015, 59 (66); im Beschneidungskontext *Grams*, GesR 2013, 332 (335 f.).

860 Allgemein dazu, dass Eltern keine solchen Rechte an ihren Kindern haben, *Schickhardt*, Kinderethik, S. 232 f.

861 *Giesinger*, Zeitschrift für praktische Philosophie 2015, 59 (66); *Schickhardt*, Kinderethik, S. 123 f.

sei aus gesundheitlicher Sicht besser für das Kind, muss dies – soweit dahinter nicht wissenschaftlich widerlegte medizinische Vorstellungen stehen – eher respektiert werden als die Ansicht, der Eingriff sei wegen bestimmter Vorstellungen des guten Lebens der Eltern besser für das Kind. Die Erziehungsvorstellungen der Eltern können mit anderen Worten nicht die Bedeutung, die die Einwirkung auf das körperliche Wohl hat, relativieren[862]. Notwendig für die Entwicklung und Ausübung von Autonomie sind Optionen als konkrete Wahlmöglichkeiten zwischen verschiedenen Alternativen, jeweils ausgerichtet am Entwicklungsstand des Kindes[863]. Da die zukünftige personale Autonomie bereits in der Gegenwart geschützt bzw. gefördert werden muss, müssen Kindern Optionen offengehalten werden. Wenn gesundheitsrelevante Entscheidungen der Eltern auf einem bestimmten Erziehungskonzept beruhen, muss dieses Konzept „zukunftsoffen"[864] sein, damit später ausgebildete Präferenzen wirksam werden können.

Geht es um Entscheidungen, deren Auswirkungen nicht in diesem Maße feststehen wie bei der Unumkehrbarkeit, bei denen es sich vielmehr nur um ein Gesundheitsrisiko handelt, gelten die gleichen Grundsätze wie bei der allgemeinen gesundheitlichen Risikovorsorge. Es muss somit ermittelt werden, wie hoch der Grad an Unsicherheit ist. Wenn keine gesicherten wissenschaftlichen Erkenntnisse vorliegen, ist die Entscheidungsbefugnis der Eltern größer als in den Fällen, in denen die Gesundheitsschädlichkeit gesichert ist. Auch hieran zeigt sich, dass Art. 6 II 1 GG den Eltern einen höheren Schutz ihrer Interessen zugesteht, als ihn andere Risikoakteure für sich in Anspruch nehmen können. Bei Überschneidungen von Erziehung und Pflege kommen Unsicherheiten den Eltern (und nicht dem Staat) zugute.

Bei möglichen Interventionen muss im Rahmen der Verhältnismäßigkeit außerdem berücksichtigt werden, wie sich die Intervention auf die Eltern-Kind-Beziehung auswirken wird. So kann eine Regulierung „in die Familien hinein" auch schnell eine stigmatisierende Wirkung – nicht nur für die Eltern, sondern auch für die Kinder – bedeuten und auch die Eltern-Kind-Beziehung belasten. Auch die Auswirkungen auf Dritte – etwa Geschwister – müssen in die Abwägung miteinbezogen werden.

bb) Flächendeckende Ansätze möglich?

Verabschiedet man sich von dem individualistischen Begriff der Kindeswohlgefährdung, ist es dem Staat – unter Berücksichtigung der dargestellten Leitlinien – nicht verwehrt, allgemein gehaltene Maßnahmen einzusetzen, die die Eltern flächende-

---

[862] Ist „die Gesundheit oder die körperliche Integrität" betroffen, kommt es „ab einer bestimmten Schwere" auf die Motive der Eltern nicht mehr an (*Jestaedt/Reimer*, in: BoKo, GG, Dez. 2018, Art. 6 Abs. 2 und 3 Rn. 418). Vgl. zu den Problemen, die bei einer Überschneidung von Erziehung und Pflege entstehen, auch *Osthold*, Die rechtliche Behandlung von Elternkonflikten, S. 231 f. Er will insbesondere auf den Schwerpunkt abstellen, die die elterliche Entscheidung hat, um so zu einer Zuordnung zu Pflege oder Erziehung zu kommen (ebenda, S. 120).

[863] *Schickhardt*, Kinderethik, S. 183 f.

[864] Vgl. *Hörnle/Huster*, JZ 2013, 328 (334).

ckend treffen[865]. Ohne die Prüfung der individuellen Gesundheitssituation des jeweiligen Kindes[866] setzt der Staat notwendigerweise sehr früh an – ggf. in einem Stadium, in dem eine individuelle Gesundheitsgefährdung noch gar nicht ermittelt werden könnte – und setzt damit Interventionen überhaupt erst als gesundheitliche Risikovorsorge ein. Entscheidend sind bei einer Berücksichtigung der Grundrechte der Kinder und des Grundrechts der Eltern folgende Erwägungen:

Zunächst ist es entscheidend, welches Risiko angegangen werden kann: Wird ein Risiko für die Gesundheit im engeren Sinne oder ein Risiko befürchtet, dass Auswirkungen auf die Persönlichkeitsentwicklung hat? In welchem Ausmaß besteht das Risiko? Ist aus Elternsicht nur die Pflege oder auch die Erziehung betroffen?

Auf der anderen Seite stellt sich die Frage, wie intensiv der Grundrechtseingriff für die Eltern ist, was auch davon abhängt, ob sie dem fremdnützigen Charakter des Rechts aus Art. 6 II 1 GG gerecht werden. In diesem Zusammenhang spielt es deswegen eine Rolle, wie sehr ihre Begründung auf die Interessen des Kindes bezogen ist, ob es ihnen also um die Gesundheit oder Persönlichkeitsentwicklung des Kindes oder vorrangig um die persönliche, eigene Lebensgestaltung geht. Da auf der abstrakten Ebene keine individuelle Prüfung stattfindet, muss eine Betrachtung der typischerweise vorliegenden Motive durchgeführt werden.

Flächendeckende Eingriffe sind umso eher möglich, je nachhaltiger sich das Risiko für das Kind darstellt und je weniger das Verhalten der Eltern mit den Interessen des Kindes begründet werden kann. Da der Gesetzgeber notwendigerweise typisieren muss, muss aber als Voraussetzung für dieses Vorgehen der Schluss von dem Unterlassen auf das Gesundheitsrisiko in der überwiegenden Anzahl der Fälle zutreffen.

cc) Denkbare Maßnahmen

Ausgehend von diesen Grundsätzen kann für verschiedene denkbare, zum Teil bereits diskutierte flächendeckende Maßnahmen der gesundheitlichen Risikovorsorge zum Schutz von Kindern, die in Elternrechte eingreifen, untersucht werden, inwieweit sie verfassungsrechtlich zulässig wären.

---

[865] Jedenfalls schief ist die Einschätzung, dass flächendeckende Ansätze auch immer zu flächendeckenden Eingriffen führen (so *Wapler*, Kinderrechte und Kindeswohl, S. 530, für die Vorsorgeuntersuchungen; *Trapp*, DVBl 2015, 11 [17], für die Impfung). Wenn über 90 % der Eltern ihre Kinder freiwillig z. B. impfen, an den Kinderuntersuchungen nach § 26 SGB V teilnehmen lassen oder in einer Kita betreuen lassen, wird nicht in ihr elterliches Erziehungsrecht eingegriffen (so auch *Salaw-Hanslmaier*, ZRP 2013, 143 [146]). Betroffen sind nur diejenigen, die sich gegen eine Untersuchung, Impfung oder den Besuch einer Kita entschieden hatten.

[866] Eine solche jedoch ausdrücklich fordernd *von Landenberg-Roberg*, Elternverantwortung im Verfassungsstaat, S. 799 f.

(1) Pflege

(a) Impfpflicht zum Schutz der Kinder

Zunächst könnte man über Impfpflichten für Kinder nachdenken, die die Gesundheit der Kinder (und nicht die Gesundheit der restlichen Bevölkerung) schützen sollen. Begründet man eine Impfpflicht nicht mit dem Ziel der Herstellung von Herdenimmunität, sondern mit dem Schutz der Kinder selbst, kommen zusätzlich zu Impfungen gegen von Mensch zu Mensch übertragbare Erreger solche Impfungen in Betracht, die vor Erregern schützen sollen, die nicht von Mensch zu Mensch übertragbar sind (wie Tetanus). Bei den Masern wiederum würde sich spätestens dann, wenn durch die geltende Impfpflicht zum Schutze der Bevölkerung tatsächlich Herdenimmunität eingetreten wäre, die Frage stellen, ob der Staat die Impfpflicht mit der Begründung aufrechterhalten könnte, dass nun die Impfung dem Schutz der zu impfenden Kinder selbst dienen soll.

Wenn man sich vom Begriff der Kindeswohlgefährdung in der Art. 6 II 1 GG-Dogmatik verabschiedet hat, stellt sich die Frage, was noch gegen eine solche Impfpflicht sprechen kann, soweit sie die allgemeinen Voraussetzungen erfüllt, die stets bei Einführung einer Impfpflicht vorliegen müssen. Wenn also der Krankheitserreger zu einem erheblichen Gesundheitsschaden führen kann, die Wahrscheinlichkeit einer Infizierung hoch und der Impfstoff selbst nebenwirkungsarm ist, kann gegen eine Impfpflicht gegen den Willen der Eltern nur noch angeführt werden, dass diese in ihrer Autonomie übergangen werden. Denn die Berücksichtigung allein der gesundheitlichen Aspekte kann nicht dazu führen, dass eine Impfpflicht weniger gerechtfertigt sein kann als im Falle der Erreichung von Herdenimmunität. Unterstellt man, dass ein Kind gegen den Willen der Eltern zum Schutz der Bevölkerung geimpft werden darf, muss es erst recht zu seinem eigenen Schutz geimpft werden können. Denn objektiv bestimmt hat das Kind ein Interesse daran, vor Krankheitserregern geschützt zu sein; wenn man die Kindeswohl-Terminologie nicht vollständig verabschieden will, entspricht es in solchen Fällen dem Kindeswohl[867], geimpft zu sein[868]. Deswegen besteht eine moralische Pflicht der Eltern, ihr Kind zu dessen Gesundheitsschutz impfen zu lassen[869].

Bei Erwachsenen würde man die Ablehnung einer Impfung zum eigenen Schutz immer respektieren, dies aber nicht gestützt auf eine objektive Bewertung der gesundheitlich relevanten Aspekte, sondern allein gestützt auf die zu respektierende Autonomie. Bei einem nicht autonomiefähigen Kind – und bei Impfungen sind die

---

867 Vgl. zur Kindeswohldienlichkeit bestimmter Impfungen als Argument jetzt auch BVerfG, Beschl. v. 21.7.2022, 1 BvR 469/20 u.a., Rn. 137 f.

868 Nicht erforderlich ist jedenfalls eine Gefährdung des Kindeswohls. Zum Teil wird aber mittlerweile sogar darüber nachgedacht, ob die Verweigerung der Masernimpfung durch die Eltern für die Kinder nicht sogar eine Kindeswohlgefährdung darstellen könnte (*Rixen*, Spektrum – Magazin der Universität Bayreuth, 1/2014, 68 [71]).

869 *Sheather*, Human Vaccines & Immunotherapeutics 2013, 1389 (1389 f.); *Bester*, Ethical concerns in the debate about pediatric vaccinations, with special reference to MMR (Mumps, Measles and Rubella), S. 260.

Kinder in der Regel so klein, dass sie noch keinen eigenen Willen zur Frage der Impfung gebildet haben können – können allein die objektiven gesundheitsrelevanten Aspekte leitend sein; ihre Autonomie kann man nicht übergehen[870]. Art. 6 II 1 GG wiederum gewährt den Eltern insbesondere in Gesundheitsfragen kein Selbstbestimmungsrecht, sondern ein Recht, das im Interesse des Kindes ausgelegt werden muss. Wenn die Risiken einer Impfung gegen die Risiken einer Erkrankung abgewogen werden und im Ergebnis die Impfung die sicherere Variante darstellt, ist es im gesundheitlichen Interesse des Kindes, geimpft zu werden; es hat einen Anspruch auf Schutz vor dem Krankheitserreger. Dies ist etwa bei der Masernimpfung der Fall, soweit nicht eine individuelle medizinische Kontraindikation vorliegt[871], das Kind also etwa zu jung für eine Impfung ist. Wie bei allen Impfpflichten muss eine Ausnahme für die Personen vorgesehen sein, die die Impfung nicht vertragen.

Abseits von Masern gilt allgemein: Was für eine Art von Gesundheitsschaden kann ein bestimmter Krankheitserreger verursachen? Inwiefern bestehen Unsicherheiten über diesen Gesundheitsschäden, die Übertragungswege und -wahrscheinlichkeiten und die Sicherheit des Impfstoffs? Je größer die Unsicherheiten sind, desto eher wirken sich diese Unsicherheiten zugunsten der Entscheidung der Eltern aus, d.h. desto weniger darf der Staat bereits durch eine Impfpflicht tätig werden. Die Entscheidung der Eltern, in einer unsicheren Situation ihr Kind nicht impfen zu lassen, muss dann respektiert werden, da dann gerade nicht objektiv festgestellt werden kann, ob die Impfung dem Interesse des Kindes entspricht.

Je sicherer hingegen eine Impfung ist, desto weniger können Argumente der Eltern gegen eine Impfung auf das Kind bezogen sein. Es kann keine Gewissensfrage sein, ein Kind nicht impfen zu lassen, wenn die Erkenntnisse, die dieser Entscheidung zugrunde liegen, nicht zutreffend sind. Wer sein Kind nicht impfen lässt, weil er hinter Impfkampagnen eine Verschwörung durch Bill Gates vermutet, argumentiert nicht bezogen auf das Kind. Wer meint, Masern verursachten Autismus oder Masern müsse man zur Stärkung des Immunsystems „durchgemacht haben“, argumentiert zwar bezogen auf das Kind, zieht aber Begründungen heran, die wissenschaftlich unhaltbar sind. Der Gesetzgeber darf (bzw. genauer: muss) als Grundlage seiner Entscheidung die Evidenz heranziehen.

Eine Impfpflicht kann jedoch immer nur ultima ratio sein. Dort, wo Fehlvorstellungen über die Sicherheit des Impfstoffs und die Gefährlichkeit der Krankheit innerhalb der Elternschaft bestehen, muss der Staat zunächst aufklären. Dieser Aufklärung sind aber insbesondere dort Grenzen gesetzt, wo Impfgegner sachlichen Argumenten nicht mehr zugänglich sind und sich Begründungen auf Verschwörungstheorien zubewegen. Argumente, die gegen eine Impfung sprechen, haben ihre Grundlage jedenfalls nicht in allgemeinen grundrechtsdogmatischen Erwägungen innerhalb des

[870] *Bester*, Ethical concerns in the debate about pediatric vaccinations, with special reference to MMR (Mumps, Measles and Rubella), S. 171.

[871] *Bester*, Ethical concerns in the debate about pediatric vaccinations, with special reference to MMR (Mumps, Measles and Rubella), S. 174 f.

Art. 6 II 1 GG, sondern beziehen sich eher auf die empirischen Hintergründe. So muss der Gesetzgeber berücksichtigen, dass Impfpflichten auch zu einer erhöhten Impfgegnerschaft führen können oder nach ihrer Einführung die Bereitschaft sinken kann, sich gegen andere Krankheitserreger impfen zu lassen. Dies sind jedoch Fragen, die er innerhalb seines gesetzgeberischen Spielraums bewerten muss und die nicht bereits das Ergebnis – dass keine Impfpflicht eingeführt werden dürfte – vorwegnehmen. Entscheidet sich der Gesetzgeber in solchen Fällen für die Impfpflicht, muss er die weitere Entwicklung genau beobachten – die Entwicklung der Durchimpfungsrate, die Auswirkungen auf die Bereitschaft, Kinder gegen andere Erreger impfen zu lassen – und ggf. nachjustieren.

Entscheidet sich der Gesetzgeber für eine Impfpflicht, ist bei deren Durchsetzung darauf zu achten, dass dem Kind nicht geschadet und auch die Eltern-Kind-Beziehung nicht gefährdet wird. Eine Durchsetzung mit unmittelbarem Zwang am Kind kann in keinem Fall gerechtfertigt sein (und wird auch nirgendwo diskutiert), aber auch die Verhängung von Zwangshaft gegenüber den Eltern darf nicht als Mittel der Durchsetzung gewählt werden, da dann Kind und Eltern voneinander getrennt würden. Anders als bei einer Impfung zum Schutz der Bevölkerung wäre auch die Einschränkung des Anspruchs auf einen Kita-Platz nicht angemessen[872], weil diese Einschränkung nur gerechtfertigt sein kann, um die anderen Kita-Kinder vor dem ungeimpften Kind zu schützen. Das ist bei nicht von Mensch zu Mensch übertragbaren Krankheiten oder dann, wenn im Falle von Masern Herdenimmunität besteht, nicht der Fall. Im Ergebnis würde es deswegen wohl vor allem bei Bußgeldern zur (indirekten) Durchsetzung der Impfpflicht bleiben.

(b) Verpflichtende gesundheitliche Untersuchungen der Kinder

Bislang setzt der Staat darauf, dass Eltern freiwillig die Vorsorgeuntersuchungen nach § 26 SGB V bei den Kinderärztinnen wahrnehmen. In anderen Bereichen gibt es verpflichtende ärztliche Untersuchungen von Kindern: So regeln alle Bundesländer eine Schuleingangsuntersuchung im Vorschuljahr für alle angehenden Grundschülern, die durch das Gesundheitsamt durchgeführt wird[873]. In Brandenburg führt der ÖGD zur Prävention und Früherkennung von Krankheiten, Entwicklungsstörungen oder Behinderungen eine Untersuchung durch, der sich alle Kinder im Alter vom 30. bis 42. Lebensmonat (also zwischen 2,5 und 3,5 Jahren) unterziehen müssen (§ 6 II 1, 2 BbgGDG). Wenn das Kind in einer Kita betreut wird, wird die Untersuchung dort durchgeführt.

Untersuchungspflichten stellen einen Eingriff in Art. 6 II 1 GG dar. Während man die Schuleingangsuntersuchung durch den Bezug zur Einschulung mit Art. 7 I GG rechtfertigen kann[874], wird eine Verpflichtung zur Wahrnehmung der Gesundheits-

[872] Dazu oben 2. Teil, B. I. 2. d).

[873] Dazu ausführlich oben 2. Teil, C. III. 2.

[874] Vgl. auch *Bader*, NVwZ 2007, 537 (542). Zustimmend *Reith*, Der Erziehungs-, Bildungs- und Betreuungsauftrag des Staates im Vorschulbereich, S. 261. Abwegig allerdings ist die Unterstellung,

untersuchungen nach § 26 SGB V – deren Einführung im Jahr 2006 durch den Bundesrat befürwortet wurde[875] – überwiegend als unverhältnismäßiger Eingriff in Art. 6 II 1 GG angesehen[876]. Die Nichtteilnahme indiziere nicht die Kindeswohlgefährdung[877], eine solche ist aber – wie gezeigt – auch nicht notwendig. Zu berücksichtigen ist, dass verpflichtende Vorsorgeuntersuchungen in das Recht auf Pflege und nicht in das Recht auf Erziehung eingreifen, der Spielraum des Staates somit größer ist. Allgemein als mögliche Gründe der Eltern für eine Nichtteilnahme an den Untersuchungen nach § 26 SGB V werden im Schrifttum angeführt: Die Eltern sind selbst Ärzte und vertrauen auf ihre eigenen Einschätzungen, die Kinder sind nie krank oder die Familie ist mit anderen Ereignissen so ausgelastet, dass keine Zeit für eine Terminvereinbarung besteht[878]. Diese Gründe können jedoch nur zum Teil verfangen. Fehlende Zeit ist als Argument schon nicht auf das Kind bezogen. Gründe dafür, das Kind nicht der Kinderärztin oder dem Kinderarzt vorzustellen, die auf das Kind bezogen sind, lassen sich wohl auch nur schwer finden, etwa im Falle einer Phobie des Kindes aufgrund negativer Erfahrung mit Ärzten, von fremden Menschen untersucht oder angefasst zu werden. Solchen Extremfällen könnte durch Ausgestaltung der Pflicht Rechnung getragen werden. Insbesondere wird bei den angeführten Gründen übersehen, dass es nicht um die Behandlung im Krankheitsfall, sondern um die Diagnose von Entwicklungsverzögerungen geht, die sehr früh behandelt werden müssen, damit keine nachhaltigen Schäden entstehen[879]. Durchgeführt werden diese von der Kinderärztin oder dem Kinderarzt des Vertrauens und nicht von unbekannten Amtsärztinnen. Im Ergebnis könnte man eine Pflicht zur Teilnahme an den Vorsorgeuntersuchungen wohl rechtfertigen[880]. Bei der Durchsetzung stellen sich die gleichen Fragen wie bei der Impfpflicht[881]; eine Vorstellung bei der Kinderärztin oder dem Kinderarzt durch unmittelbaren Zwang wäre unverhältnismäßig.

---

durch die Schuleingangsuntersuchung sollten die Mitschülerinnen und Mitschüler vor ansteckenden Krankheiten geschützt werden (so *Hümmer*, ZfL 2007, 46 [47]).

[875] BR-Drs. 823/06.

[876] *Hölbling*, Wie viel Staat vertragen Eltern?, S. 166 f.; *Wapler*, Kinderrechte und Kindeswohl, S. 530. Anders *Hümmer*, ZfL 2007, 46 (48 f.).

[877] *Hölbling*, Wie viel Staat vertragen Eltern?, S. 166, vgl. aber auch S. 184: „als Hinweis auf eine Unterversorgungslage des Kindes interpretierbar".

[878] *Wapler*, Kinderrechte und Kindeswohl, S. 529.

[879] *Kießling*, in: Orlowski/Remmert (Hrsg.), SGB V, Mai 2019, § 26 Rn. 20 ff.

[880] So auch *Lindner*, ZRP 2006, 115 (117). Befürwortend – allerdings nach einer für notwendig gehaltenen Verfassungsänderung – *Brosius-Gersdorf*, RdJB 2020, 14 (23 f.). Vgl. auch die Ausführungen des VerfGH Rheinland-Pfalz zu dem organisierten Einladungs- und Erinnerungsverfahren: NJW-RR 2009, 1588 (1592 f.), u. a. mit der Aussage am Ende, dass die freiwillige Durchführung der Gesundheitsuntersuchungen „wegen ihrer Bedeutung für das Kindeswohl selbstverständlich sein sollte". – Die Regelung in Brandenburg für Kita-Kinder ist wohl auch verfassungsgemäß, jedenfalls wenn Lösungen für Extremfälle wie Kinder mit „Arztphobie" gefunden und die Kinder nicht mit körperlicher Gewalt zur Duldung der Untersuchung gezwungen werden.

[881] Dazu oben 4. Teil, C. II. 2. c) cc) (1) (a).

Gesundheitspolitisch könnte es dennoch genügen, weiterhin auf Freiwilligkeit bei den Untersuchungen nach § 26 SGB V zu setzen. So haben die Teilnahmequoten durch organisierte Einladungs-, Rückmelde- und Erinnerungssysteme der Bundesländer[882], aber auch durch eine Aufklärungskampagne der BZgA zur Steigerung der Teilnahmerate und die Bonusprogramme der Krankenkassen gem. § 65a SGB V in den letzten knapp 20 Jahren stark zugenommen[883]. Bei der vollständigen Inanspruchnahme der Untersuchungsreihe U1-U9 ist die Teilnahmequote von 81,6 % (2003–2006) und 82,2 % (2009–2012) auf 97,2 % (2014–2017) gestiegen. Gleichzeitig haben die Unterschiede nach sozioökonomischem Status und Migrationshintergrund, die in früheren Jahren noch sehr stark ausgeprägt waren, deutlich abgenommen[884].

(c) Ge- und Verbote gegenüber dem Kind

Genauso wie der Staat Kindern verbieten darf, Alkohol und Tabakwaren zu konsumieren, darf er ihnen verbieten, ins Sonnenstudio zu gehen[885], und dürfte ihnen eine Pflicht auferlegen, beim Fahrradfahren einen Helm zu tragen. Diese Ge- und Verbote sind auch gegenüber den Eltern gerechtfertigt: Befürchtet werden irreversible Schädigungen und verboten wird jeweils nur ein Teilaspekt des gesundheitsschädlichen Verhaltens: nicht das Fahrradfahren und nicht, dass Kinder in jeder Hinsicht UV-Licht ausgesetzt sind. Die betroffenen Verhaltensweisen berühren außerdem kein Erziehungskonzept, so dass der Eingriff in Art. 6 II 1 GG allein im Bereich der Pflege erfolgt.

(d) Rauchverbote zum Schutz der Kinder

Das Rauchen von Eltern im Auto in Anwesenheit Minderjähriger, wie es zum Teil bereits gefordert wird[886], könnte der Staat verbieten, ohne dass Art. 6 II 1 GG betroffen wäre, da das Rauchen nicht auf das Kind bezogen ist und somit nur unter die allgemeine Handlungsfreiheit des Art. 2 I GG fällt. Solche Rauchverbote stellen sich

---

882 Vgl. § 6 berl. Kinderschutzgesetz; § 7 BbgGDG; § 14a BremGDG; § 7b HmbGDG; § 15b ÖGDG M-V; § 32a Heilberufsgesetz NW, U-Untersuchung-TeilnahmedatenVO NW; nds. Gesetz über das Einladungs- und Meldewesen für Früherkennungsuntersuchungen von Kindern; §§ 5 ff. Landesgesetz zum Schutz von Kindeswohl und Kindergesundheit R-P; § 8a saarl. ÖGDG; § 2 sächs. Kindergesundheits- und Kinderschutzgesetz; § 7a GDG S-H; Gesetz zur Förderung der Teilnahme an Früherkennungsuntersuchungen für Kinder TH; für einen Überblick der Regelungen einzelner Länder und zu den dort gemachten Erfahrungen siehe außerdem *Thaiss/R. Klein/Schumann/Ellsäßer/Breitkopf/Reinecke/Zimmermann*, Bundesgesundheitsbl 2010, 1029. Einige Bundesländer statuieren sogar eine Pflicht der Personensorgeberechtigten, die Teilnahme ihrer Kinder an den Kinderuntersuchungen sicherzustellen (vgl. Art. 14 Abs. 1 bay. GDVG, § 1 Abs. 1 Kinderschutzgesetz BW; § 1 Abs. 1 hess. Kindergesundheitsschutz-Gesetz); Bayern macht außerdem den Anspruch auf sein Landeserziehungsgeld davon abhängig, dass die Teilnahme an bestimmten Kinderuntersuchungen nachgewiesen wird (vgl. Art. 1 Abs. 1 Nr. 4 bay. Landeserziehungsgeldgesetz).

883 *Schmidtke/Kuntz/Starker/Lamper*, Journal of Health Monitoring 2018, 68 (73 f.).

884 *Schmidtke/Kuntz/Starker/Lamper*, Journal of Health Monitoring 2018, 68 (73).

885 Dazu BVerfG, NJW 2012, 1062.

886 Gesetzentwurf des Bundesrates zur Änderung des Bundesnichtraucherschutzgesetzes, BT-Drs. 19/15276; siehe außerdem nordrhein-westf. LT-Drs. 17/2555.

grundrechtsdogmatisch nicht anders dar als Rauchverbote, die fremde Dritte in Gaststätten oder an anderen frei zugänglichen Orten schützen sollen. Die moralische Pflicht von Eltern gegenüber ihren eigenen Kindern, sie nicht durch Passivrauch zu schädigen, ist sogar stärker als ihre Pflicht gegenüber Fremden. Die Kinder sind nicht aus der Eltern-Kind-Beziehung heraus verpflichtet, den durch ihre Eltern verursachten Passivrauch zu erdulden. Deswegen lassen sich letztlich auch gegen Rauchverbote in der Familienwohnung nur Argumente auf der Vollzugsebene, nicht aber auf der Ebene der Handlungsfreiheit der Eltern vorbringen[887].

(2) Erziehung

Im Falle individueller Kindeswohlgefährdung können die Familiengerichte über § 1666 III Nr. 1 BGB die Eltern verpflichten, öffentliche Hilfen wie zum Beispiel Leistungen der Kinder- und Jugendhilfe nach dem SGB VIII in Anspruch zu nehmen. Dazu gehört auch die Weisung an die Eltern, ihr Kind in einer Kita betreuen zu lassen[888]. Auf bevölkerungsbezogener Ebene wird darüber diskutiert, unterhalb der Schwelle der Kindeswohlgefährdung eine Kindergartenpflicht für Kinder ab einem bestimmten Alter – etwa ab 3 Jahren oder ab dem Vorschulalter – einzuführen.

Gegen eine Kindergartenpflicht wird regelmäßig das entgegenstehende Recht der Eltern aus Art. 6 II 1 GG angeführt, darüber zu entscheiden, ob sie die Erziehung ihres Kindes einem Dritten anvertrauen[889]. Auch eine Kindergartenpflicht wird mit der Begründung für verfassungswidrig gehalten, dass Art. 6 II 1 GG Eingriffe erst ab der Schwelle der Kindeswohlgefährdung erlaube[890]; soweit mit dieser Begründung die Zulässigkeit der Einführung einer solchen Pflicht nicht von vornherein verneint wird, wird jedenfalls im Rahmen der Prüfung der Angemessenheit festgestellt, dass eine allgemeine Pflicht nur „statuiert werden“ dürfte, wenn mit dem Nichtbesuch eines Kindergartens „typischerweise solche Nachteile verbunden wären, die zu einer Kindeswohlgefährdung bei der Mehrzahl aller Kinder“ führten[891]. Auch dadurch wird implizit wieder eine Kindeswohlgefährdung als Voraussetzung für einen Eingriff in das elterliche Erziehungsrecht gemacht, wenn auch insofern mit einem Unterschied zur herrschenden Meinung, als diese Gefährdung nur typischerweise vorliegen muss, so dass jedenfalls flächendeckende Maßnahmen grundsätzlich möglich wären.

Gegen die Einführung einer flächendeckenden Kita-Pflicht sprechen zunächst praktische Gründe: So gibt es aktuell schon nicht genügend Plätze für alle Kinder,

---

[887] Anders *Giesinger*, Zeitschrift für praktische Philosophie 2015, 59 (80), der einen solchen Eingriff in die Rechte der Eltern für unverhältnismäßig hielte.

[888] BT-Dr 16/6815, S. 15. Dazu *S. Schmitt*, Kindergartenpflicht?, S. 112 f.

[889] *Hoffmann*, Soziale Gerechtigkeit für Kinder, S. 148, 167; *Beaucamp*, DVBl 2014, 1364 (1366).

[890] So *Jestaedt/Reimer*, in: BoKo, GG, Dez. 2018, Art. 6 Abs. 2 und 3 Rn. 420; *Voet*, Zur Verfassungsmäßigkeit einer allgemeinen Kindergartenpflicht im letzten Jahr vor dem Eintritt in die Grundschule, S. 104; *Salaw-Hanslmaier*, ZRP 2013, 143 (144); *Reith*, Der Erziehungs-, Bildungs- und Betreuungsauftrag des Staates im Vorschulbereich, S. 260 f.

[891] *Guckelberger*, RdJB 2012, 5 (17).

deren Eltern den bestehenden Rechtsanspruch aus § 24 SGB VIII geltend machen wollen. Diese Lücke zwischen Nachfrage und Kapazitäten mag zwar im Vorschulbereich kaum ins Gewicht fallen; eine Kita-Pflicht würde jedoch automatisch die Nachfrage erhöhen. Ob dafür genügend Erzieherinnen und Erzieher zur Verfügung stehen, ist unklar; es ist nicht unwahrscheinlich, dass eine solche Erhöhung der Nachfrageseite bei den Über-Dreijährigen auch Auswirkungen auf die Kapazitäten bei den Plätzen für Kinder unter drei Jahren hätte. Eine Kita-Pflicht stellte außerdem immer auch einen Eingriff in die Grundrechte der Kinder dar (Art. 2 I iVm Art. 1 I GG und Art. 2 I GG[892]). Hieraus ergeben sich wiederum insbesondere zeitliche Grenzen der Betreuung und qualitative Anforderungen[893], d. h. ein Schutz vor „schlechter" Betreuung. In zeitlicher Hinsicht müsste empirisch geklärt sein, in welchem Stundenumfang pro Tag überhaupt ein positiver Effekt auf die kindliche Entwicklung festgestellt werden kann – nur in diesem zeitlichen Umfang dürfte dann die Kita-Pflicht bestehen. In qualitativer Hinsicht müsste der Staat beispielsweise gewährleisten, dass der Betreuungs- bzw. Personalschlüssel gesichert ist, der – gestützt auf den Stand der Erziehungswissenschaften – notwendig ist, um die Entwicklung der Kinder auch wirklich zu fördern. Solange Erzieherinnenmangel in Deutschland herrscht, wird dieser Betreuungsschlüssel wohl nicht eingehalten werden können; allein deswegen kann eine Kitapflicht aktuell nicht verhältnismäßig sein. Aus Elternsicht müsste geklärt werden, wie sichergestellt werden kann, dass das Wunsch- und Wahlrecht der Eltern (§ 5 SGB VIII) nicht durch Kapazitätsengpässe ausgehöhlt wird – eine Pflicht zum Besuch eines Kindergartens, dessen pädagogisches Konzept man ablehnt[894], verstieße immer gegen Art. 6 II 1 GG.

Unterstellt man, dass diese Fragen geklärt und in erziehungswissenschaftlicher Hinsicht etwaige Zweifel ausgeräumt werden können, dass es also möglich ist, ein entsprechendes Kita-Konzept zu erstellen und umzusetzen, das die Entwicklung der Kinder fördert, wäre zu berücksichtigen, dass von den Eltern, die ihre Kinder im letzten Jahr vor Schulbeginn und insbesondere in den letzten drei Jahren vor Schulbeginn nicht in die Kita schicken, nicht in der überwiegenden Mehrzahl der Fälle davon ausgegangen werden kann, dass dies auf Gründe zurückzuführen ist, die der Entwicklung der Kinder abträglich sind. Abgesehen von dem Wunsch, das Kind selbst zu betreuen und zu erziehen, werden von Eltern als Gründe für die Nichtinanspruchnahme des Betreuungsangebots geltend gemacht, dass sie kein passendes Betreuungsangebot gefunden hätten, dass ihnen die Kosten der Kindertagesbetreuung zu hoch sind, dass sie Negativerfahrungen mit derartigen Einrichtungen gemacht

---

892 *S. Schmitt*, Kindergartenpflicht?, S. 127 ff.; *Guckelberger*, RdJB 2012, 5 (9 f.); *Reith*, Der Erziehungs-, Bildungs- und Betreuungsauftrag des Staates im Vorschulbereich, S. 258. Vgl. auch *Voet*, Zur Verfassungsmäßigkeit einer allgemeinen Kindergartenpflicht im letzten Jahr vor dem Eintritt in die Grundschule, S. 140 ff.

893 Ähnlich *Guckelberger*, RdJB 2012, 5 (17), in Bezug auf qualitative Anforderungen.

894 Vgl. zur verwandten Frage elterlicher Mitbestimmungsrechte *S. Schmitt*, Kindergartenpflicht?, S. 149 f.

haben, dass sich das Kind weigert, dass sie Angst vor Ansteckungen mit Kinderkrankheiten haben und die Sorge, ein eher schüchternes und zurückhaltendes Kind könnte im Kindergarten von den anderen ausgegrenzt werden[895]. Da der Spielraum der Eltern hier groß ist, weil es um ihr Recht auf Erziehung und nicht ihr Recht auf Pflege geht, wäre eine allgemeine Kindergartenbesuchspflicht ab einem bestimmten Alter wohl vor Art. 6 II 1 GG nicht zu rechtfertigen[896]. Auch eine Rechtfertigung gestützt Art. 7 I GG kommt nicht in Betracht, da die frühkindliche Bildung nicht unter den Schulbegriff fällt[897].

Denkbar wäre aber eine Kindergartenpflicht, die die Eltern auf Antrag befreit, ohne dass dabei die Gründe der Eltern überprüft würden[898]. Durch eine solche „opt out"-Ausgestaltung würde die Standardeinstellung verändert – es müsste kein Antrag auf Inanspruchnahme des Anspruchs nach § 24 SGB VIII mehr gestellt werden –, wodurch wohl mehr Kinder erreicht würden als ohne Pflicht. Für eine allgemeine Kindergartenpflicht ohne Ausnahme dagegen müsste der Gesetzgeber die Verfassung ändern: entweder durch einen Zusatz in Art. 6 GG, der die Kindergartenpflicht ausdrücklich regelt[899], oder durch die Erweiterung des Inhalts von Art. 7 I GG auf den frühkindlichen Bereich[900]. Die Landesgesetzgeber könnten auch die in den Schulgesetzen geregelte Schulpflicht bereits ein Jahr früher starten lassen und dies auf Art. 7 I GG stützen[901], auch wenn dies im Rahmen einer aus der Grundschule ausgelagerten „Vorschule" erfolgte, solange diese Vorschule sehr stark auf die Schule bezogen wäre[902].

dd) Fazit

Die Analyse hat gezeigt, dass der Staat weiterreichende Kompetenzen besitzt, als es bislang den Anschein hatte. Er könnte verschiedene Ge- oder Verbote einsetzen, um die Gesundheit der Kinder vor Entscheidungen ihrer Eltern zu schützen. Daraus darf jedoch nicht voreilig der Schluss gezogen werden, dass der Staat verpflichtet wäre, all diese möglichen Pflichten umzusetzen, oder dass es politisch klug wäre, dies zu tun.

---

895 Aufzählung bei *Guckelberger*, RdJB 2012, 5 (9).

896 So im Ergebnis auch *S. Schmitt*, Kindergartenpflicht?, S. 108 ff.

897 Ausführlich *S. Schmitt*, Kindergartenpflicht?, S. 64 ff.; *Voet*, Zur Verfassungsmäßigkeit einer allgemeinen Kindergartenpflicht im letzten Jahr vor dem Eintritt in die Grundschule, S. 118; *Salaw-Hanslmaier*, ZRP 2013, 143 (145). Das ginge nur in Bezug auf einige wenige Maßnahmen, die einen unmittelbaren Bezug zum schulischen Erziehungsauftrag aufweisen (*Bader*, NVwZ 2007, 537 [542]; *Guckelberger*, RdJB 2012, 5 (14 f.); *Reith*, Der Erziehungs-, Bildungs- und Betreuungsauftrag des Staates im Vorschulbereich, S. 261 f.; *Brosius-Gersdorf*, RdJB 2020, 14 [27]).

898 Zu Ausnahmen auch *S. Schmitt*, Kindergartenpflicht?, S. 150.

899 *Hoffmann*, Soziale Gerechtigkeit für Kinder, S. 186; *S. Schmitt*, Kindergartenpflicht?, S. 141; *Salaw-Hanslmaier*, ZRP 2013, 143 (145).

900 *Brosius-Gersdorf*, RdJB 2020, 14 (28).

901 *Guckelberger*, RdJB 2012, 5 (14).

902 *S. Schmitt*, Kindergartenpflicht?, S. 69; *Voet*, Zur Verfassungsmäßigkeit einer allgemeinen Kindergartenpflicht im letzten Jahr vor dem Eintritt in die Grundschule, S. 119.

Bei jeder Maßnahme muss der Gesetzgeber die Vor- und Nachteile abwägen und sich insbesondere von der vorhandenen Evidenz leiten lassen.

3. Sonderfall: die Verantwortung der Schwangeren für das ungeborene Kind

Einen Sonderfall in der Eltern-Kind-Beziehung stellt das Verhältnis der schwangeren Frau zu ihrem ungeborenen Kind dar. Das ungeborene Kind ist einer besonderen – einmaligen – Art von Gesundheitsrisiko ausgesetzt, weil es dem Risikofaktor Mutter aufgrund der biologischen Umstände nicht ausweichen kann. Gleichzeitig werden viele Gesundheitsfaktoren und Eigenschaften des Kindes bereits vor der Geburt mitgeprägt, dies gilt beispielsweise für spätere Erkrankungen an hohem Blutdruck, Diabetes, Allergien, Asthma und ADHS[903]. Während der Schwangerschaft werden Funktionen wie der Appetit, die spätere Wachstumsrate und die endgültigen Körpermaße „programmiert“[904]. Bereits die Ernährung der Mutter wirkt sich nachhaltig auf das Kind aus; das gilt nicht nur für die allgemeine Versorgung mit Nährstoffen, sondern auch für die spätere Entwicklung von Übergewicht und Adipositas. Zwischen hohem Geburtsgewicht (das durch die Ernährung der Mutter beeinflusst sein kann) und erhöhtem späteren Adipositasrisiko der Kinder besteht ein Zusammenhang[905], genauso wie Adipositas bei der Schwangeren ein Risikofaktor für das spätere Entstehen von Adipositas beim Kind darstellt.

Noch greifbarer ist das Gesundheitsrisiko bei toxischen Substanzen, die die Mutter zu sich nimmt. Diese Substanzen erreichen das Kind über die Plazenta bzw. Nabelschnur. Tabakkonsum kann zu Frühgeburten und niedrigem Geburtsgewicht führen und erhöht zudem die Risiken für fetale Fehlbildungen und Totgeburten, eine vorzeitige Plazentalösung und Wachstumsstörungen[906]. Bereits ein geringer Alkoholkonsum wirkt sich nachteilig auf das Kind aus, z. B. durch Wachstumsstörungen. Schwerer Alkoholkonsum (definiert als 1 Glas Wein pro Tag oder 120 Gramm Alkohol pro Woche[907]) kann Fetale Alkoholspektrum-Störungen[908] verursachen. Auch Betäubungsmittel- und Arzneimittelkonsum kann zu körperlichen und geistigen Behinderungen führen.

Die gesunde Entwicklung des Kindes kann sogar bereits vor der Zeugung gefördert werden: So wird mittlerweile empfohlen, dass Frauen mindestens drei Monate

---

[903] Gutachten 2009 des Sachverständigenrates zur Begutachtung der Entwicklung im Gesundheitswesen, BT-Drs. 16/13770, S. 93 f.

[904] Gutachten 2009 des Sachverständigenrates zur Begutachtung der Entwicklung im Gesundheitswesen, BT-Drs. 16/13770, S. 93 f.

[905] *Koletzko/Grote/Schiess/Verwied-Jorky/Brands/Demmelmair/von Kries*, Monatsschr Kinderheilkd 2010, 553 (554) mwN.

[906] Gutachten 2009 des Sachverständigenrates zur Begutachtung der Entwicklung im Gesundheitswesen, BT-Drs. 16/13770, S. 93 f.

[907] *Ogston/Parry*, Int J Epidemiol 1992, Suppl 1, S45.

[908] Fetal Alcohol Spectrum Disorders = FASD.

vor der geplanten Zeugung beginnen, Folsäurepräparate einzunehmen, weil dadurch das Risiko, dass beim Ungeborenen eine Spina bifida[909] entsteht, erheblich sinkt[910].

Nach geltendem Recht ist es vorrangig den Frauenärztinnen übertragen, im Rahmen der (freiwilligen) Vorsorgeuntersuchungen während der Schwangerschaft das Ernährungs- und sonstige Verhalten der Schwangeren zu analysieren, diese zu beraten und ggf. auf Hilfsangebote zu verweisen. Routinemäßig – d.h. unabhängig vom Vorliegen individueller Risikofaktoren – wird in Deutschland zwischen der 25. und 28. Schwangerschaftswoche mit dem Einverständnis der Schwangeren getestet, ob sie möglicherweise einen Schwangerschaftsdiabetes entwickelt hat[911], der unbehandelt beim Kind zu einem erhöhten Geburtsgewicht und einem erhöhten Risiko, später übergewichtig zu werden und selbst einen Typ-2-Diabetes zu entwickeln, führen würde. Die Behandlung des Schwangerschaftsdiabetes wird der Schwangeren dann nachdrücklich nahegelegt, gezwungen wird sie dazu nicht. Gezwungen werden Frauen in Deutschland auch nicht zu einer gesunden Ernährung oder – anders als z.B. vereinzelt in den USA – zur Alkohol- oder Betäubungsmittelabstinenz[912]. Es sind aber auch bevölkerungsbezogene Instrumente mit geringerer Eingriffsintensität als diese punktuell wirkenden Maßnahmen denkbar, bevölkerungsbezogene Instrumente, die nicht auf eine Gesundheitsgefahr reagieren, sondern vielmehr der gesundheitlichen Risikovorsorge zuzuordnen sind und die die gesunde Entwicklung des Ungeborenen im Mutterleib schützen sollen. Denken könnte man z.B. an verpflichtende, anlasslose Beratungen über verschiedene Gesundheitsrisiken, verpflichtende Vorsorgeuntersuchungen, an Rauchverbote und Alkoholkonsumverbote für Schwangere und an Impfpflichten gegen Erreger, die das Ungeborene im Mutterleib schädigen können. Im Arbeitsschutzrecht gilt bereits ein Nachtarbeitsverbot für Schwangere (§§ 5 I, 28 I MuSchG), das – anders als das vorgeburtliche allgemeine sechswöchige Arbeitsverbot („Mutterschutzfrist", § 3 I 1 MuSchG) – nicht fakultativ ist.

a) Die Konstruktion der Grundrechtskollision in der Abtreibungsdebatte

Die grundrechtliche Konstruktion, die hinter der Frage der Zulässigkeit solcher Maßnahmen steht, erinnert zunächst an die Abtreibungskonstellation, denn auch dort ist das Ungeborene vom Verhalten der Schwangeren abhängig. Anerkannt ist,

---

909 Hierbei handelt es sich um eine Fehlbildung der Wirbelsäule, die umgangssprachlich auch „offener Rücken" genannt wird.

910 *De-Regil/Peña-Rosas/Fernández-Gaxiola/Rayco-Solon*, Cochrane Database of Systematic Reviews 2015, Issue 12, Art. No.: CD007950.

911 Abschnitt A Nr. 8 Mutterschafts-Richtlinien des G-BA idF v. 10.12.1985, zuletzt geändert am 16.9.2021 (BAnz AT 26.11.2021 B4), in Kraft getreten am 1.1.2022.

912 Vgl. zur Diskussion des Vorgehens im Falle von Alkohol- oder Betäubungsmittelmissbrauch die sehr weitgehenden Vorschläge (z.B. Einsatz des Strafrechts nach der Geburt) bei Schwangeren *Murray*, The Future of Children 1991, 105; *Wilkinson/Skene/de Crespigny/Savulescu*, Bioethics 2016, 425. Kritisch zur amerikanischen Diskussion *Gallagher*, Harv. Women's L.J. 1987, 9; *Nelson*, Clinical Obstetrics and Gynecology 1992, 738.

dass eine staatliche Schutzpflicht zugunsten des werdenden Lebens und auch zugunsten der Gesundheit der Ungeborenen besteht. Während das BVerfG die Frage offen gelassen hat, ob das Ungeborene Träger eines eigenen subjektiven Rechts auf Leben sein kann[913], wird diese Frage im Schrifttum überwiegend bejaht, streitig ist allein der Zeitpunkt, in dem diese Trägerschaft beginnen soll (ob ab Zeugung oder ab Einnistung in die Gebärmutter)[914]. Auch das BVerfG sieht den Staat in der Pflicht, das Leben des Ungeborenen zu schützen. Ausgangspunkt der Überlegung war in der ersten Abtreibungsentscheidung die objektive Werteordnung des Grundgesetzes. Das Ungeborene wurde somit nur „reflexhaft"[915] von den Grundrechten geschützt. Diese Konstruktion führte zu einer grundsätzlichen Pflicht der Schwangeren, das Ungeborene auszutragen[916]. In der zweiten Abtreibungsentscheidung rückte das BVerfG das „eigene […] Lebensrecht […] des Ungeborenen"[917] etwas mehr in den Mittelpunkt, ohne dass es jedoch von seiner grundsätzlichen Konstruktion über die Schutzpflichten abrückte[918]. Das Gericht bekräftigte das „grundsätzliche Verbot des Schwangerschaftsabbruchs und die grundsätzliche Pflicht zum Austragen des Kindes" als „zwei untrennbar verbundene Elemente des verfassungsrechtlich gebotenen Schutzes"[919]. Es verwies knapp auf das Recht auf Leben und körperliche Unversehrtheit sowie das „Persönlichkeitsrecht (Art. 2 Abs. 1 GG)" der Frau[920], ohne aber eine wirkliche Abwägung vorzunehmen.

Unabhängig davon, ob man dem Ungeborenen eigene subjektive Rechte zugesteht oder nur einen reflexhaften Schutz annimmt, führt die Gegenüberstellung beider Grundrechtspositionen zu einer fiktiven Trennung von Schwangerer und Fötus, die sich letztlich negativ auf den Umfang der Rechte auswirkt, die man der Schwangeren zugesteht[921]. Wenn sich beide grundrechtsdogmatisch gegenüberstehen, wird schnell die Tatsache ausgeblendet, dass sich das Kind nur durch bzw. in dem Körper der Schwangeren entwickelt. In beiden Entscheidungen des BVerfG wurde diese biologische Tatsache sogar gegen die Frau gewendet[922]. In der ersten Entscheidung hieß

---

913 BVerfGE 39, 1 (41). Kritisch *Abendroth*, KJ 1975, 121 (122f.).

914 Ausführlich *Huber*, in: Merten/Papier (Hrsg.), HbGR, II, § 49 Rn. 9ff. mwN; *Di Fabio*, in: Dürig/Herzog/Scholz, GG, Feb. 2004, Art. 2 Abs. 2 S. 1 Rn. 24 mwN.

915 *Huber*, in: Merten/Papier (Hrsg.), HbGR, II, § 49 Rn. 9.

916 BVerfGE 39, 1 (45f.).

917 BVerfGE 88, 203 (254).

918 BVerfGE 88, 203 (253).

919 BVerfGE 88, 203 (253).

920 BVerfGE 88, 203 (256).

921 Vereinzelt wird davon ausgegangen, dass die vom BVerfG gewählte Konstruktion die Rechtsstellung der Frau im Vergleich zu der Position, in der sich Frau und Embryo mit eigenen Rechten gegenüberstehen, sogar verschlechtert, weil die Nachrangigkeit der Rechte der Schwangeren, die das Ergebnis der Entscheidungen des BVerfG war (dazu sogleich) bei der Position, die dem Embryo Rechte zugesteht, eigentlich nicht das Ergebnis sein dürfte, weil es dann zu einer Abwägung der Interessen kommen müsste, bei der die Rechte der Frau mehr Berücksichtigung finden müssten (*Oberlies*, KJ 1992, 199 [208]).

922 Für die erste Entscheidung: *Oberlies*, KJ 1992, 199 (209); allgemein für die deutsche Debatte: *L. Klein/Wapler*, APuZ 20/2019, 20 (24).

es, dass mitbedacht werden müsse, dass „nach der Natur der Sache eine besondere Verantwortung" für das Ungeborene bestehe[923], weswegen die Rechte der Frau „niemals" die Befugnis umfassen könnten, „in die geschützte Rechtssphäre eines anderen ohne rechtfertigenden Grund einzugreifen oder sie gar mit dem Leben selbst zu zerstören"[924]. Rechtfertigen muss sich demnach die Frau und nicht der Staat, der ihr eine Austragungspflicht auferlegt. Dies befördert eine Sichtweise, die die Frau vorrangig als „uterinäres Umfeld"[925] ansieht.

In der zweiten Abtreibungsentscheidung bezeichnete das Gericht das Verhältnis von Frau und Fötus als „Zweiheit in Einheit"[926]. Argumentativ wurde dies hauptsächlich dafür genutzt zu begründen, dass es keinen verhältnismäßigen Ausgleich zwischen den Rechten der Frau und den Rechten des Ungeborenen geben könne, weil auf Seiten des Ungeborenen „alles, nämlich das Leben selbst, in Frage" stehe[927]. Durch ein solches Verständnis erhalten die Rechte des Ungeborenen ein derart hohes Gewicht, dass die Selbstbestimmungsrechte der Frau über ihren Körper und ihre Lebensgestaltung marginalisiert werden[928]. Es wird übersehen, dass es auch für sie – wenn auch in anderer Weise – um „alles oder nichts" geht: Zwingt man sie zum Austragen des ungewollten Kindes, ist ihr gesamtes weiteres Leben von diesem Zwang geprägt; mindestens bis zur Volljährigkeit des Kindes wären viele Details des Alltags fremdbestimmt. In der ersten Abtreibungsentscheidung des BVerfG hieß es dagegen noch, die Schwangere werde durch Schwangerschaft, Geburt und Kindeserziehung bloß „in manchen persönlichen Entfaltungsmöglichkeiten" beeinträchtigt[929]. Aber auch in der zweiten Entscheidung erfolgte die Grundrechtsprüfung nur geringfügig ausdifferenzierter. Die Art, wie das BVerfG auf die Grundrechte der Frau verwies, machte deutlich, dass es die Schwangerschaft als möglicherweise unerwünscht empfundenen Umstand akzeptierte, jedoch nicht annähernd die Bedeutung erfasste, die bereits eine Schwangerschaft als massiver körperlicher, psychischer und sozialer Einschnitt darstellt[930] – von der Änderung des gesamten weiteren Lebens durch die Geburt des Kindes abgesehen.

---

923 BVerfGE 39, 1 (43).

924 BVerfGE 39, 1 (43).

925 *Flügge*, in: Baer/Sacksofsky (Hrsg.), Autonomie im Recht – Geschlechtertheoretisch vermessen, S. 239 (246); ähnlich *Sacksofsky*, in: Rudolf (Hrsg.), Geschlecht im Recht, S. 191 (210).

926 BVerfGE 88, 203 (253).

927 BVerfGE 88, 203 (255). Kritisch *Sacksofsky*, in: Rudolf (Hrsg.), Geschlecht im Recht, S. 191 (210). Zur Inkonsequenz innerhalb des Urteils *Hermes/Walther*, NJW 1993, 2337 (2340), das letztlich doch Konstellationen anerkennt, in denen ein Schwangerschaftsabbruch gerechtfertigt sein kann.

928 *L. Klein/Wapler*, APuZ 20/2019, 20 (24); *Hermes/Walther*, NJW 1993, 2337 (2339).

929 BVerfGE 39, 1 (43). Als das BVerfG in dieser Entscheidung die Auswirkung auf die Lebensumstände der Frau doch noch würdigt (BVerfGE 39, 1 [50 f.]), geht es nur noch um die Frage, ob das Strafrecht das angemessene Instrument zur Wahrung der Rechte des Ungeborenen darstellt.

930 Vgl. *Sacksofsky*, in: Rudolf (Hrsg.), Geschlecht im Recht, S. 191 (210 f.); *L. Klein/Wapler*, APuZ 20/2019, 20 (24).

Die biologische Einheit von Schwangererer und Ungeborenem passt nicht zu einem Verständnis, in dem sich zwei Rechte „gegenüberstehen". Dieser Begriff passt schon bildlich nicht. Nimmt man den Umstand der biologischen Einheit ernst, versteht man die Frau nicht als „Gefäß" des Ungeborenen[931], sondern berücksichtigt ihre Rechte in besonderem Maße[932]. Dies bedeutet nicht, dass die Frau über das Ungeborene frei verfügen kann[933]; aber aus diesem biologischen Umstand ergibt sich eine erhöhte Rechtfertigungslast für Pflichten, die der Staat der Frau auferlegt, und nicht eine niedrigere. Anders als bei anderen Grundrechtskonflikten stehen sich nicht zwei voneinander unabhängige Grundrechtsträger gegenüber, bei denen einer von beiden dem Konflikt entfliehen kann[934]. Von der Schwangeren wird nicht lediglich ein punktuelles Unterlassen gefordert, sondern eine Duldung der besonderen Umstände von Schwangerschaft und Geburt sowie die Fremdbestimmung ihrer Lebensgestaltung danach[935].

b) Gesundheitliche Risikovorsorge in der Schwangerschaft durch Eingriff

Wegen der nahezu identischen grundrechtlichen Ausgangslage scheint die Abtreibungsdiskussion als Schablone für Fragen der gesundheitlichen Risikovorsorge dienen zu können. Dafür muss aber die Einbettung in die deutsche gesellschaftliche und rechtswissenschaftliche Debatte mitberücksichtigt werden, damit nicht das Ergebnis der Zulässigkeit besonderer Pflichten der Schwangeren bereits wegen der Existenz der geltenden Abtreibungsregelungen und den Entscheidungen des BVerfG feststeht. So werden z. B. im Zivilrecht – d. h. im Familienrecht und im Deliktsrecht – Pflichten der Mutter statuiert, die genau hiermit begründet werden[936]. Auch hier überwiegt die Perspektive aus der Sicht des Ungeborenen: Anerkannt ist in der Folge zum Teil eine Deliktshaftung der Frau für vorgeburtliche Gesundheitsschäden[937]; zum Teil wird die familienrechtliche Vorschrift des § 1666 BGB (analog) für anwendbar gehalten[938]. Auf diesem Wege könnten familiengerichtliche Maßnahmen im Falle von z. B. Ta-

---

931 Kritisch Sondervotum *Rupp-von Brünneck* BVerfGE 39, 1 (68).

932 Sondervotum *Mahrenholz/Sommer* BVerfGE 88, 203 (338). Dazu auch *Sacksofsky*, in: Rudolf (Hrsg.), Geschlecht im Recht, S. 191 (211).

933 Zu den beiden Extrempositionen, die man in der Abtreibungsdebatte einnehmen kann, *van den Daele*, KJ 1988, 16 (17). Das BVerfG hat sich für eine dieser Positionen entschieden. Die verstärkte Berücksichtigung der Rechte der Frau stellt einen Mittelweg dar.

934 *Johnsen*, Hastings Cent Rep 1987, 33 (35 f.).

935 Sondervotum BVerfGE 39, 1 (79 f.).

936 So *Lugani*, in: MüKo-BGB, § 1666 Rn. 42; *Coester*, FÜR 2009, 549 (551); *Weber*, NZFam 2018, 510 (513); *Wever/Krekeler*, MedR 2019, 369 (370 f.).

937 *Wagner*, in: MüKo-BGB, § 823 Rn. 233; *Weber*, NZFam 2018, 510 (513).

938 *Lugani*, in: MüKo-BGB, § 1666 Rn. 42; *Weber*, NZFam 2018, 510 (512 f.); so wohl auch *Coester*, FÜR 2009, 549 (550 f.); differenzierend *ders.*, in: FS-Coester-Waltjen, S. 29 (35); ablehnend *Burghart*, in: BeckOGK-BGB, 1.8.2022, § 1666 Rn. 57; *Samhat*, Gesundheitsgerechtes Verhalten, S. 182 f., auch mwN.

bakkonsum[939], Drogenkonsum, Alkoholmissbrauch und „Sportarten, die die Gefahr von Fehlgeburten oder Schädigungen des ungeborenen Kindes drastisch vergrößern“[940], gerechtfertigt werden. Diskutiert werden für diese Fälle die Anordnung einer Pflegschaft für das Ungeborene nach § 1912 BGB, die Bestellung eines rechtlichen Betreuers für die Schwangere nach § 1896 I BGB und im Falle psychischer Krankheit auch die Unterbringung[941]. In den USA hat es vereinzelte Fälle gegeben, in denen Frauen zur Entbindung per Kaiserschnitt gezwungen wurden oder strafrechtlich belangt wurden, weil sie das Ungeborene geschädigt hatten[942]. Auch in Deutschland wird vereinzelt überlegt, inwiefern die Gesundheit des Ungeborenen über Strafrechtsnormen geschützt sein könnte bzw. werden müsste[943].

Unklar bleibt aber, inwiefern Schwangere mit Zwang vom Alkohol- bzw. Tabakkonsum abgehalten werden können – dieses tatsächliche Problem wird in der Literatur auch oft zugegeben[944] – und inwiefern haftungsrechtliche und strafrechtliche Konstellationen präventive Wirkung entfalten würden[945]. Regelmäßig wird gesetzgeberischer Nachbesserungsbedarf gesehen[946], so wird etwa die Schaffung eines § 1666b BGB[947] im Familienrecht und die Schaffung besonderer Regelungen zum Schutz Ungeborener vor bestimmten gesundheitsschädlichen Verhaltensweisen der Mutter im Strafrecht[948] gefordert.

aa) Eingriff in die Freiheitsrechte der Schwangeren

Eine Debatte über die Einführung öffentlich-rechtlich geregelter Ge- oder Verbote wird – soweit ersichtlich – nicht geführt[949]. Eine solche Diskussion muss bei den Rechten von Frau und Kind ansetzen und dabei die Gemeinsamkeiten und Unterschiede im Vergleich zur Abtreibungskonstellation verarbeiten. Zunächst bedeutet dies, dass auch die Einnahme einer anderen als der in Deutschland herrschenden Perspektive auf die Abtreibungskonstellation – d.h. die Einnahme der Perspektive, die der Frau eine weitreichende Entscheidungskompetenz über die Frage zugesteht,

---

939 *Lugani*, in: MüKo-BGB, § 1666 Rn. 43; ablehnend *Weber*, NZFam 2018, 510 (513).

940 *Lugani*, in: MüKo-BGB, § 1666 Rn. 43; zweifelnd *Veit*, in: BeckOK-BGB, 1.11.2019, § 1666 Rn. 113.

941 *Weber*, NZFam 2018, 510 (513).

942 Vgl. ausführlich *Johnsen*, in: Post (Hrsg.), Bioethics.

943 *Robben*, Pränatale Schädigungen mit postnatalen Folgen, S. 118 ff.; *Samhat*, Gesundheitsgerechtes Verhalten, S. 174 ff.; *Wever/Krekeler*, MedR 2019, 369 (370).

944 *Lugani*, in: MüKo-BGB, § 1666 Rn. 43.

945 Ausführlich *Wever/Krekeler*, MedR 2019, 369 (370 f.).

946 *Weber*, NZFam 2018, 510 (513); *Wever/Krekeler*, MedR 2019, 369.

947 *Czerner*, ZKJ 2010, 220 (226). Auf dieser Grundlage soll das Familiengericht dann Weisungen an die alkohol- oder drogenkonsumierende Schwangere richten können, Vorsorgeuntersuchungen wahrzunehmen. Ablehnend *Robben*, Pränatale Schädigungen mit postnatalen Folgen, S. 247 f.

948 Vgl. für vorsätzliche Handlungen *Robben*, Pränatale Schädigungen mit postnatalen Folgen, S. 135 ff., 155 ff.; differenziert *Samhat*, Gesundheitsgerechtes Verhalten, S. 177 ff.

949 Aufgeworfen – aber nicht beantwortet – wird die Frage bei *Samhat*, Gesundheitsgerechtes Verhalten, S. 171 ff.

ob sie ihr ungeborenes Kind austragen will – nicht zwingend dazu führte, dass man nicht bestimmte Pflichten der Schwangeren begründen könnte, die Gesundheit des Ungeborenen zu schützen[950]. Denn die Interessen der Frau sind in beiden Situationen nicht die gleichen: Eine Frau zu zwingen, eine ungewollte Schwangerschaft auszutragen, stellt einen sehr schweren Eingriff in ihr allgemeines Persönlichkeitsrecht aus Art. 2 I iVm Art. 1 GG (und einen gem. Art. 2 II 1 GG körperlich relevanten Eingriff) dar; ihr gesamtes weiteres Leben würde von diesem Zwang geprägt. Gesundheitliche Pflichten während der Schwangerschaft hingegen betreffen in zeitlicher Hinsicht nur neun Monate und inhaltlich nur einzelne Verhaltensweisen[951]. Gleichzeitig kann man berücksichtigen, dass die Frau sich für die Austragung des Ungeborenen entschieden hat, so dass die Frage, welche moralischen Pflichten die Schwangere gegenüber dem Ungeborenen hat, eher mit der Konstellation nach der Geburt[952] und nicht mit der Abtreibungskonstellation vergleichbar ist. Hierfür soll es auch unerheblich sein, ob der Fötus bereits lebensfähig ist[953] (eine Grenze, die in der US-amerikanischen Abtreibungsdebatte eine große Rolle spielt); auch in einem sehr frühen Schwangerschaftsstadium bestehe die moralische Pflicht der Schwangeren und zwar allein aus dem Grund, dass sie sich für die Schwangerschaft entschieden hat[954]. Wenn sie in einem frühen Stadium noch unsicher sei, ob sie die Schwangerschaft austragen will, gebe ihr das nicht das Recht, ein Gesundheitsrisiko für das Ungeborene einzugehen[955]; sie müsse dann vorsichtshalber alle schädigenden Handlungen unterlassen. Dahinter stehe das Recht des Ungeborenen, zu dessen Austragung sich die Frau entschieden hat, gesund geboren zu werden[956]. Auch die deutsche Verfassungsrechtswissenschaft nimmt überwiegend an, dass Ungeborenen ein subjektives Recht auf Schutz ihrer körperlichen Unversehrtheit aus Art. 2 II 1 GG[957] zusteht, das auch in Risikolagen einschlägig ist[958]. Jedenfalls kann sich der Fötus auch in dieser Konstellation auf die Schutzpflicht aus Art. 2 II 1 GG berufen.

---

950 *Murray*, The Future of Children 1991, 105 (106).

951 Andere argumentieren, dass die Entscheidung gegen eine Schwangerschaft nur eine Handlung darstellt, während das gesundheitsriskante Verhalten während der Schwangerschaft viele Handlungen betrifft (*Johnsen*, Hastings Cent Rep 1987, 33 [36]).

952 *Robertson/Schulman*, Hastings Cent Rep 1987, 23 (24). Damit dieses Argument tragfähig ist, muss man allerdings unterstellen, dass die Schwangere tatsächlich und rechtlich die Möglichkeit hatte, sich für eine Abtreibung zu entscheiden (*Nelson*, Clinical Obstetrics and Gynecology 1992, 738 [740]). Dazu auch *DeVille/Kopelman*, Obstet Gynecol Clin North Am 1998, 237 (243).

953 *Murray*, The Future of Children 1991, 105 (106).

954 *Robertson/Schulman*, Hastings Cent Rep 1987, 23 (25); *DeVille/Kopelman*, Obstet Gynecol Clin North Am 1998, 237 (241 f.). Ähnlich *Campbell/Fleischman*, Clinical Obstetrics and Gynecology 1992, 803 (807).

955 *Robertson/Schulman*, Hastings Cent Rep 1987, 23 (25).

956 *Robertson/Schulman*, Hastings Cent Rep 1987, 23 (24 f.); *DeVille/Kopelman*, Obstet Gynecol Clin North Am 1998, 237 (242).

957 Vgl. nur *Müller-Terpitz*, Der Schutz des pränatalen Lebens, S. 366 ff.; *Huber*, in: Merten/Papier (Hrsg.), HbGR, II, § 49 Rn. 9 ff.

958 *Müller-Terpitz*, Der Schutz des pränatalen Lebens, S. 368.

Auch wenn der Zwang, den gesetzliche Ge- oder Verbote für Schwangere darstellen können, weniger intensiv ist als der Zwang, eine ungewollte Schwangerschaft auszutragen, handelt es sich immer noch um erhebliche Grundrechtseingriffe. Betroffen sind zum einen die allgemeine Handlungsfreiheit, aber auch das allgemeine Persönlichkeitsrecht, weil die Schwangere ihren gesundheitsrelevanten Lebensstil für die Zeit der Schwangerschaft nicht selbst bestimmen kann. Konsumverbote können Eingriffe in Art. 2 II 1 GG darstellen, wenn es aufgrund einer Sucht zu Entzugserscheinungen kommt. Das gleiche gilt für eine Impfpflicht. Soweit davon ausgegangen wird, dass auch Art. 6 II 1 GG einschlägig ist, weil er der Mutter bereits vorgeburtliche Pflicht auferlegt[959], kann dies auch in diesem Kontext nur der Fall sein, wenn ihr Handeln auf das Kind bezogen ist[960]. Das ist bei der Entscheidung zu rauchen, Alkohol zu trinken etc. nicht der Fall, anders sieht es aber mit den Entscheidungen aus, Folsäure oder andere wegen der Schwangerschaft ggf. notwendigen Nahrungsergänzungsmittel nicht zu nehmen, eine Impfung, die der Gesundheit des Kindes dient, abzulehnen, nicht zur Vorsorgeuntersuchung zu gehen oder die Vorsorgeuntersuchungen durch eine Hebamme statt eine Frauenärztin vornehmen zu lassen. Hier verstärkt Art. 6 II 1 GG den Schutz gegenüber Art. 2 I GG, soweit diese Entscheidungen mit dem Wohl des Kindes begründet werden.

Wenn man davon ausgeht, dass eine moralische Pflicht der Schwangeren, die gesundheitlichen Belange ihres Kindes zu berücksichtigen, daraus folgt, dass sie sich dazu entschieden hat, die Schwangerschaft auszutragen, erinnert die Situation an diejenige nach der Geburt. Dann geht es um die moralische Pflicht von Eltern, ihre Kinder – ob geboren oder noch nicht geboren – nicht zu schädigen[961]. Diese Pflicht gegenüber ungeborenen Kindern kann jedoch nicht stärker sein als die, die Eltern gegenüber geborenen Kindern haben[962]. Moralische Pflichten sind außerdem von vornherein nicht absolut, da es auch andere moralische Pflichten der Eltern gibt, z. B. gegenüber ihren anderen, bereits geborenen Kindern und anderen Familienmitgliedern[963]. Die Entscheidungen der Schwangeren ergehen auch nicht in einem Vakuum, indem sie über die Auswirkungen ihrer Entscheidungen allein auf das Ungeborene nachdenken könnte[964]. Die Entscheidungen ergehen vielmehr in einem sozialen Kontext, der durch verschiedene externe Einflüsse geprägt wird. Dazu gehören der sozioökonomische Status und das gesellschaftliche unmittelbare Umfeld, die

---

[959] *Müller-Terpitz*, Der Schutz des pränatalen Lebens, S. 370 f.; *ders.*, in: Spickhoff (Hrsg.), Medizinrecht, Art. 6 GG Rn. 17; *Brosius-Gersdorf*, in: Dreier (Hrsg.), GG, Art. 6 Rn. 164; *Robbers*, in: v. Mangoldt/Klein/Starck, GG, Art. 6 Rn. 155; *Coester*, in: FS-Coester-Waltjen, S. 29 (30); *Samhat*, Gesundheitsgerechtes Verhalten, S. 173 f.; *Jaestaedt/Reimer*, in: BoKo, GG, Dez. 2018, Art. 6 Abs. 2 und 3 Rn. 270. Ablehnend – u. a. mit Verweis auf dann möglicherweise entstehende Pflichten der Schwangeren gegenüber dem Kind – *von Landenberg-Roberg*, Elternverantwortung im Verfassungsstaat, S. 631.

[960] Dazu oben 4. Teil, C. II. 2. a).

[961] *DeVille/Kopelman*, Obstet Gynecol Clin North Am 1998, 237 (242).

[962] *Murray*, The Future of Children 1991, 105 (108 f.).

[963] *DeVille/Kopelman*, Obstet Gynecol Clin North Am 1998, 237 (243).

[964] *Johnsen*, Hastings Cent Rep 1987, 33 (36).

weiteren Familienmitglieder, die Beschäftigungssituation der Schwangeren und auch die Tatsache, ob sie bereits vor der Schwangerschaft abhängig von Nikotin, Alkohol oder Betäubungsmitteln war[965].

Will man für einzelne Verhaltensweisen der Schwangeren bestimmen, welche Pflichten für sie tatsächlich bestehen könnten, muss man eine Abwägung vornehmen, bei der die Wahrscheinlichkeit, mit der die befürchtete Schädigung beim Kind eintreten wird, die Schwere des Schadens, falls er eintreten wird, und die Bedeutung der Interessen der Frau, also u. a. die Frage, welche Art von Verhalten sie aufgeben müsste bzw. welches Verhalten man von ihr verlangen würde, berücksichtigen müsste[966]. Bei manchen Gesundheitsrisiken ist das Schädigungspotential gut dokumentiert, etwa beim Substanzmittelmissbrauch, bei anderen Gesundheitsrisiken ist es weniger gewiss. Oft wird man ein Risiko erst ab einer gewissen Regelmäßigkeit des Verhaltens nachweisen können[967]. Die Abwägung wird also sehr komplex[968]. Bei der Aufspaltung von Schwangerer und Fötus als zwei sich gegenüberstehende Rechtsträger besteht schnell die Gefahr, dass man den Kontext, in dem die Frau die gesundheitsrelevanten Entscheidungen im Alltag – tagtäglich – trifft, ausblendet und einzelne Risiken überbewertet, während die Autonomieverluste für die Frau unterschätzt werden[969]. Auf Seiten der Frau macht es einen entscheidenden Unterschied, ob man von ihr eine nachhaltige Anpassung des Lebensstils – d. h. eine neunmonatige Umstellung ihrer Konsumgewohnheiten – oder die Vornahme einer punktuellen Handlung verlangt.

(1) Konsumver- oder -gebote

Bei Konsumverboten oder -geboten – also Rauch- und Alkoholverboten oder der Pflicht zur Einhaltung einer bestimmten Ernährung – besteht schon auf der Vollzugsebene das Problem, dass Schwangere nicht neun Monate lang gezwungen werden können, eine bestimmte Ernährung einzuhalten oder keinen Tabak oder Alkohol zu konsumieren[970]. In der US-amerikanischen Diskussion wird ernsthaft über eine Ingewahrsamnahme der Schwangeren nachgedacht; aber selbst dann könnte nur täglicher unmittelbarer Zwang die Einhaltung der Ge- bzw. Verbote sicherstellen, der in jedem Fall unzumutbar wäre[971]. Neben den Praktikabilitätserwägungen muss man außerdem berücksichtigen, welche Folgen eine Rechtspflicht auslösen könnte. Sie könnte von Dritten – bzw. dem Partner – missbraucht werden, um Druck

---

965 *Johnsen*, Hastings Cent Rep 1987, 33 (36).

966 *DeVille/Kopelman*, Obstet Gynecol Clin North Am 1998, 237 (243).

967 *Johnsen*, Hastings Cent Rep 1987, 33 (36).

968 *DeVille/Kopelman*, Obstet Gynecol Clin North Am 1998, 237 (245).

969 *Johnsen*, Yale L.J. 1986, 599 (613).

970 *Robertson/Schulman*, Hastings Cent Rep 1987, 23 (29 f.); *DeVille/Kopelman*, Obstet Gynecol Clin North Am 1998, 237 (248 f.).

971 Zu körperlich wirkendem Zwang vgl. *Murray*, The Future of Children 1991, 105 (109), der diesen in Einzelfällen für gerechtfertigt hält.

auf die Frau auszuüben[972], oder Schwangere vom Arztbesuch abhalten, weil sie bestimmte Arten von Zwang oder jedenfalls eine besondere Kontrolle wegen möglicher Pflichtverstöße zu erwarten hätten[973]. Für die ungeborenen Kinder könnte das weitreichendere gesundheitliche Folgen haben als das gesundheitsriskante Verhalten, das verboten wird.

Entscheidend ist jedoch, dass entsprechende Pflichten der Frau nachhaltige Veränderungen im Alltag abverlangten, ihre Autonomie somit jeden Tag aufs Neue übergangen würde. So mag für Frauen, die Trägerinnen eines bestimmten Gens sind, eine moralische Pflicht bestehen, über die gesamte Schwangerschaftszeit hinweg eine sehr strenge Diät einzuhalten (d. h. die Einhaltung eines sehr strikten Ernährungsplans, der hauptsächlich aus ungenießbarer, industriell hergestellter Spezialnahrung besteht), wenn dadurch eine geistige Behinderung beim Kind verhindert werden kann, die mit hoher Wahrscheinlichkeit ohne Einhaltung dieser Diät eintreten würde[974]. Auch für den exzessiven Konsum von Tabakwaren, Alkohol oder Betäubungsmittel – also den Suchtmittelmissbrauch – wird angenommen, dass es eine Pflicht der Schwangeren gibt, diesen Konsum zu unterlassen[975]. Gerade bei diesen Substanzen, bei denen das Schädigungspotential gut dokumentiert ist, besteht jedoch das Problem, dass wohl gerade dieser starke Konsum auf eine Sucht zurückzuführen sein wird, die möglicherweise auch durch das Umfeld gestützt wird: Konsumiert auch der werdende Vater die schädigenden Substanzen, erschwert dies der Frau, mit dem Konsum aufzuhören. Unter diesen Umständen von einer Schwangeren zu verlangen, nicht mehr zu rauchen, blendete den sozialen Kontext aus.

Diese Art der Risikovorsorge ist deswegen abzulehnen, und zwar nicht, weil es Schwierigkeiten beim Vollzug gibt, sondern weil die Autonomie der Frau übergangen wird[976]. Die Abwägung kann deswegen nur zu dem Ergebnis kommen, dass es bei einer moralischen Pflicht der Schwangeren bleibt, die Gesundheit ihres Ungeborenen zu schützen[977]. Gesetzliche Regelungen, die von der Schwangeren eine neunmonatige Umstellung ihres Lebensstils zugunsten des Ungeborenen verlangten, stellten einen ungerechtfertigten Eingriff in die Freiheitsrechte der Frau dar. Kritisch sind auch obligatorische Verbote des Arbeitsschutzes wie das für Schwangere de lege lata geltende Nachtarbeitsverbot (§ 5 I MuSchG) zu sehen[978].

---

972 *Johnsen*, Hastings Cent Rep 1987, 33 (37).

973 *Johnsen*, Hastings Cent Rep 1987, 33 (38); *DeVille/Kopelman*, Obstet Gynecol Clin North Am 1998, 237 (248).

974 Dazu *Robertson/Schulman*, Hastings Cent Rep 1987, 23 (25); hier geht es um die Stoffwechselstörung Phenylketonurie (PKU).

975 *DeVille/Kopelman*, Obstet Gynecol Clin North Am 1998, 237 (243).

976 *van den Daele*, KJ 1988, 16 (30); *Beckmann*, Ethik Med 2015, 331 (333).

977 So auch *Nelson*, Clinical Obstetrics and Gynecology 1992, 738; *Campbell/Fleischman*, Clinical Obstetrics and Gynecology 1992, 803 (808).

978 Kritisch für einen vergleichbaren Fall *Schmidt am Busch*, GewArch 2011, 1 (5).

(2) Punktuelle Pflichten

Der Eingriff in die Autonomie der Frau ist viel weniger intensiv, wenn er nur punktuell wirkt. So halten auch Stimmen, die gesetzliche Regelungen allein aus Praktikabilitätsgründen ablehnen, Zwang, der nur kurz wirkt und gleichzeitig einen großen potentiellen Schaden verhindert, ggf. für gerechtfertigt[979]. Hiermit sind in der US-amerikanischen Diskussion Konstellationen gemeint, in denen ein individualisierter Ansatz zum Tragen käme, so z.B. bei chirurgischen Eingriffen in besonderen, individuellen Gefährdungskonstellationen. Für die gesundheitliche Risikovorsorge kann man über verpflichtende Vorsorgeuntersuchungen für Schwangere sowie über eine Impfpflicht für Schwangere nachdenken, die die Übertragung eines Erregers verhüten soll, der Ungeborene schädigen kann, während er für die Frau eher ungefährlich ist, wie dies z.B. beim Zikavirus, bei Röteln und bei Windpocken der Fall ist.

Eine Impfpflicht zugunsten Dritter kann allgemein unter Berücksichtigung der Ansteckungsgefahr, der Gefährlichkeit der Krankheit und möglicher Nebenwirkungen der Impfung verfassungsrechtlich gerechtfertigt sein. Wenn man in solchen Fällen – wie z.B. im Falle von Masern – eine allgemeine Impfpflicht zum Schutze der Bevölkerung einführen darf, warum sollte dies für Schwangere bezogen auf ihre eigenen Kinder anders zu bewerten sein? Die moralische Pflicht, das eigene ungeborene Kind diesem Risiko nicht auszusetzen, ist schließlich stärker als die moralische Pflicht gegenüber fremden Dritten, diese nicht mit einer übertragbaren Krankheit anzustecken[980].

Berücksichtigt werden müsste der Zeitpunkt, in dem eine Impfung erfolgversprechend und für das Ungeborene unschädlich ist. So darf während der Schwangerschaft nicht mit Lebendimpfstoffen geimpft werden; die Impfung müsste deswegen vor der Schwangerschaft erfolgen. Das wiederum wirft die Frage auf, wer von einer Impfpflicht erfasst werden könnte: alle Frauen im gebärfähigen Alter? Hier besteht jedoch keine Pflicht mehr, die man auf die Eltern-Kind-Beziehung stützen könnte. Eine Impfpflicht käme deswegen nur in Betracht bei Impfstoffen, die auch in der Schwangerschaft verwendet werden dürfen.

Entscheidend ist jedoch auch in diesem Fall – neben weiteren Praktikabilitäts- und Unsicherheitserwägungen –, dass auch diese Ansätze der gesundheitlichen Risikovorsorge „die Lebenseinheit“ von Frau und Ungeborenem „normativ bedeutungslos“ machen und die Frau als Treuhänderin des Ungeborenen behandeln[981]. Der entscheidende Unterschied zur Situation nach der Geburt ist eben, dass bis zum Zeitpunkt der Geburt kein Kompromiss möglich ist wie ggf. nach der Geburt. Eingriffe

---

[979] *Robertson/Schulman*, Hastings Cent Rep 1987, 23 (30), sie gehen sogar von einer möglichen „Inhaftierung“ aus, halten aber chirurgische Eingriffe für unzulässig (25); aA *DeVille/Kopelman*, Obstet Gynecol Clin North Am 1998, 237 (249).

[980] Zu einer möglichen Impfpflicht gegen Röteln *Wilkinson/Skene/de Crespigny/Savulescu*, Bioethics 2016, 425 (430f.).

[981] *van den Daele*, KJ 1988, 16 (30).

zugunsten des Ungeborenen übergehen immer die Autonomie der Frau[982] und verletzten ihre Freiheitsrechte. Wenn man die biologischen Umstände ernst nimmt, muss man anerkennen, dass die Geburt – auch im Rechtssystem – eine entscheidende Zäsur darstellt[983], auch wenn das Ergebnis von einigen als unbefriedigend empfunden werden mag.

bb) Verletzung des Art. 3 III 1 GG

Fraglich ist außerdem, wie sich die diskutierten Verhaltensge- und -verbote mit dem Diskriminierungsverbot des Art. 3 III 1 GG in Einklang bringen ließen. Wenn man moralische Pflichten von Schwangeren damit begründet, dass sie bereits vor der Geburt Elternpflichten treffen, können die Pflichten von Schwangeren nur den Pflichten entsprechen, die Väter gegenüber ihren ungeborenen Kindern haben[984].

Konkretisiert könnte die Pflicht der Eltern etwa heißen, das ungeborene Kind keinen schädigenden Substanzen auszusetzen; der Vater dürfte dann keine Substanzen konsumieren bzw. ausatmen, die auf das Kind einwirken wie etwa Passivrauch. Diese Art der Pflicht ist aber von der Wirkung der Substanz auf das Ungeborene her nicht identisch, deswegen ist schon fraglich, ob es hier um die gleiche Pflicht von Müttern und Vätern geht. Den Mann trifft diese Pflicht außerdem immer nur punktuell in Anwesenheit der Schwangeren, die Frau neun Monate lang ununterbrochen. Vergleichbares gilt für Infektionskrankheiten: Man kann zwar die Pflicht neutral formulieren als Pflicht, das Ungeborene nicht mit einem Krankheitserreger zu infizieren, aber nach Beginn der Schwangerschaft ist eine solche Infizierung durch den Vater unmittelbar auf das Kind praktisch ausgeschlossen. Pflichten der gesundheitlichen Risikovorsorge zugunsten des Ungeborenen sind deswegen entweder schon unmittelbar diskriminierend, weil sie sich ausdrücklich an Schwangere richten, oder sie sind mittelbar diskriminierend, weil sie faktisch die werdenden Mütter viel stärker treffen als die werdenden Väter. Nun könnte man überlegen, diese Ungleichbehandlung mit den biologischen Unterschieden zwischen Männern und Frauen zu rechtfertigen. So ist es in der Rechtsprechung des BVerfG anerkannt, dass geschlechtsbezogene Differenzierungen gerechtfertigt sein können, „soweit sie zur Lösung von Problemen, die ihrer Natur nach entweder nur bei Männern oder bei Frauen auftreten können, zwingend erforderlich sind"[985]. Zu berücksichtigen ist jedoch gleichzeitig, dass mit dieser Begründung jahrhundertelang diskriminierende Regelungen für Frauen gerechtfertigt wurden[986], um dadurch wiederum die traditionelle Rollenverteilung aufrechtzuerhalten. Eine solche Benachteiligung von Frauen will

---

982 *Johnsen*, Yale L.J. 1986, 599 (613); *Beckmann*, Ethik Med 2015, 331 (333).

983 Dazu *Dreier*, ZRP 2002, 377 (378f.).

984 *Murray*, The Future of Children 1991, 105 (107f.). Zur möglichen diskriminierenden Wirkung von entsprechenden Regelungen *Johnsen*, Yale L.J. 1986, 599 (613, 620ff.); *dies.*, Hastings Cent Rep 1987, 33 (38); *DeVille/Kopelman*, Obstet Gynecol Clin North Am 1998, 237 (246f.).

985 BVerfGE 85, 191 (207ff.); 92, 91 (109); 114, 357 (364); BVerfG, NJW 2009, 661 (662).

986 *Johnsen*, Yale L.J. 1986, 599 (620ff.).

Art. 3 III 1 GG verhindern, der „gesellschaftliche Strukturen sozialer Ungleichheit" adressiert, „entlang derer Chancen, Ressourcen und Erfolge verteilt sind"[987]. Bei einem asymmetrischen-materialen Verständnis will er gerade die Privilegierung – in diesem Fall von Männern – beseitigen und kann dadurch auch positive Maßnahmen, die Benachteiligungen ausgleichen sollen, rechtfertigen[988]. Vor diesem Hintergrund spricht viel dafür, dass biologische Unterschiede nur als Rechtfertigung von Regelungen dienen dürfen, die den Schutz von Frauen bezwecken[989]. Dann wiederum kann es keine besonderen Verhaltensge- oder -verbote für Schwangere zum Schutz des Ungeborenen geben, wenn man die Vorgabe ernst nimmt, dass elterliche Pflichten für Mutter und Vater identisch sein müssen[990].

c) Gesundheitliche Risikovorsorge ohne Eingriffe

Möglicherweise vorhandene Extremfälle, auf die der Staat dann nicht reagieren kann, sind hinzunehmen[991]. Im Ergebnis bedeutet dies, dass sich die gesundheitliche Risikovorsorge auf Interventionen konzentrieren muss, die keine Eingriffe in die Rechte der Schwangeren darstellen. Der Staat sollte also vorrangig die sozialen Faktoren und insbesondere die Risiken angehen, die sich aus den sozioökonomischen Umständen ergeben. Über die Risiken, die der Konsum von Alkohol, Nikotin und Betäubungsmitteln während der Schwangerschaft darstellt, muss er aufklären[992]. Dies sollte aber nicht vorrangig über Ärztinnen geschehen[993], denn eine solche Aufklärung wäre als individualisierter Ansatz von der Nachfrage der einzelnen Schwangeren abhängig. Entscheidend ist es vielmehr, bereits im Vorfeld – also vor der Schwangerschaft – die Bevölkerung umfassend aufzuklären. Dazu gehört auch die Einführung eines Warnhinweises auf alkoholischen Getränken, z. B. in Form des in anderen Ländern üblichen Piktogramms, das eine durchgestrichene Schwangere zeigt.

Bei Risiken, die durch die bloße Einnahme von Nahrungsergänzungsmitteln wie Folsäure gesenkt werden können, liegt die Überlegung nahe, solche Mittel in den

---

987 *Baer/Markard*, in: v. Mangoldt/Klein/Starck, GG, Art. 3 Rn. 418. Höchst mittelbar – jedenfalls in diese Richtung – auch *Nußberger*, in: Sachs (Hrsg.), GG, Art. 3 Rn. 236, nach der Diskriminierungsverbote als flankierender Freiheitsschutz hinsichtlich besonders gefährdeter persönlicher Eigenschaften wirken; „gleiche Freiheit" (Rn. 275) gibt es nur, wenn Schwangere nicht schlechter gestellt werden als werdende Väter.

988 Zu diesem Verständnis des Art. 3 III GG *Baer/Markard*, in: v. Mangoldt/Klein/Starck, GG, Art. 3 Rn. 404, 409, 418, 422 f.

989 Praktisch übrig bleiben für diese Art von Rechtfertigung nur die Regelungen des Mutterschutzes (nur Mütter und nicht auch Väter erhalten für einen bestimmten Zeitraum vor und nach der Geburt bezahlte Beschäftigungsfreistellung, damit sich der Körper vor der Geburt schonen und nach der Geburt regenerieren kann) und die Regelung von Stillpausen am Arbeitsplatz (vgl. auch *Schmidt am Busch*, GewArch 2011, 1 [5]).

990 Ähnlich *Johnsen*, Yale L.J. 1986, 599 (625).

991 *van den Daele*, KJ 1988, 16 (30).

992 So auch *Johnsen*, Hastings Cent Rep 1987, 33 (39).

993 So aber wohl *Robertson/Schulman*, Hastings Cent Rep 1987, 23 (26).

Leistungskatalog der GKV aufzunehmen, und bereits vor der Schwangerschaft breit über entsprechende Risiken zu informieren. In manchen Ländern werden auch Mehl und/oder Salz mit Folsäure angereichert[994].

III. Querschnittsbetrachtung: gesundes Aufwachsen durch Verhältnisprävention am Beispiel der Adipositas

Es ist im Interesse von Kindern, ohne die gesundheitlichen Einschränkungen, die durch Adipositas entstehen, aufzuwachsen. Übergewichtige Kinder werden oft übergewichtige Erwachsene, dies gilt insbesondere im Falle von Adipositas. Adipösen Erwachsenen wiederum gelingt es selten, ihr Gewicht wieder unter die Grenze zu bringen, die nicht mehr als gesundheitsschädlich gilt. Das heißt, in dem Moment, in dem eine Person als autonom gilt und man von ihr eigenverantwortliche Entscheidungen verlangen kann, findet sie sich in einer Situation wieder, aus der sie – statistisch betrachtet – wahrscheinlich nicht mehr herauskommt. Das bedeutet, dass Adipositas bei Kindern diese in ihrem Recht auf eine offene Zukunft beeinträchtigt.

1. Risikoakteur Eltern

Daraus wird gefolgert, dass Eltern kein Recht haben, ihre Kinder in einer Weise aufzuziehen, die zu Adipositas führt[995]. Prinzipielle Einwände gegen staatliche Interventionen der Adipositasprävention, die in elterliche Rechte eingreifen, könnten nicht gemacht werden[996]. Einwände beziehen sich vielmehr darauf, dass Eltern nur in geringem Umfang verantwortlich gemacht werden können, wenn ihre Kinder adipös werden. Zwar lassen sich viele Ursachen von Adipositas im familiären Umfeld finden: Dazu gehören die Verfügbarkeit der Nahrungsmittel für die Kinder inklusive durch die Eltern vorgegebener Portionsgrößen, die Art bzw. Zusammensetzung der Nahrungsmittel, die von den Eltern vorgegeben werden, allgemein das Vorleben des Umgangs mit Nahrungsmitteln bzw. die Essgewohnheiten der Eltern (wozu auch die Vorgabe bestimmter Grundsätze wie „Der Teller wird immer leer gegessen." gehört) und der Stellenwert von Bewegung innerhalb der Familie. Inwiefern Eltern für die Entstehung von Adipositas bei ihren Kindern verantwortlich sind, ist auch abhängig vom Alter der Kinder. Bei Säuglingen und Kleinkindern, die nicht in eine Tagesein-

---

[994] Vgl. dazu die Nutzen-Risiko-Abwägung des Bundesinstituts für Risikobewertung (Stellungnahme Nr. 027/2017 v. 13.9.2017), das diese Maßnahme nicht empfiehlt. Eine Anreicherung von Nahrungsmitteln – ggf. sogar des Trinkwassers – wird auch für Fluorid diskutiert, das vor Karies schützen soll. Kritische Stimmen sehen in diesen Fällen eine „Zwangsmedikalisierung" der Bevölkerung. Ausführlich zur Diskussion *Rippe*, Bundesgesundheitsbl 2009, 543.

[995] *Giesinger*, Zeitschrift für praktische Philosophie 2015, 59. Vgl. auch – die Schlussfolgerung jedoch offenlassend – *Brosius-Gersdorf*, in: Dreier (Hrsg.), GG, Art. 6 Rn. 184.

[996] *Giesinger*, Zeitschrift für praktische Philosophie 2015, 59 (77).

richtung gehen, bestimmen die Eltern vollständig, was und wieviel die Kinder essen. Sie sind somit auf den ersten Blick alleinverantwortlich für die Entstehung von Übergewicht. Es muss aber berücksichtigt werden, dass die Eltern vielen externen Einflüssen ausgesetzt sind, wie Ratschlägen von Dritten, Werbung, der Zusammensetzung der Säuglingsnahrung und Beikost[997]. Je älter das Kind wird, desto mehr kann es mitentscheiden, was es isst, außerdem kommen jetzt Mahlzeiten in der Kita und der Schule hinzu, die dort vorgegeben werden, sowie Einflüsse der Peer Group und anderer Dritter, auch durch Werbung, der das Kind ausgesetzt ist. Auch in dieser Zeit sind die Eltern aber noch dafür verantwortlich, dass das Kind nicht adipös wird[998].

Entscheidend ist aber, dass der Lebensstil der Eltern von ihnen zu einem großen Teil durch die Gesundheitssozialisation im eigenen Elternhaus geerbt wurde, hier muss man also die „Ursachen der Ursachen" mitbedenken. Gleichzeitig wird die Zusammensetzung industriell gefertigter Nahrungsmittel durch die Lebensmittelindustrie bestimmt; gerade bei „highly processed foods" gibt es für die Konsumenten nur wenig Spielraum, eine gesunde Variante zu wählen; ob die Nährwertkennzeichnung auf der Verpackung verstanden wird, hängt von der Gesundheitskompetenz der Eltern ab, die in den Bevölkerungsgruppen, die statistisch gesehen häufiger adipös sind, niedriger ist. Nicht zuletzt werden Eltern durch die Vermarktung der Produkte beeinflusst.

Eltern sind also immer nur zum Teil die Ursache des Übergewichts der Kinder[999]. Man kann auch andersherum die Frage stellen, welche Strategien nachhaltig gegen Übergewicht bei Kindern helfen würden. Nicht verwehrt ist es dem Staat, die Gesundheitskompetenz der Eltern zu fördern, um dadurch allgemein die Verantwortungsübernahme der Eltern zu ermöglichen[1000]. Die Änderung einzelner Faktoren innerhalb der Familie (etwa Verkleinerung der Portionsgrößen bei Familienmahlzeiten) ist nicht unbedingt erfolgversprechend, wenn nicht gleichzeitig im restlichen Alltag (in der Schule, in der Kita) Veränderungen stattfinden[1001].

Aus der Public-Health-Perspektive stellt sich außerdem die Frage, mit welchen Instrumenten der Staat überhaupt in die Familie hineinregulieren könnte. Innerhalb der Familie müssten gesündere Mahlzeiten zubereitet, Essgewohnheiten geändert und das Freizeitverhalten angepasst werden. Unmittelbar darauf einwirken könnte der Staat von vornherein nur durch individualisierte Ansätze, also dem Einsatz familienrechtlicher Maßnahmen in Einzelfällen von adipösen Kindern. Hiervon wären wiederum eigene Interessen der Eltern und Interessen der Geschwister betroffen[1002], während gleichzeitig der nachhaltige Erfolg fraglich ist, solange das übrige Umfeld

---

997 *Holm*, Public Health Ethics 2008, 21 (24).
998 *Holm*, Public Health Ethics 2008, 21 (24).
999 *Holm*, Public Health Ethics 2008, 21 (23).
1000 *Schweiger*, in: Drerup/Schickhardt (Hrsg.), Kinderethik, S. 219 (226).
1001 *Holm*, Public Health Ethics 2008, 21 (24).
1002 *Giesinger*, Zeitschrift für praktische Philosophie 2015, 59 (80).

übergewichtsfördernd ist[1003]. Solche Interventionen wären deswegen wohl nicht geeignet, jedenfalls aber aufgrund des Eingriffs in die Rechte von Eltern und Geschwistern unangemessen und deswegen im Ergebnis nicht gerechtfertigt[1004], insbesondere solange der Staat nicht das übergewichtsfördernde Umfeld reguliert[1005], also beispielsweise mehr Bewegungsmöglichkeiten schafft, von ihm kontrollierte Settings gesundheitsförderlich ausgestaltet und auch ggf. Eltern ökonomisch besserstellt[1006]. Mit anderen Worten: Weil dem Staat der Einsatz individualisierter Maßnahmen innerhalb einzelner Familien verwehrt ist, ist er geradezu gezwungen, auf die bevölkerungsbezogene Perspektive zurückzugreifen und – neben der Förderung der Gesundheitskompetenz der Eltern – Maßnahmen der Verhältnisprävention einzusetzen. Dort, wo der Staat nicht in das Familienleben hineinregulieren darf oder will, kommen Maßnahmen gegenüber fremden Risikoakteuren und innerhalb vom Staat kontrollierten Settings in Betracht. Er kann also zum einen die Tätigkeit von Unternehmen, die gesundheitsriskante Produkte herstellen, regulieren und zum anderen in Kita und Schule die Gesundheit der Kinder fördern.

2. Risikoakteur Unternehmen

Der Ansatz gegenüber den Unternehmen entspricht dem Ansatz ihnen gegenüber bei der Regulierung der Lebensstilrisiken, der auf der Prämisse beruht, dass die Hersteller von Lebensmitteln, Tabakwaren und alkoholischen Getränken verantwortlich sind für die potentielle Gesundheitsschädlichkeit ihrer Produkte[1007]. Dies erlaubt es dem Staat, gestützt auf seine Schutzpflicht aus Art. 2 I iVm Art. 1 I GG die Einwirkung auf die Präferenzen von Kindern bzw. ihrer Eltern zu unterbinden und gestützt auf seine Schutzpflicht aus Art. 2 II 1 GG Vorgaben für die Zusammensetzung bestimmter Produkte zu machen.

a) Einschränkungen des Marketings

Die Möglichkeit, das Marketing für Tabakprodukte zu verbieten, wurde insbesondere mit der Gesundheitsschädlichkeit und dem Suchtpotential dieser Produkte begründet, die es rechtfertigen, jede Einwirkung auf die Präferenzen der Konsumenten zu unterbinden. Eine vergleichbare Schädlichkeit des Risikofaktors liegt bei ungesunden Lebensmitteln nicht vor. Bei volljährigen Konsumenten wäre deswegen ein Komplettverbot des Marketings nicht gerechtfertigt.

1003 *Holm*, Public Health Ethics 2008, 21 (26).

1004 Im Ergebnis auch *Holm*, Public Health Ethics 2008, 21 (26); *Giesinger*, Zeitschrift für praktische Philosophie 2015, 59 (80).

1005 *Holm*, Public Health Ethics 2008, 21 (26f.).

1006 Zu letzterem *Giesinger*, Zeitschrift für praktische Philosophie 2015, 59 (81); ausführlich auch *Schweiger*, in: Drerup/Schickhardt (Hrsg.), Kinderethik, S. 219 (226ff.).

1007 Vgl. oben 4. Teil, B. II. 3.

aa) Kinder als Adressaten

Bei Kindern sind jedoch wegen der großen Auswirkungen des Kindermarketings auf das Gewicht der Kinder starke Einschränkungen geboten[1008]. Dies bedeutet nicht, dass der Staat ein absolutes Marketingverbot für Kinderlebensmittel erlassen müsste oder dürfte. Aber insbesondere jüngere Kinder können Marketingbotschaften noch nicht richtig einordnen. Zu rechtfertigen wäre deswegen ein komplettes Verbot von Kindermarketing für Lebensmittel, die sich an jüngere Kinder (beispielsweise im Kita- und Grundschulalter) richten.

bb) Eltern als Adressaten

Kinderlebensmittel werden auch mit gesundheitsbezogenen Angaben beworben, die sich an die Eltern der Kinder richten. Hier kommt eine Regulierung solcher Angaben in Betracht, die irreführend sind. Hieraus rechtfertigen sich die Regelungen der HCVO, die sich auf die Kindergesundheit beziehen.

Auch die Vorgabe für Werbung für Säuglingsnahrung, dass diese nicht vom Stillen abhalten darf, fällt hierunter. Hier besteht allerdings die Besonderheit, dass Säuglingsanfangsnahrung nicht für ungesund gehalten wird, sondern dass das Stillen als die „natürliche Variante" als der Säuglingsnahrung gesundheitlich überlegen eingeordnet wird. Da dies – wenn auch für die Industriestaaten in geringem Umfang[1009] – auf wissenschaftlichen Erkenntnissen beruht, ist dies grundsätzlich zu rechtfertigen.

Wo die geltenden Vorschriften grundsätzlich ausreichen, aber von den Produzenten zulasten der Kindergesundheit überdehnt werden, muss der Staat reagieren. Ein Beispiel bietet die Regelung zur Kennzeichnung von Beikost: Beikost darf nach § 22b I Nr. 1 DiätV gewerbsmäßig nur in den Verkehr gebracht werden, wenn die Kennzeichnung nach Maßgabe des § 25 I Nr. 1 Angaben enthält, ab welchem „nach Vollendung des vierten Lebensmonats" liegenden Alter die Beikost verwendet werden darf. Auf Grundlage dieser Vorschrift kennzeichnen die meisten Hersteller industriell gefertigter Beikost die Gläschen so, dass der frühest mögliche Zeitpunkt, für den eine einzelne Zubereitung (etwa ein Obstgläschen) verwendet werden darf, mit „nach dem 4. Monat" angegeben wird, während Beikost für ältere Kinder mit der Angabe „ab dem 6. Monat", „ab dem 9. Monat" oder „ab dem 12. Monat" etc. gekennzeichnet wird. Für den Verbraucher scheinen bei flüchtiger Betrachtung zwischen den ersten

---

[1008] *Moodie/Swinburn/Richardson/Somaini*, International Journal of Pediatric Obesity 2006, 133 (137).

[1009] Bei Säuglingsanfangsnahrung besteht in Regionen, in denen kein verlässlicher Zugang zu keimfreiem (d. h. im Regelfall abgekochtem) Trinkwasser vorhanden ist, ein stark erhöhtes Gesundheitsrisiko für die Kinder. Deswegen wird in Entwicklungsländern das Stillen als die hygienischere Variante besonders – und in zeitlich größerem Umfang – empfohlen. Das Hygieneproblem besteht in Deutschland allerdings nicht, so dass der Vorteil der Muttermilch hauptsächlich in der Weitergabe von Antikörpern von der Mutter aufs Kind besteht. Das Stillen soll auch das Allergierisiko und das Adipositasrisiko beim Kind senken.

beiden Kennzeichnungen zwei Monate zu liegen, weil die Industrie den vorgeschriebenen Teil der Formulierung „nach Vollendung“ weglässt. Tatsächlich bedeutet in dem Framing der letzten drei Varianten die erste Variante „ab dem 5. Monat“. Im Ergebnis bedeutet dies, dass die Industrie absichtlich eine Kennzeichnung wählt, die dazu führen kann, dass Eltern bereits Kindern, die noch nicht den vierten Lebensmonat vollendet haben, Beikost anbieten, obwohl dies für diese Altersgruppe noch nicht empfohlen wird. Hier wird durch Manipulation auf die Präferenzen der Eltern eingewirkt. Diese Kennzeichnung ist somit nicht mit den Vorgaben des § 22b I Nr. 1 DiätV vereinbar.

b) Zusammensetzung von Kinderlebensmitteln

Wenn man einerseits unterstellt, dass die ersten 1000 Tage im Leben eines Kindes als besonders prägend gelten, was die Ernährung angeht, weil der Geschmack der in dieser Zeit konsumierten Lebensmittel den späteren Geschmack prägt, und andererseits der Zusatz von Zucker und Salz in industriell hergestellter Nahrung die Entstehung von Übergewicht begünstigt, ist es dem Staat erlaubt, die Zusammensetzung von Lebensmitteln, die sich an Kinder dieser Altersgruppe richten, besonders strikt zu regulieren. Einen Grund für die Zulassung von Zucker und Salz für diese Altersgruppe gibt es nicht. Für Babys und Kleinkinder sind Zucker und Salz in diesem Umfang schädlich und die Industrie kann kein Interesse geltend machen, das zu berücksichtigen wäre. Man kann vielmehr davon ausgehen, dass sie durch die Zugabe von Zucker und Salz mit Absicht auf die Geschmackspräferenzen der Kinder einwirkt, damit diese auch später industriell hergestellte Nahrung bevorzugen. Vor diesem Hintergrund kann man sogar von einer staatlichen Schutzpflicht des Staates ausgehen, in dieser Hinsicht tätig zu werden, und die Zugabe von Salz und Zucker bei den entsprechenden Lebensmitteln zu verbieten. Eine solche Regelung beträfe insbesondere die Beikost – also die sogenannte „Gläschenkost“ – und sogenannte „Kindermilch“, da es bislang nur Vorgaben für Säuglingsanfangsnahrung und Kindertees gibt. In elterliche Rechte würde nicht eingegriffen, da eine Regulierung industriell gefertigter Nahrung es den Eltern nicht verwehrt, selbst zucker- und salzhaltig für ihre Kinder zu kochen.

Will man hier nicht von einer staatlichen Schutzpflicht ausgehen, müssen Warnhinweise auf der Verpackung darauf hinweisen, dass das Lebensmittel Zucker und/oder Salz enthält, die für kleine Kinder – insbesondere vor Vollendung des ersten Lebensjahres – nicht empfohlen werden.

3. Gesundheitsförderliche Settings

Zuletzt bleibt dem Staat die Möglichkeit, durch Vorgaben für die Settings, die er kontrolliert – also Kitas und Schulen –, die Gesundheit der Kinder zu fördern. Damit ist nicht primär gemeint, dass das Setting und der dadurch ermöglichte „Zugriff" auf die Menschen im Setting genutzt wird, um die Durchführung verschiedener präventiver Maßnahmen zu erleichtern (etwa Reihenuntersuchungen, Impfungen oder Programme zur Sucht- und Gewaltvorbeugung), sondern dass das Setting selbst gesundheitsförderlich ausgestaltet wird[1010].

Ein Eingriff in das Elternrecht liegt bei der Beschränkung mancher Risikofaktoren in Kita und Schule von vornherein nicht vor. Durch eine rauchfreie Schule werden die elterliche Pflege und Erziehung nicht beeinträchtigt, insbesondere werden Eltern wohl eher selten ihre Kinder zu Rauchern etc. erziehen wollen. Soweit die Eltern selbst vom Rauchverbot oder dem Verbot des Konsums alkoholischer Getränke auf dem Schulgelände betroffen sind, können sie sich nicht auf Art. 6 II 1 GG berufen, weil diese Handlung nicht auf das Kind bezogen ist. Der Eingriff in ihre allgemeine Handlungsfreiheit aus Art. 2 I GG ist gerechtfertigt, weil die Eltern einen Risikofaktor für andere darstellen.

Vereinzelt wird davon ausgegangen, dass Gesundheitsförderung in Kitas einen Eingriff in 6 II 1 GG darstellen könnte, wenn sie nicht wenigstens prozedural mit den Erziehungsberechtigten abgestimmt worden sei[1011]. Fraglich bleibt jedoch, von welcher Art von Gesundheitsförderung hier ausgegangen werden kann. Wenn Erzieherinnen und Erzieher mit den Kindern das Zähneputzen üben oder gemeinsam mit ihnen gesund kochen, schränkt dies das Elternrecht nicht ein. Anders sähe es bei Maßnahmen der Primärprävention wie Reihenuntersuchungen und Impfungen aus, die in der Kita durchgeführt werden, wenn diese nicht von der Einwilligung der Eltern abhängig gemacht würden.

Schon eher können Interessen der Eltern betroffen sein, wenn die Auswahl des Essens in Schule und Kita von der Einrichtung vorgegeben wird. Soweit der Staat aber bloß eine Ernährung vorschreibt, die ausgewogen ist und z. B. den Standards der DGE folgt, ist der Eingriff in das Elternrecht aus Art. 6 II 1 GG nicht besonders intensiv (anders sähe das etwa aus, wenn ein vegetarischer oder gar veganer Speiseplan vorgeschrieben würde) und kann leicht gerechtfertigt werden. Das gleiche gilt für die Gesundheitserziehung in der Schule. Bei entsprechenden Unterrichtsinhalten ist entscheidend, wie sie begründet werden. Insbesondere so lange sich Gesundheitserziehung auf Befähigung und Aufklärung konzentriert und die Schülerinnen und Schüler in die Lage versetzen will, selbst über gesundheitsrelevante Dinge zu entscheiden, propagiert der Staat keine Vorstellungen eines „guten Lebens". Anders sähe es aus, wenn er gesundheitsriskantes Verhalten oder bestimmte Körperformen stigmatisierte oder andere Körperformen idealisierte. In Grenzfällen kann hier wieder die Abgrenzung von Pflege und Erziehung weiterhelfen: Je mehr die Inhalte aus sachlichen,

---

[1010] Zu den beiden unterschiedlichen Ansätzen, von denen nur der zweite den Settingansatz im engeren Sinne beschreibt, *Sahrai*, in: Bittlingmayer/Sahrai/Schnabel (Hrsg.), Normativität und Public Health, S. 235 (242 ff.).

[1011] *Klement*, in: Spiecker gen. Döhmann/Wallrabenstein (Hrsg.), Rechtswissenschaftliche Fragen an das neue Präventionsgesetz, S. 105 (140).

objektiv zutreffenden Informationen über gesundheitliche Fragen bestehen, desto weniger kann das Erziehungsrecht der Eltern berührt sein. Wenn also über die gesundheitlichen Risiken des Rauchens und des Alkohol- und Betäubungsmittelkonsums aufgeklärt wird, liegt ein Eingriff in das elterliche Erziehungsrecht fern. Das gleiche gilt für praktischen Unterricht, der anschaulich – etwa durch gemeinsames Kochen – die Grundbestandteile einer gesunden Ernährung vermittelt. Je mehr jedoch – nicht objektivierbare – Wertvorstellungen berührt werden, desto eher greift die Schule in die Sphäre über, die durch das Recht auf Erziehung gem. Art. 6 II 1 GG geschützt ist.

IV. Thesen zur Risikovorsorge bei der Förderung der Kindergesundheit

Gegenüber Eingriffen in das elterliche Erziehungsrecht zum Schutz der Kinder ist der Staat sehr zurückhaltend. Diese Zurückhaltung ist dort nicht angebracht, wo sie allein daraus resultiert, dass eine individuelle Kindeswohlgefährdung für staatliche Maßnahmen vorausgesetzt wird. Eine solche Sichtweise auf das grundrechtliche Eltern-Kind-Verhältnis führt zu einer Schieflage, in der die Rechte der Kinder nur in Extremfällen Berücksichtigung finden. Von dieser Auslegung muss sich die Rechtswissenschaft zum Schutz der Kinder verabschieden. Der Staat darf bereits vor der Schwelle einer Kindeswohlgefährdung zum Schutz der Gesundheit der Kinder tätig werden, da sonst nur ein Minimalstandard an Rechten der Kinder gesichert wäre. Er darf außerdem grundsätzlich flächendeckende Ansätze verfolgen, die nicht an die individuelle Situation einzelner Kinder anknüpfen.

Eine Stärkung der Kinderrechte kann im Rahmen von Art. 6 II 1 GG bereits durch eine konsequente Berücksichtigung der staatlichen Schutzpflicht zugunsten der Kinder erfolgen; einer Änderung des Grundgesetzes durch die Einfügung von Kinderrechten bedarf es dazu nicht[1012].

Anders stellt sich die Situation im Verhältnis Schwangere – Ungeborene dar. Auch wenn die Einflüsse des Verhaltens der Schwangeren auf die Gesundheit der Ungeborenen erheblich sind, verbieten es die Autonomie der Schwangeren und Art. 3 III 1 GG, Schwangeren bestimmte Verhaltensweisen vorzuschreiben.

Solange der Staat fast gar nicht auf gesundheitsrelevante Entscheidungen der Eltern reagiert und das Familienleben unangetastet lässt, ist es umso dringender geboten, auf die Verhältnisse außerhalb der Familie zu reagieren und externe Faktoren, die auf den Gesundheitszustand der Kinder einwirken, zu regulieren. Aber auch in diesem Bereich macht der Staat nur sehr wenige Vorgaben, insbesondere für die Le-

---

1012 Anders *Brosius-Gersdorf*, RdJB 2020, 14, die eine Verfassungsänderung befürwortet. Eine Aufnahme von Kindergrundrechten in die Verfassung könnte je nach Ausgestaltung die hier vertretene Auslegung fördern. Die in den letzten Jahren diskutierten Gesetzentwürfe zur Änderung der Verfassung allerdings wollen die bisherige Interpretation des Eltern-Kind-Verhältnisse gar nicht antasten (dazu *Brosius-Gersdorf*, RdJB 2020, 14 [14ff.]), was gegen ihre Umsetzung spricht.

bensmittelindustrie. Auch für die Gesundheit Ungeborener könnte der Staat noch mehr tun, ohne in die Grundrechte der Schwangeren einzugreifen.

Zusammenfassende Thesen

1. Das Recht der öffentlichen Gesundheit beschäftigt sich mit bevölkerungsbezogenen Maßnahmen zum Schutz und zur Förderung der Gesundheit der Bevölkerung. Soll es die Gesundheit der Bevölkerung auf einer statistischen Ebene steuern können, muss es die Erkenntnisse der Public-Health-Forschung berücksichtigen. Auf den Gesundheitsstatus der Bevölkerung wirken sowohl Verhaltensfaktoren (wie Essgewohnheiten und der Tabak- und Alkoholkonsum – also der Lebensstil) als auch Verhältnisfaktoren (wie der sozioökonomische Status und die hygienischen Bedingungen) ein; durch die Gesellschaft zieht sich ein sozialer Gesundheitsgradient, d.h. die unteren sozialen Schichten weisen einen niedrigeren Gesundheitsstatus auf als die höheren. Diese Erkenntnisse werden dem Staat durch die von ihm in Auftrag gegebene bzw. von ihm selbst durchgeführte Gesundheitsberichterstattung auf Bundes-, Landes- und kommunaler Ebene präsentiert.

2. Das Recht der öffentlichen Gesundheit braucht keinen eigenen Gesundheitsbegriff. Es ist nicht auf den negativen krankenversicherungsrechtlichen Gesundheitsbegriff begrenzt, sondern kann berücksichtigen, dass sich der Gesundheitszustand eines Menschen innerhalb eines großen Graubereichs zwischen zwei Polen verändern kann.

3. Da Einflüsse auf die Gesundheit oft nur auf statistischer Ebene nachgewiesen werden können und viele Kausalitäten nicht geklärt sind, entscheidet der Staat im Recht der öffentlichen Gesundheit unter Unsicherheit. Das Recht der öffentlichen Gesundheit gehört deswegen zum Risikoverwaltungsrecht; Krankheitsprävention und Gesundheitsförderung sind Maßnahmen der gesundheitlichen Risikovorsorge.

4. Die öffentliche Gesundheit ist kein kollektives Gut. Das schließt es jedoch nicht aus, in bestimmten Kontexten von kollektiven Gütern zu sprechen: etwa bei der Herstellung von Herdenimmunität im Infektionsschutzrecht oder bei Maßnahmen des Lärmschutzes und der Luftreinhaltung im Umweltrecht.

5. Dass ein Gesetz die Gesundheit von Menschen bevölkerungsbezogen steuert, zeigt sich daran, dass sein Ansatz entindividualisiert ist: Es schützt entweder die Gesundheit unbestimmter Dritter oder setzt nicht voraus, dass ein individueller Bedarf oder eine individuelle Gefährdung vorliegt. In diesem Sinne gehören zum Recht der öffentlichen Gesundheit das Infektionsschutzrecht, das Lebensmittelrecht, das Umweltrecht, das Arbeitsschutzrecht, das Glücksspielrecht, das Jugendschutzrecht und das Betäubungsmittelrecht. Das Sozialversicherungsrecht enthält auch präventive Komponenten, ihm es gelingt aber nur sehr eingeschränkt, einen bevölkerungswei-

ten Blickwinkel einzunehmen, nicht zuletzt weil Leistungen der GKV immer von der individuellen Nachfrage der Versicherten abhängen. Ein Gesundheitsfürsorgerecht, das Armuts- und Gesundheitsfragen miteinander verknüpft, gibt es nur noch in Ansätzen.

6. Dass viele Gesundheitsrisiken anhand von Rechtsgebietsgrenzen reguliert und Gesetze nicht am Ziel der Prävention einer bestimmten Krankheit ausgerichtet werden, ist der Ausgestaltung der Gesetzgebungskompetenzen geschuldet. Die fehlende Betrachtung von Armut und Gesundheit – und somit eine gewisse Blindheit für gesundheitliche Ungleichheiten – im Recht ergibt sich auch daraus, dass sich der Verfassung kein Auftrag entnehmen lässt, gesundheitliche Ungleichheiten in einem bestimmten Maße abzubauen. Allgemein sind innerhalb der politischen Debatte die Freiheitsrechte Dritter gegenüber staatlichen Pflichten zum Schutz der öffentlichen Gesundheit privilegiert, was sich grundrechtsdogmatisch erklären lässt: Es besteht eine Asymmetrie zwischen grundrechtlicher Schutzpflicht und den Abwehrrechten.

7. Die staatliche Pflicht zu Krankheitsprävention und Gesundheitsförderung ruht auf zwei verschiedenen verfassungsrechtlichen Säulen: Krankheitsprävention als abwehrender Ansatz kann gestützt werden auf die grundrechtlichen Schutzpflichten aus Art. 2 II 1 GG und Art. 2 I iVm Art. 1 I GG. Gesundheitsförderung als Ansatz, der strukturelle Rahmenbedingungen in Form der sozialen Risikovorsorge ändern will, hat seine Grundlage im Sozialstaatsprinzip des Art. 20 I GG iVm Art. 2 II 1 GG (Gesundheit als Teilhabe- und Autonomievoraussetzung) und Art. 20 I GG iVm Art. 2 I iVm Art. 1 I GG (Förderung der Autonomie und Teilhabe). Beide Säulen verpflichten den Staat dazu, bereits in Risikolagen tätig zu werden.

8. In beiden Fällen ist die staatliche Pflicht nachrangig gegenüber der Verantwortung der Einzelnen, selbst für ihre Gesundheit zu sorgen. Eigenverantwortung hat jedoch dort ihre Grenzen, wo multifaktorielle Zusammenhänge bestehen oder im Falle eines Marktversagens der Einzelne nichts ausrichten kann.

9. Die Pflicht des Staates besteht nur in Form der Sicherung eines Mindestschutzes, d.h. nur soweit, wie das Untermaßverbot und die Pflicht zur Gewährleistung eines gesundheitlichen Existenzminimums vom Staat ein Tätigwerden verlangen. Die Grenze, die das Untermaßverbot bei der abwehrenden Risikovorsorge zieht, wird nur dann unter Berücksichtigung der Grundrechte Dritter bestimmt, wenn Unsicherheiten über Kausalverläufe bestehen. Unabhängig ist die Grenze von Erwägungen der Sozialadäquanz. Das gesundheitliche Existenzminimum als unterste Grenze der sozialen Risikovorsorge drückt begrifflich aus, inwiefern der Staat bereits vor dem Eintreten individueller Bedürftigkeit die Mindestbedingungen eines gesunden Lebens gewährleisten muss. Es kann unterteilt werden in das physische Minimum zur Gewährleistung der Autonomie- und Teilhabevoraussetzung Gesundheit und das Teilhabeminimum, das wiederum aus dem Befähigungsminimum und dem soziokulturellen Existenzminimum besteht.

10. Geht der Staat über diesen Mindestschutz hinaus, darf er nicht ohne besondere Rechtfertigung in Freiheitsrechte Dritter eingreifen. Je kleiner die Unsicherheit über

die kausalen Zusammenhänge und je größer der befürchtete Schaden ist, desto eher sind solche Eingriffe zum Schutz der öffentlichen Gesundheit jedoch gerechtfertigt. Die Dritten müssen sich insbesondere dann Eingriffe in ihre Grundrechte gefallen lassen, wenn sie zu den Risikoakteuren gehören, d.h. wenn sie für das Gesundheitsrisiko verantwortlich gemacht werden können.

11. Verschiedenen verfassungsrechtlichen Grundsätzen und der Kompetenzverteilung zwischen Gesetzgeber und BVerfG lässt sich in einer Zusammenschau eine Pflicht zum Erlass evidenzbasierten Rechts entnehmen. Diese besteht aus der Pflicht zur Sachverhaltsaufklärung und der Pflicht zur Reduzierung der bestehenden Unsicherheit, einer Pflicht zur methodengerechten Erfassung der Wirklichkeit und einer Pflicht zur Anpassung der Gesetze an geänderte Umstände.

12. Zu Querschnittsüberlegungen zwingt den Gesetzgeber das Folgerichtigkeitsgebot. Dieses Gebot erscheint in verschiedenen Ausprägungen: Das Gebot zur konsequenten Zugrundelegung einer Risikoeinschätzung verpflichtet den Staat dazu, eine einmal vorgenommene Bewertung eines Risikofaktors konsequent in allen anderen Fällen zugrundezulegen, die den Umgang mit diesem Risikofaktor betreffen. Das Gebot folgerichtiger Konzeptverwirklichung zwingt den Staat dazu, ein Schutzkonzept so auszugestalten, dass sich nicht verschiedene Maßnahmen in ihren Wirkungen gegenseitig blockieren oder gar aufheben. Weniger stark wirkt das Gebot der abgestimmten Ausgestaltung von Regelungsstrukturen: Es wirkt darauf hin, dass der Staat selbstgesetzte (d.h. nicht durch die Verfassung vorgegebene) Leitprinzipien in einem bestimmten Bereich konsequent einhält, und dass er die Regelungsbereiche, die zum gesundheitlichen Existenzminimum gehören, aufeinander abstimmt.

13. Das Konzept des bevölkerungsbezogenen Schutzes der öffentlichen Gesundheit erlangt im Infektionsschutzrecht eine doppelte Bedeutung, wenn nicht nur die Bevölkerung geschützt wird – wie dies bei infektionsschutzrechtlichen Maßnahmen immer der Fall ist –, sondern statt eines punktuellen Ansatzes die Bevölkerung flächendeckend in Anspruch genommen wird. Dies geschah während der Corona-Epidemie z.B. durch Kontaktbeschränkungen, Abstandsgebote und Maskenpflichten. Weil dadurch nicht auf eine konkrete Infektionsgefahr reagiert wird, handelt es sich bei diesem Ansatz um Risikovorsorge, auf die das IfSG jedoch nicht ausgelegt ist. Der Staat ist verpflichtet, bei der Aufstellung seines Schutzkonzepts zur Eindämmung der Epidemie auf eine angemessene Verteilung der Belastung auf unterschiedliche Bevölkerungsgruppen zu achten. Das entsprechende Vorgehen erinnert eher an das Planungsrecht als an Einzelfallentscheidungen, so dass auch hinsichtlich der Maßstäbe der gerichtlichen Kontrolle umgedacht werden sollte.

14. Bei der Regulierung von Lebensstilrisiken ist der pauschale Vorwurf, dass hier paternalistisch in den Alltag der Menschen hineinreguliert werde, nicht gerechtfertigt, weil er nicht berücksichtigt, dass der Lebensstil durch soziale Umstände geprägt wird. Da die Industrie verschiedene Autonomiedefizite der Konsumierenden ausnutzt, ist sie bei wertender Betrachtung Risikoakteurin, die sich weitreichende Grundrechtseingriffe – wie Kennzeichnungspflichten, Warnhinweispflichten und

Marketingeinschränkungen – gefallen lassen muss. Die Pflicht zu sozialer Risikovorsorge verpflichtet den Staat dazu, Informationsdefizite bei den Konsumierenden abzubauen, externe Einwirkungen auf die Präferenzbildung zu unterbinden und bei internen Präferenzwidersprüchen die Wahl der bevorzugten Präferenz zu unterstützen.

15. Greift der Staat zum Schutz der Gesundheit der Kinder in das elterliche Erziehungsrecht aus Art. 6 II 1 GG ein, darf er dies bereits vor der Schwelle einer Kindeswohlgefährdung tun, da ihn die Schutzpflicht zugunsten der Gesundheit der Kinder zum Tätigwerden verpflichtet. Am weitesten reichen die Befugnisse dort, wo es um die Pflege und nicht die Erziehung der Kinder geht, weil hier am ehesten objektiv bestimmt werden kann, was im Interesse des Kindes ist. In der Sondersituation der Schwangerschaft ist der Staat hingegen nicht befugt, der Schwangeren Verhaltenspflichten zugunsten der Gesundheit des Ungeborenen aufzuerlegen. Sowohl für geborene Kinder als auch für Ungeborene gilt, dass der Staat insbesondere externe Faktoren, die auf den Gesundheitszustand der Kinder einwirken, regulieren muss.

Literaturverzeichnis

(Alle Internetquellen wurden zuletzt am 31.8.2022 abgerufen.)

van Aaken, Anne, Begrenzte Rationalität und Paternalismusgefahr: Das Prinzip des schonendsten Paternalismus, in: Anderheiden, Michael/Bürkli, Peter/Heinig, Hans M./Kirste, Stephan/Seelmann, Kurt (Hrsg.), Paternalismus und Recht, Tübingen 2006, S. 109–144.

–, Judge the Nudge: In Search of the Legal Limits of Paternalistic Nudging in the EU, Working Paper No. 2015-01, 2015.

–, Constitutional Limits to Paternalistic Nudging: A Proportionality Assessment, in: Kemmerer, Alexandra/Möllers, Christoph/Steinbeis, Maximilian/Wagner, Gerhard (Hrsg.), Choice Architecture in Democracies. Exploring the Legitimacy of Nudging, Baden-Baden 2016, S. 161–195.

Abendroth, Wolfgang, Das Abtreibungsurteil des Bundesverfassungsgerichts, KJ 1975, 121–128.

Achilles, Nastasia, Vom Homo Oeconomicus zum Differenzierten Verbraucher. Analyse von Begriff, Entwicklung und neuen Herausforderungen des verbrauchervertragsrechtlichen Leitbildes auf EU-Ebene, Baden-Baden 2020.

Adams, Michael, Jugendschutz durch Lenkungsabgaben, German Working Papers in Law and Economics, Vol. 2008, Paper 15.

Adams, Michael/Bornhäuser, Annette/Pötschke-Langer, Martina/Grunewald, Barbara, Die Haftung der Zigarettenhersteller für durch Rauchen verursachte Gesundheitsschäden, NJW 2004, 3657–3662.

Ahrens, Hans-Jürgen, Benetton und Busengrapscher – ein Test für die wettbewerbsrechtliche Sittenwidrigkeitsklausel und die Meinungsfreiheit, JZ 1995, 1096–1102.

Albrecht-Sonnenschein, Ulrike/Wölfling, Klaus/Grüsser-Sinopoli, Sabine, § 32: Glücksspielsucht: Diagnostische und klinische Aspekte, in: Gebhardt, Ihno/Korte, Stefan (Hrsg.), Glücksspiel. Ökonomie, Recht, Sucht, 2. Aufl., Berlin 2018.

Alemanno, Alberto, Nudging Smokers. The Behavioural Turn of Tobacco Risk Regulation, EJRR 2012, 32–42.

Alemanno, Alberto/Garde, Amandine, Regulating lifestyles. Europe, tobacco, alcohol and unhealthy Diets, in: dies. (Hrsg.), Regulating Lifestyle Risks. The EU, Alcohol, Tobacco and Unhealthy Diets, Cambridge 2015, S. 1–19.

Alexy, Robert, Theorie der Grundrechte, Baden-Baden 1985.

–, Fortwirkungen nationalsozialistischer Denkweisen in Rechtslehre und Rechtsprechung nach 1945?, in: Säcker, Franz-Jürgen (Hrsg.), Recht und Rechtslehre im Nationalsozialismus, Baden-Baden 1992, S. 219–226.

–, Zur Struktur der Grundrechte auf Schutz, in: Sieckmann, Jan-Reinard (Hrsg.), Die Prinzipientheorie der Grundrechte: Studien zur Grundrechtstheorie Robert Alexys, Baden-Baden 2007, S. 105–121.

Altgeld, Thomas/Kolip, Petra, Konzepte und Strategien der Gesundheitsförderung, in: Hurrelmann, Klaus/Richter, Matthias/Klotz, Theodor/Stock, Stephanie (Hrsg.), Referenzwerk Prävention und Gesundheitsförderung. Grundlagen, Konzepte und Umsetzungsstrategien, 5. Aufl., Bern 2018, S. 57–72.

American Public Health Association, The Precautionary Principle and Children's Health, Policy Statement No. 200011, 2000.

Amhaouach, Lamia/Huster, Stefan, Gleiche Unfreiheit?, Verfassungsblog v. 31.12.2020 (https://verfassungsblog.de/gleiche-unfreiheit/).

Amhaouach, Lamia/Kießling, Andrea, Die Steigerung der Masernimpfraten von Kindern – Möglichkeiten und Grenzen des Rechts, MedR 2019, 853–861.

Amhaouach, Lamia/Kießling, Andrea, Die einrichtungsbezogene Impfpflicht – eine Bilanz nach sechs Monaten, NJW 2022, 2798–2803.

Anderheiden, Michael, Gemeinwohlförderung durch die Bereitstellung öffentlicher Güter, in: Brugger, Winfried/Kirste, Stephan/Anderheiden, Michael (Hrsg.), Gemeinwohl in Deutschland, Europa und der Welt, Baden-Baden 2002, S. 391–450.

–, Gemeinwohl in Republik und Union, Tübingen 2006.

Angele, Sybille, Die Entwicklung von Gesundheitszielen in Deutschland, Bundesgesundheitsbl 2003, 109–113.

Anomaly, Jonny, Public Health and Public Goods, Public Health Ethics 2011, 251–259.

–, Is Obesity a Public Health Problem?, Public Health Ethics 2012, 216–221.

Antweiler, Clemens, Betriebsuntersagung durch Covid-19-Rechtsverordnungen: Eigentumseingriff und Entschädigung, NVwZ 2020, 584–589.

Appel, Ivo, Europas Sorge um die Vorsorge. Zur Mitteilung der Europäischen Kommission über die Anwendbarkeit des Vorsorgeprinzips, NVwZ 2001, 395–398.

von Arnauld, Andreas, Das Existenzminimum, in: ders./Musil, Andreas (Hrsg.), Strukturfragen des Sozialverfassungsrechts, Tübingen 2009, S. 251–307.

Arzt, Clemens, Rezension zu *Andrea Kießling* (Hrsg.), Infektionsschutzgesetz: IfSG – Kommentar. C.H. Beck Verlag, München 2020, DÖV 2021, 262–265.

Augsberg, Ino, Informationsverwaltungsrecht. Zur kognitiven Dimension der rechtlichen Steuerung von Verwaltungsentscheidungen, Tübingen 2014.

Augsberg, Ino/Augsberg, Steffen, Prognostische Elemente in der Rechtsprechung des Bundesverfassungsgerichts, VerwArch 98 (2007), 290–316.

Awofeso, Niyi, What's New About the "New Public Health"?, Am J Public Health 2004, 705–709.

Axer, Peter, Soziale Gleichheit – Voraussetzung oder Aufgabe der Verfassung?, VVDStRL 68 (2009), S. 177–218.

–, Das Grundrecht auf Gewährleistung eines menschenwürdigen Existenzminimums und die Sicherung sozialer Grundrechtsvoraussetzungen, in: Anderheiden, Michael/Keil, Rainer/Kirste, Stephan (Hrsg.), Verfassungsvoraussetzungen, GS-Brugger, Tübingen 2013, S. 335–353.

–, Finanzlast für Primärprävention: Beitragsfinanzierung und ihre Grenzen, in: Spiecker gen. Döhmann, Indra/Wallrabenstein, Astrid (Hrsg.), Rechtswissenschaftliche Fragen an das neue Präventionsgesetz, Frankfurt a. M. 2016, S. 43–60.

Ayaz, Wolfgang, Bismarck und der Arbeiterschutz. Otto von Bismarcks Ablehnung des gesetzlichen Arbeiterschutzes – eine Analyse der Dimensionen und Hintergründe, Vierteljahrschrift für Sozial- und Wirtschaftsgeschichte 2002, 400–426.

Bäcker, Matthias, Anm. zu BVerfG, Urt. v. 30.7.2008, DVBl 2008, 1180–1184.

Bader, Johann, Verfassungsrechtliche Probleme der Kindergartenbesuchspflicht und vorschulischen Sprachförderung, NVwZ 2007, 537–543.

Badura, Bernhard, Soziale Risiken und Techniken ihrer Absicherung, SDSRV 33 (1990), 11–26.

Badura, Peter, Der Sozialstaat, DÖV 1989, 491–499.

Hau, Wolfgang/Poseck, Roman (Hrsg.), Beck'scher Online-Kommentar BGB, 62. Edition, München 2022 (zitiert: *Bearbeiter*in*, in: BeckOK-BGB).

Banafsche, Minou, Zielsetzungen und Instrumente der Prävention im Sozialrecht, in: Brockmann, Judith (Hrsg.), Prävention an der Schnittstelle von Arbeits- und Sozialrecht, Münster 2014, S. 7–32.

–, Die Friedensfunktion sozialstaatlicher Gewährleistungen, DÖV 2016, 200–212.

Banse, Gerhard/Bechmann, Gotthard, Interdisziplinäre Risikoforschung, Opladen/Wiesbaden 1998.

Banz, Markus/Becker, Tilman, Glücksspielsucht in Deutschland: Häufigkeit und Bedeutung bei den einzelnen Glücksspielformen, ZfWG 2019, 212–223.

Barzak, Tristan, Das Gesundheitsideal als Werbeversprechen, Baden-Baden 2012.

–, Staatliche Gesundheitssteuerung zwischen Nachtwächterstaat und Nanny-State. Grundsatzfragen der Rechtsfindung und Rechtsetzung in einem ethischen und rechtlichen Graubereich, in: Ach, Johann S. (Hrsg.), Grenzen der Selbstbestimmung in der Medizin, Münster 2013, S. 65–137.

–, Der nervöse Staat. Ausnahmezustand und Resilienz des Rechts in der Sicherheitsgesellschaft, 2. Aufl., Tübingen 2021.

Barton, Adrien, How Tobacco Health Warnings Can Foster Autonomy, Public Health Ethics 2013, 207–219.

Barton, Adrien/Grüne-Yanoff, Till, From Libertarian Paternalism to Nudging – and Beyond, Review of Philosophy and Psychology 2015, 341–359.

Bayer, Ronald, Stigma and the ethics of public health: Not can we but should we, SOC. SCI. & MED. 2008, 463–472.

Beaucamp, Guy, Möglichkeiten und Grenzen des Grundsatzes der Chancengleichheit im Bildungsrecht, DVBl 2014, 1364–1368.

Beckmann, Jan P., Kommentar II zum Fall: „Verpflichtungen einer werdenden Mutter und der betreuenden Ärztin? Zwischen Selbstbestimmung der Schwangeren und Wohl des Nasciturus", Ethik Med 2015, 331–333.

Becker, Peter, Prävention in der gesetzlichen Unfallversicherung, BPUVZ 2012, 82–87.

Becker, Ulrich, Das Recht auf Gesundheitsleistungen, in: Manssen, Gerrit/Jachmann, Monika/Gröpl, Christoph, Nach geltendem Verfassungsrecht: Festschrift für Udo Steiner, Stuttgart, München, Hannover, Berlin, Weimar, Dresden 2009, S. 50–76 (zitiert: *Becker*, in: FS-Steiner).

Becker, Ulrich/Kingreen, Thorsten, SGB V. Gesetzliche Krankenversicherung, 8. Aufl., München 2022 (zitiert: *Bearbeiter*in*, in: Becker/Kingreen [Hrsg.], SGB V).

Belling, Detlev W./Herold, Antje/Kneis, Marek, Die Wirkung der Grundrechte und Grundfreiheiten zwischen Privaten, in: Attila, Bado/Belling, Detlev W., Rechtsentwicklungen aus europäischer Perspektive im 21. Jahrhundert, Potsdam 2014, S. 53–112.

Bender, Bernd, Gefahrenabwehr und Risikovorsorge als Gegenstand nukleartechnischen Sicherheitsrechts, NJW 1979, 1425–1433.

Benert, Miriam/Reeckmann, Martin, Der Diskussionsstand zum Glücksspielbegriff im bundesdeutschen Recht, ZfWG 2013, 23–31.

Benforado, Adam/Hanson, Jon/Yosifon, David, Broken scales: Obesity and justice in America, 53 Emory L.J. 2004, 1645–1806.

Benton, David, The plausibility of sugar addiction and its role in obesity and eating disorders, Clinical Nutrition 29 (2010), 288–303.

Berchtold, Josef/Huster, Stefan/Rehborn, Martin (Hrsg.), Gesundheitsrecht, 2. Aufl., Baden-Baden 2018 (zitiert: *Bearbeiter*in*, in: Berchtold/Huster/Rehborn [Hrsg.]).

Berlit, Uwe, Paukenschlag Kompromisscharakter – zum SGB II – Regelleistungsurteil des Bundesverfassungsgerichts vom 9. Februar 2010, KJ 2010, 145–162.

Bester, Johan Christiaan, Ethical concerns in the debate about pediatric vaccinations, with special reference to MMR (Mumps, Measles and Rubella), Diss. Stellenbosch University 2016.

Beul, Madeleine, Nudging: Das Konzept eines liberal paternalism. Neue Perspektive für das deutsche Gesundheitsrecht?, KritV 2019, 39–56.

Beulke, Werner/Schröder, Svenja, Anm. zu BGH, Beschluss vom 25.09.1990, 4 StR 359/90, NStZ 1991, 393–395.

Bickenbach, Christian, Die Einschätzungsprärogative des Gesetzgebers, Tübingen 2014.

–, Aus Karlsruhe nichts Neues! Die Einschätzungsprärogativen des (Glücksspiel-) Gesetzgebers, ZfWG Sonderbeilage 2/2017, 11–17.

–, Rückschaufehler in der Gesetzgebung als verfassungsgerichtliche Herausforderung, RW 2019, 243–261.

Bieback, Karl-Jürgen, Sozialstaatsprinzip und Grundrechte, EuGRZ 1985, 657–669.

–, Beobachtungs- und Evaluationsaufträge an den Gesetzgeber in der Rechtsprechung des Bundesverfassungsgerichts, ZfRSoz 2018, 42–59.

Binder-Fritz, Christine/Rieder, Anita, Zur Verflechtung von Geschlecht, sozioökonomischem Status und Ethnizität im Kontext von Gesundheit und Migration, Bundesgesundheitsbl 2014, 1031–1037.

Bioethik-Kommission Rheinland-Pfalz, Gesundheit und Gerechtigkeit. Ethische, soziale und rechtliche Herausforderungen, 2010.

Birk, Dieter, Das Leistungsfähigkeitsprinzip als Maßstab der Steuernormen, Köln 1983.

Bloche, Maxwell Gregg, Obesity and the Struggle Within Ourselves, The Georgetown LJ 93 (2005), 1335–1359.

Blümel, Stephan, Systemisches Anforderungs-Ressourcen-Modell in der Gesundheitsförderung, in: BZgA, Leitbegriffe der Gesundheitsförderung, doi:10.17623/BZGA:224-i121-2.0.

Böckenförde, Ernst-Wolfgang, Elternrecht – Recht des Kindes – Recht des Staates, in: Essener Gespräche zum Thema Staat und Kirche 14, Münster 1980, S. 54–93.

Bockholdt, Frank, Gesundheitsspezifische Bedarfe von gesetzlich krankenversicherten Leistungsempfängern nach dem SGB II, NZS 2016, 881–888.

–, § 11 Vertragsarztrecht und ambulante ärztliche Leistungen, in: Schlegel, Rainer/Meßling, Miriam/Bockholdt, Frank (Hrsg.), COVID-19. Corona-Gesetzgebung – Gesundheit und Soziales, 1. Aufl., München 2020.

–, § 14 Testung und Impfung, in: Schlegel, Rainer/Meßling, Miriam/Bockholdt, Frank (Hrsg.), COVID-19. Corona-Gesetzgebung – Gesundheit und Soziales, 2. Aufl., München 2021.

Bock-Pünder, Stephanie, Rechtanspruch auf Besuch eines Kindergartens. Voraussetzungen daseinsvorsorgender Verwaltung im sozialen Rechtsstaat, Berlin 1998.

Boehme-Neßler, Volker, Corona-Pass und Grundgesetz. Menschenwürde und Demokratie-Grundsatz als verfassungsrechtlicher Maßstab eines Immunitätsausweises, NVwZ 2020, 1570–1574.

–, Anm. zu BVerfG, Beschl. v. 19.11.2021 – 1 BvR 781/21 u. a., NVwZ-Beilage 2022, 34–35.

Bongartz, Matthias/Schröer-Schallenberg, Sabine, Verbrauchsteuerrecht, 3. Aufl., München 2018.

Bönig, Jürgen, Zur Geschichte der Kinderarbeit in Deutschland und Europa, APuZ 43/2012, 3–9.

Bora, Alfons, Einleitung: Mehr Optionen und gesteigertes Risiko – Zur Stellung des Rechts in der Risikogesellschaft, in: ders. (Hrsg.), Rechtliches Risikomanagement. Form, Funktion und Leistungsfähigkeit des Rechts in der Risikogesellschaft, Berlin 1999, S. 9–28.

Borowski, Martin, Grundrechte als Prinzipien, 3. Aufl., Baden-Baden 2018.

Brand, Tilman/Kleer, Daniela/Samkange-Zeeb, Florence/Zeeb, Hajo, Prävention bei Menschen mit Migrationshintergrund. Teilnahme, migrationssensible Strategien und Angebotscharakteristika, Bundesgesundheitsbl 2015, 584–592.

Brandenburg, Stephan, Prävention und Rehabilitation: Anspruch und Wirklichkeit in der Praxis der Gesetzlichen Unfallversicherung, SDSRV 63 (2013), 77–92.

Breckenkamp, Jürgen, Was ist Public Health?, in: Gerhardus, Ansgar/Breckenkamp, Jürgen/Razum, Oliver/Schmacke, Norbert/Wenzel, Helmut (Hrsg.), Evidence-based Public Health, Bern 2010, S. 13–16.

Breuer, Rüdiger, Anlagensicherheit und Störfälle. Vergleichende Risikobewertung im Atom- und Immissionsschutzrecht, NVwZ 1990, 211–222.

Breyer, Friedrich/Zweifel, Peter/Kifmann, Mathias, Gesundheitsökonomik, 6. Aufl., Berlin, Heidelberg 2013.

Britz, Gabriele, Kulturelle Rechte und Verfassung, Tübingen 2000.

–, Freie Entfaltung durch Selbstdarstellung, Tübingen 2007.

–, Das Grundrecht des Kindes auf staatliche Gewährleistung elterlicher Pflege und Erziehung – jüngere Rechtsprechung des Bundesverfassungsgerichts, JZ 2014, 1069–1074.

Brocker, Lars, Exekutive versus parlamentarische Normsetzung in der Corona-Pandemie. Sind verordnungsvertretende Gesetze nach Art. 80 IV GG geeignet, den Parlamentsvorbehalt in der Krise zu gewährleisten?, NVwZ 2020, 1485–1488.

Brosius-Gersdorf, Frauke, Kinderrechte ins Grundgesetz? Zur Erforderlichkeit einer Neujustierung des grundgesetzlichen Dreiecks aus Kinderrechten, Elternrecht und Staatsaufsicht statt symbolischer Verfassungsänderung, RdJB 2020, 14–30.

Brownson, Ross C./Chriqui, Jamie F./Stamatakis, Katherine A., Understanding Evidence-Based Public Health Policy, American Journal of Public Health 2009, 1576–1583.

Brownson, Ross C./Fielding, Jonathan E./Maylahn, Christopher M., Evidence-based Public Health: A Fundamental Concept for Public Health Practice, Annu. Rev. Public Health 2009, 175–201.

Brückner, Joachim-Daniel, Folgerichtige Gesetzgebung im Steuerrecht und Öffentlichen Wirtschaftsrecht. Verfassungsrechtliche Grundlagen der Forderungen nach Folgerichtigkeit in der Rechtsprechung des Bundesverfassungsgerichts, Tübingen 2014.

Brüggemann, Lennart, Die Regulierung von Sportwetten in Gegenwart und Zukunft, ZfWG 2020, 204–210.

Bruggmann, Thomas, Neun Jahre Health-Claims-Verordnung – kein Ende der Kinderkrankheiten in Sicht, LMuR 2015, 73–77.

Brüning, Christoph, Möglichkeiten einer unionsrechtlichen Regulierung des Glücksspiels im europäischen Binnenmarkt, NVwZ 2013, 23–28.

Brüning, Christoph/Thomsen, Frederik, Das Online-Glücksspiel nach dem Glücksspiel-Staatsvertrag 2021. Ein Überblick über Regelungen, Systematik und offene Fragen, NVwZ 2021, 11–15.

Buchner, Benedikt, Evidence-Based Public Health aus juristischer Perspektive, in: Gerhardus, Ansgar/Breckenkamp, Jürgen/Razum, Oliver/Schmacke, Norbert/Wenzel, Helmut (Hrsg.), Evidence-based Public Health, Bern 2010, S. 111–117.

Bude, Heinz/Lantermann, Ernst-Dieter, Soziale Exklusion und Exklusionsempfinden, KZfSS 2006, 233–252.

Bulla, Simon, Das Verfassungsprinzip der Folgerichtigkeit und seine Auswirkungen auf die Grundrechtsdogmatik. Zugleich eine Besprechung der Nichtraucherschutz-Entscheidung des BVerfG vom 30.7.2008, ZJS 2008, 585–596.

Bumke, Christian, Die Pflicht zur konsistenten Gesetzgebung. Am Beispiel des Ausschlusses der privaten Vermittlung staatlicher Lotterien und ihrer bundesverfassungsgerichtlichen Kontrolle, Der Staat 49 (2010), 77–105.

–, Autonomie im Recht, in: ders./Röthel, Anne (Hrsg.), Autonomie im Recht. Gegenwartsdebatten über einen rechtlichen Grundbegriff, Tübingen 2017, S. 3–44.

Burgi, Martin, Der Umgang mit krebserzeugenden Gefahrstoffen im Schnittpunkt von Umwelt-, technischem und sozialem Arbeitsschutzrecht, NVwZ 1993, 954–956.

–, § 109 Elterliches Erziehungsrecht, in: Merten, Detlef/Papier, Hans-Jürgen (Hrsg.), Handbuch der Grundrechte in Deutschland und Europa, Band IV, Heidelberg 2011.

Burris, Scott, Stigma, ethics and policy: A commentary on Bayer's „Stigma and the ethics of public health: Not can we but should we", SOC. SCI. & MED 2008, 473–475.

Burzan, Nicole, Soziale Ungleichheit. Eine Einführung in die zentralen Theorien, 4. Aufl., Wiesbaden 2011.

Busemeyer, Marius R., Bildung als Sozialpolitik? Der Sozialinvestitionsstaat im 21. Jahrhundert, in: Masuch, Peter/Spellbrink, Wolfgang/Becker, Ulrich/Leibfried, Stephan (Hrsg.), Denkschrift 60 Jahre BSG, Band 1, Berlin 2014, S. 631–649 (zitiert: *Busemeyer,* in: Denkschrift 60 Jahre BSG, Band 1).

Butterwegge, Christoph, Krise und Zukunft des Sozialstaates, 5. Aufl., Heidelberg, Berlin 2014.

Butzer, Hermann, Fremdlasten in der Sozialversicherung. Zugleich ein Beitrag zu den verfassungsrechtlichen Vorgaben für die Sozialversicherung, Tübingen 2001.

Buxbaum, Jason D./Chernew, Michael E./Fendrick, A. Mark/Cutler, David M., Contributions Of Public Health, Pharmaceuticals, And Other Medical Care To US Life Expectancy Changes, 1990–2015, Health Affairs 39 (2020), 1546–1556.

Buyx, Alena M., Eigenverantwortung als Verteilungskriterium im Gesundheitswesen – Theoretische Grundlagen und praktische Umsetzung, in: Rauprich, Oliver/Marckmann, Georg/Vollmann, Jochen (Hrsg.), Gleichheit und Gerechtigkeit in der modernen Medizin, Paderborn 2005, S. 299–334.

–, Wie gleich kann Gesundheit sein? Ethische und gerechtigkeitstheoretische Aspekte gesundheitlicher Ungleichheiten, Gesundheitswesen 2010, 48–53.

–, Können, sollen, müssen? Public Health-Politik und libertärer Paternalismus, Ethik Med 22 (2010), 221–234.

–, Eigenverantwortung als Kriterium der Prioritätensetzung in Medizinsystem und Public Health, in: Strech, Daniel/Marckmann, Georg (Hrsg.), Public Health Ethik, Berlin 2010, S. 129–153.

BZgA (Bundeszentrale für gesundheitliche Aufklärung), Schulische Gesundheitserziehung und Gesundheitsförderung, Köln 2000.

Cairney, Paul/Oliver, Kathryn, Evidence-based policymaking is not like evidence-based medicine, so how far should you go to bridge the divide between evidence and policy? Health Research Policy and Systems 2017, Artikel-Nr. 35.

Calliess, Christian, Rechtsstaat und Umweltstaat – zugleich ein Beitrag zur Grundrechtsdogmatik im Rahmen mehrpoliger Verfassungsrechtsverhältnisse, Tübingen 2001.

–, § 44 Schutzpflichten, in: Merten, Detlef/Papier, Hand-Jürgen (Hrsg.), Handbuch Grundrechte, Band II, Heidelberg 2006.

–, Die grundrechtliche Schutzpflicht im mehrpoligen Verfassungsrechtsverhältnis, JZ 2006, 321–330.

Calliess, Christian/Ruffert, Matthias (Hrsg.), EUV/AEUV mit Europäischer Grundrechtecharta, Kommentar, 6. Aufl., München 2022 (zitiert: *Bearbeiter*in*, in: Calliess/Ruffert [Hrsg.], EUV/AEUV).

Campbell, Deborah E./Fleischman, Alan R., Ethical Challenges in Medical Care for the Pregnant Substance Abuser, Clinical Obstetrics and Gynecology 1992, 803–812.

Cansier, Dieter, Gefahrenabwehr und Risikovorsorge im Umweltschutz und der Spielraum für ökonomische Instrumente, NVwZ 1994, 642–647.

Chandra, Amitabh/Vogel, Tom S., Rising up with shoe leather? A comment on Fair Society, Healthy Lives (The Marmot Review), Social Science & Medicine 71 (2010), 1227–1230.

Chapman, Simon, Benefits and risks in ending regulatory exceptionalism for tobacco, Tobacco Control 2008, 73–74.

Coester, Michael, Kinderschutz. Übersicht zu den typischen Gefährdungslagen und aktuellen Problemen, FPR 2009, 549–552.

–, Embryoschutz in utero, in: Hilbig-Lugani, Katharina/Jakob, Dominique/Mäsch, Gerald/Reuß, Phillipp/Schmid, Christoph U. (Hrsg.), Zwischenbilanz – Festschrift für Dagmar Coester-Waltjen zum 70. Geburtstag, Bielefeld 2015, S. 29–40 (zitiert: *Coester*, in: FS-Coester-Waltjen).

Cornils, Matthias, Anmerkung zu BVerfG, Urt. v. 30.7.2008 – 1 BvR 3262/07, 402/08 u. 906/08, ZJS 2008, 660–663.

–, Rationalitätsanforderungen an die parlamentarische Rechtsetzung im demokratischen Rechtsstaat, DVBl 2011, 1053–1061.

Cremer, Wolfram, Freiheitsgrundrechte. Funktionen und Strukturen, Tübingen 2003.

–, Rechtfertigung legislativer Eingriffe in Grundrechte des Grundgesetzes und Grundfreiheiten des EG-Vertrags nach Maßgabe objektiver Zwecke, NVwZ 2004, 668–674.

–, Die verbindliche Übergangsempfehlung zur Sekundarstufe zwischen Verfassungsauftrag und Verfassungswidrigkeit, in: Institut für Bildungsforschung und Bildungsrecht (e.V.) (Hrsg.), Selektion und Gerechtigkeit in der Schule, Baden-Baden 2012, S. 79–108.

Crosby, Scott, The New Tobacco Control Directive: An Illiberal and Illegal Disdain for the Law, E.L. Rev. 2002, 177–193.

Cross, Frank B., Paradoxial Perils oft the Precautionary Principle, Wash. & Lee L. Rev. 1996, 851–925.

Czerner, Frank, Der Schutz des ungeborenen Kindes vor der eigenen Mutter durch zeitliche Vorverlagerung zivil- und strafrechtlicher Regelungen?, ZKJ 2010, 220–227.

Dabrock, Peter, Befähigungsgerechtigkeit als Ermöglichung gesellschaftlicher Inklusion, in: Otto, Hans-Uwe/Ziegler, Holger (Hrsg.), Capabilities – Handlungsbefähigung und Verwirklichungschancen in der Erziehungswissenschaft, 2. Aufl., Wiesbaden 2010, S. 17–53.

Dalby, Jakob, Achtung – Regulierung kann ihren Binnenmarkt schädigen: Die Rechtsprechung des EuGH zur Tabakproduktrichtlinie auf dem Prüfstand, Anm. zu EuGH „Philip Morris Brands u. a.“, ZLR 2016, 690–699.

Daniels, Norman, Just health: replies and further thoughts, J Med Ethics 2009, 36–41.

Daniels, Norman/Kennedy, Bruce/Kawachi, Ichiro, Health and Inequality, or, Why Justice is Good für Our Health, in: Anand, Sudhir/Peter, Fabienne/Sen, Amartya (Hrsg.), Public Health, Ethics, and Equity, Oxford 2004, S. 63–91.

Dann, Philipp, Verfassungsgerichtliche Kontrolle gesetzgeberischer Rationalität, Der Staat 49 (2010), 630–646.

von Danwitz, Thomas, Werbe- und Anreicherungsverbot: Stand und Perspektiven der Auseinandersetzung, ZLR 2005, 201–223.

–, Nährwert- und gesundheitsbezogene Angaben im Visier des Gesetzgebers, GRUR 2005, 896–903.

Dapprich, Tim Niklas, Die Pflicht zur Präzisierung eines legitimen Zwecks – Die Dogmatik des Verhältnismäßigkeitsgrundsatzes am Beispiel der Corona-Politik, COVuR 2021, 717–722.

Dederer, Hans-Georg, Die Stellung des Gutes Gesundheit im Verfassungsrecht, Jahrbuch für Wissenschaft und Ethik 9 (2004), S. 193–209.

Dees, Richard H., Public Health and Normative Public Goods, Public Health Ethics 2018, 20–26.

Degenhart, Christoph, Das allgemeine Persönlichkeitsrecht, Art. 2 I i.V. mit Art. 1 I GG, JuS 1992, 361–368.

–, Entscheidung unter Unsicherheit – die Pandemiebeschlüsse des BVerfG, NJW 2022, 123–127.

Denninger, Erhard, Der Präventions-Staat, KJ 1988, 1–15.

De-Regil, L. M./Peña-Rosas, J. P./Fernández-Gaxiola, A. C./Rayco-Solon, P., Effects and safety of periconceptional oral folate supplementation for preventing birth defects, Cochrane Database of Systematic Reviews 2015, Issue 12, Art. No.: CD007950.

Determann, Lothar, BVerfG zur staatlichen Pflicht zum Schutz der Gesundheit vor elektromagnetischen Feldern, NJW 1997, 2501–2503.

Deutscher Ethikrat, Immunitätsbescheinigungen in der Covid-19-Pandemie, Stellungnahme, Berlin 2020.

DeVille, Kenneth A./Kopelman, Loretta M., Moral and social issues regarding pregnant women who use and abuse drugs, Obstet Gynecol Clin North Am 1998, 237–254.

DKFZ, Gesundheit fördern – Tabakkonsum verringern: Handlungsempfehlungen für eine wirksame Tabakkontrollpolitik in Deutschland, 2. Aufl., Heidelberg 2003.

DKFZ, Zigarettenwerbung in Deutschland – Marketing für ein gesundheitsgefährdendes Produkt, Heidelberg 2012.

DKFZ, Tabaksteuererhöhungen und Rauchverhalten in Deutschland, 2014 (https://www.dkfz.de/de/tabakkontrolle/download/Publikationen/AdWfP/AdWfdP_Tabaksteuererhoehungen_und_Rauchverhalten_in_Deutschland.pdf).

DKFZ, Rauchen und Lungenerkrankungen, Heidelberg 2019.

Dieterich, Peter, Systemgerechtigkeit und Kohärenz. Legislative Einheit und Vielheit durch Verfassungs- und Unionsrecht, Berlin 2014.

Dietlein, Johannes, Das Untermaßverbot. Bestandsaufnahme und Entwicklungschancen einer neuen Rechtsfigur, ZG 1995, 131–141.

–, Die Lehre von den grundrechtlichen Schutzpflichten, 2. Auflage, Berlin 2005.

Di Fabio, Udo, Entscheidungsprobleme der Risikoverwaltung, NuR 1991, 353–359.

–, Risikoentscheidungen im Rechtsstaat – Zum Wandel der Dogmatik im öffentlichen Recht, insbesondere am Beispiel der Arzneimittelüberwachung, Tübingen 1994.

–, Voraussetzungen und Grenzen des umweltrechtlichen Vorsorgeprinzips, in: Kley, Max D./Sünner, Eckart/Willemsen, Arnold (Hrsg.), Festschrift für Wolfgang Ritter zum 70. Geburtstag: Steuerrecht, Steuer- und Rechtspolitik, Wirtschaftsrecht und Unternehmensverfassung, Umweltrecht, Köln 1997, 807–838 (zitiert: *Di Fabio*, in: FS-Ritter).

–, Produkte als Träger fremder Meinungen – Zum Beschluss des BVerfG Warnhinweise auf Tabakverpackungen betreffend, NJW 1997, 2863–2864.

–, Risikovorsorge – uferlos?, ZLR 2003, 163–173.

Dippelhofer-Stiem, Barbara, Gesundheitssozialisation als Erkenntnisfeld der Erziehungs- und Bildungssoziologie, in: dies./Dippelhofer, S. (Hrsg), Fachgebiet Erziehungs- und Bildungssoziologie der Enzyklopädie Erziehungswissenschaft Online, Weinheim 2013, 1–24.

Doehring, Karl, Die Gesunderhaltung des Menschen im Spannungsverhältnis zwischen Staatsfürsorge und Individualentscheidung, in: Fürst, Walther/Herzog, Roman/Umbach, Dieter C. (Hrsg.), Festschrift für Wolfgang Zeidler, Band II, Berlin 1987, S. 1553–1565 (zitiert: *Doehring*, in: FS-Zeidler).

Dragano, Nico, Gesundheitliche Ungleichheit im Lebenslauf, APuZ 42/2007, 18–25.

Dreier, Horst, Stufungen des vorgeburtlichen Lebensschutzes, ZRP 2002, 377–383.

– (Hrsg.), Grundgesetz, Kommentar, 3. Aufl., Tübingen 2013 (zitiert: *Bearbeiter*in*, in: Dreier [Hrsg.], GG).

–, Rechtsstaat, Föderalismus und Demokratie in der Corona-Pandemie, DÖV 2021, 229–243.

Die Drogenbeauftragte der Bundesregierung, Drogen- und Suchtbericht 2019 (https://www.bundesgesundheitsministerium.de/fileadmin/Dateien/5_Publikationen/Drogen_und_Sucht/Berichte/Broschuere/Drogen-_und_Suchtbericht_2019_barr.pdf).

Düren, Melanie/Kersting, Mathilde, Das Angebot an Kinderlebensmitteln in Deutschland. Produktübersicht und ernährungsphysiologische Wertung, Ernährungs-Umschau 50 (2003), 16–21.

Dürig, Günter/Herzog, Roman/Scholz, Rupert, Grundgesetz, Kommentar, geschäftsführend herausgegeben von Herdegen, Matthias/Klein, Hans H., Losebl., 96. Aufl., München 2021 (zitiert: *Bearbeiter*in*, in: Dürig/Herzog/Scholz, GG).

Durner, Wolfgang, Schutz der Verbraucher durch Regulierungsrecht, VVDStRL 70 (2011), S. 398–447.

Eberbach, Wolfram H., Kommt eine verbindliche „Gesundheitspflicht"? – Eine Territion, MedR 2010, 756–770.

Eberle, Gudrun, Prävention in der Gesetzlichen Krankenversicherung von 1970 bis heute, in: Stöckel, Sigrid/Walter, Ulla (Hrsg.), Prävention im 20. Jahrhundert, Weinheim, München 2002, S. 237–249.

Ebsen, Ingwer, Armut und Gesundheit, SDRSV 56 (2007), 133–149.

Eckart, Christian/Winkelmüller, Michael (Hrsg.), Beck'scher Online-Kommentar Infektionsschutzrecht, 12. Edition, München 2022 (zitiert: *Bearbeiter*in*, in: BeckOK-InfSchR).

Edenharter, Andrea, Freiheitsrechte ade? Die Rechtswidrigkeit der Ausgangssperre in der oberpfälzischen Stadt Mitterteich, Verfassungsblog v. 19.3.2020 (https://verfassungsblog.de/freiheitsrechte-ade/).

Effertz, Tobias, Kindermarketing. Analyse und rechtliche Empfehlungen, Frankfurt a. M. 2008.

Effertz, Tobias/Adams, Michael, Effektive Prävention von Adipositas durch Kindermarketingverbote und Steuerstrukturänderungen, Präv Gesundheitsf 2015, 55–61.

Effertz, Tobias/Garlichs, Dietrich/Gerlach, Stefanie/Müller, Manfred James/Pötschke-Langer, Martina/Prümel-Philippsen, Uwe/Schaller, Katrin, Wirkungsvolle Prävention chronischer Krankheiten. Strategiepapier der NCD-Allianz zur Primärprävention, Präv Gesundheitsf 2015, 95–100.

Effertz, Tobias/Kaiser, Christina, Die MAYBE-Kampagne von Philip Morris – Verbotenes Jugendmarketing!, LMuR 2012, 234–242.

Ehlers, Dirk/Fehling, Michael/Pünder, Hermann (Hrsg.), Besonderes Verwaltungsrecht, Band 2: Planungs-, Bau- und Straßenrecht, Umweltrecht, Gesundheitsrecht, Medien- und Informationsrecht, 4. Aufl., Heidelberg 2020.

Eibenstein, Henrik, Persona non grata dank Inzidenzwert. Die Unverhältnismäßigkeit jüngster Beherbergungsverbote am Beispiel Niedersachsens, COVuR 2020, 688–692.
Eichenberger, Reiner/Frey, Bruno S., „Superrationalität" oder: Vom rationalen Umgang mit dem Irrationalen, JNPÖ 1993, 50–84.
Eichenhofer, Eberhard, Sozialrecht und soziale Gerechtigkeit, JZ 2005, 209–216.
Eichholz, Reinald, Das Kindeswohl als Inbegriff der Rechte des Kindes, in: Maywald, Jörg/Eichholz, Reinald, Kindeswohl und Kinderrechte. Orientierungen und Impulse aus der UN-Kinderrechtskonvention. Expertise im Auftrag des AFET – Bundesverband für Erziehungshilfe e. V. Hannover, Hannover 2007, S. 37–92.
Eichhorn, Christine/Nagel, Eckhard, Prävention von Übergewicht und Adipositas, Aufgaben von Staat, Lebensmittelindustrie und Individuum, Das Gesundheitswesen 2010, 10–16.
Eidenmüller, Horst, Effizienz als Rechtsprinzip, 3. Aufl., Tübingen 2005.
–, Liberaler Paternalismus, JZ 2011, 814–821.
Eiling, Astrid, Verfassungs- und europarechtliche Vorgaben an die Einführung neuer Verbrauchssteuern. Verprobt am Beispiel der Kernbrennsteuer, München 2014.
Eisenhardt, Andrea, Werbung gegenüber Kindern, WRP 1997, 283–293.
Elkeles, Thomas, Gesundheitsberichterstattung in Deutschland, in: Haring, Robert (Hrsg.), Gesundheitswissenschaften, Berlin 2019, S. 143–152.
Ellerbrock, Dagmar, Prävention in der US-Zone 1945–1949, in: Stöckel, Sigrid/Walter, Ulla (Hrsg.), Prävention im 20. Jahrhundert, Weinheim, München, 2002, S. 152–164.
Enders, Christoph, Sozialstaatlichkeit im Spannungsfeld von Eigenverantwortung und Fürsorge, VVDStRL 64 (2005), S. 7–52.
Engels, Andreas, Infektionsschutzrecht als Gefahrenabwehrrecht?, DÖV 2014, 464–474.
Engels, Nicole, Chancengleichheit und Bundesstaatsprinzip, Berlin 2001.
Engels, Stefan, Kinder- und Jugendschutz in der Verfassung. Verankerung, Funktion und Verhältnis zum Elternrecht, AöR 122 (1997), 212–247.
Englisch, Joachim, Wettbewerbsgleichheit im grenzüberschreitenden Handel, Tübingen 2008.
–, Zur Bedeutung des gemeinschaftsrechtlichen Gleichheitssatzes im Recht der Gemeinschaftsbeihilfen, EuR 2009, 488–513.
–, Folgerichtiges Steuerrecht als Verfassungsgebot, in: Tipke, Klaus/Seer, Roman/Hey, Johanna/Englisch, Joachim (Hrsg.), Gestaltung der Steuerrechtsordnung. Festschrift für Joachim Lang zum 70. Geburtstag, Köln 2010, S. 167–220 (zitiert: *Englisch*, in: FS-Lang).
–, Spezielle Verkehr- und Verbrauchsteuern: terra incognita der Steuerrechtswissenschaft, StuW 2015, 52–64.
Ennuschat, Jörg, Wege zu besserer Gesetzgebung – sachverständige Beratung, Begründung, Folgenabschätzung und Wirkungskontrolle, DVBl 2004, 986–994.
–, Konsistenz und Kohärenz im Glücksspielrecht, WRP 2014, 642–649.
–, Gesetzgeberische Optionen zur Regulierung von Online-Casinos, ZfWG 2018, 202–208.
–, Zur Zukunft des Lotteriemonopols, in: Krüper, Julian (Hrsg.), Strukturfragen der Glücksspielregulierung. Grundlagen – Vollzug – Zukunft, Tübingen 2019, S. 73–88.
Ennuschat, Jörg/Wank, Rolf/Winkler, Daniela (Hrsg.), GewO, 9. Aufl., München 2020 (zitiert: *Bearbeiter*in*, in: Ennuschat/Wank/Winkler [Hrsg.], GewO).
Epping, Volker/Hillgruber, Christian (Hrsg.), Beck'scher Online-Kommentar Grundgesetz, 52. Edition, München 2022 (zitiert: *Bearbeiter*in*, in: BeckOK-GG).
Epstein, Richard A., What (Not) to Do about Obesity: A Moderate Aristotelian Answer, 93 Georgetown Law Journal 2005, 1361–1386.
Erbguth, Wilfried, Covid 19: Lockdown-Maßnahmen bei Geimpften – Freiheit oder Gleichheit?, DVBl 2021, 1136 –1141.

Erbs, Georg/Kohlhaas, Max, Strafrechtliche Nebengesetze, Losebl., München 2022 (zitiert: *Bearbeiter*in*, in: Erbs/Kohlhaas, Strafrechtliche Nebengesetze).

Erdle, Helmut, IfSG, Kommentar, 7. Aufl., Landsberg am Lech 2020.

Ernährungskommission der Deutschen Gesellschaft für Kinder- und Jugendmedizin (DGKJ), Bührer, Christoph/Genzel-Boroviczeny, Orsolya/Jochum, Frank/Kauth, Thomas/Kersting, Mathilde/Koletzko, Berthold/Mihatsch, Walter/Przyrembel, Hildegard/Reinehr, Thomas/Zimmer, Peter, Ernährung gesunder Säuglinge, Empfehlungen der Ernährungskommission der Deutschen Gesellschaft für Kinder- und Jugendmedizin, Monatssch Kinderheilkd 2014, 527–538.

Ernst, Stefan/Spoenle, Jan, Weinversandhandel und Jugendschutz, ZLR 2007, 114–124.

Ernst, Werner/Zinkahn, Willy/Bielenberg, Walter/Krautzberger, Michael, Baugesetzbuch, München 2020 (zitiert: *Bearbeiter*in* , in: Ernst/Zinkahn/Bielenberg/Krautzberger, BauGB).

Faber, Angela, Gesundheitliche Gefahren des Tabakrauchens und staatliche Schutzpflichten, DVBl 1998, 745–753.

Faßbender, Kurt, Der grundrechtliche Schutz der Werbefreiheit in Deutschland und Europa, GRUR Int 2006, 965–978.

Fateh-Moghadam, Bijan, Grenzen des weichen Paternalismus. Blinde Flecken der liberalen Paternalismuskritik, in: ders./Sellmaier, Stephan/Vossenkuhl, Wilhelm (Hrsg.), Grenzen des Paternalismus, Stuttgart 2010, S. 21–47.

Feldman, Erik A./Bayer, Ronald, The Triumph and Tragedy of Tobacco Control: A Tale of Nine Nations, Annual Review of Law and Social Science 2011, 79–100.

Fichte, Damian, Problematische Legitimation von Tabak- und Alkoholsteuern, Wirtschaftsdienst 2014, 62–68.

Finch, David/Briggs, Adam/Tallack, Charles, Improving health by tackling market failure, Health Foundation, 2020.

Fincke, Heinrich, Beitrag zur Geschichte der Bezeichnung „Nahrungs- und Genußmittel“ und verwandter Begriffe, Zeitschrift für Untersuchung der Lebensmittel 57 (1929), 1–8.

Fink, Udo, § 88 Recht auf Leben und körperliche Unversehrtheit, in: Merten, Detlef/Papier, Hans-Jürgen (Hrsg.), Handbuch der Grundrechte in Deutschland und Europa, Band IV, Heidelberg 2011.

Fischer, Kai, Die Zulässigkeit aufgedrängten staatlichen Schutzes vor Selbstschädigung, Frankfurt a. M. 1997.

Flanigan, Jessica, Double standards and arguments for tobacco regulation, J Med Ethics 2016, 305–311.

Fleischfresser, Andreas, § 13 Ordnungsrecht, in: Kluckert, Sebastian (Hrsg.), Das neue Infektionsschutzrecht, 2. Aufl., Baden-Baden 2021.

Flügel, Axel, Public Health und Geschichte – Historischer Kontext, politische und soziale Implikationen der öffentlichen Gesundheitspflege im 19. Jahrhundert, Weinheim, Basel 2012.

Flügge, Sibylla, Leihmutterschaft ist kein Menschenrecht, in: Baer, Susanne/Sacksofsky, Ute, Autonomie und Recht – Geschlechtertheoretisch vermessen, Baden-Baden 2018, S. 239–249.

Frankenberg, Günter, Aids und Grundgesetz, eine Zwischenbilanz, ZRP 1989, 412–417.

Frankfurt, Harry, Gleichheit und Achtung, in: Krebs, Angelika (Hrsg.), Gleichheit oder Gerechtigkeit. Texte der neuen Egalitarismuskritik, Berlin 2000, S. 38–49.

Franzenburg, Christoph Michael, Freiheitsbeschränkungen aus Solidarität und gegen eine Zweiklassengesellschaft. Eine Untersuchung des Sozialstaatsprinzips als Rechtfertigungsgrund, COVuR 2021, 207–211.

Franzkowiak, Peter, Risikofaktoren und Risikofaktorenmodell, in: BZgA, Leitbegriffe der Gesundheitsförderung und Prävention, doi:10.17623/BZGA:224-i102-2.0.

Frenz, Walter, Kohärente und systematische nationale Normgebung – nicht nur im Glücksspielrecht, EuR 2012, 344–354.

–, Corona-Lockerungen zwischen Stringenz und Effizienz, GewArch 2020, 246–248.

–, Harter Lockdown – grundrechtlich geboten und subjektiv einforderbar, CoVuR 2021, 2–6.

Frenzel, Eike, Die „Volksgesundheit" in der Grundrechtsdogmatik. Schlaglicht auf einen aufhaltbaren Aufstieg, DÖV 2007, 243–248.

Frenzel, Rainer, Der verfassungsrechtliche Anspruch Minderjähriger und Heranwachsender auf freie Entfaltung der Persönlichkeit, Diss. Wuppertal 1988.

Friauf, Karl Heinrich/Höfling, Wolfram (Hrsg.), Berliner Kommentar zum Grundgesetz, Loseblatt, Berlin 2/2022 (zitiert: *Bearbeiter*in*, in: BerlKomm, GG).

Fritsch, Michael, Marktversagen und Wirtschaftspolitik. Mikroökonomische Grundlagen staatlichen Handelns, München 2018.

Froese, Judith, Das Verhältnismäßigkeitsprinzip in der Krise, DÖV 2022, 389–400.

Fuchs-Goldschmidt, Inga, Moral, Gerechtigkeit, Inklusion. Begründungslinien eines modernen Sozialstaates, in: Spieker, Michael (Hrsg.), Der Sozialstaat. Fundamente und Reformdiskurse, Baden-Baden 2012, S. 123–138.

Gallagher, Janet, Prenatal Invasions & Interventions: What's Wrong with Fetal Rights, Harv. Women's L.J. 1987, 9–58.

Gallon, Johannes/Hollo, Anna-Lena/Kießling, Andrea, Epidemiegesetz. Entwurf eines Gesetzes zur Neuordnung der Rechtsgrundlagen der Epidemiebekämpfung, Baden-Baden, erscheint 2023.

Gallon, Johannes/Mangold, Anna Katharina, Rechtsstaatliche Immunabwehr. Verfassungsrechtliche Überlegungen zu den Corona-Maßnahmen anlässlich des „Wellenbrecher-Lockdown", Verfassungsblog v. 31.10.2020 (https://verfassungsblog.de/rechtsstaatliche-immunabwehr/).

Gallwas, Hans-Ullrich, Gefahrenerforschung und HIV-Verdacht, NJW 1989, 1516–1520.

Gampp, Markus/Hebeler, Timo, Grundrechtsschutz vor Selbstgefährdung, BayVBl 2004, 257–264.

Gärditz, Klaus Ferdinand/Linzbach, Karoline Maria, Gesundheitswissen aus Behördenhand. Bundeseinrichtungen mit Forschungsaufgaben zwischen Verwaltung, Wissenschaft, Politik und Recht, Tübingen 2022.

Garlichs, Dietrich, Gegen Übergewicht und Zivilisationskrankheiten. Wie sinnvoll sind politische Vorgaben?, Das Gesundheitswesen 2017, 447–449.

Gartz, Henrik, Begründungspflicht des Gesetzgebers. Das verfassungsrechtliche Verhandlungsgebot, Baden-Baden 2015.

Gawel, Erik, Steuerinterventionismus und Fiskalzweck der Besteuerung: Lenkung und Finanzierung als Problem lenkender (Umwelt-)Steuern, StuW 2001, 26–41.

Gebert, Christan, Verhaltens- und verhältnisbezogene Primärprävention und Gesundheitsförderung im Recht der gesetzlichen Krankenversicherung. Eine verfassungs-, sozial- und arbeitsrechtliche Untersuchung, Baden-Baden 2020.

Geene, Raimund, New Public Health zwischen „Sozialemanzipation" und „Sozialkompensatorik", in: Gerlinger, Thomas/Kümpers, Susanne/Lenhardt, Uwe/Wright, Michael T. (Hrsg.), Politik für Gesundheit: Fest- und Streitschriften zum 65. Geburtstag von Rolf Rosenbrock, Bern 2010, S. 28–40 (zitiert: *Geene*, in: FS-Rosenbrock).

Gerecke, Martin, Werbung gegenüber Kindern und Jugendlichen, NJW 2015, 3185–3190.

Gerg, Stephan, Nudging. Verfassungsrechtliche Maßstäbe für das hoheitliche Einwirken auf die innere Autonomie des Bürgers, Tübingen 2019.

Gerhardt, Jens, IfSG, Kommentar, 4. Aufl., Norderstedt 2020.

Gerhardus, Ansgar, Evidence-based Public Health: Ein Gebiet in Entwicklung, in: Gerhardus, Ansgar/Breckenkamp, Jürgen/Razum, Oliver/Schmacke, Norbert/Wenzel, Helmut (Hrsg.), Evidence-based Public Health, Bern 2010, S. 17–29.

Germann, Michael, Die Verfassungsmäßigkeit des Gesetzes über den Umfang der Personensorge bei einer Beschneidung des männlichen Kindes vom 20.12.2012, MedR 2013, 412–424.

Gersdorf, Hubertus/Paal, Boris P. (Hrsg.), Beck'scher Online-Kommentar Informations- und Medienrecht, 36. Edition, München 2022 (zitiert: *Bearbeiter*in*, in: BeckOK-InfoMedienR).

Geyer, Siegfried, Manifestation, Erklärung und Reduzierung gesundheitlicher Ungleichheiten, Ethik in der Medizin 2010, 249–262.

Giesecke, Johannes/Müters, Stephan, Strukturelle und verhaltensbezogene Faktoren gesundheitlicher Ungleichheit: Methodische Überlegungen zur Ermittlung der Erklärungsanteile, in: Hurrelmann, Klaus/Richter, Matthias (Hrsg.), Gesundheitliche Ungleichheit. Grundlagen, Probleme, Perspektiven, 2. Aufl., Wiesbaden 2009, S. 353–366.

Giesinger, Johannes, Adipositas bei Kindern: Elterliche Rechte, Paternalismus und Gerechtigkeit, Zeitschrift für praktische Philosophie 2015, 59–87.

–, Kinder und Erwachsene, in: Drerup, Johannes/Schickhardt, Christoph (Hrsg.), Kinderethik, Münster 2017, S. 21–32.

Gigerenzer, Gerd, On the Supposed Evidence for Libertarian Paternalism, Rev.Phil.Psych. 2015, 361–383.

Gilmore, Anna/Nolte, Ellen, News Analysis. Germany: tobacco industry makes further inroads, Tobacco Control 2002, 291.

Glaab, Sarah/Schwedler, Anna, Besuchseinschränkungen in Pflegeheimen zur Bekämpfung des Coronavirus, NJW 2020, 1702–1705.

Glaser, Andreas, Steuerreform/Lenkungswirkung/Gemeinschaftsrecht – Verfassungs- und Unionsrechtliche Grenzen steuerlicher Lenkung, StuW 2012, 168–181.

Godwin, Samantha, Children's Capacities and Paternalism, The Journal of Ethics 2020, 307–331.

Goldberg, Daniel S./Puhl, Rebecca M., Obesity Stigma: A Failed and Ethically Dubious Strategy, Hastings Cent Rep 2013, 5–6.

Gorny, Dietrich, Der Abschied vom verständigen Durchschnittsverbraucher im Lebensmittel-Werberecht – zum Entwurf für eine Verordnung des Europäischen Parlaments und des Rates über nährwert- und gesundheitsbezogene Angaben bei Lebensmitteln – Arbeitsdokument SANCO/1832/2002 – 2. Fassung – COM(2003)XXX, ZLR 2003, 253–264.

Gostin, Lawrence O., Public Health Law. Power, Duty, Restraint, 3. Aufl., Berkeley 2016.

Grabitz, Eberhard/Hilf, Meinhard/Nettesheim, Martin (Hrsg.), Das Recht der Europäischen Union: EUV/AEUV, Losebl., 75. Aufl.., München 2022 (zitiert: *Bearbeiter*in*, in: Grabitz/Hilf/Nettesheim [Hrsg.], Das Recht der EU).

Graham, Hilary, Building an inter-disciplinary science of health inequalities: the example of lifecourse research, Social Science & Medicine 55 (2002), 2005–2016.

Grams, Hartmut A., Verfassungswidrige Legalisierung, „Gesetz über den Umfang der Personensorge bei einer Beschneidung des männlichen Kindes" (aus nicht-medizinischen Gründen), GesR 2013, 332–337.

Grimm, Dieter, Persönlichkeitsschutz im Verfassungsrecht, Karlsruher Forum 1996, 3–26.

Gröschner, Rolf, Vom Ersatzgesetzgeber zum Ersatzerzieher. Warum das Bundesverfassungsgericht zu einem „absoluten Rauchverbot" besser geschwiegen hätte, ZG 2008, 400–412.

–, Der freiheitliche Sozialstaat des Grundgesetzes, in: Spieker, Michael (Hrsg.), Der Sozialstaat. Fundamente und Reformdiskurse, Baden-Baden 2012, S. 107–121.

Große, Stefanie, Qualität des öffentlichen Schulwesens als Verfassungsgebot? Zugleich zum Institut der schulischen Eigenverantwortung, Baden-Baden 2019.

Gruber, Jonathan, Smoking's "Internalities", Regulation 2002, 52–57.

Gruber, Jonathan/Köszegi, Botond, Is Addicition "Rational"? Theory And Evidence, Q.J. ECON. 2001, 1261–1303.

Grunert, Klaus G./Storcksdieck, Stefan, Nährwertkennzeichnung und ihr Einfluss auf das Verbraucherverhalten, ZLR 2009, 5–16.

Grzeszick, Bernd, Rationalitätsanforderungen an die parlamentarische Rechtsetzung im demokratischen Rechtsstaat, VVDStRL 71 (2012), S. 49–81.

Gsell, Beate/Krüger, Wolfgang/Lorenz, Stephan/Reymann, Christoph (Hrsg.), beck-online. GROSSKOMMENTAR zum Zivilrecht, München 2022 (zitiert: *Bearbeiter*in*, in: BeckOGK-BGB; *Bearbeiter*in*, in: BeckOGK-SGB VIII)

Guckelberger, Annette, Verfassungsrechtliche Probleme einer allgemeinen Kindergartenpflicht, RdJB 2012, 5–20.

–, Ausgangsbeschränkungen und Kontaktverbote anlässlich der Corona-Pandemie, NVwZ-Extra 9a/2020, 1–15.

Gundel, Jörg, § 8 Lebensmittelrecht, in: Ruffert, Matthias (Hrsg.), Enzyklopädie Europarecht, Band 5, Europäisches Sektorales Wirtschaftsrecht, 2. Aufl., Baden-Baden 2020.

Gusy, Christoph, Das Grundgesetz als normative Gesetzgebungslehre?, ZRP 1985, 291–299.

Gutmann, Thomas, An den Grenzen der Solidarität? Gerechtigkeit unter Fremden im liberalen Rechtsstaat am Beispiel der Organspende, in: Brugger, Winfried/Haverkate Görg, Grenzen als Thema der rechts- und Sozialphilosophie, ARSP-Beiheft Nr. 84, 2002, 133–152.

Haas, Stephanie, Der Schutz der öffentlichen Gesundheit durch das Betäubungsmittelrecht. Eine Analyse des Rechtsguts der Volksgesundheit, Regensburg 2001.

Häberle, Peter, Die Wesensgehaltsgarantie des Art. 19 Abs. 2 Grundgesetz. Zugleich ein Beitrag zum institutionellen Verständnis der Grundrechte und zur Lehre vom Gesetzesvorbehalt, Karlsruhe 1962.

Haffner, Christoph, Kosten-Nutzen-Abwägungen im Sicherheitsrecht, Stuttgart 2016.

Hahn, Andreas/Teufer, Tobias, „Versprochen ist versprochen!" Zur wissenschaftlichen Absicherung von Wirkaussagen für Lebensmittel unter besonderer Berücksichtigung von Interventionsstudien am Menschen, ZLR 2008, 663–694.

Hain, Karl-Eberhard, Der Gesetzgeber in der Klemme zwischen Übermaß- und Untermaßverbot?, DVBl 1993, 982–984.

Hamann, Hanjo, Evidenzbasierte Jurisprudenz. Methoden empirischer Forschung und ihr Erkenntniswert für das Recht am Beispiel des Gesellschaftsrechts, Tübingen 2014.

Hanewinkel, Reiner/Isensee, Barbara, Umsetzung, Akzeptanz und Auswirkungen der Tabaksteuererhöhung vom 1. Januar 2002. Bevölkerungsrepräsentative Untersuchung im Auftrag des Bundesministeriums für Gesundheit. Abschlussbericht, 2002 (https://www.dkfz.de/de/tabakkontrolle/download/Tabaksteuererhoehung_Bericht_Jan2002.pdf).

Hanewinkel, Reiner/Isensee, Barbara, Umsetzung, Akzeptanz und Auswirkungen der Tabaksteuererhöhung vom 1. März 2004. Bevölkerungsrepräsentative Untersuchung im Auftrag des Bundesministeriums für Gesundheit und Soziale Sicherung. Bericht, 2004 (https://www.dkfz.de/de/tabakkontrolle/download/Tabaksteuererhoehung_Bericht_Maerz2004.pdf).

Hanewinkel, Reiner/Pohl, Johannes, Werbung und Tabakkonsum. Wirkungsanalyse unter besonderer Berücksichtigung von Kindern und Jugendlichen. Expertise im Auftrag des Bundesministeriums für Gesundheit, 1998 (https://www.ift-nord.de/files/downloads_public/bericht_tabakundwerbung.pdf).

Hanson, Jon D./Kysar, Douglas A., Taking Behavioralism Seriously: The Problem of Market Manipulation, N.Y. Univ. Law Rev. 1999, 630–749.

Haratsch, Andreas, Die Entmündigung des Verbrauchers durch gemeinschaftsrechtliche Werbeverbote? Anmerkungen zum Vorschlag für eine „Health-Claims"-Verordnung der Europäischen Gemeinschaft, ZEuS 2004, 559–577.

Hartmann, Bernd J., Begründungspflichten der Besoldungsgesetzgeber, ZBR 2014, 228–233.

Hatje, Armin, Wirtschaftswerbung und Meinungsfreiheit, Baden-Baden 1993.

Hauck, Karl/Noftz, Wolfgang (Hrsg.), Sozialgesetzbuch (SGB) V: Gesetzliche Krankenversicherung, Kommentar, Berlin 2021 (zitiert: *Bearbeiter*in*, in: Hauck/Noftz [Hrsg.].

Haverkate, Görg, Rechtsfragen des Leistungsstaates, Tübingen 1983.

–, Verantwortung für Gesundheit als Verfassungsproblem, in: Häfner, Heinz (Hrsg.), Gesundheit - unser höchstes Gut?, Berlin, Heidelberg, New York 1999, S. 119–137.

Hawkins, Benjamin/Parkhurst, Justin, The 'good governance' of evidence in health policy, Evidence and Policy 2015, 1–18.

Hebeler, Timo, Ist der Gesetzgeber verfassungsrechtlich verpflichtet, Gesetze zu begründen? Grundsätzliche Überlegungen anlässlich des Bundesverfassungsgerichtsurteils zur Leistungsgestaltung im SGB II, DÖV 2010, 754–762.

Heberlein, Ingo, COVID-19 – Stresstest für das Prinzip der Verhältnismäßigkeit, GuP 2020, 97–104.

Heck, Sandra, Paradigmenwechsel im Lebensmittelrecht: Vom speziellen Verbot zu Kontrollzwecken zum generellen Verbot mit edukatorischer Intention? Rechtmäßigkeit der Verordnung (EG) Nr. 1924/2006 über nährwert- und gesundheitsbezogene Angaben über Lebensmittel, Taunusstein 2010.

Heckenhahn, Markus/Müller, Karin, Kommunale Gesundheitsförderung in Kassel – Möglichkeiten und Grenzen des Öffentlichen Gesundheitsdienstes, in: Kuhn, Joseph/Heyn, Martin (Hrsg.), Gesundheitsförderung durch den öffentlichen Gesundheitsdienst, Bern 2015, S. 61–66.

Heermann, Peter W./Schlingloff, Jochen (Hrsg.), Münchener Kommentar zum Lauterkeitsrecht, 3. Aufl., München 2020 (zitiert: *Bearbeiter*in*, in: MüKo-UWG).

Heinig, Hans Michael, Hüter der Wohltaten?, NVwZ 2006, 771–774.

–, Paternalismus im Sozialstaat. Nutzen und Grenzen des Paternalismusdiskurses für eine Verfassungstheorie des Sozialstaates, in: Anderheiden, Michael/Bürkli, Peter/Heinig, Hans Michael/Kirste, Stephan/Seelmann, Kurt (Hrsg.), Paternalismus und Recht, Tübingen 2006, S. 157–188.

–, Sozialstaat im Dienst der Freiheit, Zur Formel vom „sozialen" Staat in Art. 20 Abs. 1 GG, Tübingen 2008.

–, Menschenwürde und Sozialstaatsprinzip als normative Grundlagen des Existenzminimums – eine theorieinteressierte Entwicklungsgeschichte, in: Fahlbusch, Jonathan I. (Hrsg.), 50 Jahre Sozialhilfe, Berlin 2012, S. 13–42.

–, Grundgesetzliche Vorgaben für das Sozialrecht und ihre verfassungstheoretische Reflexion, in: Masuch, Peter/Spellbrink, Wolfgang/Becker, Ulrich/Leibfried, Stephan, Denkschrift 60 Jahre BSG, Band 1, Berlin 2014, S. 333–350 (zitiert: *Heinig*, in: Denkschrift 60 Jahre BSG, Band 1).

–, Maßstäbe für Verteilungskonflikte im demokratischen Verfassungsstaat, in: Boysen, Sigrid/Kaiser, Anna-Bettina/Meinel, Florian (Hrsg.), Verfassung und Verteilung, Tübingen 2015, S. 53–63.

–, Kommentar: Primärprävention gegen Gesundheitsrisiken als Freiheitsrisiko: Prävention und Paternalismus, in: Spiecker gen. Döhmann, Indra/Wallrabenstein, Astrid (Hrsg.), Rechtswissenschaftliche Fragen an das neue Präventionsgesetz, Frankfurt a. M. 2016, S. 145–152.

Heinig, Hans Michael/Kingreen, Thorsten/Lepsius, Oliver/Möllers, Christoph/Volkmann, Uwe/Wißmann, Hinnerk, Why Constitution Matters – Verfassungswissenschaft in Zeiten der Corona-Krise, JZ 2020, 861–872.

Hensel, Isabell/Teubner, Gunther, Matrix Realoaded. Kritik der staatszentrierten Drittwirkung der Grundrechte am Beispiel des Publication Bias, KJ 2014, 152–170.

Hermes, Georg, Das Grundrecht auf Schutz von Leben und Gesundheit. Schutzpflicht und Schutzanspruch aus Art. 2 Abs. 2 Satz 1 GG, Heidelberg 1987.

–, Schwangerschaftsabbruch zwischen Recht und Unrecht. Das zweite Abtreibungsurteil des BVerfG und seine Folgen, NJW 1993, 2337–2347.

Hess, Bärbel-Jutta, Seuchengesetzgebung in den deutschen Staaten und im Kaiserreich vom ausgehenden 18. Jahrhundert bis zum Reichsseuchengesetz 1900, Diss. Heidelberg 2009.

Hillgruber, Christian, Der Schutz des Menschen vor sich selbst, München 1992.

Hoch, Hans J., Die Regulation familialer Risiken durch das Kinder- und Jugendhilfegesetz, in: Bora, Alfons (Hrsg.), Rechtliches Risikomanagement. Form, Funktion und Leistungsfähigkeit des Rechts in der Risikogesellschaft, Berlin 1999, S. 207–238.

Höfling, Wolfram, Rechtliche Mittel, Maßstäbe und Schranken der staatlichen Beeinflussung des Ernährungsverhaltens, ZLR 2006, 121–133.

–, Recht auf Selbstbestimmung versus Pflicht zur Gesundheit, ZEFQ 103 (2009), 286–292.

Höfling, Wolfram/Engels, Andreas, § 34 Parlamentarische Eigenkontrolle als Ausdruck von Beobachtungs- und Nachbesserungspflichten, in: Kluth, Winfried/Krings, Günther (Hrsg.), Gesetzgebung. Rechtsetzung durch Parlamente und Verwaltungen sowie ihre gerichtliche Kontrolle, Heidelberg 2014.

Hoffmann, Josef, Soziale Gerechtigkeit für Kinder. Zur Chancengleichheit des Aufwachsens im Sozialstaat des Grundgesetzes, Baden-Baden 2006.

Hoffmann-Riem, Wolfgang, Sozialwissenschaftlich belebte Rechtsanwendung, in: Damm, Reinhard/Heermann, Peter W./Veil, Rüdiger (Hrsg.), Festschrift für Thomas Raiser zum 70. Geburtstag, Berlin 2005, S. 515–537 (zitiert: *Hoffmann-Riem*, in: FS-Raiser).

Hofmann, Hasso, § 9 Die Entwicklung des Grundgesetzes von 1949 bis 1990, in: Isensee, Josef/Kirchhof, Paul (Hrsg.), Handbuch des Staatsrechts, Band I, 3. Aufl., München 2003.

Hofmann, Werner/Schwartz, Friedrich Wilhelm, Public Health: Gesundheitspolitik und akademische Disziplin. Entwicklung in den alten Bundesländern, in: Argument-Sonderband 198 (1992) Jahrbuch für kritische Medizin, S. 6–24.

–, Wolfgang, Innovation und Recht – Recht und Innovation, Tübingen 2016.

Hölbling, Pamela, Wie viel Staat vertragen Eltern? Systematische Entfaltung eines gestuften Maßnahmenkonzepts vor dem Hintergrund der Elterngrundrechte, Berlin 2010.

Holle, Martin/Hüttebräuker, Astrid (Hrsg.), HCVO: Health-Claims-Verordnung, Kommentar, München 2018 (zitiert: *Bearbeiter*in*, in: Holle/Hüttebräuker [Hrsg.]).

Holm, Søren, Parental Responsibility and Obesity in Children, Public Health Ethics 2008, 21–29.

Horne, Lendell Chad, Public Health, Public Goods, and Market Failure, Public Health Ethics 2019, 287–292.

Hörnle, Tatjana/Huster, Stefan, Wie weit reicht das Erziehungsrecht der Eltern? Am Beispiel der Beschneidung von Jungen, JZ 2013, 328–339.

Howells, Geraint/Watson, Jonathon, The role of information in „pushing and shoving" consumers of tobacco and alcohol to make healthy lifestyle choices, in: Alemanno, Alberto/Garde, Amandine (Hrsg.), Regulating Lifestyle Risks. The EU, Alcohol, Tobacco and Unhealthy Diets, S. 23–45.

Huber, Peter M., § 49 Natürliche Personen als Grundrechtsträger, in: Merten, Detlef/Papier, Hans-Jürgen (Hrsg.), Handbuch der Grundrechte in Deutschland und Europa, Band II, Heidelberg 2006.

Hufen, Friedhelm, Gleichheitssatz und Bildungsplanung. Zum Funktionswandel der Grundrechte im modernen Sozialstaat, Baden-Baden 1975.

–, „Gute" und „schlechte" Lebensmittel? – Vorurteile und Fakten, ZLR 2006, 119–120.

–, Diskussionsbeitrag zu „Soziale Gleichheit – Voraussetzung oder Aufgabe der Verfassung", VVDStRL 68 (2009), S. 227–228.

–, Wenn Vorsorge die Freiheit bedroht, DRiZ 2014, 302–305.

–, Besprechung v. BVerfG, Beschl. v. 5.3.2015 – 1 BvR 3362/14, JuS 2015, 952–953.

–, Der Glückspielstaatsvertrag. Glücksfall für das illegale Spiel und Paradebeispiel für die Entmündigung des Bürgers, in: Ackermann, Ulrike/Schmidt, Hans Jörg (Hrsg.), Genuss – Askese – Moral, Frankfurt a. M. 2016, S. 121–131.

–, Verfassungsrechtliche Grenzen der Isolation von Bewohnern in Alten- und Pflegeheimen, GuP 2020, 93–96.

Hummel-Liljegren, Hermann, Staatliche Warnungen vor unschädlichen Lebensmitteln sind unverhältnismäßig, unzumutbar und verfassungswidrig, ZLR 1991, 126–139.

Hümmer, Christian, Die Vereinbarkeit verpflichtender Früherkennungsuntersuchungen von Kindern mit Art. 6 GG, ZfL 2007, 46–51.

Hummrich, Martin, Vom Rauchen in Eckkneipen und von den Tücken der Abwägung, LKRZ 2008, 326–330.

Hurrelmann, Klaus/Laaser, Ulrich/Razum, Oliver, Entwicklung und Perspektiven der Gesundheitswissenschaften in Deutschland, in: Hurrelmann, Klaus/Razum, Oliver (Hrsg.), Handbuch Gesundheitswissenschaften, 5. Aufl., Weinheim, Basel 2012, S. 15–51.

Hurrelmann, Klaus/Richter, Matthias, Gesundheits- und Medizinsoziologie, 8. Aufl., Weinheim, Basel 2013.

Hurrelmann, Klaus/Richter, Matthias/Klotz, Theodor/Stock, Stephanie, Krankheitsprävention und Gesundheitsförderung, in: dies. (Hrsg.), Referenzwerk Prävention und Gesundheitsförderung. Grundlagen, Konzepte und Umsetzungsstrategien, 5. Aufl., Bern 2018, S. 23–33.

Huster, Stefan, Rechte und Ziele. Zur Dogmatik des allgemeinen Gleichheitssatzes, Berlin 1993.

–, Der praktische Fall – Öffentliches Recht und Europarecht: Das nationale Alkoholwerbeverbot, JuS 2002, 262–267.

–, Die Beobachtungspflicht des Gesetzgebers. Ein neues Instrument zur verfassungsrechtlichen Bewältigung des sozialen Wandels?, ZfRSoz 24 (2003), 3–26.

–, Die Unterscheidung von politischen Zielen und verfassungsrechtlichen Argumenten. Eine Untersuchung am Beispiel des Ehe- und Familienschutzes im deutschen Verfassungsrecht, in: Hiebaum, Christian/Koller, Peter (Hrsg.), Politische Ziele und juristische Argumentation (ARSP-Beiheft Nr. 92), Stuttgart 2003, S. 47–69.

–, Medizinische Versorgung im Sozialstaat: Zur Bedeutung des Sozialhilferechts für die Bestimmung einer medizinischen Mindestsicherung, in: Mazouz, Nadia/Werner, Micha H./

Wiesing, Urban (Hrsg.), Krankheitsbegriff und Mittelverteilung, Baden-Baden 2004, S. 157–170.

–, Was ist sozial(staatlich)e Gerechtigkeit?, in: Goldschmidt, Nils/Wohlgemuth, Michael (Hrsg.), Die Zukunft der sozialen Marktwirtschaft, Tübingen 2004, S. 33–39.

–, Grundversorgung und soziale Gerechtigkeit im Gesundheitswesen, in: Rauprich, Oliver/Marckmann, Georg/Vollmann, Jochen (Hrsg.), Gleichheit und Gerechtigkeit in der modernen Medizin, Paderborn 2005, S. 187–211.

–, Anm. zu BVerfG, Beschl. v. 6.12.2005, 1 BvR 347/98, JZ 2006, 466–468.

–, Soziale Sicherung als Zukunftsbewältigung und -gestaltung, SDSRV 55 (2007), S. 15–31.

–, Gesundheitsgerechtigkeit: Public Health im Sozialstaat, JZ 2008, 859–867.

–, Posteriorisierung der Gesundheitspolitik? Opportunitätskosten in der Rechtsdogmatik des Sozialstaats, in: Butzer, Hermann/Kaltenborn, Markus/Meyer, Wolfgang (Hrsg.), Organisation und Verfahren im sozialen Rechtsstaat: Festschrift für Friedrich E. Schnapp zum 70. Geburtstag, Berlin 2008, S. 463–476 (zitiert: *Huster*, in: FS-Schnapp).

–, Möglichkeiten und Grenzen rechtlicher Regulierung zur Durchsetzung von Public Health-Maßnahmen, in: Strech, Daniel/Marckmann, Georg (Hrsg.), Public Health Ethik, Münster 2010, S. 237–254.

–, Eigenverantwortung im Gesundheitsrecht, Ethik in der Medizin 2010, 289–299.

–, Haben wir ein Recht auf Gesundheit? Grund und Grenzen der Verantwortung des Sozialstaats, Der Onkologe 2011, 197–202.

–, Soziale Gesundheitsgerechtigkeit. Sparen, verteilen, vorsorgen? Berlin 2011.

–, Gesundheits- als Gesellschaftspolitik, GGW 2012, 24–30.

–, Die Berücksichtigung des Selbstverschuldens in der Gesetzlichen Krankenversicherung, in: Schmitz-Luhn, Björn/Bohmeier, André (Hrsg.), Priorisierung in der Medizin – Kriterien im Dialog, Heidelberg 2013, S. 193–196.

–, Grundfragen staatlicher Erziehungsambitionen, in: Schumann, Eva (Hrsg.), Das erziehende Gesetz. 16. Symposion der Kommission „Die Funktion des Gesetzes in Geschichte und Gegenwart", Berlin/New York 2013, S. 193–225.

–, Selbstbestimmung, Gerechtigkeit und Gesundheit, Baden-Baden 2015.

–, Gesundheitsförderung durch Wirtschaftsregulierung? Juristische und ethische Aspekte, in: Kessler, Heiner/Fangerau, Sebastian/Wiesing, Urban (Hrsg.), Präventionsentscheidungen. Zur Geschichte und Ethik der Gesundheitsvorsorge im 21. Jahrhundert, Stuttgart-Bad Canstatt 2017, S. 79–92.

–, Die ethische Neutralität des Staates. Eine liberale Interpretation der Verfassung, 2. Aufl., Tübingen 2017.

–, Prävention nach dem SGB V – Grundfragen und Regulierungsprobleme, VSSAR 2019, 329–337.

–, Kapitel 8: Gesundheitsrecht, in: Huster, Stefan/Kingreen, Thorsten (Hrsg.), Handbuch Infektionsschutzrecht, 2. Aufl., München 2022.

Huster, Stefan/Reimann, Jennifer, Nudges für die Gesundheit: das Beispiel der Diabetesprävention, VSSAR 2020, 267–295.

Huster, Stefan/Rudolph, Karsten (Hrsg.), Vom Rechtsstaat zum Präventionsstaat, Frankfurt a. M. 2008.

Huster, Stefan/Rudolph, Karsten, Vom Rechtsstaat zum Präventionsstaat?, in: dies. (Hrsg.), Vom Rechtsstaat zum Präventionsstaat, Frankfurt a. M. 2008, S. 9–22.

Huster, Stefan/Schramme, Thomas, Normative Aspekte der staatlichen Gesundheitsfürsorge, in: dies. (Hrsg.), Normative Aspekte von Public Health. Interdisziplinäre Perspektiven, Baden-Baden 2016, S. 37–57.

Inoue-Choi, Maki/Liao, Linda M./Reyes-Guzman, Carolyn/Hartge, Patricia/Caporaso, Neil/ Freedman, Neal D., Association of Long-term, Low-Intensity Smoking With All-Cause and Cause-Specific Mortality in the National Institutes of Health – AARP Diet and Health Study, JAMA Intern Med. 2017, 87–95.

Ipsen, Jörn, Niedersachsen im Ausnahmezustand – Verfassungsrechtliche Aspekte der Corona-Krise, NdsVBl. 2020, 165–169.

Isensee, Josef, Subsidiaritätsprinzip und Verfassungsrecht. Eine Studie über das Regulativ des Verhältnisses von Staat und Gesellschaft, 2. Aufl., Berlin 2001.

–, Der Rechtsanspruch auf einen Kindergartenplatz – Ein Verfassungsproblem des Bundesstaates und der kommunalen Selbstverwaltung, DVBl 1995, 1–9.

–, § 190 Grundrechtsvoraussetzungen und Verfassungserwartungen an die Grundrechtsausübung, in: ders./Kirchhof, Paul (Hrsg.), Handbuch des Staatsrechts, Band IX, 3. Aufl., Heidelberg 2011.

–, § 191 Das Grundrecht als Abwehrrecht und als staatliche Schutzpflicht, in: ders./Kirchhof, Paul (Hrsg.), Handbuch des Staatsrechts, Band IX, 3. Aufl., Heidelberg 2011.

Jarass, Hans D., Die Entwicklung des allgemeinen Persönlichkeitsrechts in der Rechtsprechung des Bundesverfassungsgerichts, in: Erichsen, Hans-Uwe/Kollhosser, Helmut/Welp, Jürgen (Hrsg.), Recht der Persönlichkeit, Berlin 1996, S. 89–103.

Jarass, Hans D./Pieroth, Bodo (Hrsg.), Grundgesetz für die Bundesrepublik Deutschland. Kommentar, 17. Aufl., München 2022 (zitiert: *Bearbeiter*in*, in: Jarass/Pieroth [Hrsg.], GG).

Jaschinski, Martin, Die Einengung des Glücksspielbegriffs und ihre Folgen, ZfWG 2014, 160–169.

Jeand'Heur, Bernd, Verfassungsrechtliche Schutzgebote zum Wohl des Kindes und staatliche Interventionspflichten aus der Garantienorm des Art. 6 Abs. 2 Satz 2 GG, Berlin 1993.

Jennings, Bruce, Reconceptualizing Autonomy: A Relational Turn in Bioethics, Hastings Center Report 2016, 11–16.

Jestaedt, Matthias, Verfassungsrecht und einfaches Recht – Verfassungsgerichtsbarkeit und Fachgerichtsbarkeit, DVBl 2001, 1309–1322.

–, Staatlicher Kindesschutz unter dem Grundgesetz. Aktuelle Kindesschutzmaßnahmen auf dem Prüfstand der Verfassung, in: Lipp, Volker/Schumann, Eva/Veit, Barbara (Hrsg.), Kindesschutz bei Kindeswohlgefährdung – neue Mittel und Wege?, Göttingen 2008, S. 5–18.

–, Das Recht des Kindes auf Pflege und Erziehung durch seine Eltern, in: Coester-Waltjen, Dagmar/Lipp, Volker/Schumann, Eva/Veit, Barbara (Hrsg.), Alles zum Wohle des Kindes?, Aktuelle Probleme des Kindschaftsrechts, Göttingen 2012, S. 13–37.

–, Legaledukation. Erzieherische Intentionen des Gesetzes im Kindesschutzrecht, in: Schumann, Eva (Hrsg.), Das erziehende Gesetz, Berlin/Boston 2013, S. 159–192.

Johnsen, Dawn E., The Creation of Fetal Rights: Conflicts with Women's Constitutional Rights to Liberty, Privacy, and Equal Protection, Yale L.J. 1986, 599–625.

–, A New Threat to Pregnant Women's Autonomy, Hastings Cent Rep 1987, 33–40.

–, Maternal-Fetal Relationship: Legal and Regulatory Issues, in: Post, Stephen G. (Hrsg.), Bioethics, 4. Aufl., New York 2014.

Jolls, Christine/Sunstein, Cass R., Debiasing through Law, Journal of Legal Studies 2006, 199–241.

Kaba-Schönstein, Lotte, Gesundheitsförderung 1: Grundlagen, in: *BZgA*, Leitbegriffe der Gesundheitsförderung, doi:10.17623/BZGA:224-i033-1.0.

Kahl, Wolfgang, § 13 Gesetzesfolgenabschätzung und Nachhaltigkeitsprüfung, in: Kluth, Winfried/Krings, Günther (Hrsg.), Gesetzgebung. Rechtsetzung durch Parlamente und Verwaltungen sowie ihre gerichtliche Kontrolle, Heidelberg 2014.

Kahl, Wolfgang/Gärditz, Ferdinand, Umweltrecht, 12. Aufl., München 2021.

Kahl, Wolfgang/Waldhoff, Christian/Walter, Christian (Hrsg.), Bonner Kommentar zum Grundgesetz, Losebl., Heidelberg 2020 (zitiert: *Bearbeiter*in*, in: BoKo).

Kaltenborn, Markus/Tröppner, Daniela, Globales Gesundheitsrecht, JZ 2017, 745–754.

Kamil Abdulsalam, Maryam, Die Stunde der Exekutive: Ein Wendepunkt im Umgang mit Tatsachen?, JöR n. F. 2021, 487–504.

Kämmerer, Jörn Axel/Jischkowski, Leif, Grundrechtsschutz in der Pandemie – Der „Corona-Lockdown" im Visier der Verfassungs- und Verwaltungsgerichtsbarkeit, GesR 2020, 341–353.

Karnani, Aneel/McFerran, Brent/Mukhopadhyay, Anirban, Leanwashing: A Hidden Factor In The Obesity Crisis, California Management Review 2014, 5–30.

–, The Obesity Crisis as Market Failure: An Analysis of Systemic Causes and Corrective Mechanisms, JACR 2016, 445–470.

Kater, Michael H., „Volksgesundheit". Ein biopolitischer Begriff und seine Anwendung, in: Lehmann, Hartmut/Oexle, Otto Gerhard (Hrsg.), Nationalsozialismus in den Kulturwissenschaften, Band 2, Göttingen 2004, S. 101–114.

Katzenmeier, Christian, Grundrechte in Zeiten von Corona, MedR 2020, 461–465.

Kaufmann, Franz-Xaver, Sozialpolitik und Sozialstaat: Soziologische Analysen, 3. Aufl., Wiesbaden 2009.

Kemmler, Iris, Kommentar: Finanzlast für Primärprävention: Beitragsfinanzierung und ihre Grenzen, in: Spiecker gen. Döhmann/Wallrabenstein (Hrsg.), in: Spiecker gen. Döhmann, Indra/Wallrabenstein, Astrid (Hrsg.), Rechtswissenschaftliche Fragen an das neue Präventionsgesetz, Frankfurt a. M. 2016, S. 61–77.

Kempf, Tillman, Die Rechtfertigung der Tabaksteuer, Frankfurt a. M. 2005.

Kersten, Jens, Kap. 3: Baurecht, in: Schoch, Friedrich (Hrsg.), Besonderes Verwaltungsrecht, München 2018.

Kersten, Jens/Rixen, Stephan, Der Verfassungsstaat in der Corona-Krise, 1. Aufl., München 2020, 2. Aufl., München 2021.

Kersting, Wolfgang, Philosophische Sozialstaatsbegründungen, in: Goldschmidt, Nils/Wohlgemuth, Michael (Hrsg.), Die Zukunft der sozialen Marktwirtschaft, Tübingen 2004, S. 9–26.

–, Gerechtigkeitsethische Überlegungen zur Gesundheitsversorgung, in: Schöffski, Oliver/Graf v. d. Schulenburg, J.-Matthias (Hrsg.), Gesundheitsökonomische Evaluationen, Berlin, Heidelberg 2008, S. 23–47.

Kevekordes, Daniel, Tabakwerbung und Tabaketikettierung im deutschen und europäischen Recht. EG-Richtlinien zur Tabakwerbung und zur Etikettierung von Tabakerzeugnissen und ihre Umsetzung in der Bundesrepublik Deutschland, Köln, Berlin, Bonn, München 1994.

Kickbusch, Ilona, Der Gesundheitsbegriff der Weltgesundheitsorganisation, in: Häfner, Heinz (Hrsg.), Gesundheit – unser höchstes Gut?, Berlin, Heidelberg, New York 1999, S. 275–286.

Kießling, Andrea, Nichtstörer und andere Unbeteiligte als Adressaten von Polizeiverfügungen, JURA 2016, 483–494.

–, Der deutsche Sozialstaat als Sozialversicherungsstaat und seine Auswirkungen auf das Präventionsrecht, RW 2016, 597–624.

–, Schwanger oder krank? Abgrenzungsfragen der Leistungen der GKV bei Schwangerschaft und Mutterschaft, NZS 2017, 373–375.

–, Gefahraufklärungsbefugnisse in der Polizeirechtsdogmatik – Überlegungen anlässlich des Urteils des Bundesverfassungsgerichts zum BKAG, VerwArch (108) 2017, 282–301.

–, Beobachtungs- und Evaluationsaufträge an den Gesetzgeber in der Rechtsprechung des Bundesverfassungsgerichts. Kommentar zu Karl-Jürgen Bieback, ZfRSoz 2018, 60–68.

–, Die aktionelle Maßnahme im Vorfeld: Voraussetzungen und Grenzen im Lichte aktueller Gesetzesänderungen, in: Andreas Kulick/Michael Goldhammer (Hrsg.), Der Terrorist als Feind? Personalisierung in Polizei- und Völkerrecht, Tübingen 2020, S. 261–283.

–, Rechtssicherheit und Rechtsklarheit bei Ausgangssperren & Co? Zur geplanten minimalinvasiven Änderung des § 28 I IfSG, JuWissBlog v. 24.3.2020 (https://www.juwiss.de/33-2020/).

–, (Hrsg.), IfSG, Kommentar, 1. Aufl., München 2020; 2. Aufl., München 2021, 3. Aufl., München 2022 (zitiert: *Bearbeiter*in*, in: Kießling [Hrsg.], IfSG).

–, Was verlangen Parlamentsvorbehalt und Bestimmtheitsgebot? Standardmaßnahmen im Infektionsschutzgesetz, Verfassungsblog v. 4.11.2020 (https://verfassungsblog.de/was-verlangen-parlamentsvorbehalt-und-bestimmtheitsgebot/).

–, Gesundheitsschutz durch Eingriff oder Aufklärung? Das Ringen um den angemessenen Umgang mit der neuen Seuche AIDS, in: Löhnig, Martin (Hrsg.), Beginn der Gegenwart. Studien zur juristischen Zeitgeschichte der 1980er Jahre, Göttingen 2021, S. 159–185.

–, Stellungnahme zum Entwurf eines Gesetzes zur Stärkung des Schutzes der Bevölkerung und insbesondere vulnerabler Personengruppen vor COVID-19 der Fraktionen SPD, BÜNDNIS 90/DIE GRÜNEN und FDP (BT-Drs. 20/2573) v. 28.8.2022, BT-Drs. 20(14)48(34).

–, Der Anspruch Geduldeter auf Gewährleistung des soziokulturellen Existenzminimums, in: Buchholtz, Gabriele/Croon-Gestefeld, Johanna/Kerkemeyer, Andreas (Hrsg.), Integratives Recht, Tübingen 2021, S. 75–95.

–, Anmerkung zu BVerfG, Beschl. 21.7.2022, 1 BvR 469/20 u. a., JZ 2022, 896–898.

Kingreen, Thorsten, Das Sozialstaatsprinzip im Europäischen Verfassungsverbund. Gemeinschaftliche Einflüsse auf das deutsche Recht der gesetzlichen Krankenversicherung, Tübingen 2003.

–, Rechtliche Gehalte sozialpolitischer Schlüsselbegriffe: Vom daseinsvorsorgenden zum aktivierenden Sozialstaat, SDSRV 52 (2004), 7–47.

–, Rezension zu: Heinig, Hans-Michael: Der Sozialstaat im Dienst der Freiheit, DÖV 2009, 328–329.

–, Medizinrecht und Gesundheitsrecht, in: Ahrens, Hans-Jürgen/von Bar, Christian/Fischer, Gerfried/Spickhoff, Andreas/Taupitz, Jochen (Hrsg.), Medizin und Haftung. Festschrift für Erwin Deutsch zum 80. Geburtstag, Berlin 2009, S. 283–296 (zitiert: *Kingreen*, in: FS-Deutsch).

–, Schätzungen „ins Blaue hinein“: Zu den Auswirkungen des Hartz IV-Urteils des Bundesverfassungsgerichts auf das Asylbewerberleistungsgesetz, NVwZ 2010, 558–562.

–, Knappheit und Verteilungsgerechtigkeit im Gesundheitswesen, VVDStRL 70 (2011), S. 152–194.

–, Whatever it Takes? Der demokratische Rechtsstaat in Zeiten von Corona, Verfassungsblog v. 20.3.2020 (https://verfassungsblog.de/whatever-it-takes/).

–, Das Studium des Verfassungsrechts in der Pandemie, JURA 2020, 1019–1035.

–, Ist das Kunst? Dann kann das weg!, Verfassungsblog v. 4.11.2020 (https://verfassungsblog.de/ist-das-kunst-dann-kann-das-weg/).

–, Kapitel 1: Grundlagen des deutschen Infektionsschutzrechts, in: Huster, Stefan/Kingreen, Thorsten (Hrsg.), Handbuch Infektionsschutzrecht, 2. Aufl., München 2022.

Kingreen, Thorsten/Poscher, Ralf, Grundrechte – Staatsrecht II, 32. Aufl., Heidelberg 2016; 37. Aufl., Heidelberg 2021.

Kirchhof, Ferdinand, Die steuerliche Doppelbelastung der Zigaretten, Berlin 1990.

–, Die Tauglichkeit von Abgaben zur Lenkung des Verhaltens, DVBl 2000, 1166–1175.

Kirchhof, Gregor, Der rechtliche Schutz vor Feinstaub – subjektive öffentliche Rechte zu Lasten Vierter? Der Wechsel vom Emissions- zum Immissionsprinzip im Luftqualitätsrecht und die Folgen für das subjektive öffentliche Recht und die Verhältnismäßigkeitsprüfung, AöR 135 (2010), 29–77.

Kirchhof, Paul, Kontrolle der Technik als staatliche und private Aufgabe, NVwZ 1988, 97–104.

–, Armut und Freiheit, in: Ruland, Franz/von Maydell, Bernd/Papier, Hans-Jürgen (Hrsg.), Verfassung, Theorie und Praxis des Sozialstaats: Festschrift für Hans F. Zacher zum 70. Geburtstag, Heidelberg 1998, S. 323–344 (zitiert: *P. Kirchhof*, in: FS-Zacher).

–, § 124 Der allgemeine Gleichheitssatz, in: Isensee, Josef/Kirchhof, Paul (Hrsg.), Handbuch des Staatsrechts, Band V, 2. Aufl., Heidelberg 2000.

–, Das Recht auf Gesundheit, in: Konrad-Adenauer-Stiftung (Hrsg.), Grenzen der Gesundheit, Freiburg, Basel, Wien 2004, S. 442–460.

–, § 118 Die Steuern, in: Isensee, Josef/Kirchhof, Paul (Hrsg.), Handbuch des Staatsrechts, Band V, 3. Aufl., Heidelberg 2007.

Kirsch, Andrea, Rudolf-Heß-Gedenkmärsche, Volksverhetzung und die Meinungsfreiheit, NWVBl 2010, 136–139.

Kirste, Stephan, Harter und weicher Rechtspaternalismus. Unter besonderer Berücksichtigung der Medizinethik, JZ 2011, 805–814.

Klafki, Anika, Risiko und Recht. Risiken und Katastrophen im Spannungsfeld von Effektivität, demokratischer Legitimation und rechtsstaatlichen Grundsätzen am Beispiel von Pandemien, Tübingen 2017.

–, Corona-Pandemie: Ausgangssperre bald auch in Deutschland?, JuWissBlog v. 18.3.2020 (https://www.juwiss.de/27-2020/).

–, Der Immunitätsausweis und der Weg zurück in ein freiheitliches Leben, Verfassungsblog v. 4.5.2020 (https://verfassungsblog.de/der-immunitaetsausweis-und-der-weg-zurueck-in-ein-freiheitliches-leben/).

Kläner, Bastian Philipp, Suchtprävention, Abstandsgebote und Verhältnismäßigkeit – Betrachtungen einer komplexen rechtlichen Zielbeziehung, ZfWG 2018, 378–383.

Klein, Laura/Wapler, Friederike, Reproduktive Gesundheit und Rechte, APuZ 2019, 20–26.

Klein, Oliver, Das Untermaßverbot – Über die Justiziabilität grundrechtlicher Schutzpflichterfüllung, JuS 2006, 960–964.

Klement, Jan Henrik, Vom Nutzen einer Theorie, die alles erklärt, Robert Alexys Prinzipientheorie aus der Sicht der Grundrechtsdogmatik, JZ 2008, 756–763.

–, Primärprävention gegen Gesundheitsrisiken als Freiheitsrisiko: Prävention und Paternalismus, in: Spiecker gen. Döhmann, Indra/Wallrabenstein, Astrid (Hrsg.), Rechtswissenschaftliche Fragen an das neue Präventionsgesetz, Frankfurt a. M. 2016, S. 105–144.

Klimpel, Paul K., Bevormundung oder Freiheitsschutz? Kritik und Rechtfertigung paternalistischer Vorschriften über das Leben, den Körper und die Sexualität im deutschen Recht, Frankfurt a. M. 2003.

Klinck, Fabian/Riesenhuber, Karl, § 1 Einführung: Das Verbraucherleitbild – Interdisziplinäre und Europäische Perspektiven, in: dies. (Hrsg.), Verbraucherleitbilder. Interdisziplinäre und europäische Perspektiven, Berlin 2015, S. 1–12.

Klinkhammer, Nicole, Frühkindliche Bildung und Betreuung im ‚Sozialinvestitionsstaat' – mehr Chancengleichheit durch investive Politikstrategien?, in: Bühler-Niederberger, Doris/Mierendorff, Johanna/Lange, Andreas (Hrsg.), Kindheit zwischen fürsorglichem Zugriff und gesellschaftlicher Teilhabe, 1. Band „Ungleiche Kindheiten", Wiesbaden 2010, S. 205–228.

Kloepfer, Michael, Grundrechte als Entstehungssicherung und Bestandsschutz, München 1970.

–, Umweltrecht, 4. Aufl., München 2016.

Kloepfer, Michael/Durner, Wolfgang, Umweltschutzrecht, 3. Aufl., München 2020.

Kluckert, Sebastian, § 2 Verfassungs- und verwaltungsrechtliche Grundlagen des Infektionsschutzrechts, in: ders. (Hrsg.), Das neue Infektionsschutzrecht, 2. Aufl., Baden-Baden 2021.

Kluth, Winfried, § 14 Die Begründung von Gesetzen, in: ders./Krings, Günther (Hrsg.), Gesetzgebung. Rechtsetzung durch Parlamente und Verwaltungen sowie ihre gerichtliche Kontrolle, Heidelberg 2014.

–, Pandemiebekämpfung als Aufgabe nachhaltiger Gesamtplanung. 7 Thesen zur Weiterentwicklung des Rechtsrahmens des Infektionsschutzes, Thesenpapier der Deutschen Gesellschaft für Gesetzgebung v. 8.6.2021, https://www.dggev.de/wp-content/plugins/download-attachments/includes/download.php?id=749.

–, Pandemierecht 4.0. Schlussfolgerungen aus den Entscheidungen des Bundesverfassungsgerichts vom 19.11.2021, Verfassungsblog v. 10.12.2021, https://verfassungsblog.de/pandemierecht-4-0/.

Kment, Martin, Ein Monopol gerät unter Druck. Das „Sportwetten-Urteil" des BVerfG, NVwZ 2006, 617–623.

Knoll, Manuel, Ist staatliche Umverteilung gerecht? John Rawls' Begründung des Wohlfahrtsstaates, in: Spieker, Michael (Hrsg.), Der Sozialstaat. Fundamente und Reformdiskurse, Baden-Baden 2012, S. 39–61.

Köck, Wolfgang, Grundzüge des Risikomanagements im Umweltrecht, in: Bora, Alfons (Hrsg.), Rechtliches Risikomanagement. Form, Funktion und Leistungsfähigkeit des Rechts in der Risikogesellschaft, Berlin 1999, S. 129–191.

–, § 36 Pläne und andere Formen des prospektiven Verwaltungshandelns, in: Voßkuhle, Andreas/Eifert, Martin/Möllers, Christoph (Hrsg.), Grundlagen des Verwaltungsrechts, Band 2, 3. Aufl., München 2022.

Köck, Wolfgang/Fischer, Henrik, Gesundheitsfördernde Stadtentwicklung und Umweltgerechtigkeit als Problem des Städtebau- und Bauplanungsrechts, DVBl 2016, 1296–1306.

Koenig, Christian, Internalisierung des Risikomanagements durch neues Umwelt- und Technikrecht? Ein Plädoyer für die Beachtung ordnungsrechtlicher Prinzipien in der umweltökonomischen Diskussion, NVwZ 1994, 937–942.

Köhler, Michael, Freiheitliches Rechtsprinzip und Betäubungsmittelstrafrecht, ZStW 1992, 3–64.

Kohte, Wolfhard, Praktische Fragen der Sozialleistungspfändung, NJW 1992, 393–400.

Kolbe, Frederike, Freiheitsschutz vor staatlicher Gesundheitssteuerung. Grundrechtliche Grenzen paternalistischen Staatshandelns, Baden-Baden 2017.

Koletzko, Berthold, Ernährungsorientierte Strategien zur Bekämpfung der Adipositasepidemie, Monatsschrift Kinderheilkunde 2018, 403–413.

Koletzko, Berthold/Grote, Veit/Schiess, Sonja/Verwied-Jorky Sabine/Brands, Brigitte/Demmelmair, Hans/von Kries, Rüdiger, Prävention der kindlichen Adipositas durch die Säuglingsernährung, Monatsschrift Kinderheilkunde 2010, 553–653.

Kolip, Petra, Krankheitsprävention und Gesundheitsförderung: Begründung, Konzepte und politischer Rahmen, in: Razum, Oliver/Kolip, Petra (Hrsg.), Handbuch Gesundheitswissenschaften, 7. Aufl., Weinheim, Basel 2020, S. 686–709.

Kollmer, Norbert/Klindt, Thomas/Schucht, Carsten (Hrsg.), Arbeitsschutzgesetz, Kommentar, 4. Aufl., München 2021 (zitiert: *Bearbeiter*in*, in: Kollmer/Klindt/Schucht [Hrsg.], ArbSchG).

Komp, Lennart/Thrun, Felix, Ungleiche Freiheit für Geimpfte, JA 2021, 743–749.

Könemann, Britta, Der verfassungsunmittelbare Anspruch auf das Existenzminimum, Hamburg 2005.

Köthe, Grit/Knoll, Michael, Die Besteuerung von Tabakwaren in Deutschland, BB 2015, 1174–1180.

Kotzur, Markus, Der nachhaltige Sozialstaat – ein Typus, entfaltet am Beispiel des deutschen Grundgesetzes, BayVBl 2007, 257–263.

Kraus, Ludwig/Piontek, Daniela, Der Mythos Alkopops oder das notwendige Scheitern einer halbherzigen Alkoholpolitik, Sucht 2012, 137–139.

Krauskopf, Dieter (Begr.), Soziale Krankenversicherung, Pflegeversicherung, Losebl., herausgegeben von Wagner, Regine/Knittel, Stefan, München 2020 (zitiert: *Bearbeiter*in*, in: Krauskopf, Soziale Krankenversicherung, Pflegeversicherung).

Krebs, Angelika, Warum Gerechtigkeit nicht als Gleichheit zu begreifen ist, DZPhil 51 (2003), 235–253.

Kreß, Hartmut, Medizinische Ethik. Gesundheitsschutz – Selbstbestimmungsrechte – heutige Wertkonflikte, 2. Aufl., Stuttgart 2009.

Kreßner, Maximilian, Gesteuerte Gesundheit. Grund und Grenzen verhaltenswissenschaftlich informierter Gesundheitsförderung und Krankheitsprävention, Baden-Baden 2019.

Kreuzer, Arthur (Hrsg.), Handbuch des Betäubungsmittelstrafrechts, München 1998 (zitiert: *Bearbeiter*in*, in: Kreuzer [Hrsg.], Handbuch des Betäubungsmittelstrafrechts).

Kriebel, David/Trickner, Joel, Reenergizing Public Health Through Precaution, Am J Public Health 91 (2001), 1351–1361.

Krings, Günter, Grund und Grenzen grundrechtlicher Schutzansprüche. Die subjektiv-rechtliche Rekonstruktion der grundrechtlichen Schutzpflichten und ihre Auswirkung auf die verfassungsrechtliche Fundierung des Verbrauchervertragsrechts, Berlin 2003.

Krüper, Julian, Gemeinwohl im Prozess. Elemente eines funktionalen subjektiven Rechts auf Umweltvorsorge, Berlin 2009.

–, Religionstradition und Rechtskonvention: Die Unzulässigkeit religiöser Knabenbeschneidung – Besprechung von LG Köln, Urt. v. 7.5.2012 – 151 Ns 169/11, ZJS 2012, 547–552.

–, Liberalisierung – Legalisierung – Kanalisierung?, ZRP 2020, 33.

Krüper, Julian/Unger, Sebastian, Ein Strukturwandel des Glücksspielrechts tut not, ZfWG 2019, 329–330.

Kryspin-Exner, Ilse/Pintzinger, Nina, Theorien der Krankheitsprävention und des Gesundheitsverhaltens, in: Hurrelmann, Klaus/Richter, Matthias/Klotz, Theodor/Stock, Stephanie (Hrsg.), Referenzwerk Prävention und Gesundheitsförderung. Grundlagen, Konzepte und Umsetzungsstrategien, 5. Aufl., Bern 2018, S. 35–46.

Kube, Hanno, § 148 Persönlichkeitsrecht, in: Isensee, Josef/Kirchhof, Paul (Hrsg.), Handbuch des Staatsrechts, Band VII, 3. Auflage, Heidelberg 2009.

Kügel, Wilfried/Müller, Rolf-Georg/Hofmann, Hans-Peter (Hrsg.), Arzneimittelgesetz, 3. Auflage 2022 (zitiert: *Bearbeiter*in*, in: Kügel/Müller/Hofmann [Hrsg.], AMG).

Küll, Carolin, Grundrechtliche Probleme der Allokation von CO2-Zertifikaten, Berlin, Heidelberg 2009.

Kupferschmidt, Frank, Einkommen, Produktion und Wachstum, in: Drewello, Hansjörg/Kupferschmidt, Frank/Sievering, Oliver (Hrsg.), Markt und Staat, Wiesbaden 2018, S. 119–144.

Kurzai, Bernd, Das Nutri-Score-Kennzeichen als ergänzende Nährwertkennzeichnung in Deutschland, LMuR 2021, 77–83.

Laaksonen, Mikko/Roos, Eva/Rahkonen, Ossi/Martikainen, Pekka/Lahelma, Eero, Influence of material and behavioural factors on occupational class differences in health, Journal of Epidemiology and Community Health 59 (2005), 163–169.

Labisch, Alfons, Gesellschaftliche Bedingungen öffentlicher Gesundheitsvorsorge. Problemansichten und Problemlösungen kommunaler und staatlicher Formen der Gesundheitsvorsorge, dargestellt am Beispiel des öffentlichen Gesundheitsdienstes, Frankfurt a. M. 1988.

Labisch, Alfons/Tennstedt, Florian, Prävention und Prophylaxe als Handlungsfelder der Gesundheitspolitik im Deutschen Reich, in: Elkeles, Thomas/Niehoff, Jens-Uwe/Rosenbrock, Rolf/Schneider, Frank (Hrsg.), Prävention und Prophylaxe. Theorie und Praxis eines gesundheitspolitischen Grundmotivs in zwei deutschen Staaten 1949–1990, Berlin 1991, S. 13–28.

–, Prävention und Prophylaxe als Handlungsfelder der Gesundheitspolitik in der Frühgeschichte der Bundesrepublik Deutschland (1949 – ca. 1965), in: Elkeles, Thomas/Niehoff, Jens-Uwe/Rosenbrock, Rolf/Schneider, Frank (Hrsg.), Prävention und Prophylaxe. Theorie und Praxis eines gesundheitspolitischen Grundmotivs in zwei deutschen Staaten 1949–1990, Berlin 1991, S. 129–158.

Labisch, Alfons/Woelk, Wolfgang, Geschichte der Gesundheitswissenschaften, in: Hurrelmann, Klaus/Razum, Oliver (Hrsg.), Handbuch Gesundheitswissenschaften, 5. Aufl., Weinheim, Basel 2012, S. 55–98.

Labrenz, Christoph, Eine Bewährungsprobe für den freiheitlichen Rechtsstaat – wenn Freiheitsausübung viral gefährlich wird, NWVBl 2020, 265–273.

Ladeur, Karl-Heinz, Risikowissen und Risikoentscheidung, KritV 1991, 241–256.

–, Mindestmengen im Risikorecht – Ziele und Anforderungen. Zur Notwendigkeit des Anschlusses des Sozialrechts an die Dogmatik des Entscheidens unter Ungewissheitsbedingungen, GesR 2002, 257–262.

–, Die objektiv-rechtliche Dimension der wirtschaftlichen Grundrechte – Relativierung oder Abstützung der subjektiven Freiheitsrechte?, DÖV 2007, 1–10.

–, Risiko Sozialstaat. Expansion des Sozialstaats ohne verfassungsrechtliche Schranken, Der Staat 46 (2007), 61–88.

–, Die Beobachtung der kollektiven Dimension der Grundrechte durch eine liberale Grundrechtstheorie. Zur Verteidigung der Dominanz der abwehrrechtlichen Dimension der Grundrechte, Der Staat 50 (2011), 493–531.

–, Die COVID-19-Pandemie – experimentelles Handeln unter Ungewissheitsbedingungen. Rechtliche und rechtspolitische Herausforderungen, RuP 2021, 144–163.

Lahusen, Christian/Stark, Carsten, Integration: Vom fördernden und fordernden Wohlfahrtsstaat, in: Lessenich, Stephan (Hrsg.), Wohlfahrtsstaatliche Grundbegriffe. Historische und aktuelle Diskurse, Frankfurt a. M. 2003, S. 353–371.

Lampert, Thomas/Hoebel, Jens/Kroll, Lars Eric, Soziale Unterschiede in der Mortalität und Lebenserwartung in Deutschland – Aktuelle Situation und Trends, Journal of Health Monitoring 1/2019, 3–14.

Lampert, Thomas/Kroll, Lars Eric/Kuntz, Benjamin/Ziese, Thomas, Gesundheitliche Ungleichheit, 8.3 Gesundheitliche Ungleichheit, in: Statistisches Bundesamt/Wissenschaftszentrum Berlin für Sozialforschung, Zentrales Datenmanagement (Hrsg.), Datenreport 2013. Ein Sozialbericht für die Bundesrepublik Deutschland, Bonn 2013, S. 259–271.

Lampert, Thomas/Mielck, Andreas, Gesundheit und soziale Ungleichheit. Eine Herausforderung für Forschung und Politik, GGW 2008, 7–16.

Lampert, Thomas/Richter, Matthias, Gesundheitliche Ungleichheit bei Kindern und Jugendlichen, in: Richter, Matthias/Hurrelmann, Klaus (Hrsg.), Gesundheitliche Ungleichheit. Grundlagen, Probleme, Perspektiven, 2. Aufl., Wiesbaden 2009, S. 209–230.

Lampert, Thomas/Richter, Matthias/Schneider, Sven/Spallek, Jacob/Dragano, Nico, Soziale Ungleichheit und Gesundheit, Bundesgesundbeitsbl 2016, 153–165.

Lampert, Thomas/Saß, Anke-Christine/Beermann, Sandra/Burger, Reinhard/Ziese, Thomas, Gesundheitsberichterstattung, in: Thielscher, Christian (Hrsg.), Medizinökonomie 1, 2. Aufl., Wiesbaden 2015, S. 27–56.

von Landenberg-Roberg, Michael, Elternverantwortung im Verfassungsstaat. Rekonstruktion der Grundrechtsdogmatik des Art. 6 Abs. 2 GG, Tübingen 2021.

Lang, Heinrich, Mäanderndes Existenzminimum, in: Höfling, Wolfram (Hrsg.), Festgabe für Karl Heinrich Friauf – Kommentierte Verfassungsrechtsdogmatik, Köln 2011, S. 309–329 (zitiert: *Lang*, in: FS-Friauf).

Lang, Peter/Strunk, Mareike, Tabakprävention der Bundeszentrale für gesundheitliche Aufklärung – Die „rauchfrei" Jugendkampagne, Bundesgesundheitsbl 2010, 125–132.

Laubinger, Hans-Werner, Das „Endiviensalat-Urteil" – eine Fehlentscheidung? Zum Begriff der Allgemeinverfügung im Sinne von § 35 Satz 2 VwVfG, in: Arndt, Hans-Wolfgang/Knemeyer, Franz-Ludwig/Kugelmann, Dieter/Meng, Werner/Schweitzer, Michael (Hrsg.), Völkerrecht und deutsches Recht: Festschrift für Walter Rudolf zum 70. Geburtstag, München 2001, S. 305–323 (zitiert: *Laubinger*, in: FS-Rudolf).

Lee, Eun-Kyung, Umweltrechtlicher Instrumentenmix und kumulative Grundrechtseinwirkungen, Tübingen 2013.

Leidel, Jan, Sozialmedizinische Aufgaben des ÖGD, Bundesgesundheitsbl 2005, 1130–1137.

–, Engagiert für die Gesundheit der Bevölkerung – der öffentliche Gesundheitsdienst, Bundesgesundheitsbl 2009, 791–797.

Leisner, Walter Georg, Existenzsicherung im Öffentlichen Recht, Tübingen 2007.

Leisner-Egensperger, Anna, Freiheiten für Geimpfte – Zur Aufhebung von Grundrechtsbeschränkungen für Geimpfte, Genesene und Getestete, DVBl 2021, 825–833.

–, Der legitime Zweck als Bezugspunkt der Verhältnismäßigkeit. Zum Zweck freiheitsbeschränkender Schutzmaßnahmen in der Corona-Pandemie, JZ 2021, 913–924.

Leitmeier, Lorenz, Corona und „Ultra-vires": Recht an der Grenze, DÖV 2020, 645–652.

Leopoldina (Nationale Akademie der Wissenschaften Leopoldina), Übergewicht und Adipositas: Thesen und Empfehlungen zur Eindämmung der Epidemie, Diskussionspapier Nr. 22, 2019.

Leppin, Anja, Konzepte und Strategien der Prävention, in: Hurrelmann, Klaus/Richter, Matthias/Klotz, Theodor/Stock, Stephanie (Hrsg.), Referenzwerk Prävention und Gesundheitsförderung. Grundlagen, Konzepte und Umsetzungsstrategien, 5. Aufl., Bern 2018, S. 47–55.

Lepsius, Oliver, Risikosteuerung durch Verwaltungsrecht: Ermöglichung oder Begrenzung von Innovationen?, VVDStRL 63 (2004), S. 264–308.

–, Die maßstabsetzende Gewalt, in: Jestaedt, Matthias/Lepsius, Oliver/Möllers, Christoph/Schönberger, Christoph (Hrsg.), Das entgrenzte Gericht. Eine kritische Bilanz nach sechzig Jahren Bundesverfassungsgericht, Berlin 2011, S. 159–279.

–, Zur Neubegründung des Rückwirkungsverbots aus der Gewaltenteilung. Besprechung von BVerfG, Beschluss v. 17.12.2013 – 1 BvL 5/08, JZ 2014, 488–500.

–, Chancen und Grenzen des Grundsatzes der Verhältnismäßigkeit, in: Jestaedt, Matthias/Lepsius, Oliver (Hrsg.), Verhältnismäßigkeit, Tübingen 2015, S. 1–41.

–, Vom Niedergang grundrechtlicher Denkkategorien in der Corona-Pandemie, Verfassungsblog v. 6.4.2020 (https://verfassungsblog.de/vom-niedergang-grundrechtlicher-denkkate gorien-in-der-corona-pandemie/).

–, Partizipationsprobleme und Abwägungsdefizite im Umgang mit der Corona-Pandemie, JöR n. F. 2021, 705–762.

Lerche, Peter, Das Grundgesetz zwischen Stabilität und Veränderung, in: Pitschas, Rainer/Uhle, Arnd/Aulehner, Josef (Hrsg.), Wege gelebter Verfassung in Recht und Politik: Festschrift für Rupert Scholz, Berlin 2007, S. 48–55 (zitiert: *Lerche*, in: FS-Scholz).

–, Werbung und Verfassung, München und Berlin 1967.

Lessenich, Stephan, Der Sozialstaat als Erziehungsagentur, APuZ 49–50 (2012), 55–61.

Ley, Astrid, „Die Verminderung der Hausbesuche erklärt sich durch die anderweitige Inanspruchnahme der Fürsorgeärzte …". Zu den Auswirkungen des Sterilisationsgesetzes auf die Offene Fürsorge für Geisteskranke, in: Stöckel, Sigrid/Walter, Ulla (Hrsg.), Prävention im 20. Jahrhundert, Weinheim, München 2002, S. 122–135.

Lichdi, Johannes, Die Geltung des Parlamentsvorbehalts in der Corona-Pandemie, SächsVBl 2020, 273–279.

Lindner, Josef Franz, Verpflichtende Gesundheitsvorsorge für Kinder?, ZRP 2006, 115–118.

–, Konsequente Zweckverfolgung als Verfassungspflicht des Gesetzgebers, ZG 2007, 188–203.

–, Besprechung von Antonia Reitter: Rechtspaternalismus und Biomedizinrecht. Schutz gegen den eigenen Willen im Transplantationsgesetz, Arzneimittelgesetz und Embryonenschutzgesetz. – Berlin: Duncker & Humblot 2020, JZ 2020, 844–845.

–, „Privilegien" für einige oder Lockdown für alle? Coronaimpfung – offene Verfassungsrechtsfragen, Verfassungsblog v. 29.12.2020 (https://verfassungsblog.de/privilegien-oder-lockdown/).

–, § 18 Öffentliches Recht, in: Schmidt, Hubert (Hrsg.), COVID-19. Rechtsfragen zur Corona-Krise, 3. Aufl., München 2021.

Lindner, Ulrike, Chronische Gesundheitsprobleme. Das deutsche Gesundheitssystem vom Kaiserreich bis in die Bundesrepublik, APuZ B 33-34/2003, 21–28.

–, Gesundheitspolitik in der Nachkriegszeit. Großbritannien und die Bundesrepublik Deutschland im Vergleich, München 2004.

Littwin, Frank, Grundrechtsschutz gegen sich selbst. Das Spannungsverhältnis von grundrechtlichem Selbstbestimmungsrecht und Gemeinschaftsbezogenheit des Individuums, Frankfurt a. M., Berlin, Bern, New York, Paris, Wien 1993.

Loewenstein, George, Out of Control: Visceral Influences on Behavior, 65 J. Org. Behav. & Hum. Decision Processes 1996, 272–292.

Lohse, Eva Julia, (Noch) Ungewisse Risiken: gesetzgeberische Handlungsmöglichkeiten und -pflichten am Beispiel der Nanotechnologien, in: 50. Assistententagung Öffentliches Recht (Hrsg.), Risiko im Recht – Recht im Risiko, Baden-Baden 2011, S. 37–60.

Lopez-Quintero, Catalina/Pérez de los Cobos, José/Hasin, Deborah S./Okuda, Mayumi/Wang, Shuai/Grant, Bridget F./Blanco, Carlos, Probability and predictors of transition from first use to dependence on nicotine, alcohol, cannabis, and cocaine: Results of the National Epidemiologic Survey on Alcohol and Related Conditions (NESARC), Drug and Alcohol Dependence 115 (2011), 120–130.

Lorz, Ralph Alexander, Diskussionsbeitrag, VVDStRL 71 (2012), S. 83–84.

Lövenich, Christoph, Entwicklung der Tabakregulierung in Deutschland. Vom *braunen* Gold zum sozialen Stigma, in: Jacob, Frank/Dworok, Gerrit (Hrsg.), Tabak und Gesellschaft, Baden-Baden 2015, S. 59–81.

Lübbe-Wolff, Gertrude, Präventiver Umweltschutz – Auftrag und Grenzen des Vorsorgeprinzips im deutschen und europäischen Recht, in: Bizer, Johannes/Koch, Hans-Joachim (Hrsg.), Sicherheit, Vielfalt, Solidarität. Ein neues Paradogma des Verfassungsrechts? Symposium für Erhard Denninger, Baden-Baden 1998, S. 47–74.

Lübke, Julia, Förderung des Binnenmarktes durch das Verbot aromatisierter Tabakerzeugnisse und Vorbildfunktion von WHO-Leitlinien, GPR 2016, 181–184.

Lüdemann, Jörn, Edukatorisches Staatshandeln. Steuerungstheorie und Verfassungsrecht am Beispiel der staatlichen Förderung von Abfallmoral, Baden-Baden 2004.

Lüder, Tobias, Der Dritte Glücksspieländerungsstaatsvertrag, NVwZ 2020, 190–195.

Luthe, Ernst-Wilhelm, Optimierende Sozialgestaltung. Bedarf – Wirtschaftlichkeit – Abwägung, Tübingen 2001.

–, Das ökologische, gesundheitliche und soziale Existenzminimum und das Vorsorgeprinzip, in: ders./Meyerholt, Ulrich/Wolf, Rainer (Hrsg.), Der Rechtsstaat zwischen Ökonomie und Ökologie. Festschrift für Götz Frank zum 70. Geburtstag, Tübingen 2014, S. 77–107 (zitiert: *Luthe*, in: FS-Frank).

–, Das Existenzminimum – auf dem Weg wohin?, jM 2016, 249–255.

Mackenbach, Johan P., The persistence of health inequalities in modern welfare states: The explanation of a paradox, Social Science & Medicine 75 (2012), 761–769.

von Manger-Koenig, Ludwig, Der öffentliche Gesundheitsdienst zwischen gestern und morgen, Öff. Gesundh.-Wesen 37 (1975), 433–448.

Mangold, Anna-Katharina, Relationale Freiheit. Grundrechte in der Pandemie, VVDStRL 2021, 7–30.

von Mangoldt, Hermann/Klein, Friedrich/Starck, Christian, herausgegeben von Huber, Peter Michael/Voßkuhle, Andreas, Grundgesetz, 7. Aufl., München 2018 (zitiert: *Bearbeiter*in*, in: v. Mangoldt/Klein/Starck).

Marckmann, Georg, Eigenverantwortung als Rechtfertigungsgrund für ungleiche Leistungsansprüche in der Gesundheitsversorgung?, in: Rauprich, Oliver/Marckmann, Georg/Vollmann, Jochen (Hrsg.), Gleichheit und Gerechtigkeit in der modernen Medizin, Paderborn 2005, S. 299–313.

–, Gesundheit und Gerechtigkeit, Bundesgesundheitsbl 2008, 887–894.

–, Präventionsmaßnahmen im Spannungsfeld zwischen individueller Autonomie und allgemeinem Wohl, Ethik Med 2010, 207–220.

Marckmann, Georg/Strech, Daniel, Konzeptionelle Grundlagen einer Public Health Ethik, in: Strech, Daniel/Marckmann, Georg (Hrsg.), Public Health Ethik, Berlin 2010, S. 43–65.

Marmot, Michael, The Status Syndrome: How Social Standing Affects Our Health and Longevity, New York 2005.

–, Fair Society Healthy Lives, in: Eyal, Nir/Hurst, Samia A./Norheim, Ole F./Wikler, Dan (Hrsg.), Inequalities in Health. Concepts, Measures, and Ethics, 2013, S. 282–298.

Maron, Barry J./Hunger, Matthias/Kirchberger, Inge/Peters, Annette/Mielck, Andreas, KORA-Studiengruppe, Nimmt die gesundheitliche Ungleichheit zu? Trends beim subjektiven Gesundheitszustand, beim Rauchen und bei Adipositas zwischen 1984/85 und 1999/2000 bei Erwachsenen in Augsburg, Bundesgesundheitsbl 2014, 431–443.

Martens, Wolfgang, Der Schutz des einzelnen im Polizei- und Ordnungsrecht, DÖV 1976, 457–463.

Mathis, Klaus, Verhaltenssteuerung durch Aufklärung, Anreize und „Nudging“: Prävention im Gesundheitswesen aus verhaltensökonomischer Perspektive, in: Spiecker gen. Döhmann, Indra/Wallrabenstein, Astrid (Hrsg.), Rechtswissenschaftliche Fragen an das neue Präventionsgesetz, Frankfurt a. M. 2016, S. 79–96.

Mayer, Christian, Die Nachbesserungspflicht des Gesetzgebers, Baden-Baden 1996.
Mayer, Matthias, Untermaß, Übermaß und Wesensgehaltsgarantie. Die Bedeutung staatlicher Schutzpflichten für den Gestaltungsspielraum des Gesetzgebers im Grundrechtsbereich, Baden-Baden 2005.
Mayes, Christopher, The Harm of Bioethics: A Critique of Singer and Callahan on Obesity, Bioethics 2015, 217–221.
Mayr, Erasmus, Grenzen des Paternalismus II. Zwischen Harm-Principle und Unvertretbarkeit, in: Fateh-Moghadam, Bijan/Sellmaier, Stephan/Vossenkuhl, Wilhelm (Hrsg.), Grenzen des Paternalismus, Stuttgart 2010, S. 48–72.
McKeown, Thomas, The role of medicine. Dream, mirage, or nemesis?, London 1976.
Mehde, Veith/Hanke, Stefanie, Gesetzgeberische Begründungspflichten und -obliegenheiten. Die neuen Ansätze in der verfassungsgerichtlichen Rechtsprechung, ZG 2010, 381–398.
Meier, Toni/Senftleben, Karolin/Deumelandt, Peter/Christen, Olaf/Riedel, Katja/Langer, Martin, Healthcare Costs Associated with an Adequate Intake of Sugars, Salt and Saturated Fat in Germany: A Health Econometrical Analysis, PLoS ONE 10(9) (2015), 1–21.
Meinel, Florian, Verteilung als Verfassungsfrage, in: Boysen, Sigrid/Kaiser, Anna-Bettina/Meinel, Florian (Hrsg.), Verfassung und Verteilung, Tübingen 2015, S. 19–51.
Meisterernst, Andreas, Vom Regen in die Traufe. Zum Entwurf für eine europäische Verordnung über nährwert-, wirkungs- und gesundheitsbezogene Angaben auf Lebensmitteln, ZLR 2002, 569–583.
–, Europäische Gesetzgebung auf Abwegen – eine kritische Betrachtung der laufenden Vorhaben zu Health Claims, Anreicherung, Herbals, ZLR 2004, 43–57.
–, Gentechnik – TTIP – Stofflisten: Vorsorge als Rechtsprinzip und ethischer Vorwand, ZLR 2017, 439–450.
–, Lebensmittelrecht, München 2019.
Meisterernst, Andreas/Haber, Bernd, 12 Jahre Lernprozess–Was hat die HCVO gebracht?, WRP 2019, 413–422.
Meisterernst, Andreas/Muffler, Felicia, Verbraucherleitbilder im Lebensmittelrecht – die Renaissance des flüchtigen Verbrauchers, ZLR 2013, 25–40.
Mensink, Gert B. M./Schienkiewitz, Anja/Haftenberger, Marjolein/Lampert, Thomas/Ziese, Thomas/Scheidt-Nave, Christa, Übergewicht und Adipositas in Deutschland, Ergebnisse der Studie zur Gesundheit Erwachsener in Deutschland (DEGS1), Bundesgesundheitsbl 2013, 786–794.
Merli, Franz, Armut und Verfassung. Die Rechtslage in Deutschland, in: Hofmann, Rainer/Holländer, Pavel/Merli, Franz/Wiederin, Ewald (Hrsg.), Sozialstaatlichkeit im europäischen Vergleich, Wien 1998, S. 117–140.
Mers, Jutta, Infektionsschutz im liberalen Rechtsstaat, Baden-Baden 2019.
Merten, Detlef, „Gute" Gesetzgebung als Verfassungspflicht oder Verfahrenslast?, DÖV 2015, 349–360.
Meßerschmidt, Klaus/von Hesler, Christian, Evidenzbasierte Rechtsetzung in der Pandemiekrise, ZG 2022, 200–217.
Mesink, G. B. M./Schienkiewitz, A./Haftenberger, M./Lampert, T./Ziese, T./Scheidt-Nave, C., Übergewicht und Adipositas in Deutschland. Ergebnisse der Studie zur Gesundheit Erwachsener in Deutschland (DEGS1), Bundesgesundheitsbl 2013, 786–794.
Mettke, Thomas, Die Überspannung der europäischen Lebensmittelgesetzgebung, ZLR 2008, 381–389.

Meyer, Stephan, Risikovorsorge als Eingriff in das Recht auf körperliche Unversehrtheit. Gesetzliche Erschwerung medizinischer Forschung aus Sicht des Patienten als Grundrechtsträger, AöR 136 (2011), 428–478.

Meysen, Thomas, Kindesschutz zwischen Prävention und Intervention, in: Coester-Waltjen, Dagmar/Lipp, Volker/Schumann, Eva/Veit, Barbara (Hrsg.), Alles zum Wohle des Kindes?, Aktuelle Probleme des Kindschaftsrechts, Göttingen 2012, S. 155–182.

Meysen, Thomas/Schönecker, Lydia/Kindler, Heinz (Hrsg.), Frühe Hilfen im Kinderschutz. Rechtliche Rahmenbedingungen und Risikodiagnostik in der Kooperation von Gesundheits- und Jugendhilfe, Weinheim und München 2009.

Michael, Lothar, Folgerichtigkeit als Wettbewerbsgleichheit. Zur Verwerfung von Rauchverboten in Gaststätten durch das BVerfG, JZ 2008, 875–882.

–, Das Verhältnismäßigkeitsprinzip als Schlüssel(bund)konzept, in: Jestaedt, Matthias/Lepsius, Oliver (Hrsg.), Verhältnismäßigkeit, Tübingen 2015, S. 42–59.

Michl, Fabian, Immunität als Status, Verfassungsblog v. 11.5.2020 (https://verfassungsblog.de/immunitaet-als-status/).

Middel, Claus-Dieter, Darf der Staat seine Bürger zur Gesundheit erziehen – oder verbieten dies die Freiheitsrechte?, in: Weilert, A. Katarina (Hrsg.), Gesundheitsverantwortung zwischen Markt und Staat, Baden-Baden 2015, S. 145–160.

Mielck, Andreas, Welche sozialen Unterschiede im Gesundheitszustand sind „ungerecht"? Plädoyer für eine stärkere ethische Reflexion der Zielsetzung „Verringerung der gesundheitlichen Ungleichheit", in: Strech, Daniel/Marckmann, Georg (Hrsg.), Public Health Ethik, Berlin 2010, S. 79–96.

–, Sozial-epidemiologische und ethische Ansätze zur Bewertung der gesundheitlichen Ungleichheit, Ethik Med 2010, 235–248.

Mielck, Andreas/Maron, J., Nimmt die gesundheitliche Ungleichheit zu? Ergebnisse eines Literaturreviews und Empfehlungen für die weitere Forschung, Gesundheitswesen 2015, 137–147.

von Miquel, Marc, Der „völkische" Wohlfahrtsstaat in der NS-Zeit, in: Masuch, Peter/Spellbrink, Wolfgang/Becker, Ulrich/Leibfried, Stephan (Hrsg.), Grundlagen und Herausforderungen des Sozialstaats. Denkschrift 60 Jahre Bundessozialgericht, Band 1, Berlin 2014, S. 119–138 (zitiert: *v. Miquel*, in: in: Denkschrift 60 Jahre BSG, Band 1).

Möller, Kai, Paternalismus und Persönlichkeitsrecht, Berlin 2005.

–, Legalität, Legitimität und Legitimation des Bundesverfassungsgerichts, in: Jestaedt, Matthias/Lepsius, Oliver/Möllers, Christoph/Schönberger, Christoph (Hrsg.), Das entgrenzte Gericht, Eine kritische Bilanz nach sechzig Jahren Bundesverfassungsgericht, Berlin 2011, S. 281–422.

Möllers, Christoph, Parlamentarische Selbstentmächtigung im Zeichen des Virus, Verfassungsblog v. 26.3.2020 (https://verfassungsblog.de/parlamentarische-selbstentmaechtigung-im-zeichen-des-virus/).

Moodie, Rob/Swinburn, Boyd/Richardson, Jeff/Somaini, Bertino, Childhood obesity – A sign of commercial success, but a market failure, International Journal of Pediatric Obesity 2006, 133–138.

Moritz, Susanne, Staatliche Schutzpflichten gegenüber pflegebedürftigen Menschen, Baden-Baden 2013.

Moser, Gabriele, Notverordnungen und Gesundheitspolitik in der Weimarer Republik: Präventionskonzepte und Versorgungsstrukturen in der Krise, in: Stöckel, Sigrid/Walter, Ulla (Hrsg.), Prävention im 20. Jahrhundert. Historische Grundlagen und aktuelle Entwicklungen in Deutschland, München 2002, S. 96–109.

Möstl, Markus, Probleme der verfassungsprozessualen Geltendmachung gesetzgeberischer Schutzpflichten. Die Verfassungsbeschwerde gegen legislatives Unterlassen, DÖV 1998, 1029–1039.

–, Die staatliche Garantie für die öffentliche Sicherheit und Ordnung. Sicherheitsgewährleistung im Verfassungsstaat, im Bundesstaat und in der Europäischen Union, Tübingen 2002.

–, Standardmaßnahmen des Polizei- und Ordnungsrechts, JURA 2011, 840–853.

–, Gibt es (unions-)verfassungsrechtliche Grenzen für die Verbraucherinformation?, LMuR 2014, 77–82.

–, Hoheitliche Verbraucherinformation – Grundfragen und aktuelle Entwicklungen, LMuR 2015, 185–192.

Moulton, Anthony D./Mercer, Shawna L./Popovic, Tanja/Briss, Peter A./Goodman, Richard A./Thombley, Melisa L./Hahn, Robert A./Fox, Daniel M., The Scientific Basis for Law as a Public Health Tool, American Journal of Public Health 99 (2009), 17–24.

Müller, Dirk, AIDS-Verhütung und -Bekämpfung – Handlungsmöglichkeiten der Gesundheitsbehörden nach dem Bundesseuchengesetz (BSeuchG), DVBl 1991, 143–148.

Müller, Friedrich/Christensen, Ralph, Juristische Methodik, Band I. Grundlegung für die Arbeitsmethoden der Rechtspraxis, 11. Aufl., Berlin 2013.

Müller, Georg, Der Gleichheitssatz, VVDStRL 47 (1989), S. 37–62.

Müller-Terpitz, Ralf, Der Schutz des pränatalen Lebens, Tübingen 2007.

von Münch, Ingo, Grundrechtsschutz gegen sich selbst, in: Stödter, Rolf/Thieme, Werner, Hamburg, Deutschland, Europa: Beiträge zum deutschen und europäischen Verfassungs-, Verwaltungs- und Wirtschaftsrecht, Festschrift für Hans Peter Ipsen zum siebzigsten Geburtstag, Tübingen 1977, S. 113–128 (zitiert: *v. Münch*, in: FS-Ipsen).

von Münch, Ingo/Kunig, Philip (Hrsg.), Grundgesetz-Kommentar: GG, 6. Aufl., München 2012; 7. Aufl., München 2021 (zitiert: *Bearbeiter*in*, in: v. Münch/Kunig [Hrsg.], GG).

Munthe, Christian, The Goals of Public Health: An Integrated, Multidimensional Model, Public Health Ethics 2008, 39–52.

Murray, Thomas H., Prenatal Drug Exposure: Ethical Issues, The Future of Children 1991, 105–112.

Murswiek, Dietrich, Die staatliche Verantwortung für die Risiken der Technik, Berlin 1985.

–, Die Bewältigung der wissenschaftlichen und technischen Entwicklungen durch das Verwaltungsrecht, VVDStRL 48 (1989), S. 207–234.

–, Umweltrecht und Grundgesetz, Die Verwaltung 33 (2000), 241–283.

–, Die Corona-Waage – Kriterien für die Prüfung der Verhältnismäßigkeit von Corona-Maßnahmen, NVwZ-Extra 5/2021, 1–15.

Nagel, Peter, Problemaffinität und Problemvergessenheit. Eine Betrachtung der Beobachtungspflicht des Gesetzgebers, DÖV 2010, 268–275.

Nassehi, Armin, Inklusion: Von der Ansprechbarkeit zur Anspruchsberechtigung, in: Lessenich, Stephan (Hrsg.), Wohlfahrtsstaatliche Grundbegriffe. Historische und aktuelle Diskurse, Frankfurt a. M. 2003, S. 331–352.

Nelson, Lawrence J., Legal Dimensions of Maternal-Fetal Conflict, Clinical Obstetrics and Gynecology 1992, 738–748.

Nettesheim, Martin, Liberaler Verfassungsstaat und gutes Leben, Paderborn 2017.

–, Das Grundrecht auf Unterstützung und Förderung der jugendlichen Persönlichkeitsentwicklung, JZ 2022, 525–534.

Neuhäuser, Armin, Die „Kohärenz des Rechts" in der Rechtsprechung des Europäischen Gerichtshofs, des Bundesverfassungsgerichts und des Bundesverwaltungsgerichts, DÖV 2017, 925–932.

Neumann, Volker, Menschenwürde und Existenzminimum, NVwZ 1995, 426–432.
–, Sozialstaatsprinzip und Grundrechtsdogmatik, DVBl 1997, 92–100.
–, Das medizinische Existenzminimum, NZS 2006, 393–397.
Nussbaum, Martha C., Women and Human Development. The Capabilities Approach, Cambridge 2000.
Oberlies, Dagmar, § 218 – Ein Grenzfall des Rechts?, KJ 1992, 199–213.
Ogston, S.A./Parry, G.J., EUROMAC. A European concerted action: maternal alcohol consumption and its relation to the outcome of pregnancy and child development at 18 months. Results – Strategy of analysis and analysis of pregnancy outcome, Int J Epidemiol 1992, Suppl 1, S45–71.
O'Hara, Laurence, Konsistenz und Konsens, Tübingen 2018.
Ohlendorf, Lutz, Grundrechte als Maßstab des Steuerrechts in der Europäischen Union, Tübingen 2015.
Ohlmeier, Christoph/Frick, Johann/Prütz, Franziska/Lampert, Thomas/Ziese, Thomas/Mikolajczyk, Rafael/Garbe, Edeltraut, Nutzungsmöglichkeiten von Routinedaten der Gesetzlichen Krankenversicherung in der Gesundheitsberichterstattung des Bundes, Bundesgesundheitsbl 2014, 464–472.
Orlowski, Ulrich/Remmert, Jens (Hrsg.), GKV-Kommentar, SGB V, Losebl., Heidelberg (zitiert: *Bearbeiter*in*, in: Orlowski/Remmert [Hrsg.], SGB V).
Ossenbühl, Fritz, Das elterliche Erziehungsrecht im Sinne des Grundgesetzes, Berlin 1981.
–, Vorsorge als Rechtsprinzip im Gesundheits-, Arbeits- und Umweltschutz, NVwZ 1986, 161–171.
Osterloh, Lerke, Folgerichtigkeit. Verfassungsgerichtliche Rationalitätsanforderungen in der Demokratie, in: Bäuerle, Michael/Dann, Philipp/Wallrabenstein, Astrid (Hrsg.), Demokratie-Perspektiven. Festschrift für Brun-Otto Bryde zum 70. Geburtstag, Tübingen 2013, S. 429–442 (zitiert: *Osterloh*, in: FS-Bryde).
Osthold, Fritz Rolf, Die rechtliche Behandlung von Elternkonflikten, Baden-Baden 2016.
Pache, Eckhard, Gutachten zur Unionsrechtskonformität der geplanten Novellierung der Tabakproduktrichtlinie, in: Pache, Eckhard/Schwarz, Kyrill-A./Sosnitza, Olaf, Aktuelle Rechtsfragen der Tabakregulierung in Europa, Baden-Baden 2012, S. 9–115.
Pasedach, Christina, Verantwortungsbereiche wider Volksgesundheit. Zur Zurechnungs- und Rechtsgutslehre im Betäubungsmittelstrafrecht, Berlin 2012.
Pavel, Matthias, Behördliches Vorgehen gegen Alkoholkonsum in der Öffentlichkeit. Unter besonderer Berücksichtigung abstrakt-genereller Handlungsmöglichkeiten, Frankfurt a. M. 2013.
Pawson, Ray/Owen, Lesley/Wong, Geoff, Legislating for health: Locating the evidence, Journal of Public Health Policy 2010, 164–177.
Payandeh, Mehrdad, Das Gebot der Folgerichtigkeit: Rationalitätsgewinn oder Irrweg der Grundrechtsdogmatik?, AöR 136 (2011), 578–615.
Pérez-Sauquillo Muñoz, Carmen, Eine Theorie der kollektiven Rechtsgüter: Überlegungen anhand der öffentlichen Gesundheit, GA 2021, 328 –339.
Pestalozza, Christian, Das Sportwetten-Urteil des BVerfG. Drei Lehren über den Fall hinaus, NJW 2006, 1711–1714.
–, Das Recht auf Gesundheit. Verfassungsrechtliche Dimensionen, Bundesgesundheitsbl 2007, 1113–1118.
Peter, Fabienne, Health Equity and Social Justice, in: Anand, Sudhir/Peter, Fabienne/Sen, Amartya (Hrsg.), Public Health, Ethics, and Equity, Oxford 2004, S. 93–106.

Petersen, Niels, Braucht die Rechtswissenschaft eine empirische Wende?, Der Staat 40 (2010), 435–455.
–, Gesetzgeberische Inkonsequenz als Beweiszeichen. Eine rechtsvergleichende Analyse der Funktion von Konsistenzargumenten in der Rechtsprechung, AöR 138 (2013), 108–134.
–, Verhältnismäßigkeit als Rationalitätskontrolle, Tübingen 2015.
Pflug, Manuel, Pandemievorsorge – informationelle und kognitive Regelungsstrukturen, Berlin 2013.
von der Pfordten, Dietmar, Normativer Individualismus und das Recht, JZ 2005, 1069–1080.
Pierce, John P./White, Victoria M./Emery, Sherry L., What public health strategies are needed to reduce smoking initiation?, Tobacco Control 2012, 258–264.
Pitschas, Rainer, Strukturen und Verfahrensweisen des Jugendamtes im kooperativen Rechts- und Sozialstaat, in: Sachverständigenkommission 11. Kinder- und Jugendbericht (Hrsg.), Materialien zum Elften Kinder- und Jugendbericht, Band 1, München 2002, S. 163–263.
–, Gesundheitliche Prävention als „leidendes Geschäft" – Die Nationale Präventionsstrategie auf dem Prüfstand, VSSR 2018, 235–250.
Planzer, Simon/Alemanno, Alberto, Lifestyle Risks: Conceptualisation of an Emerging Category of Research, EJRR 2010, 337–339.
Pope, Thaddeus Mason, The Slow Transition of U.S. Law toward a Greater Emphasis on Prevention, in: Faust, Halley S./Menzel, Paul T. (Hrsg.), Prevention vs. Treatment. What's the Right Balance?, Oxford 2012, S. 219–244.
Porsch, Winfried, Die Macht der Information. Empfehlungen, Warnungen, Auskünfte an die Öffentlichkeit nach deutschem und europäischem Recht, ZLR 2003, 175–189.
Poscher, Ralf, Theorie eines Phantoms – Die erfolglose Suche der Prinzipientheorie nach ihrem Gegenstand, RW 2010, 349–372.
–, Kapitel 4: Das Infektionsschutzgesetz als Gefahrenabwehrrecht, in: Huster, Stefan/Kingreen, Thorsten (Hrsg.), Handbuch Infektionsschutzrecht, 2. Aufl., München 2022.
Power, Chris/Kuh, Diana, Die Entwicklung gesundheitlicher Ungleichheiten im Lebenslauf, in: Siegrist, Johannes/Marmot, Michael (Hrsg.), Soziale Ungleichheit und Gesundheit: Erklärungsansätze und gesundheitspolitische Folgerungen, Bern 2008, S. 45–76.
Pratt, Katherine, A Constructive Critique of Public Health Arguments for Anti-Obesity Soda Taxes and Food Taxes, 87 Tulane Law Review (2012), 73–140.
Preda, Adina/Voigt, Kristin, The Social Determinants of Health: Why Should We Care?, Am. J. Bioeth. 15 (2015), 25–36.
Preuß, Axel, Farbe bekennen – aber wie? Lebensmittel-Kennzeichnung in Deutschland, DLR 2008, 8–17.
Preuß, Ulrich K., Risikovorsorge als Staatsaufgabe. Die epistemologischen Voraussetzungen von Sicherheit, in: Grimm, Dieter (Hrsg.), Staatsaufgaben, Baden-Baden 1994, S. 523–551.
Quaas, Michael, § 25 Die Strukturen der stationären Versorgung, in: ders./Zuck, Rüdiger/Clemens, Thomas (Hrsg.), Medizinrecht, 4. Aufl., München 2018.
Quante, Michael, Das Elend der Volksgesundheit, Ethik Med 2010, 179–190.
Rauprich, Oliver, Utilitarismus oder Kommunitarismus als Grundlage einer Public-Health-Ethik?, Bundesgesundheitsbl 2008, 137–150.
–, Public Health als Beitrag zur sozialen Gerechtigkeit, Ethik Med 22 (2010), 263–273.
–, Gesundheitliche Ungleichheiten als Problem der sozialen Gerechtigkeit, in: Strech, Daniel/Marckmann, Georg (Hrsg.), Public Health Ethik, Berlin 2010, S. 97–128.
Reding, Kurt/Müller, Walter, Einführung in die Allgemeine Steuerlehre, München 1999.

Reith, Björn, Der Erziehungs-, Bildungs- und Betreuungsauftrag des Staates im Vorschulbereich. Verfassungsrechtliche Grundlagen der frühkindlichen Förderung, Baden-Baden 2014.

Reitter, Antonia, Rechtspaternalismus und Biomedizinrecht. Schutz gegen den eigenen Willen im Transplantationsgesetz, Arzneimittelgesetz und Embryonenschutzgesetz, Berlin 2020

von Renthe-Fink, Barbara, Grundprobleme der Gesundheitsfürsorge, in: Schriften des Deutschen Vereins für Öffentliche und Private Fürsorge, Vier Jahre Bundessozialhilfegesetz und Jugendwohlfahrtsgesetz. Wege in die Zukunft, Frankfurt a.M.1966, S. 353–362.

Reynolds, Christopher, Public Health Law and Regulation, Annandale 2004.

Richter, Margrit/Boeing, Heiner/Grünewald-Funk, Dorle/Heseker, Helmut/Kroke, Anja/Leschik-Bonnet, Eva/Oberritter, Helmut/Strohm, Daniela/Watzl, Bernhard, Vegane Ernährung, Position der Deutschen Gesellschaft für Ernährung e.V. (DGE), in: Ernährungsumschau international 4/2016, 92–102. (zitiert: *Richter u. a.*, Position der DGE).

Richter, Matthias/Hurrelmann, Klaus, Warum die gesellschaftlichen Verhältnisse krank machen, APuZ 42/2007, 3–10.

Rippe, K. P., Ethik und die Fluoridierung von Salz, Milch und Trinkwasser, Bundesgesundheitsbl 2009, 543–548.

Risse, Horst, Rechtsprechung und Parlamentsfreiheit – Versuch einer Vermessung der geschützten parlamentarischen Gestaltungs- und Entscheidungsräume, JZ 2018, 71–79.

Ritter, Gerhard A., Der Sozialstaat. Entstehung und Entwicklung im internationalen Vergleich, 2. Aufl., München 1991.

Rixen, Stephan, Befugnisse und Grenzen des staatlichen Infektionsschutzrechts, in: Kloepfer, Michael (Hrsg.), Pandemien als Herausforderung für die Rechtsordnung, Baden-Baden 2011, S. 67–84.

–, Das Gesetz über den Umfang der Personensorge bei einer Beschneidung eines männlichen Kindes, NJW 2013, 257–262.

–, Toleranz: Wozu soll der Staat seine Bürger verpflichten? Das Problem des Impfzwangs, Spektrum – Magazin der Universität Bayreuth 2014, 68–71.

–, Gestaltung des demographischen Wandels als Verwaltungsaufgabe, VVDStRL 74 (2015), S. 293–350.

–, Gesundheitsschutz in der Coronavirus-Krise – Die (Neu-)Regelungen des Infektionsschutzgesetzes, NJW 2020, 1097–1103.

–, Verwaltungsrecht der vulnerablen Gesellschaft, VVDStRL 2021, 37–62.

Robben, Christine, Pränatale Schädigungen mit postnatalen Folgen. Überlegungen zu einem neuen Schutz- und Haftungskonzept unter Berücksichtigung der US-amerikanischen Rechtslage, Frankfurt a. M. 2015.

Robbers, Gerhard, Sicherheit als Menschenrecht. Aspekte der Geschichte, Begründung und Wirkung einer Grundrechtsfunktion, Baden-Baden 1987.

Robert Koch-Institut, Armut, soziale Ungleichheit und Gesundheit. Expertise zum 2. Armuts- und Reichtumsbericht der Bundesregierung, Beiträge zur Gesundheitsberichterstattung des Bundes, Berlin 2005.

–, Bericht zur Epidemiologie der Influenza in Deutschland Saison 2009/10, Berlin 2010.

–, Gesundheitliche Ungleichheit bei Kindern und Jugendlichen in Deutschland, Beiträge zur Gesundheitsberichterstattung des Bundes, Berlin 2010.

– (Hrsg.), RKI-Fachwörterbuch Infektionsschutz und Infektionsepidemiologie, Berlin 2015.

Robertson, John A./Schulman, Joseph D., Pregnancy and Prenatal Harm to Offspring: The Case of Mothers with PKU, Hastings Cent Rep 1987, 23–33.

Rommel, Alexander/Saß, Anke-Christine/Born, Sabine/Ellert, Ute, Die gesundheitliche Lage von Menschen mit Migrationshintergrund und die Bedeutung des sozioökonomischen Status. Erste Ergebnisse der Studie zur Gesundheit Erwachsener in Deutschland (DEGS1), Bundesgesundheitsbl 2015, 543–552.

Rose, Geoffrey, Strategy Of Prevention: Lessons From Cardiovascular Disease, British Medical Journal 1981, 1847–1851.

–, Sick individuals and sick populations, Int J Epidemiol 1985, 32–38.

Rosenbrock, Rolf, Was ist New Public Health?, Bundesgesundheitsbl 2001, 753–762.

–, Gesundheit und Gerechtigkeit in Deutschland, Gesundheitswesen 2007, 647–652.

Rosenbrock, Rolf/Gerlinger, Thomas, Gesundheitspolitik. Eine systematische Einführung, 2. Aufl., Bern 2006.

–, Gesundheitspolitik, in: Hurrelmann, Klaus/Razum, Oliver (Hrsg.), Handbuch Gesundheitswissenschaften, 5. Aufl., Weinheim, Basel 2012, S. 1009–1052.

Rosenbrock, Rolf/Kümpers, Susanne, Primärprävention als Beitrag zur Verminderung sozial bedingter Ungleichheit von Gesundheitschancen, in: Richter, Matthias/Hurrelmann, Klaus (Hrsg.), Gesundheitliche Ungleichheit. Grundlagen, Probleme, Perspektiven, 2. Aufl., Wiesbaden 2009, S. 385–403.

Rosenbrock, Rolf/Michel, Claus, Primäre Prävention, Berlin 2007.

Rosenkötter, Nicole/Borrmann, Brigitte/Arnold, Laura/Böhm, Andreas, Gesundheitsberichterstattung in Ländern und Kommunen: Public Health an der Basis, Bundesgesundheitsbl 2020, 1067–1075.

Rossi, Matthias/Lenski, Sophie-Charlotte, Föderale Regelungsbefugnisse für öffentliche Rauchverbote, NJW 2006, 2657–2661.

Roth, Steffen J., VWL für Einsteiger, 6. Aufl., Stuttgart 2016.

Rothhaar, Markus, Ansätze zur philosophischen Rechtfertigung eines Rechts auf solidarische Gesundheitsversorgung, in: Weilert, A. Katarina (Hrsg.), Gesundheitsverantwortung zwischen Markt und Staat, Baden-Baden 2015, S. 243–255.

Ruckstuhl, Brigitte, Gesundheitsförderung. Entwicklungsgeschichte einer neuen Public Health-Perspektive, 2. Aufl., Bern 2020.

Ruess, Peter, Neues zur rechtlichen Regelung der Werbung gegenüber Kindern, ZLR 2013, 262–269.

Ruffert, Matthias, Vorrang der Verfassung und Eigenständigkeit des Privatrechts. Eine Verfassungsrechtliche Untersuchung zur Privatrechtswirkung des Grundgesetzes, Tübingen 2001.

–, Grundrechtliche Schutzpflichten: Einfallstor für ein etatistisches Grundrechtsverständnis?, in: Vesting, Thomas/Korioth, Stefan/Augsberg, Ino (Hrsg.), Grundrechte als Phänomene kollektiver Ordnung, Tübingen 2014, S. 109–117.

Ruschemeier, Hannah, Kollektive Grundrechtseinwirkungen. Eine verfassungsrechtliche Einordnung am Beispiel der Maßnahmen gegen die COVID-19-Pandemie, RW 2020, 450–473.

–, Neues Virus, alte Rechtsfragen? Beobachtungen zur Pandemiedebatte, JöR n. F. 2021, 449–464.

Sachs, Michael, Konzentration privater Vermögen im Sozialstaat, NJW 2015, 601–604.

– (Hrsg.), Grundgesetz, Kommentar, 9. Aufl., München 2021 (zitiert: *Bearbeiter*in*, in: Sachs [Hrsg.], GG).

Sachße, Christoph/Tennstedt, Florian, Geschichte der Armenfürsorge in Deutschland, Band 2: Fürsorge und Wohlfahrtspflege 1871 bis 1929, Stuttgart 1988.

Säcker, Jürgen/Rixecker, Roland/Oetker, Hartmut/Limperg, Bettina (Hrsg.), Münchener Kommentar zum BGB, 8. Aufl., München 2018 (zitiert: *Bearbeiter*in*, in: MüKo-BGB).

Sacksofsky, Ute, Das Frauenbild des Bundesverfassungsgerichts, in: Rudolf, Beate (Hrsg.), Geschlecht im Recht: Eine fortbestehende Herausforderung, Querelles. Jahrbuch für Geschlechterstudien, Göttingen 2009, S. 191–215.

–, § 39 Anreize, in: Voßkuhle, Andreas/Eifert, Martin/Möllers, Christoph (Hrsg.), Grundlagen des Verwaltungsrechts, Band II, 3. Aufl., München 2022.

Sahrai, Diana, Die Kindertagesstätte als gesundheitsförderndes Setting: Zwischen normativen Idealen und alltagspraktischen Zwängen, in: Bittlingmayer, Uwe H./Sahrai, Diana/Schnabel, Peter-Ernst (Hrsg.), Normativität und Public Health. Vergessene Dimensionen gesundheitlicher Ungleichheit, Wiesbaden 2009, S. 235–267.

Salaw-Hanslmaier, Stefanie, Kindergartenpflicht – eine rechtspolitische Vision?, ZRP 2013, 143–146.

Samhat, Linda, Gesundheitsgerechtes Verhalten: Pflichten und Obliegenheiten, Berlin 2019.

Samuelson, Paul A., The Pure Theory of Public Expenditure, The Review of Economics and Statistics 36 (1954), 387–389.

Sanders, Anne/Preisner, Damian, Begründungspflicht des Gesetzgebers und Sachverhaltsaufklärung im Verfassungsprozess, DÖV 2015, 761, 764–771.

Sangs, André/Eibenstein, Henrik, Die epidemische Lage von nationaler Tragweite – Eine Analyse der aktuellen Pandemiegesetzgebung, JZ 2021, 710–719.

Sartorius, Ulrich, Das Existenzminimum im Recht, Baden-Baden 2000.

Saurer, Johannes, Die Globalisierung des Verhältnismäßigkeitsgrundsatzes, Der Staat 42 (2012), 3–33.

Schaber, Peter, Lässt sich Paternalismus gegenüber Kindern rechtfertigen?, in: Drerup, Johannes/Schickhardt, Christoph (Hrsg.), Kinderethik, Münster 2017, S. 33–48.

Schaks, Nils/Szymanski, Helmpflicht für Radfahrer? Zur Einführung einer allgemeinen Helmpflicht für Fahrradfahrer aus verfassungs- und staatshaftungsrechtlicher Perspektive, NVwZ 2015, 1108–1111.

Schaller, Katrin/Pötschke-Langer, Martina, Tabakkontrolle in Deutschland und weltweit, Pneumologe 2012, 1–6.

Schapiro, Tamar, Childhood and Personhood, Arizona Law Review 2003, 575–594.

Scherzberg, Arno, Risiko als Rechtsproblem. Ein neues Paradigma für das technische Sicherheitsrecht, VerwArch (84) 1993, 484–513.

–, Risikosteuerung durch Verwaltungsrecht: Ermöglichung oder Begrenzung von Innovationen?, VVDStRL 63 (2004), S. 214–263.

–, Risikoabschätzung unter Ungewissheit – Preliminary risk assessment im Kontext der Nanotechnologie, ZUR 2010, 303–311.

–, Innovative Lebensmittel als Herausforderung an das Recht: Verfassungs- und verwaltungsrechtliche Grundlagen der Risikosteuerung, ZLR 2011, 275–290.

–, Der Ausstieg aus dem Restrisiko – Fukushima und die Folgen für die deutsche Risikodogmatik, in: Jahrbuch des Umwelt- und Technikrechts, Berlin 2012, 7–26.

–, Risikovorsorge durch Risikokommunikation: Die mangelnde Regelungsreife der Nanotechnologie und ihre Konsequenzen für das Recht, in: Hoffmann-Riem, Wolfgang (Hrsg.), Innovationen im Recht, Baden-Baden, 2016, S. 205–242.

–, Strategien staatlicher Risikobewältigung, in: Hill, Hermann/Schliesky, Utz (Hrsg.), Management von Unsicherheit und Nichtwissen, Baden-Baden 2016, S. 31–69.

Scherzberg, Arno/Seidl, Josephine, Nano in Lebensmitteln – Sachstand und rechtliche Regulierung, ZLR 2014, 5–26.

Schickhardt, Christoph, Der Begriff des Kindeswohls in der Moral, in: Drerup, Johannes/Schickhardt, Christoph (Hrsg.), Kinderethik, Münster 2017, S. 63–87.

Schipper, Katharina, Lebensmittelkennzeichnungsrecht im Lichte des wohlgeordneten Rechts, Baden-Baden 2015.

Schlacke, Sabine, Umweltrecht, 8. Aufl., Baden-Baden 2021.

Schlaich, Klaus/Korioth, Stefan, Das Bundesverfassungsgericht. Stellung, Verfahren, Entscheidungen, 12. Aufl., München 2021.

Schlegel, Rainer/Voelzke, Thomas (Hrsg.), juris PraxisKommentar SGB V – Gesetzliche Krankenversicherung, 4. Aufl. 2020 (zitiert: *Bearbeiter*in*, in: jurisPK-SGB V).

Schleiermacher, Sabine, Umfassende Krankenversicherung für alle?, in: Stöckel, Sigrid/Walter, Ulla (Hrsg.), Prävention im 20. Jahrhundert. Historische Grundlagen und aktuelle Entwicklungen in Deutschland, Weinheim, München 2002, S. 52–64.

Schlink, Bernhard, Die Bewältigung der wissenschaftlichen und technischen Entwicklungen durch das Verwaltungsrecht, VVDStRL 48 (1990), S. 235–264.

Schmacke, Nobert, Die Individualisierung der Prävention im Schatten der Medizin, in: Stöckel, Sigrid/Walter, Ulla (Hrsg.), Prävention im 20. Jahrhundert. Historische Grundlagen und aktuelle Entwicklungen in Deutschland, Weinheim, München 2022, S. 178–189.

Schmidt, Bettina, Eigenverantwortung haben immer die Anderen. Der Verantwortungsdiskurs im Gesundheitswesen, Bern 2008.

Schmidt, Reiner, Neuere höchstrichterliche Rechtsprechung zum Umweltrecht, JZ 1997, 1042–1052.

Schmidt, Volker H., Anreizprogramme und Vergesundheitlichung, in: Huster, Stefan/Schramme, Thomas (Hrsg.), Normative Aspekte von Public Health, Interdisziplinäre Perspektiven, Baden-Baden 2016, S. 209–211.

Schmidt am Busch, Birgit, Die Gesundheitssicherung im Mehrebenensystem, Tübingen 2007.

–, Verfassungsrechtliche Grundlagen des Arbeitsschutzes, GewArch 2011, 1–7.

–, Kommentar: (Primär-)Prävention im Bundesstaat: Zwischen Daseinsvorsorge und GKV, in: Spiecker gen. Döhmann, Indra/Wallrabenstein, Astrid (Hrsg.), Rechtswissenschaftliche Fragen an das neue Präventionsgesetz, Frankfurt a. M. 2016, S. 35–42.

Schmidt-Aßmann, Eberhard, Grundrechtspositionen und Legitimationsfragen im öffentlichen Gesundheitswesen, Berlin, New York 2001.

–, Verfassungsfragen der Gesundheitsreform, NJW 2004, 1689–1695.

Schmidt-Jortzig, Edzard, § 162 Meinungs- und Informationsfreiheit, in: Isensee, Josef/Kirchhof, Paul (Hrsg.), Handbuch des Staatsrechts, Band VII, 3. Aufl., Heidelberg 2009.

Schmidtke, Claudia/Kuntz, Benjamin/Starker, Anne/Lampert, Thomas, Inanspruchnahme der Früherkennungsuntersuchung für Kinder in Deutschland – Querschnittsergebnisse aus KiGGS Welle 2, Journal of Health Monitoring 2018, 68–77.

Schmidt-Semisch, Henning/Schorb, Friedrich, Adipositas-Interventionen. Prototypen und Prämissen, in: Gerhardus, Ansgar/Breckenkamp, Jürgen/Razum, Oliver/Schmacke, Norbert/Wenzel, Helmut (Hrsg.), Evidence-based Public Health, Bern 2010, 145–156.

Schmitt, Felix, Die Verfassungswidrigkeit der landesweiten Ausgangsverbote, NJW 2020, 1626–1631.

Schmitt, Stefanie, Kindergartenpflicht? Zur Frage der Vereinbarkeit einer Kindergartenbesuchspflicht mit der Verfassung, insbesondere mit dem Grundrecht der Eltern auf Pflege und Erziehung ihrer Kinder, Hamburg 2011.

Schmitz, Holger/Neubert, Carl-Wendelin, Praktische Konkordanz in der Covid-Krise. Vorübergehende Zulässigkeit schwerster Grundrechtseingriffe zum Schutz kollidierenden Verfassungsrechts am Beispiel von Covid-19-Schutzmaßnahmen, NVwZ 2020, 666–671.

Schnapp, Friedrich E., Die Sozialstaatsklausel – Beschwörungsformel oder Rechtsprinzip?, SGb 2000, 341–345.

Schnath, Matthias, Das neue Grundrecht auf Gewährleistung eines menschenwürdigen Existenzminimums – Ein rechtspolitischer Ausblick nach dem Urteil des Bundesverfassungsgerichts vom 9.2.2010, NZS 2010, 297–302.

Schneider, Hans-Peter, Wächter wider Willen, GewArch 2014, 424–430.

–, Die Zerschlagung eines (ehemals) freien Gewerbes – Kritische Bemerkungen zum Spielhallen-Beschluss des BVerfG, NVwZ 2017, 1073–1080.

Schoch, Friedrich, Der Zweckveranlasser im Gefahrenabwehrrecht, JURA 2009, 360–366.

–, Kap. 1, Polizei- und Ordnungsrecht in: ders. (Hrsg.), Besonderes Verwaltungsrecht, München 2018.

Schollmeier, Jana, Die Gewährleistung von angemessenem und bezahlbarem Wohnraum als Verfassungsfrage, Baden-Baden 2020.

Schrag, Francis, The Child in the Moral Order, Philosophy 1977, 167–177.

Schramme, Thomas, Begründungsmodelle des Sozialstaats, ARSP 2006, 322–334.

Schroeder, Werner, Plain Packaging und EU-Grundrechte, ZLR 2012, 405–419.

Schroeder, Werner/Kostenzer, Eva-Maria, Wissenschaftsbasierte Regulierung im EU-Produktrecht, EuR 2013, 389–408.

Schuler-Harms, Margarete, Grundrechte als Rahmen verschiedener Kooperationsformen im Gesundheitswesen, in: Schmehl, Arndt/Wallrabenstein, Astrid (Hrsg.), Steuerungsinstrumente im Recht des Gesundheitswesens, Band 2, Tübingen 2006, S. 23–48.

–, (Primär-)Prävention im Bundesstaat: Zwischen Daseinsvorsorge und GKV, in: Spiecker gen. Döhmann, Indra/Wallrabenstein, Astrid (Hrsg.), Rechtswissenschaftliche Fragen an das neue Präventionsgesetz, Frankfurt a. M. 2016, S. 13–34.

–, Prävention als sozialrechtliche Aufgabe: Grundlagen und Grenzen, SDSRV 67 (2018), 27–43.

Schulte, Erica M./Joyner, Michelle A./Potenza, Marc N./Grilo, Carlos M./Gearhardt, Ashley N., Current Considerations Regarding Food Addiction, Curr Psychiatry Rep 2015, 1–8.

Schultes, Patrick, Information und Kennzeichnung im europäischen Lebensmittelrecht. Eine Kontextualisierung, LMuR 2022, 279–283.

Schulz, Sönke E., Neues zum Grundrecht auf Gewährung des menschenwürdigen Existenzminimums, SGb 2010, 201–206.

Schuppert, Gunnar Folke, Verwaltungswissenschaft. Verwaltung, Verwaltungsrecht, Verwaltungslehre, Baden-Baden 2000.

Schwabe, Jürgen, Der Schutz des Menschen vor sich selbst, JZ 1998, 66–75.

Schwabenbauer, Thomas, Legislative Reaktionen auf Risiken, in: 50. Assistententagung Öffentliches Recht (Hrsg.), Risiko im Recht – Recht im Risiko, Baden-Baden 2011, S. 157–176.

Schwarz, Kyrill-A., In dubio pro imperio? Zum Beschluss des BVerfG vom 19.11.2021 -1 BvR 781/21 ua – Bundesnotbremse I, NVwZ-Beilage 2022, 3–6.

Schwarz, Kyrill-A./Bravidor, Christoph, Kunst der Gesetzgebung und Begründungspflichten des Gesetzgebers, JZ 2011, 653–659.

Schweiger, Gottfried, „Arme dicke Kinder" – Gerechtigkeit an der Schnittstelle von Armut und Adipositas in der Kindheit, in: Drerup, Johannes/Schickhardt, Christoph (Hrsg.), Kinderethik, Münster 2017, S. 219–231.

Schweizer, Mark, Nudging and the principle of proportionality – Obliged to nudge?, Paper presented at 4th Law and Economics Conference, Lucerne 17–18 April 2015 (https://papers.ssrn.com/sol3/papers.cfm?abstract_id=2607239).

Schwoch, Rebecca, „Die amtlichen Gesundheits- und Fürsorgestellen müssen für alle sorgen …", in: Stöckel, Sigrid/Walter, Ulla (Hrsg.), Prävention im 20. Jahrhundert, Weinheim, München 2002, S. 136–151.

Seckelmann, Margrit, Evaluation und Recht. Strukturen, Prozesse und Legitimationsfragen staatlicher Wissensgewinnung durch (Wissenschafts-)Evaluationen, Tübingen 2018.

Seckelmann, Margrit/Lamping, Wolfram, Verhaltensökonomischer Experimentalismus im Politik-Labor, DÖV 2016, 189–200.

Seewald, Otfried, Zur Verantwortlichkeit des Bürgers nach dem Bundes-Seuchengesetz, NJW 1987, 2265–2274.

–, Expertise Präventionsregelungen im Auftrag des Bundesministeriums für Gesundheit, 2002 (https://www.gesundheitliche-chancengleichheit.de/fileadmin/user_upload/pdf/Diverse_Materialien/Gesetze_-neu/Gesetze_2002_Seewald_Expertise_Praeventionsregelungen.pdf).

–, Zum Verfassungsrecht auf Gesundheit, Köln 1978.

Segall, Shlomi, Is Health Care (Still) Special?, Journal of Political Philosophy 2007, 342–361.

Seiler, Christian, Das Grundrecht auf ein menschenwürdiges Existenzminimum, JZ 2010, 500–505.

Selmer, Peter/Brodersen, Carsten, Die Verfolgung ökonomischer, ökologischer und anderer öffentlicher Zwecke durch Instrumente des Abgabenrechts, DVBl 2000, 1153–1166.

Sheather, Julian, Should childhood MMR vaccination be compulsory? Rights, duties and the public interest, Human Vaccines & Immunotherapeutics 2013, 1389–1391.

Shmatenko, Leonid, Einheitsverpackungen von Tabakerzeugnissen und die Charta der Grundrechte der EU, ZfRV 2014, 4–20.

Siegel, Thorsten, Verwaltungsrecht im Krisenmodus, NVwZ 2020, 577–583.

Siegrist, Johannes, Sozial ungleiche Gesundheitschancen: Prävention als solidarisches Handeln, in: Weilert, A. Katarina (Hrsg.), Gesundheitsverantwortung zwischen Markt und Staat, Baden-Baden 2015, S. 257–274.

Siegrist, Johannes/Marmot, Michael, Einleitung, in: dies. (Hrsg.), Soziale Ungleichheit und Gesundheit: Erklärungsansätze und gesundheitspolitische Folgerungen, Bern 2008, S. 15–44.

Siegrist, Johannes/Theorell, Töres, in: Siegrist, Johannes/Marmot, Michael (Hrsg.), Soziale Ungleichheit und Gesundheit: Erklärungsansätze und gesundheitspolitische Folgerungen, Bern 2008, S. 99–130.

Siekmann, Helmut, Verfassungsmäßigkeit eines umfassenden Verbots der Werbung für Tabakprodukte, DÖV 2003, 657–664.

–, Die Zuständigkeit des Bundes zum Erlass umfassender Rauchverbote nach In-Kraft-Treten der ersten Stufe der Föderalismusreform, NJW 2006, 3382–3385.

Simon, Bernhard J., Kooperative Risikoverwaltung im neuen Lebensmittelrecht. Eine Analyse des neuen Lebensmittel- und Hygienerechts am Beispiel der Fleischerzeugung, Baden-Baden 2007.

Sinder, Rike, Von der Unmöglichkeit der Mutter, homo faber zu sein. Verfassungsrechtliche Anmerkungen zum Mutterschutzgesetz, JZ 2017, 975–983.

Sohmen, Egon, Allokationstheorie und Wirtschaftspolitik, Tübingen 1976.

Sopp, Alexander, Tabakkonsum und Tabakwerbeverbot – eine ökonomische Analyse des Gemeinschaftsrechts, EuZW 2005, 365–368.

Sosnitza, Olaf, Der Verordnungsvorschlag über nährwert- und gesundheitsbezogene Angaben für Lebensmittel, KOM (2003) 424, vom 16.7.2003, ZLR 2004, 1–19.

Sparwasser, Reinhard/Engel, Rüdiger/Voßkuhle, Andreas, Umweltrecht. Grundzüge des öffentlichen Umweltschutzrechts, 5. Aufl., Heidelberg 2003.

Spickhoff, Andreas (Hrsg.), Medizinrecht, 3. Aufl., München 2018 (zitiert: *Bearbeiter*in*, in: Spickhoff [Hrsg.], Medizinrecht).

Spiecker gen. Döhmann, Indra, Staatliche Entscheidungen unter Unsicherheit – juristische und ökonomische Vorgaben, Preprint aus der Max-Planck-Projektgruppe Recht der Gemeinschaftsgüter, Bonn 2000.

–, Zur Wettbewerbsfähigkeit der Gesundheitsgüter, in: Schmehl, Arndt/Wallrabenstein, Astrid (Hrsg.), Steuerungsinstrumente im Recht des Gesundheitswesens, Band 1: Wettbewerb, Tübingen 2005, S. 1–35.

–, Rechtliche Strategien und Vorgaben zur Bewertung von Nichtwissen, in: Hill, Hermann/ Schliesky, Utz (Hrsg.), Management von Unsicherheit und Nichtwissen, 2016, S. 89–111.

Starck, Christian, Freiheit und Institutionen, Tübingen 2002.

von Steinau-Steinrück, Sandra, Die staatliche Verhütung und Bekämpfung von Infektionskrankheiten, Frankfurt a. M., Berlin, Bern, Bruxelles, New York, Oxford, Wien 2013.

Steinbach, Armin, Gesetzgebung und Empirie, Der Staat 54 (2015), 267–289.

–, Rationale Gesetzgebung, Tübingen 2017.

Steinberg, Rudolf, Verfassungsrechtlicher Umweltschutz durch Grundrechte und Staatszielbestimmungen, NJW 1996, 1985–1994.

Steinberg, Rudolf/Müller, Henrik, Die Rechtsprechung des Bundesverfassungsgerichts zum Umweltschutz, in: van Oyen, Robert Chr./Möllers, Martin H. W. (Hrsg.), Das Bundesverfassungsgericht im politischen System, 2. Aufl., Wiesbaden 2015, S. 735–758.

Stettner, Rupert, Die Verpflichtung des Gesetzgebers zu erneutem Tätigwerden bei fehlerhafter Prognose, DVBl 1982, 1123–1128.

–, Zwischenruf: Der flächendeckende Schutz gegen Passivrauchen ist Kompetenz und Pflicht des Bundes!, ZG 2007, 156–178.

Stöckel, Sigrid, Gesundheitsfürsorge – von der Armenpflege zur Profession, in: Stöckel, Sigrid/ Walter, Ulla (Hrsg.), Prävention im 20. Jahrhundert. Historische Grundlagen und aktuelle Entwicklungen in Deutschland, Weinheim, München 2002, S. 65–77.

Stöckel, Sigrid/Walter, Ulla, Prävention im 20. Jahrhundert, in: dies. (Hrsg.), Prävention im 20. Jahrhundert, Historische Grundlagen und aktuelle Entwicklungen in Deutschland, Weinheim, München 2002, S. 11–25.

Storm, Peter-Christoph, Umweltrecht, 11. Aufl., Berlin 2019.

Störring, Lars Peter, Das Untermaßverbot in der Diskussion. Untersuchung einer umstrittenen Rechtsfigur, Berlin 2009.

Streibel, Angela, Rassendiskriminierung als Eingriff in das allgemeine Persönlichkeitsrecht, Frankfurt a. M. 2010.

Streinz, Rudolf/Kraus, Markus (Hrsg.), Lebensmittelrechts-Handbuch, Losebl., München 2020 (zitiert: *Bearbeiter*in*, in: Streinz/Kraus [Hrsg.], Lebensmittelrechts-Handbuch).

Strohs, Matthias, Abwehr alkoholbedingter Gefahren. Handlungsbedarf und Gestaltungsspielraum bei der Gesetzgebung der Länder, Hamburg 2013.

Ströttchen, Jonathan, Verfassungsrechtliche Ansprüche auf konkrete medizinische Leistungen. Die Durchbrechung leistungsbeschränkender Normen in der gesetzlichen Krankenversicherung Baden-Baden 2019.

Suhr, Dieter, Die Freiheit vom staatlichen Eingriff als Freiheit zum privaten Eingriff? Kritik der Freiheitsdogmatik am Beispiel des Passivraucherproblems, JZ 1980, 166–174.

Sunstein, Cass R., Gesetze der Angst. Jenseits des Vorsorgeprinzips, Frankfurt a. M. 2007.

Süß, Winfried, Gesundheitspolitik, in: Hockerts, Hans Günter (Hrsg.), Drei Wege deutscher Sozialstaatlichkeit, NS-Diktatur, Bundesrepublik und DDR im Vergleich, München 1998, S. 55–100.

Szagun, Bertram, Kommunale Gesundheitsberichterstattung als Grundlage für die Gesundheitsförderung, in: Kuhn, Joseph/Heyn, Martin (Hrsg.), Gesundheitsförderung durch den öffentlichen Gesundheitsdienst, Bern 2015, S. 125–134.

Szagun, Bertram/Starke, Dagmar, Prävention und Gesundheitsberichterstattung im ÖGD. Bedingungen und Chancen, Bundesgesundheitsbl 2005, 1125–1129.

Tappe, Henning, Festlegende Gleichheit – folgerichtige Gesetzgebung als Verfassungsgebot?, JZ 2016, 27–33.

Taylor, Monica M., The Obesity Epidemic. Why a Social Justice Perspective Matters, Cham 2018.

Teleky, Ludwig, Die Entwicklung der Gesundheitsfürsorge, Berlin, Heidelberg 1950.

Terhechte, Jörg Philipp, Staat und Spiel. Der glücksspielregulierende Interventionsstaat im europäischen und internationalen Rechtsraum, Tübingen 2019.

Thaiss, Heidrun/Klein, Renate/Schumann, Eike Christiane/Ellsäßer Gabriele/Breitkopf, Helmut/Reinecke, Heike/Zimmermann, Eberhard, Früherkennungsuntersuchungen als Instrument im Kinderschutz. Erste Erfahrungen der Länder bei der Implementation apellativer Verfahren, Bundesgesundheitsbl 2010, 1029–1047.

Thaler, Richard H./Sunstein, Cass R., Nudge: Improving Decisions About Health, Wealth, and Happiness, New Haven, London 2008.

Thiemann, Christian, Das Folgerichtigkeitsgebot als verfassungsrechtliche Leitlinie der Besteuerung, in: Emmenegger, Sigrid/Wiedmann, Ariane (Hrsg.), Linien der Rechtsprechung des Bundesverfassungsgerichts – erörtert von den wissenschaftlichen Mitarbeitern, Berlin 2011, S. 179–212.

Thun-Hohenstein, Leonhard/Lampert, Kerstin/Altendorfer-Kling, Ulrike, Resilienz – Geschichte, Modelle und Anwendung, Z Psychodrama Soziom 2020, 7–20.

Thurn, John Philipp, Welcher Sozialstaat? Ideologie und Wissenschaftsverständnis in den Debatten der bundesdeutschen Staatsrechtslehre 1949–1990, Tübingen 2013.

–, Unbefangenes Blättern?, in: Boysen, Sigrid/Kaiser, Anna-Bettina/Meinel, Florian (Hrsg.), Verfassung und Verteilung, Tübingen 2015, S. 65–72.

–, Grenzenlose Vorverlagerung, Verfassungsblog v. 3.12.2021 (https://verfassungsblog.de/grenzenlose-vorverlagerung/).

Timme, Michael, Die juristische Bewältigung eines ökonomischen Netzwerkgutes. Epidemieprävention in Rechtsgeschichte und Gegenwart, Baden-Baden 2001.

Tipke, Klaus, Die Steuerrechtsordnung, Band II, 2. Aufl., Köln 2003.

Tipke, Klaus (Begr.)/Lang, Joachim, Steuerrecht (Hrsg.), 24. Aufl., Köln 2021 (zitiert: *Bearbeiter*in*, in: Tipke/Lang, Steuerrecht).

Tonner, Klaus/Brieske, Cornelia, Verbraucherschutz durch gesetzliche Kennzeichnungserfordernisse, BB 1996, 913–920.

Towfigh, Emanuel V., Empirical arguments in public law doctrine: Should empirial legal studies make a „doctrinal turn"?, I·CON 2014, 670–691.

Trapp, Dan Bastian, Impfzwang – Verfassungsrechtliche Grenzen staatlicher Gesundheitsvorsorgemaßnahmen, DVBl 2015, 11–19.

Trojan, Alf, Das Konzept der Gesundheitsförderung in der Praxis, in: Stöckel, Sigrid/Walter, Ulla (Hrsg.), Prävention im 20. Jahrhundert, Weinheim, München 2002, S. 250–265.

–, Was Gesundheitsämter von der Ottawa-Charta lernen könnten – Zukunftsphantasien für den ÖGD, in: Kuhn, Joseph/Heyn, Martin (Hrsg.), Gesundheitsförderung durch den öffentlichen Gesundheitsdienst, Bern 2015, S. 51–58.

Trojan, Alf/Kolip, Petra, Evidenzbasierung in der Prävention und Gesundheitsförderung, in: Tiemann/Mohokum (Hrsg.), Prävention und Gesundheitsförderung. Springer Reference Pflege – Therapie – Gesundheit, 2020.

Trute, Hans-Heinrich, Öffentlich-rechtliche Rahmenbedingungen einer Informationsordnung, VVDStRL 57 (1998), S. 213–268.

–, Ungewissheit in der Pandemie als Herausforderung, GSZ 2020, 93–101.

–, Rechtsprechung zum Infektionsrecht in der SARS-COV-2-Welt, jM 2020, 291–298.

Tversky, Amos/Kahneman, Daniel, The Framing of Decisions and the Psychology of Choice, Science 1981, 453–458.

Ueltzhöffer, Christian, Die staatliche Einflussnahme auf den Tabakkonsum von Kindern und Jugendlichen in Deutschland, Berlin und Heidelberg 2005.

Umbach, Dieter C./Clemens, Thomas (Hrsg.), Mitarbeiterkommentar zum Grundgesetz, Heidelberg 2002 (zitiert: *Bearbeiter*in*, in: Umbach/Clemens [Hrsg.], GG).

Unruh, Peter, Zur Dogmatik der grundrechtlichen Schutzpflichten, Berlin 1996.

–, Kant – Menschenwürde – Sozialstaat, in: Grote, Rainer/Härtel, Ines/Hain, Karl-Eberhard/Schmidt, Thorsten I./Schmitz, Thomas/Schuppert, Gunnar F./Winterhoff, Christian, Die Ordnung der Freiheit. Festschrift für Christian Starck zum siebzigsten Geburtstag, Tübingen 2007, S. 133–150 (zitiert: *Unruh*, in: FS-Starck).

Unterreitmeier, Johannes, Glücksspielanbieter ohne Glück. Kein Schadensersatz trotz rechtswidriger Untersagung von Glücksspielen, NJW 2013, 127–130.

van den Daele, Wolfgang, Der Fötus als Subjekt und die Autonomie der Frau – Wissenschaftliche-technische Optionen und soziale Kontrollen in der Schwangerschaft, KJ 1988, 16–31.

–, Von rechtlicher Risikovorsorge zu politischer Planung. Begründungen für Innovationskontrollen in einer partizipativen Technikfolgenabschätzung zu gentechnisch erzeugten herbizidresistenten Pflanzen, in: Bora, Alfons (Hrsg.), Rechtliches Risikomanagement. Form, Funktion und Leistungsfähigkeit des Rechts in der Risikogesellschaft, Berlin 1999, S. 259–291.

Veatch, Robert M., Lebensstil, Gesundheitsrisiko und Solidarität, in: Sass, Hans-Martin (Hrsg.), Medizin und Ethik, Stuttgart 1989, S. 328–347.

Venkatapuram, Sridhar, Health Justice, Cambridge 2011.

Voet, Henrike Franziska, Zur Verfassungsmäßigkeit einer allgemeinen Kindergartenpflicht im letzten Jahr vor dem Eintritt in die Grundschule. Eine Untersuchung von Kompetenzproblemen, Grundrechtsfragen und rechtlichen Möglichkeiten, Hamburg 2011.

Voigt, Kristin, Smoking and Social Justice, Public Health Ethics 2010, 91–106.

Volkmann, Uwe, Darf der Staat seine Bürger erziehen?, Baden-Baden 2012.

–, Grundzüge einer Verfassungslehre der Bundesrepublik Deutschland, Tübingen 2013.

–, Heraus aus dem Verordnungsregime. Die erheblichen Grundrechtseingriffe der Corona-Krise bedürfen endlich einer tragfähigen Rechtsgrundlage, NJW 2020, 3153–3160.

–, Das Maßnahmegesetz, Verfassungsblog v. 20.11.2020 (https://verfassungsblog.de/das-massnahmegesetz/).

–, Prävention durch Verwaltungsrecht: Sicherheit, NVwZ 2021, 1408–1415.

Völzmann, Berit, Freiheit durch Einschränkung. Zur Verfassungsmäßigkeit eines Verbots geschlechtsdiskriminierender Wirtschaftswerbung durch die Entwicklung einer bereichsspezifischen Dogmatik der allgemeinen Gesetze, AöR 143 (2018), 251–281.

–, Versammlungsfreiheit in Zeiten von Pandemien. Die staatlichen Maßnahmen im Rahmen der Corona-Krise, DÖV 2020, 893–903.

Vorholz, Irene, Der Fürsorgestaat im Kreuzfeuer der Kritik. Hohe Bedarfe, ausufernde Kosten und gleichwohl „Stigmatisierung"?, NZS 2020, 486–491.

Vosgerau, Ulrich, Zur Kollision von Grundrechtsfunktionen. Ein zentrales Problem der Grundrechtsdogmatik, AöR 133 (2008), 346–388.
–, Grenzen der Liberalen Gewährleistungstheorie: Schutzpflichten und Gemeinwohl im staatlichen Risikomanagement, in: 50. Assistententagung Öffentliches Recht (Hrsg.), Risiko im Recht – Recht im Risiko, Baden-Baden 2011, S. 135–155.
Voßkuhle, Andreas, Der Sozialstaat in der Rechtsprechung des Bundesverfassungsgerichts, SGb 2011, 181–186.
–, Umweltschutz und Grundgesetz, NVwZ 2013, 1–8.
Wagner, Stephan, Leben in der Abwägung, Verfassungsblog v. 14.5.2020 (https://verfassungs blog.de/leben-in-der-abwaegung/).
Wahl, Rainer, Forschungs- und Anwendungskontrolle technischen Fortschritts als Staatsaufgabe? – dargestellt am Beispiel der Gentechnik, UTR 14 (1991), 7–36.
Wahl, Rainer/Appel, Ivo, Prävention und Vorsorge: Von der Staatsaufgabe zur rechtlichen Ausgestaltung, in: Wahl, Rainer (Hrsg.), Prävention und Vorsorge. Von der Staatsaufgabe zu den verwaltungsrechtlichen Instrumenten, Bonn 1995, S. 1–216.
Wahl, Rainer/Masing, Johannes, Schutz durch Eingriff, JZ 1990, 553–563.
Wahl, Stefanie/Kreffter, Katharina/Frölich, Stefanie/Müller-Thur, Kathrin/Dragano, Nico/Göbels, Klaus/Poschkamp, Thomas/Schäfer, Michael/Weyers, Simone, Die Schuleingangsuntersuchung als Türöffner für die gesundheitswissenschaftliche Forschung? Eine Analyse zur Studienteilnahme „schwer erreichbarer" Bevölkerungsgruppen, Bundesgesundheitsbl 2018, 1236–1241.
Waldhoff, Christian, „Der Gesetzgeber schuldet nichts als das Gesetz". Zu alten und neuen Begründungspflichten des parlamentarischen Gesetzgebers, in: Depenheuer, Otto/Heintzen, Markus/Jestaedt, Matthias (Hrsg.), Staat im Wort: Festschrift für Josef Isensee, Heidelberg 2007, S. 325–343 (zitiert: *Waldhoff*, in: FS-Isensee).
–, Rechtsprechungsanalyse. Steuerrecht und Verfassungsrecht. Bericht über ausgewählte Entscheidungen zu verfassungsrechtlichen Vorgaben für die Besteuerung aus den Jahren 2008 bis 2014, Die Verwaltung 48 (2015), 85–113.
–, Sach- und/oder Personalregulierung im Recht der Spielautomaten, GewArch 2018, 89–94.
Wallerath, Maximilian, Der Sozialstaat in der Krise, JZ 2004, 949–961.
–, Zur Dogmatik eines Rechts auf Sicherung des Existenzminimums. Ein Beitrag zur Schutzdimension des Art. 1 Abs. 1 Satz 2 GG, JZ 2008, 157–168.
Wallrabenstein, Astrid, Einleitung, in: Spiecker gen. Döhmann, Indra/Wallrabenstein, Astrid (Hrsg.), Rechtswissenschaftliche Fragen an das neue Präventionsgesetz, Frankfurt a.M. 2016, S. 7–11.
–, Staatliche Gewährleistung einer angemessenen gesundheitlichen Versorgung im Bundesgebiet, ZMGR 2011, 197–204.
Wanek, Volker, Stärkung der Prävention als gesamtgesellschaftliche Aufgabe, in: Gerlinger, Thomas/Kümpers, Susanne/Lenhardt, Uwe/Wright, Michael T. (Hrsg.), Politik für Gesundheit: Fest- und Streitschriften zum 65. Geburtstag von Rolf Rosenbrock, Bern 2010, S. 234–245 (zitiert: *Wanek*, in: FS-Rosenbrock).
Wapler, Friederike, Pluralismus, Toleranz und das Recht des Kindes auf eine offene Zukunft, ARSP 135 (2012), 171–185.
–, Kinderrechte und Kindeswohl, Tübingen 2015.
Warg, Gunter, 2G und Verhältnismäßigkeit – ein empirisches Problem, NJOZ 2022, 65–70.
Weber, Martin, Sorgerecht und Umgang bei Substanzmissbrauch, NZFam 2018, 510–516.
Wegner, R.E., Aufgaben des ÖGD im Rahmen der Kinder- und Jugendgesundheit, Bundesgesundheitsbl 2005, 1103–1110.

Wehkamp, Karl-Heinz, Die Sorge um die „Bevölkerungsgesundheit" oder die „Public Health Perspektive", in: Biendarra, Ilona/Weeren, Marc (Hrsg.), Gesundheit – Gesundheiten? Eine Orientierungshilfe, Würzburg 2009, S. 499–508.

Wehlau, Andreas, Lebensmittel- und Futtermittelgesetzbuch (LFGB), Kommentar, Köln 2010.

Weilert, A. Katarina, Das völkerrechtliche Menschenrecht auf Gesundheit und seine Implikationen für das nationale Recht, in: dies. (Hrsg.), Gesundheitsverantwortung zwischen Markt und Staat, Baden-Baden 2015, S. 65–76.

Weir, Erica/Schabas, Richard/Wilson, Kumanan/Mackie, Chris, A Canadian Framework für Applying the Precautionary Principle to Public Health Issues, Can J Public Health 101 (2010), 396–398.

Welti, Felix, Gibt es ein Recht auf bestmögliche Gesundheit?, GesR 2015, 1–8.

–, Das Gesetz zur Stärkung der Gesundheitsförderung und der Prävention – was bringt dieses Präventionsgesetz?, GuP 2015, 211–216.

Wenner, Ulrich, Konkretisierung des Leistungsniveaus der Gesundheitsversorgung durch die Rechtsprechung, in: Wallrabenstein, Astrid/Ebsen, Ingwer (Hrsg.), Stand und Perspektiven der Gesundheitsversorgung, Frankfurt a. M., Berlin, Bern, Bruxelles, New York, Oxford, Wien 2014, S. 115–132.

Wernsmann, Rainer, Verhaltenslenkung in einem rationalen Steuersystem, Tübingen 2005.

–, § 152 Steuerlenkung, in: Kube, Hanno/Mellinghoff, Rudolf/Morgenthaler, Gerd/Palm, Ulrich/Puhl, Thomas/Seiler, Christian (Hrsg.), Leitgedanken des Rechts: Paul Kirchhof zum 70. Geburtstag. Band 2: Staat und Bürger, Heidelberg 2013 (zitiert: *Wernsmann*, in: FS-P. Kirchhof).

Wester, Gry, When Are Health Inequalities Unfair?, Public Health Ethics 2018, 1–10.

Wever, Carolin/Krekeler, Sebastian, Alkohol und Drogen während der Schwangerschaft – Handlungsmöglichkeiten für Ärzte?, MedR 2019, 369–373.

Whitehead, Margaret, The concepts and principles of equity and health, WHO-Diskussionspapier EUR/ICP/RPD 414 7734r, 2000.

Wiebe, Gerhard, Öffentlich-rechtlicher Verbraucherschutz – Porträt eines (eigenständigen) Rechtsbereichs, GewArch 2016, 138–143.

–, Das neue Tabakerzeugnisgesetz: verbrämter Paternalismus oder Stärkung des Verbraucherschutzes?, GewArch 2016, 456–462.

–, Unternehmerfreiheit versus Verbraucherschutz?! Das Verhältnis zwischen Unternehmerfreiheit und Verbraucherschutz im Spiegel des öffentlichen Verbraucherschutzrechts, Baden-Baden 2017.

Wigger, Berthold U., Wer profitiert von der weiteren Erhöhung der Tabaksteuer?, Wirtschaftsdienst 2005, 518–521.

–, Zur schrittweisen Erhöhung der Tabaksteuer, Wirtschaftsdienst 2011, 39–41.

Wildner, Manfred/Nennstiel-Ratzel, Uta, Prävention und Gesundheitsförderung im Öffentlichen Gesundheitsdienst, in: Hurrelmann, Klaus/Richter, Matthias/Klotz, Theodor/Stock, Stephanie, Referenzwerk Prävention und Gesundheitsförderung. Grundlagen, Konzepte und Umsetzungsstrategien, 5. Aufl., Bern 2018, S. 359–369.

Wiley, Lindsay F., Shame, Blame, and the Emerging Law of Obesity Control, U.C. Davis L. Rev. 121 (2013), 121–188.

Wilke, Martin, Der Schutz vor den Wirkungen des Fluglärms auf den Menschen nach der Novellierung des FluLärmG. Zugleich ein Beitrag zum Problem der Transformation außerrechtlicher Erkenntnisse in das Recht, Frankfurt a. M. 2017.

Wilkinson, Dominic/Skene, Loane/de Crespigny, Lachlan/Savulescu, Julian, Protecting Future Chldren from In-Utero Harm, Bioethics 2016, 425–432.

Wilksch, Florian, Recht auf Krankenbehandlung und Recht auf ein menschenwürdiges Existenzminimum, Wiesbaden 2017.

Wilson, James, Towards a Normative Framework for Public Health Ethics and Policy, Public Health Ethics 2009, 184–194.

–, Justice and the Social Determinants of Health: An Overview, Public Health Ethics 2009, 210–213.

Wimmer, Thomas, Rauchen, ein ganz normales Konsumverhalten? Perspektiven und Analysen zur Erklärung des Zigarettenkonsums, Wiesbaden 2013.

Windoffer, Alexander, Verfahren der Folgenabschätzung als Instrument zur rechtlichen Sicherung von Nachhaltigkeit, Tübingen 2011.

–, Der neue Glücksspielstaatsvertrag: Ein wichtiger Beitrag zur Gesamtkohärenz des deutschen Regulierungsregimes, GewArch 2012, 388–392.

Winkler, Daniela, Die Verwaltung des Risikos – Differenz oder Konvergenz nationaler Regulierungsstrukturen in Europa?, VerwArch 103 (2012), 247–268.

Wiss, David Andrew/Avena, Nicole/Rada, Pedro, Sugar Addiction: From Evolution to Revolution, Front. Psychiatry 2018, Art. 545, S. 1–16.

Wohlers, Wolfgang/Went, Floriaan, Die pseudo-paternalistische Legitimation strafrechtlicher Normen dargestellt am Beispiel des Betäubungsmittelstrafrechts Deutschlands, der Schweiz und der Niederlande, in: von Hirsch, Andreas/Neumann, Ulfrid/Seelmann, Kurt (Hrsg.), Paternalismus im Strafrecht. Die Kriminalisierung von selbstschädigendem Verhalten, Baden-Baden 2010, S. 289–322.

Wolf, Julia, Auf dem Weg zu einer Ethik der Sucht. Neurowissenschaftliche Theorien zur Sucht und deren ethische Implikationen am Beispiel der Alkohol- und Heroinsucht, Diss. Tübingen 2003 (https://publikationen.uni-tuebingen.de/xmlui/handle/10900/43966).

Wolf, Rainer, Die Risiken des Risikorechts, in: Bora, Alfons (Hrsg.), Rechtliches Risikomanagement. Form, Funktion und Leistungsfähigkeit des Rechts in der Risikogesellschaft, Berlin 1999, S. 65–91.

Wolf, Ute/Barnes, Benjamin/Bertz, Joachim/Haberland, Jörg/Laudi, Antje/Stöcker, Manuela/Schönfeld, Ina/Kraywinkel, Klaus/Kurth, Bärbel-Maria, Das Zentrum für Krebsregisterdaten (ZfKD) im Robert Koch-Institut (RKI) in Berlin, Bundesgesundheitsbl 2011, 1229–1234.

Wolff, Johanna, Eine Annäherung an das Nudge-Konzept nach Richard H. Thaler und Cass R. Sunstein aus rechtswissenschaftlicher Sicht, RW 2015, 194–222.

–, Anreize im Recht. Ein Beitrag zur Systembildung und Dogmatik im Öffentlichen Recht und darüber hinaus, Tübingen 2021.

Wollenschläger, Ferdinand, Verteilungsverfahren. Die staatliche Verteilung knapper Güter: Verfassungs- und unionsrechtlicher Rahmen, Verfahren im Fachrecht, bereichsspezifische verwaltungsrechtliche Typen- und Systembildung, Tübingen 2010.

–, Die Verbraucherinformation vor dem BVerfG, JZ 2018, 980–987.

–, Stellungnahme zum Gesetzentwurf der Fraktionen CDU/CSU und SPD – Entwurf eines Dritten Gesetzes zum Schutz der Bevölkerung bei einer epidemischen Lage von nationaler Tragweite BT-Drs. 19/23944 v. 12.11.2020, BT-Drs. 19(14)246(20).

Wormit, Maximilian, Grundstrukturen und aktuelle Entwicklungslinien der deutschen Glücksspielregulierung, NVwZ 2017, 281–286.

Wüst, Kirsten/Beck, Hanno, Rauchen, Sucht und Willensschwäche: Zeitinkonsistentes Verhalten, WiSt 2010, 289–294.

Wüstenberg, Dirk, Betriebsverbot wegen Corona-Pandemie, GewArch 2020, 241–246.

–, Zusammenkunftsverbot wegen Corona-Pandemie, NWVBl. 2020, 276–280.

Zacher, Hans F., Sozialpolitik und Verfassung im ersten Jahrzehnt der Bundesrepublik Deutschland, Berlin 1980.

–, Soziale Gleichheit. Zur Rechtsprechung des Bundesverfassungsgerichts zu Gleichheitssatz und Sozialstaatsprinzip, AöR 93 (1968), 341–383.

–, Zur Rechtsdogmatik sozialer Umverteilung, DÖV 1970, 3–14.

–, Sozialrecht und Gerechtigkeit, in: Kaufmann, Arthur/Mestmäcker, Ernst-Joachim/Zacher, Hans F. (Hrsg.), Rechtsstaat und Menschenwürde: Festschrift für Werner Maihofer zum 70. Geburtstag, Frankfurt a. M. 1988, S. 669–691 (zitiert: *Zacher*, in: FS-Maihofer).

–, Der Sozialstaat an der Wende zum 21. Jahrhundert, VSSR 2000, 185–206.

–, § 28 Das soziale Staatsziel, in: Isensee, Josef/Kirchhof, Paul (Hrsg.), Handbuch des Staatsrechts, Band II, 3. Aufl., Heidelberg 2004.

Zapka, Klaus, Grund- und europarechtliche Bewertung der Werbung, RIW 1990, 132–138.

Zechmeister, David, Die Zigarette danach. Zu den rechtlichen Auseinandersetzungen nach dem Inkrafttreten des neuen Rechts für Tabakerzeugnisse, ZLR 2017, 451–471.

Zeeb, Hajo/Donath, Susanne, Epidemiologische Methoden in Evidence-based Public Health, in: Gerhardus, Ansgar/Breckenkamp, Jürgen/Razum, Oliver/Schmacke, Norbert/Wenzel, Helmut (Hrsg.), Evidence-based Public Health, Bern 2010, S.69–82.

Zeh, Juli, Corpus Delicti, Ein Prozess, Frankfurt a. M. 2009.

Ziekow, Eike, Die Verfassungsmäßigkeit von sogenannten „Ausgangssperren" nach dem Bundesinfektionsschutzgesetz, DVBl 2020, 732–739.

Zimmerman, Frederick J., Public Health Autonomy: A Critical Reappraisal, Hastings Center Report 2017, 38–45.

Zimmermann, Markus, Landesrechtliche Rauchverbote in Gaststätten und die Grundrechte der Betreiber von (Klein-)Gaststätten, NVwZ 2008, 705–710.

Zipfel, Walter (Begr.)/Rathke, Kurt-Dietrich, Lebensmittelrecht. Loseblatt-Kommentar aller wesentlichen Vorschriften für das Herstellen und Inverkehrbringen von Lebensmitteln, Futtermitteln, kosmetischen Mitteln, sonstigen Bedarfsgegenständen sowie Tabakerzeugnissen, herausgegeben von Meisterernst, Andreas/Sosnitza, Olaf, München 2020 (zitiert: *Bearbeiter*in*, in: Zipfel/Rathke, Lebensmittelrecht).

Zippelius, Reinhold, Der Gleichheitssatz, VVDStRL 47 (1989), S. 7–36.

Zuck, Holger, Bundeskompetenz für einen gesetzlichen Nichtraucherschutz nach französischem Vorbild, DÖV 1993, 936–947.

Zwermann-Milstein, Nina Tabea, Grund und Grenzen einer verfassungsrechtlich gebotenen gesundheitlichen Mindestversorgung, Baden-Baden 2015.

Sachverzeichnis

Jus Publicum

Beiträge zum Öffentlichen Recht

Die Schriftenreihe *Jus Publicum. Beiträge zum öffentlichen Recht* (JusPubl) soll den öffentlichrechtlichen Habilitationsschriften, aber auch Monographien der Ordinarien, eine ansprechende Heimstatt geben. Die Reihe deckt die „klassischen" Felder des öffentlichen Rechts ab, insbesondere also das Verfassungsrecht (einschließlich Grundrechtstheorie, Methodenlehre und Allgemeiner Staatslehre) und das Verwaltungsrecht. Das schließt fächerübergreifende, aber auch fachgebietsübergreifende Themenstellungen nicht aus, solange der Schwerpunkt der Arbeit im Öffentlichen Recht zu finden ist. Kaum eine Arbeit beschränkt sich auf das deutsche Recht, denn die Fragestellungen sind oft vom Europarecht beeinflusst und auch der rechtsvergleichende Blick in fremde Rechtsordnungen gewinnt zunehmend an Bedeutung; dies gilt auch für das Völkerrecht. Die anspruchsvolle und auch äußerlich ansprechende Reihe bietet mehr als nur einen zufälligen Ausschnitt gegenwärtiger Forschung im öffentlichen Recht: Sie spiegelt auch den Standard dessen wider, was (öffentlichrechtliche) Rechtswissenschaft gegenwärtig in Deutschland bedeutet und ist deshalb schon in kurzer Zeit im In- und Ausland zu einem Begriff geworden.

ISSN: 0941-0503
Zitiervorschlag: JusPubl

Alle lieferbaren Bände finden Sie unter *www.mohrsiebeck.com/juspubl*

Mohr Siebeck
www.mohrsiebeck.com